Mauri Aparecido de Oliveira
Fabio Antero de Pulpa Melo Junior

Backpropagation e Redes Neurais

MLP, RPROP, QPROP, LMBP, DELTA-BAR-DELTA, MATLAB® e Python™

Editora Ciência Moderna

Volume 1

Backpropagation e Redes Neurais – Volume 1: MLP, RPROP, QPROP, LMBP, DELTA-BAR-DELTA, MATLAB® e Python™

Editor: Paulo André P. Marques
Produção Editorial: Dilene Sandes Pessanha
Capa: Daniel Jara
Diagramação: Daniel Jara
Copidesque: Equipe Ciência Moderna

FICHA CATALOGRAFICA

MELO JUNIOR, Fabio Antero de Pulpa; OLIVEIRA, Mauri Aparecido de.

Backpropagation e Redes Neurais – Volume 1: MLP, RPROP, QPROP, LMBP, DELTA-BAR-DELTA, MATLAB® e Python™

Rio de Janeiro: Editora Ciência Moderna Ltda., 2024.

1. Métodos especiais de computação 2. Redes Neurais
I — Título

ISBN: 978-65-5842-351-5
CDD 006.32

Editora Ciência Moderna Ltda.
R. Alice Figueiredo, 46 – Riachuelo
Rio de Janeiro, RJ – Brasil CEP: 20.950-150
Tel: (21) 2201-6662/ Fax: (21) 2201-6896
E-MAIL: LCM@LCM.COM.BR
WWW.LCM.COM.BR

02/24

Para Kérya — M.A.O.

Para Fernanda — F.A.P.M.Jr.

Harry Domin (Gerente Geral da R.U.R.) falando à senhorita Helena Glory (Presidente da *Humanity League*):

... The best sort of worker is the cheapest worker. The one that has the least needs. What young Rossum invented was a worker with the least needs possible. He had to make him simpler. He threw out everything that wasn't of direct use in his work, that's to say, he threw out the man and put in the robot. Miss Glory, robots are not people. They are mechanically much better than we are, they have an amazing ability to understand things, but they don't have a soul. Young Rossum created something much more sophisticated than Nature ever did - technically at least! ...[1]

Trecho da peça R.U.R. (Rossum's Universal Robots) escrita em 1921 por Karel Čapek.

[1] ... O melhor tipo de trabalhador é o trabalhador mais barato. Aquele que tem menos necessidades. O que o jovem Rossum inventou foi um trabalhador com o mínimo de necessidades possível. Ele teve que torná-lo mais simples. Ele jogou fora tudo que não tinha utilidade direta no seu trabalho, ou seja, jogou fora o homem e colocou o robô. Senhorita Glory, robôs não são pessoas. Eles são mecanicamente muito melhores do que nós, têm uma capacidade incrível de entender as coisas, mas não têm alma. O jovem Rossum criou algo muito mais sofisticado do que a Natureza jamais fez - pelo menos tecnicamente! ...

Apresentação e Agradecimentos

Este livro é uma introdução sobre o assunto de redes neurais artificiais. O material apresentado aqui baseia-se em cursos que foram ministrados e orientações de Iniciação Científica realizados no Departamento Multidisciplinar da Escola Paulista de Política, Economia e Negócios [EPPEN], e a partir de extensa pesquisa bibliográfica sobre o assunto.

Cada capítulo é suficientemente independente de maneira a possibilitar uma leitura de acordo com o interesse por uma técnica específica, e havendo necessidade de alguma revisão sobre assuntos básicos, o capítulo Background Matemático e MATLAB® pode servir como estudo preliminar.
Foram escolhidos o software proprietário MATLAB® por tratar-se de uma ferramenta amplamente utilizada em empresas e universidades e o software open source Python™ que atualmente tem sido bastante empregado como linguagem de programação de propósito geral.

As sequências de comandos do MATLAB® e do Python™ que auxiliam resolver os exemplos, são construídas da mesma forma que são realizados os cálculos. Isso é feito para facilitar o acompanhamento dos pseudocódigos de cada método.

Nesse volume, para iniciar o entendimento sobre o assunto, privilegiou-se a implementação dos seguintes algoritmos: MLP, RPROP, QPROP, LMBP e Delta-Bar-Delta, além das respectivas funções do MATLAB® quando disponíveis. Ou seja, algoritmos que utilizam a técnica de backpropagation no processo de aprendizagem.

Gostaríamos de agradecer:

- Aos alunos da EPPEN–UNIFESP.

- Aos alunos do PPG-PO do ITA-UNIFESP.

- À Financiadora de Estudos e Projetos (Finep) pelos recursos que possibilitaram a implantação do laboratório MQUANT (Sistema Integrado de Análises Quantitativas, Finanças Computacionais, Ciências Políticas Aplicadas e Estudos Metropolitanos), ao qual está vinculado o grupo de pesquisa Núcleo de Estudos de Métodos Quantitativos e Finanças, de cujas atividades fez parte a elaboração deste livro.

Prefácio

Esta obra evidencia de forma eloquente o papel da Matemática no desenvolvimento da tecnologia. Outros campos do conhecimento – em especial Física e Química – sobressaem-se na história da tecnologia, povoada de máquinas e processos de produção de objetos e materiais diversos, pertencentes ao mundo das três dimensões. Porém, o surgimento dos computadores propriamente ditos, distintos das antigas (e, sem dúvida, fabulosas) máquinas de calcular, que remontam pelo menos ao século XVII (surgimento esse que, enfatizemos, foi resultado do empenho no esforço de reflexão matemática) levou ao proscênio dessa história a Matemática. Esta é ao mesmo tempo o corpo e a alma da computação, denominação que, aliás, ela mesma, indica uma operação matemática. A construção dos primeiros computadores na década de 1940, o Mark I e depois o ENIAC (Electronic Numerical Integrator and Computer), somente foi possível nesse momento, porque os conhecimentos em Física e Eletrônica, então disponíveis, permitiram as aplicações práticas. Mas os conhecimentos realmente essenciais para a espetacular façanha estavam inteiramente disponíveis e pertenciam todos à esfera da Matemática.

Assim, é fundamentalmente à reflexão no campo da Matemática que se deve ao desenvolvimento da tecnologia dos computadores, propiciada pela aplicação do pensamento matemático à resolução de problemas práticos relacionados ao processamento (e armazenamento) de dados. Por outro lado, inversamente, o desenvolvimento dessa tecnologia enseja a busca de novas soluções matemáticas para problemas ainda mais complexos que passam a poder ser colocados para processamento pela máquina. Esse parece ser o caso do desenvolvimento das redes neurais, que, como parte da história da tecnologia computacional, mostra um novo momento dessa trajetória, em que a Matemática permanece como a figura central. Mesmo que certos fundamentos das redes neurais sejam bem anteriores ao aparecimento dos computadores, para que Frank Rosenblatt pudesse conceber seu *perceptron* em 1958, base para todo o desenvolvimento posterior em redes neurais, foi necessário um intenso e extenso trabalho de testes com um moderno computador IBM. Na verdade, essa via de mão dupla que liga avanços do conhecimento científico e desenvolvimento tecnológico percorre toda a história dos estímulos recíprocos entre ciência e produtos tecnológicos, tornando-se especialmente visível a partir dos primeiros tempos da Revolução Industrial.

Na obra, Mauri de Oliveira explica os fundamentos indispensáveis para a compreensão das redes neurais, como o conceito de derivada, o que equivale a uma narrativa da história da Matemática desde o século XVII até o presente. Nesse movimento de narrar e descrever, o autor apresenta com referências quantitativas o mundo da experiência humana, e é com visível prazer que desdobra seu argumento, deslocando-se da sintaxe da língua portuguesa para a linguagem matemática e vice-versa com grande agilidade, evidenciando como poucos algo insuspeito no universo das chamadas Ciências Exatas: o caráter *poético* do discurso matemático em seu desdobramento na busca de solução de problemas ou demonstração de conceitos. Sim, pois embora apontar tal aspecto desse discurso possa surpreender, a sucessão de expressões matemáticas na construção de um argumento é, pelo próprio fato dessa construção, uma prática da *poíesis* (palavra que deu origem à nossa *poesia*), tal como se empregava esse termo nos círculos mais sofisticados do universo da cultura grega clássica: uma *criação* humana, uma articulação de elementos com o propósito de apresentar algo que se harmonize e faça sentido. Fruímos, no livro de Mauri de Oliveira, surpreendentemente, a experiência da leitura de uma prosa poética em texto dissertativo, além da poesia "concreta" dos numerosos gráficos, que representam, no espaço virtual bidimensional ou tridimensional, aquilo que o discurso sequencial matemático expõe de maneira (deliciosamente) linear. Nessa obra, estamos diante de uma descrição verdadeiramente apaixonada do aspecto matemático de diversos âmbitos da experiência humana.

Para que o leitor possa entender os fundamentos das redes neurais, a busca de referências continua e recua ainda mais no tempo, trazendo noções básicas de lógica, propostas no período clássico da Antiguidade grega, e chega até à Tabela Verdade, concebida no início do século XX. Com esse e o anterior procedimento, que agregam a dimensão do tempo, o texto ganha densidade histórica, distanciando-se dos banais e paradoxalmente datados elogios à "modernidade" e ao presente tão frequentes em obras que de um modo ou de outro têm como referência o universo da computação. Ao ignorar a dimensão temporal da ciência, esses textos, diferentemente do trabalho de Mauri de Oliveira, subtraem o alicerce daquilo que pretendem celebrar.

A criação do computador, como de outras máquinas, pode ser vista como expressão de uma busca pela extensão das capacidades do organismo humano. Trata-se, no caso, da extensão de capacidades do cérebro. Até a concepção das redes neurais artificiais, essa máquina, além de armazenar dados, era capaz apenas de processá-los, gerando resultados programados. Assim, ela funcionava com uma dinâmica que correspondia a fundamentos da inteligência, ou a uma parte da inteligência, mas lhe faltava a capacidade de *aprender*. O surgimento das redes neurais representou a extensão à máquina desse último aspecto da inteligência humana. No sentido inverso, a reflexão sobre os processos de "raciocínio" do computador permitem pensar a inteligência humana. Expressando sua crença nessa possibilidade, alguns autores apresentam formulações como a seguinte, citada por Mauri de Oliveira neste livro destaca que:

"O objetivo científico central da inteligência computacional é entender os princípios que tornam o comportamento inteligente possível, nos sistemas naturais ou artificiais. A hipótese principal é que o raciocínio é computação." [POOLE, D., MACKWORTH, A; GOEBEL, R. Computational Intelligence: a logical approach.]

Nessa linha de pensamento, parece-nos plausível entender, como Arthur Guyton, citado em epígrafe no capítulo 2 desta obra, o *autômato* como uma projeção do próprio organismo humano, cujas funções também são automáticas. Ora, o computador, embora seja encarado mais comumente como um componente do autômato, não deixa de ser, ele próprio, uma forma de autômato, já que executa funções automáticas, não importa que apenas num espaço virtual. Estamos muito longe de emular a natureza no caso da chamada inteligência artificial, mas os avanços nessa área, que sem dúvida se inspiram na ainda muito tosca imagem que a ciência, em seu patamar atual, forma da dinâmica da mente humana (ou animal), representam, mesmo assim, inversamente, uma aproximação, tateante que seja, para a compreensão desta última. Em outras palavras, se a figura do neurônio inspirou a criação do algoritmo do perceptron, esse mesmo algoritmo pode representar um ponto de partida plausível para se pensar a dinâmica da mente. Refletindo nesse sentido, pode-se aceitar, para um início de discussão, a hipótese, mencionada por Poole, Mackworth e Goebel na citação acima, de que o raciocínio é computação.

No encalço das possibilidades de desenvolvimento e aplicação da inteligência artificial, a obra de Mauri de Oliveira, em seus inúmeros exemplos minuciosamente descritos, nos quais demonstra admiravelmente a importância do perceptron e outras ferramentas a ele associadas, acaba por mostrar a centralidade e o caráter fundamental de uma outra ferramenta, mais básica – o algoritmo – na compreensão matemática do mundo criado pelo ser humano. A obra inteira acaba por se mostrar uma brilhante e impressionante demonstração da importância do algoritmo (no seu conceito moderno, uma criação do início do século XX) para o desenvolvimento das ferramentas computacionais. Ao demonstrar a importância do algoritmo, demonstra também a importância da própria Matemática para a compreensão do mundo.

A obra articula perfeitamente teoria e prática. "Este texto", diz o autor, "foi elaborado para contribuir na aprendizagem inicial de como construir algoritmos de aprendizagem utilizando redes neurais." E a contribuição foi grande. No livro, Mauri de Oliveira ensina a treinar o perceptron, passo a passo, e nisso não se limita à pura indicação das sequências de comandos a serem acionados. Seu olhar não dissocia teoria e método. Temos exemplo disso quando menciona a função *train* do programa utilizado para o treinamento do perceptron:

Normalmente, quando *train* é utilizado nos perceptrons, apresentam-se as entradas para a rede em lotes, e as correções na rede são realizadas com base na soma de todas as correções individuais. Infelizmente, não há nenhuma prova de que tal algoritmo de treinamento converge para os peceptrons. Por conta disso, não é recomendado o uso de *train* para perceptrons [grifos nossos].
Criterioso, apaixonado, brilhante, didático e voltado à prática. Tais qualidades tornam este livro leitura obrigatória para todos que desejam entender as redes neurais e trabalhar com elas.

João Tristan Vargas
Doutor em História pela UNICAMP

Sumário

Parte 1 – Introdução – Background Matemático e MATLAB 1

Capítulo 1 - introdução 3
1.1 Apresentação 4
1.2 Alguns Aspectos Conceituais e História 4

Capítulo 2 - Background Matemático e MATLAB 15
2.1 Derivada 16
2.1.1 Regra da Cadeia 19
2.2 Derivada Parcial 20
2.3 Jacobiana 24
2.4 Hessiana 28
2.5 Derivada Direcional 29
2.6 Gradiente 36
2.7 Método do Gradiente Descendente 40
2.8 Método de Newton 49
2.9 Método das Secantes 54
2.10 Noções Básicas de Lógica 59
2.11 Método dos Mínimos Quadrados 64
2.11.1 Redes Neurais e Estatística 69
2.12 MATLAB 70
2.12.1 Operações Matemáticas Básicas 73
2.12.2 Operações Vetoriais e Matriciais 75
2.12.3 Plotar Gráfico 78
2.12.4 As instruções for, while e if-then-else 82
2.12.5 Arquivos .M 85

Parte 2 – Perceptron 89

Capítulo 3 - Perceptron 91
3.1 Arquitetura do Perceptron 92
3.2 Treinamento do Perceptron 95
3.3 Limitação de Classificação do Perceptron 105
3.4 O Comando `perceptron` do MATLAB 116

Capítulo 4 - Backpropagation e Perceptrons de Múltiplas Camadas MLP 143
4.1 Função de Ativação 147
4.2 Algoritmo Backpropagation 148
4.3 Derivação Matemática do Algoritmo de Backpropagation 152
4.4 Teorema da Aproximação Universal 162
4.5 Aprendizagem padrão a padrão (on-line) e por lote (batch) 165
4.6 O Comando `feedforwardnet` do MATLAB 189

4.7 Divisão da amostra para o processo de aprendizagem 191

Capítulo 5 - Quick Propagation QPROP 205
5.1 Quick Propagation 206
5.2 Gradiente do erro com relação aos pesos do neurônio de saída 212
5.3 Gradiente do erro com relação aos pesos dos neurônios da camada oculta 215
5.4 Considerações práticas sobre o algoritmo QPROP 230
5.5 Rede neural com única entrada, múltiplos neurônios na camada oculta e única saída 232
5.6 Rede neural com múltiplas entradas, múltiplos neurônios na camada oculta e única saída 234
5.7 Rede neural com múltiplas entradas, múltiplos neurônios na camada oculta e múltiplas saídas 235
5.8 Derivação do QPROP a partir da Série de Taylor 237

Capítulo 6 - Propagação Resiliente RPROP 255
6.1 Regra de atualização Manhattan 257
6.2 Algoritmo de propagação resiliente 258
6.3 O comando `trainrp` do MATLAB 261
6.4 Parada Antecipada (Early Stopping) 263
6.5 Regras para nomear variáveis 263
6.6 Estruturas 264
6.7 Algoritmo RPROP com e sem retrocesso do peso [$RPROP^+$ e $RPROP^-$] 272
6.8 Algoritmo Improved RPROP com e sem retrocesso do peso [$IRPROP^+$ e $IRPROP^-$] 290

Capítulo 7 - Algoritmo de Levenberg- Marquardt e Backpropagation LMBP 301
7.1 Expansão de Taylor e Método de Newton 303
7.1.1 Condições Necessárias para um Mínimo Local 303
7.1.2 Método de Newton Modificado 314
7.1.3 Método de Newton para Mínimos Quadrados Não Lineares 316
7.2 Método de Levenberg-Marquardt 318
7.2.1 Algoritmo de Levenberg-Marquardt – LMA 320
7.3 Algoritmo de Levenberg-Marquardt e Backpropagation – LMBP 330
7.3.2 Modificação de Levenberg-Marquardt 334
7.4 O Comando `trainlm` do MATLAB 382

Capítulo 8 - Delta-Bar-Delta DBD 389
8.1 Método de Aprendizagem Delta-Bar-Delta 390
8.1.1 Regra de Aprendizagem Delta-Delta 391
8.1.2 Regra de Aprendizagem Delta-Bar-Delta – DBD 396
8.1.3 Taxas de Aprendizagem Adaptativas 398
8.2 Método de Aprendizagem Delta-Bar-Delta Estendido – EDBD (Extended Delta-Bar-Delta) 450

Apêndice 465

Referências bibliográficas 489

Abreviações

Abreviação	Descrição
ABNT	Associação Brasileira de Normas Técnicas
BI	Business Intelligence
BPTT	Backpropagation Through Time
COMGRAD	Variável Concluintes de Graduação Presencial
DBD	Delta-Bar-Delta
DERPROP	Diagonal Estimation RPROP
DNN	Deep Neural Networks
EDBD	Extended Delta-Bar-Delta
ENIAC	Eletronic Numerical Integrator and Computer
EPPEN	Escola Paulista de Política, Economia e Negócios
EVDBD	Enhanced version of Delta-Bar-Delta
EXPORT	Variável Exportação
FN	Falso Negativo
FP	Falso Positivo
GA	Giro do Ativo
GRPROP	Globally Convergent RPROP
GUI	Graphical User Interface
IA	Inteligência Artificial
IBOVESPA	Índice BOVESPA, Índice da Bolsa de Valores de São Paulo
IDBD	Incremental Delta-Bar-Delta
$IRPROP^-$	Improved Resilient Backropagation sem Retrocesso do Peso
$IRPROP^+$	Improved Resilient Backropagation com Retrocesso do Peso
LED	Light-Emitting Diode
LIP	Região Intraparietal Lateral
LM	Levenberg-Marquardt
LMA	Algoritmo de Levenberg-Marquardt
LMBP	Algoritmo de Levenberg-Marquardt e Backpropagation
LS	Liquidez Seca
MAE	Mean Absolute Error
MATHWORKS	Developer of Mathematical Computing Software for Engineers and Scientists.
MATLAB	Matrix Laboratory
MCC	Coeficiente de Correlação de Matthews
MGFPROP	Magnified Gradient Function RPROP
MLP	Multi-Layer Perceptron
MMQ	Método dos Mínimos Quadrados
MMQO	Método dos Mínimos Quadrados Ordinários

MQUANT	Laboratório de Métodos Quantitativos da EPPEN-UNIFESP
MSE	Mean Squared Error
NASDAQ	National Association of Securities Dealers Automated Quotations
NVIDIA	AI Computing Company
QPROP	Quick Backropagation
QRPROP	Algoritmo Híbrido entre o QPROP e o RPROP
ReSARPROP	Restart mode Simulated Annealing RPROP
RMSE	Root Mean Squared Error
RNA	Rede Neural Artificial/Redes Neurais Artificiais
RPROP	Resilient Backropagation
$RPROP^{-}$	Resilient Backropagation sem Retrocesso do Peso
$RPROP^{+}$	Resilient Backropagation com Retrocesso do Peso
RTRL	Real Time Recurrent Learning
SARPROP	Simulated Annealing RPROP
SE	Sistema Especialista
SOM	Self Organizing Maps
TLFN	Time Lagged Feedforward Neural Network
UNIFESP	Universidade Federal de São Paulo
VN	Verdadeiro Negativo
VP	Verdadeiro Positivo

Símbolos Importantes

Notação	Descrição
$f' \ \ x$	Notação de Lagrange para derivada da função $f(x)$
$\frac{df}{dx}$	Notação de Leibniz para derivada da função $f(x)$
$\dot{f} \ \ x$	Notação de Newton para derivada da função $f(x)$
Df	Notação de Euler para derivada da função $f(x)$
$\frac{\partial f}{\partial x}$	Derivada parcial da função f com relação a x
$f_x \ \ x, y$	Derivada parcial da função f com relação a x
$D_x f$	Derivada parcial da função f com relação a x
$\mathbf{x}$	Vetor n-dimensional dado por $x_1, x_2, \ldots x_n$
$J \ \ \mathbf{x}$	Jacobiana
$H \ \ \mathbf{x}$	Hessiana
$\lVert \mathbf{V} \rVert$	Comprimento do vetor $\mathbf{V}$
$D_{\mathbf{V}} f \ \ x, y$	Taxa de variação da função $f(x, y)$ na direção do vetor $\mathbf{V}$
$\nabla f \ \ x, y$	Gradiente da função $f(x, y)$
$\text{grad} f$	Gradiente da função f
$\sqcup$	Não
$\wedge$	E
$\vee$	Ou
$\oplus$	Ou Exclusivo
$\veebar$	Ou Exclusivo
$\rightarrow$	Implica, Se-Então
$\leftrightarrow$	Se, e somente se
$\subseteq$	É um subconjunto de
$\supset$	Contém
$\subset$	Está contido
$\exists$	Existe
$\in$	Pertence
$\notin$	Não pertence
$\equiv$	É definido como, É igual por definição a
$\int$	Integral de Riemann
$\bar{X}$	Média dos valores observados da variável X
$\mathbf{x}^*$	Mínimo (ou Máximo) local
$\mathbf{x}'$	Vetor $\mathbf{x}$ transposto
$\lvert x \rvert$	Valor absoluto (magnitude) de x
$\hat{Y}$	Estimativa de Y

w_{kj}	Peso sináptico da sinapse *j* pertencente ao neurônio *k*
$\leftarrow$	Recebe
$\propto$	É proporcional a, Varia com
$\square$	Conjunto dos números reais
$\square^{n}$	Conjunto de todos os vetores reais *n*-dimensionais
$\exp\ x$	e^x, Exponencial de *x*
$\exp\ 1$	$e = 2,718281828459045\ldots$
sgn x	Função sinal de *x*
XOR	Operador lógico "ou exclusivo"
ln	Logaritmo Neperiano
max	Função máximo
min	Função mínimo

Alfabeto Grego

Pronúncia	Minúscula	Maiúscula
alfa	α	Α
beta	β	Β
gama	γ	Γ
delta	δ	Δ
épsilon	ε	Ε
dzeta	ζ	Ζ
eta	η	Η
teta	θ	Θ
iota	ι	Ι
capa	κ	Κ
lâmbda	λ	Λ
mi	μ	Μ
ni	ν	Ν
ksi	ξ	Ξ
omicron	o	Ο
pi	π	Π
rho	ρ	Ρ
sigma	σ	Σ
tau	τ	Τ
upsilon	υ	Υ
phi	φ	Φ
khi	χ	Χ
psi	ψ	Ψ
ômega	ω	Ω

Parte I

1. Introdução

2. Background Matemático e MATLAB®

Capítulo 1

Introdução

O Livro Gênesis narra como o pó da terra, modelado e exaltado pelo sopro da vida tornou-se o primeiro homem. A poeira ubíqua do Sistema Solar primordial – salpicos de carbono, grânulos de silício, moléculas de amoníaco, cristais de gelo – amalgamou-se, migalha a migalha, em planitesimais, os germes, ou estágios iniciais, dos planetas.

Dava Sobel
Os Planetas

1.1 Apresentação

Este livro foi elaborado para servir como ferramenta de apoio em disciplinas de graduação e pós-graduação que utilizem redes neurais artificiais, proporcionando um entendimento completo da matemática envolvida nos algoritmos desses objetos.

O material inicial que deu origem a esse texto foi elaborado para atender a alguns cursos na área de métodos quantitativos da Escola Paulista de Política, Economia e Negócios da Universidade Federal de São Paulo (EPPEN – UNIFESP).

A partir de vários trabalhos realizados com estudantes de graduação e pós-graduação de diversas áreas, surgiu a necessidade de um capítulo que contivesse um background matemático onde aspectos teóricos fossem descritos de forma que o principal requisito seja conhecimentos básicos de cálculo diferencial.

As redes neurais de camadas múltiplas podem realizar diversas tarefas complexas de reconhecimento de padrão, predição, previsão e classificação. Tais aproximações são viabilizadas devido à utilização de funções de ativação não lineares aplicadas aos pesos das redes nos neurônios das camadas ocultas. A aprendizagem envolve ajustes incrementais e simultâneos dos pesos de tal maneira que as funções de ativação permitem que gradualmente haja uma aproximação aos valores desejados. Nesse processo, o erro de predição diminui incrementalmente até alcançar um valor inferior ao que foi especificado pelo analista. Sendo que este processo é denominado de aprendizagem da rede neural.

Para apresentar o assunto, de tal forma que as redes neurais não sejam consideradas "caixas-pretas", os algoritmos e processos de treinamento são analisados de maneira detalhada com respeito à maneira como cada peso é atualizado e otimizado, de acordo com as estratégias de minimização de erro que são empregadas.

São apresentadas as construções de algumas das principais variantes do gradiente descendente. Cada método de aprendizagem é tratado intuitivamente e em detalhes, sendo realizados cálculos manuais para dirimir o preconceito de que redes neurais artificiais são caixas-pretas; ou seja, em que as regras de construção não são claras e bem definidas. A abordagem matemática é realizada de tal forma que seja possível convertê-la em um algoritmo, consequentemente facilitando a implementação e aplicação da técnica considerada.

1.2 Alguns Aspectos Conceituais e História

A unidade anatômica estrutural básica do sistema nervoso é o neurônio. O termo "neurônio" foi criado por Heinrich Wilhelm Gottfried von Waldeyer-Hartz e aparece em seu trabalho de 1891 intitulado *Ueber einige neuere Forschungen im Gebeite der Anatomie des Centralnervensystems*.

Em 1906 o prêmio Nobel de Fisiologia ou Medicina foi oferecido a Camillo Golgi e Santiago Ramón y Cajal em reconhecimento por seus trabalhos sobre a estrutura do sistema nervoso. Esse fato permite ter uma ideia precisa da importância do estudo da estrutura do cérebro há mais de cem anos e como a neurociência tem sido uma das áreas mais relevantes e ativas de todos os campos das ciências básicas e aplicadas.

Com o desenvolvimento da eletrônica e a construção dos primeiros computadores digitais houve o surgimento de uma miríade de aplicações em diversos setores, tais como medicina, entretenimento, militar, etc. A eletrônica permitiu construir equipamentos capazes de realizar de forma muito mais rápida cálculos complicados de sequências aritméticas e operações lógicas envolvidas no processo mental humano. Acoplada a dispositivos mecânicos, a eletrônica embarcada permitiu a automação de atividades anteriormente desempenhadas apenas por profissionais especializados.

Em 1946, a construção do primeiro computador o ENIAC (Eletronic Numerical Integrator and Computer), marcou o início de uma nova indústria que permitiu a convergência de várias áreas como psicologia, neurociência, linguística, filosofia, engenharia, matemática, lógica, sociologia, entre outras. Com o passar do tempo, a multiplicidade de funções exigida na realização de tarefas cada vez mais complexas, viabilizou a criação de sistemas, equipamentos e dispositivos que integram um conjunto de conhecimentos concentrados em duas partes, denominadas de hardware e software. O hardware sendo constituído pelas peças que compõem o equipamento ou máquina e o software o conjunto de instruções, regras e programas que gerenciam as funções das diversas peças. A evolução do hardware e do software acontece de maneira simbiótica, sendo difícil as limitações de um deles não implicarem nas limitações do outro.

Acompanhando as mudanças tecnológicas, científicas, sociais e culturais que ocorriam na primeira metade do século XX, surgiram os primeiros resultados que tentavam modelar matematicamente as funções do neurônio, dessa forma, buscando obter uma rede de neurônios que fosse capaz de aprender e realizar determinadas operações lógicas. Estes trabalhos são reconhecidos como sendo os primeiros trabalhos do campo de pesquisa denominado de Inteligência Artificial, abreviadamente também chamada de IA, que tem como objetivos principais compreender e construir entidades inteligentes.

O termo Inteligência Artificial (IA) foi apresentado pela primeira vez em 1956 por John McCarthy, seus trabalhos enfatizavam problemas epistemológicos, ou seja, problemas que tratavam sobre quais informações e quais modos de raciocínio são necessários para descrever um comportamento inteligente.

Uma definição de inteligência pode ser encontrada na enciclopédia britânica:
"Habilidade de se adaptar afetivamente ao ambiente, realizando uma mudança em si mesmo ou pela mudança do ambiente ou encontrando um novo."

É comum chegar-se a conclusão de que é praticamente impossível definir exatamente o que é inteligência. Dessa forma, o conceito de IA é considerado amplo e alguns pesquisadores dividem o conceito de IA em duas classes: a IA Fraca e a Forte.

A IA Fraca refere-se a um tipo de característica "pensante" que pode ser adicionada aos computadores para torná-los mais úteis aos humanos, ou seja, são construídos sistemas que agem de maneira inteligente e buscam as melhores (ou piores) alternativas na realização de uma tarefa. Exemplos mais claros de IA Fraca são os Sistemas Especialistas (SE). Na IA Fraca as máquinas simulam o comportamento humano, porém, sem a real consciência de suas ações (Artero, 2008).

No caso da IA Forte, os computadores podem mimetizar processos de pensamento humanos. Em outras palavras, ela tenta modelar o processo do cérebro dando autonomia de julgamentos e decisões à entidade que a possui. Na IA Forte as máquinas serão realmente capazes de pensar como uma pessoa, apresentando todas as características de consciência que os humanos possuem (Artero, 2008).

De acordo com Sage (1990) o objetivo da Inteligência Artificial (IA) é o desenvolvimento de paradigmas ou algoritmos que requeiram máquinas para realizar tarefas cognitivas, nas quais os humanos são atualmente melhores.

Algoritmo
O termo algoritmo é derivado do nome do matemático persa (atual Irã) Abū Abd Allāh Muhammad ibn Mūsā al-Khwārizmī ou Abū Jáfar Muhammad ibn Mūsā al-Khwārizmī que viveu durante o século IX e a quem se atribui o desenvolvimento da regra passo a passo para a adição, multiplicação e divisão de números decimais ordinários.

Harel, D.
Algorithmics, The Spirit of Computing

A cognição pode ser definida como sendo o processo de conhecer e, mais precisamente, o processo de estar consciente, sabendo, pensando, aprendendo e julgando. O estudo da cognição está ligado às áreas da psicologia, linguística, ciência da computação, neurociência, matemática, etologia (estuda o comportamento animal) e filosofia. A partir dessa definição de cognição parece difícil conceber que seja possível encontrar tais características em algo que não seja um ser humano e muito menos em uma máquina. Isso porque a cognição está dentro da mente humana. A missão concentra-se em entender a relação da mente com o mundo. Uma das ciências que se dedica a essa tarefa é a psicologia cognitiva.

Epistemologia
Um ramo da parte teórica da ciência da filosofia, epistemologia (do grego episteme = conhecimento, ciência, e logos = estudo) é definida como *a ciência do conhecimento estudada a partir do ponto de vista filosófico*, ou *a ciência do conhecimento em suas causas últimas e princípios primeiros, estudada usando a luz do raciocínio natural.*

Horrigan, P. G.
Epistemology: An Introduction to the Philosophy of Knowledge

A psicologia cognitiva estuda as funções de elevado nível de complexidade que o cérebro realiza, tal como a compreensão e uso da fala, visão, percepções, processamento de informação, raciocínio, planejamento, cálculos, resolução de problemas e automonitoramento. Basicamente, o objetivo está concentrado em entender como o cérebro humano entende o mundo a sua volta e então utiliza este entendimento para determinar qual ação deverá ser realizada em determinado instante.

A aplicação de técnicas e ferramentas que utilizam IA constitui-se em uma indústria que oferece soluções para variados problemas que as empresas se deparam diariamente. A IA possui algumas divisões, sendo que as principais e que oferecem maior quantidade de soluções para produtos e serviços são: as redes neurais artificiais, lógica fuzzy (ou lógica nebulosa), sistemas especialistas, algoritmos genéticos, reconhecimento de fala, agentes inteligentes e visão de máquina. Cada uma dessas divisões contempla uma grande variedade de pesquisas e aplicações para resolver problemas de reconhecimento de padrões até os problemas clássicos de otimização que são muito comuns nas empresas.

Assim, a Inteligência Artificial alcançou status de ciência e é um dos campos de pesquisa e aplicações bastante prolífero, dentro dessa grande área as redes neurais artificiais têm prosperado e gerado diversos resultados importantes.

O estudo das redes neurais artificiais tem progredido e é originado de pesquisas sobre Inteligência Artificial, a qual tem o interesse de entender o cérebro e/ou criar uma máquina que mimetize suas funções. As primeiras pesquisas que tentaram definir um modelo computacional do processo de pensamento no cérebro iniciaram com os trabalhos de McCulloch e Pitts, Hebb e Rosenblatt entre os anos de 1943 e 1958. Mais precisamente, o trabalho de 1943 intitulado *A Logical Calculus of Ideas Immanent in Nervous Activity* que tem como autores Walter Harry Pitts Jr.

e Warren Sturgis McCulloch é considerado tanto o primeiro trabalho de IA, como também a primeira proposta de modelar matematicamente o neurônio, ou seja, este é o trabalho seminal (inaugural) sobre Redes Neurais Artificiais (RNA).

Em 1949 com a publicação do livro *The Organization of Behavior* por Donald Olding Hebb, ocorre um grande avanço conceitual no modo como os neurônios artificiais eram entendidos, a proposta sugerida por ele viria a ser conhecida como a Lei de Hebb. A afirmação do trabalho, que caracteriza o que denominamos de aprendizagem Hebbiana, é dada por:
"Quando um axônio da célula A está perto o bastante para excitar uma célula B e repetidamente ou persistentemente participa ativando-o, algum processo de crescimento ou de mudança metabólica ocorre em uma ou em ambas as células tal que a eficiência de A, como uma célula de ativação de B, é aumentada."

Ciência
A façanha de Karl Raimund Popper foi descrever o que era uma ciência positiva sem ter que recorrer ao princípio da indução. Formalmente, uma ciência é um conjunto de hipóteses seguido de conclusões que daí se podem extrair pela lógica e pela matemática, desde que satisfeita uma condição: algumas das hipóteses ou das conclusões do modelo devem poder ser conferidas empiricamente, por experiências que tanto possam corroborá-las quanto provar a sua falsidade. Em suma, a característica fundamental de um modelo científico é que ele se expõe ao risco do falseamento. Basta uma evidência empírica contra as suas predições para que ele desabe qual castelo de cartas. As evidências a favor não provam que ele seja verdadeiro. Apenas corroboram como verdade provisória.

Simonsen, M. H.
Ensaios Analíticos

O nome "rede neural" deriva da estrutura neural do cérebro, na terceira página do trabalho de McCulloch e Pitts de 1943 podemos encontrar a expressão "nervous nets", portanto é uma expressão inventada por neurofisiologistas e matemáticos que tentaram simular e modelar os neurônios do cérebro.

O ritmo de obtenção de novos resultados na área de redes neurais foi gradual e sofreu da falta de algoritmos de treinamento eficientes, sendo que grande parte do desenvolvimento destes algoritmos foi desenvolvido na área de engenharia de controle. A grande inovação que gerou novas possibilidades nas atividades teóricas e práticas em redes neurais aconteceu principalmente devido a criação do perceptron por Frank Rosenblatt em 1958 e conduziu a novas maneiras de encarar o processo de aprendizagem dos neurônios artificiais. Em seu trabalho *The Perceptron: A Probabilistic Model for Information Storage and Organization in the Brain*, Rosenblatt lança as bases da rede neural mais simples, constituída por uma única camada e utilizada para classificação de padrões.

A publicação, em 1962 por Rosenblatt, do livro *Principles of Neurodynamics: Perceptrons and the Theory of Brain Mechanisms*, apresenta a criação dos chamados perceptrons de múltiplas camadas; MLP – multilayer perceptron. Na página 311 desse livro tem início a seção PART III, MULTI-LAYER AND CROSS-COUPLED PERCEPTRONS, onde são considerados perceptrons com camadas adicionais. Esse foi o ponto inicial de uma revolução na forma de encarar o processo de aprendizagem dos neurônios artificiais.

Porém, em 1969 Marvin Minsky e Seymour Papert publicaram o livro *Perceptrons: An Introduction to Computational Geometry* que demonstra uma limitação do perceptron em realizar o processo de aprendizagem de um circuito contendo o OU-Exclusivo, também chamado de XOR.

Esse fato aliado à falta de capacidade de processamento dos computadores da época causou um impacto negativo no avanço das pesquisas sobre redes neurais artificiais.

Alguns resultados de trabalhos do período de 1963 até 1986, principalmente devem-se a
Arthur Earl Bryson Jr.,
Walter Frank Denham,
Stuart Ernest Dreyfus,
Yu-Chi Ho,
Paul John Werbos,
David Everett Rumelhart,
Geoffrey Everest Hinton e
Ronald J. Williams,
e ajudaram na elaboração de um novo método de treinamento, chamado de backpropagation (retropropagação). Revertendo a estagnação gerada pelos apontamentos limitantes de Minsky e Papert. A utilização da técnica de retropropagação levou a uma nova onda de atividades de pesquisa na área de redes neurais.

O MLP com backpropagation é o exemplo mais bem sucedido de uma rede neural, com a maioria das aplicações industriais (exemplo: controle e robótica) implementando esta arquitetura, a despeito de haver um grande número alternativo de arquiteturas (Azoff, 1994).

Em 1982 John Joseph Hopfield publica o trabalho *Neural Networks and Physical Systems with Emergent Collective Computational Abilities* que, de acordo com muitos pesquisadores de redes neurais, desempenhou um papel mais importante do que qualquer outro trabalho individual em reviver o campo (Eberhart e Shi, 2011). Essas redes acabaram recebendo o nome de redes de Hopfield.

Ainda em 1982, no trabalho *Self-Organized Formation of Topologically Correct Feature Maps* surge um outro resultado importante, Teuvo Kalevi Kohonen desenvolve os mapas auto-organizáveis (Self Organizing Maps - SOM) em que os neurônios são forçados a se organizar sozinhos, realizando um treinamento não supervisionado.

Então, em 1986 com a publicação *Learning Representations by Back-propagating Errors* por Rumelhart, Hinton e Williams e do livro *Parallel Distributed Processing: Explorations in the Microstructure of Cognition* por Rumelhart e James Lloyd McClelland, o algoritmo de retropropagação passa a se tornar a técnica mais popular para treinamento de perceptrons de múltiplas camadas.

Este assunto é atualmente interdisciplinar, indo dos biólogos e psicólogos, os quais têm um grande entendimento sobre o processo computacional no cérebro, até físicos que têm formulado com sucesso modelos mecânico-estatísticos de redes, engenheiros interessados em projetos de processadores massivamente paralelos, matemáticos, cientistas de computação e estatísticos para os quais a fundamentação rigorosa, a lógica do raciocínio e o reconhecimento de padrão são áreas de interesse.

Uma rede neural pode ser considerada como uma técnica de processamento de dados que mapeia, ou relaciona, algum tipo de entrada de informação a uma saída de dados. Por exemplo, a entrada pode estar na forma de uma imagem bidimensional com alguma parte faltante ou segmento distorcido e o processamento da saída pode produzir uma imagem corrigida. Nas aplicações em séries temporais, a entrada pode ser uma série temporal unidimensional e a saída a melhor estimação para o próximo item na série (Azoff, 1994). Em geral, a tarefa executada pela rede neural pode ser dividida em quatro tipos distintos de aplicação (Duda e Hart, 1993).

a) Classificação: decidir em qual categoria uma determinada entrada deverá ser inserida;
b) Associação: atua como uma memória de conteúdo endereçável que recorda uma saída, dada

alguma parte desta na forma de uma entrada;
c) Codificação: comprime e codifica uma entrada através da produção de uma saída com dimensão reduzida. Também pode ser realizada a operação inversa, ou seja, uma decodificação;
d) Simulação: a criação de uma nova saída para uma entrada que atua como um estímulo, no caso da rede ter sido exposta a uma amostra de estímulo possível;

Além dessas tarefas Eberhart e Shi (2011) também destacam outros tipos de aplicações.
e) Complemento de padrão: um padrão incompleto é passado para a rede, e a rede produz uma padrão de saída que têm preenchidas as porções de padrão ausentes;
f) Remoção de ruído: um padrão de entrada corrompido por um ruído é apresentado à rede, e a rede remove alguns (ou todos) dos ruídos e produz uma versão mais limpa do padrão de entrada como saída;
g) Controle: uma entrada padrão é apresentada representando o estado atual de um controlador e a resposta desejada para isso, a rede gera uma saída que é a sequência de comando que irá criar a resposta desejada;
h) Otimização: um padrão de entrada representando os valores iniciais para um problema de otimização específico é apresentado à rede, e a rede produz um conjunto de variáveis que representa a solução otimizada aceitável para o problema.

Qualquer tarefa particular pode envolver um certo número das funções descritas acima. Por exemplo, a previsão de séries temporais por um perceptron pode envolver um elemento de compressão dos dados de entrada (codificação), um elemento de redução de ruído (associação), a capacidade de determinar padrões recorrentes que levem a comportamento preditível (classificação) e a previsão de um único evento (simulação).

Algumas tarefas de processamento desempenhadas pela rede neural podem também ser realizadas por técnicas tradicionais, tal como a análise de regressão (Azoff, 1994). No entanto, nenhuma compartilha das capacidades únicas da rede neural, que podem ser sumarizadas nos itens a seguir.
a) Generalização: a rede neural é inicialmente estabelecida a partir de uma fase de treinamento, onde entradas de exemplo são apresentadas e a rede é treinada para extrair informações relevantes desses padrões. Subsequentemente, a rede tem a capacidade de generalizar, ou seja, uma entrada ainda não vista e não utilizada também poderá ser processada;
b) Flexibilidade: o limite de tarefas para as quais uma rede neural pode ser aplicada excede qualquer uma das técnicas tradicionais;
c) Modelagem não linear: o processo de mapeamento da rede neural envolve funções não lineares que podem consequentemente cobrir um limite maior da complexidade do problema. Embora outras técnicas não lineares existam, a rede neural é superior na sua generalidade e fácil implementação prática.

Existem numerosas arquiteturas de redes neurais, porém estas podem ser divididas em três grandes classes, tomando como base as técnicas usadas para treinar iterativamente os parâmetros livres na rede, conhecidos como pesos. As classes de aprendizagem são descritas a seguir (Haykin, 2001).
a) Treinamento supervisionado: as saídas desejadas da rede neural são conhecidas durante o treinamento, de tal forma que o erro, que é a diferença entre o valor desejado e a saída real, podem ser realimentados para a rede de modo que seu desempenho seja melhorado. Um exemplo dessa arquitetura é o perceptron de múltiplas camadas.
b) Aprendizagem por reforço: aqui temos que os valores desejados para cada um dos exemplos de entrada da rede neural são não conhecidos, ou não são usados, sendo que apenas um critério para verificar se o desempenho da rede está correto ou não é utilizado na retropropagação. Nenhuma

informação sobre a saída correta real está disponível para treinamento. Em alguns casos o julgamento para avaliação está disponível apenas depois que uma sequência de entradas tenha sido apresentada, a qual cria uma separação entre entradas individuais e o desempenho desejado da rede.
c) Aprendizagem não supervisionada: nesse caso, existe uma falta total de realimentação para informar se o objetivo da aprendizagem foi alcançado ou não. Estes tipos de rede são auto-organizáveis, usando correlações entre os padrões de entrada para categorizá-los de acordo com as classes autodescobertas. Um exemplo deste tipo de rede são os mapas de Kohonen auto-organizáveis.

Verossimilhança
Karl Popper ... sustenta que as consequências lógicas de uma teoria podem ser divididas entre as que são verdadeiras (o "conteúdo de verdade" da teoria) e as que são falsas (o "conteúdo de falsidade"). A diferença entre os dois conjuntos de consequências indica-nos a "verossimilhança" da teoria, ou quão perto ela se encontra da verdade. Dadas duas teorias rivais, A e B, podemos conjecturar que A possui maior verossimilhança se acarretar todas as consequências verdadeiras de B e mais algumas, e se não tiver mais consequências falsas do B.

Kneller, G. F.
A Ciência como Atividade Humana

Conforme as nações desenvolvem-se, elas progridem em termos das suas características de vantagens competitivas e dos modos de competir. De todas as coisas que podem modificar as regras da concorrência, a transformação tecnológica figura entre as mais importantes (Porter, 1989).

As redes neurais são aplicadas em diversos produtos comerciais e negócios, são utilizadas, por exemplo, para tarefas de previsão, no setor automotivo, em contabilidade, robótica, reconhecimento de face e de fala, visão de máquina, medicina e finanças.

Uma das principais razões para o uso de redes neurais nas empresas é a capacidade de realizar previsão de um dado valor desejado ou variável de saída y, a partir de um conjunto de variáveis de entrada observadas x. Em séries temporais, o conjunto de variáveis de entrada x pode incluir variáveis atrasadas no tempo das variáveis atuais de x, bem como valores atrasados de y. Para a previsão de um período curto o modelo linear é um ponto de partida razoável, ou benchmark, visto que em muitos mercados, observam-se apenas pequenas mudanças simétricas na variável a ser predita, ao longo de uma tendência de longo prazo. No entanto, isto pode não ser preciso o bastante para mercados financeiros voláteis em que pode haver um processo não linear dos dados. Movimentos lentos no aumento dos preços dos ativos, seguidos por colapsos repentinos conhecidos como "bolhas" são comuns de acontecer. Dessa forma, o modelo linear pode falhar em capturar ou prever pontos de mudança acentuada nos dados. Por esta razão é que são utilizadas técnicas não lineares de previsão. A rede neural é uma alternativa aos modelos lineares e se equipara a algumas abordagens não paramétricas de aproximação de sistemas não lineares.

A razão para o uso de uma rede neural é simples e direta. O objetivo é encontrar uma abordagem ou método ao qual realize bem previsões para dados gerados para processos que frequentemente são desconhecidos e altamente não lineares, com uma quantidade pequena de parâmetros e que seja mais fácil de estimar que os modelos não lineares paramétricos.

No setor automotivo pode-se destacar o uso de redes neurais em sensores, controladores e atuadores. Os automóveis atuais utilizam uma grande quantidade de dispositivos eletrônicos e mecânicos. Alguns destes são atuadores (por exemplo, os freios), enquanto outros são sensores (por exemplo, medidor de velocidade). Um caso típico de aplicação é a medição da temperatura do óleo da transmissão, que utiliza um sensor dedicado. Porém, pode-se considerar um sensor virtual para determinar a temperatura do óleo, a partir de informações existentes de outros sensores disponíveis (tal como, da temperatura do ar, engrenagem da transmissão e velocidade do motor) e de um modelo apropriado, criar um sinal virtual, possibilitando a estimação da temperatura do óleo na transmissão. A precisão deste sinal virtual naturalmente depende tanto da precisão dos parâmetros do modelo como dos sinais existentes que alimentam o modelo. Além disso, existem sinais que precisam ser escolhidos com cuidado, porque a presença de sinais irrelevantes pode complicar o projeto do sensor virtual. O termo moderno "sensor virtual" aparece utilizado algumas vezes intercambiável com sua contrapartida mais antiga "observador". Um sensor virtual assume menos conhecimento do processo físico, enquanto que um observador assume mais desse tipo de conhecimento (Prokhorov, 2008).

Inteligência Computacional
É o estudo da concepção de agentes inteligentes. Um agente é algo que atua em um ambiente - ele faz alguma coisa. Agentes incluem vermes, cães, termostatos, aviões, seres humanos, organizações e sociedade. Um agente inteligente é um sistema que funciona de forma inteligente: o que ele faz é apropriado para suas circunstâncias e seus objetivos, que são flexíveis para ambientes mutáveis e metas variáveis, ele aprende com a experiência, e faz escolhas adequadas dadas as limitações de percepção e computação finita. O objetivo científico central da inteligência computacional é entender os princípios que tornam o comportamento inteligente possível, nos sistemas naturais ou artificiais. A hipótese principal é que o raciocínio é computação.

Poole, D., Mackworth, A. e Goebel, R.
Computational Intelligence: A Logical Approach

As áreas de finanças e contabilidade envolvem problemas que não podem ser resolvidos facilmente e a busca por técnicas que possibilitem métodos alternativos de análise têm levado às redes neurais. As aplicações são realizadas em negócios que envolvem: mercado de ações, taxa de câmbio, falência, taxas de juros, crédito, derivativos, opções, construção de portfólios, commodities, auditoria e fraude. No caso da análise de falência, ela pode envolver não apenas a previsão de falência, mas também considerar as próprias agências que classificam as empresas nas categorias de acordo com sua saúde financeira (Azeem e Mohammad, 2015).

De maneira geral as redes neurais artificiais podem ser aplicadas nas seguintes áreas (Haykin, 2001; Widrow, 1994; Hoffmann, 1998, Hagan, 2014 e Zhang, 2010):

i. Computação numérica. Aproximação, interpolação e otimização de funções.

ii. Modelagem. Modelagem química, modelagem ecológica, modelagem dinâmica e processos industriais.

iii. Data mining (mineração de dados) e representação de conhecimento. Relacionamento entre variáveis e classificação.

iv. Aplicações biológicas e médicas. Análise genética, análise proteica, análise de biodiversidade, simulação de crescimento, análise de sobrevivência, previsão de comunidades, etc.

v. Aplicações ambientais. Predição de poluentes, monitoramento ambiental, discriminação de habitat, etc.

vi. Reconhecimento e processamento visual e de áudio. Reconhecimento de face e de escrita, processamento de imagem e radar, compressão de imagem, extração de características, remoção de ruídos, visão de robôs, identificação de alvos, reconhecimento e compressão de áudio, reconhecimento de tecidos e células humanas, etc.

vii. Sistemas de controle. Controle de robôs, controle de órbita, eficiência e controle de tráfego, controle de fluxo de produção, manipulação de armas, rastreamento de alvos, etc.

viii. Sistemas de diagnóstico. Diagnóstico de doenças, diagnóstico de veículos, diagnóstico e fluxo de máquinas, classificação cardiográfica, etc.
ix. Indústria e manufatura. Monitoramento e análise de qualidade, análise de performance, licitação de projeto, análise e projeto de produto, exploração de petróleo, etc.
x. Sistemas de comunicação. Seleção de rota, aeronavegação, remoção de eco, etc.
xi. Aplicações econômica e financeira. Análise de mercado, sistema de consultoria de bolsa de valores, avaliação de imóveis, análise de empréstimos, análise financeira, predição de preço, reconhecimento de cheques e detecção de fraudes.
xii. Aeroespacial. Pilotos automáticos, simulações de trajeto de voo, sistemas de controle de aeronaves, aperfeiçoamentos de piloto automático, simulações de componentes de aviões, detectores de falhas de componentes de aviões.
xiii. Defesa. Controle de armas, rastreamento de objetos, discriminação de objetos, reconhecimento facial, novos tipos de sensores, sonar, radar e processamento de sinais de imagem, incluindo compressão de dados, extração de recursos e supressão de ruído, identificação de sinal/imagem.
xiv. Entretenimento. Animação, efeitos especiais, previsão de mercado.
xv. Telecomunicações. Compactação de imagens e dados, serviços automatizados de informação, tradução em tempo real da linguagem falada, sistemas de processamento de pagamentos de clientes.

Aprendizagem de Máquina
O campo de aprendizagem de máquina está preocupado com a questão de como construir programas de computadores que melhorem automaticamente com a experiência.
Aprendizagem de máquina é o estudo de algoritmos que aprendem a partir dos dados e experiência.
Um programa de computador é dito aprender a partir da experiência E com respeito a alguma classe de tarefas T e medida de performance P, se sua performance nas tarefas em T, tal como medida por P, melhora com a experiência E.

Tom M. Mitchell
Machine Learning

Atualmente as aplicações que envolvem redes neurais têm sido beneficiadas pelo aumento na capacidade de processamento dos computadores. Isso tem levado várias empresas a utilizarem as redes neurais para resolverem problemas de Aprendizagem Profunda (Deep Learning). Em 1986, Rina Dechter publica o trabalho *Learning While Searching in Constraint-Satisfaction-Problems*, que é considerado por muitos pesquisadores como sendo o artigo que descreve o conceito de aprendizagem profunda pela primeira vez.

Entre as empresas que têm explorado essa técnica, a NVIDIA tem sido uma das mais bem sucedidas, destacando a aprendizagem profunda como sendo o campo de mais rápido crescimento da aprendizagem de máquina. Diz ainda que utiliza Redes Neurais Profundas (Deep Neural Networks – DNN) de muitas camadas para aprender níveis de representação e abstração que façam sentido em dados de imagem, som e texto.

Em 2015 Yann LeCun, Yoshua Bengio e Geoffrey Hinton publicaram *Deep Learning*, uma revisão sobre o assunto destacando a importância da aprendizagem profunda nas atividades de processamento de imagens, vídeo, fala e áudio.

As redes neurais artificiais evoluíram de tal forma que seu uso estende-se para diversos tipos de comunidades e indústrias, possibilitando a construção de dispositivos que têm sido aplicados em problemas que envolvem aprendizagem a partir de grande quantidade de dados. Aparelhos que dispõem de recursos de visão de máquina, reconhecimento de fala e escrita, processamento de linguagem natural e descrição de trajetória tem sido cada vez mais incorporados em automóveis, telefones celulares, computadores pessoais e aparelhos domésticos, por exemplo.

O futuro das redes neurais á bastante promissor, tanto como área de pesquisa acadêmica, quanto na construção prática de soluções que atendam diversos mercados. Dessa forma, esse texto foi elaborado para contribuir na aprendizagem inicial de como construir algoritmos de aprendizagem utilizando redes neurais artificiais.

Capítulo 2

Background Matemático e MATLAB

Os primeiros um ou dois bilhões de anos de existência da Terra foram quentes demais para o desenvolvimento de qualquer organismo complexo. Os outros cerca de três bilhões de anos foram ocupados pelo vagaroso processo de evolução biológica, que foi desde os organismos mais simples a seres capazes de medir o tempo a partir do Big Bang.

Stephen William Hawking
Uma Breve História do Tempo

A construção do algoritmo de backpropagation e a modelagem de redes neurais artificiais (RNA) utilizam como uma de suas principais ferramentas, o cálculo diferencial.
O objetivo deste capítulo é fornecer material de apoio para compreender o cálculo de derivadas, do gradiente e noções básicas de lógica proposicional.

2.1 Derivada

Para apresentar o conceito de derivada, recorremos ao exemplo clássico de determinação da reta tangente a uma curva. Com o desenvolvimento da matemática do século XVII este problema começa a ser tratado usando o arcabouço do cálculo diferencial, sendo que Gilles Personne de Roberval, Pierre Fermat, Isaac Newton e Gottfried Wilhelm von Leibniz desempenharam papel fundamental para a solução completa do problema da forma como conhecemos hoje.
Assim, iniciamos com o problema de determinar a reta tangente a uma curva passando por um ponto *P*, tal como mostrado na Figura–1.

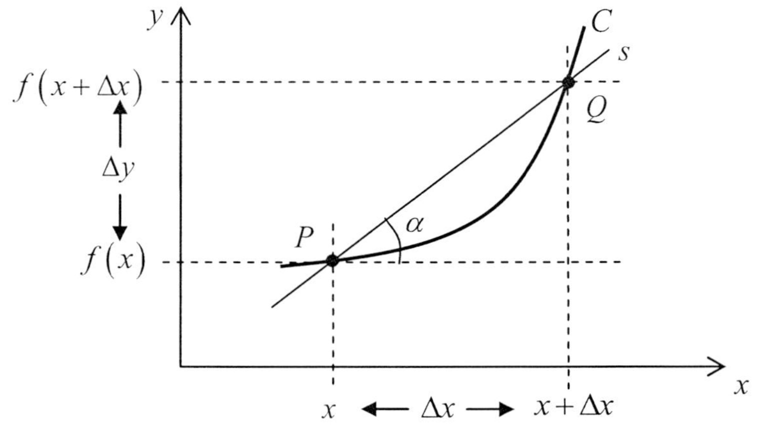

Figura–1 Representação do ponto *P* na curva *C* por onde deve passar uma reta tangente *t*.

A reta *s* é secante à curva *C*, passando pelos pontos *P* e *Q*, tal como mostrado na Figura–1. O ponto *P* tem coordenadas $(x, f(x))$ e o ponto Q tem coordenadas $(x+\Delta x, f(x+\Delta x))$. Leia Δx como "delta *x*", normalmente esse Δ está associado à ideia de variação, nesse caso, uma variação em *x*. O delta também pode ser entendido como a diferença entre dois valores consecutivos de uma variável, por exemplo, $\Delta x = x_i - x_{i-1}$.
O coeficiente angular da reta secante *s* é dado por

$$\frac{f(x+\Delta x)-f(x)}{(x+\Delta x)-x},$$

$$\frac{f(x+\Delta x)-f(x)}{\Delta x}. \qquad (1)$$

Fazer Δx tender a zero implica em aproximar $x+\Delta x$ de *x*. Dessa forma, mantendo o ponto *P* fixo, a reta secante tende a uma reta tangente *t* passando por *P*, tal como mostrado na Figura–2. No limite, fazendo Δx tender a zero, produz

$$\lim_{\Delta x \to 0} \frac{f(x+\Delta x)-f(x)}{\Delta x}.$$

Esse limite recebe o nome de derivada de f com relação a x e uma das notações que recebe é dada por $f'(x)$. Dessa forma,

$$f'(x)=\lim_{\Delta x \to 0} \frac{f(x+\Delta x)-f(x)}{\Delta x}. \qquad (2)$$

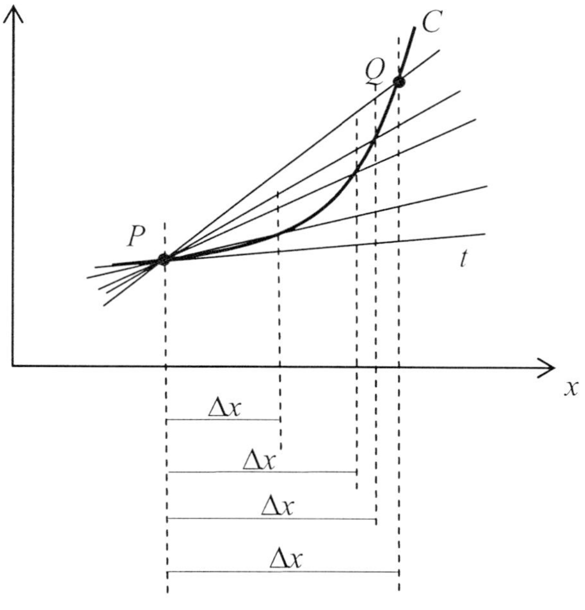

Figura–2 Representação da dinâmica de aproximação do ponto P ao ponto Q, a partir da condição de fazer Δx tender a zero.

Como fazer $\Delta x \to 0$ (delta x tender a zero) implica em fazer a reta s tender à reta t, temos que a inclinação da reta tangente à curva C passando pelo ponto P é dado por $f'(x)$. Sendo assim, podemos definir a derivada de f com relação a x da forma como segue.

Definição. Sejam f uma função contínua e x um ponto pertencente ao seu domínio. Se o limite

$$\lim_{\Delta x \to 0} \frac{f(x+\Delta x)-f(x)}{\Delta x}$$

existe e é finito, então é denominado de derivada de f em relação a x e denotado por $f'(x)$. Assim, a derivada de f em relação a x é a função $f'(x)$ tal que

$$f'(x)=\lim_{\Delta x \to 0} \frac{f(x+\Delta x)-f(x)}{\Delta x}.$$

A definição de derivada, sintetizada na equação (2) refere-se exclusivamente ao tratamento da variação de uma quantidade com relação à outra. Nesse caso, a variação de *f* com relação a *x*.

Quando $f(x_2)=y_2$ é definida em um intervalo aberto contendo x_1, temos que a reta tangente à curva $f(x)=y$ no ponto $P(x_1, f(x_1))$ é a reta que passa por *P* com inclinação dada por (3). Nesse caso, a variação de *f* com relação a *x*. Dados dois pontos distintos de coordenadas (x_1, y_1) e (x_2, y_2) em uma reta *r* não vertical, temos que a inclinação também pode ser escrita como:

$$m=\frac{\Delta y}{\Delta x}=\frac{y_2-y_1}{x_2-x_1}. \tag{3}$$

Dessa forma, a equação da reta que tem inclinação *m* e passa pelo ponto (x_1, y_1) pode ser obtida pela expressão:

$$y=y_1+m(x-x_1). \tag{4}$$

Sendo que a inclinação *m* da reta *r* é a medida da taxa de variação de *y* com relação a *x*.

Existem algumas notações para designar a derivada de uma função. A notação da equação (2) é devida a Joseph Louis Lagrange. Outras notações comuns são:

(i) notação de Isaac Newton dada por $\dot{f}(x)$;

(ii) notação de Leonhard Euler dada por Df e

(iii) notação de Gottfried Wilhelm von Leibniz $\frac{df}{dx}$.

O cálculo que envolve o uso de derivadas é chamado de cálculo diferencial.

EXEMPLO 1.1

Encontre a equação da reta tangente à curva $y=x^2-3x+2$ no ponto $(4,6)$.

A inclinação da reta tangente à curva é obtida a partir de $f'(x)$, nesse caso temos que:

$$f(x)=x^2-3x+2 \text{ e}$$

$$f(x+\Delta x)=(x+\Delta x)^2-3(x+\Delta x)+2=x^2+2x\Delta x+(\Delta x)^2-3x-3\Delta x+2, \text{ então}$$

$$f'(x)=\lim_{\Delta x\to 0}\frac{x^2+2x\Delta x+(\Delta x)^2-3x-3\Delta x+2-(x^2-3x+2)}{\Delta x},$$

$$f'(x)=\lim_{\Delta x\to 0}\frac{2x\Delta x+(\Delta x)^2-3\Delta x}{\Delta x},$$

$$f'(x)=\lim_{\Delta x\to 0}\frac{\Delta x(2x+\Delta x-3)}{\Delta x},$$

$$f'(x)=\lim_{\Delta x\to 0}(2x+\Delta x-3),$$

$$f'(x)=2x-3.$$

Portanto, a inclinação da reta tangente à curva $y = x^2 - 3x + 2$ no ponto $(4,6)$ é obtida a partir de $f'(x)$, como nesse caso temos x igual a 4, então $m = f'(4) = 2.4 - 3 = 5$. A partir da equação da reta temos que:

$$y = 6 + 5(x-4) = 5x - 14.$$

Ou seja, a reta que tangencia a curva $y = x^2 - 3x + 2$, no ponto $(4,6)$ tem equação dada por $y = 5x - 14$.

2.1.1 Regra da Cadeia

Considere uma função $h(x)$, dada pela composição de duas funções $f(x)$ e $g(x)$, ou seja, $h(x) = g[f(x)]$. Aplicando a definição de derivada teremos

$$h'(x) = \lim_{\Delta x \to 0} \frac{h(x+\Delta x) - h(x)}{\Delta x},$$

$$h'(x) = \lim_{\Delta x \to 0} \frac{g[f(x+\Delta x)] - g[f(x)]}{\Delta x}.$$

Nesse ponto, é importante destacar que seria interessante tentar expressar o limite acima em termos de uma derivada para $f(x)$ ou $g(x)$, para isso considere a seguinte substituição

$$r = f(x)$$

e

$$t = f(x+\Delta x) - f(x).$$

Isso permite escrever $f(x+\Delta x)$ da seguinte forma

$$f(x+\Delta x) = r + t.$$

Assim, teremos que

$$h(x) = \lim_{\Delta x \to 0} \frac{g(r+t) - g(r)}{\Delta x}.$$

Multiplicando o limite acima por $\frac{t}{t}$ ficamos com

$$h'(x) = \lim_{\Delta x \to 0} \frac{g(r+t) - g(r)}{\Delta x} . \frac{t}{t},$$

$$h'(x) = \lim_{\Delta x \to 0} \frac{g(r+t) - g(r)}{t} . \frac{t}{\Delta x},$$

$$h'(x) = \lim_{\Delta x \to 0} \frac{g(r+t) - g(r)}{t} . \frac{f(x+\Delta x) - f(x)}{\Delta x},$$

$$h'(x) = \lim_{\Delta x \to 0} \frac{g(r+t) - g(r)}{t} \lim_{\Delta x \to 0} \frac{f(x+\Delta x) - f(x)}{\Delta x}. \tag{5}$$

Para expressar o primeiro limite de (5) como uma derivada da função g, é preciso verificar se t tende a zero quando Δx tende a zero. Sabemos que

$$t = f(x+\Delta x) - f(x),$$

e que a função $f(x)$ é contínua, sendo assim

$$\lim_{\Delta x \to 0} t = \lim_{\Delta x \to 0} \left[f(x+\Delta x) - f(x) \right] = 0.$$

Ou seja, podemos considerar que t tende a zero quando h tende a zero. Voltando em (5), pode-se escrever então, que

$$h'(x) = \lim_{t \to 0} \frac{g(r+t) - g(r)}{t} \lim_{\Delta x \to 0} \frac{f(x+\Delta x) - f(x)}{\Delta x},$$

$$h'(x) = g'(r) f'(x),$$

$$h'(x) = g'\left[f(x) \right] f'(x). \tag{6}$$

Ou ainda, de modo equivalente, se escrevermos

$$y = h(x) = g(u),$$

sendo $u = f(x)$ teremos

$$\frac{dy}{dx} = \frac{dy}{du}\frac{du}{dx}. \tag{7}$$

2.2 Derivada Parcial

A partir do século XVIII a cálculo de derivadas parciais passou a ser mais empregado na resolução de diversos problemas. Esse processo de diferenciação parcial era empregado por pesquisadores como Leonhard Euler e Gottfried Wilhelm Leibniz. Alguns dos primeiros trabalhos que influenciaram a utilização das derivadas parciais são de autoria de Alexis Fontaine des Bertins, sendo um deles contido no *Mémoires donnés à l'Académie Royale des Sciences, non Imprimés dans leur Temps*, publicado em 1764. À medida que os problemas envolviam cada vez mais variáveis nas equações, tornou-se aparente a necessidade de um método para obter derivadas relacionando essas diversas variáveis. Sendo importante entender a taxa de variação relacionando duas variáveis, mantendo as outras constantes.

Considere que uma função de uma variável $f(x) = x^2$ pode ser representada como uma curva tal que a altura no gráfico é dada por $f(x)$, como apresentado na Figura-3a. No caso de uma função de duas variáveis, por exemplo, $f(x,y)=x^2+y^2$, seu gráfico pode ser representado como uma superfície de altura $f(x,y)$, como mostrado na Figura-3b.

Quando uma função de mais de uma variável, como é o caso de $f(x,y)$ na Figura–3b, é diferenciada com relação a apenas uma variável, sendo que as outras são tratadas como constantes, o resultado é uma expressão conhecida como derivada parcial.

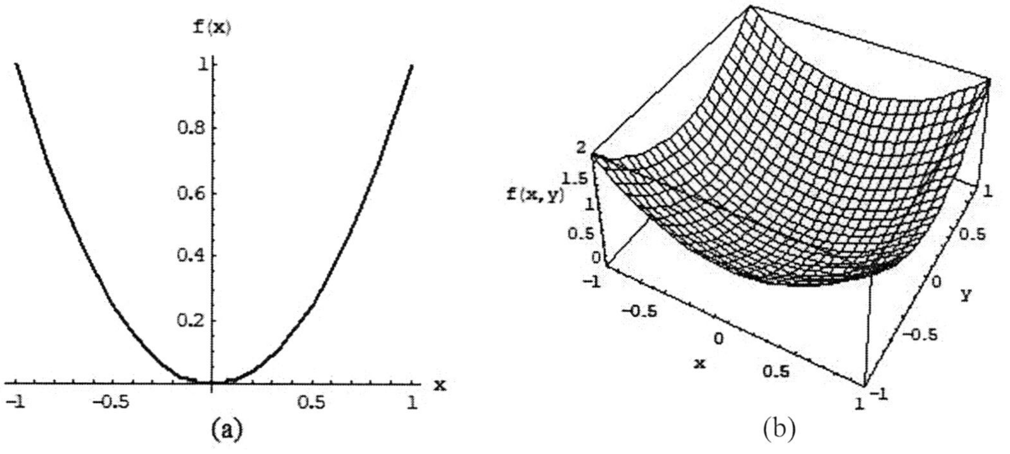

Figura–3 Gráficos de (a) $f(x) = x^2$ e (b) $f(x,y) = x^2 + y^2$.

Portanto, as derivadas denotadas por $f'(x)$, $\dot{f}(x)$ ou df/dx, referem-se a derivadas de uma função univariada. Ou seja, a derivada $f'(x)$ mede a velocidade com que a função f se altera no ponto x. Fazendo $y=f(x)$, chamamos y de variável dependente e x de variável independente. Porém, podemos ter determinada variável que dependa de mais de uma outra variável. Nesse caso, temos as funções multivariadas.

Assim, uma função multivariada é uma função com mais de uma variável independente, por exemplo, uma função com duas variáveis independentes pode ser escrita como $f(x,y)$. Quando estendemos o tratamento das funções no plano cartesiano de duas dimensões $(x,f(x))$ para o caso em que temos três dimensões $(x,y,f(x,y))$, precisamos redefinir a derivada.

A equação $z=f(x,y)$ representa uma superfície S, o domínio dessa função é um subconjunto do plano, de tal forma que se $f(a,b)=c$, então o ponto $P(a,b,c)$ está na superfície S. Por exemplo, seja (a,b) um ponto no plano xy, o ponto $(a,b,f(a,b))$ está na superfície S como mostrado na Figura–4.

Facilmente notamos que podemos ter infinitas retas tangentes passando pelo ponto $(a,b,f(a,b))$. Para restringir a análise, consideramos a obtenção de retas tangentes paralelas ao eixo x e paralelas ao eixo y. Ou seja, fixando $y=b$, onde b é uma constante, faz com que $f(x,b)$ seja uma função apenas da variável x, restringindo nossa análise à curva C formada pela intersecção da superfície S e do plano $y=b$.

Na Figura–5, $y = b$ é um plano vertical paralelo ao plano xz e intercepta a superfície S ao longo de toda a curva C. A curva C é o gráfico da função $f(x,b)$. A reta T é tangente à curva C no ponto $(a,b,f(a,b))$.

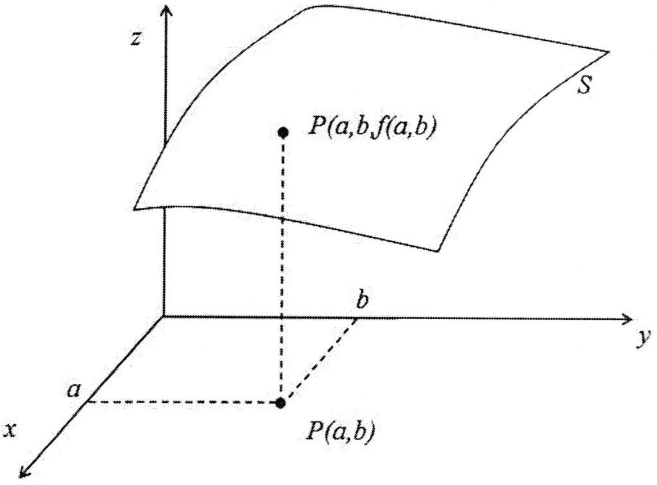

Figura–4 Ponto *P(a, b, f(a,b))* em uma superfície *S*.

A inclinação da reta tangente T no ponto $(a,b,f(a,b))$ é obtida através da derivada parcial de primeira ordem de $f(x,y)$ com relação a x no ponto (a,b). Como estamos mantendo a coordenada y constante, a variação será na direção x. Portanto, a derivada parcial de uma função de várias variáveis com relação a qualquer uma das suas várias variáveis independentes é a taxa de variação da função devido a pequenas mudanças em uma das variáveis independentes, mantendo todas as outras constantes.

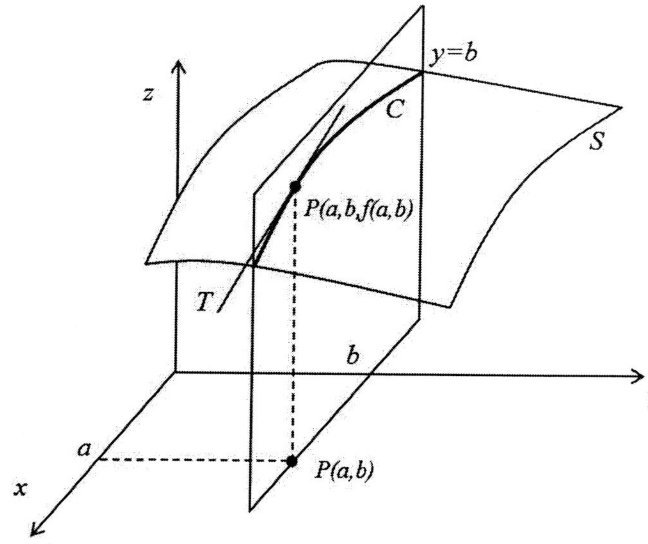

Figura–5 Plano *y=b* interceptando a superfície *S* ao longo da curva *C*.

Para expressar essa ideia no caso de uma função do tipo $f(x,y)$, dizemos que $\frac{\partial f(x,y)}{\partial x}$ representa a derivada de $f(x,y)$ com relação a *x* e $\frac{\partial f(x,y)}{\partial y}$ representa a derivada de $f(x,y)$ com relação a *y* e são definidas, respectivamente, pelos seguintes limites:

$$\frac{\partial f(x,y)}{\partial x} = \lim_{\Delta x \to 0} \frac{f(x+\Delta x, y) - f(x,y)}{\Delta x},$$

$$\frac{\partial f(x,y)}{\partial y} = \lim_{\Delta y \to 0} \frac{f(x, y+\Delta y) - f(x,y)}{\Delta y}.$$

Em um artigo do ano de 1770 intitulado *Memoire sur les Equations aux différence partielles*, porém que foi publicado em 1773 no *Histoire de L'Academie Royale des Sciences*, Marie Jean Antoine Nicolas de Caritat (mais conhecido como Marquês de Condorcet) indicou um diferencial parcial de *z* com relação a *x* por *dz*, e um diferencial parcial de *z* com relação a *y* por ∂z, alternativamente ele indicou por *dz* um diferencial total e por ∂z um diferencial parcial. O uso da letra arredondada ∂ na notação para diferenciação parcial ocorreu novamente em 1786 em um artigo com título *Memoire sur la manière de distinguer les maxima des minima dans le Calcul des Variations* de Adrien-Marie Legendre. Ele introduz a notação moderna $\frac{\partial v}{\partial x}$ para a derivada parcial (Cajori, 2013).

A letra ∂ normalmente é pronunciada como "del" para distinguir da letra "*d*" utilizada na notação de derivada do tipo $\frac{df}{dx}$.

Algumas notações para derivadas parciais são mostradas a seguir, para isso considere uma função $z = f(x,y)$, então podemos escrever que

$$\frac{\partial f(x,y)}{\partial x} = \frac{\partial f}{\partial x} = f_x(x,y) = \frac{\partial z}{\partial x} = f_1 = D_1 f = D_x f,$$

$$\frac{\partial f(x,y)}{\partial y} = \frac{\partial f}{\partial y} = f_y(x,y) = \frac{\partial z}{\partial y} = f_2 = D_2 f = D_y f.$$

EXEMPLO 1.2

Considere a função $f(x,y) = x^3 + x^2 y - xy^2$. Determine a derivada parcial pela definição da função *f* com relação à variável *x*.

Dada a função temos que:

$$\begin{aligned} f(x+h,y) &= (x+h)^3 + (x+h)^2 y - (x+h) y^2 \\ &= x^3 + 3x^2 h + 3xh^2 + h^3 + (x^2 + 2xh + h^2) y - xy^2 - hy^2 \\ &= x^3 + 3x^2 h + 3xh^2 + h^3 + x^2 y + 2xhy + h^2 y - xy^2 - hy^2, \end{aligned}$$

e

$$\begin{aligned} f(x+h,y)-f(x,y) &= x^3+3x^2h+3xh^2+h^3+x^2y+2xhy+h^2y-xy^2-hy^2-\left(x^3+x^2y-xy^2\right) \\ &= x^3+3x^2h+3xh^2+h^3+x^2y+2xhy+h^2y-xy^2-hy^2-x^3-x^2y+xy^2 \\ &= 3x^2h+3xh^2+h^3+2xhy+h^2y-hy^2. \end{aligned}$$

Então,

$$\frac{\partial f}{\partial x}=\lim_{h\to 0}\frac{f(x+h,y)-f(x,y)}{h}$$

$$\frac{\partial f}{\partial x}=\lim_{h\to 0}\frac{3x^2h+3xh^2+h^3+2xhy+h^2y-hy^2}{h}$$

$$\frac{\partial f}{\partial x}=\lim_{h\to 0}\left(3x^2+3xh+h^2+2xy+hy-y^2\right)$$

$$\frac{\partial f}{\partial x}=3x^2+2xy-y^2.$$

EXEMPLO 1.3

Determine as derivadas parciais $\dfrac{\partial f}{\partial x}$ e $\dfrac{\partial f}{\partial y}$ das funções dadas abaixo.

a) $f(x,y)=5x^4+3\ln y$ b) $f(x,y)=x^\pi y^e$ c) $f(x,y)=\sqrt{e^x+\operatorname{sen}y}$

Para cada uma das funções dadas temos as seguintes derivadas parciais:

a)

$$\frac{\partial f(x,y)}{\partial x}=20x^3,$$

$$\frac{\partial f(x,y)}{\partial y}=\frac{3}{y}.$$

b)

$$\frac{\partial f(x,y)}{\partial x}=\pi x^{\pi-1}y^e,$$

$$\frac{\partial f(x,y)}{\partial y}=x^\pi e y^{e-1}.$$

c)

$$\frac{\partial f(x,y)}{\partial x}=\frac{1}{2}\frac{1}{\sqrt{e^x+\operatorname{sen}y}}e^x,$$

$$\frac{\partial f(x,y)}{\partial y}=\frac{1}{2}\frac{1}{\sqrt{e^x+\operatorname{sen}y}}\cos y.$$

2.3 Jacobiana

Seja $\mathbf{x}$ um vetor n-dimensional dado por $\mathbf{x}=x_1,x_2,\ldots,x_n$ e f uma função de $\mathbf{x}$, podemos escrever que

$$\mathbf{x}=(x_1,x_2,\ldots,x_n) \text{ ou } \mathbf{x}=\begin{pmatrix} x_1 \\ x_2 \\ \vdots \\ x_n \end{pmatrix}$$

e

$$f(\mathbf{x}) = f(x_1, x_2, \ldots, x_n) \text{ ou } f(\mathbf{x}) = f\begin{pmatrix} x_1 \\ x_2 \\ \vdots \\ x_n \end{pmatrix}.$$

Considere a função

$$f\begin{pmatrix} x_1 \\ x_2 \\ x_3 \end{pmatrix} = f(x_1, x_2, x_3) = \begin{pmatrix} x_1 + x_2^{\,2} + x_3 \\ x_1 x_2 + x_3 \end{pmatrix} = (x_1 + x_2^{\,2} + x_3, x_1 x_2 + x_3)$$

que define uma função do $\mathbb{R}^3$ no $\mathbb{R}^2$ (ou seja, $f : \mathbb{R}^3 \to \mathbb{R}^2$).
Podemos escrever as derivadas parciais de f com relação a cada variável x_i da seguinte forma

$$f_{x_i}(\mathbf{x}) = \frac{\partial f(\mathbf{x})}{\partial x_i} = \frac{\partial f(x_1, x_2, \ldots, x_n)}{\partial x_i}, \; i = 1, 2, 3, \ldots, n.$$

Para funções de duas e três variáveis $f : \mathbb{R}^2 \to \mathbb{R}$ e $f : \mathbb{R}^3 \to \mathbb{R}$, temos que $f_{\mathbf{x}}(\mathbf{x})$ para cada caso pode ser escrita, respectivamente, como

$$f_{\mathbf{x}}(\mathbf{x}) = \frac{\partial f}{\partial \mathbf{x}} = \left(\frac{\partial f}{\partial x_1}, \frac{\partial f}{\partial x_2} \right) = \begin{pmatrix} \dfrac{\partial f}{\partial x_1} \\ \dfrac{\partial f}{\partial x_2} \end{pmatrix},$$

$$f_{\mathbf{x}}(\mathbf{x}) = \frac{\partial f}{\partial \mathbf{x}} = \left(\frac{\partial f}{\partial x_1}, \frac{\partial f}{\partial x_2}, \frac{\partial f}{\partial x_3} \right) = \begin{pmatrix} \dfrac{\partial f}{\partial x_1} \\ \dfrac{\partial f}{\partial x_2} \\ \dfrac{\partial f}{\partial x_3} \end{pmatrix}.$$

Para a função $f : \mathbb{R}^3 \to \mathbb{R}$ definida por $f(x_1, x_2, x_3) = 2x_1 + x_1 x_3^2 + 4x_2^3 x_3$, temos que suas derivadas parciais com relação a x_1, x_2 e x_3 são, respectivamente, dadas por

$$\frac{\partial f}{\partial x_1} = 2 + x_3^2,$$

$$\frac{\partial f}{\partial x_2} = 12x_2^2 x_3,$$

$$\frac{\partial f}{\partial x_3} = 2x_1 x_3 + 4x_2^3.$$

Tomando as derivadas parciais de f em um ponto arbitrário, por exemplo, (2, 3, 5) temos que

$$\frac{\partial f}{\partial x_1}(2,3,5)=27,$$

$$\frac{\partial f}{\partial x_2}(2,3,5)=540,$$

$$\frac{\partial f}{\partial x_3}(2,3,5)=118.$$

Podemos usar a mesma interpretação geométrica do caso da derivada de uma variável para as derivadas parciais obtidas acima. Uma vez que x_2 e x_3 estão fixados quando calculamos $\frac{\partial f}{\partial x_1}$, então essa derivada fornece a taxa de variação de f com relação a x_1. No ponto (2, 3, 5) essa taxa de variação na direção de x_1 é igual a 27 e no caso da direção x_2 é 540 e da direção x_3 é de 118.

Para o caso onde temos $f:\mathbb{R}^n \to \mathbb{R}^m$ $(m>1)$ considere como exemplo a função

$$f(x_1,x_2,x_3,x_4)=\left(x_1x_4+x_2{}^2,4x_1x_2+x_3,x_4-x_1x_3^2,3x_1+2x_3,5x_4^4-x_2\right),$$

assim, nesse caso temos $f:\mathbb{R}^4 \to \mathbb{R}^5$ sendo que $f(x_1,x_2,x_3,x_4)=(f_1,f_2,f_3,f_4,f_5)$. Isso significa que f_1,f_2,f_3,f_4 e f_5 são funções das variáveis x_1,x_2,x_3 e x_4, portanto, para o caso mais geral, temos

$$f(x_1,x_2,\ldots,x_n)=\left[f_1(x_1,x_2,\ldots,x_n),f_2(x_1,x_2,\ldots,x_n),\ldots,f_m(x_1,x_2,\ldots,x_n)\right].$$

As derivadas parciais de $f(x_1,x_2,x_3,x_4)$ são dadas por

$$\frac{\partial f}{\partial x_1}=\left(x_4,4x_2,x_3^2,3,0\right),$$

$$\frac{\partial f}{\partial x_2}=\left(2x_2,4x_1,0,0,-1\right),$$

$$\frac{\partial f}{\partial x_3}=\left(0,1,-2x_1x_3,2,0\right),$$

$$\frac{\partial f}{\partial x_4}=\left(x_1,0,1,0,20x_4^3\right).$$

Cada derivada parcial $\frac{\partial f(\mathbf{x})}{\partial x_i}$ fornece a medida da inclinação da curva na direção x_i. A matriz de todas as derivadas parciais da função f com relação a cada uma das variáveis é chamada de Matriz Jacobiana, em homenagem ao matemático alemão Carl Gustav Jacob Jacobi, e aqui será denotada como $\mathbf{J}(\mathbf{x})$. No caso da função $f(x_1, x_2, x_3, x_4)$ a matriz Jacobiana é dada por

$$\mathbf{J}(x_1,x_2,x_3,x_4)=\begin{pmatrix} \frac{\partial f_1}{\partial x_1} & \frac{\partial f_1}{\partial x_2} & \frac{\partial f_1}{\partial x_3} & \frac{\partial f_1}{\partial x_4} \\ \frac{\partial f_2}{\partial x_1} & \frac{\partial f_2}{\partial x_2} & \frac{\partial f_2}{\partial x_3} & \frac{\partial f_2}{\partial x_4} \\ \frac{\partial f_3}{\partial x_1} & \frac{\partial f_3}{\partial x_2} & \frac{\partial f_3}{\partial x_3} & \frac{\partial f_3}{\partial x_4} \\ \frac{\partial f_4}{\partial x_1} & \frac{\partial f_4}{\partial x_2} & \frac{\partial f_4}{\partial x_3} & \frac{\partial f_4}{\partial x_4} \\ \frac{\partial f_5}{\partial x_1} & \frac{\partial f_5}{\partial x_2} & \frac{\partial f_5}{\partial x_3} & \frac{\partial f_5}{\partial x_4} \end{pmatrix},$$

ou em termos dos valores obtidos para cada derivada parcial de (*f*)

$$\mathbf{J}(x_1,x_2,x_3,x_4)=\begin{pmatrix} x_4 & 2x_2 & 0 & x_1 \\ 4x_2 & 4x_1 & 1 & 0 \\ x_3^2 & 0 & -2x_1x_3 & 1 \\ 3 & 0 & 2 & 0 \\ 0 & -1 & 0 & 20x_4^3 \end{pmatrix}.$$

Note que a primeira coluna da matriz Jacobiana $\mathbf{J}(\mathbf{x})$ corresponde à derivada parcial $\frac{\partial f(\mathbf{x})}{\partial x_1}$ e as outras colunas são formadas pelas outras derivadas parciais de $f(\mathbf{x})$, sendo assim podemos escrever para uma função qualquer com domínio em $\mathbb{R}^n$ que

$$\mathbf{J}(\mathbf{x})=\begin{pmatrix} \frac{\partial f}{\partial x_1} & \frac{\partial f}{\partial x_2} & \cdots & \frac{\partial f}{\partial x_n} \end{pmatrix},$$

onde cada derivada de $f(\mathbf{x})$ com relação a x_i representa uma coluna.

Portanto, temos que $\mathbf{J}(\mathbf{x})$ denota a matriz Jacobiana $n \times m$ das derivadas parciais de primeira ordem da função $f(\mathbf{x})$. De forma geral, a Jacobiana pode ser escrita como

$$\left[\mathbf{J}(x)\right]_{i,j}=\frac{\partial f_i(x)}{\partial x_j}, \quad i=1,2,\ldots,m,\ j=1,2,\ldots,n,$$

onde $f_i(x)$ descreve o i-ésimo componente da função $f(\mathbf{x})$. Na forma matricial, temos que a

Jacobiana é dada por

$$\mathbf{J}(\mathbf{x})=\begin{pmatrix}\frac{\partial f_1}{\partial x_1} & \frac{\partial f_1}{\partial x_2} & \cdots & \frac{\partial f_1}{\partial x_n}\\ \frac{\partial f_2}{\partial x_1} & \frac{\partial f_2}{\partial x_2} & \cdots & \frac{\partial f_2}{\partial x_n}\\ \vdots & \vdots & \ddots & \vdots\\ \frac{\partial f_5}{\partial x_1} & \frac{\partial f_5}{\partial x_2} & \cdots & \frac{\partial f_m}{\partial x_n}\end{pmatrix}.$$

EXEMPLO 1.4

Considere a função $g(x_1,x_2,x_3)=2x_1^3-5x_1x_2^2-x_2x_3^4+7$, sua matriz Jacobiana é dada por

$$\mathbf{J}(\mathbf{x})=\begin{pmatrix}6x_1^2-5x_2^2 & -10x_1x_2-x_3^4 & -4x_2x_3^3\end{pmatrix}.$$

EXEMPLO 1.5

Considere a função $h(x)=(3x^2,-x^3,x)$, sua matriz Jacobiana é dada por

$$\mathbf{J}(\mathbf{x})=\begin{pmatrix}6x\\ -3x^2\\ 1\end{pmatrix}.$$

A matriz Jacobiana, onde tanto o domínio quanto o contradomínio são $\mathbb{R}$, fornece a derivada da função de uma variável. Por exemplo, considere a função $g(x)=x^3$ temos que

$\mathbf{J}(x)=(3x^2)$,

que é uma matriz 1×1, ou ainda, nesse caso $\mathbf{J}(x)=g'(x)=3x^2$.

2.4 Hessiana

Seja uma função $f:\mathbb{R}^n\rightarrow\mathbb{R}$, a matriz Hessiana (introduzida por Ludwig Otto Hesse em 1884) de f é a matriz $n\times n$, denotada por $\mathbf{H}(\mathbf{x})$ e definida como

$$\mathbf{H}_{ij}(\mathbf{x})=\frac{\partial^2 f}{\partial x_i\partial x_j}.$$

No caso da matriz Hessiana, temos que as derivadas parciais de segunda ordem, $\frac{\partial^2 f}{\partial x_i^2}$, medem a curvatura da $f(\mathbf{x})$ na direção de x_i. A derivada parcial de segunda ordem $\frac{\partial^2 f}{\partial x_i\partial x_j}$ mede a taxa na qual a inclinação na direção *j* muda à medida que nos movemos na direção *i*. Se a função

$f(\mathbf{x})$ é duas vezes diferenciável, então $\mathbf{H}(\mathbf{x})$ é uma matriz simétrica tal que $\dfrac{\partial^2 f}{\partial x_i \partial x_j} = \dfrac{\partial^2 f}{\partial x_j \partial x_i}$.

Quando os modelos construídos envolvem várias variáveis, a importância do estudo das matrizes Jacobiana e Hessiana é evidente. Uma vez que o cálculo multivariado concentra-se principalmente no fato de que quando uma função *f* depende de várias variáveis, temos inclinações em infinitas direções e precisamos avaliar os comportamentos das inclinações para determinar as curvaturas e formas que a função assume próxima de certos pontos críticos. A matriz Hessiana também pode ser escrita como

$$\mathbf{H}(\mathbf{x}) = \begin{pmatrix} \dfrac{\partial^2 f}{\partial x_1^2} & \dfrac{\partial^2 f}{\partial x_2 \partial x_1} & \cdots & \dfrac{\partial^2 f}{\partial x_n \partial x_1} \\ \dfrac{\partial^2 f}{\partial x_1 \partial x_2} & \dfrac{\partial^2 f}{\partial x_2^2} & \cdots & \dfrac{\partial^2 f}{\partial x_n \partial x_2} \\ \vdots & \vdots & \ddots & \vdots \\ \dfrac{\partial^2 f}{\partial x_1 \partial x_n} & \dfrac{\partial^2 f}{\partial x_2 \partial x_n} & \cdots & \dfrac{\partial^2 f}{\partial x_n^2} \end{pmatrix}.$$

A matriz Hessiana é uma matriz $n \times n$ de segundas derivadas.

EXEMPLO 1.6

Para a função $g : \mathbb{R}^3 \to \mathbb{R}$, do Exemplo 4 da seção anterior, dada por $g(x_1, x_2, x_3) = 2x_1^3 - 5x_1x_2^2 - x_2x_3^4 + 7$, temos que sua matriz Hessiana é igual a

$$\mathbf{H}(\mathbf{x}) = \begin{pmatrix} \dfrac{\partial^2 f}{\partial x_1^2} & \dfrac{\partial^2 f}{\partial x_2 \partial x_1} & \dfrac{\partial^2 f}{\partial x_3 \partial x_1} \\ \dfrac{\partial^2 f}{\partial x_1 \partial x_2} & \dfrac{\partial^2 f}{\partial x_2^2} & \dfrac{\partial^2 f}{\partial x_3 \partial x_2} \\ \dfrac{\partial^2 f}{\partial x_1 \partial x_3} & \dfrac{\partial^2 f}{\partial x_2 \partial x_3} & \dfrac{\partial^2 f}{\partial x_3^2} \end{pmatrix} = \begin{pmatrix} 12x_1 & -10x_2 & 0 \\ -10x_2 & -10x_1 & -4x_3^3 \\ 0 & -4x_3^3 & -12x_2x_3^2 \end{pmatrix}.$$

2.5 Derivada Direcional

Podemos representar um vetor **V** num sistema de coordenadas que considere vetores perpendiculares, tal como mostrado na Figura–6, onde verificamos que $\mathbf{V} = \mathbf{V}_x + \mathbf{V}_y$, sendo que $V_x = V\cos\alpha$ e $V_y = V\text{sen}\alpha$. Como os vetores unitários **i** e **j** estão definidos nas direções e sentidos dos eixos *x* e *y*, respectivamente, então $\mathbf{V}_x = (V\cos\alpha)\mathbf{i}$ e $\mathbf{V}_y = (V\text{sen}\alpha)\mathbf{j}$, dessa forma, o vetor **V** pode ser representado por

$$\mathbf{V} = (V\cos\alpha)\mathbf{i} + (V\text{sen}\alpha)\mathbf{j}.$$

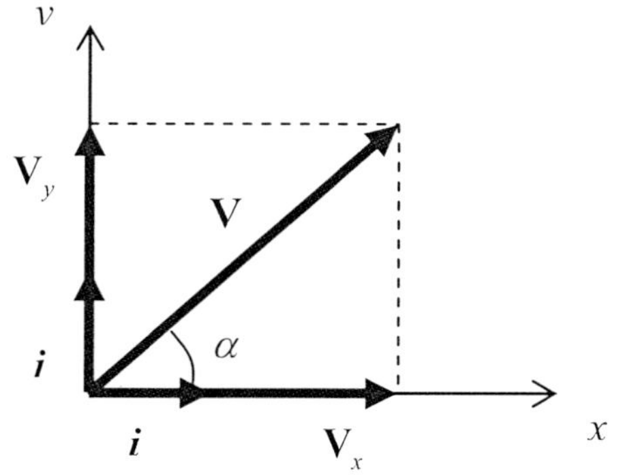

Figura–6 Componentes de um vetor **V**.

Por exemplo, considere o vetor $\mathbf{V}_1 = 3\mathbf{i} + \mathbf{j}$ e o vetor $\mathbf{V}_2 = \mathbf{i} + 2\mathbf{j}$, podemos determinar a magnitude (ou comprimento) do vetor $\mathbf{V} = \mathbf{V}_1 + \mathbf{V}_2$ da forma como segue. O comprimento de **V** será denotado por $\|\mathbf{V}\|$.

Sabemos que os vetores considerados formam os lados de um triângulo, assim para determinarmos o valor de **V** temos

$$\mathbf{V} = 3\mathbf{i} + \mathbf{j} + \mathbf{i} + 2\mathbf{j},$$
$$\mathbf{V} = (3\mathbf{i} + \mathbf{i}) + (\mathbf{j} + 2\mathbf{j}),,$$
$$\mathbf{V} = 4\mathbf{i} + 3\mathbf{j}.$$

Portanto,

$$\|\mathbf{V}\| = V = \sqrt{3^2 + 4^2} = 5.$$

Sabemos que para uma função $f(x, y)$ as derivadas parciais f_x e f_y são dadas, respectivamente, por

$$\frac{\partial f(x,y)}{\partial x} = \lim_{\Delta x \to 0} \frac{f(x + \Delta x, y) - f(x,y)}{\Delta x},$$

e

$$\frac{\partial f(x,y)}{\partial y} = \lim_{\Delta y \to 0} \frac{f(x, y + \Delta y) - f(x,y)}{\Delta y}.$$

Considere que estejamos interessados em determinar a taxa de variação da função $f(x, y)$ em (x_0, y_0) na direção de um vetor unitário arbitrário $\mathbf{V} = \langle a, b \rangle$. Na Figura–6 tem-se a representação do vetor **V**.

Para determinar a derivada da função $f(x, y)$ na direção do vetor **V**, vamos considerar a superfície S gerada a partir da equação $z = f(x, y)$, sendo que $z_0 = f(x_0, y_0)$ e $P(x_0, y_0, z_0)$ representa um ponto nessa superfície. Pela Figura–7 podemos verificar que o plano vertical que passa pelo ponto $P(x_0, y_0, z_0)$ na direção do vetor **V** intercepta a superfície S ao longo da curva C.

Dessa forma, temos que a inclinação da reta tangente T que passa pelo ponto $P(x_0, y_0, z_0)$ da curva C fornece a taxa de variação da função $f(x,y)$ na direção do vetor $\mathbf{V}$.

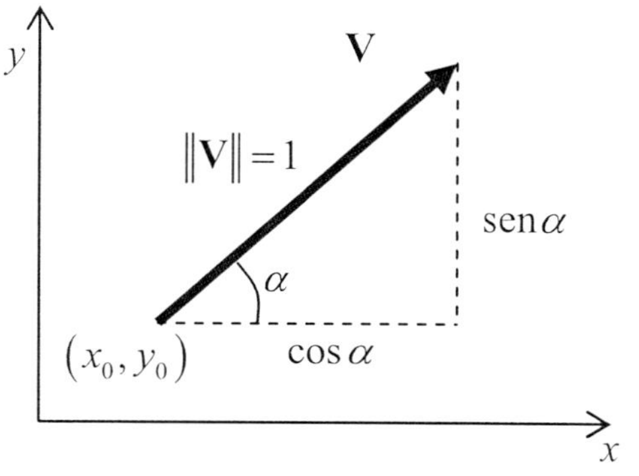

Figura–7 Representação do vetor **V**.

Tomamos um outro ponto na curva C para facilitar a construção, esse ponto é denotado por $Q(x,y,z)$. As projeções dos pontos $P(x_0,y_0,z_0)$ e $Q(x,y,z)$ no plano xy fornecem os pontos $P'(x_0,y_0,0)$ e $Q'(x,y,0)$, respectivamente. Sendo que o vetor $\overrightarrow{P'Q'}$ é paralelo ao vetor $\mathbf{V}$, tal que $\overrightarrow{P'Q'} = h\mathbf{V}$ ou $\overrightarrow{P'Q'} = \langle ha, hb\rangle$ para algum escalar $h \in \mathbb{R}$. Da figura podemos obter que $x - x_0 = ha$ e $y - y_0 = hb$, ou $x = x_0 + ha$ e $y = y_0 + hb$. Como $ha = h\cos\alpha$ e $hb = h\text{sen}\alpha$, então também podemos escrever que $x = x_0 + h\cos\alpha$ e $y = y_0 + h\text{sen}\alpha$. A partir desses resultados podemos construir $\frac{\Delta z}{h}$, onde $\Delta z = z - z_0$, $z = f(x,y)$ e $z_0 = f(x_0,y_0)$ o que produz

$$\frac{\Delta z}{h} = \frac{z - z_0}{h} = \frac{f(x_0 + h\cos\alpha, y_0 + h\text{sen}\alpha) - f(x_0,y_0)}{h}. \qquad 8$$

Fazendo h tender a zero em (8) implica em

$$\lim_{h\to 0}\frac{f(x_0 + h\cos\alpha, y_0 + h\text{sen}\alpha) - f(x_0,y_0)}{h}, \qquad (9)$$

ou seja, a taxa de variação da função $f(x,y)$ na direção do vetor **V**. Também podemos escrever (9) como

$$D_{\mathrm{V}}f(x,y) = \lim_{h\to 0}\frac{f(x + h\cos\alpha, y + h\text{sen}\alpha) - f(x,y)}{h}. \qquad (10)$$

Ou

$$D_{\mathrm{V}}f(x,y) = \lim_{h\to 0}\frac{f(x + ha, y + hb) - f(x,y)}{h}. \qquad (11)$$

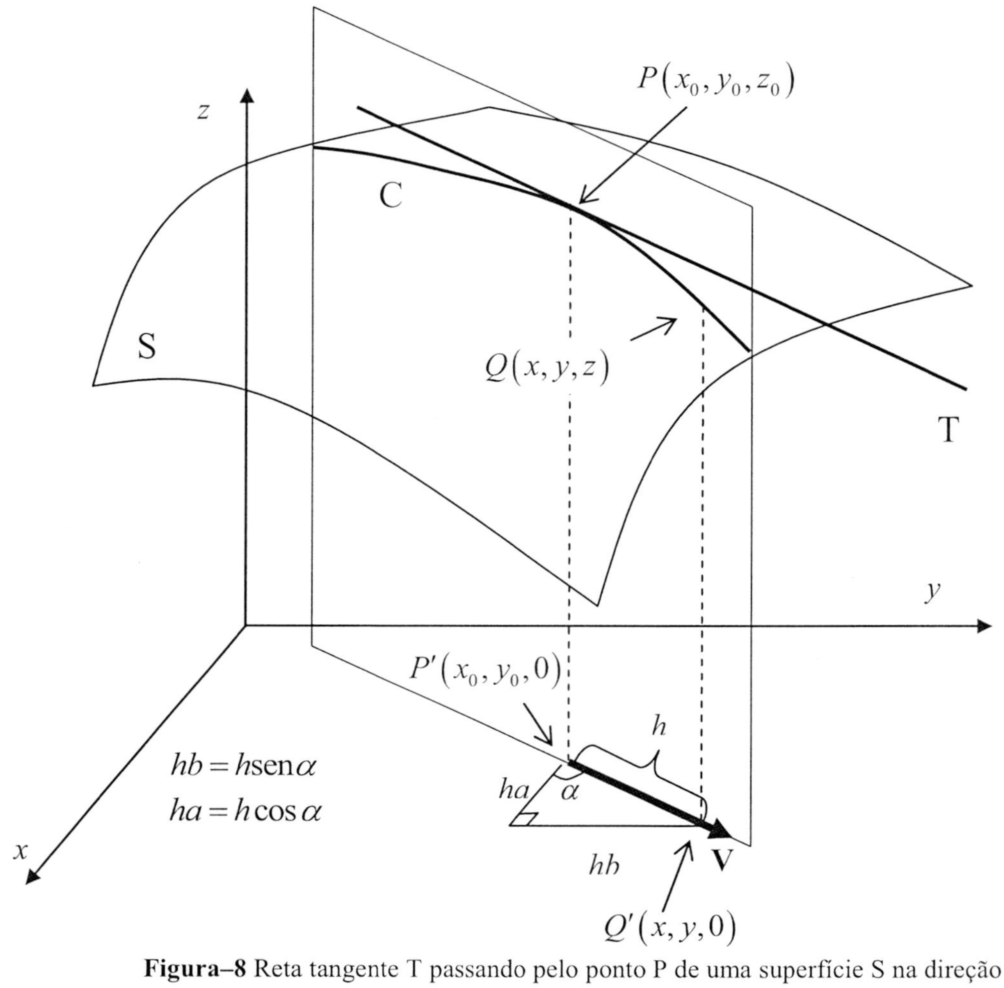

Figura–8 Reta tangente T passando pelo ponto P de uma superfície S na direção do vetor **V**.

A derivada (10) indica tanto a derivada da função *f(x,y)* na direção de **V**, quanto no sentido determinado por esse vetor.

No caso em que $\mathbf{V} = \mathbf{i}$, temos $\cos\alpha = 1$ e $\text{sen}\alpha = 0$ que substituídos em (10) produz

$$D_{\mathrm{i}} f(x, y) = \lim_{h \to 0} \frac{f(x+h, y) - f(x, y)}{h}, \tag{12}$$

ou seja, (12) é a derivada parcial da função $f(x, y)$ em relação a *x*.

Agora, no caso em que $\mathbf{V} = \mathbf{j}$, temos $\cos\alpha = 0$ e $\text{sen}\alpha = 1$ que substituídos em (10) resulta em

$$D_{\mathrm{j}} f(x, y) = \lim_{h \to 0} \frac{f(x, y+h) - f(x, y)}{h}, \tag{13}$$

ou seja, (13) é a derivada parcial da função $f(x, y)$ em relação a *y*.

EXEMPLO 1.7

Determine $D_{\mathbf{V}}f(x,y)$ dado que $f(x,y)=2x^2-3y^2+3x+2y$ e **V** é o vetor unitário na direção $\dfrac{\pi}{3}$.

Dado que $\mathbf{V}=(\cos\alpha)\mathbf{i}+(\operatorname{sen}\alpha)\mathbf{j}$ e $\alpha=\dfrac{\pi}{3}$, então $\mathbf{V}=\left(\cos\dfrac{\pi}{3}\right)\mathbf{i}+\left(\operatorname{sen}\dfrac{\pi}{3}\right)\mathbf{j}$ ou $\mathbf{V}=\dfrac{1}{2}\mathbf{i}+\dfrac{\sqrt{3}}{2}\mathbf{j}$. A partir da definição da derivada direcional

$$D_{\mathbf{V}}f(x,y)=\lim_{h\to 0}\frac{f(x+h\cos\alpha,y+h\operatorname{sen}\alpha)-f(x,y)}{h},$$

temos

$$D_{\mathbf{V}}f(x,y)=\lim_{h\to 0}\frac{f\left(x+\frac{1}{2}h,y+\frac{\sqrt{3}}{2}h\right)-f(x,y)}{h},$$

$$-f(x,y)=-2x^2+3y^2-3x-2y,$$

$$f\left(x+\frac{1}{2}h,y+\frac{\sqrt{3}}{2}h\right)=2\left(x+\frac{1}{2}h\right)^2-3\left(y+\frac{\sqrt{3}}{2}h\right)^2+3\left(x+\frac{1}{2}h\right)+2\left(y+\frac{\sqrt{3}}{2}h\right),$$

$$f\left(x+\frac{1}{2}h,y+\frac{\sqrt{3}}{2}h\right)=2\left(x^2+xh+\frac{1}{4}h^2\right)-3\left(y^2+\sqrt{3}yh+\frac{3}{4}h^2\right)+3x+\frac{3}{2}h+2y+\sqrt{3}h,$$

$$f\left(x+\frac{1}{2}h,y+\frac{\sqrt{3}}{2}h\right)=2x^2+2xh+\frac{1}{2}h^2-3y^2-3\sqrt{3}yh-\frac{9}{4}h^2+3x+\frac{3}{2}h+2y+\sqrt{3}h,$$

então,

$$f\left(x+\frac{1}{2}h,y+\frac{\sqrt{3}}{2}h\right)-f(x,y)=2xh+\frac{1}{2}h^2-3\sqrt{3}yh-\frac{9}{4}h^2+\frac{3}{2}h+\sqrt{3}h,$$

$$D_{\mathbf{V}}f(x,y)=\lim_{h\to 0}\frac{2xh+\frac{1}{2}h^2-3\sqrt{3}yh-\frac{9}{4}h^2+\frac{3}{2}h+\sqrt{3}h}{h},$$

$$D_{\mathbf{V}}f(x,y)=\lim_{h\to 0}\left(2x+\frac{1}{2}h-3\sqrt{3}y-\frac{9}{4}h+\frac{3}{2}+\sqrt{3}\right),$$

$$D_{\mathbf{V}}f(x,y)=2x-3\sqrt{3}y+\frac{3}{2}+\sqrt{3}.$$

EXEMPLO 1.8

Derivada direcional de $f(x,y)$ no ponto (a,b) na direção do vetor unitário **V**.

Calcule a derivada direcional da função $f(x,y)=3x+y^2$ no ponto $(4,0)$ na direção

$$\mathbf{V} = \frac{1}{2}\mathbf{i} + \frac{\sqrt{3}}{2}\mathbf{j}.$$

Primeiro, verificamos que $\mathbf{V}$ é um vetor unitário uma vez que $\|\mathbf{V}\| = \sqrt{\left(\frac{1}{2}\right)^2 + \left(\frac{\sqrt{3}}{2}\right)^2} = 1$. Dessa forma, temos que

$$D_{\mathbf{V}} f(4,0) = \lim_{h \to 0} \frac{f\left(4 + \frac{1}{2}h, 0 + \frac{\sqrt{3}}{2}h\right) - f(4,0)}{h},$$

$$D_{\mathbf{V}} f(4,0) = \lim_{h \to 0} \frac{3\left(4 + \frac{1}{2}h\right) + \left(\frac{\sqrt{3}}{2}h\right)^2 - 12}{h},$$

$$D_{\mathbf{V}} f(4,0) = \lim_{h \to 0} \frac{12 + \frac{3}{2}h + \frac{3}{4}h - 12}{h},$$

$$D_{\mathbf{V}} f(4,0) = \lim_{h \to 0} \frac{\frac{3}{2}h + \frac{3}{4}h}{h},$$

$$D_{\mathbf{V}} f(4,0) = \lim_{h \to 0} \left(\frac{3}{2} + \frac{3}{4}\right),$$

$$D_{\mathbf{V}} f(4,0) = \frac{9}{4}.$$

Agora, considere um vetor unitário $\mathbf{V} = (\cos\alpha)\mathbf{i} + (\text{sen}\alpha)\mathbf{j}$ e uma função diferenciável $g(t) = f(x + t\cos\alpha, y + t\text{sen}\alpha)$, sendo t a variável de interesse com x, y e α fixados. A derivada de g com relação a t é dada por $g'(t) = \lim_{\Delta t \to 0} \frac{g(t + \Delta t) - g(t)}{\Delta t}$, que também pode ser escrita como

$$g'(t) = \lim_{h \to 0} \frac{g(t+h) - g(t)}{h},$$

o que implica em

$$g'(t) = \lim_{h \to 0} \frac{g(t+h) - g(t)}{h},$$

$$g'(t) = \lim_{h \to 0} \frac{f(x + (t+h)\cos\alpha, y + (t+h)\text{sen}\alpha) - f(x + t\cos\alpha, y + t\text{sen}\alpha)}{h}. \tag{14}$$

Fazendo $t = 0$ em (14), produz

$$g'(0) = \lim_{h \to 0} \frac{f(x + h\cos\alpha, y + h\text{sen}\alpha) - f(x,y)}{h}. \tag{15}$$

Facilmente verificamos que (15) corresponde exatamente à derivada direcional $D_{\mathrm{V}}f(x,y)$. Assim,

$$g'(0)=D_{\mathrm{V}}f(x,y). \tag{16}$$

De forma geral, podemos determinar a derivada da função $g(t)$, usando a regra da cadeia o que resulta em

$$g'(t)=f_1(x+t\cos\alpha,y+t\mathrm{sen}\alpha)\frac{\partial}{\partial t}(x+t\cos\alpha)+f_2(x+t\cos\alpha,y+t\mathrm{sen}\alpha)\frac{\partial}{\partial t}(y+t\mathrm{sen}\alpha),$$

como

$$\frac{\partial}{\partial t}(x+t\cos\alpha)=\cos\alpha,$$

e

$$\frac{\partial}{\partial t}(y+t\mathrm{sen}\alpha)=\mathrm{sen}\alpha,$$

então,

$$g'(t)=f_1(x+t\cos\alpha,y+t\mathrm{sen}\alpha)\cos\alpha+f_2(x+t\cos\alpha,y+t\mathrm{sen}\alpha)\mathrm{sen}\alpha. \tag{17}$$

Fazendo $t=0$ em (17) produz

$$g'(0)=f_1(x,y)\cos\alpha+f_2(x,y)\mathrm{sen}\alpha,$$

que também pode ser escrito como

$$g'(0)=f_x(x,y)\cos\alpha+f_y(x,y)\mathrm{sen}\alpha. \tag{18}$$

A partir das expressões (18) e (16) podemos concluir que

$$D_{\mathrm{V}}f(x,y)=f_x(x,y)\cos\alpha+f_y(x,y)\mathrm{sen}\alpha. \tag{19}$$

EXEMPLO 1.9

Aplicando o resultado (19) à função do Exemplo 3 temos que para $\mathbf{V}=\left(\cos\frac{\pi}{3}\right)\mathbf{i}+\left(\mathrm{sen}\frac{\pi}{3}\right)\mathbf{j}$ e $f(x,y)=2x^2-3y^2+3x+2y$, $D_{\mathrm{V}}f(x,y)$ é dada por

$$D_{\mathrm{V}}f(x,y)=f_x(x,y)\cos\frac{\pi}{3}+f_y(x,y)\mathrm{sen}\frac{\pi}{3},$$

$$D_{\mathrm{V}}f(x,y)=(4x+3)\cos\frac{\pi}{3}+(-6y+2)\mathrm{sen}\frac{\pi}{3},$$

$$D_{\mathrm{V}}f(x,y)=(4x+3)\frac{1}{2}+(-6y+2)\frac{\sqrt{3}}{2},$$

$$D_{\mathrm{V}}f(x,y)=2x+\frac{3}{2}-3\sqrt{3}y+\sqrt{3}.$$

2.6 Gradiente

Podemos reescrever o resultado (19) em termos do produto escalar do vetor $\mathbf{V} = (\cos\alpha)\mathbf{i} + (\text{sen}\alpha)\mathbf{j}$ e do vetor dado por $f_x(x,y)\mathbf{i} + f_y(x,y)\mathbf{j}$, ou seja,

$$f_x(x,y)\cos\alpha + f_y(x,y)\text{sen}\alpha = \left[(\cos\alpha)\mathbf{i} + (\text{sen}\alpha)\mathbf{j}\right]\left[f_x(x,y)\mathbf{i} + f_y(x,y)\mathbf{j}\right],$$

$$D_{\mathbf{V}}f(x,y) = \left[(\cos\alpha)\mathbf{i} + (\text{sen}\alpha)\mathbf{j}\right]\left[f_x(x,y)\mathbf{i} + f_y(x,y)\mathbf{j}\right]. \qquad (20)$$

Com relação à expressão (20), podemos escrevê-la de forma mais compacta utilizando uma nova notação para o vetor $f_x(x,y)\mathbf{i} + f_y(x,y)\mathbf{j}$. Em particular esse vetor tem interpretação geométrica bastante importante e é denominado de vetor gradiente ou gradiente da função *f*. Assim temos a definição do vetor gradiente apresentada no quadro em destaque a seguir.

A partir da definição do gradiente podemos reescrever a derivada direcional $D_{\mathbf{V}}f(x,y)$ como

$$D_{\mathbf{V}}f(x,y) = \nabla f(x,y).\mathbf{V}. \qquad (21)$$

Definição – Vetor Gradiente

O vetor gradiente de uma função diferenciável $f(x,y)$ é denotado por $\nabla f(x,y)$ e definido como

$$\nabla f(x,y) = f_x(x,y)\mathbf{i} + f_y(x,y)\mathbf{j},$$

onde ∇ é a letra grega delta maiúscula invertida e lida como "del". Muitas vezes a abreviação grad*f* também é utilizada.

A expressão (21) resume o fato de que a derivada direcional de uma função é obtida a partir do produto escalar entre o gradiente da função e o vetor unitário contendo a direção e sentido desejados, Figura–9.

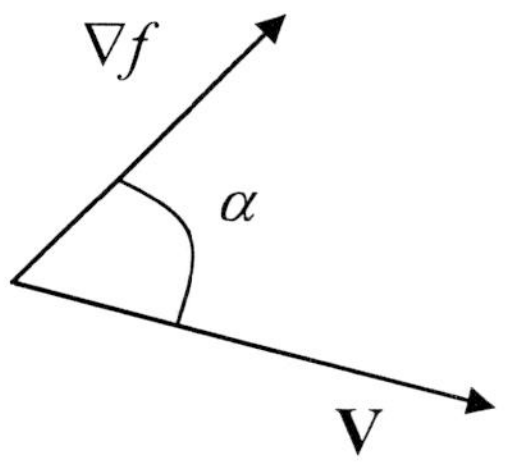

Figura–9 Vetores ∇f e **V** formam entre si um ângulo α.

Considerando que os vetores ∇f e **V** formam entre si um ângulo α, podemos escrever o produto escalar entre eles como

$$\nabla f(x,y).\mathbf{V} = \|\nabla f(x,y)\|\|\mathbf{V}\|\cos\alpha. \qquad (22)$$

Como **V** é um vetor unitário, temos que $\|\mathbf{V}\| = 1$, podemos reescrever (22) como

$$D_{\mathbf{V}}f(x,y)=\|\nabla f(x,y)\|\cos\alpha\,. \tag{23}$$

Isso implica que obteremos o valor máximo de $D_{\mathbf{V}}f(x,y)$ quando $\cos\alpha=1$, ou seja, $\alpha=0$ e o vetor **V** aponta na direção de $\nabla f(x,y)$. Da mesma forma, teremos o valor mínimo de $D_{\mathbf{V}}f(x,y)$ quando $\cos\alpha=-1$, o que implica em $\alpha=\pi$ e o vetor **V** aponta na direção contrária de $\nabla f(x,y)$. Se o ponto (x,y) está fixado, então temos que a norma do gradiente $\|\nabla f(x,y)\|$ é uma constante positiva e variando α temos que $\cos\alpha$ irá variar entre -1 e 1, quando ∇f e **V** forem perpendiculares implica que α é um ângulo reto. Sendo assim, supondo que $\nabla f(x,y)$ não seja um vetor zero, a derivada direcional máxima da função f em (x,y) é dada por $\|\nabla f(x,y)\|$ e é obtida quando **V** tem a mesma direção de $\nabla f(x,y)$. A derivada direcional mínima da função f em (x,y) é dada por $-\|\nabla f(x,y)\|$ e é obtida quando **V** tem direção contrária de $\nabla f(x,y)$ e a derivada direcional de f em (x,y) é zero em qualquer uma das direções perpendiculares formadas por ∇f e **V**.

Teorema

Suponha que f é uma função diferenciável de duas ou três variáveis. O valor máximo da derivada direcional $D_{\mathbf{V}}f(x,y)$ é $\|\nabla f(x,y)\|$ e ocorre quando **V** tem a mesma direção do vetor gradiente $\nabla f(x,y)$.

Prova

Dos resultados anteriores temos que

$$D_{\mathbf{V}}f(x,y)=\nabla f(x,y).\mathbf{V}=\|\nabla f(x,y)\|\|\mathbf{V}\|\cos\alpha=\|\nabla f(x,y)\|\cos\alpha,$$

onde α é o ângulo entre $\nabla f(x,y)$ e **V**. O valor máximo de α é 1 e ocorre quando $\alpha=0$. Portanto, o valor máximo de $D_{\mathbf{V}}f(x,y)$ é dado por $\|\nabla f(x,y)\|$ e ocorre quando o ângulo α é igual a 0, ou seja, quando o vetor **V** tem a mesma direção de $\nabla f(x,y)$.

Temos então que ∇f será ortogonal ou normal (se for um vetor unitário) a superfície dada por $f(x,y)=0$. Precisamos considerar que este vetor gradiente pode não ser um vetor unitário normal. Isso não será problema desde que seja realizada a transformação que torna qualquer vetor em um vetor unitário. Ou seja, quando o vetor é dividido pelo seu comprimento. Chamando esse vetor unitário normal de $\mathbf{n}$, no caso do gradiente temos que

$$\mathbf{n}=\frac{\nabla f(x,y)}{\|\nabla f(x,y)\|},$$

isso significa que obtemos um vetor normal a superfície dada. Sendo que $\|\mathbf{n}\|=1$.

EXEMPLO 1.10

Determine a derivada direcional da função $f(x,y)=\dfrac{1}{x^2+y^2+2}$ no ponto $(1,0)$ na direção do vetor $\mathbf{V}=3\mathbf{i}+4\mathbf{j}$.

Nesse caso podemos verificar que o vetor **V** não é um vetor unitário porque seu comprimento não é igual a 1. Para convertê-lo em um vetor unitário **U** realizamos a seguinte operação

$$\mathbf{U}=\frac{\mathbf{V}}{\|\mathbf{V}\|},$$

que resulta em

$$\mathbf{U}=\frac{3\mathbf{i}+4\mathbf{j}}{\sqrt{3^2+4^2}},$$

$$\mathbf{U}=\frac{3}{5}\mathbf{i}+\frac{4}{5}\mathbf{j}.$$

Como $\nabla f(x,y)=\langle f_x(x,y), f_y(x,y)\rangle$ e as derivadas parciais $f_x(x,y)$ e $f_y(x,y)$ são dadas por

$$f_x(x,y)=-\frac{2x}{\left(x^2+y^2+2\right)^2}$$

e

$$f_y(x,y)=-\frac{2y}{\left(x^2+y^2+2\right)^2},$$

então no ponto $(1,0)$

$$f_x(x,y)=-\frac{2}{(1+2)^2}=-\frac{2}{9}$$

e

$$f_y(x,y)=-\frac{0}{(1+2)^2}=0.$$

Ou seja,

$$D_{\mathbf{V}}f(1,0)=\left[-\frac{2}{9}\mathbf{i}+0\mathbf{j}\right]\left[\frac{3}{5}\mathbf{i}+\frac{4}{5}\mathbf{j}\right],$$

$$D_{\mathbf{V}}f(1,0)=-\frac{6}{45},$$

$$D_{\mathbf{V}}f(1,0)=-\frac{2}{15}.$$

No caso em que a função *f* depende de três variáveis, por exemplo, *x*, *y* e *z* e considerando **V** o vetor unitário dado por $\langle v_1, v_2, v_3 \rangle$, temos que a derivada direcional da função f na direção do vetor **V** é dada por

$$D_{\mathrm{V}} f(x,y,z) = \lim_{h \to 0} \frac{f(x + hv_1, y + hv_2, z + hv_3) - f(x,y,z)}{h}, \tag{24}$$

se este limite existir.

O mesmo procedimento para obter a expressão (19) pode ser usado no caso de uma função com três variáveis, o que produz

$$D_{\mathrm{V}} f(x,y,z) = f_x(x,y,z)v_1 + f_y(x,y,z)v_2 + f_z(x,y,z)v_3 . \tag{25}$$

Escrevendo (25) em termos do vetor gradiente que é normalmente denotado por ∇f ou grad$f$ temos que

$$\nabla f(x,y,z) = \mathrm{grad}f = f_x(x,y,z)\mathbf{i} + f_y(x,y,z)\mathbf{j} + f_z(x,y,z)\mathbf{k} . \tag{26}$$

Ou ainda, de forma mais abreviada

$$\nabla f = \langle f_x, f_y, f_z \rangle = \frac{\partial f}{\partial x}\mathbf{i} + \frac{\partial f}{\partial y}\mathbf{j} + \frac{\partial f}{\partial z}\mathbf{k} . \tag{27}$$

Sendo $f(x,y)$ uma função a valores reais continuamente diferenciável, com $\nabla f \neq \mathbf{0}$. Então temos que:

i. O gradiente ∇f é normal a qualquer curva $f(x,y) = c$.

ii. O valor de $f(x,y)$ aumenta mais rápido na direção de ∇f.

iii. O valor de $f(x,y)$ diminui mais rápido na direção de $-\nabla f$.

O gradiente em qualquer lugar aponta na direção do maior crescimento da função. O gradiente não fornece as coordenadas onde se deve estar para estar no máximo, e sim a direção para onde se mover para aumentar o valor da função. Uma vez que o ponto de maior valor da função foi alcançado, o gradiente nesse ponto é zero. Isso porque não há mais nenhuma direção a ser seguida, de tal forma que a função aumente seu valor, um máximo da função foi alcançado. Caso haja mais de um máximo, por exemplo, um maior do que o que foi encontrado anteriormente, será necessário utilizar o mesmo procedimento de quando são determinados máximos e mínimos em funções univariadas: achar onde a primeira derivada é zero. Nesse caso, tem-se que responder: onde o gradiente é zero? Depois de verificar quais valores tornam o gradiente igual a zero é necessário saber qual gera o maior valor para a função.

EXEMPLO 1.11

Em qual direção a função $f(x,y)=x^2y+xy^3$ aumenta mais rápido a partir do ponto (2,1)? Em qual direção ela decresce mais rápido?

Nesse caso temos que $\nabla f(x,y)=\left(2xy+y^3,x^2+3xy^2\right)$, o que resulta no ponto dado em $\nabla f(2,1)=(5,10)$, ou seja, o vetor gradiente é diferente do vetor nulo $\mathbf{0}$, o que significa que o ponto de máximo da função não foi alcançado. O valor de f aumenta mais rápido na direção de ∇f. Um vetor unitário nessa direção é obtido fazendo $\mathbf{n}=\dfrac{\nabla f}{\|\nabla f\|}$, que resulta em

$$\mathbf{n}=\left(\frac{5}{\sqrt{5^2+10^2}},\frac{10}{\sqrt{5^2+10^2}}\right)=\left(\frac{5}{\sqrt{125}},\frac{10}{\sqrt{125}}\right),$$

$$\mathbf{n}=\left(\frac{5}{\sqrt{5\times 25}},\frac{10}{\sqrt{5\times 25}}\right)=\left(\frac{5}{5\sqrt{5}},\frac{10}{5\sqrt{5}}\right),$$

$$\mathbf{n}=\left(\frac{1}{\sqrt{5}},\frac{2}{\sqrt{5}}\right).$$

Sendo que

$$\|\mathbf{n}\|=\sqrt{\left(\frac{1}{\sqrt{5}}\right)^2+\left(\frac{2}{\sqrt{5}}\right)^2}=\sqrt{\frac{1}{5}+\frac{4}{5}}=1.$$

O valor de f diminui mais rápido na direção de $-\nabla f$, e isso resulta em $\mathbf{n}=\left(-\dfrac{1}{\sqrt{5}},-\dfrac{2}{\sqrt{5}}\right)$.

2.7 Método do Gradiente Descendente

O Método do Gradiente Descendente ou Método da Descida Mais Íngreme é uma técnica bastante utilizada para determinar mínimos locais de uma função. Entre os pesquisadores que trabalharam e contribuíram para o desenvolvimento desta técnica pode-se destacar no fim do século XIX o matemático russo Pavel Alekseevich Nekrasov e no começo do século XX o físico-químico Peter Joseph William Debye que foi laureado com o prêmio Nobel de Química em 1936.

O primeiro passo na execução do algoritmo constitui-se em impor uma estimativa inicial da solução e determinar o gradiente da função nesse ponto. O próximo passo consiste em buscar a solução considerando a direção negativa do gradiente e repetimos o processo. O algoritmo irá convergir, eventualmente, para a situação em que o gradiente é zero, o que corresponderá a um mínimo local. No caso contrário, tem-se o Método do Gradiente Ascendente onde obtém o máximo local, determinado a partir da direção positiva do gradiente, tal como descrito anteriormente. Esses dois métodos são considerados de primeira ordem, isso porque utilizam apenas a primeira derivada da função.

A construção do algoritmo baseado no Método do Gradiente Descendente começa considerando o problema de determinar a solução para o mínimo de uma função $f(\mathbf{x})$. Dada uma solução inicial $\mathbf{x}_0$ para ser utilizada como aproximação da solução final $\mathbf{x}$, é possível alterar esse valor em várias direções, tal como apresentado na seção anterior. Para descrever a maneira como definimos a direção que minimiza a função *f*, utilizamos o conceito de gradiente ∇f. O gradiente fornece a inclinação da reta tangente à curva em $\mathbf{x}$ e sua direção aponta para o máximo crescimento da função. Um arranjo $\mathbf{x}$ de *n* números reais dados por $x_1, x_2, \ldots, x_n$ é chamado de vetor e é escrito como

$$\mathbf{x} = \begin{bmatrix} x_1 \\ x_2 \\ \vdots \\ x_n \end{bmatrix},$$

ou

$$\mathbf{x}' = [x_1, x_2, \ldots, x_n],$$

onde o apóstrofo denota a operação de transposição de uma coluna para uma linha.

A busca começa em um ponto arbitrário $\mathbf{x}_0$ e, em seguida, o movimento ocorre na direção negativa do gradiente, até estarmos perto o suficiente da solução. Ou seja, o pesquisador precisa estipular um erro que considere aceitável no processo de aproximação. Podemos escolher arbitrariamente o tamanho do avanço (ou passo) na direção do mínimo. O objetivo do algoritmo é detectar um ponto mínimo local $\mathbf{x}^*$ dado um ponto inicial $\mathbf{x}_0$. Nesse caso, vamos denotar o tamanho do passo como λ. Em outras palavras, o processo iterativo pode ser descrito como:

$$\mathbf{x}_{k+1} = \mathbf{x}_k - \lambda \nabla f(\mathbf{x}_k). \tag{28}$$

Onde $\lambda > 0$ é um número pequeno que força o algoritmo a realizar pequenos saltos. Precisamos escolher λ de tal forma que ele seja pequeno o suficiente para termos $f(\mathbf{x}_{k+1}) < f(\mathbf{x}_k)$ e não tão pequeno de tal forma que a aproximação ao mínimo seja muito lenta. Uma maneira usual de implementação do Método do Gradiente Descendente consiste em utilizar o *gradiente normalizado* ao invés de $\nabla f(\mathbf{x}_k)$, o que permite reescrever (28) como

$$\mathbf{x}_{k+1} = \mathbf{x}_k - \lambda \frac{\nabla f(\mathbf{x}_k)}{\left\| \nabla f(\mathbf{x}_k) \right\|}. \tag{29}$$

Vamos denotar $\frac{\nabla f(\mathbf{x}_k)}{\left\| \nabla f(\mathbf{x}_k) \right\|}$ por $\mathbf{n}_k$. A determinação do tamanho do passo λ é realizada muitas vezes utilizando um algoritmo para minimizar a função de uma dimensão $f\left(\mathbf{x}_k - \lambda \frac{\nabla f(\mathbf{x}_k)}{\left\| \nabla f(\mathbf{x}_k) \right\|} \right)$. Isso é chamado de minimização em linha ou busca em linha, o que significa que a função f é minimizada ao longo da linha $\mathbf{x}_k - \lambda \dfrac{\nabla f(\mathbf{x}_k)}{\|\nabla f(\mathbf{x}_k)\|}$.

Nesse caso, vamos denotar essa função por $\varphi(\lambda)$, assim temos que:

$$\varphi(\lambda) = f(\mathbf{x}_k - \lambda \mathbf{n}_k). \tag{30}$$

A função $\varphi(\lambda)$ pode ser derivada e igualada a zero para se procurar o valor de λ que minimiza e acelera a aproximação para o mínimo de f.

A partir da determinação do tamanho do passo λ_k temos a fórmula principal que descreve o esquema iterativo do Método do Gradiente Descendente, dada por:

$$\mathbf{x}_{k+1} = \mathbf{x}_k - \lambda_k \frac{\nabla f(\mathbf{x}_k)}{\|\nabla f(\mathbf{x}_k)\|}. \tag{31}$$

Dessa forma, a distância entre $\mathbf{x}_{k+1}$ e $\mathbf{x}_k$ é exatamente o tamanho do passo λ_k. Sendo que as iterações são realizadas até que um valor tolerado de acurácia tenha sido alcançado, nesse caso vamos denotar esse parâmetro de convergência por ε.

A máxima taxa de mudança da função $f(\mathbf{x})$ em qualquer ponto $\mathbf{x}_k$ é a magnitude do vetor gradiente, que é dada por $\|\nabla f(\mathbf{x}_k)\|$.

A Figura-10 ilustra como o mínimo x^* de uma função $f(x)$ é encontrado iniciando com x_0 e a informação sobre a inclinação da função nesse ponto.

Quando não é possível determinar analaticamente o mínimo de uma função, métodos iterativos são empregados para obter uma solução aproximada, entre esses métodos o de Descida Mais Íngreme é bastante utilizado.

O Método do Gradiente Descendente é uma maneira de encontrar um mínimo local de uma função. O procedimento começa com uma suposição inicial da solução e a partir daí fazemos exames da inclinação da função nesse ponto. Avançamos para a solução considerando a direção negativa do gradiente e repetimos o processo. O algoritmo irá eventualmente convergir para um ponto que corresponde a um mínimo local onde o gradiente é zero. Esse método não é indicado para realizar ajustes não lineares, mas serve como base de outro método mais útil, o método de Marquardt que será descrito no Capítulo 7.

Um tamanho de passo, λ, errado pode implicar em não alcançar convergência, portanto uma seleção cuidadosa do tamanho do passo é importante. Se for demasiado grande ele divergirá, demasiado pequeno levará muito tempo para convergir. Uma opção é escolher um tamanho de passo fixo que assegure a convergência onde quer que você comece a descida do gradiente. Outra opção é escolher um tamanho de passo diferente em cada iteração (tamanho de passo adaptativo).

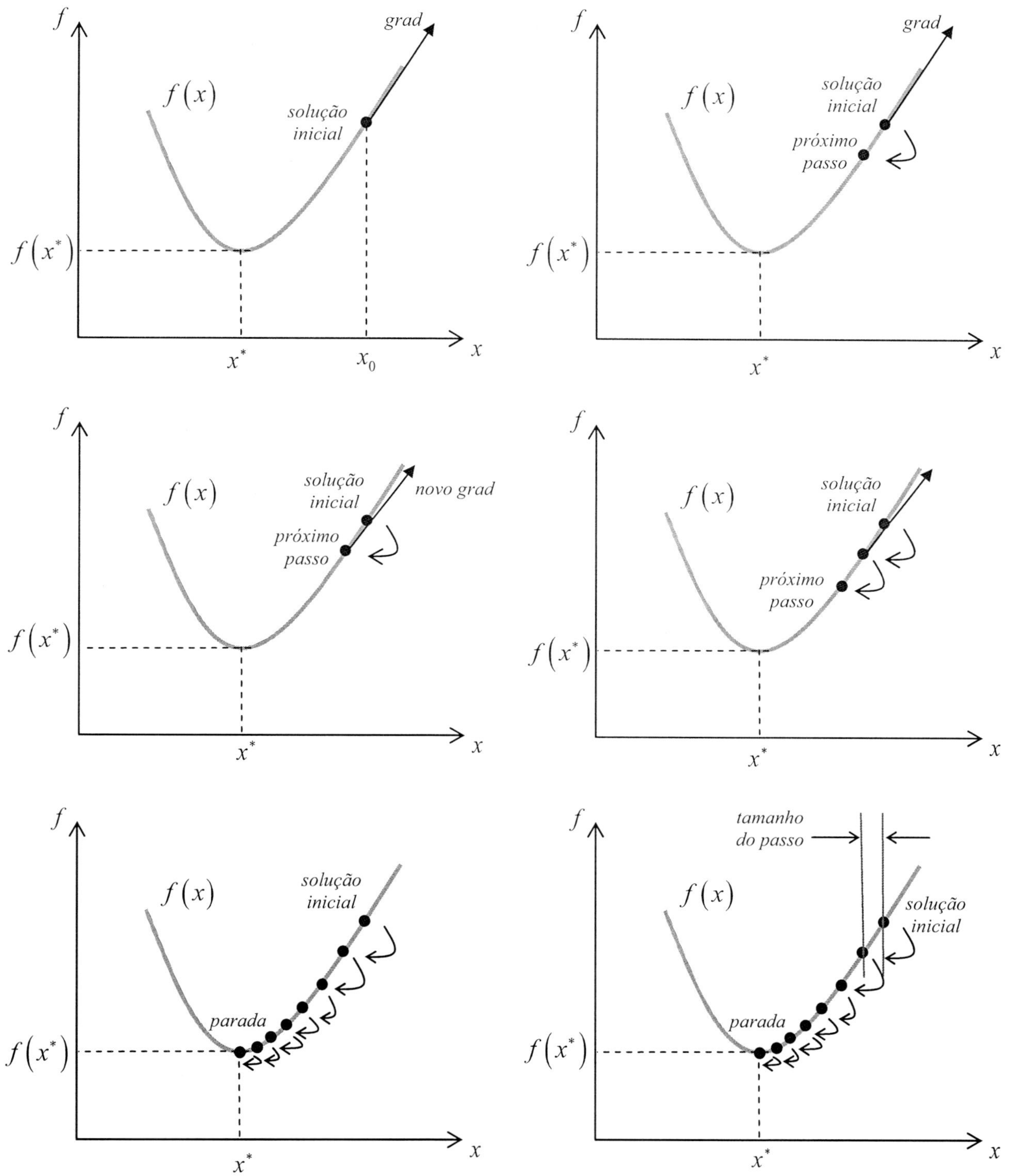

Figura–10 Método do Gradiente Descendente ou Método da Descida Mais Íngreme.

Algoritmo da Descida Mais Íngreme

Definir a função $f(x)$

Calcular o gradiente $\nabla f(x)$

Escolher um ponto inicial $\mathbf{x}_0$

Determinar um valor para a precisão da aproximação ε

Atribuir $k=0$

Repetir

Determinar o tamanho do passo λ_k que minimiza a função na direção do menor gradiente: $\min_{\lambda_k} f(\mathbf{x}_k - \lambda_k \mathbf{n}_k)$

Calcular o novo ponto: $\mathbf{x}_{k+1} \leftarrow \mathbf{x}_k - \lambda_k \dfrac{\nabla f(\mathbf{x}_k)}{\|\nabla f(\mathbf{x}_k)\|}$

Atualizar $k \leftarrow k+1$

Até

$|f(\mathbf{x}_{k+1}) - f(\mathbf{x}_k)| < \varepsilon$

Outras opções para critério de parada são $\|\nabla f(\mathbf{x})\| < \varepsilon$ ou $\|\mathbf{x}_{k+1} - \mathbf{x}_k\| < \varepsilon$.

Iteração: Ato de iterar, repetição. Processo de resolução de uma equação mediante uma sequência de operações em que o objeto de cada uma é o resultado da que a precede (AURÉLIO, 1994).
Interação: Ação que se exerce mutuamente entre duas ou mais coisas, ou duas ou mais pessoas; ação recíproca (AURÉLIO, 1994).

EXEMPLO 1.12

Aplique o algoritmo de descida mais íngreme à função $f(x,y) = 2x^2 + 4y^2$, utilizando tamanho do passo $\lambda = 0,5$ e com ponto inicial dado por $x_0 = 1$ e $y_0 = 2$.

Podemos observar que as variáveis x e y estão elevadas ao quadrado e da forma como a função está escrita é possível concluir que o ponto de mínimo é $(0,0)$ o que implica que $f(x,y) = 0$. Além disso, o valor da função no ponto inicial é dado por

$$f(x_0, y_0) = 2x_0^2 + 4y_0^2 = 2(1)^2 + 4(2)^2 = 18.$$

Nesse exemplo é possível, rapidamente, ter um ideia de afastamento do ponto inicial $\mathbf{x}_0 = (1,2)$ para o ponto de mínimo $\mathbf{x}^* = (0,0)$.

Passo 1

Cálculo do gradiente, do gradiente normalizado e verificação se $\|\nabla f(x,y)\| < \varepsilon$.

$\nabla f(x,y)=(4x,8y)$ ou na forma matricial $\nabla f(x,y)=\begin{bmatrix} f_x \\ f_y \end{bmatrix}=\begin{bmatrix} 4x \\ 8y \end{bmatrix}$. No ponto inicial o valor do gradiente é

$$\nabla f(x_0,y_0)=\begin{bmatrix} 4x_0 \\ 8y_0 \end{bmatrix}=\begin{bmatrix} 4 \\ 16 \end{bmatrix}.$$

O valor do gradiente normalizado é dado por

$$\frac{\nabla f(x,y)}{\left\|\nabla f(x,y)\right\|}=\frac{1}{\sqrt{4^2+16^2}}\begin{bmatrix} 4 \\ 16 \end{bmatrix}=\begin{bmatrix} 0,2425 \\ 0,9701 \end{bmatrix}.$$

Ou seja, o vetor **n** é dado por $(n_1,n_2)=(0,2425;0,9701)$. Nesse exemplo, não vamos fazer a verificação se $\left\|\nabla f(x,y)\right\|<\varepsilon$. A princípio estamos interessados na mecânica da condução do algoritmo, por isso vamos proceder apenas algumas iterações sem verificar a precisão da solução obtida. Cabe ao pesquisador determinar inicialmente o valor do ε que julga conveniente no processo de aproximação ao mínimo.

Passo 2

Cálculo de (x_1,y_1) e de $f(x_1,y_1)$.

$$(x_1,y_1)=(x_0,y_0)-\lambda_0\frac{\nabla f(x_0,y_0)}{\left\|\nabla f(x_0,y_0)\right\|},$$

$$\mathbf{x}^{(1)}=\mathbf{x}^{(0)}-\lambda_0\frac{\nabla f(x_0,y_0)}{\left\|\nabla f(x_0,y_0)\right\|},$$

$$\mathbf{x}_1=\begin{bmatrix} 1 \\ 2 \end{bmatrix}-0,5\begin{bmatrix} 0,2425 \\ 0,9701 \end{bmatrix}=\begin{bmatrix} 0,8788 \\ 1,5150 \end{bmatrix}.$$

A partir de $\mathbf{x}^{(1)}$ podemos calcular $f\left(\mathbf{x}^{(1)}\right)$ que é dado por

$$f(\mathbf{x}_1)=2x_1^2+4y_1^2=2(0,8788)^2+4(1,5150)^2=10,7255.$$

Ao invés de considerar o tamanho do passo como sendo um valor fixo, vamos expressar $f\left(\mathbf{x}^{(1)}\right)$ como função de λ_0, o que permite escrever

$$\mathbf{x}^{(1)}=\mathbf{x}^{(0)}-\lambda_0\frac{\nabla f(x_0,y_0)}{\left\|\nabla f(x_0,y_0)\right\|}=\begin{bmatrix} 1 \\ 2 \end{bmatrix}-\lambda_0\begin{bmatrix} 0,2425 \\ 0,9701 \end{bmatrix}=\begin{bmatrix} 1-0,2425\lambda_0 \\ 2-0,9701\lambda_0 \end{bmatrix},$$

$$\varphi(\lambda_0)=2(1-0,2425\lambda_0)^2+4(2-0,9701\lambda_0)^2.$$

Como $\varphi(\lambda_0)$ é uma função de λ_0, podemos utilizar a seguinte abordagem analítica

$$\frac{d\varphi(\lambda_0)}{d\lambda_0} = \frac{d}{d\lambda_0}\left[2(1-0,2425\lambda_0)^2 + 4(2-0,9701\lambda_0)^2\right],$$

$$\frac{d\varphi(\lambda_0)}{d\lambda_0} = 2(2)(1-0,2425\lambda_0)(-0,2425) + 2(4)(2-0,9701\lambda_0)(-0,9701).$$

Igualando essa primeira derivada a zero temos que

$$2(2)(1-0,2425\lambda_0)(-0,2425) + 2(4)(2-0,9701\lambda_0)(-0,9701) = 0,$$
$$-0,9700(1-0,2425\lambda_0) - 7,7608(2-0,9701\lambda_0) = 0,$$
$$-0,9700 + 0,2352\lambda_0 - 15,5216 + 7,5288\lambda_0 = 0,$$
$$\lambda_0 = \frac{16,4916}{7,7640},$$
$$\lambda_0 = 2,1241.$$

Podemos expressar a derivada de $\varphi(\lambda_0)$ em termos de $\mathbf{n}$ e $\mathbf{x}$. Assim temos que

$$\frac{d\varphi(\lambda_0)}{d\lambda_0} = 2(2)(x_1 - n_1\lambda_0)(-n_1) + 2(4)(x_2 - n_2\lambda_0)(-n_2).$$

Igualando $\frac{d\varphi(\lambda_0)}{d\lambda_0}$ a zero, produz

$$-x_1n_1 + n_1^2\lambda_0 - 2x_2n_2 + 2n_2^2\lambda_0 = 0,$$
$$\left(n_1^2 + 2n_2^2\right)\lambda_0 = x_1n_1 + 2x_2n_2,$$
$$\lambda_0 = \frac{x_1n_1 + 2x_2n_2}{n_1^2 + 2n_2^2}.$$

A partir do valor de λ_0 determinamos o novo valor de $\mathbf{x}^{(1)}$.

$$\mathbf{x}^{(1)} = \begin{bmatrix} 1 \\ 2 \end{bmatrix} - 2,1241\begin{bmatrix} 0,2425 \\ 0,9701 \end{bmatrix} = \begin{bmatrix} 0,4849 \\ -0,0606 \end{bmatrix}.$$

Assim $f\left(\mathbf{x}^{(1)}\right)$ é então dada por

$$f\left(\mathbf{x}^{(1)}\right) = 2x_1^2 + 4y_1^2 = 2(0,4849)^2 + 4(-0,0606)^2 = 0,4850.$$

O valor 0,4850 é o valor mínimo que conseguimos encontrar nesta iteração.

Passo 3

Fazemos a atualização $k = k+1$ e determinamos $\mathbf{x}^{(k+1)} = \mathbf{x}^{(k)} - \lambda^{(k)} \dfrac{\nabla f\left(\mathbf{x}^{(k)}\right)}{\left\|\nabla f\left(\mathbf{x}^{(k)}\right)\right\|}$.

No ponto 1 o valor do gradiente é

$$\nabla f(x_1, y_1) = \begin{bmatrix} 4(0,4849) \\ 8(-0,0606) \end{bmatrix} = \begin{bmatrix} 1,9396 \\ -0,4848 \end{bmatrix}.$$

O valor do gradiente normalizado é dado por

$$\frac{\nabla f(x,y)}{\left\|\nabla f(x,y)\right\|} = \frac{1}{\sqrt{(1,9396)^2 + (-0,4848)^2}} \begin{bmatrix} 1,9396 \\ -0,4848 \end{bmatrix} = \begin{bmatrix} 0,9702 \\ -0,2425 \end{bmatrix}.$$

Próxima etapa é calcular $\mathbf{x}^{(2)}$ em função de λ_1, que resulta em

$$\mathbf{x}^{(2)} = \mathbf{x}^{(1)} - \lambda_1 \frac{\nabla f(x_1, y_1)}{\left\|\nabla f(x_1, y_1)\right\|} = \begin{bmatrix} 0,4849 \\ -0,0606 \end{bmatrix} - \lambda_1 \begin{bmatrix} 0,9702 \\ -0,2425 \end{bmatrix} = \begin{bmatrix} 0,4849 - 0,9702\lambda_1 \\ -0,0606 + 0,2425\lambda_1 \end{bmatrix}.$$

A função $\varphi(\lambda_1)$ que é uma função de λ_1, pode ser escrita como

$$\varphi(\lambda_1) = 2(0,4849 - 0,9702\lambda_1)^2 + 4(-0,0606 + 0,2425\lambda_1)^2.$$

Igualando a primeira derivada de $\varphi(\lambda_1)$ a zero permite determinar o valor de λ_1

$$\frac{d\varphi(\lambda_1)}{d\lambda_1} = \frac{d}{d\lambda_1}\left[2(0,4849 - 0,9702\lambda_1)^2 + 4(-0,0606 + 0,2425\lambda_1)^2\right] = 0,$$

$$2(2)(0,4849 - 0,9702\lambda_1)(-0,9702) + 2(4)(-0,0606 + 0,2425\lambda_1)(0,2425) = 0,$$

$$-3,8808(0,4849 - 0,9702\lambda_1) + 1,9400(-0,0606 + 0,2425\lambda_1) = 0,$$

$$-1,8818 + 3,7652\lambda_1 - 0,1176 + 0,4705\lambda_1 = 0,$$

$$\lambda_1 = \frac{1,8936}{4,2357},$$

$$\lambda_1 = 0,4471.$$

A partir do valor de λ_1 determinamos o novo valor $\mathbf{x}^{(2)}$.

$$\mathbf{x}^{(2)} = \begin{bmatrix} 0,4849 \\ -0,0606 \end{bmatrix} - 0,4471 \begin{bmatrix} 0,9702 \\ -0,2425 \end{bmatrix} = \begin{bmatrix} 0,0511 \\ 0,0478 \end{bmatrix}.$$

Assim $f\left(\mathbf{x}^{(2)}\right)$ é então dada por

$$f\left(\mathbf{x}^{(2)}\right)=2x_1^2+4y_1^2=2(0{,}0511)^2+4(0{,}0478)^2=0{,}0143\,.$$

O valor 0,0143 é o valor mínimo que conseguimos encontrar nesta iteração. Verifique que este valor é menor que o obtido na iteração anterior, ou seja, estamos nos aproximando do $\mathbf{x}^*$. Esse processo iterativo pode ser programado no MATLAB, utilizando a seguinte sequência de comandos.

```
MATLAB - Algoritmo da descida mais íngreme utilizado no Exemplo 9

k=0;        %Contador de iteração
x=[1;2];    %Ponto inicial
eps=1;      %Valor inicial para o erro, denotado anteriormente como épsilon

%Looping utilizando o comando while
while eps>0.00001&k<10
    f=2*x(1)^2+4*x(2)^2                          %Função a ser analisada
    gradf=[4*x(1);8*x(2)]                        %Gradiente da função
    normgradf=(gradf(1)^2+gradf(2)^2)^0.5        %Norma do gradiente
    n=gradf/normgradf                            %Gradiente normalizado

    %Expressão do lambda, obtida a partir da função phi(lambda)
    lambda=(n(1)*x(1)+2*n(2)*x(2))/(n(1)^2+2*n(2)^2)

    xnovo=x-lambda*n
    x=xnovo
    fnova=2*x(1)^2+4*x(2)^2
    eps=abs(fnova-f)
    k=k+1
end
    k,x,f,fnova,eps
```

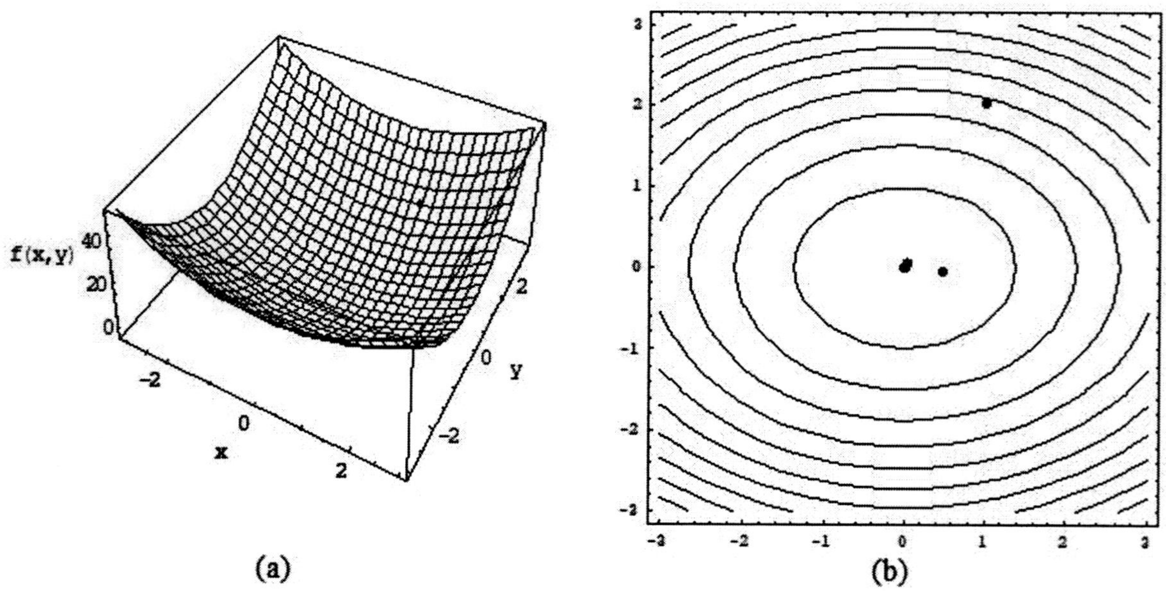

Figura–11 Gráficos de (a) $f(x,y) = 2x^2 + 4y^2$ e (b) vista de topo de $f(x,y)$, em ambos são mostrados o ponto inicial e os pontos obtidos pelo algoritmo do gradiente descendente.

Na Figura–11 (a) temos representado o gráfico da função $f(x,y)=2x^2+4y^2$, o ponto inicial (1, 2) e alguns pontos gerados pelo algoritmo, em (b) tem-se uma vista de topo da superfície gerada pela função mostrando como a aproximação acontece no plano *xy*.

2.8 Método de Newton

Considere uma função $f(x)$ e a aproximação à solução em $f(x^*)=0$, em geral resolver essa equação não é fácil. Se a função é complicada podemos realizar aproximações à solução utilizando um procedimento iterativo também conhecido como cálculo numérico. Um dos métodos numéricos mais simples é chamado de Método de Newton.

Assim, considere que precisamos encontrar uma solução x^* para $f(x)=0$ e também suponha que uma aproximação inicial para esta solução seja x_0. Esta aproximação provavelmente não é a melhor e precisamos encontrar uma que seja. Para demonstrar esse método vamos utilizar um gráfico auxiliar tal como mostrado na Figura–12, onde temos representada a função $y=f(x)$. Primeiro construímos uma reta tangente *t* a $f(x)$ passando x_0.

A inclinação da reta tangente *t* passando no ponto $(x_0, f(x_0))$ é positiva e dada por

$$f'(x_0)=\frac{f(x_0)-0}{x_0-x_1}. \tag{32}$$

Como $f'(x_0)>0$, podemos reescrever (32) da seguinte forma

$$\begin{aligned} &f'(x_0)(x_0-x_1)-f(x_0)=0,\\ &f'(x_0)(x_1-x_0)+f(x_0)=0,\\ &f(x_0)+f'(x_0)(x_1-x_0)=0. \end{aligned} \tag{33}$$

De (33) podemos extrair x_1, que é um valor mais próximo da solução de $f(x)=0$ do que o valor inicial x_0.

$$x_1=x_0-\frac{f(x_0)}{f'(x_0)}. \tag{34}$$

O mesmo procedimento pode ser usado para obter um ponto x_2 ainda mais próximo da solução do que o ponto $(x_1, f(x_1))$, sendo a inclinação em x_2 igual a $f'(x_1)>0$, então

$$f'(x_1)=\frac{f(x_1)-0}{x_1-x_2},$$

$$f(x_1) - f'(x_1)(x_1 - x_2) = 0,$$
$$f(x_1) + f'(x_1)(x_2 - x_1) = 0. \tag{35}$$

Resolvendo (35) em x_2 temos que

$$x_2 = x_1 - \frac{f(x_1)}{f'(x_1)}. \tag{36}$$

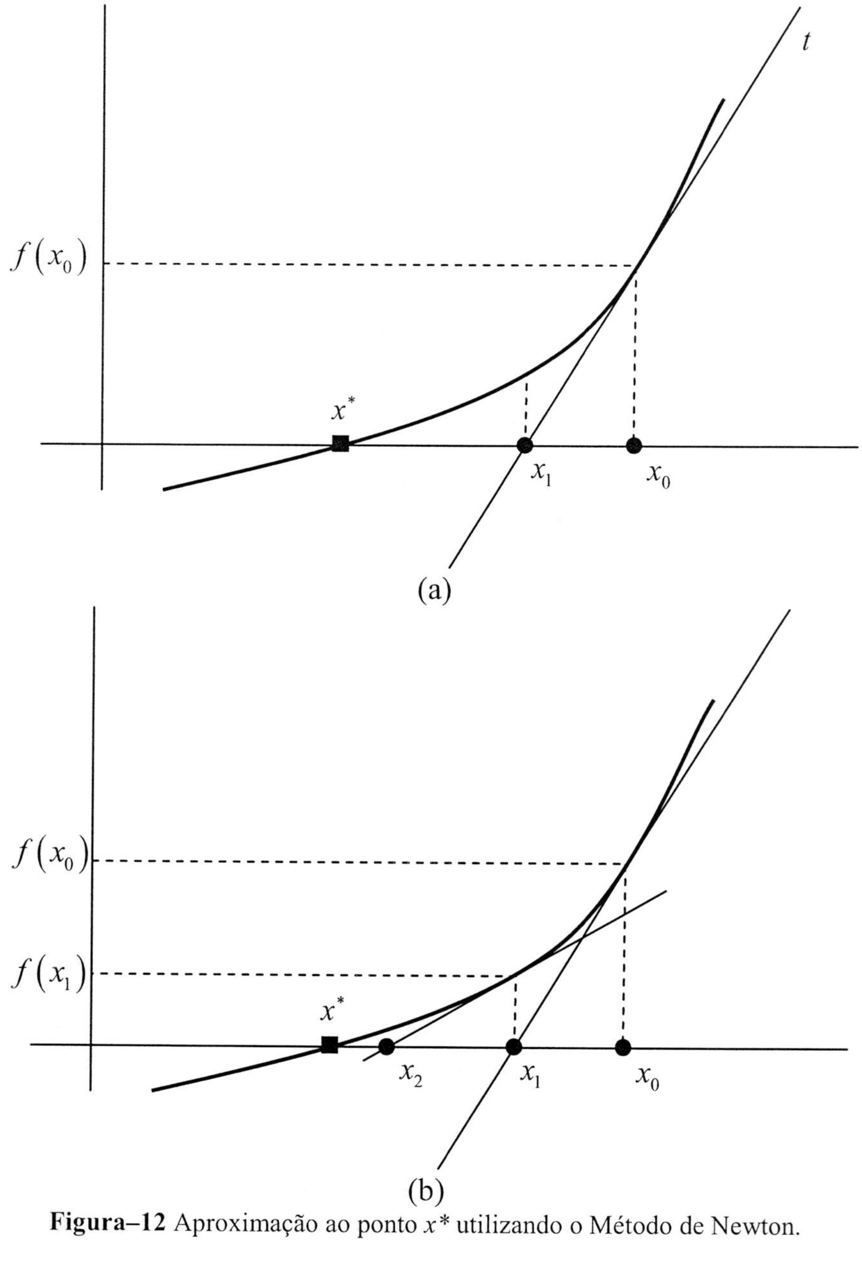

Figura–12 Aproximação ao ponto x^* utilizando o Método de Newton.

Repetindo este procedimento, obtemos a sequência de aproximações $x_1, x_2, x_3, x_4, \ldots$, de onde podemos considerar que dada a *k*-ésima aproximação x_k e sendo $f'(x_k) \neq 0$ a aproximação seguinte será

$$x_{k+1} = x_k - \frac{f(x_k)}{f'(x_k)}. \tag{37}$$

Se a função $f(x)$ é continuamente diferenciável nas vizinhanças de x^* e a cada iteração os valores x_k tornarem-se cada vez mais próximos de x^* à medida que k cresce, então podemos afirmar que a sequência converge para x^* e escrever

$$\lim_{k \to \infty} x_k = x^*. \tag{38}$$

Se $|x_{k+1} - x_k|$ é menor que o valor de precisão desejado (o qual é especificado pelo analista), então x_{k+1} é considerada a aproximação final. Caso isso não aconteça, a equação (37) é utilizada novamente para calcular uma nova aproximação.

EXEMPLO 1.13 Método de Newton

Realizar três iterações do Método de Newton, para aproximar a um zero da função $f(x) = x^2 - 2$. Utilize $x = 1$ como valor inicial. Depois escreva uma rotina no MATLAB para construir o Método de Newton e obter um erro menor ou igual do que 0,000001.

Nesse caso temos que $f'(x) = 2x$, e $x_0 = 1$. Da expressão (37) temos

$$x_1 = x_0 - \frac{f(x_0)}{f'(x_0)} = 1 - \frac{1^2 - 2}{2(1)} = 1,5,$$

$$x_2 = x_1 - \frac{f(x_1)}{f'(x_1)} = 1,5 - \frac{(1,5)^2 - 2}{2(1,5)} = 1,42,$$

$$x_3 = x_2 - \frac{f(x_2)}{f'(x_2)} = 1,42 - \frac{(1,42)^2 - 2}{2(1,42)} = 1,41.$$

Verificamos que a resposta obtida está ficando cada vez mais próxima da solução dada por $x = \sqrt{2} \cong 1,41421356$. Uma rotina do MATLAB para implementar o Método de Newton a partir de um pseudo-código é dada por

$k \leftarrow 1$

while $(k \le N)$

$f_{k-1} \leftarrow f(k-1)$

$f'_{k-1} \leftarrow f'(k-1)$

$x_k \leftarrow x_{k-1} - \dfrac{f_{k-1}}{f'_{k-1}}$

$\varepsilon = |x_k - x_{k-1}|$

se $\varepsilon \le erro$, então

parar
fim
$k \leftarrow k+1$
fim

No MATLAB os primeiros valores de array são baseados no número 1, por isso na construção de modelos iterativos temos que ao x(1) é atribuído o valor x_0.
Nesse caso, a função e sua primeira derivada precisam ser fornecidos e escritos no script. Para obter a derivada de uma função no MATLAB utilizamos o comando `diff`. Por exemplo, para a função $f(x) = sen(2x) + \cos(x^3) + e^{4x}$ podemos obter a primeira derivada de $f(x)$ no MATLAB da seguinte forma

```
syms x
f = sin(2*x)+cos(x^3)+exp(4*x);
diff(f)
```

que resulta em

```
ans =

2*cos(2*x) + 4*exp(4*x) - 3*x^2*sin(x^3)
```

Podemos utilizar o comando "anonymous functions" do MATLAB para evitar ter que criar um arquivo m para cada função utilizada no problema. Uma função anônima é uma função que não é armazenada num programa, mas está associada a uma variável cujo tipo de dado é manipulado indiretamente. Funções anônimas podem aceitar entradas e retornar saídas, assim como as funções padrão fazem. No entanto, elas podem conter apenas uma única instrução executável. Para criar a função anônima em termos de uma variável x utilizamos @(x). Por exemplo, para criar um identificador para uma função anônima que encontra o quadrado de um número podemos fazer

```
quad = @(x) x.^2;
```

que pode ser utilizada para encontrar o quadrado de um valor particular (tal como para x igual a 5), passando o valor para a função manipulada quad, tal como seria utilizando um argumento de entrada para uma função padrão

```
q = quad(5)
```

resulta em

```
q =
  25
```

Assim na sequência de comandos do MATLAB para determinar o valor de x que zera a função dada por $f(x) = x^2 - 2$ temos que

- a função é criada usando o comando `f = @(x) x^2-2;`
- a primeira derivada de $f(x)$ é dada por `Df = @(x) 2*x;`
- a função $f(x)$ defasada é obtida fazendo `fd = f(x(k - 1));`

- a derivada da função $f(x)$ defasada é obtida fazendo `Dfd = Df(x(k - 1));`
- o Método de Newton é implementado pela expressão `x(k) = x(k - 1) - fd/Dfd;`

MATLAB - Método de Newton

```
% Definição da função, sua derivada e dados iniciais
f = @(x) x^2-2;
Df = @(x) 2*x;
x0 = 1;
n = 10;
eps=0;
erro = 1E-6;
x = zeros(n + 1,1);
x(1) = x0;
k = 2;

% Armazena a iteração final se o erro foi alcançado antes de N iterações
kfinal = n + 1;

% Método de Newton
while (k <= n + 1)
 fd = f(x(k - 1));
 Dfd = Df(x(k - 1));
 x(k) = x(k - 1) - fd/Dfd;
 eps=abs(x(k) - x(k - 1));
 if (eps <= erro)
  kfinal = k;
  break;
 end
 k = k + 1;
end

% Construção da figura mostrando aproximação à solução x*
figure
plot(0:kfinal - 1,x(1:kfinal),'ko-')
title('Exemplo para $f(x) = x^{2}-2$','FontSize', 10,'Interpreter','latex')
xlabel('Iteração','FontSize',10)
ylabel('Solução x*','FontSize',10)
format long
x(k)
```

A sequência de comandos do MATLAB, mostrada no quadro em destaque acima, gera como resultado a aproximação à solução x^* na Figura–13.

Sendo que o último valor calculado para x^* é dado por

ans =

1.414213562373095

O valor de $x = \sqrt{2}$ com 200 casas depois da vírgula é mostrado a seguir.

1,41421356237309504880168872420969807856967187537694807317667973799073247
84621070388503875343276415727350138462309122970249248360558507372126441214
97099935831413222665927505592755799950501152782060571 5

Embora a sequência de aproximações sucessivas convirja para a solução desejada para funções do tipo ilustrado no exemplo anterior, em determinadas circunstâncias, a sequência pode não convergir. O Método de Newton não convergirá, por exemplo, quando

$$f'(x_k) = 0 \text{ para algum } k$$

e

$$\lim_{k \to \infty} x_k \text{ não existir.}$$

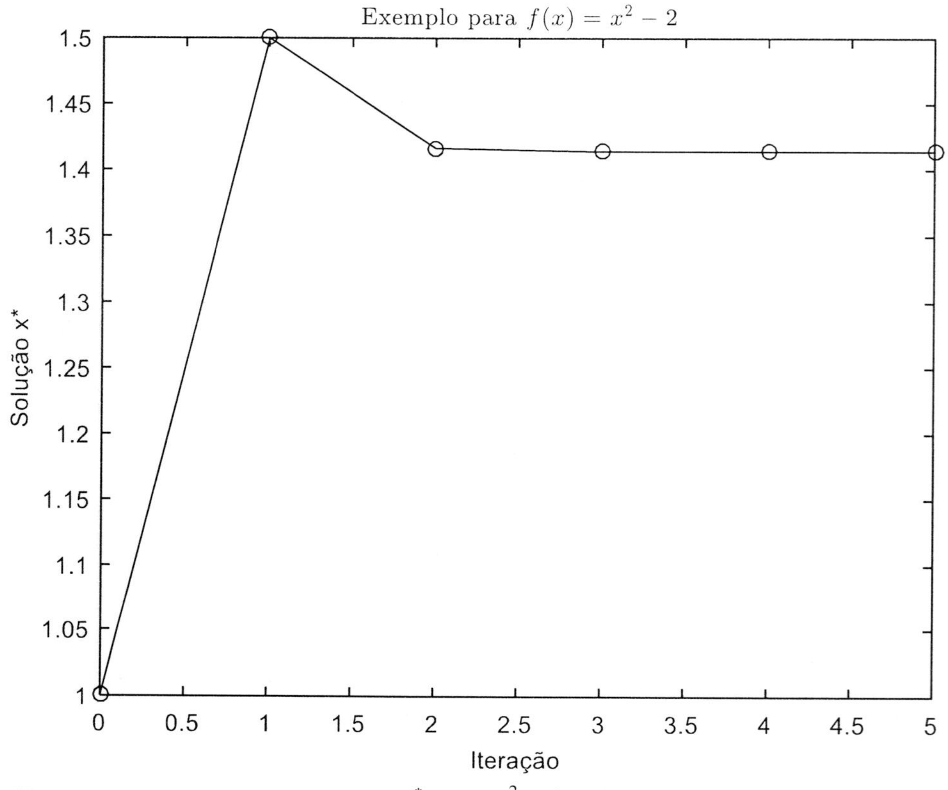

Figura–13 Aproximação à solução x^* para $x^2 - 2 = 0$ usando o Método de Newton.

2.9 Método das Secantes

Uma desvantagem do Método de Newton é a necessidade de calcular $f'(x)$ em vários pontos, que dependendo da função $f(x)$ pode não proporcionar resultados práticos.

O Método das Secantes não precisa do cálculo da derivada, ao invés disso utiliza uma diferença finita como aproximação da derivada. É um método recursivo que utiliza uma linha secante para realizar a aproximação à raiz, para isso são necessários dois pontos iniciais. Como resultado, a função $f(x)$ é aproximada por uma linha secante a partir de dois pontos do gráfico da função, ao invés da linha tangente passando por um único ponto como é feito no Método de Newton. Na Figura–14 temos os dois pontos iniciais x_0 e x_1, que preferencialmente devem estar razoavelmente próximos de x^*. A partir dos dois pontos utilizados para a aproximação é construída uma função recursiva $g(x_{k-1}, x_k)$.

Da Figura–14(a) temos que a declividade da reta secante s, que será denotada como m, é dada por

$$m = \frac{f(x_{k-1}) - f(x_k)}{x_{k-1} - x_k}, \tag{39}$$

além disso, considerando o triângulo em destaque da Figura–14(b), também podemos escrever a declividade da reta secante como

$$m = \frac{f(x_k) - 0}{x_k - x_{k+1}}. \tag{40}$$

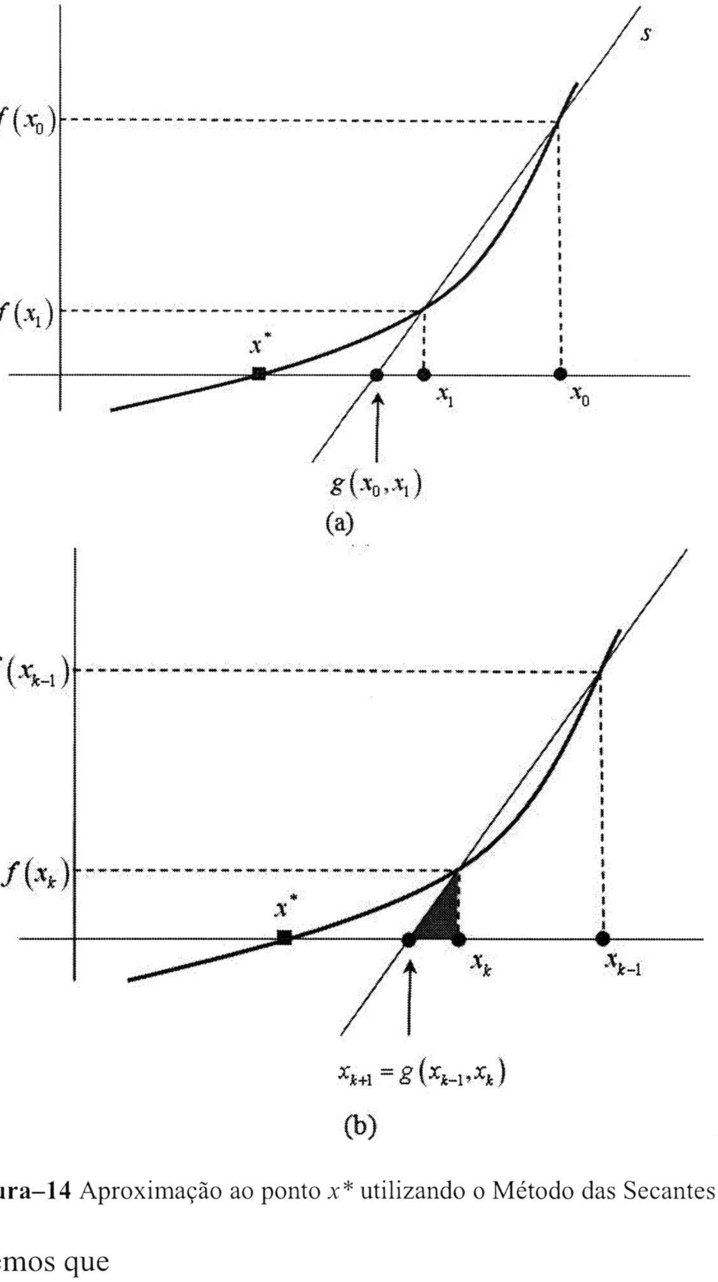

Figura–14 Aproximação ao ponto x^* utilizando o Método das Secantes.

Igualando (39) e (40) temos que

$$\frac{f(x_k)-0}{x_k-x_{k+1}}=\frac{f(x_{k-1})-f(x_k)}{x_{k-1}-x_k},$$

$$\frac{f(x_k)}{x_k-x_{k+1}}=\frac{f(x_k)-f(x_{k-1})}{x_k-x_{k-1}},$$

$$-\frac{f(x_k)}{x_{k+1}-x_k}=\frac{f(x_k)-f(x_{k-1})}{x_k-x_{k-1}},$$

$$x_{k+1}-x_k=-\frac{f(x_k)(x_k-x_{k-1})}{f(x_k)-f(x_{k-1})},$$

$$x_{k+1}=x_k-\frac{f(x_k)(x_k-x_{k-1})}{f(x_k)-f(x_{k-1})}. \quad (41)$$

Ou

$$x_{k+1}=\frac{x_k\left[f(x_k)-f(x_{k-1})\right]}{f(x_k)-f(x_{k-1})}-\frac{f(x_k)(x_k-x_{k-1})}{f(x_k)-f(x_{k-1})},$$

$$x_{k+1}=\frac{x_kf(x_k)-x_kf(x_{k-1})-f(x_k)x_k+f(x_k)x_{k-1}}{f(x_k)-f(x_{k-1})},$$

$$x_{k+1}=\frac{x_{k-1}f(x_k)-x_kf(x_{k-1})}{f(x_k)-f(x_{k-1})}. \quad (42)$$

A vantagem do Método das Secantes sobre o Método de Newton é que não é necessário que $f(x)$ seja uma função diferenciável ou que seja utilizada a derivada da função. Além disso, ele requer apenas uma avaliação de função por iteração, em comparação com o método de Newton, que requer dois. Como desvantagens, ele pode não convergir e sua convergência é mais lenta quando comparada com o Método de Newton.

EXEMPLO 1.14 Método das Secantes

Utilize o Método das Secantes para resolver a equação $f(x)=0$, onde $f(x)=x^2-2$. Considere como escolha para os valores iniciais $x_0=1$ e $x_1=1,5$. Os cálculos iterativos serão realizados utilizando a equação (s3).

$$x_{n+1}=x_n-\frac{f(x_n)(x_n-x_{n-1})}{f(x_n)-f(x_{n-1})},\quad x=1,2,3,\ldots.$$

Dessa forma, aplicando a expressão acima obtemos para x_2

$$x_2=x_1-\frac{f(x_1)(x_1-x_0)}{f(x_1)-f(x_0)},$$

$$x_2=1,5-\frac{(1,5^2-2)(1,5-1)}{(1,5^2-2)-(1^2-2)},$$

$$x_2 = 1,4.$$

Para x_3

$$x_3 = x_2 - \frac{f(x_2)(x_2 - x_1)}{f(x_2) - f(x_1)},$$

$$x_3 = 1,4 - \frac{(1,4^2 - 2)(1,4 - 1,5)}{(1,4^2 - 2) - (1,5^2 - 2)},$$

$$x_3 = 1,41379.$$

Para x_4

$$x_4 = x_3 - \frac{f(x_3)(x_3 - x_2)}{f(x_3) - f(x_2)},$$

$$x_4 = 1,41379 - \frac{(1,41379^2 - 2)(1,41379 - 1,4)}{(1,41379^2 - 2) - (1,4^2 - 2)},$$

$$x_4 = 1,41422.$$

Como pode ser observado, à medida que novas iterações são realizadas, o Método das Secantes possibilita a convergência do resultado para a solução x^*, nesse caso $\sqrt{2}$.
A seguir é apresentada a sequência de comandos do MATLAB para obter os resultados mostrados acima utilizando o algoritmo do Método das Secantes, na Figura–15 verificamos a aproximação à solução x* à medida que as iterações são realizadas.
Comparando o Método de Newton com o das Secantes, qual método é mais rápido? A princípio pode parecer que o método de Newton é mais rápido, já que ele converge mais rapidamente. No entanto, para comparar o desempenho, devemos considerar o custo e a velocidade de convergência. Um algoritmo que converge em menos passos, mas leva alguns segundos por iteração pode levar muito mais tempo global do que um algoritmo que converge em mais passos, mas leva apenas alguns milissegundos por iteração (A. Ron, 2010).
Para o propósito desta análise geral, podemos assumir que o custo de uma iteração é dominado pela avaliação da função - o que é provavelmente o caso na prática. Assim, o número de avaliações da função por iteração é provavelmente uma boa medida de custo.
O Método das Secantes requer apenas uma avaliação da função por iteração, já que o valor de $f(x_n - 1)$ pode ser armazenado a partir da iteração anterior.
O Método de Newton requer uma avaliação da função e uma avaliação da derivada por iteração. É difícil estimar o custo da avaliação da derivada em geral. Em alguns casos, a derivada pode ser fácil de avaliar, em alguns casos, pode ser muito mais difícil de avaliar do que a função. Parece seguro, porém, assumir que, na maioria dos casos, avaliar a derivada é pelo menos tão dispendioso quanto avaliar a função. Assim, podemos estimar que o método de Newton realiza cerca de duas avaliações de função por iteração.
Essa disparidade no custo significa que podemos executar duas iterações do Método das Secantes no tempo que levará para executar uma iteração do método de Newton. Assim, para comparar o desempenho dos dois métodos, devemos comparar a velocidade de convergência de duas iterações

do Método das Secantes com uma iteração do Método de Newton.

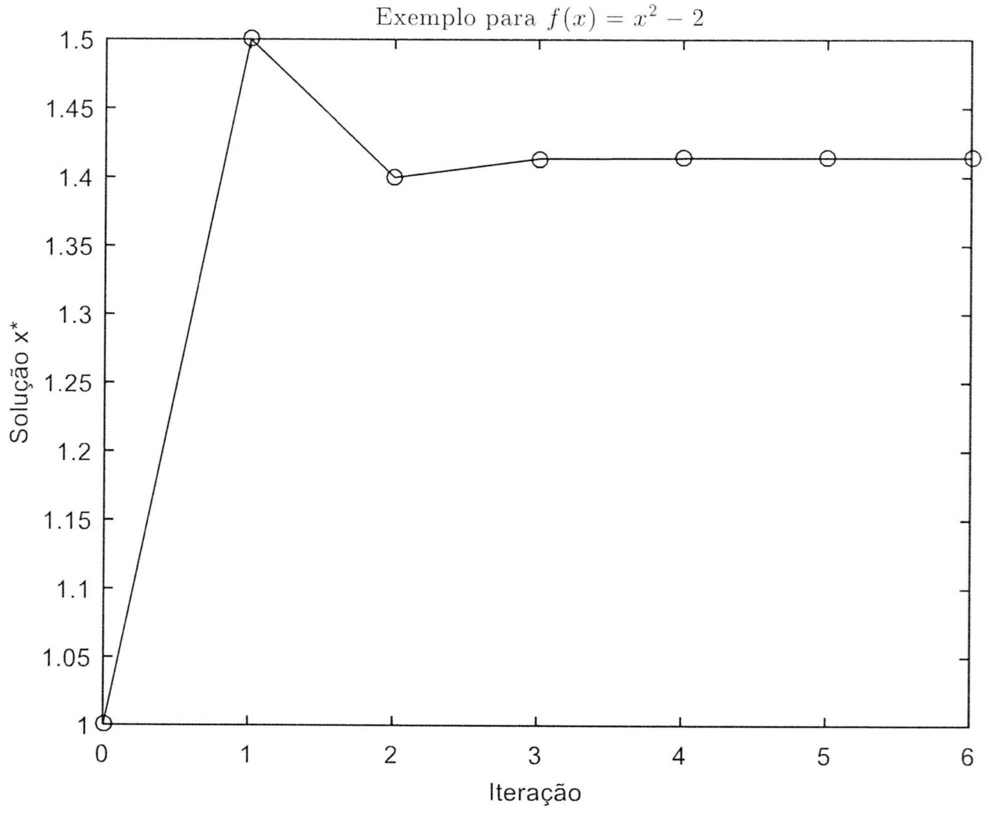

Figura–15 Aproximação à solução x^* para $x^2 - 2 = 0$ usando o Método das Secantes.

```
% Definição da função e dados iniciais
f = @(x) x^2-2;
x0 = 1;
x1 = 1.5;
n = 10;
eps=0;
erro = 1E-6;
x = zeros(n + 1,1);
x(1) = x0;
x(2) = x1;
k = 3;

% Armazena a iteração final se o erro foi alcançado antes de n iterações
kfinal = n + 1;

% Método das Secantes
while (k <= n + 1)
 x(k) = x(k - 1) - (f(x(k - 1))*(x(k - 1)-x(k - 2)))/(f(x(k - 1))-f(x(k - 2)));
 eps=abs(x(k) - x(k - 1));
 if (eps <= erro)
  kfinal = k;
  break;
 end
 k = k + 1;
end
```

```
% Construção da figura mostrando aproximação à solução x*
figure
plot(0:kfinal - 1,x(1:kfinal),'ko-')
title('Exemplo para $f(x) = x^{2}-2$','FontSize', 10,'Interpreter','latex')
xlabel('Iteração','FontSize',10)
ylabel('Solução x*','FontSize',10)
format long
x(3)
x(4)
x(5)
```

Sendo que os valores calculados para x_2, x_3 e x_4 são, respectivamente, dados por

```
ans =
   1.400000000000000

ans =
   1.413793103448276

ans =
   1.414215686274510
```

2.10 Noções Básicas de Lógica

Uma proposição ou declaração é uma sentença que pode ser escrita em forma simbólica ou na linguagem natural, de tal forma que é verdadeira ou falsa. Exemplos de proposição declarativa: "Galileu Galilei é físico" e "Todos os matemáticos são escritores". Facilmente estas proposições podem ser classificadas como verdadeiras ou falsas. A lógica é uma parte da filosofia, Aristóteles (384-322 a. C.) é considerado o criador da lógica formal, pois estabeleceu normas de pensamento que permitiam demonstrações corretas para alcançar a certeza científica. No século III a. C. Crisipo de Solis foi um dos principais representantes da lógica estoica que também pode ser considerada uma lógica proposicional.

Em 1847 George Boole publicou o livro com título *The Mathematical Analysis of Logic*, que desempenhou papel importante na construção da lógica matemática moderna. Em 1854 Boole publica o trabalho que é considerado sua obra-prima o *An Investigation of the Laws of the Thought*, em que desenvolve uma estrutura para representar a lógica na forma algébrica.

Uma proposição simples não possui qualquer outra proposição como uma parte componente de si mesma e é representada por uma letra minúscula, por exemplo:

p: Aristóteles é escravo
q: O homem é amortal
r: O número $2^{74.207.281}-1$ é primo

Um conectivo é uma palavra ou uma frase utilizada em Lógica para conectar duas ou mais sentenças, formando uma proposição composta. Os conectivos atuam como operadores lógicos. Os conectivos mais utilizados são:

$\sim$: a negação "**não**"
$\wedge$: a conjunção "**e**"
$\vee$: a disjunção "**ou**"

$\rightarrow$: o condicional "**se ..., então**"
$\leftrightarrow$: o bicondicional "**se, e somente se**"

No caso conectivo de negação também é comum utilizar o símbolo "$\neg$".

Uma proposição composta é representada por uma letra maiúscula e formada por duas ou mais proposições simples, combinadas pelos conectivos mostrados acima.

P: O IBOVESPA está caindo e a NASDAQ subindo
Q: e é um número irracional ou π é transcendental
R: Se o sólido é um rombododecaedro, então tem 12 faces de losangos.

Sejam **p** e **q** proposições, em que cada uma pode ser verdadeira ou falsa. Ou seja, o valor lógico da proposição **p** é verdade se **p** é verdadeira. O valor lógico da proposição **p** é falso se **p** é uma falsa. O mesmo acontece para **q**, o valor lógico da proposição **q** é verdade se **q** é verdadeira. . O valor lógico da proposição **q** é falso se **q** é uma falsa. Os valores lógicos Verdade e Falso, também chamados de valores veritativos, são denotados por "1" e "0" (ou algumas vezes como "V" ou "F"), respectivamente. Uma Tabela Verdade é um diagrama lógico, ou um esquema, que permite a análise dos valores veritativos de uma proposição a partir de uma apresentação tabular ou matricial. A criação da Tabela Verdade normalmente é creditada a Ludwig Joseph Johann Wittgenstein e a Bertrand Arthur William Russel por volta do ano de 1912.

Uma negação consiste em negar o valor lógico de uma proposição. Dada uma sentença **p**, a negação de **p** é dada por $\sim \mathbf{p}$. Utilizando a Tabela Verdade temos que

p	~p
1	0
0	1

Uma conjunção é uma sequência de sentenças separadas pelo conectivo **e**. O operador lógico $\wedge$ pode ser utilizado para formar a conjunção de **p** e **q**, escrevendo $\mathbf{p} \wedge \mathbf{q}$. A Tabela Verdade nesse caso é dada por

p	q	p ∧ q
1	1	1
1	0	0
0	1	0
0	0	0

A proposição composta $\mathbf{p} \wedge \mathbf{q}$ somente é verdadeira no caso em que ambas as proposições simples **p** e **q** forem verdadeiras. Se uma das proposições **p** e **q**, ou ambas forem falsas a proposição resultante $\mathbf{p} \wedge \mathbf{q}$ será falsa.

Uma disjunção é uma sequência de sentenças separadas pelo conectivo **ou**. O operador lógico $\vee$ pode ser utilizado para formar a disjunção de **p** e **q**, escrevendo $\mathbf{p} \vee \mathbf{q}$. A Tabela Verdade nesse caso é dada por

$\mathbf{p}$	$\mathbf{q}$	$\mathbf{p \vee q}$
1	1	1
1	0	1
0	1	1
0	0	0

Considere as seguintes proposições compostas:

p: Elon Reeve Musk é economista ou físico

q: Johannes Kepler é alemão ou inglês

No caso da proposição **p**, pelo menos uma das proposições simples "Elon Musk ser economista" como "Elon Musk ser físico" é verdadeira, podendo ambas serem verdadeiras. Porém, no caso da proposição **q**, não é possível que ocorram as duas proposições simples ao mesmo tempo. Somente uma entre as proposições simples "Kepler é alemão" e "Kepler é inglês" é verdadeira. A proposição **p** é chamada de disjunção inclusiva, ou somente disjunção. Enquanto a proposição **q** é denominada de disjunção exlusiva.

Uma disjunção exclusiva é uma sequência de sentenças separadas pelo conectivo **ou exclusivo**. O operador lógico $\underline{\vee}$ pode ser utilizado para formar a disjunção exclusiva de **p** e **q**, escrevendo $\mathbf{p} \underline{\vee} \mathbf{q}$ e lendo como "ou **p** ou **q**" ou "**p** ou **q**, mas não ambos". A proposição $\mathbf{p} \underline{\vee} \mathbf{q}$ será verdadeira quando **p** e **q** tiverem valores lógicos diferentes e será falsa quando **p** e **q** forem ao mesmo tempo verdadeiros ou ambos falsos. Dessa forma, temos que a disjunção inclusiva ($\vee$) refere-se a situações onde "**p** ou **q**" é verdade se **p** é verdade, **q** é verdade, ou ambas são verdadeiras, enquanto a disjunção exclusiva ($\underline{\vee}$) refere-se a situações onde "**p** ou **q**" é verdade se qualquer **p** é verdade ou **q** é verdade, mas não ambos. Um outro exemplo para ilustrar esses dois tipos de disjunção é mostrado a seguir.

p: Para concluir o sistema o programador precisa ser técnico ou atencioso

q: Nesse instante, o computador está processando ou está desligado

No caso da proposição **p**, não há problema do programador possuir as duas características mencionadas, portanto tem-se uma disjunção inclusiva. Para a proposição **q**, no entanto, claramente o computador não pode estar nos dois estados mencionados "processando" e "desligado" ao mesmo tempo, o que caracteriza a situação de uma disjunção exclusiva. A Tabela Verdade para o ou exclusivo é dada por

$\mathbf{p}$	$\mathbf{q}$	$\mathbf{p} \underline{\vee} \mathbf{q}$
1	1	0
1	0	1
0	1	1
0	0	0

O ou exclusivo também pode ser representado pelo símbolo $\oplus$ e muitas vezes é chamado de **XOR**. É valido considerar que o **XOR** também pode ser entendido como a proposição "não ambos **p** e **q**" que pode ser escrita como $\sim(\mathbf{p} \wedge \mathbf{q}) \wedge \sim(\sim\mathbf{p} \wedge \sim\mathbf{q})$, a Tabela Verdade para essa representação é mostrada a seguir.

p	q	$\sim p$	$\sim q$	$p \wedge q$	$\sim(p \wedge q)$	$\sim p \wedge \sim q$	$\sim(\sim p \wedge \sim q)$	$\sim(p \wedge q) \wedge \sim(\sim p \wedge \sim q)$
1	1	0	0	1	0	0	1	0
1	0	0	1	0	1	0	1	1
0	1	1	0	0	1	0	1	1
0	0	1	1	0	1	1	0	0

O operador lógico **XOR** tem papel de destaque na construção de redes neurais porque seus pontos não podem ser separados por um modelo linear, sendo considerado não linearmente separável.

Um condicional, ou implicação, consiste de um par de sentenças conectadas pelo operador lógico $\rightarrow$. A sentença a esquerda do operador é denominada **antecedente** e a sentença a direita é chamada de **consequente**. O resultado do condicional é falso somente quando a primeira proposição for verdadeira e a segunda falsa. A Tabela Verdade para o conectivo condicional é dada por

p	q	$p \rightarrow q$
1	1	1
1	0	1
0	1	0
0	0	1

Um bicondicional, ou equivalência, pode ser escrita como $\mathbf{p} \leftrightarrow \mathbf{q}$ e consiste na combinação de uma implicação $\mathbf{p} \rightarrow \mathbf{q}$ e seu oposto $\mathbf{q} \rightarrow \mathbf{p}$, ou seja, $(\mathbf{p} \rightarrow \mathbf{q}) \wedge (\mathbf{q} \rightarrow \mathbf{p})$ equivale a $\mathbf{p} \leftrightarrow \mathbf{q}$ e pode ser lido como "**p** se, e somente se **q**" e "**p** é equivalente a **q**". O resultado do bicondicional é falso somente se os valores das proposições forem diferentes. A Tabela Verdade para o conectivo bicondicional é dada por

p	q	$p \leftrightarrow q$
1	1	1
1	0	0
0	1	0
0	0	1

Em resumo temos que os conectivos lógicos atuam da seguinte forma para ter como resultado valores verdadeiros

$\mathbf{p} \wedge \mathbf{q}$	E	Ambas as proposições são verdade
$\mathbf{p} \vee \mathbf{q}$	OU	Pelo menos uma proposição é verdade
$\mathbf{p} \veebar \mathbf{q}$	OU EXCLUSIVO	Pelo menos uma proposição é verdade, mas não ambas
$\mathbf{p} \rightarrow \mathbf{q}$	SE-ENTÃO	A primeira proposição verdade não pode implicar a segunda falsa
$\mathbf{p} \leftrightarrow \mathbf{q}$	SE, E SOMENTE SE	Ambas as proposições têm o mesmo valor
$\sim \mathbf{p}$	NÃO	Inverte o valor verdade

Na Figura–16 são apresentados os gráficos para algumas dessas proposições, onde bola branca significa Falso e bola preta é usada para Verdade.

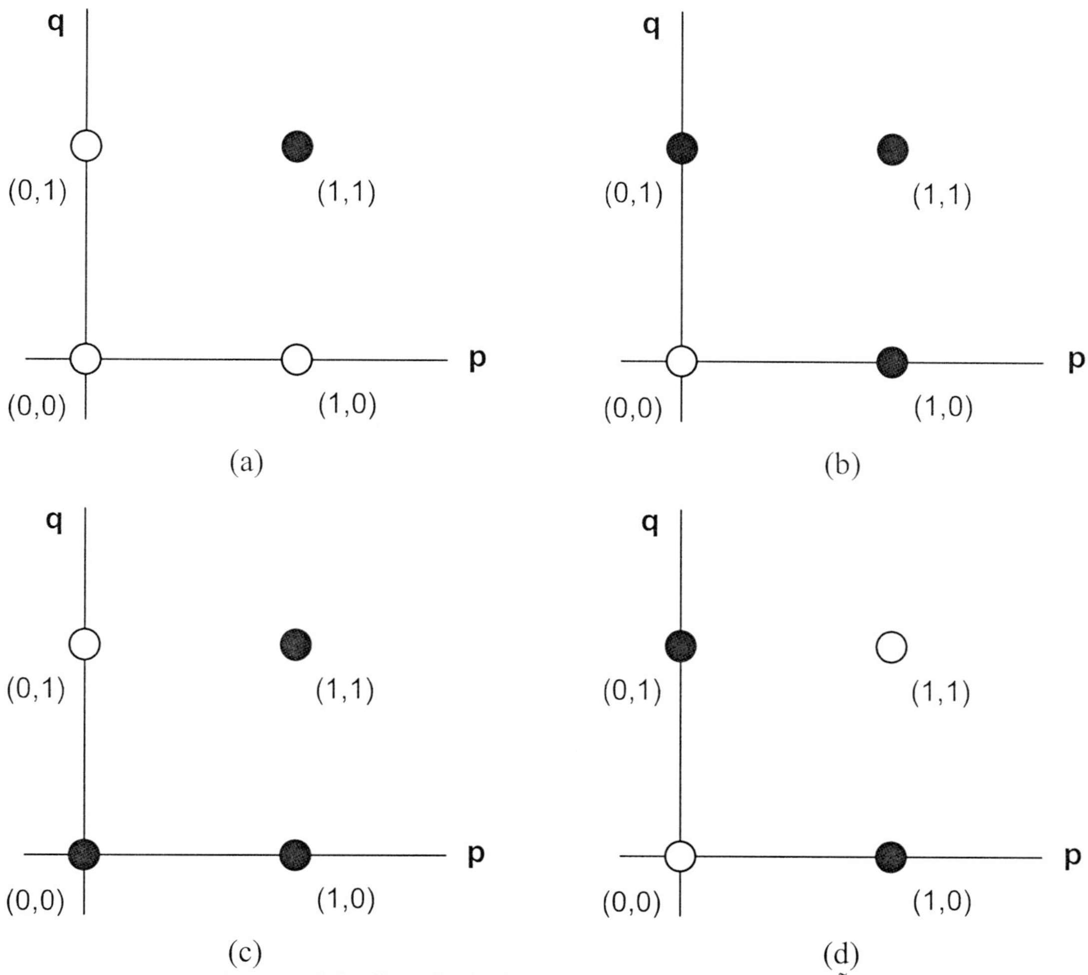

Figura–16 Gráficos das lógicas (a) E, (b) OU, (c) SE-ENTÃO e (d) XOR.

EXEMPLO 1.15

Denomina-se **tautologia** a proposição composta que é sempre verdadeira. Na Tabela Verdade de uma proposição tautológica, a coluna à direita que representa o resultado lógico final contém apenas V.

Denomina-se **contradição** a proposição composta que é sempre falsa. Na Tabela Verdade de uma proposição contraditória, a coluna à direita que representa o resultado lógico final contém apenas F.

Denomina-se **contingência** a proposição composta que ser verdadeira e pode ser falsa. Na Tabela Verdade de uma proposição contingencial, a coluna à direita que representa o resultado lógico final contém valores V e F.

Verifique se as proposições a seguir são tautológicas, contraditórias ou contingenciais.

a) $(\mathbf{p} \leftrightarrow \sim \mathbf{q}) \wedge (\mathbf{p} \wedge \mathbf{q})$

b) $(\mathbf{p} \wedge \mathbf{r}) \rightarrow (\sim \mathbf{q} \vee \mathbf{r})$

c) $(\mathbf{p} \vee \sim \mathbf{q}) \leftrightarrow (\mathbf{p} \rightarrow \sim \mathbf{q})$

A Tabela Verdade do item (a) é dada por

p	q	$\sim q$	$p \leftrightarrow \sim q$	$p \wedge q$	$(p \leftrightarrow \sim q) \wedge (p \wedge q)$
1	1	0	0	1	0
1	0	1	1	0	0
0	1	0	1	0	0
0	0	1	0	0	0

O valor lógico da proposição composta $(p \leftrightarrow \sim q) \wedge (p \wedge q)$ que aparece na última coluna é sempre falso, portanto, tem-se uma contradição.

A Tabela Verdade do item (b) é dada por

p	q	r	$\sim q$	$p \wedge r$	$\sim q \vee r$	$(p \wedge r) \rightarrow (\sim q \vee r)$
1	1	1	0	1	1	1
1	1	0	0	0	0	1
1	0	1	1	1	1	1
1	0	0	1	0	1	1
0	1	1	0	0	1	1
0	1	0	0	0	0	1
0	0	1	1	0	1	1
0	0	0	1	0	1	1

O valor lógico da proposição composta $(p \wedge r) \rightarrow (\sim q \vee r)$ que aparece na última coluna é sempre verdadeiro, portanto, tem-se uma tautologia.

A Tabela Verdade do item (c) é dada por

p	q	$\sim q$	$p \vee \sim q$	$p \rightarrow \sim q$	$(p \vee \sim q) \leftrightarrow (p \rightarrow \sim q)$
1	1	0	1	0	0
1	0	1	1	1	1
0	1	0	0	1	0
0	0	1	1	1	1

O valor lógico da proposição composta $(p \vee \sim q) \leftrightarrow (p \rightarrow \sim q)$ que aparece na última coluna contém tanto valores falsos, como valores verdadeiros, portanto, tem-se uma contingência.

2.11 Método dos Mínimos Quadrados

A abordagem moderna do Método dos Mínimos Quadrados tem origem no início do século XIX em trabalhos de Adrien-Marie Legendre em 1805 e de Johann Carl Friedrich Gauss em 1809 e constitui-se em uma das principais técnicas utilizadas na teoria estatística. O Método dos Mínimos Quadrados é a base para construção de modelos de regressão, que são utilizados na análise de relação de dependência entre variáveis. A versão mais simples do MMQ é denominada de Método dos Mínimos Quadrados Ordinários (MMQO), o termo ordinário é utilizado por ser o mais simples e porque existem várias extensões dessa técnica, tal como os mínimos quadrados generalizados e os mínimos quadrados ponderados, por exemplo.

Para apresentar o Método dos Mínimos Quadrados considere o problema de encontrar uma curva que se ajusta da melhor forma possível a conjunto de dados observados. Ou seja, um conjunto de n pares de observações (X_i, Y_i) utilizados para encontrar uma função que relacione os valores da variável dependente Y aos valores de uma variável dependente X. Ou seja, considere um modelo de regressão básico dado por

$$Y_i = \beta_0 + \beta_1 X_i + \varepsilon_i, \tag{43}$$

onde,

Y_i	é o i-ésima valor da variável de resposta (variável dependente)
β_0 e β_1	são os parâmetros, β_0 é o intercepto e β_1 é a inclinação
X_i	é o i-ésima valor da variável preditora (variável independente)
ε_i	é um termo de erro aleatório que representa o resíduo ou erro da regressão
i	$= 1, \ldots, n$

A Figura–17 ilustra uma reta de regressão ajustada a um conjunto de dados do tipo (X_i, Y_i) a partir do uso do critério de mínimos quadrados. A reta estimada $\hat{Y}$ gera um erro ε para cada ponto.

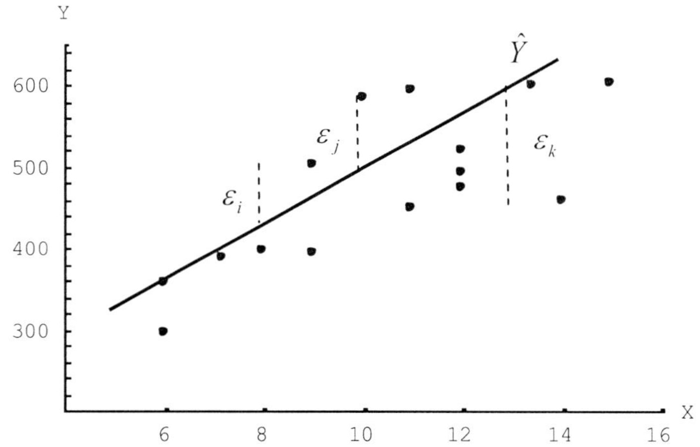

Figura–17 Reta de regressão $\hat{Y}$ que se ajusta aos pontos (X_i, Y_i).

A análise de regressão foi desenvolvida inicialmente por Sir Francis Galton na última parte do século XIX. Galton estudou a relação entre alturas de pais e filhos e notou que as alturas das crianças tanto de pais altos, quanto de pais baixos pareciam "reverter" ou "regredir" para a média do grupo. Ele considerou esta tendência como sendo uma regressão à "mediocridade". Galton desenvolveu uma descrição matemática para esta tendência de regressão, que é o precursor dos modelos de regressão atuais (Neter *et al.* 1996, p. 6).

O Método dos Mínimos Quadrados permite determinar os parâmetros com valores que minimizam a soma dos quadrados (por isso, mínimos quadrados) dos desvios de Y e seus valores esperados. Os valores esperados de Y são denotados por $\hat{Y}_i$ e dados por

$$\hat{Y}_i = \hat{\beta}_0 + \hat{\beta}_1 X_i,$$

assim temos que minimizar a soma

$$\sum \hat{\varepsilon}_i^2 = \left(Y_i - \hat{Y}_i\right)^2 = \left(Y_i - \hat{\beta}_0 - \hat{\beta}_1 X_i\right)^2. \tag{44}$$

A estimação dos parâmetros é obtida utilizando os resultados básicos do cálculo diferencial, considerando que a expressão quadrática (44) alcança um valor mínimo quando suas derivadas são iguais a zero. Dessa forma, tomando a derivada de $\sum \hat{\varepsilon}_i^2$ com relação a $\hat{\beta}_0$ e $\hat{\beta}_1$ e igualando-as a zero produz as equações (47) e (49) que fornecem os meios para determinar os parâmetros da regressão.

$$\frac{\partial \sum \hat{\varepsilon}_i^2}{\partial \hat{\beta}_0} = -2\sum\left(Y_i - \hat{\beta}_0 - \hat{\beta}_1 X_i\right) = -2\sum \hat{\varepsilon}_i, \tag{45}$$

e

$$\frac{\partial \sum \hat{\varepsilon}_i^2}{\partial \hat{\beta}_1} = -2\sum\left(Y_i - \hat{\beta}_0 - \hat{\beta}_1 X_i\right)X_i = -2\sum \hat{\varepsilon}_i X_i. \tag{46}$$

Fazendo $\frac{\partial \sum \hat{\varepsilon}_i^2}{\partial \hat{\beta}_0}$ igual a zero temos que

$$\frac{\partial \sum \hat{\varepsilon}_i^2}{\partial \hat{\beta}_0} = -2\sum\left(Y_i - \hat{\beta}_0 - \hat{\beta}_1 X_i\right) = -2\sum \hat{\varepsilon}_i = 0,$$

$$-2\sum\left(Y_i - \hat{\beta}_0 - \hat{\beta}_1 X_i\right) = 0,$$

$$\sum Y_i - \sum \hat{\beta}_0 - \sum \hat{\beta}_1 X_i = \sum Y_i - n\hat{\beta}_0 - \sum \hat{\beta}_1 X_i = 0,$$

$$n\hat{\beta}_0 = \sum Y_i - \hat{\beta}_1 \sum X_i,$$

$$\hat{\beta}_0 = \frac{\sum Y_i}{n} - \hat{\beta}_1 \frac{\sum X_i}{n},$$

$$\hat{\beta}_0 = \bar{Y} - \hat{\beta}_1 \bar{X}, \tag{47}$$

onde $\bar{Y}$ corresponde à média dos valores observados da variável Y, e $\bar{X}$ é a média dos valores observados da variável X.

No caso de $\frac{\partial \sum \hat{\varepsilon}_i^2}{\partial \hat{\beta}_1} = 0$ temos que

$$\frac{\partial \sum \hat{\varepsilon}_i^2}{\partial \hat{\beta}_1} = -2\sum \hat{\varepsilon}_i X_i = -2\sum\left(Y_i - \hat{\beta}_0 - \hat{\beta}_1 X_i\right)X_i = 0,$$

$$\sum Y_i X_i - \sum \hat{\beta}_0 X_i - \sum \hat{\beta}_1 X_i^2 = 0,$$

$$\sum Y_i X_i - \hat{\beta}_0 \sum X_i - \hat{\beta}_1 \sum X_i^2 = 0,$$

$$\sum Y_i X_i - \left(\bar{Y} - \hat{\beta}_1 \bar{X}\right)\sum X_i - \hat{\beta}_1 \sum X_i^2 = 0,$$

$$\hat{\beta}_1 \bar{X} \sum X_i - \hat{\beta}_1 \sum X_i^2 = \bar{Y} \sum X_i - \sum Y_i X_i,$$

$$-\hat{\beta}_1\left(\sum X_i^2-\bar{X}\sum X_i\right)=\bar{Y}\sum X_i-\sum Y_iX_i,$$
$$\hat{\beta}_1\sum\left(X_i^2-\bar{X}X_i\right)=\sum\left(Y_iX_i-\bar{Y}X_i\right),$$
$$\hat{\beta}_1=\frac{\sum\left(Y_iX_i-\bar{Y}X_i\right)}{\sum\left(X_i^2-\bar{X}X_i\right)}. \tag{48}$$

A expressão acima para determinação do parâmetro $\hat{\beta}_1$ pode ser modificada e colocada em uma outra forma bastante utilizada, para isso é importante notar que

$$\sum\left(\bar{X}^2-X_i\bar{X}\right)=0,$$

porque

$$\sum\left(\bar{X}^2-X_i\bar{X}\right)=\sum\bar{X}^2-\bar{X}\sum X_i=n\bar{X}^2-\bar{X}\sum X_i=0,$$
$$n\bar{X}^2=\bar{X}\sum X_i,$$
$$\bar{X}=\frac{\sum X_i}{n}.$$

A mesma ideia é aplicada para

$$\sum\left(\bar{X}\bar{Y}-\bar{X}Y_i\right)=0.$$

Aplicando estes resultados em (r6) produz

$$\hat{\beta}_1=\frac{\sum\left(Y_iX_i-\bar{Y}X_i\right)+\sum\left(\bar{X}\bar{Y}-\bar{X}Y_i\right)}{\sum\left(X_i^2-\bar{X}X_i\right)+\sum\left(\bar{X}^2-X_i\bar{X}\right)},$$
$$\hat{\beta}_1=\frac{\sum\left(Y_iX_i-\bar{Y}X_i+\bar{X}\bar{Y}-\bar{X}Y_i\right)}{\sum\left(X_i^2-\bar{X}X_i+\bar{X}^2-X_i\bar{X}\right)},$$
$$\hat{\beta}_1=\frac{\sum\left(X_i-\bar{X}\right)\left(Y_i-\bar{Y}\right)}{\sum\left(X_i-\bar{X}\right)^2}. \tag{49}$$

Os estimadores de mínimos quadrados têm propriedades estatísticas e premissas que garantem aos estimadores de MMQO várias propriedades desejáveis, tal como não tendenciosidade e variância mínima, por exemplo.

EXEMPLO 1.16 Adaptado de Kass *et al.* (Analysis of Neural Data, 2014)

Platt e Glimcher no trabalho *Neural Correlates of Decision Variables in Parietal Córtex* de 1999 sugerem que as áreas corticais envolvidas no processamento sensorial-motor podem codificar não apenas as características de sensação e ação, mas também entradas fundamentais para a tomada de decisão.

Para apoiar essa afirmação eles gravaram atividades de neurônios da região intraparietal lateral (LIP) de macacos, durante uma tarefa de movimento dos olhos, e utilizaram regressão linear para resumir a tendência de aumento na taxa de disparo de neurônios intraparietal com o aumento do ganho esperado em recompensa (volume de suco recebido) para a conclusão bem-sucedida de uma tarefa. A Tabela abaixo mostra a taxa de disparo versus a recompensa em volume para um neurônio LIP em particular após o início de uma pista visual.

i	Taxa de Disparo (Hz) Y_i	Recompensa Relativa X_i
1	23	0,25
2	32	0,40
3	45	0,48
4	54	0,52
5	72	0,56
6	64	0,60
7	70	0,75

Utilizando os resultados dos estimadores, o modelo de regressão para explicar a Taxa de Disparo do neurônio em função da Recompensa pela tarefa bem-sucedida pode ser construído como segue.

i	Y_i	X_i	$(X_i-\bar{X})^2$	$(Y_i-\bar{Y})$	$(X_i-\bar{X})(Y_i-\bar{Y})$
1	23	0,25	0,066859	-29,7143	7,683265
2	36	0,42	0,011788	-16,7143	1,480408
3	45	0,46	0,000816	-7,71429	0,374694
4	56	0,52	0,000131	3,285714	0,037551
5	73	0,56	0,002645	20,28571	1,043265
6	65	0,60	0,008359	12,28571	1,123265
7	71	0,75	0,058288	18,28571	4,414694
Somas	$\sum Y_i$ = 369	$\sum X_i$ = 3,56	$\sum(X_i-\bar{X})^2$ = 0,148886		$\sum(X_i-\bar{X})(Y_i-\bar{Y})$ = 16,15714

$$\bar{Y} = \frac{\sum Y_i}{n} = \frac{369}{7} = 52,714\,,$$

$$\bar{X} = \frac{\sum X_i}{n} = \frac{3,56}{7} = 0,509\,.$$

O valor de $\hat{\beta}_1$ é dado por

$$\hat{\beta}_1 = \frac{\sum (X_i - \bar{X})(Y_i - \bar{Y})}{\sum (X_i - \bar{X})^2} = \frac{16,15714}{0,146486} = 110,298 .$$

O valor de $\hat{\beta}_1$ é dado por

$$\hat{\beta}_0 = \bar{Y} - \hat{\beta}_1 \bar{X} = 52,714 - 110,298(0,509) = -3,380.$$

Portanto, a reta de regressão obtida pelo Método dos Mínimos Quadrados que se ajusta da melhor forma ao conjunto de dados observados é dada por

$$\hat{Y} = -3,380 + 110,298X ,$$

onde Y representa a Taxa de Disparo do neurônio e X a Recompensa pela execução da tarefa. A Figura–18 mostra a reta de regressão ajustada aos dados observados.

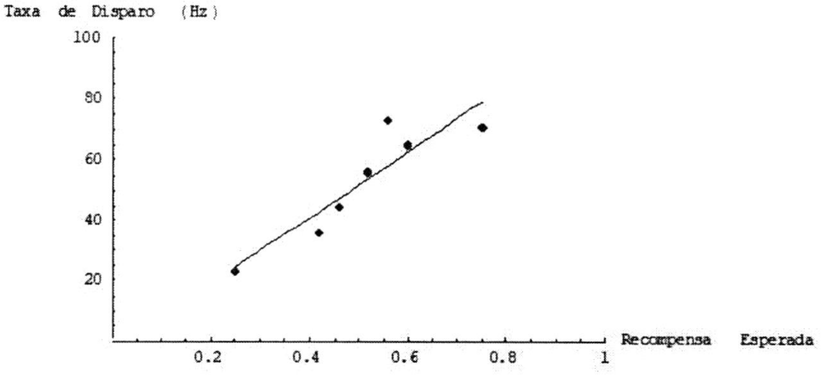

Figura–18 Reta de regressão da Taxa de Disparo do neurônio versus Recompensa Esperada.

2.11.1 Redes Neurais e Estatística

Quando construímos um modelo de regressão linear simples tal como

$$\hat{Y}_i = \hat{\beta}_0 + \hat{\beta}_1 X_i , \tag{50}$$

o $\hat{\beta}_0$ é o intercepto, ou seja, o ponto no qual a reta intercepta ou corta o eixo y. O intercepto é importante na concepção do modelo porque o torna mais flexível, no sentido de que a reta poderá se ajustar melhor ao conjunto de dados. Caso o intercepto seja igual zero, ou desconsiderado do modelo, implicará que a reta de regressão, necessariamente passará pela origem diminuindo a capacidade de ajuste do modelo. Essa característica do intercepto é que será considerada quando introduzirmos um termo denominado *bias* nos modelos de rede neural.

Além disso, os pesos em uma rede neural são similares aos parâmetros da regressão em um modelo de regressão linear como mostrado na equação (43). No caso de uma rede neural perceptron simples, ou seja, que não apresenta camadas ocultas, o modelo resultante é exatamente uma função de regressão linear.

Existem algumas similaridades que podem ser destacadas entre os modelos estatísticos e as redes neurais. Por exemplo, no caso da resolução de um problema utilizando a técnica de regressão linear que apresente o seguinte formato geral $Y_i = \beta_0 + \sum_{j=1}^{p-1} \beta_j X_{ij} + \varepsilon_i$, verificamos uma similaridade de forma com a saída de um neurônio que pode ser expressa por $v_j(n) = \sum_{i=0}^{m} w_{ji}(n) x_i(n)$. Assim, podemos construir as seguintes relações (Pereira e Rodrigues, 1998):

Redes Neurais	Modelos Estatísticos
Entrada da rede	Variáveis independentes, regressores
Saída da rede	Valores previstos
Valores de treinamento, alvos	Variáveis dependentes
Erros	Resíduos
Treinamento, aprendizagem, adaptação, organização própria	Estimação
Função erro, função custo	Critério de estimação
Padrões	Observações
Pesos	Estimativas dos parâmetros
Neurônios intermediários	Interações
Conexões funcionais	Transformações
Aprendizado supervisionado	Regressão e análise discriminante
Aprendizado não supervisionado	Redução dos dados, análise de componentes principais
Aprendizado competitivo	Análise de conglomerados

Tabela-R3 Terminologias usadas em modelos estatísticos e em redes neurais

As redes neurais atuam como um tipo de modelo de regressão não paramétrica, possibilitando o modelamento de formas funcionais complexas. As redes neurais são úteis quando não sabemos o relacionamento funcional entre variáveis dependentes e independentes, a rede usa os dados para determinar o relacionamento funcional entre as variáveis dependentes e independentes. Sendo a rede neural dependente dos dados de entrada, ela apresenta um desempenho melhor em função do tamanho da amostra. A regressão tem desempenho melhor quando a teoria ou a experiência indica um padrão subjacente. A regressão também pode ser a melhor alternativa para amostras com tamanhos extremamente pequenos (Warner e Misra, 1996). O modelo de regressão por postos é a técnica mais adequada para ser utilizada quando estamos interessados em construir uma função que represente dados que apresentam monotocidade linear (Iman e Conover, 1979). Uma das vantagens de utilizar regressão utilizando método dos mínimos quadrados (MMQ) é a de utilizar pouca quantidade de dados observados, quando comparado a outros algoritmos, para chegar a valores assintóticos (Galindo-Flores, pág. 71, 1998).

2.12 MATLAB

O MATLAB é um software utilizado para cálculo numérico, cuja marca é registrada pela empresa The MathWorks, Inc. criada em 1984.

MATLAB é um ambiente técnico completo de recursos de computação, mas começou como um recurso do tipo "Matrix Laboratory", de onde deriva seu nome. Os desenvolvedores, J. H. Wilkinson, George Forsythe e John Todd, desempenharam papéis importantes nas origens do

MATLAB.

Atualmente o MATLAB é um pacote computacional sofisticado contendo milhares de funções e utilizado por empresas e universidades.

Uma vez que o MATLAB é iniciado, é apresentado um prompt de comando que tem a forma ">>". Disponibilizado o prompt, pode-se inserir a instrução de entrada. Praticamente todas as operações que serão realizadas estarão inseridas depois do prompt.

A Figura–19 apresenta a janela que se abre quando inicializamos o MATLAB, nesse caso a versão R2015a.

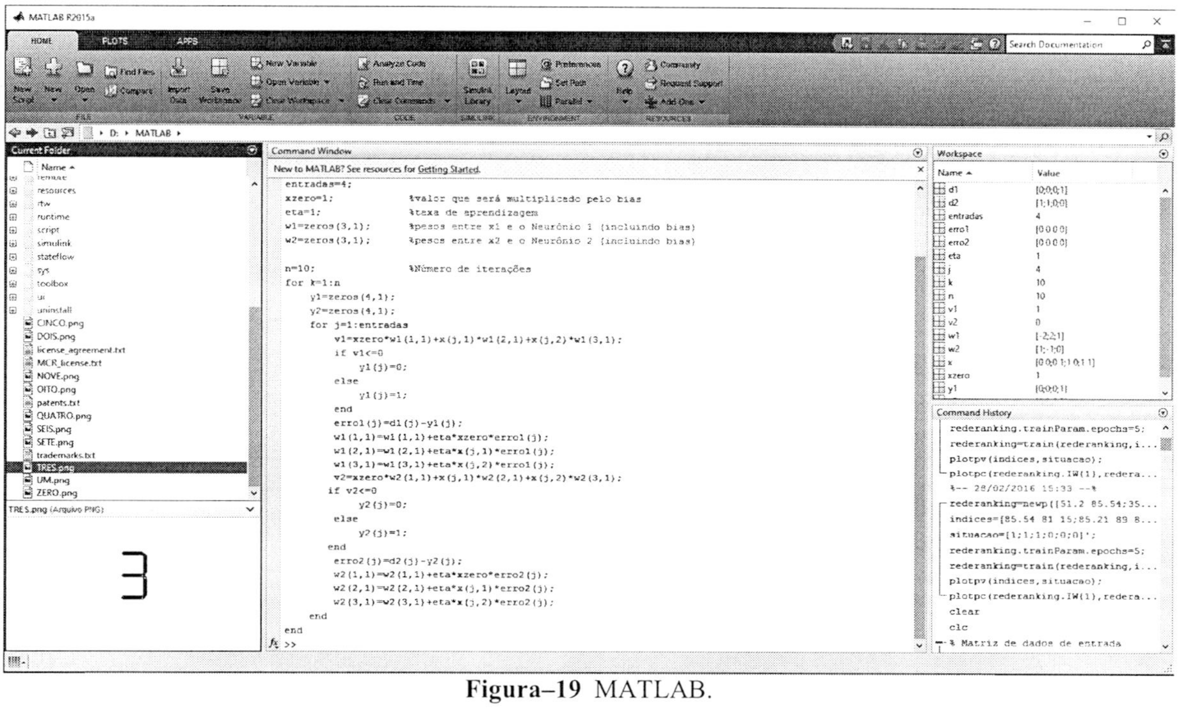

Figura–19 MATLAB.

No campo *Current Folder* temos o diretório atual com uma listagem de seus conteúdos. Esta janela é utilizada para encontrar arquivos e programas de tal forma que podem ser editados, movidos, renomeados, apagados, etc..

A janela *Command Window* é onde digitamos os comandos que queremos que sejam executados.

Na janela *Command History* temos uma lista de comandos que foram executados na janela *Command Window*. É útil para verificar se a sequência de comandos foi executada na ordem correta durante um cálculo que envolve várias etapas. Para visualizar a janela do *Command History* caso esteja fechada: na guia **Home**, na seção **Environment** , clique em **Layout**. Em seguida, em **Show**, clique em *Command History* e selecione **Docked** ou **Popup**.

Na janela *Command Window* quando um comando é questionável, ou não pode ser executado devido a uma sintaxe inválida aparece uma mensagem de diagnóstico nessa janela.

A janela *Workspace* apresenta as variáveis que foram criadas e ficam armazenadas na memória durante a sessão de trabalho no MATLAB. As Variáveis são acrescentadas no *Workspace* quando são utilizadas funções, algum código do MATLAB é processado ou quando são carregados trabalhos executados anteriormente.

A janela *Help Window* é acionada de forma separada e fornece conteúdo sobre funções e comandos do MATLAB, além disso, contém uma variedade de exemplos que podem ser utilizados como base para outros desenvolvimentos. A seguir são apresentados alguns comandos bastante comuns de serem realizados durante o trabalho usando o MATLAB.

Comando	Descrição
whos	quando whos é digitado na área de comando, um resumo das variáveis da área de trabalho é apresentado na janela de comando
clear	elimina dados desnecessários e ajuda a liberar recursos do sistema, o comando clear é digitado seguido pelos nomes das variáveis a serem removidas. Digitando simplesmente clear, remove todos os objetos da área de trabalho
clc	limpa a janela de comando
clf	limpa a janela de figura atual
save	seguido pelo nome do arquivo desejado, salva toda a área de trabalho em um arquivo, que possuirá a extensão .mat. É possível selecionar os objetos a serem salvos, para isso basta digitar save seguido pelo nome do arquivo ou objeto a ser salvo
load	seguido pelo nome do arquivo, carrega os dados e objetos contidos em um arquivo MATLAB
teclas para cima e para baixo	pressionando estas teclas pode-se percorrer a lista de comandos digitados anteriormente
primeiros caracteres	digitando os primeiros caracteres e depois pressionando teclas para cima e para baixo pode-se percorrer os comandos digitados anteriormente que começam com os mesmos caracteres.
help	help seguido pelo nome da função gera uma descrição que possibilita obter informações sobre o que a função realiza, até com uso de exemplos.
help help	mostra informações detalhadas do comando help.
lookfor	seguido por uma palavra-chave, procurará funções que contenham essa palavra.
print	utilizado para salvar figuras em formatos de arquivos tais como postScript, postScript encapsulado, JPEG ou TIFF.
fprintf	permite visualizar uma variável texto
format	utilizado para o formato dos dados mostrados, por exemplo, o número de dígitos apresentados. Digitando format short, pi tem-se como resultado ans = 3.1416 Digitando format long, pi tem-se como resultado ans = 3.14159265358979
xlsread	comando utilizado para ler dados de planilhas Excel.
mean median std	utilizados para calcular a média, mediana e desvio padrão, respectivamente.
inv(M)	retorna a inversa de uma matriz quadrada M.

det(M)	retorna o determinante de uma matriz quadrada M.
%	é o símbolo utilizado para escrever comentários. O texto escrito à direita desse símbolo não será considerado comando a ser executado.
;	suprimir a exibição
...	continue na próxima linha
operadores aritméticos	MATLAB utiliza os seguintes operadores aritméticos: + Adição - Subtração * Multiplicação .* Multiplicação de elemento / Divisão ./ Divisão de elemento ' Transposta .^ Potência de elemento ^ Potência de uma matriz
delimitadores e separadores	[ ] Delimitador para matriz e vetor ( ) Para agrupamento, índices de elementos de vetores e matrizes : separador de intervalo de índices ; separador de linha de matriz espaço em branco para separador de elementos de coluna de matriz , vírgula para separar índice de matriz ' ' entre apóstrofos para demarcar carácter do tipo string
operadores Booleanos	o MATLAB utiliza a seguinte notação para lógica Booleana: == Igualdade Lógica & E | Ou Inclusivo ~ Não <= Menor ou Igual >= Maior ou Igual ~= Não Igual 1 Verdadeiro 0 Falso
parar execução e retornar ao prompt	para parar uma execução e retornar ao prompt aperte ao mesmo tempo CTRL e a tecla c (minúscula) CTRL + c (minúscula)
exit	finaliza o MATLAB.
fechar o MATLAB	para fechar o MATLAB aperte ao mesmo tempo CTRL e a tecla q (minúscula) CTRL + q (minúscula)

2.12.1 Operações Matemáticas Básicas

As operações matemáticas básicas podem ser realizadas utilizando-se os operadores aritméticos. Digitando

$$>> s = 1+1$$

$$s =$$

$$2$$

Significa que construímos uma variável s cujo valor é igual a 2. É importante saber que quando digitamos ponto e vírgula no final da expressão o resultado na operação não é apresentado na *Command Window*, ou seja, digitando $s = 1+1;$ implica que a variável s recebeu o valor 2.

Digitando

$$>> m = 3 * s;$$

significa que multiplicamos a variável s, definida previamente, por 3, criando assim a variável m. O valor do resultado não é mostrado. Porém, escrevendo m e pressionando enter aparece o resultado:

$$>> m$$

$$m =$$

$$6$$

Existem variáveis que são predefinidas e sempre possuirão o valor estabelecido pelo MATLAB, tais como:

i	raiz quadrada de -1, ou $\sqrt{-1}$
j	raiz quadrada de -1, ou $\sqrt{-1}$
pi	3.1416

Por exemplo, digitando

$$>> c = 2i * (1+3i)$$

resulta em

$$c =$$

$$-6.0000 + 2.0000i$$

Assim como no caso das variáveis, existem funções predefinidas no MATLAB, as mais comuns são

abs	valor absoluto de um número real
cos	função cosseno
sin	função seno
exp	função exponencial
tan	função tangente

O MATLAB possibilita trabalhar com as funções trigonométricas e as funções trigonométricas recíprocas sec, csc e cot, também as funções trigonométricas inversas acos, asin, atan, asec, acsc e acot, além das funções trigonométricas hiperbólicas cosh, sinh, tanh, sech, csch, coth, acosh, asinh, atanh, asech, acsch e acoth.

O logaritmo na base 10 é calculado a partir do comando log10, para obter o logaritmo na base 2 escreve-se log2 e na base e é calculado utilizando log.

Para gerarmos uma sequência n de números de 1 até 10 podemos digitar o comando

$>> n = 1:10$

que resulta em
$n =$

1 2 3 4 5 6 7 8 9 10

Para gerarmos uma sequência t de números de 1 até 5 com incrementos de 0,5 digitamos
$>> t = 0:0.5:5$
que resulta em
$t =$

0 0.5000 1.0000 1.5000 2.0000 2.5000 3.0000 3.5000 4.0000 4.5000 5.0000
O comando $t = 0:0.5:5$ equivale a criar um vetor com elementos igualmente espaçados. O MATLAB é baseado em álgebra matricial e vetorial e mesmo escalares são tratados como matrizes do tipo 1×1.

2.12.2 Operações Vetoriais e Matriciais

Uma matriz é um arranjo (array) de números ou objetos correspondendo a números, contendo n linhas e m colunas. Quando n é 1 a matriz é um vetor linha, quando m é 1 a matriz é um vetor coluna e quando ambos n e m são iguais a 1, a matriz corresponde a um escalar. O MATLAB é um software onde se pode realizar cálculos envolvendo matrizes de maneira bastante eficiente.
As matrizes são definidas entrando os elementos linha por linha, por exemplo, digitando

A=[2 1 3; 4 2 2;5 3 1];

cria a matriz

$$\mathbf{A} = \begin{bmatrix} 2 & 1 & 3 \\ 4 & 2 & 2 \\ 5 & 3 & 1 \end{bmatrix}.$$

Alguns casos particulares de matrizes são obtidas no MATLAB sendo

Matriz nula	A=[];
Matriz $n \times m$ de zeros	A=zeros(n,m);
Matriz $n \times m$ de uns	A=ones(n,m);
Matiz identidade $n \times n$	A=eye(n);

Um elemento particular da matriz pode ser obtido, especificando, por exemplo,

A(3,1)

que indica o elemento da terceira linha e primeira coluna e resulta no número 5.
As operações aritméticas podem ser aplicadas a vetores e matrizes, considerando um vetor **r** dado por

r=[1 2 3];

e um vetor **s**

```
s=[4 5 6];
```

temos que $\mathbf{r}+\mathbf{s}$ resulta em

```
>> r+s
ans =
   5   7   9
```

No caso do produto de **r** por **s** temos

```
>> r*s'
ans =
   32
```

note que para realizar esse produto é preciso utilizar a transposta de **s**, denotada por **s'**.
O produto de elemento por elemento é escrito como

```
>>r.*s
```

e resulta em

```
ans =
   4   10   18
```

Considere o seguinte sistema de equações lineares

$$\begin{cases} x_1 + x_2 + x_3 & = & 15 \\ 20x_1 + 15x_2 + 5x_3 & = & 230 \\ 30x_1 + 40x_2 + 5x_3 & = & 425 \end{cases}.$$

Este sistema de equações pode ser representado na forma matricial, fazendo

$$\mathbf{A} = \begin{bmatrix} 1 & 1 & 1 \\ 20 & 15 & 5 \\ 30 & 40 & 5 \end{bmatrix}, \ \mathbf{x} = \begin{bmatrix} x_1 \\ x_2 \\ x_3 \end{bmatrix} \text{ e } \mathbf{y} = \begin{bmatrix} 15 \\ 230 \\ 425 \end{bmatrix}.$$

O sistema de equações lineares pode ser resolvido utilizando álgebra matricial

$$\mathbf{Ax} = \mathbf{y},$$
$$\mathbf{AA}^{-1}\mathbf{x} = \mathbf{A}^{-1}\mathbf{y},$$
$$\mathbf{x} = \mathbf{A}^{-1}\mathbf{y}.$$

Para obter os valores de $\mathbf{x}$ no MATLAB, primeiro criamos as matrizes $\mathbf{A}$ e y

```
>> A=[1 1 1;20 15 5; 30 40 5];
>> y=[15;230;425];
```

Para obter o vetor solução utilizamos a função inv que inverte a matriz A, dessa forma temos que

```
>> x=inv(A)*y
x =
   7.0000
   5.0000
   3.0000
```

Uma maneira que pode ser utilizada para determinar as soluções individuais do sistema de equações lineares utiliza a Regra de Cramer, para isso considere que

(i) Determinante de ordem 1, é o determinante de uma matriz $\mathbf{A}1\times 1$ e dado por

$$\det \mathbf{A} = |a_{ij}| = a_{ij}.$$

(ii) Determinante de ordem 2, é o determinante de uma matriz $\mathbf{A}2\times 2$ e dado por

$$\det \mathbf{A} = \begin{vmatrix} a_{11} & a_{12} \\ a_{21} & a_{22} \end{vmatrix} = a_{11}a_{22} - a_{12}a_{21}.$$

(iii) Determinante de ordem 3, é o determinante de uma matriz $\mathbf{A}3\times 3$ e dado por

$$\det \mathbf{A} = \begin{vmatrix} a_{11} & a_{12} & a_{13} \\ a_{21} & a_{22} & a_{23} \\ a_{31} & a_{32} & a_{33} \end{vmatrix} = a_{11}a_{22}a_{33} + a_{12}a_{23}a_{31} + a_{13}a_{21}a_{32} - a_{13}a_{22}a_{31} - a_{11}a_{23}a_{32} - a_{12}a_{21}a_{33}.$$

A Regra de Cramer (Gabriel Cramer, matemático suíço que viveu entre 1704 e 1752) que possibilita a obtenção da solução de um sistema de duas equações lineares com duas incógnitas do tipo

$$\begin{cases} a_{11}x_1 + a_{12}x_2 & = & b_1 \\ a_{21}x_1 + a_{22}x_2 & = & b_2 \end{cases},$$

é dada por

$$x_1 = \frac{\det \mathbf{A}_1(b)}{\det \mathbf{A}},\ x_2 = \frac{\det \mathbf{A}_2(b)}{\det \mathbf{A}},$$

onde

$$\mathbf{A}_1(b) = \begin{bmatrix} b_1 & a_{12} \\ b_2 & a_{22} \end{bmatrix} \text{ e } \mathbf{A}_2(b) = \begin{bmatrix} a_{11} & b_1 \\ a_{21} & b_2 \end{bmatrix}.$$

No caso de um sistema com três equações e três incógnitas do tipo

$$\begin{cases} a_{11}x_1 + a_{12}x_2 + a_{13}x_3 & = & b_1 \\ a_{21}x_1 + a_{22}x_2 + a_{23}x_3 & = & b_2 \\ a_{31}x_1 + a_{32}x_2 + a_{33}x_3 & = & b_3 \end{cases},$$

as soluções individuais pela Regra de Cramer são encontradas fazendo

$$x_1 = \frac{\det \mathbf{A}_1(b)}{\det \mathbf{A}},\ x_2 = \frac{\det \mathbf{A}_2(b)}{\det \mathbf{A}} \text{ e } x_3 = \frac{\det \mathbf{A}_3(b)}{\det \mathbf{A}},$$

onde

$$\mathbf{A}_1(b) = \begin{bmatrix} b_1 & a_{12} & a_{13} \\ b_2 & a_{22} & a_{23} \\ b_3 & a_{32} & a_{33} \end{bmatrix},\ \mathbf{A}_2(b) = \begin{bmatrix} a_{11} & b_1 & a_{13} \\ a_{21} & b_2 & a_{23} \\ a_{31} & b_3 & a_{33} \end{bmatrix} \text{ e } \mathbf{A}_3(b) = \begin{bmatrix} a_{11} & a_{12} & b_1 \\ a_{21} & a_{22} & b_2 \\ a_{31} & a_{32} & b_3 \end{bmatrix}.$$

Voltando ao sistema de equações lineares com três equações e três incógnitas dado por

$$\begin{cases} x_1 + x_2 + x_3 & = & 15 \\ 20x_1 + 15x_2 + 5x_3 & = & 230, \\ 30x_1 + 40x_2 + 5x_3 & = & 425 \end{cases}$$

utilizando o comando det do MATLAB podemos determinar as soluções individuais, para x_1 fazendo

```
>> x1=det([y,A(:,2:3)])/det(A)
x1 =
    7
```

para x_2

```
>> 2=det([A(:,1:1),y,A(:,3:3)])/det(A)
x2 =
    5
```

e para x_3

```
>> x3=det([A(:,1:2),y])/det(A)
x3 =
    3
```

2.12.3 Plotar Gráfico

O comando mais frequentemente utilizado para construção de gráficos é o comando plot, o qual cria gráficos de vetores e matrizes. O comando plot(x, y) plota o vetor x sobre o eixo x versus o vetor y no eixo y. Existem opções para o tipo e cor de linha do gráfico que são obtidos utilizando-se plot(x, y, ‘opção’). As opções de tipos de linha são

‘-‘	linha sólida (default)
‘--‘	linha tracejada
‘-.’	linha traço ponto
‘:’	linha pontilhada

Os pontos em y podem ser deixados desconectados e delineados por uma variedade de símbolos, por exemplo, +, ., *, o, ^ e x. As cores mais comuns de serem utilizadas são: vermelho (r), azul (b), verde (g), branco (w) e preto (k). Por exemplo

plot(x,y, '--') plota uma linha tracejada
plot(x,y, '*') utiliza * em todos os pontos definidos em x e y sem conectar os pontos
plot(x,y, 'r') utiliza uma linha vermelha sólida
plot(x,y, 'r:') as opções podem ser usadas juntas, nesse caso linha tracejada vermelha

Para plotar dois gráficos sobre os mesmos eixos, pode-se utilizar o comando

plot(x1,y1,x2,y2)

o qual plota x1 versus y1 e x2 versus y2.

Para dar nomes aos eixos e ao gráfico são utilizados os comandos xlabel, ylabel e title

```
xlabel('Variável x')
ylabel('Variável y')
title('Título do gráfico')
```

Para adicionar linhas de grade deve-se digitar o comando grid. A espessura da linha pode ser alterada utilizando LineWidth.
Por exemplo, os comandos abaixo geram os respectivos gráficos.

```
>>x=0:0.01:0.5;
f=cos(2*pi*10*x)+ cos(2*pi*25*x);
plot(x,f)
ylabel('Função f(x)')
xlabel('x')
title('Gráfico de cos(2*pi*10*x)+ cos(2*pi*25*x')
```

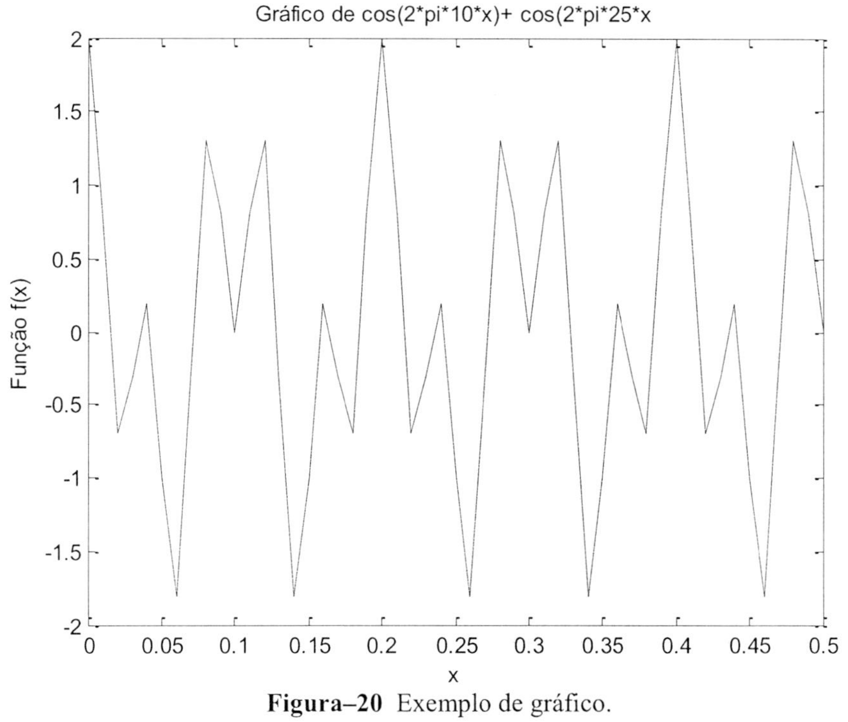

Figura–20 Exemplo de gráfico.

```
>>x=0:0.01:0.5;
f=cos(2*pi*10*x)+ cos(2*pi*25*x);
plot(x,f, '-.*', 'LineWidth',2)
ylabel('Função f(x)')
xlabel('x')
title('Gráfico de cos(2*pi*10*x)+ cos(2*pi*25*x')
grid
```

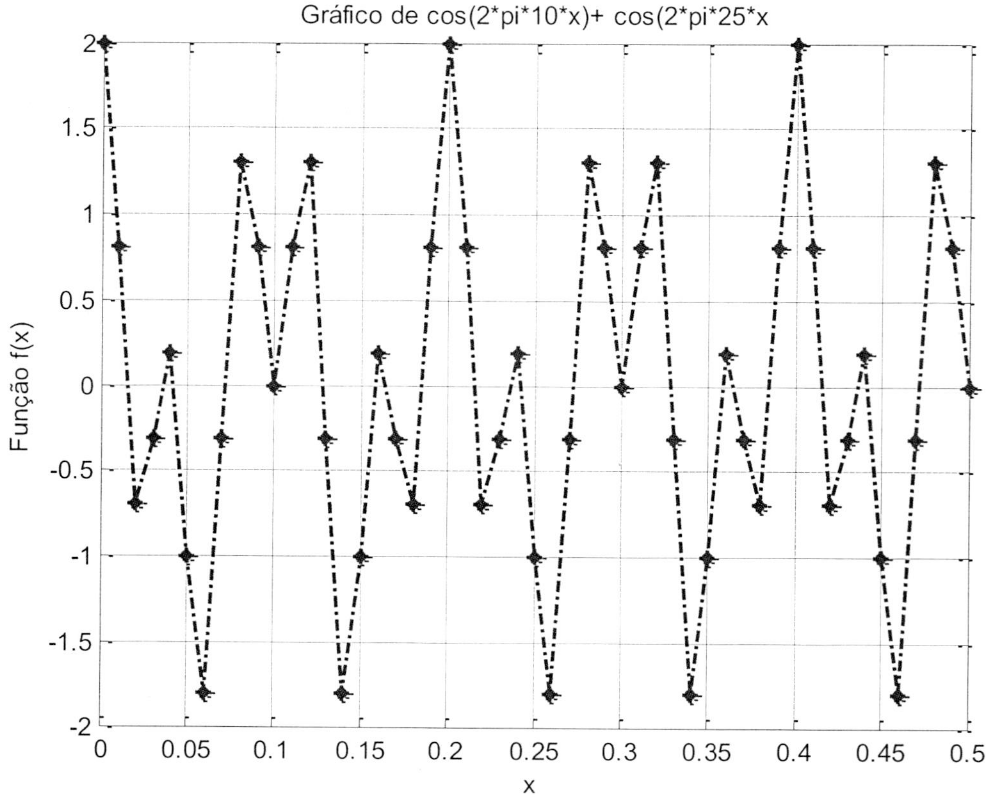

Figura–21 Exemplo de gráfico.

Para plotar o gráfico da função dada por

$$f(x) = \cos(2\pi.10x) + \cos(2\pi.25x) + \cos(2\pi.50x) + \cos(2\pi.100x),$$

utilizamos os comandos

```
>> x=0:0.001:0.5;
f=cos(2*pi*10*x)+ cos(2*pi*25*x)+ cos(2*pi*50*x)+ cos(2*pi*100*x);
plot(x,f)
ylabel('Função f(x)')
xlabel('x')
title('Gráfico de cos(2*pi*10*x)+ cos(2*pi*25*x)+ cos(2*pi*50*x)+ cos(2*pi*100*x)')
```

que resulta na Figura–22.

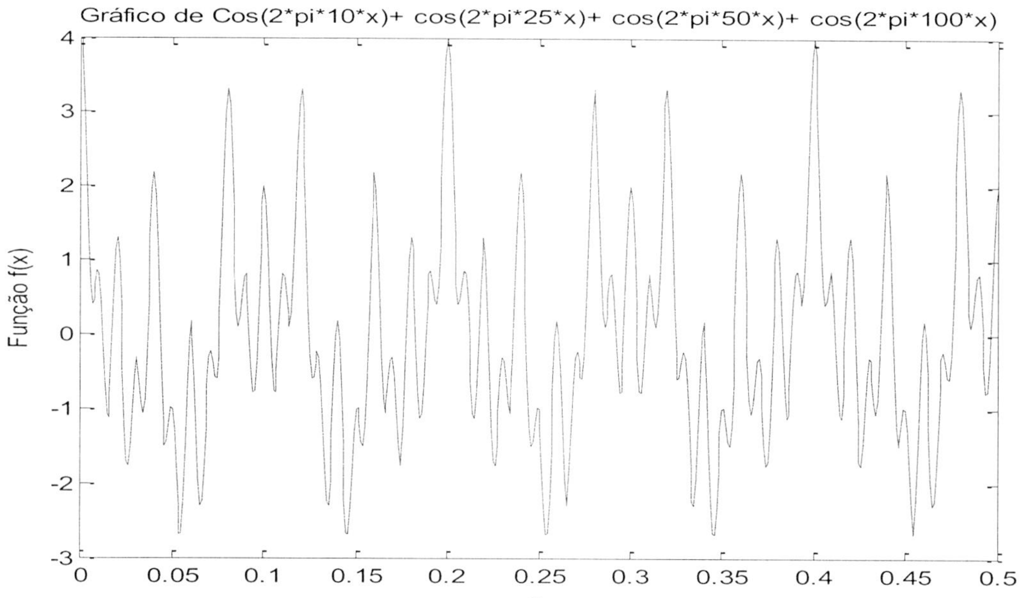

Figura–22 Gráfico de $f(x)=\cos(2\pi.10x)+\cos(2\pi.25x)+\cos(2\pi.50x)+\cos(2\pi.100x)$.

Podemos construir uma figura com vários gráficos usando o comando **subplot(m, n, p)**, onde m representa quantas linhas teremos, n o número de colunas e p onde desejamos localizar a figura nesta matriz de dimensões $m\times n$. Por exemplo, para plotarmos numa mesma figura as quatro funções dadas, respectivamente, por

$$f_1(x)=\cos(2\pi.10x),$$
$$f_2(x)=\cos(2\pi.25x),$$
$$f_3(x)=\cos(2\pi.50x),$$
$$f_4(x)=\cos(2\pi.100x),$$

utilizamos os comandos

```
>> x=0:0.001:0.1;
f1=cos(2*pi*10*x);
f2=cos(2*pi*25*x);
f3=cos(2*pi*50*x);
f4=cos(2*pi*100*x);
subplot(2,2,1)
plot(x,f1)
title('f1')
subplot(2,2,2)
plot(x,f2)
title('f2')
subplot(2,2,3)
plot(x,f3)
title('f3')
subplot(2,2,4)
plot(x,f4)
title('f4')
```

que resulta na Figura – 22.

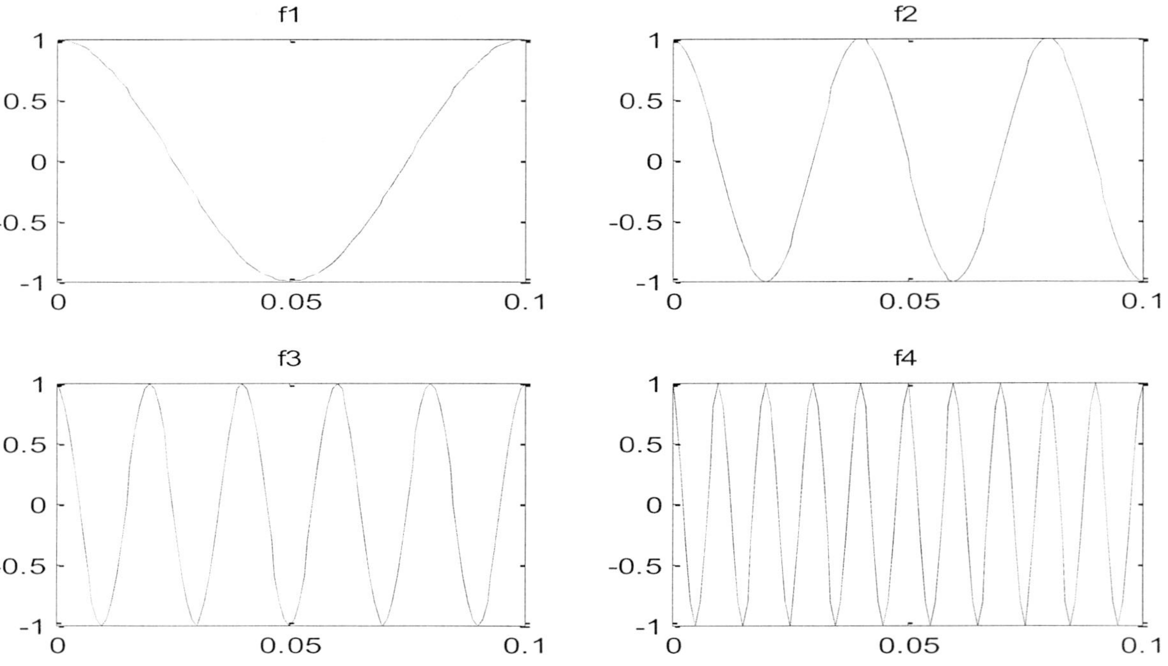

Figura–23 Gráfico de $f_1(x), f_2(x), f_3(x)$ e $f_4(x)$.

2.12.4 As instruções for, while e if-then-else

O MATLAB permite que sejam realizados laços, ou seja, uma mesma operação que é iterada ou repetida várias vezes por ser realizada utilizando o comando **for**. A sintaxe da instrução **for** é dada por

```
for variável = expressão
   declarações
end
```

Por exemplo,

```
>> for k=1:10
        x(k)=cos(k);
   end
```

Produz um vetor **x** 1×10 contendo o cosseno dos inteiros positivos de 1 até 10.

```
>> x

x =
0.5403  -0.4161  -0.9900  -0.6536  0.2837  0.9602  0.7539  -0.1455  -0.9111  -0.8391
```

Essa operação também pode ser realizada utilizando o comando

```
>>k=1:10;
x=cos(k);
```

A qual utiliza uma função de um vetor ao invés de um laço **for**, sendo considerada computacionalmente mais eficiente.

Note que o comando **for** requer uma declaração end, de tal maneira que o MATLAB reconheça que deve prosseguir para a próxima instrução.

Outro exemplo de aplicação do laço **for**, é dado por

```
>> for k = 1:7
       x = k^3;
       y = k^4;
       z(k) = y - x;
   end
```

que resulta em um vetor **z** 1×7 contendo os valores a seguir

```
>> z

z =
        0     8     54     192     500     1080     2058
```

O comando **while** também pode ser utilizado para operações repetidas. A sintaxe da instrução **while** é dada por

```
while expressão
   declarações
end
```

É uma instrução que é executada uma vez após outra até que a condição torne-se falsa. Por exemplo, a instrução a seguir realiza e mostra a soma (bastante conhecida desde os tempos do Gauss) $1+2+3+4+5+...+97+98+99+100$.

```
>>k=1;
soma=0;
while k<=100
soma=soma+k;
k=k+1;
end
soma
```

A instrução dada por

```
>> k=1;
while (k<=10)
     x(k)=cos(k);
     k = k + 1;
end
x
```

calcula e mostra um vetor **x** 1×10 contendo o cosseno dos inteiros positivos de 1 até 10.

Os comandos **for** e **while** são constructos para executar um bloco de comandos várias vezes até que um valor de índice de incremento especificado seja atingido ou uma condição de terminação lógica seja atendida. O final de um bloco de repetição de comandos deve ser especificado com uma declaração **end**.

As instruções **for** e **while** podem ser utilizadas conjuntamente em diversas situações, para isso considere o problema de determinar o número de segundos contidos em uma semana.

```
>>tempo_total=0;
for dias=1:7
    for horas=1:24
        minutos=1;
        while minutos<=60
                segundos=1;
            while segundos<=60
                    tempo_total= tempo_total+1;
              segundos= segundos+1;
            end
        minutos= minutos+1;
         end
    end
end
segundos_na_semana= tempo_total;
segundos_na_semana
```

O resultado final será

```
segundos_na_semana =
    604800
```

Uma declaração **if** pode ser utilizada para definir instruções condicionais. A sintaxe da instrução **if** é dada por

```
if expressão
   declarações
end
```

Por exemplo,

```
>>a=1;
if (a<=3)
   b=2;
   elseif (a>=4)
   b=3;
   else
   b=4;
end
```

Para ajudar na realização das comparações entre expressões podem ser utilizados os operadores relacionais >, <, >=, <=, == e ~= (não igual).

Se as expressões avaliadas produzem um valor que não é um escalar, então todo elemento deste valor deve ser verdadeiro ou não zero, para que toda a expressão seja considerada verdadeira. Por exemplo, a declaração if(A<B) é verdade apenas se cada elemento da matriz A é menor que seu correspondente elemento na matriz B. Por exemplo, considere as matrizes

$$\mathbf{A} = \begin{bmatrix} 1 & 0 \\ 2 & 3 \end{bmatrix} \text{ e } \mathbf{B} = \begin{bmatrix} 1 & 1 \\ 3 & 4 \end{bmatrix}.$$

Temos que

Expressão	Avaliado como	Porque
A<B	Falso	A(1,1) não é menor que B(1,1)
A<(B+1)	Verdadeiro	Todo elemento de A é menor que o mesmo elemento de B acrescido de 1
A&B	Falso	A(1,2) é falso, e B é ignorado devido ao curto circuito
B<5	Verdadeiro	Cada elemento de B é menor que 5

A expressão A&B é equivalente a and(A,B), que encontra a lógica E de todas as entradas do tipo arranjo ou escalar e retorna um arranjo contendo os elementos lógicos 1 (verdadeiro) e 0 (falso). Um elemento do arranjo de saída recebe o valor 1 se todos os arranjos de entrada contêm um elemento não zero na mesma localização. De outra forma, aquele elemento recebe 0. O comando

```
>>A=[1 0;2 3];
  B=[1 1;3 4];
  A&B
```

resulta em

```
ans =
    1   0
    1   1
```

Considerando as matrizes A e B mostradas acima temos, por exemplo, que

```
>>A=[1 0;2 3];
  B=[1 1;3 4];
if (A&B)
  disp('Resultado Verdadeiro E')
end
if(A|B)
  disp('Resultado Verdadeiro OU')
end
```

irá resultar na saída

```
Resultado Verdadeiro OU
```

2.12.5 Arquivos .M

Arquivos .M armazenam sequências de comandos do MATLAB com a extensão "m", podendo conter funções com variáveis de entrada e saída ou uma lista de comandos, ajudando a simplificar tarefas que exigem realização de operações complicadas. Portanto, existem dois tipos de arquivos: scrip ou função.

Os arquivos .m podem ser construídos utilizando qualquer editor de texto, o MATLAB possui a janela *Command Window* que possibilita a edição dos trabalhos e possui recursos e facilidades que ajudam a tarefa de programação. O MATLAB precisa que os arquivos .m estejam armazenados em um diretório de trabalho ou em um diretório que esteja especificado e possa ser encontrado no *Current Folder*. Por exemplo, considere que um usuário tenha seus arquivos .m armazenados em um diretório denominado \MATLAB\ARQUIVOSM no drive D. Pode-se adicionar esse caminho no *Current Folder* digitando addpath d:\matlab\arquivosm, a partir do *Command Window*.

2.12.5.1 Scripts em Arquivo.M

Arquivos do tipo script atuam como macros de sequência de comandos sem a necessidade de inserir valores de parâmetros. Os scripts não têm uma estrutura formal, bastando possuir uma sequência de comandos válidos.

Por exemplo, na aba Home, clicando em New Scrip podemos criar um novo script. Ou, também na aba Home, clicando em New podemos selecionar o tipo de arquivo .m que queremos criar, sendo uma das opções Script. Escolhendo uma dessas formas de criar o script abrimos uma janela onde podemos digitar, por exemplo,

```
x=-10:0.1:10;
y=x./(exp(x)-1);
plot(x,y)
```

Salvamos esses comandos com o nome Bzero.m e para executá-lo basta na janela *Command Window* digitar o nome do script.

2.12.5.2 Funções em Arquivo.M

Arquivos do tipo função também atuam como macros de sequência de comandos, mas que aceitam valores de parâmetros e retornam um número calculado a partir de vetores ou matrizes utilizados pelo programa principal. Na aba Home, clicando em New, podemos selecionar o tipo de arquivo .m que queremos criar, sendo uma das opções **function**.

Por exemplo, considere a função dada por

$$B = \frac{x}{e^x - 1}.$$

O limite de x tendendo a zero, das derivadas dessa função gera os números de Bernoulli. Alguns dos números de Bernoulli são mostrados a seguir.

$$\lim_{x \to 0} \left(\frac{d^0}{dx^0} \frac{x}{e^x - 1} \right) = 1,$$

$$\lim_{x \to 0} \left(\frac{d}{dx} \frac{x}{e^x - 1} \right) = -\frac{1}{2},$$

$$\lim_{x \to 0} \left(\frac{d^2}{dx^2} \frac{x}{e^x - 1} \right) = \frac{1}{6},$$

$$\lim_{x\to 0}\left(\frac{d^3}{dx^3}\frac{x}{e^x-1}\right)=0,$$

$$\lim_{x\to 0}\left(\frac{d^4}{dx^4}\frac{x}{e^x-1}\right)=-\frac{1}{30}.$$

Ou seja, $B_0=1$, $B_1=-\frac{1}{2}$, $B_2=\frac{1}{6}$, $B_3=0$ e $B_4=-\frac{1}{30}$.

Para construir uma função que forneça os números de Bernoulli podemos utilizar a sequência de comandos

```
function [Bernoulli]=B(n)
        syms x
        Bernoulli=limit(diff(x/(exp(x)-1),n),x,0);
end
```

Esses comandos são digitados no campo de edição de funções e o arquivo é salvo com o nome B.m. Nessa função temos que

syms	é utilizado para criar uma variável simbólica
limit(f,x,a)	toma o limite de uma expressão simbólica f com $x \to a$
diff(x,n)	aplica diff recursivamente n vezes, resultando na n-ésima diferença

Por exemplo, para obter o número de Bernoulli B_4, digitamos B(4) após o prompt de comando resultando em

```
>>B(4)

ans =
      -1/30
```

A principal diferença entre scripts e funções é que as funções possuem parâmetros de entrada e saída. Enquanto os scripts operam apenas com as variáveis que estão nos comandos do arquivo .m. Portanto, as funções são mais flexíveis.

Parte II

3. Perceptron

4. Backpropagation e Perceptrons de Múltiplas Camadas – MLP

5. Propagação Resiliente – RPROP

6. Quick Backpropagation – QPROP

7. Algoritmo de Levenberg-Marquardt – LMBP

8. Método Delta-Bar-Delta–DBD

Capítulo 3

Perceptron

O simples fato de que permanecemos vivos está quase além de nosso controle, pois a fome nos faz procurar alimento e o medo, a buscar abrigo. As sensações de frio nos levam a produzir calor e outras forças nos levam a procurar companhia e a reproduzir. Assim, o ser humano é, na verdade, um autômato, e o fato de sermos seres que sentem, que têm sentimentos é parte dessa sequência automática da vida; esses atributos especiais nos permitem viver sob condições extremamente variáveis que, de outra forma, impossibilitariam a vida.

Arthur C. Guyton
Tratado de Fisiologia Médica

Os neurônios processam e transmitem informação. Para enviar e receber informação dos diferentes tipos de células, os neurônios possuem conexões especializadas para realizar estas tarefas. Apesar da forma dos neurônios naturais variar em algum sentido eles são compostos de maneira geral por quatro regiões específicas responsáveis por realizar funções distintas, estas partes são: o corpo celular, os dendritos, o axônio e os terminais sinápticos. O percetron é a representação mais simples de uma rede neural, de tal forma que incorpora as partes básicas do neurônio em sua arquitetura.

3.1 Arquitetura do Perceptron

Para construir o algoritmo de treinamento do perceptron iniciamos com a elaboração de uma representação simplificada das principais partes de um neurônio. Ou seja, temos que os sinais de entrada do neurônio são obtidos a partir dos dendritos, esses sinais são processados no corpo celular (também chamado de soma), o resultado do precessamento é conduzido através do axônio até os terminais sinápticos que representam as saídas que transmitem a informação. A Figura–1 mostra as partes principais de um neurônio natural.

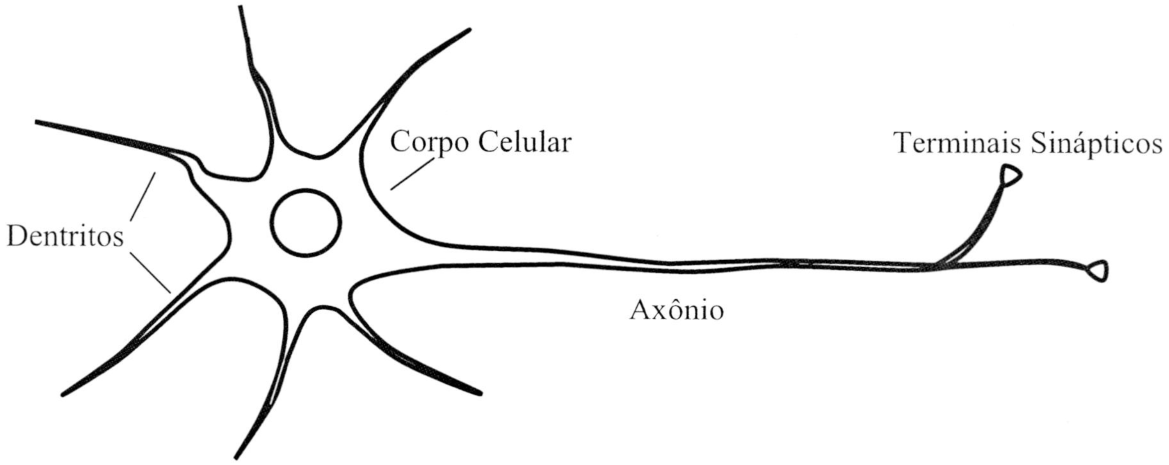

Figura–1 Principais Componentes de um Neurônio Natural.

No corpo celular está contido o núcleo onde acontece a síntese de praticamente toda proteína do neurônio, o axônio é a parte especializada na condução dos sinais elétricos, em particular de um impulso elétrico denominado potencial de ação que chega a se propagar a velocidades acima de 100 metros por segundo. Os dendritos estendem-se para fora do corpo celular e recebem os sinais dos terminais dos axônios de outros neurônios, esses sinais são transmitidos para o interior do neurônio no corpo celular. O cérebro humano tem aproximadamente 1500 gramas, possui em torno de 86 bilhões de neurônios, mais de 10 trilhões de sinapses e estima-se que realize entre 10^{13} a 10^{16} operações lógicas por segundo.

Um modelo de neurônio artificial pode ser criado a partir da organização do neurônio descrito na Figura–1. Como os neurônios realizam várias conexões, esse modelo ou representação do neurônio é chamado de arquitetura da rede neural, sendo que o perceptron possui a arquitetura mais simples. A Figura–2 mostra a representação do perceptron, basicamente consiste de um único neurônio possuindo um conjunto de pesos ajustáveis e cuja tarefa principal é classificar os dados em duas classes. Um neurônio artificial também pode ser caracterizado como possuindo quatro elementos principais: entradas, pesos, função de ativação e saída. Na Figura–2 é apresentada a configuração detalhada do perceptron onde temos: (i) um conjunto de conexões, ou sinapses, nesse caso temos um neurônio que se conecta com m outros neurônios recebendo as entradas $x_1, x_2, \ldots, x_m$, (ii) uma entrada fixa, denominada x_0, que desempenha papel fundamental no ajuste do modelo e para o sucesso do processo de aprendizagem, na Figura–2 o bias é representado por w_0 e seu valor é multiplicado por uma entrada fixa igual a +1, (iii) um conjunto de pesos, representados por $w_0, w_1, \ldots, w_m$, onde cada peso pondera um sinal de entrada do neurônio, cada peso $w_1, w_2, \ldots, w_m$ representa a força da sinapse realizada, com w_0 sendo a ponderação do bias, (iv) um somador ou integrador que soma os sinais de entrada depois de terem sido multiplicados por seus respectivos pesos, a soma dada por $v = \sum_{i=0}^{m} w_i x_i$ ou $v = \sum_{i=1}^{m} w_i x_i + w_0$ recebe o nome de campo local induzido ou potencial de ativação do neurônio, (v) uma função de ativação, ou função de transferência, que limita o valor de saída do neurônio, tipicamente a saída é limitada ao intervalo [0, 1] ou alternativamente [-1, 1], dependendo do tipo de função de ativação que seja utilizada; (vi) e y é o sinal de saída do neurônio.

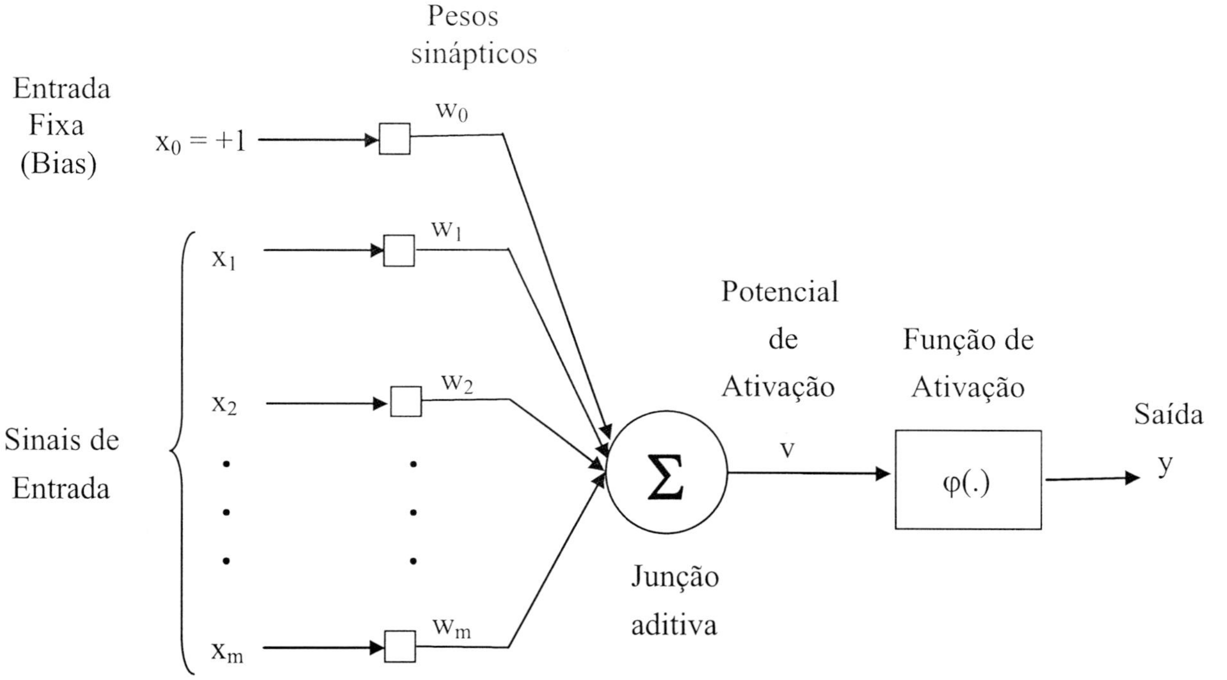

Figura–2 Modelo de um neurônio artificial.

O perceptron mostrado na Figura–2 recebe o nome de neurônio de McCulloch-Pitts. Nesse neurônio é calculada a soma ponderada v de todas as m entradas. Em seguida, é aplicada a função de ativação que pode ser do tipo degrau de Heaviside, de acordo com a equação (1), o resultado $\varphi(v)$ gera uma saída que é então comparada a um valor desejado produzindo um erro.

$$\varphi(v) = \begin{cases} 1, & se \quad v \geq 0 \\ 0, & se \quad v < 0 \end{cases} \tag{1}$$

A função de ativação, $\varphi(.)$, define a saída de um neurônio. No caso do treinamento do neurônio de McCulloch-Pitts além da função degrau de Heaviside descrita pela equação (1) e com gráfico mostrado na Figura–3, também pode ser utilizada a função sinal que retorna +1 se $v \geq 0$ e -1 se $v < 0$.

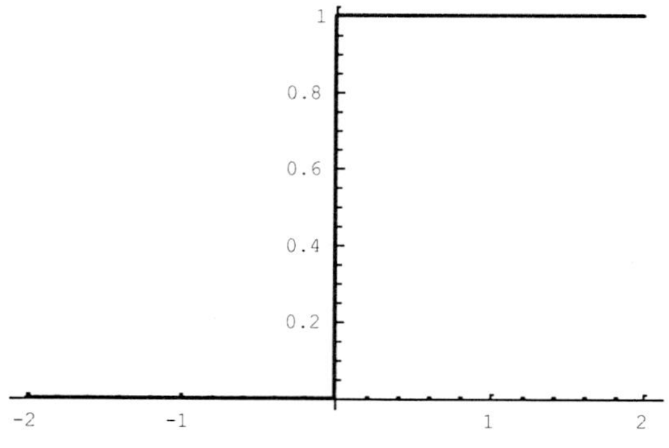

Figura–3 Função degrau de Heaviside

Em 1958, Frank Rosenblatt publicou o trabalho *The perceptron: A probabilistic model for information storage and organization in the brain* no periódico Psychological Review apresentando o modelo perceptron e a regra de aprendizagem associada. O trabalho inicia com uma consideração seguida por três questões:
Se quisermos finalmente entender a capacidade dos organismos superiores para o reconhecimento, generalização, recordação e pensamento perceptivo, devemos primeiro ter respostas a três questões fundamentais: 1. Como a informação sobre o mundo físico é sentida, ou detectada, pelo sistema biológico? 2. Em que forma a informação é armazenada, ou lembrada? 3. Como a informação contida no armazenamento, ou na memória, influencia o reconhecimento e o comportamento?

Logo a seguir Rosenblatt escreve:
A teoria a ser apresentada aqui assume a posição empirista, ou "conexionista" com relação a essas questões. A teoria foi desenvolvida para um sistema nervoso hipotético, ou máquina, chamado perceptron. O perceptron é projetado para ilustrar algumas das propriedades fundamentais dos sistemas inteligentes em geral, sem se tornar muito profundamente enredado nas condições especiais, e frequentemente desconhecidas, que mantêm-se para organismos biológicos particulares. A analogia entre o perceptron e os sistemas biológicos deve ser prontamente evidente para o leitor.

Rosenblatt foi responsável por construir a rede perceptron e demonstrar sua capacidade de realizar o reconhecimento de padrões. Este sucesso inicial gerou grande interesse na pesquisa de redes neurais. Infelizmente, foi mostrado mais tarde que a rede perceptron básica poderia resolver apenas uma classe limitada de problemas.
O modelo perceptron de Rosenblatt é mostrado na Figura–4 e consiste de unidades sensoriais de entrada, unidades de associação, uma unidade somadora de sinais, função de ativação e a saída da rede. O perceptron calcula uma soma ponderada das entradas, subtrai um limiar e passa um dos dois valores possíveis para a saída como resultado.

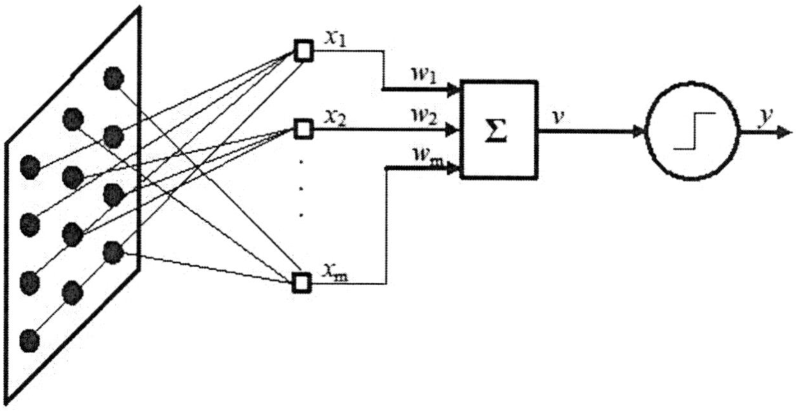

Figura–4 Perceptron de Rosenblatt, modelo de um neurônio artificial.

O neurônio artificial, denominado perceptron e representado por Rosenblatt é semelhante ao do modelo de McCulloch e Pitts. A principal contribuição de Rosenblatt foi a introdução de uma regra de aprendizagem para o treinamento de redes perceptron para resolver problemas de reconhecimento de padrões. Ele provou que esta regra de aprendizagem sempre convergirá para os pesos de rede corretos, se houver pesos que resolvam o problema da aprendizagem em questão. Dessa forma, é criada uma regra de aprendizagem perceptron, que resulta em um procedimento passo a passo para ajustar os pesos da rede neural. Se o ajuste de peso converge ou não, depende da natureza dos pares de entrada-saída desejados a serem representados pelo modelo.

3.2 Treinamento do Perceptron

Um perceptron pode ser utilizado para classificar padrões de entrada em duas classes. Sendo que a principal tarefa a ser realizada no treinamento do percetron em seu processo de aprendizagem constitui-se em ajustar o vetor de pesos **w** utilizando uma regra de aprendizagem adaptativa, denominada algoritmo de convergência do perceptron. Igualando o potencial de ativação do neurônio a zero tem-se a equação (2) que gera uma partição que separa os valores de entrada em duas regiões, ou classes.

$$v = \sum_{i=1}^{m} w_1 x_1 + w_0 = 0 \,. \tag{2}$$

A equação (2) algumas vezes também é escrita como

$$v = \sum_{i=1}^{m} w_1 x_1 + b = 0 \,,$$

onde b representa o bias.

De tal forma que, se existem duas classes C_1 e C_2 que são linearmente separáveis (ou seja, elas residem em lados opostos de uma linha reta ou, em geral, um hiperplano), então existe um vetor de pesos **w** com as seguintes propriedades

$$\sum_{i=1}^{m} w_1 x_1 + w_0 \geq 0 \,, \quad \text{para todo vetor de entrada x pertencente à classe } C_1$$

$$\sum_{i=1}^{m} w_1 x_1 + w_0 < 0, \quad \text{para todo vetor de entrada x pertencente à classe } C_2.$$

Assumindo que o percetron tenha m entradas, então a equação (2) em um espaço m dimensional com coordenadas $x_1, x_2, \ldots, x_m$, define um hiperplano como superfície de separação entre as duas diferentes classes dos dados de entrada. Representando os valores de entrada $x_1^+, x_2^+, \ldots, x_n^+$ como sendo os valores que satisfazem a desigualdade $\sum_{i=1}^{m} w_1 x_1 + w_0 > 0$ e $x_1^-, x_2^-, \ldots, x_n^-$ como sendo os valores que satisfazem a desigualdade $\sum_{i=1}^{m} w_1 x_1 + w_0 < 0$, podemos representar geometricamente a função do neurônio obtida a partir do modelo perceptron, conforme mostrado na Figura–5. Dessa forma, temos que os sinais de entrada que podem ser classificados por um perceptron em uma de duas classes distintas são denominados linearmente separáveis.

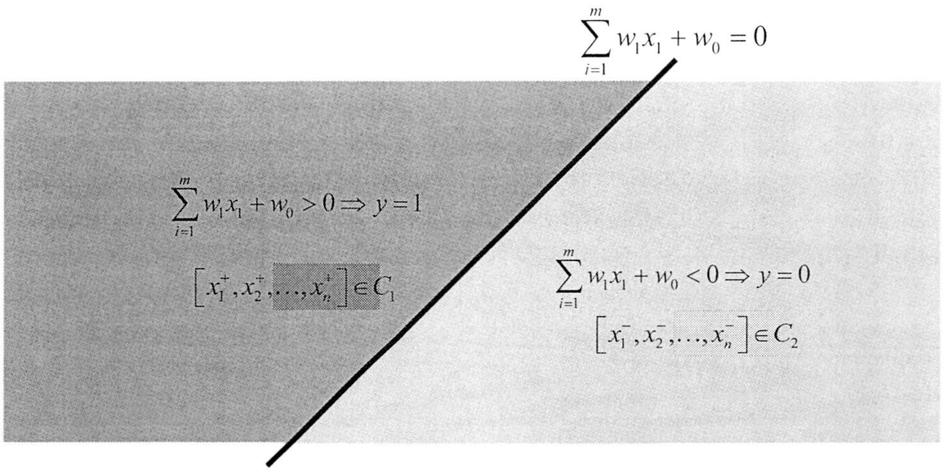

Figura–5 Representação geométrica da fronteira de decisão e da função do neurônio artificial

No processo de treinamento do perceptron é necessário estipular qual o valor de saída desejado. Este valor será comparado com a saída gerada pelo perceptron e a diferença entre os dois será um erro denotado por *e*. O valor desejado será denotado por *d*. O processo de aprendizagem será interrompido quando o valor desejado for alcançado ou o valor de saída do neurônio estiver tão próximo do desejado quanto o analista aceite. Claramente o erro é uma função do vetor de pesos $\mathbf{w}$, sendo que o sinal de erro na saída do neurônio na iteração k é definido por

$$e(k) = d(k) - y(k). \tag{3}$$

A construção do algoritmo de treinamento do perceptron utiliza o método de minimização do erro quadrado, para isso temos que o erro total é obtido somando-se todos os erros do neurônio, assim a função de erro total, escrita como $\varepsilon(\mathbf{w})$, é dada por

$$\varepsilon(\mathbf{w}) = \frac{1}{2} \sum_{k} e^2(k), \tag{4}$$

Como o erro é uma função do peso, utiliza-se um processo iterativo para alcançar o valor desejado. Essa abordagem, ou esse método de procura faz uso do algoritmo de descida do gradiente. Ou seja, a variação nos valores dos pesos sinápticos é obtida considerando o sentido contrário do vetor gradiente de erro multiplicado por um passo previamente definido pelo analista. Mais formalmente essa ideia pode ser escrita como

$$\Delta \mathbf{w} = -\eta \nabla \varepsilon(\mathbf{w}). \tag{5}$$

A equação (5) pode ser reescrita considerando cada iteração do processo de aproximação da seguinte forma

$$\mathbf{w}(k+1) = \mathbf{w}(k) - \eta \frac{\partial \varepsilon(\mathbf{w}(k))}{\partial \mathbf{w}(k)}. \tag{6}$$

A equação (6) é conhecida como regra delta ou regra de Widrow-Hoff. Em 1960, Bernard Widrow e Marcian Edward Ted Hoff Jr. no trabalho *Adaptive switching circuits* introduziram um novo algoritmo de aprendizado e o utilizaram para treinar redes neurais lineares adaptativas, que eram semelhantes em estrutura e capacidade ao perceptron de Rosenblatt. Uma vez que a saída antecipada é especificada, a utilização da regra delta é considerada treinamento supervisionado. Nesse trabalho de 1960, Widrow e Hoff descrevem que padrões linearmente separáveis puros e versões ruidosas deles são prontamente classificados por um único neurônio. Padrões não linearmente separáveis puros e seus equivalentes ruidosos também podem ser separados por um único neurônio, mas o desempenho absoluto pode ser melhorado e a generalidade do esquema de classificação pode ser bastante aumentada usando mais de um neurônio. Sendo que um ruído pode ser definido como um sinal indesejado que interfere com a comunicação ou medição de outro sinal.

Na equação (6) temos que a derivada de $\varepsilon(\mathbf{w})$ com relação ao vetor de pesos $\mathbf{w}$ pode ser obtida considerando as relações construídas anteriormente, assim temos

$$\frac{\partial \varepsilon(\mathbf{w}(k))}{\partial \mathbf{w}(k)} = \frac{\partial \varepsilon(\mathbf{w}(k))}{\partial y(k)} \frac{\partial y(k)}{\partial \mathbf{w}(k)},$$

onde

$$\begin{aligned}
\frac{\partial \varepsilon(\mathbf{w}(k))}{\partial y(k)} &= \frac{\partial}{\partial y(k)}\left[\frac{1}{2}\sum_k e^2(k)\right],\\
&= \frac{1}{2}\frac{\partial}{\partial y(k)}\sum_k \left[d(k) - y(k)\right]^2,\\
&= \frac{1}{2}.2.\left[d(k) - y(k)\right](-1),\\
&= -\left[d(k) - y(k)\right],
\end{aligned}$$

e como no perceptron o neurônio é um separador linear, a saída na iteração k é igual ao campo local induzido $\sum_k w(k)x(k) + w_0(k)$ que em notação vetorial é dado por $\mathbf{x}'(k)\mathbf{w}(k)$, onde temos

$$\frac{\partial y(k)}{\partial \mathbf{w}(k)} = \frac{\partial}{\partial \mathbf{w}(k)}\left[\mathbf{x}'(k)\mathbf{w}(k)\right],$$

$$= \mathbf{x}(k).$$

Portanto, na iteração k, o gradiente do erro $\nabla\varepsilon(\mathbf{w})$ com relação ao vetor de pesos $\mathbf{w}$ é obtido tomando-se o valor negativo do produto do erro na iteração k pelo vetor de valores de entrada nessa iteração. Aplicando esses resultados na equação (6) temos

$$\mathbf{w}(k+1) = \mathbf{w}(k) - \eta\left(-\left[d(k) - y(k)\right]\right)\mathbf{x}(k),$$

ou

$$\mathbf{w}(k+1) = \mathbf{w}(k) + \eta\mathbf{x}(k)e(k). \tag{7}$$

O tamanho do passo η no processo de aprendizagem do perceptron recebe o nome de **taxa de aprendizagem** e é importante no processo de convergência. Valores típicos para a taxa de aprendizagem situam-se no intervalo $0 < \eta \leq 1$. O número de vezes que todos os vetores de treinamento são utilizados para atualizar os pesos uma vez é denominado de época.

O algoritmo de treinamento da rede neural perceptron é descrito a seguir.

```
Algoritmo de aprendizagem do perceptron

1. Iniciar os pesos com valores aleatórios pequenos
2. Atribuir uma taxa de aprendizagem
3. Atribuir valor de erro total aceitável
4. Para cada dado de treinamento
     Calcular o valor de saída da rede
     Calcular o valor do erro
     Calcular o gradiente
5. Para cada valor de entrada
     Calcular o novo valor de peso
     Atualizar os pesos
     Calcular os erros
6. Calcular o erro total da rede para o conjunto de treinamento dado
7. Se o erro total da rede for maior do que o erro total aceitável, volte
   para o passo 4. Se o processo de aprendizagem tiver sido repetido por
   um número máximo de épocas sem ter convergido para um erro total
   aceitável, então finalize.
```

EXEMPLO 3.1

Aplique o algoritmo de aprendizagem do perceptron para o caso do operador lógico E.

As entradas são dadas por x_0, x_1 e x_2, com pesos w_0 (bias), w_1 e w_2, respectivamente, sendo que y é a saída que deverá, de acordo com as entradas, ser igual ao valor desejado d mostrado na tabela abaixo.

x_0	x_1	x_2	$x_1 \wedge x_2$	d
1	1	1	1	1
1	1	0	0	0
1	0	1	0	0
1	0	0	0	0

A rede neural para realizar essa tarefa de aprendizagem pode ser representada como mostrado na Figura–6.
Serão atribuídos os seguintes valores iniciais para os pesos e para a taxa de aprendizagem:

$$w_0 = 0, w_1 = 0, w_2 = 0 \text{ e } \eta = 0,5 .$$

Será utilizada a função de ativação (ou função de transferência)

$$\varphi(v) = \begin{cases} 1, & se \quad v > 0 \\ 0, & se \quad v \leq 0 \end{cases}$$

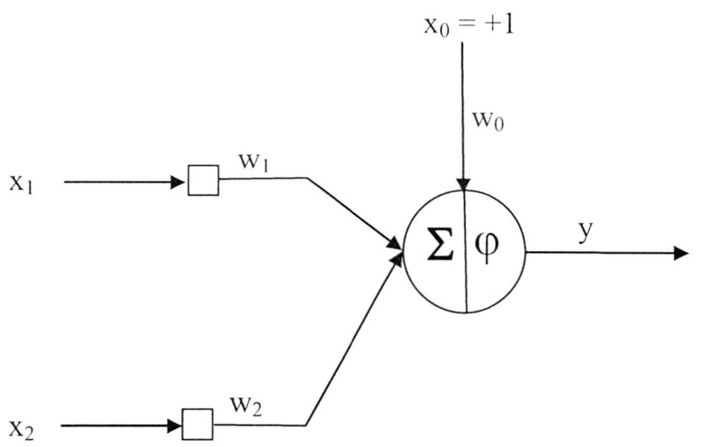

Figura–6 Rede neural perceptron para aprendizagem do operador lógico E.

Primeiro Ciclo de Treinamento
Nesse caso, vamos parar o processo de aprendizagem quando o erro for zero, ou seja, quando todos os valores de entrada gerarem a saída adequada. Dessa forma, o primeiro conjunto de entrada é constituído pelos valores x_0, x_1 e x_2, respectivamente iguais a 1, 1 e 1, o que gera a saída

$$\begin{aligned} y &= \varphi(x_0 w_0 + x_1 w_1 + x_2 w_2), \\ &= \varphi(1.0 + 1.0 + 1.0), \\ &= \varphi(0), \\ &= 0, \end{aligned}$$

onde temos que a saída da rede neural é diferente do valor desejado, $y \neq d$. A saída é diferente do valor desejado e o erro é diferente de zero, o que implica que os pesos deverão ser alterados. Como a saída é diferente do valor desejado, deve-se proceder a atualização dos pesos sinápticos aplicando o resultado da equação (6), de onde são obtidos os novos valores dos pesos. No caso do peso w_0, a atualização é realizada fazendo

$$w_0(1) = w_0(0) + \eta(d(0) - y(0))x_0(0). \quad (8)$$

Apesar de perder um pouco de rigor em termos de notação, vamos reescrever a equação (8) como

$$w_0 = w_0 + \eta(d - y)x_0,$$

que resulta em

$$w_0 = 0 + 0,5(1-0)(1) = 0,5.$$

Para os pesos w_1 e w_2, temos

$$w_1 = w_1 + \eta(d - y)x_1 = 0 + 0,5(1-0)(1) = 0,5,$$
$$w_2 = w_2 + \eta(d - y)x_2 = 0 + 0,5(1-0)(1) = 0,5,$$

Esse novo conjunto de pesos onde $w_0 = 0,5$, $w_1 = 0,5$ e $w_2 = 0,5$ é utilizado para o próximo conjunto de entrada.

Segunda entrada, $x_0 = 1$, $x_1 = 1$ e $x_2 = 0$, produz

$$y = \varphi(1.(0,5) + 1.(0,5) + 0.(0,5)) = \varphi(1) = 1 \to y \neq d.$$

A saída é diferente do valor desejado, então há necessidade de alteração dos pesos.
Atualização dos pesos

$$w_0 = w_0 + \eta(d - y)x_0 = 0,5 + 0,5(0-1)(1) = 0,$$
$$w_1 = w_1 + \eta(d - y)x_1 = 0,5 + 0,5(0-1)(1) = 0,$$
$$w_2 = w_2 + \eta(d - y)x_2 = 0,5 + 0,5(0-1)(0) = 0,5.$$

Terceira entrada, $x_0 = 1$, $x_1 = 0$ e $x_2 = 1$, produz

$$y = \varphi(1.0 + 0.0 + 1.(0,5)) = \varphi(0,5) = 1 \to y \neq d.$$

Atualização dos pesos

$$w_0 = w_0 + \eta(d - y)x_0 = 0 + 0,5(0-1)(1) = -0,5,$$
$$w_1 = w_1 + \eta(d - y)x_1 = 0 + 0,5(0-1)(0) = 0,$$
$$w_2 = w_2 + \eta(d - y)x_2 = 0,5 + 0,5(0-1)(1) = 0.$$

Quarta entrada, $x_0 = 1$, $x_1 = 0$ e $x_2 = 0$, produz

$$y = \varphi(1.(-0,5) + 0.0 + 0.0) = \varphi(-0,5) = 0 \to y = d.$$

Apresentados todos os valores de entrada e atualizados os pesos, têm-se, então, que transcorreu uma época. Porém, apesar da quarta entrada junto com os pesos calculados produzir um valor desejado, é necessário verificar se esse conjunto de pesos é adequado para os dados das outras entradas, o que implica em iniciar um segundo ciclo de treinamento.

Segundo Ciclo de Treinamento

Primeira entrada, $x_0 = 1$, $x_1 = 1$ e $x_2 = 1$, produz

$$y = \varphi(1.(-0,5) + 1.0 + 1.0) = \varphi(-0,5) = 0 \rightarrow y \neq d.$$

Atualização dos pesos

$$w_0 = w_0 + \eta(d - y)x_0 = -0,5 + 0,5(1 - 0)(1) = 0,$$
$$w_1 = w_1 + \eta(d - y)x_1 = 0 + 0,5(1 - 0)(1) = 0,5,$$
$$w_2 = w_2 + \eta(d - y)x_2 = 0 + 0,5(1 - 0)(1) = 0,5.$$

Segunda entrada, $x_0 = 1$, $x_1 = 1$ e $x_2 = 0$, produz

$$y = \varphi(1.0 + 1.(0,5) + 0.(0,5)) = \varphi(0,5) = 1 \rightarrow y \neq d.$$

Atualização dos pesos

$$w_0 = w_0 + \eta(d - y)x_0 = 0 + 0,5(0 - 1)(1) = -0,5,$$
$$w_1 = w_1 + \eta(d - y)x_1 = 0,5 + 0,5(0 - 1)(1) = 0,$$
$$w_2 = w_2 + \eta(d - y)x_2 = 0,5 + 0,5(0 - 1)(0) = 0,5.$$

Terceira entrada, $x_0 = 1$, $x_1 = 0$ e $x_2 = 1$, produz

$$y = \varphi(1.(-0,5) + 0.0 + 1.(0,5)) = \varphi(0) = 0 \rightarrow y = d.$$

Quarta entrada, $x_0 = 1$, $x_1 = 0$ e $x_2 = 0$, produz

$$y = \varphi(1.(-0,5) + 0.0 + 0.(0,5)) = \varphi(-0,5) = 0 \rightarrow y = d.$$

Terceiro Ciclo de Treinamento

Primeira entrada, $x_0 = 1$, $x_1 = 1$ e $x_2 = 1$, produz

$$y = \varphi(1.(-0,5) + 1.0 + 1.(0,5)) = \varphi(0) = 0 \rightarrow y \neq d.$$

Atualização dos pesos

$$w_0 = w_0 + \eta(d - y)x_0 = -0,5 + 0,5(1 - 0)(1) = 0,$$
$$w_1 = w_1 + \eta(d - y)x_1 = 0 + 0,5(1 - 0)(1) = 0,5,$$
$$w_2 = w_2 + \eta(d - y)x_2 = 0,5 + 0,5(1 - 0)(1) = 1.$$

Segunda entrada, $x_0 = 1$, $x_1 = 1$ e $x_2 = 0$, produz

$$y = \varphi(1.0 + 1.(0,5) + 0.1) = \varphi(0,5) = 1 \to y \neq d .$$

Atualização dos pesos

$$w_0 = w_0 + \eta(d-y)x_0 = 0 + 0,5(0-1)(1) = -0,5 ,$$
$$w_1 = w_1 + \eta(d-y)x_1 = 0,5 + 0,5(0-1)(1) = 0 ,$$
$$w_2 = w_2 + \eta(d-y)x_2 = 1 + 0,5(0-1)(0) = 1 .$$

Terceira entrada, $x_0 = 1$, $x_1 = 0$ e $x_2 = 1$, produz

$$y = \varphi(1.(-0,5) + 0.0 + 1.1) = \varphi(0,5) = 1 \to y \neq d .$$

Atualização dos pesos

$$w_0 = w_0 + \eta(d-y)x_0 = -0,5 + 0,5(0-1)(1) = -1 ,$$
$$w_1 = w_1 + \eta(d-y)x_1 = 0 + 0,5(0-1)(0) = 0 ,$$
$$w_2 = w_2 + \eta(d-y)x_2 = 1 + 0,5(0-1)(1) = 0,5 .$$

Quarta entrada, $x_0 = 1$, $x_1 = 0$ e $x_2 = 0$, produz

$$y = \varphi(1.(-1) + 0.0 + 0.(0,5)) = \varphi(-1) = 0 \to y = d .$$

Quarto Ciclo de Treinamento

Primeira entrada, $x_0 = 1$, $x_1 = 1$ e $x_2 = 1$, produz

$$y = \varphi(1.(-1) + 1.0 + 1.(0,5)) = \varphi(-0,5) = 0 \to y \neq d .$$

Atualização dos pesos

$$w_0 = w_0 + \eta(d-y)x_0 = -1 + 0,5(1-0)(1) = -0,5 ,$$
$$w_1 = w_1 + \eta(d-y)x_1 = 0 + 0,5(1-0)(1) = 0,5 ,$$
$$w_2 = w_2 + \eta(d-y)x_2 = 0,5 + 0,5(1-0)(1) = 1 .$$

Segunda entrada, $x_0 = 1$, $x_1 = 1$ e $x_2 = 0$, produz

$$y = \varphi(1.(-0,5) + 1.(0,5) + 0.1) = \varphi(0) = 0 \to y = d .$$

Terceira entrada, $x_0 = 1$, $x_1 = 0$ e $x_2 = 1$, produz

$$y = \varphi(1.(-0,5) + 0.(0,5) + 1.1) = \varphi(0,5) = 1 \to y \neq d .$$

Atualização dos pesos

$$w_0 = w_0 + \eta(d-y)x_0 = -0,5 + 0,5(0-1)(1) = -1 ,$$
$$w_1 = w_1 + \eta(d-y)x_1 = 0,5 + 0,5(0-1)(0) = 0,5 ,$$
$$w_2 = w_2 + \eta(d-y)x_2 = 1 + 0,5(0-1)(1) = 0,5 .$$

Quarta entrada, $x_0 = 1$, $x_1 = 0$ e $x_2 = 0$, produz

$$y = \varphi(1.(-1) + 0.(0,5) + 0.(0,5)) = \varphi(-1) = 0 \rightarrow y = d.$$

Quinto Ciclo de Treinamento

Primeira entrada, $x_0 = 1$, $x_1 = 1$ e $x_2 = 1$, produz

$$y = \varphi(1.(-1) + 1.(0,5) + 1.(0,5)) = \varphi(0) = 0 \rightarrow y \neq d.$$

Atualização dos pesos

$$w_0 = w_0 + \eta(d - y)x_0 = -1 + 0,5(1 - 0)(1) = -0,5,$$
$$w_1 = w_1 + \eta(d - y)x_1 = 0,5 + 0,5(1 - 0)(1) = 1,$$
$$w_2 = w_2 + \eta(d - y)x_2 = 0,5 + 0,5(1 - 0)(1) = 1.$$

Segunda entrada, $x_0 = 1$, $x_1 = 1$ e $x_2 = 0$, produz

$$y = \varphi(1.(-0,5) + 1.1 + 0.1) = \varphi(0,5) = 1 \rightarrow y \neq d.$$

Atualização dos pesos

$$w_0 = w_0 + \eta(d - y)x_0 = -0,5 + 0,5(0 - 1)(1) = -1,$$
$$w_1 = w_1 + \eta(d - y)x_1 = 1 + 0,5(0 - 1)(1) = 0,5$$
$$w_2 = w_2 + \eta(d - y)x_2 = 1 + 0,5(0 - 1)(0) = 1.$$

Terceira entrada, $x_0 = 1$, $x_1 = 0$ e $x_2 = 1$, produz

$$y = \varphi(1.(-1) + 0.(0,5) + 1.1) = \varphi(0) = 0 \rightarrow y = d.$$

Quarta entrada, $x_0 = 1$, $x_1 = 0$ e $x_2 = 0$, produz

$$y = \varphi(1.(-1) + 0.(0,5) + 0.1) = \varphi(-1) = 0 \rightarrow y = d.$$

Sexto Ciclo de Treinamento

Primeira entrada, $x_0 = 1$, $x_1 = 1$ e $x_2 = 1$, produz

$$y = \varphi(1.(-1) + 1.(0,5) + 1.1) = \varphi(0,5) = 1 \rightarrow y = d.$$

Segunda entrada, $x_0 = 1$, $x_1 = 1$ e $x_2 = 0$, produz

$$y = \varphi(1.(-1) + 1.(0,5) + 0.1) = \varphi(-0,5) = 0 \rightarrow y = d.$$

Portanto, temos que o conjunto de pesos dados por $w_0 = -1$, $w_1 = 0,5$ e $w_2 = 1$ é adequado para que a rede neural reproduza o operador lógico **e**. A configuração final da rede é mostrada na Figura–7.

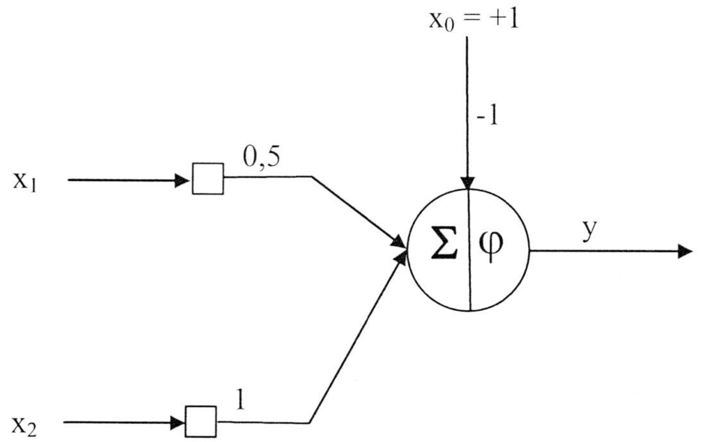

Figura–7 Rede neural perceptron para aprendizagem do operador lógico E.

Para os valores de pesos obtidos e igualando o potencial de ativação do neurônio a zero tem-se que o perceptron separa os dados em duas regiões como mostrado na Figura–8.

Ou seja,

$$0,5x_1 + x_2 - 1 = 0\,,$$

$$x_2 = 1 - 0,5x_1\,.$$

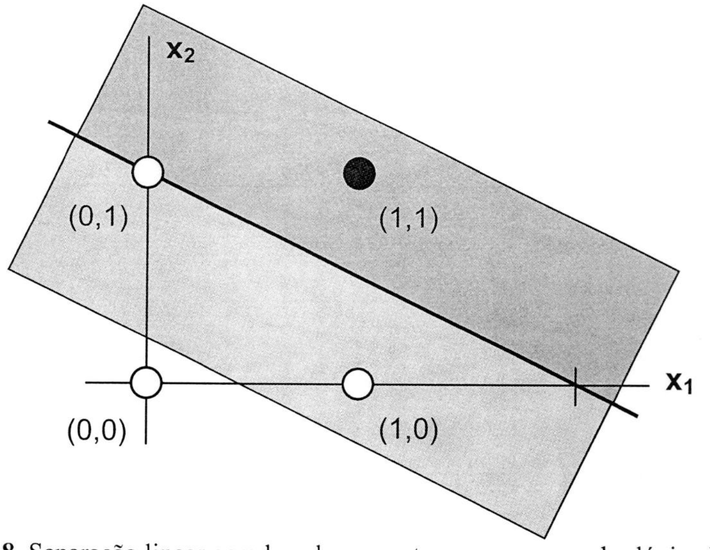

Figura–8 Separação linear gerada pelo perceptron para o operador lógico E.

A tabela a seguir resume os valores encontrados durante o treinamento da rede. Na primeira coluna tem-se a quantidade de épocas que foram necessárias para a tarefa de aprendizagem, a seguir têm-se os valores dos sinais de entrada utilizados e depois as saídas que se desejam.

Época	Entradas			Valor Desejado	Pesos Iniciais			Saída Atual	Erro	Pesos Finais		
	x_0	x_1	x_2	d	w_0	w_1	w_2	y	e	w_0	w_1	w_2
1	1	1	1	1	0	0	0	0	1	0,5	0,5	0,5
	1	1	0	0	0,5	0,5	0,5	1	-1	0	0	0,5
	1	0	1	0	0	0	0,5	1	-1	-0,5	0	0
	1	0	0	0	-0,5	0	0	0	0	-0,5	0	0
2	1	1	1	1	-0,5	0	0	0	1	0	0,5	0,5
	1	1	0	0	0	0,5	0,5	1	-1	-0,5	0	0,5
	1	0	1	0	-0,5	0	0,5	0	0	-0,5	0	0,5
	1	0	0	0	-0,5	0	0,5	0	0	-0,5	0	0,5
3	1	1	1	1	-0,5	0	0,5	0	1	0	0,5	1
	1	1	0	0	0	0,5	1	1	-1	-0,5	0	1
	1	0	1	0	-0,5	0	1	1	-1	-1	0	0,5
	1	0	0	0	-1	0	0,5	0	0	-1	0	0,5
4	1	1	1	1	-1	0	0,5	0	1	-0,5	0,5	1
	1	1	0	0	-0,5	0,5	1	0	0	-0,5	0,5	1
	1	0	1	0	-0,5	0,5	1	1	-1	-1	0,5	0,5
	1	0	0	0	-1	0,5	0,5	0	0	-1	0,5	0,5
5	1	1	1	1	-1	0,5	0,5	0	1	-0,5	1	1
	1	1	0	0	-0,5	1	1	1	-1	-1	0,5	1
	1	0	1	0	-1	0,5	1	0	0	-1	0,5	1
	1	0	0	0	-1	0,5	1	0	0	-1	0,5	1
6	1	1	1	1	-1	0,5	1	1	0	-1	0,5	1
	1	1	0	0	-1	0,5	1	0	0	-1	0,5	1
	1	0	1	0	-1	0,5	1	0	0	-1	0,5	1
	1	0	0	0	-1	0,5	1	0	0	-1	0,5	1

A rede neural inicia o treinamento a partir de um vetor de pesos previamente estabelecido que gera uma saída da rede que é comparada com o valor desejado, isso produz um erro. O objetivo é obter erro zero para cada padrão de entrada que é apresentado à rede.

As atualizações dos pesos são efetuadas toda vez em que o erro for diferente de zero, nesse caso foram necessárias seis épocas para que o perceptron aprendesse a lógica do operador lógico E, os pesos finais são apresentados nas últimas três colunas da tabela.

3.3 Limitação de Classificação do Perceptron

O perceptron pode ser utilizado para realizar muitas funções lógicas básicas, por exemplo, no caso da aprendizagem do operador lógico E utilizamos dois pesos w_1 e w_2, um bias b e para cada padrão de entrada podemos fazer

$$y = \operatorname{sgn}\left(w_1x_1 + w_2x_2 - b\right),$$

o sinal negativo de b está colocado por conveniência algébrica. Assim, o treinamento dos dados produz as quatro desigualdades seguintes que precisam ser obedecidas para que as saídas adequadas sejam geradas.

$$\begin{matrix} x_1 & x_2 & y \\ 1 & 1 & 1 \\ 1 & 0 & 0 \\ 0 & 1 & 0 \\ 0 & 0 & 0 \end{matrix} \Rightarrow \begin{matrix} w_1.1 + w_2.1 - b \geq 0 \\ w_1.1 + w_2.0 - b < 0 \\ w_1.0 + w_2.1 - b < 0 \\ w_1.0 + w_2.0 - b < 0 \end{matrix} \Rightarrow \begin{matrix} w_1 + w_2 \geq b \\ w_1 < b \\ w_2 < b \\ b > 0 \end{matrix}$$

Podemos verificar que existe um número infinito de soluções para o sistema de inequações mostrado acima. Em 1969 Papert e Minsky demonstraram uma limitação básica do perceptron de não conseguir implementar o operador lógico OU EXCLUSIVO. Para demonstrar essa ideia, considere o mesmo procedimento de desigualdade apresentado acima, porém considerando a lógica do XOR, onde tem-se

$$\begin{matrix} x_1 & x_2 & y \\ 1 & 1 & 0 \\ 1 & 0 & 1 \\ 0 & 1 & 1 \\ 0 & 0 & 0 \end{matrix} \Rightarrow \begin{matrix} w_1.1 + w_2.1 - b < 0 \\ w_1.1 + w_2.0 - b \geq 0 \\ w_1.0 + w_2.1 - b \geq 0 \\ w_1.0 + w_2.0 - b < 0 \end{matrix} \Rightarrow \begin{matrix} w_1 + w_2 < b \\ w_1 \geq b \\ w_2 \geq b \\ b > 0 \end{matrix}$$

No caso do XOR verificamos que a segunda e a terceira desigualdades são incompatíveis com a primeira, o que implica que não há solução oferecida pelo perceptron para o operador lógico XOR. Não existe uma função linear simples que produza um hiperplano capaz de separar os pontos do operador lógico XOR, conforme pode ser visto na Figura–9(b). Para que os pontos do XOR sejam separáveis, é necessário que sejam utilizados pelo menos duas retas, ou uma outra curva qualquer.

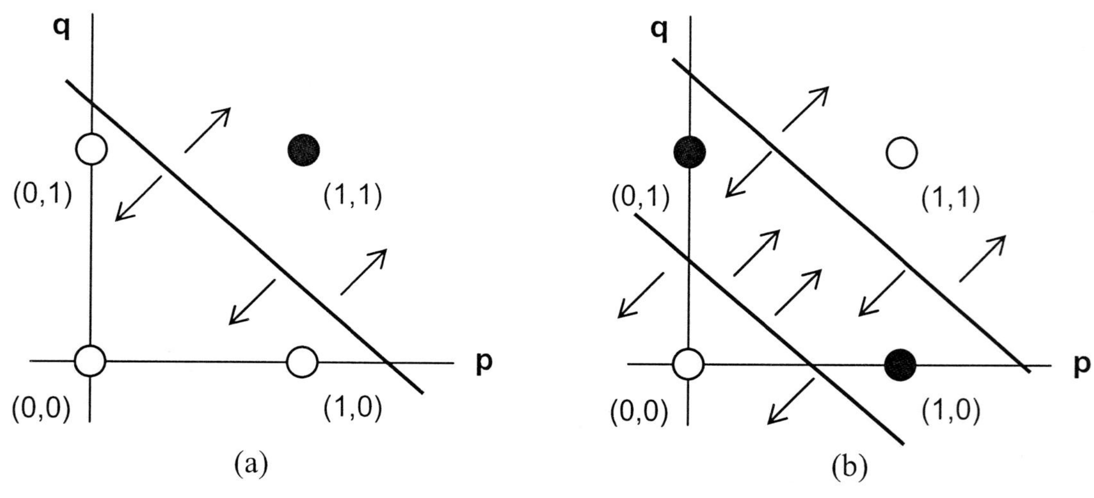

Figura–9 Separação linear: (a) o operador lógico E é separável linearmente, (b) o XOR não é separável por um modelo linear

Outro tipo de rede neural será necessário para resolver esse problema. Essa exigência de um novo modelo ocasionou uma estagnação do desenvolvimento das redes neurais, porém. possibilitou o surgimento dos perceptrons de múltiplas camadas e a criação do algoritmo de backpropagation.

EXEMPLO 3.2

Na fabricação de peças metálicas e plásticas são utilizadas máquinas especializadas que realizam a conformação ou usinagem do material bruto até que ele tenha as especificações desejadas. A tabela abaixo apresenta quatro tipos de máquinas, utilizadas para usinagem (Fresadora, Retífica e Torno) e conformação (Extrusora) que utilizam como matéria-prima o aço e o plástico para construir peças cilíndricas e planas.

Construa uma rede neural perceptron para realizar o reconhecimento das máquinas de acordo com suas características estabelecidas.

	Material		Forma	
	Aço	Plástico	Cilíndrica	Plana
Fresadora	×			×
Retificadora	×			×
Torno	×		×	
Extrusora		×	×	

Os dados apresentados para cada máquina podem ser codificados da seguinte forma: (i) o tipo de material será 0 para aço e 1 para plástico e (ii) a forma da peça será 0 para cilíndrica e 1 para plana. Cada máquina receberá a seguinte codificação

Fresadora → 00
Retificadora → 01
Torno → 10
Extrusora → 11

Por exemplo, no caso, Retificadora, os sinais de entrada serão $x_1 = 0$ e $x_2 = 1$, o valor desejado de saída com relação ao Material é $d_1 = 0$ e com relação à Forma é $d_2 = 1$.
A arquitetura da rede neural será composta por dois sinais de entrada (x_1 e x_2), dois bias (b_1 e b_2) e dois neurônios para obter duas saídas (y_1 e y_2).

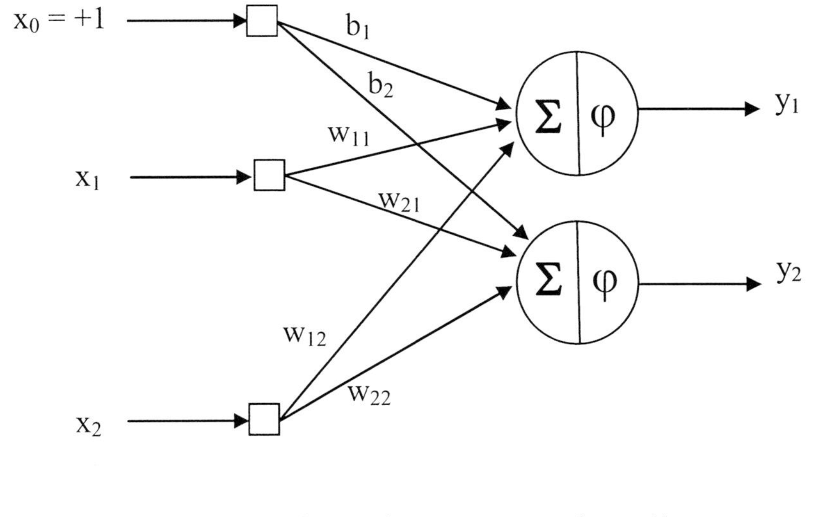

Figura–10 Rede neural perceptron com duas saídas.

Serão atribuídos os seguintes valores iniciais para os pesos e para a taxa de aprendizagem:

$$b_1 = 0, w_{11} = 0, w_{21} = 0\,,\; b_2 = 0, w_{12} = 0, w_{22} = 0 \text{ e } \eta = 1\,.$$

O símbolo w_{ji} representa o peso sináptico conectando o sinal de entrada i à entrada do neurônio j. Por exemplo, w_{21} liga a entrada 1 ao neurônio 2.

Será utilizada a função de ativação (ou função de transferência)

$$\varphi(v) = \begin{cases} 1, & se \quad v > 0 \\ 0, & se \quad v \le 0 \end{cases}$$

Verificação da consistência do modelo perceptron para realizar a classificação.

O perceptron não consegue realizar a separação de classes que apresentam comportamento lógico parecido com o operador XOR, ou seja, há necessidade de que os dados sejam linearmente separáveis. Nesse caso, foi atribuído arbitrariamente um código para cada máquina. A Retificadora que recebeu o código 01 (zero um) e o Torno com código 10 (um zero) precisam ter suas saídas verificadas para evitar o problema do XOR onde são geradas saídas iguais a 1 e impossibilitam a separação linear. Dessa forma, temos que

Máquina		Código	Saída Desejada d_1	Saída Desejada d_2
Retificadora	$\rightarrow$	01	0	1
Torno	$\rightarrow$	10	0	0

Verifica-se, no caso das duas saídas, que não há problema do tipo XOR porque o valor desejado d_1 não é igual a 1 ao mesmo tempo para os dois tipos de máquina. Tal como o valor desejado d_2 do segundo neurônio do perceptron, não produz valores iguais a 1 ao mesmo tempo para os dois tipos de máquina. Sendo assim, procede-se o treinamento do perceptron.

<u>Máquina – Fresadora 00</u>

Neurônio 1 $\quad y_1 = \varphi(b_1 + w_{11}x_1 + w_{12}x_2) = \varphi(0.1 + 0.0 + 0.0) = \varphi(0) = 0 \quad \rightarrow y_1 = d_1$

Neurônio 2 $\quad y_2 = \varphi(b_2 + w_{21}x_1 + w_{22}x_2) = \varphi(0.1 + 0.0 + 0.0) = \varphi(0) = 0 \quad \rightarrow y_2 \ne d_2$

Atualização dos pesos $x_0 = 1$, $x_1 = 0$ e $x_2 = 0$

Pesos Conectados ao Neurônio 1
$$\begin{cases} b_1 = b_1 + \eta(d_1 - y_1)x_0 = 0 + 1(0-0)(1) = 0 \\ w_{11} = w_{11} + \eta(d_1 - y_1)x_1 = 0 + 1(0-0)(0) = 0 \\ w_{12} = w_{12} + \eta(d_1 - y_1)x_2 = 0 + 1(0-0)(0) = 0 \end{cases}$$

Pesos Conectados ao Neurônio 2
$$\begin{cases} b_2 = b_2 + \eta(d_2 - y_2)x_0 = 0 + 1(1-0)(1) = 1 \\ w_{21} = w_{21} + \eta(d_2 - y_2)x_1 = 0 + 1(1-0)(0) = 0 \\ w_{22} = w_{22} + \eta(d_2 - y_2)x_2 = 0 + 1(1-0)(0) = 0 \end{cases}$$

<u>Máquina – Retificadora 01</u>

Neurônio 1 $\quad y_1 = \varphi(b_1 + w_{11}x_1 + w_{12}x_2) = \varphi(0 + 0.0 + 0.1) = \varphi(0) = 0 \quad \rightarrow y_1 = d_1$

Neurônio 2 $\quad y_2 = \varphi(b_2 + w_{21}x_1 + w_{22}x_2) = \varphi(1 + 0.0 + 0.1) = \varphi(1) = 1 \quad \rightarrow y_2 = d_2$

<u>Máquina – Torno 10</u>

Neurônio 1 $\quad y_1 = \varphi(b_1 + w_{11}x_1 + w_{12}x_2) = \varphi(0 + 0.1 + 0.0) = \varphi(0) = 0 \quad \rightarrow y_1 = d_1$

Neurônio 2 $\quad y_2 = \varphi(b_2 + w_{21}x_1 + w_{22}x_2) = \varphi(1 + 0.1 + 0.0) = \varphi(1) = 1 \quad \rightarrow y_2 \neq d_2$

Atualização dos pesos $x_0 = 1$, $x_1 = 1$ e $x_2 = 0$

Pesos Conectados ao Neurônio 1

$$\begin{cases} b_1 = b_1 + \eta(d_1 - y_1)x_0 = 0 + 1(0 - 0)(1) = 0 \\ w_{11} = w_{11} + \eta(d_1 - y_1)x_1 = 0 + 1(0 - 0)(1) = 0 \\ w_{12} = w_{12} + \eta(d_1 - y_1)x_2 = 0 + 1(0 - 0)(0) = 0 \end{cases}$$

Pesos Conectados ao Neurônio 2

$$\begin{cases} b_2 = b_2 + \eta(d_2 - y_2)x_0 = 1 + 1(0 - 1)(1) = 0 \\ w_{21} = w_{21} + \eta(d_2 - y_2)x_1 = 0 + 1(0 - 1)(1) = -1 \\ w_{22} = w_{22} + \eta(d_2 - y_2)x_2 = 0 + 1(0 - 1)(0) = 0 \end{cases}$$

<u>Máquina – Extrusora 11</u>

Neurônio 1 $\quad y_1 = \varphi(b_1 + w_{11}x_1 + w_{12}x_2) = \varphi(0 + 0.1 + 0.1) = \varphi(0) = 0 \quad \rightarrow y_1 \neq d_1$

Neurônio 2 $\quad y_2 = \varphi(b_2 + w_{21}x_1 + w_{22}x_2) = \varphi(0 + (-1).1 + 0.1) = \varphi(-1) = 0 \quad \rightarrow y_2 = d_2$

Atualização dos pesos $x_0 = 1$, $x_1 = 1$ e $x_2 = 1$

Pesos Conectados ao Neurônio 1

$$\begin{cases} b_1 = b_1 + \eta(d_1 - y_1)x_0 = 0 + 1(1 - 0)(1) = 1 \\ w_{11} = w_{11} + \eta(d_1 - y_1)x_1 = 0 + 1(1 - 0)(1) = 1 \\ w_{12} = w_{12} + \eta(d_1 - y_1)x_2 = 0 + 1(1 - 0)(1) = 1 \end{cases}$$

Pesos Conectados ao Neurônio 2

$$\begin{cases} b_2 = b_2 + \eta(d_2 - y_2)x_0 = 0 + 1(0 - 0)(1) = 0 \\ w_{21} = w_{21} + \eta(d_2 - y_2)x_1 = -1 + 1(0 - 0)(1) = -1 \\ w_{22} = w_{22} + \eta(d_2 - y_2)x_2 = 0 + 1(0 - 0)(1) = 0 \end{cases}$$

O processo de aprendizagem por iteração pode ser bastante trabalhoso e demorado, e a alternativa mais viável para continuar a execução dos cálculos é fazer uso do apoio computacional. Para implementar essa regra de aprendizagem do perceptron vamos utilizar o MATLAB. Abaixo é apresentada a sequência de comandos para realizar os cálculos do Exemplo 3.2. São obtidos os seguintes valores de pesos

```
w1 =                    w2 =
     -2                      1
      2         e           -1
      1                      0
```

Dessa forma, o modelo de discriminação é dado por

$$y_1 = \varphi(b_1 + w_{11}x_1 + w_{12}x_2) = \varphi(-2 + 2x_1 + x_2),$$
$$y_2 = \varphi(b_2 + w_{21}x_1 + w_{22}x_2) = \varphi(1 - x_1).$$

Por exemplo, no caso dos sinais de entrada serem $x_1 = 0$ e $x_2 = 1$, os valores de saída da rede neural são

$$y_1 = \varphi(-1) = 0,$$
$$y_2 = \varphi(1) = 1.$$

Ou seja, a máquina que utiliza matéria-prima aço e produz peça plana é a máquina que possui código 01, portanto, a Retificadora.
Após a execução de seis ciclos de treinamento, a rede neural perceptron com dois neurônios e duas saídas consegue reconhecer de acordo com as entradas de tipo de material e forma que produzem qual máquina é a indicada.

MATLAB - Aprendizagem do perceptron utilizado no Exemplo 3.2

```
%Vetor de entrada
x=[0 0; 0 1; 1 0; 1 1];
 %Saídas desejadas
d1=[0; 0; 0; 1];
d2=[1; 1; 0; 0];
entradas=4;
xzero=1;               %valor que será multiplicado pelo bias
eta=1;                 %taxa de aprendizagem
w1=zeros(3,1);         %pesos entre x1 e o Neurônio 1 (incluindo bias)
w2=zeros(3,1);         %pesos entre x2 e o Neurônio 2 (incluindo bias)

n=10;                  %Número de iterações
for k=1:n
    y1=zeros(4,1);
    y2=zeros(4,1);
    for j=1:entradas
        v1=xzero*w1(1,1)+x(j,1)*w1(2,1)+x(j,2)*w1(3,1);
        if v1<=0
            y1(j)=0;
        else
            y1(j)=1;
        end
        erro1(j)=d1(j)-y1(j);
        w1(1,1)=w1(1,1)+eta*xzero*erro1(j);
        w1(2,1)=w1(2,1)+eta*x(j,1)*erro1(j);
        w1(3,1)=w1(3,1)+eta*x(j,2)*erro1(j);
        v2=xzero*w2(1,1)+x(j,1)*w2(2,1)+x(j,2)*w2(3,1);
       if v2<=0
            y2(j)=0;
        else
            y2(j)=1;
       end
        erro2(j)=d2(j)-y2(j);
```

```
        w2(1,1)=w2(1,1)+eta*xzero*erro2(j);
        w2(2,1)=w2(2,1)+eta*x(j,1)*erro2(j);
        w2(3,1)=w2(3,1)+eta*x(j,2)*erro2(j);
    end
end
```

A seguir é apresentado o código em Python para aprendizagem do perceptron do Exemplo 3.2.

PYTHON- Aprendizagem do perceptron utilizado no Exemplo 3.2

```
# Vetor de entrada
x = [[0,0],[0,1],[1,0],[1,1]]

# Saídas desejadas
d1 = [0,0,0,1]
d2 = [1,1,0,0]

entradas = 4
xzero = 1           # Valor que será multiplicado pelo bias
eta = 1             # taxa de aprendizagem
w1 = [[0],[0],[0]] # pesos entre x1 e o Neurônio 1 (incluindo bias)
w2 = [[0],[0],[0]] # pesos entre x2 e o Neurônio 2 (incluindo bias)
erro1 = []
erro2 = []

n = 10                  # Número de iterações
for k in range(n):
    y1 = [[0],[0],[0],[0]]
    y2 = [[0],[0],[0],[0]]

    for j in range(entradas):

        v1 = xzero*w1[0][0] + x[j][0]*w1[1][0] + x[j][1]*w1[2][0]
        if v1 <= 0:
            y1[j][0] = 0
        else:
            y1[j][0] = 1

        if k == 0:
            erro1.append(d1[j] - y1[j][0])
        else:
            erro1[j] = d1[j] - y1[j][0]

        w1[0][0] = w1[0][0]+eta*xzero*erro1[j]
        w1[1][0] = w1[1][0]+eta*x[j][0]*erro1[j]
        w1[2][0] = w1[2][0]+eta*x[j][1]*erro1[j]

        v2 = xzero*w2[0][0] + x[j][0]*w2[1][0] + x[j][1]*w2[2][0]
        if v2 <= 0:
            y2[j][0] = 0
        else:
            y2[j][0] = 1

        if k == 0:
            erro2.append(d2[j] - y2[j][0])
        else:
```

```
            erro2[j] = d2[j] - y2[j][0]

        w2[0][0] = w2[0][0]+eta*xzero*erro2[j]
        w2[1][0] = w2[1][0]+eta*x[j][0]*erro2[j]
        w2[2][0] = w2[2][0]+eta*x[j][1]*erro2[j]


print(erro1)
print(erro2)
print(w1)
print(w2)
print(v1)
print(v2)
```

EXEMPLO 3.3

A tabela mostrada a seguir, apresenta quatro empresas agrupadas em duas classes distintas, a primeira é composta de empresas solventes e a segunda de empresas insolventes. Uma empresa é insolvente quando é incapaz financeiramente de pagar suas dívidas em razão da ausência de recursos financeiros ou patrimoniais. A Lei No. 11.101 de 9 de Fevereiro de 2005 regula a recuperação judicial, a extrajudicial e a falência do empresário e da sociedade empresária.

Foram coletados dados de Liquidez Seca (LS) e Giro do Ativo (GA) de cada uma das empresas, sendo que

$$\text{Liquidez Seca} = \frac{\text{Ativo Circulante - Estoques}}{\text{Passivo Circulante}},$$

e

$$\text{Giro do Ativo} = \frac{\text{Receita de Vendas}}{\text{Ativo Total}}.$$

Treine uma rede neural perceptron utilizando os dados coletados. A partir do modelo construído classifique uma empresa que não pertence aos dados observados, mas que apresenta LS igual a 1,103 e GA de 0,435.

		Liquidez Seca	Giro do Ativo
Classe 1	Empresa 1	2,032	0,406
Solventes	Empresa 2	1,785	0,371
Classe 2	Empresa 3	0,132	0,956
Insolventes	Empresa 4	0,231	0,821

No gráfico de distribuição dos dados mostrado na Figura–11 é possível verificar que as duas classes de empresas podem ser separadas por um modelo linear, e o perceptron pode ser utilizado para essa tarefa. As empresas insolventes são representadas por círculos e as solventes por quadrados.

A Liquidez Seca será a entrada da rede descrita por x_1 e o Giro do Ativo será dado por x_2, a saída y denota se a empresa pertence à Classe 1 ou à Classe 2. Serão atribuídos os seguintes valores iniciais para os pesos e para a taxa de aprendizagem:

$$w_0 = 1, w_1 = 1, w_2 = 1 \text{ e } \eta = 0{,}001.$$

Para determinar o valor de saída y da rede neural será utilizada a função sinal definida como

$$\operatorname{sgn}(v) = \begin{cases} +1, & se \quad v \geq 0 \\ -1, & se \quad v < 0 \end{cases}$$

ou seja, a empresa pertencerá à Classe 1 se a saída for igual a +1 e a empresa pertencerá à Classe 2 se a saída for igual a -1. A aprendizagem e adaptação de vetor de pesos serãorealizadas utilizando a expressão

$$\mathbf{w}(k+1) = \mathbf{w}(k) + \eta\big(d(k) - y(k)\big)\mathbf{x}(k),$$

onde

$$d(k) = \begin{cases} +1, & se \quad \mathbf{x}(k) \quad pertence\ à\ Classe\ 1 \\ -1, & se \quad \mathbf{x}(k) \quad pertence\ à\ Classe\ 2 \end{cases}$$

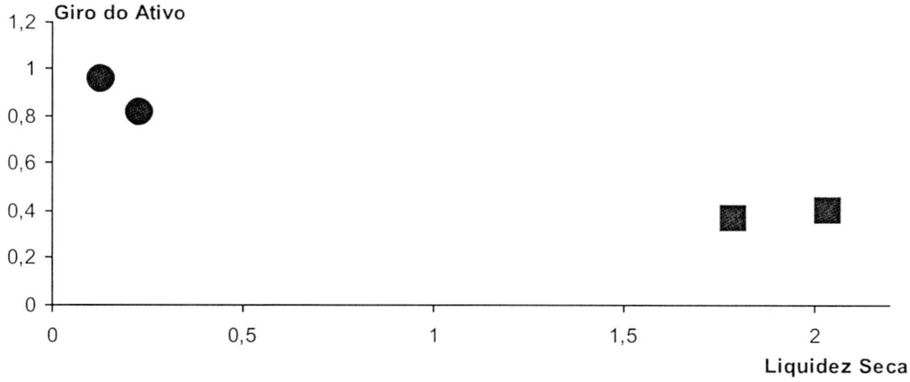

Figura–11 Distribuição da amostra contendo empresas solventes e insolventes.

A arquitetura da rede neural perceptron utilizada nesse trabalho de classificação é mostrada na Figura–12.

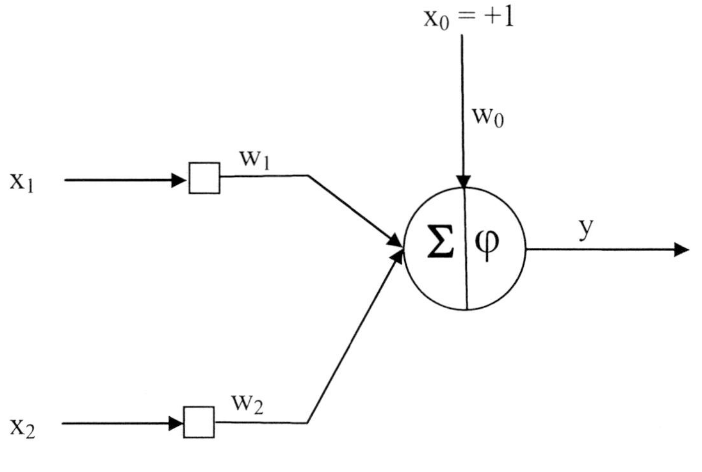

Figura–12 Rede neural perceptron para classificação de empresas.

Primeiro Ciclo de Treinamento

Dessa forma, o primeiro conjunto de entrada é constituído pelos valores x_0, x_1 e x_2, respectivamente iguais a 1, 2,032 e 0,406, o que gera a saída

$$\begin{aligned}y &= \text{sgn}\left(x_0w_0 + x_1w_1 + x_2w_2\right),\\ &= \text{sgn}\left(1.1+(2,032).1+(0,406).1\right),\\ &= \text{sgn}\left(3,438\right),\\ &= 1,\end{aligned}$$

A classe determinada é igual à classe desejada, portanto, não há necessidade de atualizar os pesos.

Segunda entrada, $x_0 = 1$, $x_1 = 1{,}785$ e $x_2 = 0{,}371$, produz

$$y = \text{sgn}\left(1.1+(1,785).1+(0,371).1\right) = \text{sgn}\left(3,156\right) = 1 \rightarrow y = d.$$

Terceira entrada, $x_0 = 1$, $x_1 = 0{,}132$ e $x_2 = 0{,}956$, produz

$$y = \text{sgn}\left(1.1+(0,132).1+(0,956).1\right) = \text{sgn}\left(2,088\right) = 1 \rightarrow y \neq d.$$

A saída é diferente do valor desejado, porque diz que a Empresa 3 pertence à Classe 1, mas ela pertence à Classe 2, então há necessidade de alteração dos pesos.
Atualização dos pesos

$$\begin{aligned}w_0 &= w_0 + \eta(d-y)x_0 = 1 + 0,001(-1-1)(1) = 0,998,\\ w_1 &= w_1 + \eta(d-y)x_1 = 1 + 0,001(-1-1)(0,132) = 0,999736,\\ w_2 &= w_2 + \eta(d-y)x_2 = 1 + 0,001(-1-1)(0,956) = 0,998088.\end{aligned}$$

Quarta entrada, $x_0 = 1$, $x_1 = 0{,}231$ e $x_2 = 0{,}821$, produz

$$\begin{aligned}y &= \text{sgn}\left(1.(0,998)+(0,231).(0,999736)+(0,821).(0,998088)\right),\\ &= \text{sgn}\left(2,048369264\right) = 1 \rightarrow y \neq d.\end{aligned}$$

A partir dos pesos calculados, a Empresa 4 foi classificada como pertencente à Classe 1, o que não está correto, assim os pesos precisam ser recalculados.
Atualização dos pesos

$$\begin{aligned}w_0 &= w_0 + \eta(d-y)x_0 = 0,998 + 0,001(-1-1)(1) = 0,996,\\ w_1 &= w_1 + \eta(d-y)x_1 = 0,999736 + 0,001(-1-1)(0,231) = 0,999274,\\ w_2 &= w_2 + \eta(d-y)x_2 = 0,998088 + 0,001(-1-1)(0,821) = 0,996446.\end{aligned}$$

O processo de aprendizagem por iteração pode ser bastante trabalhoso e demorado, e a alternativa mais viável para continuar a execução dos cálculos é fazer uso do apoio computacional. Para implementar essa regra de aprendizagem do perceptron vamos utilizar o MATLAB, abaixo é apresentada a sequência de comandos para realizar os cálculos do Exemplo 3.3.

Após 302 iterações a rede neural aprende a classificar de forma adequada a partir da amostra de empresas, os pesos gerados são

$$w_0 = -0,1600, w_1 = 0,7873 \text{ e } w_2 = -0,0277.$$

A fronteira de decisão é obtida a partir da seguinte equação

$$0,7873x_1 - 0,0277x_2 - 0,1600 = 0,$$
$$x_2 = -5,7762 + 28,4224x_1.$$

Com o modelo construído, pode-se classificar a empresa que não pertence aos dados observados, que apresenta LS igual a 1,103 e GA de 0,435, o que gera a saída

$$\begin{aligned} y &= \text{sgn}(x_0 w_0 + x_1 w_1 + x_2 w_2), \\ &= \text{sgn}(1.(-0,1600) + (1,103).(0,7873) + (0,435).(-0,0277)), \\ &= \text{sgn}(0,696342), \\ &= 1, \end{aligned}$$

MATLAB - Aprendizagem do perceptron utilizado no Exemplo 3.3

```
%Vetor de entrada
x=[2.032 0.406; 1.785 0.371; 0.132 0.956; 0.231 0.821];

%Saídas desejadas
d=[1; 1; -1; -1];
entradas=4;
xzero=1;              %%valor que será multiplicado pelo bias
eta=0.001;            %taxa de aprendizagem
w=ones(3,1);          %pesos
n=310;
for k=1:n
    y=zeros(4,1);
    for j=1:entradas
        v= xzero*w(1,1)+x(j,1)*w(2,1)+x(j,2)*w(3,1);
        y(j)=sign(v);
        erro=d(j)-y(j);
        w(1,1)=w(1,1)+eta*xzero*erro;
        w(2,1)=w(2,1)+eta*x(j,1)*erro;
        w(3,1)=w(3,1)+eta*x(j,2)*erro;
    end
end
```

Dessa forma, a empresa em questão se assemelha mais com as que apresentam situação financeira condizente com aquelas pertencentes ao grupo de empresas solventes. Esse modelo foi construído com uma pequena amostra de empresas e poucas variáveis analisadas. Mas, mesmo que dispuséssemos de maior quantidade de dados, o modelo serve como uma aproximação e uma ferramenta adicional para auxiliar na tomada de decisão.

A seguir é apresentado o código em Python para aprendizagem do perceptron do Exemplo 3.3.

PYTHON- Aprendizagem do perceptron utilizado no Exemplo 3.3

```
import numpy as np
import numpy.matlib

#Vetor de entrada
x = np.array([[2.032, 0.406], [1.785, 0.371], [0.132, 0.956], [0.231, 0.821]])

#Saídas desejadas
d = [[1], [1], [-1], [-1]]
entradas = 4
xzero = 1          #valor que será multiplicado pelo bias
eta = 0.001        #taxa de aprendizagem
w = np.ones((3,1))    #pesos
n = 310
for k in range(0,n):
  y = np.zeros((4,1))
  for j in range(0,entradas):
    v = (xzero * w[0,0] + x[j,0] * w[1,0] + x[j,1] * w[2,0])
    y[j] = np.sign(v)
    erro = d[j] - y[j]
    w[0,0] = w[0,0] + eta * xzero * erro
    w[1,0] = w[1,0] + eta * x[j,0] * erro
    w[2,0] = w[2,0] + eta * x[j,1] * erro
```

3.4 O Comando `perceptron` do MATLAB

Perceptrons são ferramentas úteis quando utilizados em problemas simples de reconhecimento de padrão. Geram redes que podem resolver problemas de forma rápida e confiável. Um bom entendimento do funcionamento do perceptron pode servir como base de aprendizagem para redes neurais mais complexas. O comando **`perceptron`** do MATLAB possibilita a construção de um perceptron como segue

```
rede=perceptron;
rede=configure(rede,P,T);
```

onde

`P` é uma matriz P-por-Q de Q vetores de entrada de R elementos cada;

`T` é uma matriz S-por-Q de Q vetores desejados de S elementos cada.

Normalmente, a função hardlim é usada nos perceptrons, portanto é o default.

Quanto às arquiteturas das redes, o Neural Network Toolbox do MATLAB possibilita a construção de uma variedade de arquiteturas de redes que utilizam aprendizagem supervisionada e não supervisionada. Com a abordagem modular do toolbox para construção de redes, pode se

desenvolver arquiteturas customizadas para problemas específicos. É possível vizualizar a arquitetura da rede incluindo todas as entradas, camadas, saídas e interconexões.
As redes neurais supervisionadas são treinadas para produzir saídas em resposta a uma amostra de entradas, tornando-as particularmente adequadas para sistemas dinâmicos de controle e modelagem, classificando ruídos de dados e prevendo eventos futuros. O Neural Network Toolbox do MATLAB R2015a inclui quatro tipos de redes supervisionadas: feedforward, base radial, dinâmica e aprendizagem por quantização vetorial.
Alguns exemplos de aprendizagem supervisionada são:
i. Classificação automática de tumores como benigno ou maligno.
ii. Identificação automática de armamentos.
iii. Software para detectar e bloquear páginas de Internet indesejáveis.
iv. Business Intelligence (BI), desenvolvimento de soluções empresariais que auxiliem o processo de tomada de decisões a partir de dados e informações de negócios.
v. Reconhecimento de emoção em chamadas telefônicas.
vi. Predição genética.
vii. Predição de estrutura proteica.
viii. Identificação automática de placas em artérias coronárias.

O comando `perceptron` pode ser utilizado conjuntamento com os comandos `train` e `sim`.
Para treinar o perceptron utilizando os valores de entrada e os valores de saída desejados da rede neural utilizamos o comando `train`. A sintaxe do comando `train` é dada por

```
[net, tr]=train(net,P,T,Pi,Ai,VV,TV),
```

onde

`net`	é o nome que você atribuiu para a rede
`tr`	gravação do treinamento (épocas e performance)
`train`	é o comando que treina o perceptron
`P`	são as entradas da rede
`T`	são os valores desejados (o default são valores iguais a zero)
`Pi`	condições iniciais de atraso da entrada (default é zero)
`Ai`	condições iniciais de atraso por camada (default é zero)
`VV`	estrutura dos vetores de validação (default é [])
`TV`	estrutura dos vetores de teste (o default é [])

O comando `sim` é utilizado depois de ter sido criado o perceptron, simula um modelo com os parâmetros escolhidos pelo usuário. A sintaxe do comando `sim` é dada por

```
[Y, Pf, Af, E, perf]=sim(net,P,Pi,Ai,T),
```

onde

`Y`	são as saídas da rede
`Pf`	condições finais de atraso da entrada
`Af`	condições finais de atraso por camada
`E`	erros da rede
`perf`	performance da rede
`sim`	é o comando que simula o perceptron com os dados fornecidos
`net`	é o nome que você atribuiu para a rede
`P`	são as entradas da rede

`Pi` condições iniciais de atraso da entrada (default é zero)
`Ai` condições iniciais de atraso por camada (default é zero)
`T` são os valores desejados (o default são valores iguais a zero)

O comando `adapt` é utilizado para treinamento incremental, ou seja, os pesos e os bias são atualizados depois de cada vez que um vetor de entrada é apresentado. A sintaxe do comando `adapt` é dada por

```
[net,Y,E,Pf,Af] = adapt(net,P,T,Pi,Ai)
```

onde
`net` é o nome que você atribuiu para a rede
`Y` são as saídas da rede
`E` erros da rede
`Pf` condições finais de atraso da entrada
`Af` condições finais de atraso por camada
`adapt` é o comando que permite alterar os pesos e bias a partir das entradas apresentadas
`P` são as entradas da rede
`T` são os valores desejados (o default são valores iguais a zero)
`Pi` condições iniciais de atraso da entrada (default é zero)

Tanto as funções, `train` e `adapt`, são utilizadas para treinar a rede neural, e na maioria das vezes, tanto uma como a outra pode ser utilizada. A diferença mais importante está relacionada ao treinamento incremental, atualização dos pesos depois de cada amostra de treinamento, versus o treinamento em lote em que a atualização acontece depois da apresentação de todo conjunto de dados.
Redes do tipo perceptron devem ser treinadas com `adapt`, o qual apresenta os vetores de entrada para a rede um de cada vez e realiza as correções para a rede baseado nos resultados de cada apresentação. O uso do `adapt`, desta forma, garante que qualquer problema linearmente separável seja resolvido num número finito de apresentações de treinamento.
Como observado anteriormente, os perceptrons também podem ser treinados com a função `train`. Normalmente quando `train` é utilizado nos perceptrons, apresentam-se as entradas para a rede em lotes, e as correções na rede são realizadas com base na soma de todas as correções individuais. Infelizmente, não há nenhuma prova de que tal algoritmo de treinamento converge para os perceptrons. Por conta disso, não é recomendado o uso de `train` para perceptrons.

EXEMPLO 3.4

Anualmente várias entidades disponibilizam rankings mostrando as posições relativas entre os países, com base em sua capacidade de inovação e criação de tecnologias. Em 2016, a empresa Bloomberg disponibilizou a classificação World's Most Innovative Economies, em que elenca as Cinquenta Economias mais Inovadoras. A Bloomberg destaca que:
No mundo das ideias, a Coreia do Sul é rei.
Alemanha, Suécia, Japão e Suíça completaram os cinco primeiros países no Índice de Inovação Bloomberg 2016, que classificou as economias usando fatores incluindo gastos com pesquisa e desenvolvimento e concentração de empresas públicas de alta tecnologia.

A Coreia do Sul encabeça as melhores pontuações em todo o mundo de valor adicionado à manufatura, bem como a eficiência terciária de fabricação - uma medida que inclui o número de matrículas no ensino superior e a concentração de graduados em ciências e engenharia.

Um país que causa admiração é Singapura[1]. A área total de Singapura o coloca na posição 187º, sua população em tamanho é 114º no mundo e o IDH em 2014 era 0,912 (11º no mundo). Singapura está na 6ª posição como economia mais inovadora do mundo, porque sua educação está preocupada com **Ciência, Tecnologia e Engenharia**, como destaca Philip Yeo Liat Kok um dos responsáveis pelo desenvolvimento econômico e inovação de Singapura.

A Bloomberg ainda chama atenção para o fato de que:
As classificações refletem o conto Norte-bate-Sul da economia global: África, com Tunísia Nº 46 e Marrocos Nº 48, e na América Latina, com a Argentina no Nº 49, são pouco representados na lista Top 50. Seis das 10 maiores economias vêm da Europa e três da Ásia.

Vamos considerar três países de alto índice de inovação, baixa corrupção e elevada facilidade para se realizar negócios: Alemanha, Suécia e Singapura.
O índice de corrupção vai de 0 até 100, sendo que quanto mais próximo de 100, menos corrupto é considerado o país.
Também vamos considerar três países (País 1, País 2 e País 3) com índices contrários aos dos primeiros. A tabela a seguir apresenta os dados desses países.

	Índice de Inovação	Índice de Corrupção	Facilidade de Fazer Negócios
Alemanha	85,54	81	15
Suécia	85,21	89	8
Singapura	84,54	85	1
Brasil (País 1)	51,2	38	116
País 2	64,3	55	58
País 3	60,8	35	38

Os dados de índice de inovação, facilidade de realizar negócios e índice de corrupção do Brasil (País 1), do País 2 e do País 3 foram coletados do Trading Economics[2]. Sendo que o País 2 e o País 3 pertencem à América do Sul.
Para construir um perceptron que forneça uma fronteira de decisão que separe os países vamos considerar que Alemanha, Suécia e Singapura receberão classificação 1 e os países da América do Sul receberão classificação 0.

[1] Escrevi Singapura, porque prefiro essa grafia à Cingapura. Sugiro como leitura: *A origem dos nomes dos países*, de Otero 2006. Outra sugestão: assista ao documentário *200 Anos de Cingapura*.

[2] A Bloomberg não disponibilizou os dados para países que estavam abaixo dos 50 melhores classificados. Portanto, mesmo havendo diferença com a metodologia da Trading Economics, não melhora em nada a situação do Brasil. Os dados são utilizados apenas para esse exercício de classificação.

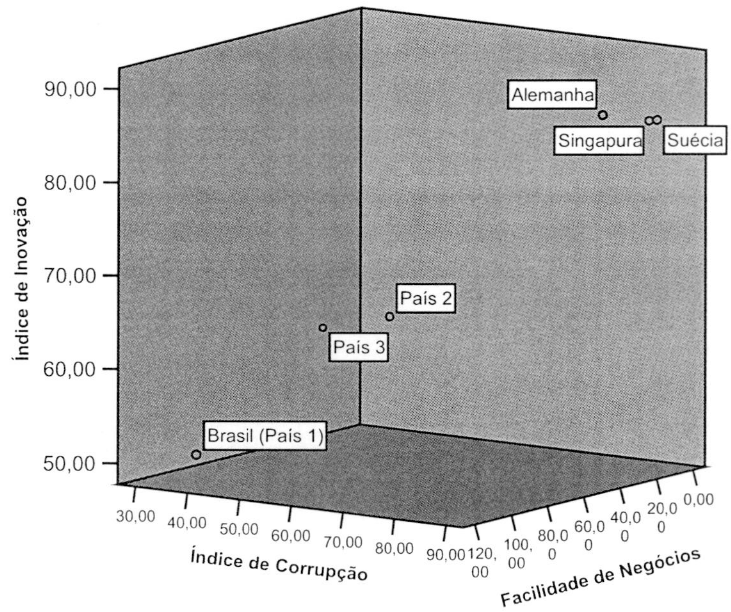

Figura–13 Distribuição dos países conforme índice de inovação, facilidade de realizar negócios e índice de corrupção.

O perceptron irá fornecer valores de pesos e bias que possibilitem construir a fronteira de decisão que separa os países pertencentes à Classe 1 daqueles que pertencem à Classe 0, nesse caso como os dados estão distribuídos no $\mathbb{R}^3$, ou seja, um espaço tridimensional, então a fronteira gerada pelo perceptron será um plano.

O comando `rederanking.trainParam.epochs` é utilizado para limitar até quantas épocas serão utilizadas durante o processo de treinamento, no caso desse exemplo são consideradas 5 épocas.

O comando `plotpv` é usado para plotar os vetores de entrada/valor desejado do perceptron.

O comando `plotpc` é usado para plotar a fronteira de decisão (ou linha de classificação) a partir dos vetores de pesos e bias do perceptron.

Assim, a sequência de comandos do MATLAB é mostrada no quadro em destaque a seguir.

```
MATLAB - Aprendizagem do perceptron utilizado no Exemplo 3.4
rederanking=newp([51.2 85.54;35 89;1 116],1);
indices=[85.54 81 15;85.21 89 8;84.54 85 1;51.2 38 116;64.3 55 58;60.8 35 38]';
situacao=[1;1;1;0;0;0]';
rederanking.trainParam.epochs=5;
rederanking=train(rederanking,indices,situacao);
plotpv(indices,situacao);
plotpc(rederanking.IW{1},rederanking.b{1});
```

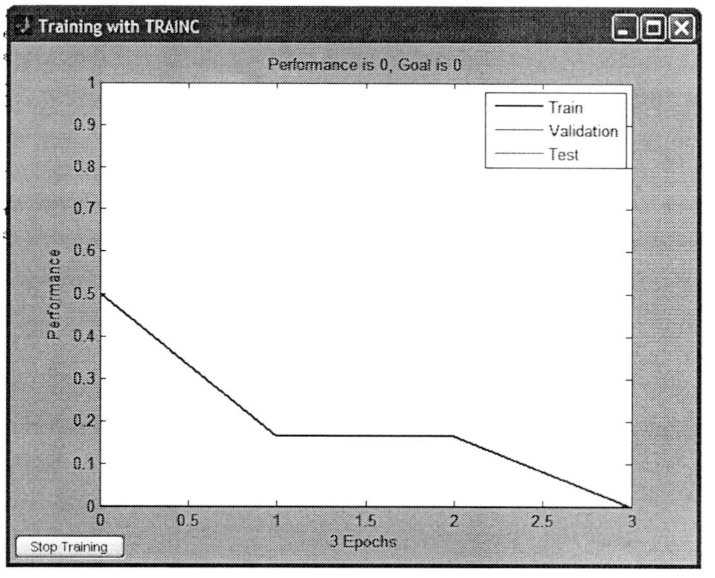

Figura–14 Número de épocas utilizadas no processo de treinamento.

Na Figura–14 pode-se verificar que foram necessárias 3 épocas para treinamento do perceptron. A partir dos valores de pesos e bias obtidos para o perceptron, é gerado um plano que estará ajustado no espaço $\mathbb{R}^3$ e utilizado para a classificação.

Após a execução do algoritmo são gerados os seguintes valores de pesos e bias

```
>> rederanking.IW{1}
   ans =
          34.3400   43.0000 -101.0000

>> rederanking.b{1}
   ans =
          0
```

Os bias para cada camada *i* no MATLAB são descritos como net.b{i}. Assim, para uma rede de duas camadas, os bias são net.b{1} e net.b{2}.

O componente net.IW{i, j} é uma matriz que contém os pesos da conexão entre a entrada *j* e a camada *i* da rede. Para uma rede de duas camadas net.IW{1,1} existirá, enquanto net.IW{2,1} estará vazio porque a entrada só vai para a camada 1.

O componente net.LW{i, j} é uma matriz de pesos que contém a conexão da camada de rede *j* para a camada *i*. Para uma rede de duas camadas net.LW{2,1} conterá os pesos para a camada 2 a partir da camada 1 e os outros pesos de camada estarão vazios.

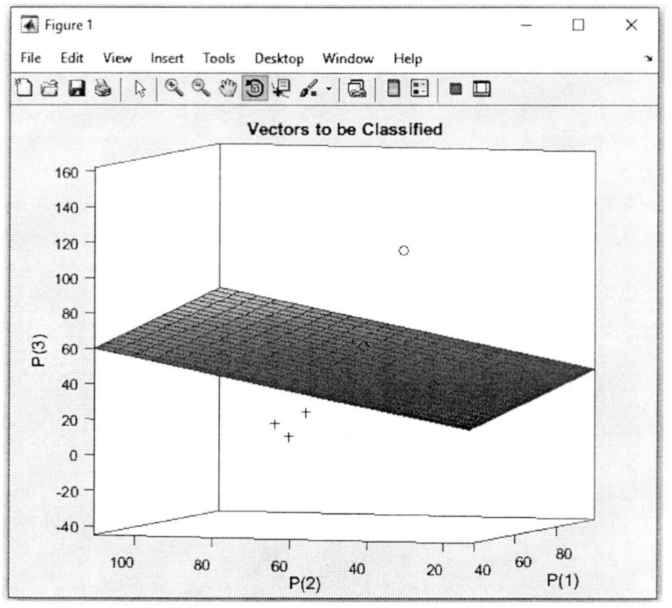

Figura–15 Fronteira de decisão para os dados distribuídos no $\mathbb{R}^3$.

Na Figura–16 é apresentado o perceptron gerado a partir do comando `newp` do MATLAB, contendo 3 entradas, 1 neurônio que utiliza a função de ativação do tipo degrau e 1 saída.
A Figura–16 apresenta a interface gráfica do usuário (GUI – Graphical User Interface) onde pode-se verificar informações sobre o número de épocas, tempo de treinamento, performance e gráfico de performance, por exemplo. O comando `nntraintool` abre a GUI de treinamento da rede neural.
Em Mathworks podemos encontrar a recomendação de que as redes perceptron têm várias limitações. Em primeiro lugar, os valores de saída de um perceptron podem assumir apenas um de dois valores (0 ou 1), por causa da função de transferência do tipo degrau. Em segundo lugar, perceptrons só podem classificar conjuntos linearmente separáveis de vetores. Se uma linha reta ou um plano pode ser desenhado para separar os vetores de entrada em suas categorias corretas, os vetores de entrada são linearmente separáveis. Se os vetores não são linearmente separáveis, a aprendizagem nunca vai chegar a um ponto em que todos os vetores são classificados corretamente. No entanto, provou-se que se os vetores são linearmente separáveis, perceptrons treinados de maneira adaptativa encontrarão sempre uma solução em um tempo finito.
É justo, no entanto, salientar que as redes com mais do que um perceptron podem ser utilizadas para solucionar problemas mais difíceis. Por exemplo, suponha que você tem um conjunto de quatro vetores que gostaria de classificar em grupos distintos, e que duas linhas podem ser desenhadas para separá-los. Uma rede neural de dois neurônios pode ser encontrada de tal modo que dois limites de decisão classifiquem as entradas em quatro categorias. Na tabela a seguir é apresentado o Bloomberg Innovation Index de 2016, a construção do ranking iniciou com mais de 200 economias, das quais aquelas que não informaram dados no mínimo de seis das sete categorias mensuradas foram eliminadas, truncando a lista em 84. A partir das informações coletadas, a Bloomberg montou o ranking das 50 economias mais inovadoras do mundo em 2016.

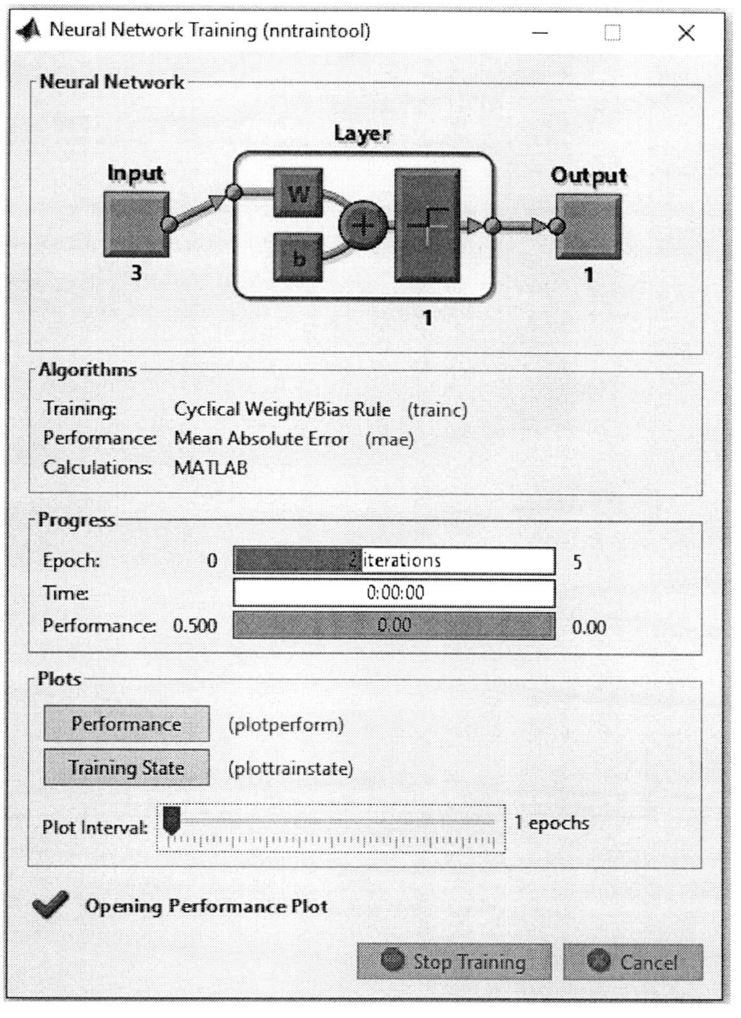

Figura–16 Perceptron gerado a partir do comando newp do MATLAB.

Em Fuglsang (2008) encontramos que há muitas definições de inovação, onde inovação consiste de dois aspectos: criatividade e inovação (Amabile *et al.*, 1996), invenção e difusão (Rogers, 2003), exploração e aproveitamento (March, 1991), ou variação e seleção (Nelson e Winter, 1977). Isso significa que inovação parece ser composta por processos integrados. Novas ideias apropriadas ou invenções têm que ser exploradas de maneira criativa. Além disso, existe um outro processo paralelo onde as ideias são agregadas, selecionadas, difundidas, implementadas e exploradas. A interação entre esses dois lados da inovação é crítico. Howells (2005) diz que existem muitas variantes dos significados dos termos **invenção**, **inovação** e **tecnologia** tanto quanto existem autores. Muitos utilizam os termos invenção e inovação de maneira intercambiável ou com graus diferentes de precisão. Em um extremo, prefere-se invenção para descrever o processo total de trazer uma novidade ao mercado. Em contraste, existe a preferência por restringir o significado e aumentar a precisão de inovação apenas pela sua aplicação a primeira transação comercial envolvendo um novo dispositivo. Howells (2005) sintetiza que **invenção** é restrita para descrever a geração da ideia de uma inovação. **Inovação** descreve algumas mudanças úteis na tecnologia, e a **tecnologia** refere-se à organização de pessoas e artefatos para algum objetivo.

Bloomberg Innovation Index 2016

Rank/Economia		Escore Total	Intensidade P&D	Valor Adicionado Manufatura	Produti-vidade	Densidade de Alta Tecnologia	Eficiência Terciária	Concentração de Pesquisadores	Atividade de Patentes
1	Coreia do Sul	91,31	2	1	39	2	1	6	2
2	Alemanha	85,54	8	3	32	5	17	14	3
3	Suécia	85,21	5	16	16	9	16	5	8
4	Japão	85,07	3	13	29	5	34	9	1
5	Suíça	84,96	7	8	3	10	25	13	5
6	Singapura	84,54	17	5	5	13	2	7	24
7	Finlândia	83,80	4	18	26	23	4	3	7
8	EUA	82,84	10	26	8	1	37	21	4
9	Dinamarca	81,40	6	22	13	21	18	2	10
10	França	80,39	15	39	15	4	12	18	11
11	Israel	79,81	1	35	35	7	29	1	20
12	Rússia	78,85	31	27	18	8	3	27	15
13	Áustria	78,45	9	11	14	30	7	11	13
14	Noruega	77,07	21	43	1	12	24	8	19
15	Irlanda	76,67	24	7	12	25	6	24	22
16	Bélgica	76,19	13	23	10	21	31	22	17
17	Reino Unido	74,92	22	44	30	11	9	20	14
18	Holanda	74,90	18	28	24	15	41	16	9
19	Canadá	73,44	23	40	19	17	22	12	26
20	Austrália	73,42	14	47	2	16	21	15	32
21	China	72,12	16	15	40	3	50	46	6
22	Nova Zelândia	72,09	28	37	6	24	20	23	16
23	Polônia	71,64	36	17	28	14	26	36	21
24	Eslovênia	70,72	11	4	17	-	11	17	25
25	Malásia	69,15	32	6	37	20	27	38	39
26	Itália	67,86	27	19	33	25	43	35	18
27	Espanha	66,81	29	34	7	34	13	31	27
28	Islândia	65,96	12	30	31	-	39	4	23
29	Portugal	65,14	26	36	22	37	23	19	35
30	Hungria	64,66	25	10	44	28	45	33	34
31	Repúb. Checa	64,32	19	2	42	-	33	26	29
32	Lituânia	62,60	33	14	20	-	10	29	40
33	Grécia	62,43	40	49	27	29	8	32	36
34	Estônia	62,30	20	21	34	-	19	25	38
35	Luxemburgo	61,04	30	47	4	-	47	10	12
36	Turquia	60,92	34	20	41	30	38	44	33
37	Hong Kong	60,49	43	50	9	18	15	28	45
38	Croácia	58,42	39	33	11	40	28	20	41
39	Eslováquia	57,69	37	12	38	-	40	30	44
40	Letônia	57,45	47	42	25	32	36	37	37
41	Ucrânia	56,77	41	46	50	36	5	45	28
42	Bulgária	56,03	46	25	43	35	32	39	43
43	Malta	55,71	35	31	36	-	44	34	31
44	Sérvia	54,92	44	24	45	38	35	42	46
45	Índia	52,76	38	38	47	18	42	50	42
46	Tunísia	51,18	45	32	48	39	30	41	50
47	Tailândia	50,69	49	9	46	25	49	49	47
48	Marrocos	48,85	42	41	49	33	46	47	48
49	Argentina	48,82	48	29	23	-	48	43	49
50	Cazaquistão	48,4	50	45	21	-	14	48	30

EXEMPLO 3.5 Adaptado de Ben Coppin (Inteligência Artificial, 2013)

Projete e implemente uma rede neural para reconhecimento de números. Você poderia começar construindo uma rede para exibir os 10 possíveis dígitos representados em um LED (Light-Emitting Diode) de sete segmentos, como mostrado na Figura–17.

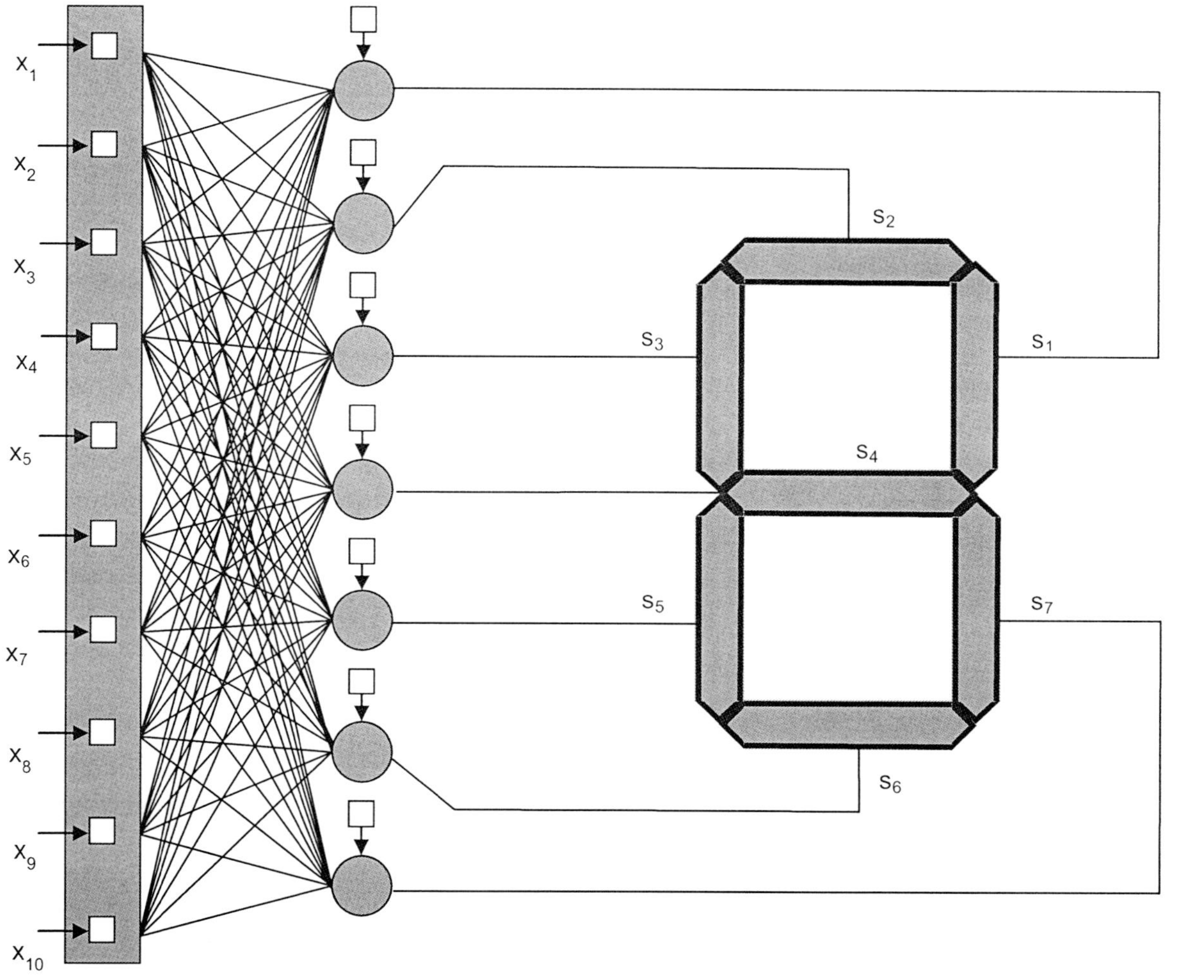

Figura–17 Rede neural perceptron para reconhecimento e exibição de dígitos.

Na Figura–17, do lado esquerdo, temos as entradas. Serão utilizadas dez entradas para poder distinguir entre os 10 dígitos possíveis. A rede será constituída por sete neurônios, sendo que o neurônio da parte superior será o neurônio N1 e o neurônio na parte mais abaixo será denominado por N7. O LED apresenta sete segmentos que recebem as denominações $(s_1, s_2, s_3, s_4, s_5, s_6, s_7)$, cada um deles está ligado a um neurônio respectivo. Os números de 0 a 9 serão escritos em notação utilizando 0 e 1. A tabela a seguir mostra cada número e sua respectiva representação binária.

0	0000000000
1	0000000010
2	0000000100
3	0000001000
4	0000010000
5	0000100000
6	0001000000
7	0010000000
8	0100000000
9	1000000000

Por exemplo, no caso do dígito 3 temos $x_1 = 0$, $x_2 = 0$, $x_3 = 0, x_4 = 0$, $x_5 = 0$, $x_6 = 0$, $x_7 = 1$, $x_8 = 0$, $x_9 = 0$ e $x_{10} = 0$, o que acarretará que fiquem ligados os segmentos s_1, s_2, s_4, s_6 e s_7. O estado ligado do LED receberá o status de 1, se estiver desligado receberá 0, no caso do dígito 3 tem-se

$$x_1 = 0,\ x_2 = 0,\ x_3 = 0, x_4 = 0, x_5 = 0,\ x_6 = 0,\ x_7 = 1,\ x_8 = 0,\ x_9 = 0 \text{ e } x_{10} = 0,$$

e

$$s_1 = 1,\ s_2 = 1,\ s_4 = 1,\ s_6 = 1 \text{ e } s_7 = 1.$$

Ou seja, o valor do status do segmento tem o significado de valor desejado que se espera na saída da rede neural. Cada um dos números de 0 a 9 deverá ser representado tal como mostrado na Figura–18

Figura–18 Os 10 dígitos possíveis com um LED de sete segmentos.

A partir do código de cada número pode-se utilizar o comando `newp` do MATLAB para construir e treinar a rede neural mostrada na Figura–17

Número		Código	d_1	d_2	d_3	d_4	d_5	d_6	d_7
0	→	0000000000	1	1	1	0	1	1	1
1	→	0000000010	1	0	0	0	0	0	1
2	→	0000000100	1	1	0	1	1	1	0
3	→	0000001000	1	1	0	1	0	1	1
4	→	0000010000	1	0	1	1	0	0	1
5	→	0000100000	0	1	1	1	0	1	1
6	→	0001000000	0	1	1	1	1	1	1
7	→	0010000000	1	1	0	0	0	0	1
8	→	0100000000	1	1	1	1	1	1	1
9	→	1000000000	1	1	1	1	0	1	1

Matricialmente o potencial de cada neurônio pode ser escrito como

$$v_1 = x_0 b_1 + x_1 w_{11} + x_2 w_{12} + x_3 w_{13} + x_4 w_{14} + x_5 w_{15} + x_6 w_{16} + x_7 w_{17} + x_8 w_{18} + x_9 w_{19} + x_{10} w_{1,10},$$

$$v_2 = x_0 b_2 + x_1 w_{21} + x_2 w_{22} + x_3 w_{23} + x_4 w_{24} + x_5 w_{25} + x_6 w_{26} + x_7 w_{27} + x_8 w_{28} + x_9 w_{29} + x_{10} w_{2,10},$$

$$v_3 = x_0 b_3 + x_1 w_{31} + x_2 w_{32} + x_3 w_{33} + x_4 w_{34} + x_5 w_{35} + x_6 w_{36} + x_7 w_{37} + x_8 w_{38} + x_9 w_{39} + x_{10} w_{3,10},$$

$$v_4 = x_0 b_4 + x_1 w_{41} + x_2 w_{42} + x_3 w_{43} + x_4 w_{44} + x_5 w_{45} + x_6 w_{46} + x_7 w_{47} + x_8 w_{48} + x_9 w_{49} + x_{10} w_{4,10},$$

$$v_5 = x_0 b_5 + x_1 w_{51} + x_2 w_{52} + x_3 w_{53} + x_4 w_{54} + x_5 w_{55} + x_6 w_{56} + x_7 w_{57} + x_8 w_{58} + x_9 w_{59} + x_{10} w_{5,10},$$

$$v_6 = x_0 b_6 + x_1 w_{61} + x_2 w_{62} + x_3 w_{63} + x_4 w_{64} + x_5 w_{65} + x_6 w_{66} + x_7 w_{67} + x_8 w_{68} + x_9 w_{69} + x_{10} w_{6,10},$$

$$v_7 = x_0 b_7 + x_1 w_{71} + x_2 w_{72} + x_3 w_{73} + x_4 w_{74} + x_5 w_{75} + x_6 w_{76} + x_7 w_{77} + x_8 w_{78} + x_9 w_{79} + x_{10} w_{7,10}.$$

Ou

$$\begin{bmatrix} v_1 \\ v_2 \\ v_3 \\ v_4 \\ v_5 \\ v_6 \\ v_7 \end{bmatrix} = \begin{bmatrix} b_1 \\ b_2 \\ b_3 \\ b_4 \\ b_5 \\ b_6 \\ b_7 \end{bmatrix} x_0 + \begin{bmatrix} w_{11} & w_{12} & w_{13} & w_{14} & w_{15} & w_{16} & w_{17} & w_{18} & w_{19} & w_{1,10} \\ w_{21} & w_{22} & w_{23} & w_{24} & w_{25} & w_{26} & w_{27} & w_{28} & w_{29} & w_{2,10} \\ w_{31} & w_{32} & w_{33} & w_{34} & w_{35} & w_{36} & w_{37} & w_{38} & w_{39} & w_{3,10} \\ w_{41} & w_{42} & w_{43} & w_{44} & w_{45} & w_{46} & w_{47} & w_{48} & w_{49} & w_{4,10} \\ w_{51} & w_{52} & w_{53} & w_{54} & w_{55} & w_{56} & w_{57} & w_{58} & w_{59} & w_{5,10} \\ w_{61} & w_{62} & w_{63} & w_{64} & w_{65} & w_{66} & w_{67} & w_{68} & w_{69} & w_{6,10} \\ w_{71} & w_{72} & w_{73} & w_{74} & w_{75} & w_{76} & w_{77} & w_{78} & w_{79} & w_{7,10} \end{bmatrix} \begin{bmatrix} x_1 \\ x_2 \\ x_3 \\ x_4 \\ x_5 \\ x_6 \\ x_7 \\ x_8 \\ x_9 \\ x_{10} \end{bmatrix}.$$

De maneira mais compacta

$$\mathbf{v} = \mathbf{b}x_0 + \mathbf{w}\mathbf{x},$$

que também pode ser escrito considerando o bias incorporado ao vetor de pesos como

$$\mathbf{v} = \mathbf{w}\mathbf{x},$$

uma vez que cada bias também representa um valor de peso.
A saída de cada neurônio é obtida aplicando a função de ativação a cada potencial, sendo

$$\begin{bmatrix} y_1 \\ y_2 \\ y_3 \\ y_4 \\ y_5 \\ y_6 \\ y_7 \end{bmatrix} = \begin{bmatrix} \varphi(v_1) \\ \varphi(v_2) \\ \varphi(v_3) \\ \varphi(v_4) \\ \varphi(v_5) \\ \varphi(v_6) \\ \varphi(v_7) \end{bmatrix} = \Phi \begin{bmatrix} v_1 \\ v_2 \\ v_3 \\ v_4 \\ v_5 \\ v_6 \\ v_7 \end{bmatrix},$$

ou

$$\mathbf{y} = \mathbf{\Phi}(\mathbf{w}\mathbf{x}).$$

Após a execução do algoritmo de treinamento digitando digirede.IW{1} podemos observar os valores de pesos que foram obtidos durante o treinamento da rede. Digitando digirede.b{1} também podemos verificar os valores de bias que foram determinados. Utilizando esses valores de pesos e bias podem-se calcular os valores de saída dos neurônios e avaliar se a rede é capaz de identificar os números. Na tabela a seguir, podem ser verificados os status de ligado ou desligado dos segmentos de LED para cada número que deve ser representado no display.

Os pesos obtidos são dados por

```
>> pesos=digirede.IW{1}
   pesos =
   0   1   1  -1  -1   0   0   0   0   0
   0   0   0   0   1  -1   0   1  -1   0
   0   1  -1   1   1   1  -1  -1  -1   0
   1   1  -1   1   1   1   1   1   0   0
  -1   1  -1   1  -1  -1  -1   1  -1   0
   0   1  -1   0   1  -1   0   1  -1   0
   0   0   0   0   0   0   1  -1   0   0
```

E os bias

```
>> bias=digirede.b{1}
   bias =
   0
   0
   0
  -1
   0
   0
   0
```

Multiplicando pelos valores de entrada têm-se que

$$
\begin{gathered}
v_1 = x_2 + x_3 - x_4 - x_5, \\
v_2 = x_5 - x_6 + x_8 - x_9, \\
v_3 = x_2 - x_3 + x_4 + x_5 + x_6 - x_7 - x_8 - x_9, \\
v_4 = -1 + x_1 + x_2 - x_3 + x_4 + x_5 + x_6 + x_7 + x_8, \\
v_5 = -x_1 + x_2 - x_3 + x_4 - x_5 - x_6 - x_7 + x_8 - x_9, \\
v_6 = x_2 - x_3 + x_5 - x_6 + x_8 - x_9, \\
v_7 = x_7 - x_8.
\end{gathered}
$$

O status de cada segmento (s_i, $i=1,2,...,7$) será obtido a partir da aplicação da função de transferência a cada potencial ($\varphi(v_i)$, $i=1,2,...,7$). O comando `newp` do MATLAB utiliza como default a função de transferência `hardlim`, dada por

$$
\text{hardlim}(v) = \begin{cases} +1, & se \quad v \geq 0 \\ 0 & se \quad v < 0 \end{cases}
$$

Por exemplo, no caso do dígito 3 temos $x_1 = 0$, $x_2 = 0$, $x_3 = 0$, $x_4 = 0$, $x_5 = 0$, $x_6 = 0$, $x_7 = 1$, $x_8 = 0$, $x_9 = 0$ e $x_{10} = 0$, o que resulta nos seguintes valores de saída da rede

Saída da rede neural		Valor desejado do segmento de LED	
$y_1 = \varphi(v_1) = \varphi(0) =$	1	$s_1 =$	1
$y_2 = \varphi(v_2) = \varphi(0) =$	1	$s_2 =$	1
$y_3 = \varphi(v_3) = \varphi(-1) =$	0	$s_3 =$	0
$y_4 = \varphi(v_4) = \varphi(0) =$	1	$s_4 =$	1
$y_5 = \varphi(v_5) = \varphi(-1) =$	0	$s_5 =$	0
$y_6 = \varphi(v_6) = \varphi(0) =$	1	$s_6 =$	1
$y_7 = \varphi(v_7) = \varphi(1) =$	1	$s_7 =$	1

A sequência de comandos do MATLAB para realizar o treinamento da rede neural para resolver o problema do LED é apresentada a seguir. Nesse exemplo, foram construídos dez arquivos png, cada um contendo a imagem de um dos dígitos. Para realizar os comandos de tal forma que um número de teste seja apresentado como saída do programa foi utilizado o comando `imshow`. Para que o comando `imshow` seja utilizado de forma correta e mostre a figura, é necessário que no campo "Current Directory" ou "Current Folder" esteja aparecendo o diretório onde estão armazenadas as figuras dos dígitos com extensão png.

Após a execução do programa é apresentada uma janela que contém a performance de treinamento de rede, ou seja, quantas épocas foram necessárias para ajustar os pesos para que a rede consiga identificar as entradas e gerar a informação de quais segmentos de LED devem estar ligados, e quais devem estar desligados, para que os dígitos corretos sejam mostrados.

MATLAB - Representação de dígitos em LED

```
% Matriz de dados de entrada
x=[0 0 0 0 0 0 0 0 0 1;0 0 0 0 0 0 0 0 1 0;0 0 0 0 0 0 0 1 0 0;...
   0 0 0 0 0 0 1 0 0 0;0 0 0 0 0 1 0 0 0 0;0 0 0 0 1 0 0 0 0 0;...
   0 0 0 1 0 0 0 0 0 0;0 0 1 0 0 0 0 0 0 0;0 1 0 0 0 0 0 0 0 0;...
   0 0 0 0 0 0 0 0 0 0];
d = [1 1 1 1 1 0 0 1 1 1;...
     1 0 1 1 0 1 1 1 1 1;...
     1 0 0 0 1 1 1 0 1 1;...                  % Valores desejados
     0 0 1 1 1 1 1 0 1 1;...
     1 0 1 0 0 0 1 0 1 0;...
     1 0 1 1 1 1 1 0 1 1;...
     1 1 0 1 0 1 1 1 1 1];
% Definição da rede
digirede=newp([0 1;0 1;0 1;0 1;0 1;0 1;0 1;0 1;0 1;0 1],7);
% Treinamento da rede
digirede=train(digirede,x,d);
% Valor para teste
teste=[0 1 0 0 0 0 0 0 0 0];
% Uso do perceptron para avaliar a entrada teste
entrada=teste';
 valor=sim(digirede,entrada);
 Segmentos_ligados_e_desligados=valor
% Exibição do valor de teste
if valor==[1; 1; 1; 0; 1; 1; 1]
     Numero=0
     imshow('zero.png')
 elseif valor==[1; 0; 0; 0; 0; 0; 1]
     Numero=1
     imshow('um.png')
 elseif valor==[1; 1; 0; 1; 1; 1; 0]
     Numero=2
     imshow('dois.png')
 elseif valor==[1; 1; 0; 1; 0; 1; 1]
     Numero=3
     imshow('tres.png')
 elseif valor==[1; 0; 1; 1; 0; 0; 1]
     Numero=4
     imshow('quatro.png')
 elseif valor==[0; 1; 1; 1; 0; 1; 1]
     Numero=5
     imshow('cinco.png')
 elseif valor==[0; 1; 1; 1; 1; 1; 1]
     Numero=6
     imshow('seis.png')
 elseif valor==[1; 1; 0; 0; 0; 0; 1]
     Numero=7
     imshow('sete.png')
 elseif valor==[1; 1; 1; 1; 1; 1; 1]
     Numero=8
     imshow('oito.png')
 elseif valor==[1; 1; 1; 1; 0; 1; 1]
     Numero=9
```

```
    imshow('nove.png')
else
end
```

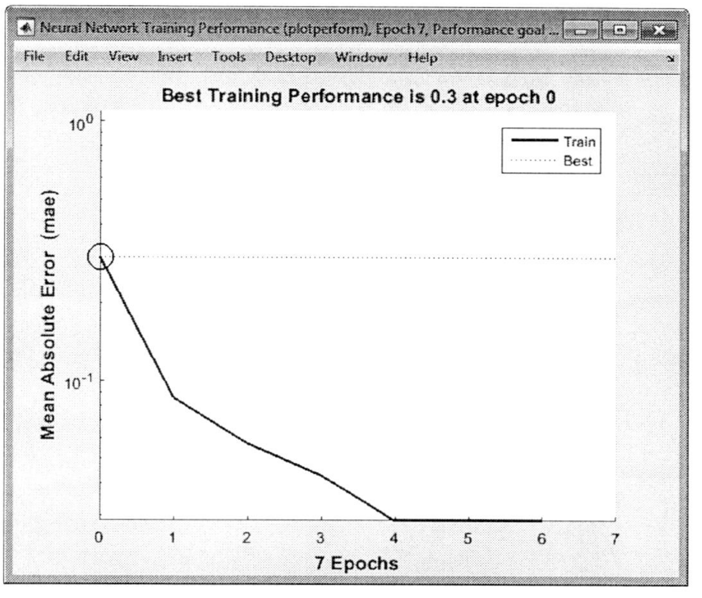

Figura–19 Gráfico de performance da rede neural para reconhecimento de 10 dígitos possíveis apresentados em um LED de sete segmentos.

Na Figura–19 temos o gráfico de performance, e na Figura–20 temos o dígito de teste que é apresentado.

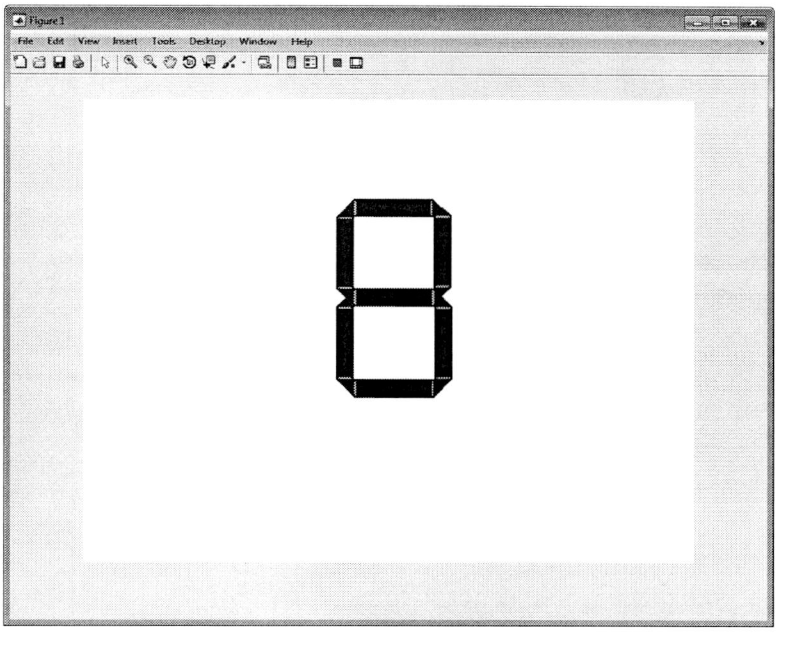

Figura–20 LED de sete segmentos mostrando o dígito oito, após o treinamento do perceptron

Uma versão mais longa da sequência de comandos para realizar esse treinamento está colocada no

Apêndice 1, lá é considerado o cálculo para cada neurônio separadamente.
Na Figura–21 é apresentada a rede neural perceptron gerada a partir do comando `newp` do MATLAB, contendo 10 entradas, 7 neurônios que utilizam a função de ativação do tipo degrau e 7 saídas.

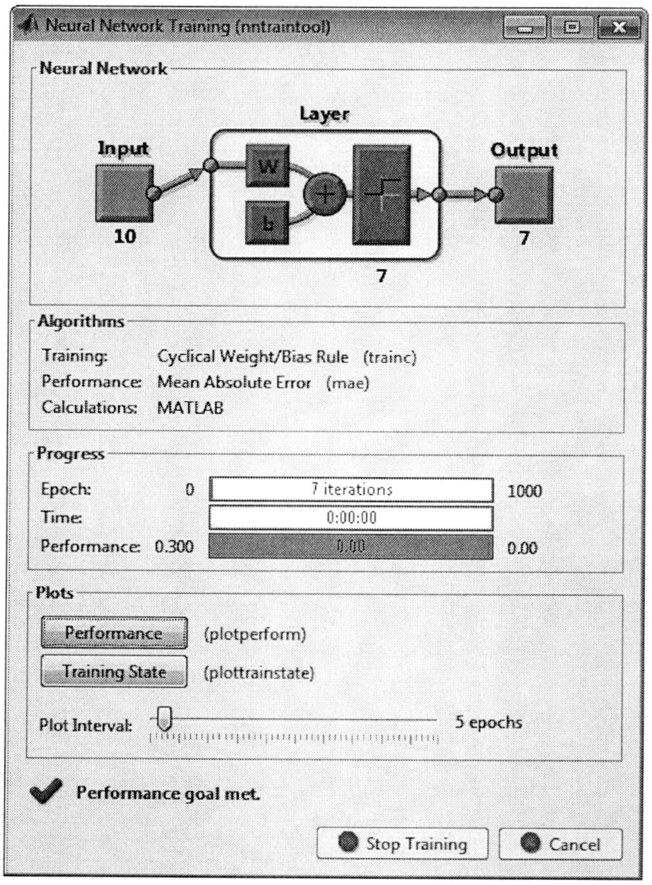

Figura–21 Perceptron gerado a partir do comando newp do MATLAB.

O MATLAB possui um pacote de redes neurais chamado Neural Network Toolbox™ que fornece funções e aplicativos para modelagem de sistemas não lineares complexos que não são facilmente modelados com equações na forma fechada.
No estudo de sistemas dinâmicos não lineares complexos, entenda-se por complexo uma grande quantidade de interações entre diversos agentes, não linearidade a necessidade de recursão através de algoritmos matemático e dinâmico implicando em não constante e não periódico. Quanto a sistema, é uma definição estudada desde cedo nos cursos de graduação em administração, como pode ser visto em Maximiano (1997) na página 238: *sistema é um conjunto de partes ou elementos que formam um todo unitário ou complexo*. O MATLAB Neural Network Toolbox™ suporta aprendizagem com redes neurais alimentadas adiante, funções de base radial e redes dinâmicas. Também suporta aprendizagem não supervisionada como mapas auto-organizáveis e camadas competitivas. Com esse toolbox é possível projetar, treinar, visualizar e simular redes neurais. As aplicações são variadas tais como ajuste de dados, reconhecimento de padrão, construção de clusters (aglomerados de dados), predição de séries temporais, modelagem de sistemas dinâmicos e controle.

EXEMPLO 3.6

De acordo com o portal do governo do Estado de São Paulo, São Paulo é uma das 27 unidades federativas do Brasil. O Estado está localizado no sul da região Sudeste e tem como limites os Estados Minas Gerais (N e NE), Rio de Janeiro (NE), oceano Atlântico (L), Paraná (S) e Mato Grosso do Sul (O). Ocupa uma área de 248.808,8 quilômetros quadrados, sendo pouco maior que o Reino Unido. Nesse exemplo serão utilizados dados referentes aos munícipios do Estado de São Paulo sobre: (i) porcentagem de exportação do munícipio com relação ao total de exportações do Estado em 2014 e (ii) número de concluintes nos Cursos de Graduação Presencial em 2014.

O Estado de São Paulo possui 645 municípios.

Objetivo: Utilizar uma rede neural perceptron para realizar a classificação de municípios do Estado de São Paulo com relação às variáveis exportação (EXPORT) e concluintes de graduação presencial (COMGRAD), ambas referentes ao ano de 2014.

Neste caso, vamos separar três amostras de municípios com relação às variáveis analisadas.

Primeira Amostra. Utilizada para treinamento do perceptron, será constituída por 40 municípios separados em duas classes. Uma das classes é formada por 20 cidades que apresentam um número de concluintes nos cursos de graduação presencial e um percentual de exportação que as colocam na Classe 1 (mais graduados e maior exportação) e a outra classe, a Classe 0 contém 20 cidades com menor número de graduados formados e menor exportação. Os critérios utilizados para classificar os municípios foram elaborados, empregados e geraram a tabela de municípios utilizados para treinamento da rede neural perceptron. Os dados da amostra de treinamento estão contidos em um arquivo EXCEL denominado `dados_treina.xlsx`.
O valor da exportação é dado em percentual com relação ao total do Estado, por exemplo, o município de Santo André em 2014 teve 1,094243% das exportações do Estado. Com relação ao número de concluintes nos cursos de graduação presencial do Estado de São Paulo tivemos, em 2014, um total de 246.913. No município de Santo André houve 4.772 concluintes, portanto 1,9326645% (0,019326645) do total do Estado. Esses dados, permitem classificar o município de Santo André na Classe 1.

Segunda Amostra. Utilizada para validação. Foram coletadas informações de 20 municípios e estes foram empregados para testar a rede neural. Desta amostra, 10 municípios pertencem à Classe 1 e os outros 10 à Classe 0. O que se espera é que a rede classifique de forma correta estes municípios de acordo com a classe a qual pertence. A tabela de municípios, utilizados para validação da rede neural perceptron, é mostrada a seguir. Os dados da amostra de validação estão contidos em um arquivo EXCEL denominado `dados_valida.xlsx`.

Terceira Amostra. Será usada para teste do modelo de classificação gerado pelo perceptron. Para isso, serão utilizados 20 municípios escolhidos aleatoriamente. A tabela de municípios, utilizados para validação da rede neural perceptron, é mostrada a seguir. Porém, nesse ponto será utilizado um critério para verificar a eficiência da rede com relação à classificação realizada. Os dados da amostra de teste estão contidos em um arquivo EXCEL denominado `dados_teste.xlsx`.

Municípios Utilizados para Treinamento

N	Cidade	EXPORT	COMGRAD	Classe
1	Santo André	0,0109424	0,019326645	1
2	Jundiaí	0,0106471	0,018212893	1
3	Lins	0,010533	0,002895757	1
4	Indaiatuba	0,0080304	0,003742209	1
5	Limeira	0,0078465	0,009736223	1
6	Barretos	0,007464	0,00439426	1
7	Pindamonhangaba	0,0064283	0,001591654	1
8	Mogi Guaçu	0,0063444	0,002219405	1
9	São Caetano do Sul	0,0062417	0,006674416	1
10	Mauá	0,0061518	0,001680754	1
11	Guaratinguetá	0,0050312	0,002207255	1
12	Bauru	0,0046988	0,014823035	1
13	São Carlos	0,0042681	0,009452722	1
14	Ribeirão Preto	0,0034746	0,024838708	1
15	Franca	0,0033656	0,011530377	1
16	Americana	0,0031429	0,005738863	1
17	Osasco	0,003088	0,013073431	1
18	Mogi das Cruzes	0,0028325	0,014122383	1
19	Itu	0,0022975	0,006852616	1
20	Presidente Prudente	0,0022357	0,014146683	1
21	Penápolis	0,0012197	0,000530551	0
22	Rancharia	0,0010534	0,000255151	0
23	Boituva	0,0008823	0,000324001	0
24	Guararapes	0,0007734	0,00010935	0
25	Várzea Paulista	0,0007372	0,000238951	0
26	Caieiras	0,0007069	0,000263251	0
27	Arujá	0,0006436	0,00018225	0
28	Batatais	0,0004657	0,000469801	0
29	Mococa	0,0004017	0,000481951	0
30	Vargem Grande Paulista	0,0003857	0,00013365	0
31	Descalvado	0,0003652	0,000615601	0
32	Capivari	0,0003449	0,000344251	0
33	Tietê	0,0003093	0,000603451	0
34	Mirassol	0,0002722	0,000664202	0
35	Lucélia	0,0002522	0,00013365	0
36	Itápolis	0,0002415	0,000295651	0
37	Votorantim	0,0002112	0,000417151	0
38	Monte Alto	0,000211	0,000425251	0
39	Ibiúna	0,000172	0,000441451	0
40	Socorro	0,0001564	0,000218701	0

Munícipios Utilizados para Validação

N	Cidade	EXPORT	COMGRAD	Classe
1	São José dos Campos	0,014644834	0,0795019	1
2	Santos	0,022287202	0,0754986	1
3	São Bernardo do Campo	0,030346721	0,0621029	1
4	Guarulhos	0,031889775	0,0459538	1
5	Piracicaba	0,010651525	0,0304257	1
6	Sorocaba	0,019966547	0,0233165	1
7	Campinas	0,042820751	0,021253	1
8	Araraquara	0,010740625	0,0165978	1
9	Taubaté	0,010440925	0,0162206	1
10	Suzano	0,001494454	0,0120306	1
11	Socorro	0,000218701	0,0001564	0
12	Porto Ferreira	0,000348301	0,0000974	0
13	Ibitinga	0,000348301	0,0000973	0
14	Mairiporã	0,000259201	0,000092	0
15	Paraguaçu Paulista	0,0001296	0,0000899	0
16	Agudos	0,00014175	0,0000411	0
17	Capão Bonito	0,00011745	0,0000359	0
18	Casa Branca	0,000283501	0,0000301	0
19	Bertioga	0,000222751	0,0000018	0
20	Campos do Jordão	0,000303751	0,0000016	0

Munícipios Utilizados para Teste

N	Cidade	EXPORT	COMGRAD	Classe
1	Americana	0,005738863	0,0031429	1
2	Rio Claro	0,005649763	0,0021058	1
3	Jacareí	0,002632506	0,0039902	1
4	Suzano	0,001494454	0,0120306	1
5	Sertãozinho	0,001417503	0,0048905	1
6	Sumaré	0,001988555	0,0068411	1
7	Salto	0,004819511	0,0020348	1
8	Guarujá	0,003069907	0,0125615	1
9	Barueri	0,001656454	0,0105108	1
10	Andradina	0,000951752	0,0127679	1
11	Guararapes	0,00010935	0,0007734	0
12	Novo Horizonte	9,31502E-05	0,0002703	0
13	Praia Grande	0,001490404	0,0000155	0
14	Caraguatatuba	0,001591654	0,0000001	0
15	Cruzeiro	0,001158303	0,000862	0
16	Taboão da Serra	0,001190703	0,0010696	0
17	São Roque	0,001065153	0,0002186	0
18	Santa Fé do Sul	0,002162705	0,0014635	0
19	Ribeirão Pires	0,001004402	0,0030503	0
20	Atibaia	0,002519106	0,0013926	0

Cada uma das tabelas mostradas anteriormente será utilizada na construção de arquivos Excel que serão lidos pelo MATLAB. Como sugestão, orienta-se que os arquivos .xls contenham apenas os números necessários para construção do modelo, ou seja, sem a coluna de N, de nomes das cidades e os cabeçalhos.

Assim as etapas a serem realizadas constituem-se em

Treinamento
Validação
Teste

O algoritmo de aprendizagem do perceptron é um processo iterativo que varre através dos exemplos de treinamento e muda os pesos de acordo com o limiar de ativação. No final do processo é garantido que os dados separáveis linearmente possam ser classificados sem ocorrência de erros. A solução convergirá em um número finito de passos.
O processo de aprendizagem começa com uma inicialização randômica dos pesos. Cada iteração altera os pesos (ou seja, a fronteira de decisão) de tal forma que a precisão da classificação fique cada vez melhor.

Quando utilizamos modelos matemáticos e estatísticos para classificação é necessário comparar as técnicas quanto ao desempenho, sendo importante responder: como medir a precisão do classificador perceptron?

Para isso vamos utilizar a amostra de teste.

Vamos iniciar calculando as seguintes medidas:

VP (Verdadeiro Positivo),
VN (Verdadeiro Negativo),
FP (Falso Positivo) e
FN (Falso Negativo).

Sendo que a medida para descrever a qualidade de classificação na Classe 1 será denominada de Sensibilidade e dada por

$$Sensibilidade = \frac{VP}{VP + FN}.$$

A medida para descrever o quão bem os exemplos da Classe 0 foram classificados será denominada de Especificidade

$$Especificidade = \frac{VN}{VN + FP}.$$

O coeficiente de correlação de Matthews (MCC) utiliza as quatro medidas (VP, VN, FP e FN) e frequentemente fornece uma avaliação mais balanceada da capacidade de predição do modelo do que as porcentagens separadamente. O MCC é dado por

$$MCC = \frac{TP.TN - FP.FN}{\sqrt{(TP+FN)(TP+FP)(TN+FP)(TN+FN)}}.$$

Onde
MCC = 1 indica classificação perfeita,
MCC = -1 indica classificação perfeitamente incorreta,
MCC = 0 é uma classificação aleatória.

Treinamento

No treinamento de redes neurais, a prática geral é dividir os dados em três subgrupos: treinamento, validação e teste. O default das razões de treinamento, validação e teste mais utilizado é de 0,7 (70%), 0,15 (15%) e 0,15 (15%), respectivamente. Porém, nesse caso vamos adotar o procedimento de amostras conforme mencionado anteriormente, ou seja, teremos 40 municípios para treinar a rede, 20 municípios serão utilizados como validação e outros 20 serão utilizados para fazer o teste. Na Figura–22 é apresentada a dispersão dos municípios de acordo com a classe a qual pertencem, aqueles mais próximos dos zeros dos eixos pertencem à Classe 0, os outros à Classe 1.

Para abrir, no MATLAB, o arquivo EXCEL é utilizado o comando `xlsread`.

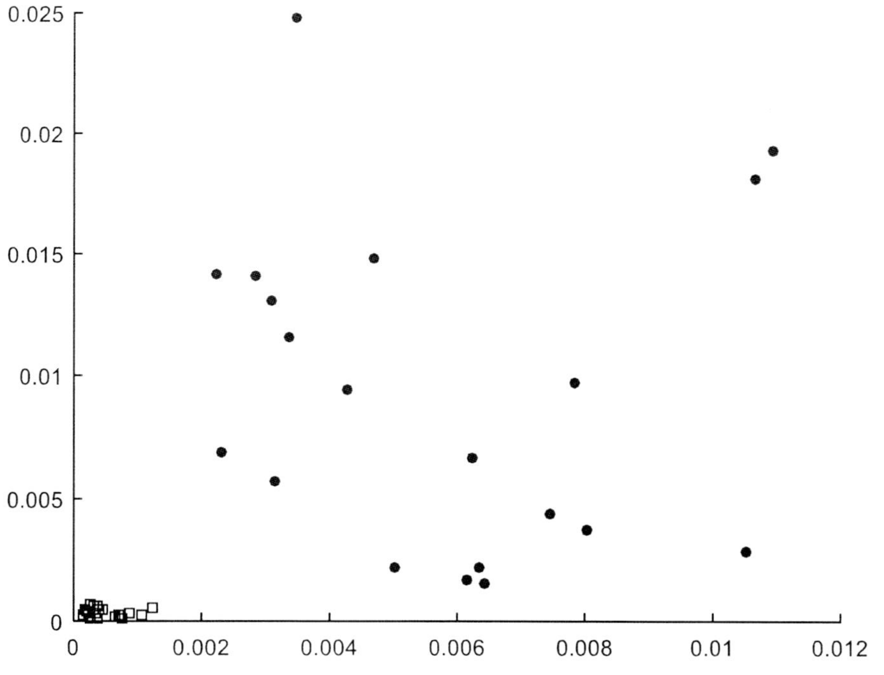

Figura–22 Dados em quadrados vazados (agrupados mais próximos dos zeros) pertencem à Classe 0, os municípios mais dispersos (bolinhas cheias) à direita pertencem à Classe 1.

Depois de executar o programa, são determinados os valores dos pesos e bias que possibilitam que seja construída a fronteira de decisão que é a linha reta mostrada na Figura–23. Os pesos são dados por

$$w_1 = 163,9946 \text{ e } w_2 = 90,9477$$

e o bias

$$b = -1.$$

Com esses valores a reta que define a fronteira de decisão é dada por

$$w_0 x_0 + w_1 x_1 + w_2 x_2 = 0,$$

$$x_0 = 1,$$

$$w_0 = b,$$

$$x_2 = y,$$

$$b + w_1 x_1 + w_2 y = 0,$$

$$y = -\frac{w_1}{w_2} x_1 - \frac{b}{w_2}.$$

Para construir a fronteira de decisão, conjuntamente aos dados de decisão, é utilizado o comando `plotpc(rede.IW{1},rede.b{1})`

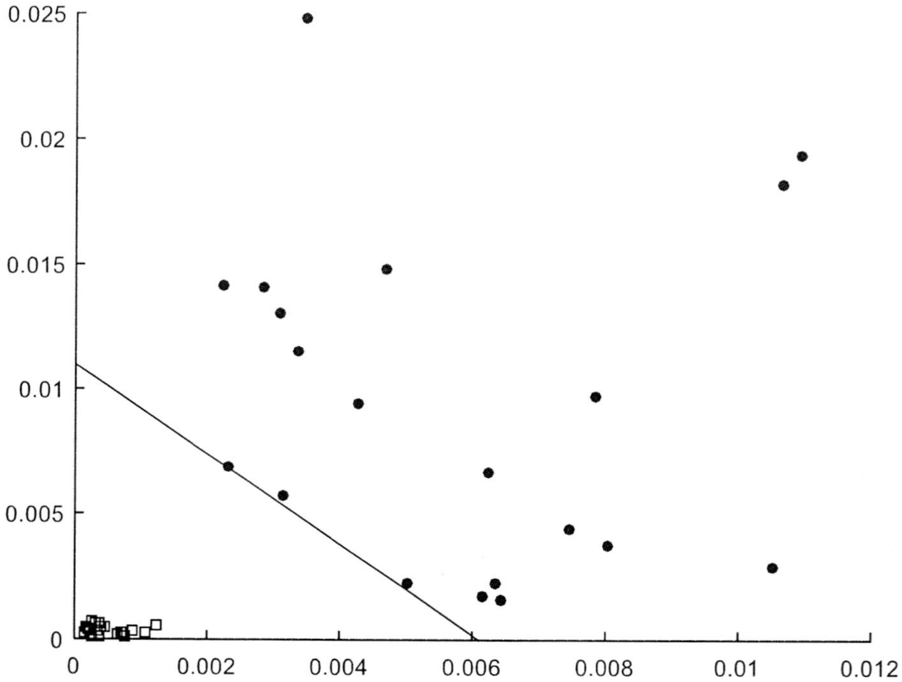

Figura–23 Fronteira de decisão.

No treinamento do perceptron foram definidas 100000 épocas como valor máximo, porém foram necessárias 26381 épocas e o tempo total de treinamento foi de 27 minutos e 20 segundos. A janela do Neural Network Training apresenta os detalhes sobre as épocas, tempo e a arquitetura do perceptron, como mostrado na Figura–24. Como medida de performance, foi usado o erro absoluto médio (Mean Absolute Error–MAE)

$$MAE = \frac{\sum_{i=1}^{n} |y_i - \hat{y}_i|}{n} = \frac{\sum_{i=1}^{n} |e_i|}{n},$$

onde $\hat{y}_i$ é o valor estimado de y.

Validação

Depois de obtida a fronteira de decisão foi realizada a validação do modelo utilizando 20 municípios. Para realizar a classificação dos dados de validação foi usado o comando `sim`. A variável `predvalida` fornece o resultado de validação, dado por

predvalida =
1 1 1 1 1 1 1 1 1 1 0 0 0 0 0 0 0 0 0 0

ou seja, todos os dados de validação foram classificados corretamente.

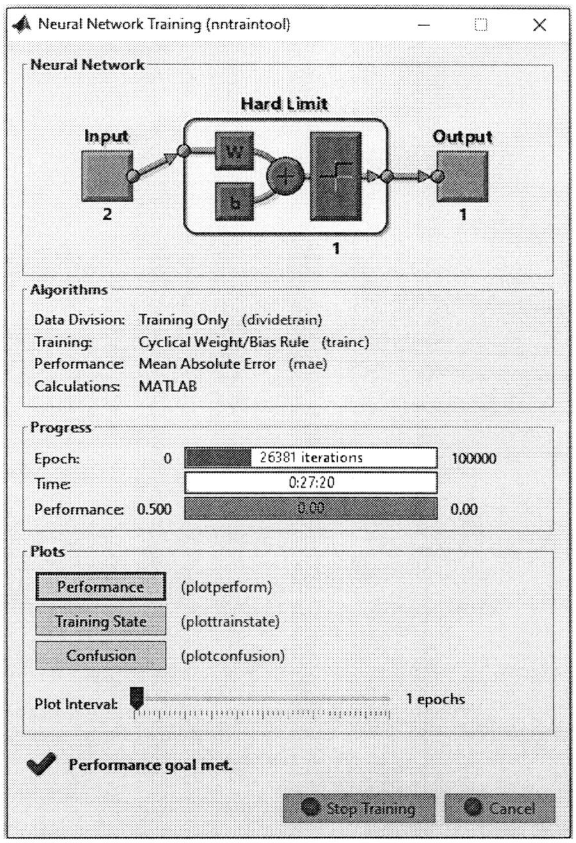

Figura–24 Detalhes do treinamento do perceptron.

Teste

Para realizar o teste do modelo foram utilizados outros 20 municípios. Também sendo aplicado o comando `sim`.

A partir dos dados de teste, foram retornados os valores de Verdadeiro Positivo, Verdadeiro Negativo, Falso Positivo e Falso Negativo, Sensibilidade e Especificidade.

VP=6,FN=4 ,VN= 10 ,VP=6

Sensibilidade =0,6

Especificidade = 1

Coeficiente de Correlação de Matthews =0,65465

O valor da correlação MCC fornece uma medida da qualidade da classificação realizada pela rede neural perceptron.
Na Figura–25 pode-se verificar que quatro municípios pertencentes à Classe 1, foram classificados na Classe 0.

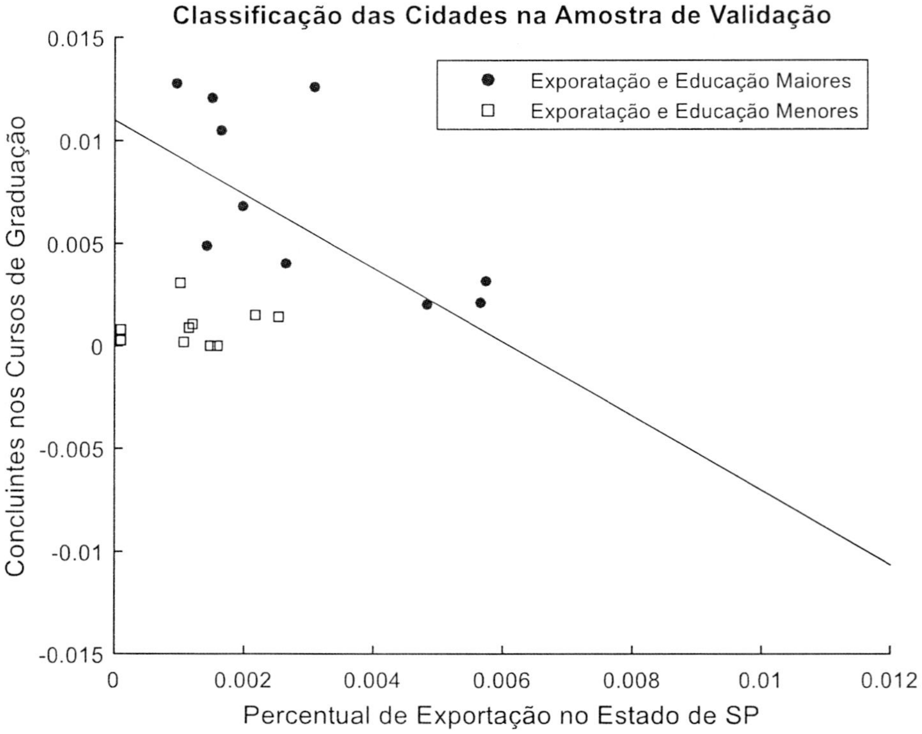

Figura–25 Fronteira de decisão e dados de teste.

Na sequência de comandos mostrados a seguir, o comando view(rede) possibilita que seja construída a arquitetura do perceptron, conforme mostrado na Figura–26.

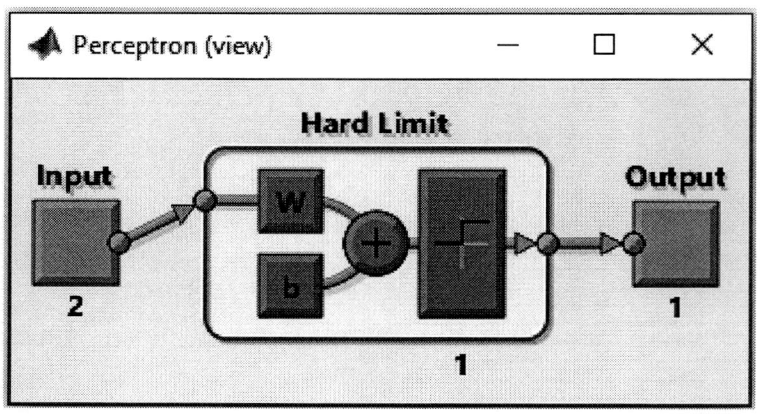

Figura–26 Rede neural perceptron.

No Apêndice 2 são apresentados os resultados gerados pela sequência de comandos para Classificação de Munícipios mostrada abaixo.

```
MATLAB - Classificação de Municípios
%Treinamento
seade = 'dados_seade.xlsx';
d = xlsread(seade)
scatter(d(1:20,1),d(1:20,2),25, [0 0 1], 'filled')
 hold on
 scatter(d(21:40,1),d(21:40,2),25, [1 0 0], 'k', 's' )
hold off
entradas=[d(1:40,1) d(1:40,2)]';
classe=d(1:40,3);
saidas_desejadas=classe';
rede=perceptron;
rede.trainParam.epochs=100000;
rede=train(rede,entradas,saidas_desejadas);
view(rede)
rede.IW{1}
rede.b{1}
plotpc(rede.IW{1},rede.b{1})

%Validação
seadevalida = 'dados_seade_valida.xlsx';
dvalida=xlsread(seadevalida)
dados_valida=[dvalida(1:20,1) dvalida(1:20,2)]';
classevalida=dvalida(1:20,3);
predvalida=sim(rede,dados_valida)

%Teste
seadeteste = 'dados_seade_teste.xlsx';
dteste=xlsread(seadeteste)
dados_teste=[dteste(1:20,1) dteste(1:20,2)]';
classeteste=dteste(1:20,3)
predteste=sim(rede,dados_teste)

%Desempenho
vp= sum((predteste ==1 & classeteste' == 1));
vn= sum((predteste ==0 & classeteste' == 0));
fp= sum((predteste ==1 & classeteste' == 0));
fn = sum((predteste ==0 & classeteste' == 1));

sensib= vp/ (vp+fn)
especif  = vn/ (vn+ fp)
mcc=(vp*vn-fp*fn)/[(vp+fn)*(vp+fp)*(vn+fp)*(vn+fn)]^0.5

disp(['VP=',num2str(vp),  ',FN=',  num2str(fn),'  ,VN=  ',  num2str(vn),'  ,VP=',
num2str(vp)]);
disp(['Sensibilidade    =',    num2str(sensib),    ',Especificidade    =    ',
num2str(especif)]);
disp(['Coeficiente de Correlação de Matthews  =', num2str(mcc)]);

%Fronteira de Classificação sobre os dados de validação
pesos=rede.IW{:};
w1=pesos(1);
w2=pesos(2);
b=rede.b{:};

figure
```

```
scatter(dteste(1:10,1),dteste(1:10,2), 25, [0 0 1], 'filled');
hold on
scatter(dteste(11:20,1),dteste(11:20,2), 25, [1 0 0], 'k', 's');
hold off

xlabel('Percentual de Exportação no Estado de SP');
ylabel('Concluintes nos Cursos de Graduação');
legend({'Exportação e Educação Maiores', 'Exportação e Educação Menores'});
title('Classificação das Cidades na Amostra de Teste');

x =0.0 : 0.001 : 0.012;
y =(-w1 / w2) * x + -b / w2;

hold on
plot(x, y,'k')
hold off
```

No capítulo a seguir é apresentado o algoritmo de backpropagation e sua aplicação aos perceptrons de múltiplas camadas. Esse algoritmo de retropropagação do erro foi uma evolução importante do método dos mínimos quadrados e responsável pelo ressurgimento das redes neurais e que possibilitou sua aplicação em diversas áreas tais como

- robótica
- reconhecimento de fala;
- avaliação de ativos;
- telecomunicações;
- transporte;
- aeroespacial;
- automotiva;
- previsão de séries temporais
- banking;
- atividade de cartão de crédito;
- defesa;
- eletrônica;
- entretenimento;
- finanças;
- indústria;
- seguros;
- manufatura;
- medicina;
- indústria de óleo e gás.

Capítulo 4

Backpropagation e Perceptrons de Múltiplas Camadas MLP

Os novos cérebros valeram a pena, pois o homen ereto assinalou outra mudança abrupta e magnífica na evolução humana. Eles passaram a ver o mundo e a abordar seus desafios de forma diferente da de seus antecessores. Em particular, foram os primeiros humanos a imaginar novas formas criativas e de planejamento para a produção de complexas ferramentas de pedra e madeira – machados, facas e cutelos cuidadosamente trabalhados, exigindo outras ferramentas para sua confecção. Hoje, creditamos ao nosso cérebro a capacidade de criar ciência, tecnologia, arte e literatura, mas a capacidade de nosso cérebro para conceber ferramentas complexas foi muito mais importante para a nossa espécie, concedendo-nos uma vantagem que ajudou na nossa sobrevivência.

Leonard Mlodinow
De Primatas a Astronautas: A Jornada do Homen em Busca do Conhecimento

Neste capítulo, backpropagation e retropropagação serão palavras utilizadas de maneira equivalente e intercambiável. As palavras "back-propagation" e "retro-propagação", com hífen e sem hífen, também aparecem com certa frequência.

Sendo que a palavra "retro" é considerada um falso prefixo, exigindo hífen somente diante de palavras com vogal igual ao final do prefixo e de palavras iniciadas pela consoante "h". Exemplos: retro-orbital, retro-operar e retro-hepático.

No caso da palavra em português será utilizado retropropagação.

No caso da versão em inglês, temos que a palavra "back-propagation" e "backpropagation" são utilizadas para designar um algoritmo de aprendizagem para modificar uma rede neural alimentada adiante, a qual minimiza uma função de erro contínua ou função objetivo. Back-propagation é um método de "descida do gradiente" para treinamento que utiliza informação do gradiente para modificar os pesos da rede para decrescer o valor da função de erro nas etapas de aprendizagem subsequentes à entrada dos dados. O back-propagation faz uso de um artifício matemático quando uma rede neural artificial é simulada em um computador digital, constitui-se de um processo de aprendizagem produzido em dois percursos ao longo da rede, uma vez para frente e uma vez de volta. Tanto a diferença entre o valor desejado e a saída atual, como as derivadas destas diferenças com relação aos pesos de cada uma das conexões são calculados durante o procedimento de treinamento.

No caso da palavra em inglês será utilizado backpropagation, da mesma forma como no MATLAB.

Após a identificação da limitação do perceptron em não conseguir tratar com modelos que não fossem linearmente separáveis a busca de pesquisadores da área de inteligência artificial e redes neurais concentrou-se em resolver problemas linearmente não separáveis. No trabalho de 1969, Papert e Minsky demonstraram matematicamente as limitações do percetpron de Rosenblatt e conjecturaram que o perceptron de múltiplas camadas sofreria das mesmas limitações. Isso resultou um quase abandono das pesquisas sobre redes neurais na década de 1970. Porém, pesquisadores como Rumelhart, Hinton, Williams, McClelland e Werbos continuaram a tratar do assunto desenvolvendo métodos que permitissem que as redes neurais pudessem discriminar entre classes não linearmente separáveis. Uma estratégia utilizada foi considerar as redes neurais com múltiplas camadas. Assim, o problema de pesquisa consistia em arranjar os perceptrons em camadas e criar o algoritmo de aprendizagem. Uma vez que a rede neural passou a ter mais de uma camada, a primeira camada recebe os sinais de entrada, a segunda camada recebe como sinais de entrada os valores de saída da primeira camada e assim sucessivamente. Sendo assim, os neurônios da segunda camada não sabem quais os valores reais de entrada à rede estão ativos ou não. Os pesos precisam ser ajustados para produzir saídas que estejam o mais próximo dos valores desejados, e para que isso ocorra é necessário treinar a rede. Como o treinamento constitui-se em fortalecer as conexões no sentido Hebbiano, para os neurônios situados nas camadas intermediárias (ou ocultas) é praticamente impossível fortalecer essas conexões, uma vez que os sinais reais obtidos na entrada da rede são bloqueados pelas camadas intermediárias. Surge aí o problema da atribuição de crédito: como ajustar os pesos das camadas intermediárias de um perceptron com múltiplas camadas?

Uma vez que considerarmos uma rede neural com neurônios interconectados é necessário saber quais pesos sinápticos precisam ser modificados e em que medida. Paul Werbos mostrou que adicionando camadas de neurônios e definindo de maneira adequada as funções de transferência como sendo sigmoides, o problema de atribuição de crédito poderia ser solucionado. O algoritmo de backpropagation (retropropagação) permite calcular os erros nas camadas intermediárias e deriva uma regra de aprendizagem para os pesos sinápticos dessas camadas.

Uma rede neural é chamada de alimentada adiante (feeedforward) se a informação se propaga apenas no sentido da entrada para a saída, não havendo conexões recorrentes ou atrasadas. A necessidade de não linearidade para resolver problemas como o XOR implica no uso de uma função de ativação (ou transferência) que possibilite obter uma não linearidade suave e monotonicamente crescente. A Figura–1 mostra exemplos de rede neural alimentada adiante.

Portanto, o novo modelo de rede neural a ser explorado é aquele que apresenta várias camadas e por isso é denominado de perceptron de múltiplas camadas (multilayer perceptron). A Figura–2 apresenta uma rede neural com *m* entradas, *n* neurônios e *o* saídas é comum indicar essa arquitetura do perceptron como sendo MLP(*m*, *n*, *o*). A primeira camada é chamada de camada de entrada, a última camada é a camada de saída e entre elas pode haver uma ou mais camadas que recebem o nome de camadas intermediárias ou ocultas (hidden layers).

A dinâmica de funcionamento do perceptron de múltiplas camadas implica que em cada neurônio seja realizada uma transformação do sinal aplicando uma função de ativação à soma ponderada dos sinais que alimentam o neurônio a partir das conexões que realiza. O algoritmo de backpropagation fornece a regra de aprendizagem que é aplicada para modificar os pesos a partir de um conjunto de treinamento. Essa regra de aprendizagem denominada de backpropagation e que será construída em uma seção a seguir, também recebe o nome de regra delta generalizada e foi proposta por Rumelhart, McClelland e Williams em 1986.

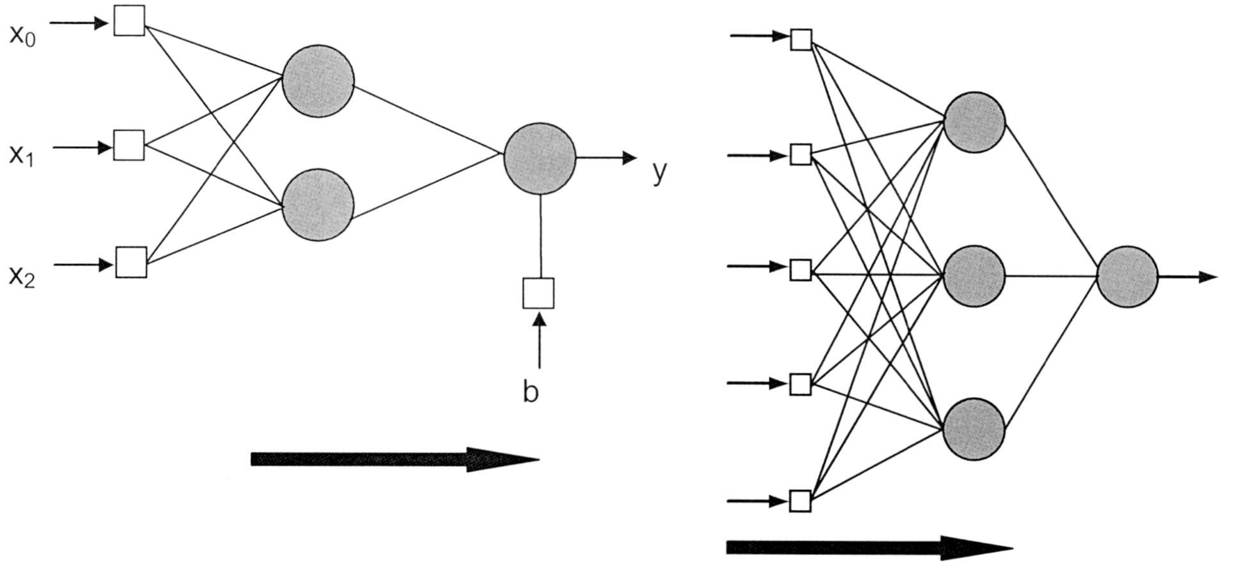

Figura–1 Exemplos de Rede Feedforward – Alimentada Adiante.

Após o treinamento, a rede neural de múltiplas camadas deve inferir uma generalização a partir dos dados de treinamento. A ideia subjacente é a mesma do perceptron simples, a saída produzida pela rede deve estar a mais próxima possível do valor desejado. A utilização da função sigmoide (ou logística) tem algumas vantagens quando comparada com as funções que são aplicadas no perceptron simples, entre elas pode-se destacar que é uma função diferenciável.

No caso do MLP a regra de aprendizagem é um pouco mais complicada que no caso do perceptron simples, e o ponto de partida é a definição de uma função de erro que representa a diferença entre a saída atual da rede e a saída que se desejaria produzir. Essa função de erro dependerá das variações dos pesos que deverão ser ajustados de tal forma a minimizar essa função. O nome retropropagação deriva do fato de que os erros são retropropagados através da rede permitindo que os pesos entre todas as camadas sejam corretamente ajustados. Em cada iteração ou época, o erro deve decrescer, uma vez que o erro esteja abaixo de um valor pré-determinado o treinamento encerra. Para realizar o ajuste dos pesos, o algoritmo de backpropagation usa uma técnica comum em otimização, o cálculo do gradiente. À medida que os pesos são ajustados, a rede neural deve produzir saídas mais próximas dos valores desejados. A técnica do gradiente descendente é utilizada para determinar o impacto dos pesos sobre a função de erro. A taxa de aprendizagem pondera o gradiente podendo acelerar ou retardar a aprendizagem. Além da taxa de aprendizagem o algoritmo de backpropagation considera um outro fator de escalonamento da aprendizagem denominado de momento. O momento determina a porcentagem de mudança do peso da iteração anterior que deve ser aplicada a iteração atual. O momento propicia à rede neural uma força adicional em manter a direção correta na busca pelo mínimo da função de erro. Tanto a taxa de aprendizagem como o momento são valores arbitrados pelo analista.

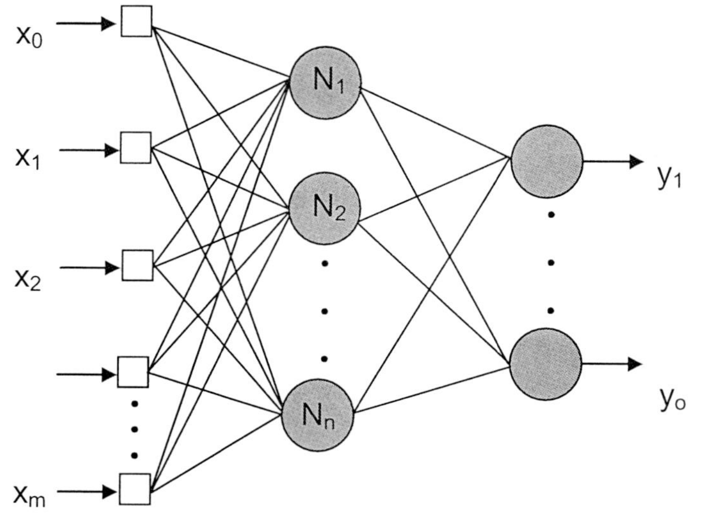

Figura–2 Rede MLP(m, n, o).

O número de camadas ocultas determina as fronteiras de decisão que podem ser geradas: (i) uma rede neural com uma camada gera um hiperplano no espaço de entradas; (ii) duas camadas, ou seja, uma rede que contém uma camada oculta, é capaz de gerar uma fronteira de decisão que circunda uma região convexa simples do espaço de entrada; (iii) com três camadas, ou seja, uma rede com duas camadas ocultas é capaz de gerar fronteiras de decisão arbitrárias. A conclusão é que à medida que aumenta o número de camadas ocultas, a rede neural amplia sua capacidade de ajuste a dados que estão distribuídos de forma não linearmente separáveis.

O aumento da capacidade de processamento dos computadores tem proporcionado maior capacidade de treinamento para as redes neurais. Uma rede neural com uma camada oculta com funções de ativação do tipo sigmoide pode modelar qualquer fronteira de decisão. A configuração ótima da rede neural ideal para resolver um problema ainda é uma questão em aberto. O número de neurônios da camada de saída depende do número de classes que se deseja determinar e o número de entradas é determinado pela dimensão do vetor de entrada da rede. No caso do número de neurônios das camadas ocultas deve-se considerar que poucos neurônios não permitem que a rede modele uma fronteira de decisão complexa e muitos neurônios poderão gerar uma generalização inadequada. Haykin 2001, na página 232 diz que uma rede generaliza bem quando o mapeamento de entrada-saída computado pela rede for correto (ou aproximadamente correto) para dados de teste não utilizados para criação ou treinamento da rede.

4.1 Função de Ativação

A função de ativação é a regra para mapeamento das entradas somadas, v, do neurônio até sua saída e, por uma escolha adequada, isto significa a introdução de uma capacidade de processar não linearidade na rede. Na prática, estas funções são escolhidas de tal forma a serem monotônicas e saturar nos extremos [0,1] ou [-1,1]. Existem vários tipos de funções de ativação, sendo que as primeiras a serem utilizadas são as clássicas: linear, sigmoide, linear por partes, função de limiar, arco tangente, seno, cosseno, tangente hiperbólica, função erf, $v/(1+|v|)$, Gaussiana, etc. Ver Figura–3.

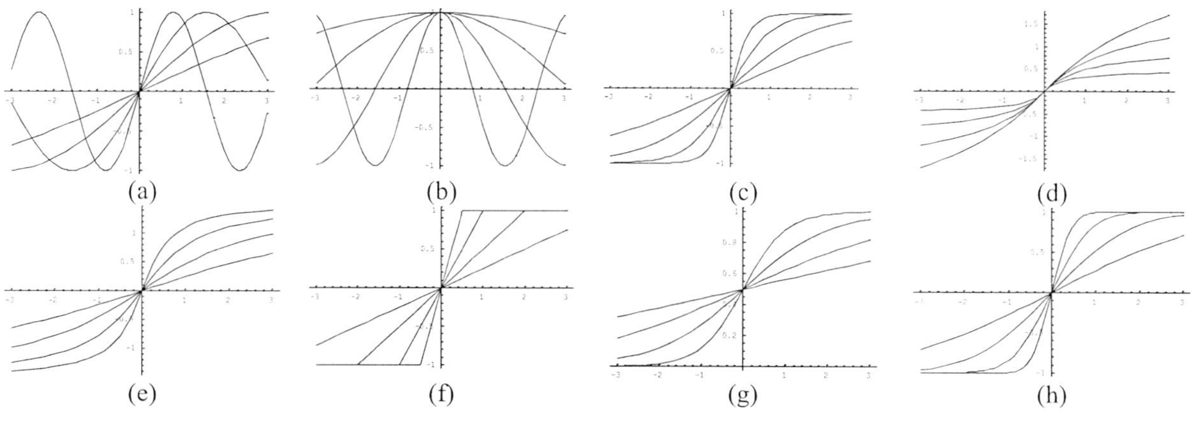

Figura–3 Apresenta oito funções de ativação: (a) seno, (b) cosseno, (c) tangente hiperbólica, (d) $v/(1+|v|)$, (e) arco tangente, (f) linear por partes, (g) sigmoide e (h) erf. Todas as figuras apresentam ganhos de 0,25, 0,5, 1 e 2.

Nos últimos anos, muitas funções de ativação diferentes foram propostas, muitas das quais inspiradas no sucesso obtido pela função ReLU (Rectified Linear Unit) proposta por Glorot, Bordes e Bengio, em 2011, no trabalho *Deep sparse rectifier neural networks*. Essas variantes da função ReLU tornaram-se padrão na construção de arquiteturas de redes neurais, superando as funções clássicas como a sigmoide e a tangente hiperbólica. Exemplos de funções de ativação baseadas em retificador: ReLU, Leaky_ReLU, T_Rec, softplus, ELU, SiLU, E-Swish e FTS.

A mais simples é a função linear, cuja saída é igual à entrada. A função sigmoide é a forma mais comum de função de ativação utilizada na construção de uma RNA treinada com backpropagation.

$$\varphi(v) = \frac{1}{1+e^{-gv}} , \tag{1}$$

em que g é o ganho, ou parâmetro de inclinação da função sigmoide. Variando-se o parâmetro g, obtêm-se funções sigmoides com diferentes inclinações. Para escolha de outros tipos de funções de ativação, ver Chen *et al.* (2001) e Apicella *et al.* (2021). Considerando uma função sigmoide em que g é igual a 1 sua derivada é dada por

$$\varphi(v) = \left(1+e^{-v}\right)^{-1},$$

$$\varphi'(v) = -\left(1+e^{-v}\right)^{-2} e^{-v}(-1),$$

$$\varphi'(v) = \frac{1}{1+e^{-v}} \frac{e^{-v}}{1+e^{-v}}, \tag{2}$$

como $\left[1-\varphi(v)\right]$ produz

$$1-\varphi(v) = 1 - \frac{1}{1+e^{-v}},$$

$$1-\varphi(v) = \frac{1+e^{-v}}{1+e^{-v}} - \frac{1}{1+e^{-v}},$$

$$1-\varphi(v) = \frac{e^{-v}}{1+e^{-v}},$$

substituindo em (2) resulta em

$$\varphi'(v) = \varphi(v)\left[1-\varphi(v)\right]. \tag{3}$$

4.2 Algoritmo Backpropagation

A renovação das atividades em redes neurais aconteceu principalmente devido ao desenvolvimento no treinamento de redes neurais com várias camadas, ou seja, redes que apresentam camadas escondidas (também chamadas de camadas intermediárias), conhecidas como perceptrons de múltiplas camadas; MLP – *multilayer perceptron* (Rosenblatt, 1958). Um dos principais resultados obtidos foi oriundo de pesquisas de psicologistas como Rummelhart que publicou em 1986 um novo método de treinamento, chamado de *backpropagation* (retropropagação). A rápida disseminação desta técnica levou a uma nova onda de atividades de pesquisa. O MLP com *backpropagation* é o exemplo mais bem sucedido de uma rede neural, com a maioria das aplicações industriais (exemplo: controle e robótica) implementando esta arquitetura, a despeito de haver um grande número alternativo de arquiteturas (Azoff, 1994).

Um perceptron de múltiplas camadas tem em sua arquitetura cinco elementos constitutivos principais: camada de entrada, pesos, camadas ocultas, bias e camada de saída. O primeiro elemento é a **camada de entrada**, será apresentada com pequenos quadrados, sendo que estes nós é que recebem os valores dos dados de entrada. As linhas de interconexão indicam que o valor de saída de um neurônio é passado ao longo desta linha até o próximo neurônio. Quando todos os dados da camada de entrada tiverem passado através da última camada, conhecida como camada de saída, um ciclo ou época terá sido realizado. Cada linha de interconexão tem um valor, chamado de **peso**, os pesos são parâmetros que operam sobre os dados associados a cada linha (ou seja, é realizada uma multiplicação do valor do dado pelo peso). Estes pesos são incrementalmente ajustados durante a fase de treinamento de tal forma a alcançar o resultado de saída desejado para um determinado dado de entrada. Inicializações típicas para estes pesos encontram-se no intervalo de [-1;1] ou menos. A segunda camada, e todas as camadas subsequentes, contêm nós de processamento, conhecidos como neurônios artificiais e serão mostrados como círculos, qualquer camada entre as camadas de entrada e saída são chamadas de **camadas ocultas** (ou intermediárias). O processamento realizado em um neurônio artificial pode ser dividido em três passos:

1- os dados que passam ao longo das linhas de entrada para os neurônios são multiplicados pelos de pesos;

2- todos esses dados que foram multiplicados pelos pesos são somados dentro do neurônio;

3- o valor total dessa soma é passado através de uma função de transferência, cuja saída representa o valor de saída do neurônio.

A função de transferência mais simples é a função linear (adequada para um espaço linearmente separável), a qual iguala a saída à entrada. A utilização de funções de transferência não lineares (adequadas para um espaço não linearmente separável) é uma das características principais da rede neural.

Também existe um nó especial, este nó é conhecido como bias e tem o seu valor de entrada fixado como sendo 1 e alimenta todos os neurônios dentro da rede. A utilização do bias elimina a necessidade de tratar o limiar como uma característica especial do neurônio e leva a uma implementação de algoritmo mais eficiente.

No final da rede encontra-se o neurônio de saída ou a camada de saída na qual a saída é o estado final da rede. A seleção do número de neurônios na camada de saída e a escolha de suas funções de transferência deverá ser feita atendendo aos requisitos do problema de que se dispõem.

A seguir são apresentadas todas as etapas do algoritmo de *backpropagation* (Azoff, 1994).

1. Definir a função de pesos da rede, $E(w)$, conhecida como a energia ou função de custo, a qual deseja-se minimizar. Considerando a metade da soma quadrática dos erros (SSE – *sum of square errors*) tem-se que

$$E_{total} = \sum_{\mu} \sum_{o} E(w), \tag{4}$$

$$E(w) = \frac{1}{2}[T - O]^2, \tag{5}$$

$$\frac{\partial E}{\partial O} = -(T - O), \tag{6}$$

sendo que a soma em (4) é realizada sobre os padrões μ e os neurônios de saída o, T (Target) é o valor alvo e O (Output) é a saída observada da rede, uma função dos pesos da rede w (weights). A expressão (4) significa que se deve minimizar o erro de todos os processadores da camada de saída para todos os padrões que são apresentados à rede.

2. Definir a função de transferência, $\varphi(v)$, para os neurônios. Escolhendo a função sigmoide, tem-se que

$$v = \sum_{i=0}^{n} w_i x_i\,, \tag{7}$$

$$O = \varphi(v), \tag{8}$$

$$\varphi(v) = \frac{1}{1+e^{-v}}, \tag{9}$$

$$\varphi'(v) = O(1-O), \tag{10}$$

Sabendo que v é a entrada da função de transferência, sendo que a soma é realizada sobre todos os neurônios de $i = 1,\ldots,n$, ou seja, o produto de cada peso w pelo valor de entrada x. E $\varphi'(v)$ é a primeira derivada de $\varphi(v)$.

3. Definir as medidas de desempenho da rede. A raiz do erro quadrático médio (RMSE) é uma

medida utilizada

$$RMSE = \hat{\varepsilon} = \sqrt{\frac{\sum_{\mu}\sum_{O}(T-O)^2}{N_O N_e}} \tag{11}$$

N_e é o número total de padrões em uma época e N_O é o número de neurônios na camada de saída. Um conjunto de apresentações de todos os vetores de treinamento constitui uma época. Para cada medida é selecionado um nível de tolerância para determinar o ponto no qual o treinamento da rede deve parar.

4. Inicializar os pesos randomicamente, na prática utilizam-se pesos no intervalo de [-0,5; 0,5]. Se a constante de momento for utilizada na atualização dos pesos, então tomar Δw inicialmente como zero.

5. Inicializar a lista de ordem das épocas, ou seja, a ordem de apresentação de cada padrão de treinamento, usando um procedimento de aleatoriedade. Tomar o primeiro padrão indicado na lista e apresentar aos nós de entrada da rede.

6. Propagar os valores dos nós de entrada adiante através da rede. Estimar para cada neurônio a sua entrada a na função de transferência. Estimar a saída da função de transferência $\varphi(v)$, este é o valor de saída do neurônio o qual pode ser propagado adiante através das sinapses entre neurônios. Este processo é continuado até os neurônios da camada de saída terem sido alcançados e a rede ter um novo estado de saída observável.

7. Comparar os valores observados nos neurônios da camada de saída, *O*, com os valores alvo, *T*, e atualizar as medidas de desempenho com o resultado.

8. Calcular o valor δ_i para cada neurônio *i* na camada de saída, definido como

$$\delta_i = -\varphi'(v_i)\frac{\partial E}{\partial O}, \tag{12}$$

$$\delta_i = (1-O_i)O_i(T_i - O_i), \tag{13}$$

9. Retropropagar os deltas através da rede até a camada precedente dos neurônios *j*, conectados à saída dos neurônios *i*, e calcular os novos valores de delta

$$\delta_j = -\varphi'(v_j)\sum_i w_{ij}\delta_i, \tag{14}$$

Dessa forma, para um neurônio particular *j* na camada escondida anterior à camada de saída, o peso conectando-o ao neurônio *i* da camada de saída é multiplicado pelo último valor de delta e somado com todos os neurônios da camada de saída *i*. Esta soma é então multiplicada pela derivada da função de transferência do neurônio *j*, ou seja, $\varphi'(v_j)$. Este processo é continuado para trás na rede até que todos os deltas tenham sido calculados para cada neurônio. Se substituíssemos os neurônios *i* por *k* teríamos $\delta_j = -\varphi'(v_j)\sum_k w_{kj}\delta_k$.

10. O peso conectando quaisquer dois neurônios é atualizado pelo produto da saída dos neurônios da camada precedente, V_p, e o valor de delta dos neurônios da camada precedente, δ_q

$$\bullet\, p \rightarrow \bullet q, \tag{15}$$

$$\Delta w_{qp} = \eta \delta_q V_p, \tag{16}$$

$$w_{qp}^{novo} = w_{qp}^{antigo} + \Delta w_{qp}, \tag{17}$$

sendo que a seta na expressão (15) indica uma estrutura de caminho adiante, e η é a taxa de aprendizagem. Todos os pesos são atualizados de acordo com esta regra.

11. A expressão de atualização de pesos acima para Δw pode ser modificada com a adição de um termo de momento

$$\Delta w_{qp}^{novo} = \eta \delta_q V_p + \alpha \Delta w_{qp}^{antigo}, \tag{18}$$

sendo que o coeficiente de momento α recebe um valor no intervalo de [0;1]. A consequência disto é dar à atualização dos pesos uma memória de sua última atualização, fornecendo uma suavização nas forças que afetam as mudanças dos pesos.

12. Se a lista de épocas foi exaurida, devemos ir até o próximo passo, caso contrário, apresentar o próximo conjunto de treinamento à camada de entrada e voltar ao passo 6.

13. Tendo completado uma época, e acumulados os erros de todos os padrões de entrada, os erros obtidos são avaliados e comparados com os níveis de tolerância. Se a rede tiver convergido, então voltar até o passo 5, caso contrário, encerrar o treinamento.

Na Figura–4 é apresentado o diagrama de fluxo do algoritmo de retropropagação. O diagrama consiste basicamente de seis blocos, iniciando com os dados de entrada, a seguir são calculados os valores de cada camada até os erros na camada de saída. Os pesos são modificados até que um limiar de erro seja alcançado.

Redes neurais alimentadas adiante são usadas para aproximar funções não lineares. No entanto, seu processo de aprendizagem é dificultado pela presença das camadas intermediárias. O algoritmo de backpropagation é uma variante do algoritmo do gradiente descendente que utiliza o método dos mínimos quadrados ordinários para realizar o processo de aprendizagem da rede alimentada adiante. Para construção do algoritmo de backpropagation considera-se uma camada de entrada, uma camada de saída e uma ou mais camadas intermediárias (ou ocultas). Não existem conexões entre neurônios na mesma camada. As funções de transferência para a camada de saída são consideradas lineares e normalmente as funções sigmoides são utilizadas na camada de entrada e nas camadas ocultas. Existem dois sinais opostos entre os neurônios ou nós em diferentes camadas: (i) o primeiro, é o sinal que flui da camada de entrada para a camada de saída, e é uma função da entrada e dos pesos, (ii) o segundo, o sinal de erro, que consiste na diferença entre a saída calculada e o valor desejado, e é propagado camada por camada a partir da camada de saída em direção às camadas prévias da rede.

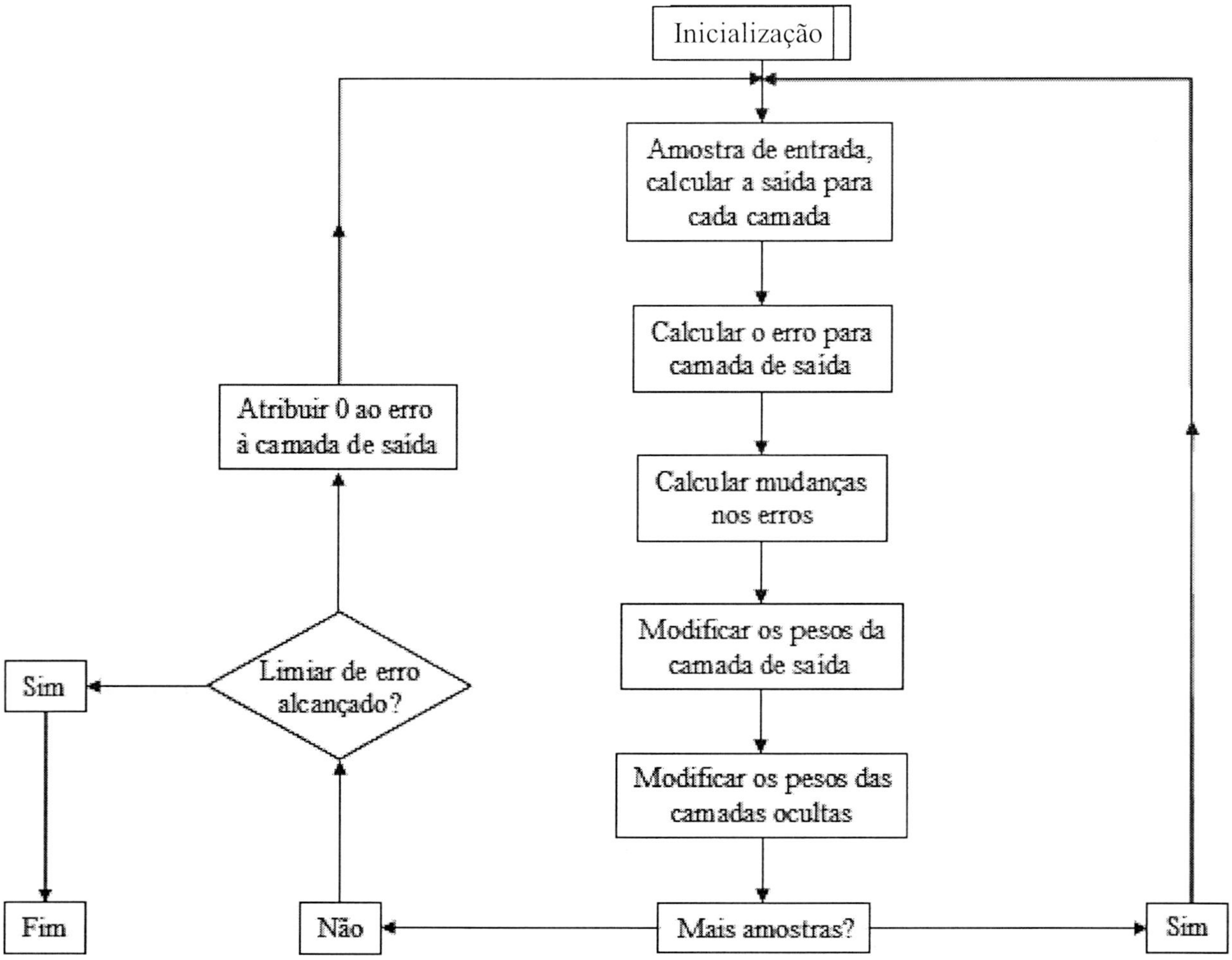

Figura–4 Diagrama de fluxo do algoritmo de retropropagação.

Em resumo, o procedimento de aprendizagem consiste em duas partes, a propagação adiante e a propagação para trás. Onde, na primeira parte os neurônios de todas as camadas exercerão influência apenas sobre a próxima camada de neurônios. Se existir um erro, ou seja, uma diferença entre o valor desejado e o valor fornecido pela rede, a propagação para trás é iniciada. Sendo que nesse caso, os sinais de erro fluem para trás ao longo da rede e todos os pesos são modificados até que a camada de entrada seja alcançada. A propagação para frente e a propagação para trás são conduzidas repetidamente para minimizar o sinal de erro.

4.3 Derivação Matemática do Algoritmo de Backpropagation

O algoritmo de backpropagation é utilizado para aprender quais são os pesos de uma rede neural de múltiplas camadas. Para isso é utilizado o método do gradiente descendente para minimizar a soma dos erros quadrados entre os valores de saída da rede e os valores desejados. Conceitualmente, ocorre uma propagação de ativações ao longo das sinapses para produzir uma saída e os erros são retropropagados para realizar as mudanças dos pesos.

Antes de iniciar a construção matemática, será utilizada a seguinte notação:

- O subscrito k denota que o neurônio está na camada de saída, ou à direita do neurônio j.
- O subscrito j denota que o neurônio está na camada oculta, ou à direita do neurônio i.

- O subscrito i denota que o neurônio está na camada de entrada.
- $w_{kj}(n)$ denota o peso da sinapse que liga a camada oculta à camada de saída, na iteração n.
- $w_{ji}(n)$ denota o peso da sinapse que liga a camada de entrada à camada oculta, na iteração n.
- $e_j(n)$ denota o sinal de erro na saída no neurônio j, na iteração n.
- $d_j(n)$ denota o valor desejado na saída no neurônio j, na iteração n.
- $y_j(n)$ denota o valor de saída do neurônio j, na iteração n.
- $v_j(n)$ denota o campo local induzido do neurônio j, na iteração n.
- $\varphi_j(.)$ denota a função de ativação associada ao neurônio j.
- b_j denota o bias aplicado ao neurônio j, também será escrito como w_{j0}.
- η denota a taxa de aprendizagem.

Incialmente, consideramos que o erro é a diferença entre a função de ativação de uma saída atual de um determinado nó e o valor desejado para aquele nó (ou neurônio). O erro total é a soma de todos esses erros para cada nó de saída. Além disso, como não queremos que erros positivos e negativos cancelem um ao outro, realizamos a soma desses erros ao quadrado. Como estamos construindo uma função de erro visando buscar o seu mínimo, e isso normalmente faz uso do processo de cálculo da primeira derivada, convenientemente multiplicamos a soma de erros ao quadrado por 1/2. Assim temos que

$$e_j(n) = d_j(n) - y_j(n), \tag{19}$$

sendo que o neurônio j está na camada de saída, uma vez que o erro está definido apenas para a camada de saída. A função de erro total é escrita então como

$$E(n) = \frac{1}{2}\sum_j e_j^2(n). \tag{20}$$

O objetivo é ajustar os pesos da rede neural para reduzir o erro total, então podemos considerar que a varição dos pesos é proporcional ao negativo da derivada do erro total com relação ao peso, escrevendo essa ideia de maneira sucinta tem-se

$$\Delta w \propto -\frac{\partial E}{\partial w}. \tag{21}$$

O peso da sinapse que liga a saída do neurônio i à entrada do neurônio j será alterado na iteração n seguindo a regra criada a partir do conceito de descida do gradiente, dessa forma tem-se que

$$\Delta w_{ji} = -\eta \frac{\partial E}{\partial w_{ji}}, \tag{22}$$

lembrando que o sinal negativo indica que as alterações nos pesos são realizadas na direção em que decresce o erro.

A Figura–5 apresenta os elementos envolvidos e o fluxo de sinais utilizados para estabelecer as primeiras relações na construção do algoritmo de backpropagation. Considerando que o neurônio j possui m entradas, o campo local induzido é dado por

$$v_j(n) = \sum_{i=0}^{m} w_{ji}(n) y_i(n). \tag{23}$$

A saída do neurônio j na iteração n é obtida aplicando a função de ativação ao campo local induzido obtendo

$$y_j(n) = \varphi_j\left(v_j(n)\right). \tag{24}$$

A função de erro não é diretamente uma função do peso, por isso é aplicada a regra da cadeia do cálculo para expandir a derivada parcial da equação (22). Assim, o gradiente pode ser escrito como um produto de derivadas parciais que envolvem parcelas conhecidas da construção do neurônio. Dessa forma, tem-se que

$$\frac{\partial E(n)}{\partial w_{ji}(n)} = \frac{\partial E(n)}{\partial e_j(n)} \frac{\partial e_j(n)}{\partial y_j(n)} \frac{\partial y_j(n)}{\partial v_j(n)} \frac{\partial v_j(n)}{\partial w_{ji}(n)}. \tag{25}$$

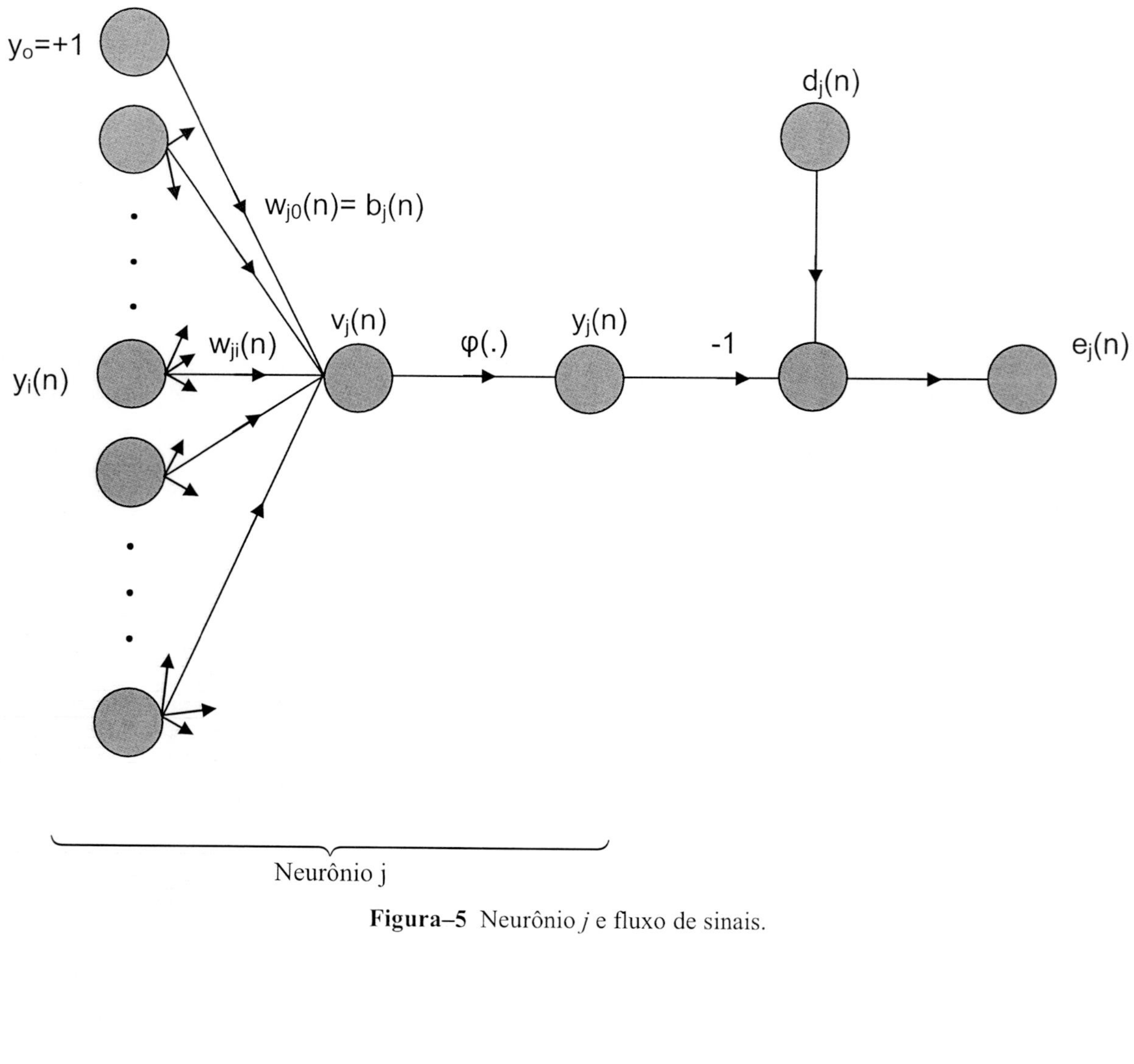

Figura–5 Neurônio j e fluxo de sinais.

Das relações construídas anteriormente, podemos obter cada uma das derivadas parciais da equação (25), sendo que da equação (20) obtém-se

$$\frac{\partial E(n)}{\partial e_j(n)} = \frac{\partial}{\partial e_j(n)}\left[\frac{1}{2}\sum_j e_j^2(n)\right],$$

ou

$$\frac{\partial E(n)}{\partial e_j(n)} = e_j(n). \tag{26}$$

No caso da derivada do erro com relação à saída, pode-se utilizar a equação que produz

$$\frac{\partial e_j(n)}{\partial y_j(n)} = \frac{\partial}{\partial y_j(n)}\left[d_j(n) - y_j(n)\right],$$

$$\frac{\partial e_j(n)}{\partial y_j(n)} = -1. \tag{27}$$

Para obter a derivada parcial de $y_j(n)$ com relação ao campo local induzido $v_j(n)$ pode-se utilizar a equação (24), de onde obtemos

$$\frac{\partial y_j(n)}{\partial v_j(n)} = \frac{\partial}{\partial v_j(n)}\left[\varphi_j(v_j(n))\right],$$

$$\frac{\partial y_j(n)}{\partial v_j(n)} = \varphi_j'(v_j(n)). \tag{28}$$

A derivada de $v_j(n)$ com relação ao peso na equação (23) produz

$$\frac{\partial v_j(n)}{\partial w_{ji}(n)} = \frac{\partial}{\partial w_{ji}(n)}\left[\sum_{i=0}^{m} w_{ji}(n) y_i(n)\right],$$

$$\frac{\partial v_j(n)}{\partial w_{ji}(n)} = y_i(n). \tag{29}$$

Substituindo os resultados das equações (26), (27), (28) e (29) na equação (25) resulta em

$$\frac{\partial E(n)}{\partial w_{ji}(n)} = e_j(n)(-1)\varphi_j'(v_j(n)) y_i(n),$$

$$\frac{\partial E(n)}{\partial w_{ji}(n)} = -e_j(n)\varphi_j'(v_j(n)) y_i(n). \tag{30}$$

A seguir é definida uma quantidade denominada de gradiente local do erro, denotada por $\delta_j(n)$, e calculada como

$$\delta_j(n) = -\frac{\partial E(n)}{\partial v_j(n)},$$

$$\delta_j(n) = -\frac{\partial E(n)}{\partial e_j(n)}\frac{\partial e_j(n)}{\partial y_j(n)}\frac{\partial y_j(n)}{\partial v_j(n)},$$

onde, dos resultados anteriores produz

$$\delta_j(n) = -e_j(n)(-1)\varphi_j'(v_j(n)),$$

$$\delta_j(n) = e_j(n)\varphi_j'(v_j(n)). \tag{31}$$

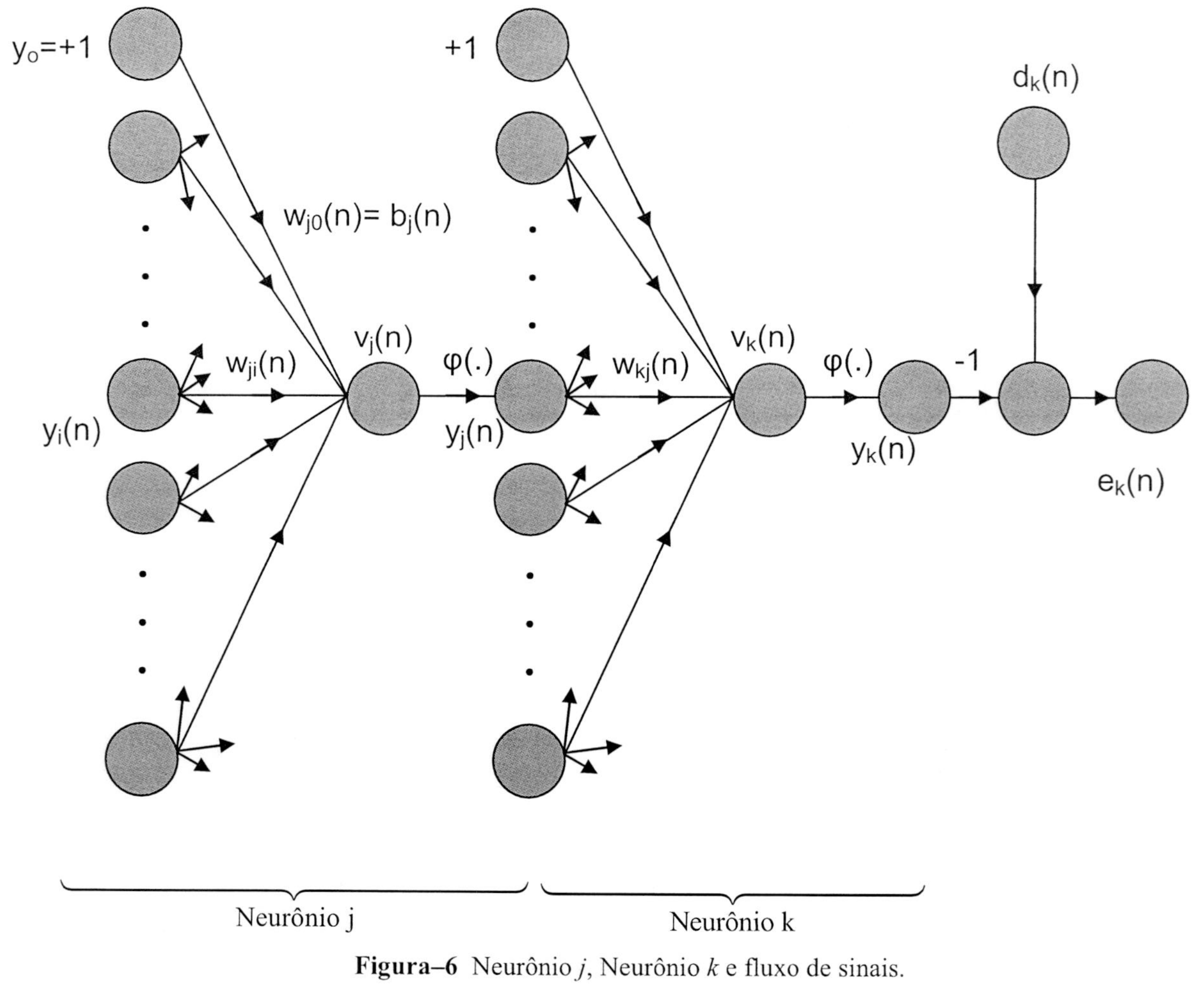

Figura–6 Neurônio *j*, Neurônio *k* e fluxo de sinais.

De acordo com Haykin (2001) a vantagem em utilizar o gradiente local é que ele aponta para as modificações necessárias nos pesos sinápticos. O gradiente local é uma medida de quanto do erro da saída é devido a um peso particular $w_{ji}(n)$. Aplicando os resultados (30) e (31) na expressão para obtenção da atualização do peso dado pela equação (4) temos que

$$\Delta w_{ji}(n) = \eta \delta_i(n) y_j(n). \tag{32}$$

Nesse ponto é necessário considerar duas situações distintas:

1. Se o neurônio *j* é um nó de saída, então $\delta_j(n)$ é o produto da derivada da função de ativação, $\varphi'_j(v_j(n))$, e a diferença no *j*-ésimo componente entre o valor desejado e a saída da rede;
2. Se o neurônio *j* é um nó oculto da rede, não existe um valor desejado especificado para este neurônio. A solução é retropropagar os valores dos gradientes locais camada por camada através da rede, de tal forma a fazer que os pesos sejam atualizados. O resultado será que $\delta_j(n)$ é dado pelo produto da derivada da função de ativação, $\varphi'_j(v_j(n))$, e a soma ponderada dos gradientes locais calculados para os nós da próxima camada oculta ou camada de saída que estão conectadas ao neurônio *j*, sendo ponderados pelos pesos das conexões existentes com a próxima camada. Para demonstrar esse resultado considere a Figura–6 que mostra dois neurônios (*j* e *k*) e o fluxo de sinais através deles.

A partir da definição de gradiente local , consideramos o caso em que o neurônio *j* está em uma camada oculta, então

$$\delta_j(n) = -\frac{\partial E(n)}{\partial y_j(n)} \frac{\partial y_j(n)}{\partial v_j(n)},$$

$$\delta_j(n) = -\frac{\partial E(n)}{\partial y_j(n)} \varphi'_j(v_j(n)). \tag{33}$$

A função de erro, $E(n)$, no caso da rede neural mostrada na Figura–6, será obtida do somatório de todos os erros obtidos na saída do neurônio *k*, ou seja

$$E(n) = \frac{1}{2} \sum_k e_k^2(n), \tag{34}$$

onde o neurônio *k* é um nó de saída.
Diferenciando a função de erro (34) com relação a $y_j(n)$ produz

$$\frac{\partial E(n)}{\partial y_j(n)} = \frac{\partial}{\partial y_j(n)} \left[\frac{1}{2} \sum_k e_k^2(n) \right],$$

$$\frac{\partial E(n)}{\partial y_j(n)} = \sum_k e_k(n) \frac{\partial e_k(n)}{\partial y_j(n)}. \tag{35}$$

Como $e_k(n)$ não é uma medida que se possa obter diretamente a partir do valor de $y_j(n)$ podemos utilizar a regra da cadeia para obter $\partial e_k(n)/\partial y_j(n)$, assim podemos reescrever a equação (35) da seguinte forma

$$\frac{\partial E(n)}{\partial y_j(n)} = \sum_k e_k(n) \frac{\partial e_k(n)}{\partial v_k(n)} \frac{\partial v_k(n)}{\partial y_j(n)}. \tag{36}$$

Dado que o neurônio k é um neurônio de saída, temos

$$e_k(n) = d_k(n) - y_k(n),$$
$$e_k(n) = d_k(n) - \varphi_k(v_k(n)),$$

o que permite calcular a derivada parcial do erro $e_k(n)$ com relação ao campo local induzido $v_k(n)$. Assim temos

$$\frac{\partial e_k(n)}{\partial v_k(n)} = \frac{\partial}{\partial v_k(n)} \left[d_k(n) - \varphi_k(v_k(n)) \right],$$
$$\frac{\partial e_k(n)}{\partial v_k(n)} = -\varphi_k'(v_k(n)). \tag{37}$$

Da Figura–6 facilmente verificamos que no caso do neurônio k o campo local induzido é dado por

$$v_k(n) = \sum_{j=0}^{m} w_{kj}(n) y_j(n), \tag{38}$$

sendo que $w_{k0}(n)$ corresponde ao bias aplicado ao neurônio k. Diferenciando (38) com relação a $y_j(n)$ resulta em

$$\frac{\partial v_k(n)}{\partial y_j(n)} = \frac{\partial}{\partial y_j(n)} \left[\sum_{j=0}^{m} w_{kj}(n) y_j(n) \right],$$
$$\frac{\partial v_k(n)}{\partial y_j(n)} = w_{kj}(n). \tag{39}$$

Substituindo os resultados de (39) e (37) em (36) produz

$$\frac{\partial E(n)}{\partial y_j(n)} = \sum_k e_k(n) \left[-\varphi_k'(v_k(n)) \right] w_{kj}(n),$$
$$\frac{\partial E(n)}{\partial y_j(n)} = -\sum_k e_k(n) \varphi_k'(v_k(n)) w_{kj}(n). \tag{40}$$

Porém, da definição de gradiente local podemos escrever que

$$\frac{\partial E(n)}{\partial y_j(n)} = -\sum_k \delta_k(n) w_{kj}(n). \tag{41}$$

A equação (32) é denominada de **regra delta generalizada** e as equações utilizadas para calcular os gradientes locais em cada uma das situações descritas acima, ou seja: (i) o neurônio *j* é um nó de saída e (ii) 0 neurônio *j* é um nó na camada oculta. Considerando uma função de ativação do tipo sigmoide, para a primeira situação temos que o gradiente local é dado por

$$\delta_j(n) = \varphi_j(v_j(n))(1-\varphi_j(v_j(n)))[d_j(n) - y_j(n)], \quad j \text{ é um neurônio de saída.} \tag{42}$$

Para obter o gradiente local no caso em que o neurônio *j* está na camada oculta, substituímos o resultado (41) em (33) o que produz

$$\delta_j(n) = \varphi_j'(v_j(n)) \sum_k \delta_k(n) w_{kj}(n), \quad j \text{ é um neurônio oculto.} \tag{43}$$

A equação (43) indica que o gradiente local do neurônio *j* na camada oculta está relacionado aos gradientes locais e pesos sinápticos de todos os nós da camada seguinte (nesse caso, a camada de saída). Portanto, na camada oculta, $\delta_j(n)$, só pode ser calculado após os gradientes locais da camada seguinte terem sido calculados. Consequentemente, o cálculo envolvido no algoritmo de backpropagation está baseado na computação dos resultados de camada por camada, iniciando da camada de saída. A Figura–7 apresenta o fluxo do sinal $\delta_j(n)$ da equação (43) considerando que a camada de saída possui *m* neurônios.

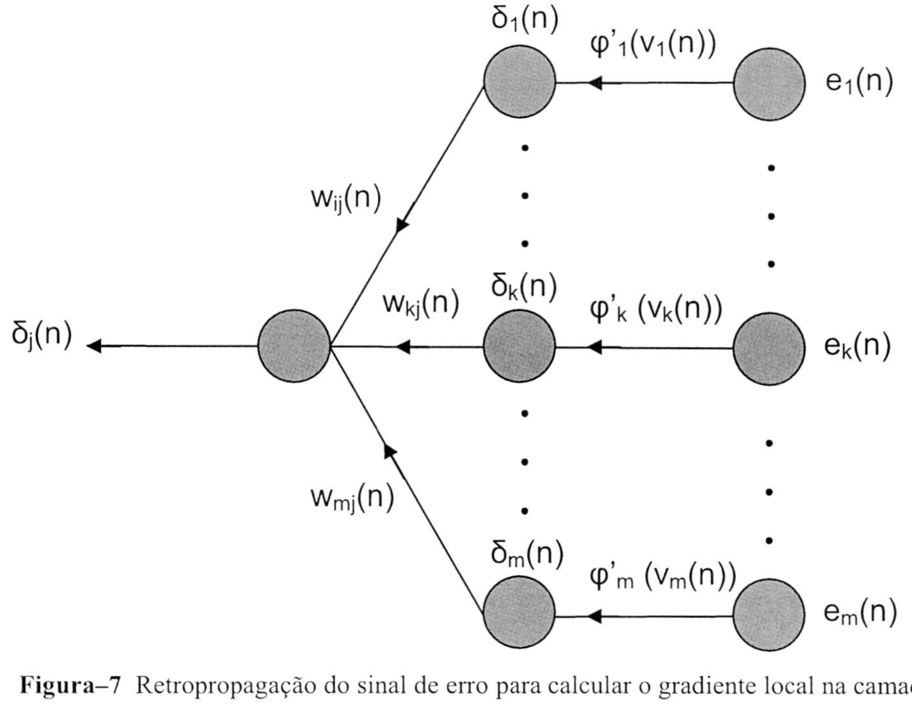

Figura–7 Retropropagação do sinal de erro para calcular o gradiente local na camada oculta.

A derivada da função de ativação sigmoide na equação (3) mostra que podemos escrever $\varphi'(v)$ em termos de $\varphi(v)$ e da equação (24) temos que a saída $y_j(n)$ é igual a função de ativação aplicada a $v_j(n)$, assim sabendo que

$$\begin{cases} \varphi'(v) = \varphi(v)\left[1-\varphi(v)\right] \\ y_j(n) = \varphi_j\left(v_j(n)\right) \end{cases}$$

resulta em

$$\varphi'\left(v_j(n)\right) = y_j(n)\left[1-y_j(n)\right]. \tag{44}$$

Quando o neurônio j estiver localizado na camada de saída, podemos utilizar uma nomenclatura específica para descrever essa situação, para isso fazemos $y_j(n)=o_j(n)$. Assim, as equações do gradiente local no caso do neurônio j estar na saída da rede (42) e no caso em que está na camada oculta (43) são agora expressas como

O neurônio *j* é um nó de saída

$$\delta_j(n) = o_j(n)\left(1-o_j(n)\right)\left[d_j(n)-o_j(n)\right] \tag{45}$$

O neurônio *j* é um nó oculto

$$\delta_j(n) = y_j(n)\left[1-y_j(n)\right]\sum_k \delta_k(n) w_{kj}(n) \tag{46}$$

e utilizadas para computar a atualização dos pesos, sendo que Δw_{ji} é igual a $\eta\delta_j(n)y_i(n)$.

Durante o processo de minimização em que utiliza-se o algoritmo de backpropagation é necessário que se tenha à disposição a derivada da função de ativação, que no caso da função sigmoide é dada por (3). A curva que representa a derivada da função sigmoide é apresentada na Figura–8. Pode-se verificar que a derivada da função de ativação alcança seu valor máximo em 0,25, considerando um ganho g igual a 1. O máximo da derivada da função de ativação é alcançado quando $y_j(n)=0{,}5$, como pode facilmente ser verificado na equação (44), o mínimo da derivada da função de ativação é igual a zero e é obtido quando $y_j(n)=0$ ou $y_j(n)=1$.

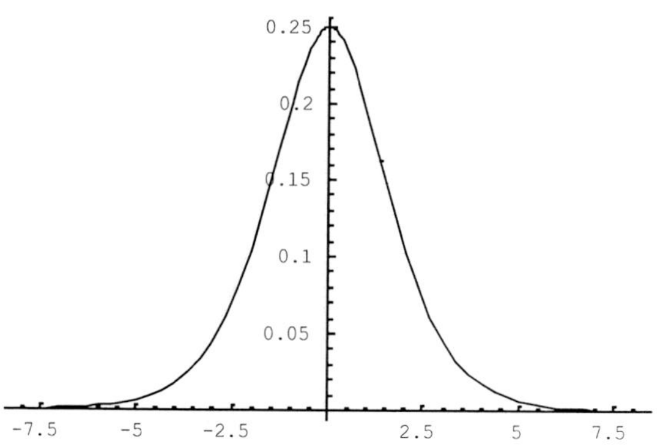

Figura–8 Curva da derivada da função de ativação, ganho igual a 1.

O valor da modificação do peso sináptico da rede neural é proporcional à derivada da função de ativação, isto resulta que para uma função de ativação sigmoide, os pesos sinápticos são modificados mais intensamente para aqueles neurônios da rede neural onde os valores dos sinais estão no meio do seu intervalo (Haykin, 2001, Rumelhart *et al.*, 1986a). Os pesos são aspectos cruciais para a rede neural (Balkin, 2000). Inicialmente são associados valores aleatórios em torno de zero. Os pesos são incrementalmente ajustados durante a fase de treinamento, inicializações típicas situam-se no intervalo [-1,1].

Em resumo há dois passos que precisam ser realizados na condução dos cálculos para efetuar a atualização dos pesos sinápticos da rede neural. O primeiro é o passo para frente (forward step) e o segundo é o passo para trás, a retropropagação (backward step).

No passo para frente, forward, os sinais de entrada são conduzidos adiante através dos nós da rede para a camada oculta. Cada entrada é multiplicada pelo respectivo peso de conexão dos nós e os valores dos nós na camada oculta são calculados. Aplica-se a função de ativação para calcular as saídas dos neurônios ocultos, que são propagados para a camada seguinte que pode ser uma outra camada oculta ou a camada de saída da rede. Determinadas as saídas da rede, o passo adiante está concluído. Veja que nessa etapa, os pesos sinápticos não foram alterados em nenhum ponto da rede neural e têm valores iguais às atribuições iniciais. Sendo que a inicialização dos pesos pode ser arbitrária ou randômica.

No passo de retropropagação, backward, são calculados os erros nos neurônios de saída. Conhecidos os erros, é utilizada a retropropagação para ajuste dos pesos. Ou seja, o erro é propagado da camada de saída para a camada oculta à esquerda através da rede. É nesse ponto que são utilizadas as informações sobre a taxa de aprendizagem (η) e do termo de momento (α) para atualizar os pesos.

Em 1986 no trabalho *Learning Internal Representations by Error Propagation*, Rumelhart propõe uma alteração na regra delta mostrada na equação (14) acrescentando um termo de momento. A ideia consiste em incorporar à atualização atual do peso alguma influência das iterações passadas. Dessa forma, a equação (14) é alterada para

$$\Delta w_{ji}(n)=\eta\delta_i(n)y_j(n)+\alpha\Delta w_{ji}(n-1), \tag{47}$$

ou

$$\Delta w_{ji}(n)=-\eta\frac{\partial E(n)}{\partial w_{ji}(n)}+\alpha\Delta w_{ji}(n-1), \tag{48}$$

onde $0<\alpha<1$ é o termo de momento e descreve a quantidade da influência das iterações anteriores sobre a iteração atual. O momento introduz um efeito de amortecimento sobre o procedimento de busca, evitando oscilações em regiões irregulares da superfície de erro. Devido ao termo de momento, se os pesos iniciam um movimento em uma direção particular, eles tenderão a continuar o movimento nessa direção, evitando a tendência de oscilar no caso em que a taxa de aprendizagem está com um valor muito grande.

4.4 Teorema da Aproximação Universal

O teorema da aproximação universal para redes neurais de múltiplas camadas foi provado por George Cybenko e Kurt Hornik *et al.*. Este teorema afirma que uma rede neural de múltiplas camadas (MLP) é capaz de aproximar qualquer mapeamento do tipo entrada-saída não linear suave, com uma única camada oculta. Porém, o teorema não diz quantos neurônios ocultos são necessários para resolver um dado problema.

Antes de descrever o resultado que o teorema da aproximação fornece, considere que um espaço topológico é formado por um conjunto X junto com uma coleção de subconjuntos de X, chamados de conjuntos abertos e que satisfazem os seguintes axiomas: (i) o conjunto vazio e X são abertos; (ii) qualquer união de conjuntos abertos é aberta e (iii) a intersecção de qualquer número finito de conjuntos abertos é aberta. Um conjunto $A \subseteq \mathbb{R}$ diz-se aberto se e só se coincide com o seu interior e um conjunto D diz-se denso se intersecciona todo subconjunto aberto não vazio de X. Sendo X um conjunto de elementos de natureza arbitrária, denominados de pontos de um espaço dado e uma estrutura topológica sobre este conjunto X.

Dessa forma, suponha que $\mathbf{I}_n$ represente um hipercubo unitário n-dimensional contendo todas as possíveis amostras de entrada $\mathbf{x}$, ou seja, $x_i \in [0,1]$, $i = 1,2,\ldots,n$, e $C(\mathbf{I}_n)$ seja o espaço de funções contínuas em $\mathbf{I}_n$. Se $\varphi(\cdot)$ é uma função sigmoide contínua, o teorema da aproximação universal afirma que as somas finitas da forma

$$F_k(\mathbf{x},\mathbf{w}) = \sum_{i=1}^{N} w_{ki}\varphi\left(\sum_{j=0}^{n} w_{ij}x_j\right), \quad k = 1,2,\ldots,m \tag{49}$$

são densas em $C(\mathbf{I}_n)$. Em outras palavras, dada qualquer $f \in C(\mathbf{I}_n)$ e $\varepsilon > 0$, existe uma soma $F(\mathbf{x},\mathbf{w})$ da forma (49) que satisfaz $|F(\mathbf{x},\mathbf{w}) - f(\mathbf{x})| < \varepsilon$ para todo $\mathbf{x} \in \mathbf{I}_n$. Sendo w_{ki} os pesos sinápticos da camada de saída. De acordo com (49) a rede tem n nós de entrada (incluindo o bias) e uma única camada oculta de N neurônios. Sendo assim, sempre existe um perceptron de três camadas que pode aproximar uma função não linear arbitrária, contínua, multidimensional f com qualquer precisão desejada.

O teorema da aproximação universal afirma que existe uma rede neural de três camadas que aproxima virtualmente qualquer função não linear. Porém, não especifica qual dimensão a rede deve ter, ou seja, o número de neurônios na camada oculta. Assim, uma rede neural com no mínimo uma camada oculta é necessária e suficiente para aproximação de uma função não linear arbitrária.

EXEMPLO 4.1 Teorema da Aproximação Universal

Uma função linear é uma função que gera uma linha reta quando seu gráfico é construído. As funções não lineares são as funções que não são lineares. Um exemplo de função linear é dada por

$$y = 0,3 + \frac{2}{1+e^{x-3}} + \frac{3}{1+e^{-0,5x+4}},$$

e seu gráfico é mostrado na Figura–9.

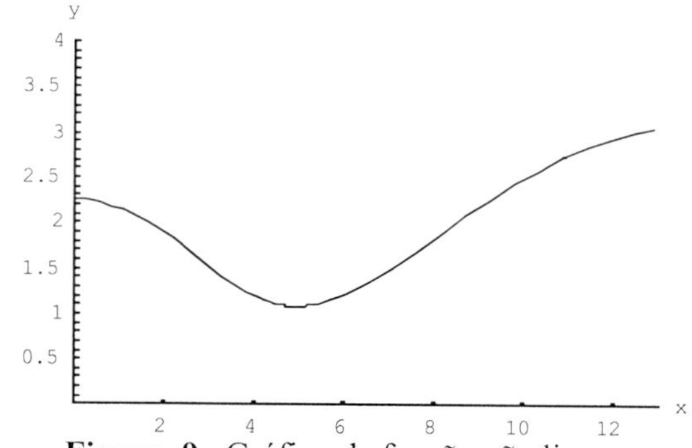

Figura–9 Gráfico da função não linear y.

Para ilustrar o uso do Teorema da Aproximação Universal, temos que a função y pode ser representada como

$$F(\mathbf{x},\mathbf{w}) = 0,3 + 2\varphi(-x+3) + 4\varphi(0,5x-4),$$

dessa forma, temos que uma rede neural pode ser utilizada para aproximar uma função não linear de maneira similar como em um processo polinomial de ajuste de curvas. De acordo com Zhang e Gupta (2000), o poder das redes neurais reside na sua capacidade de modelagem quando a não linearidade e dimensionalidade do problema aumenta. Em certos casos, a utilização de técnicas de ajuste de curvas de funções de ordem e dimensão elevadas é trabalhosa e ineficaz. Sendo que as redes neurais podem lidar com tais problemas de maneira mais efetiva. Na Figura–10 tem-se o modelo de rede neural para a função não linear y. Nesta figura, a rede neural é do tipo perceptron de múltiplas camadas (multilayer perceptron, com uma entrada, dois neurônio ocultos e um neurônio na saída), ou seja, trata-se de um MLP(1, 2, 1) sendo que a entrada simplesmente retransmite o valor x para a rede. Os neurônios ocultos utilizam funções de ativação do tipo sigmoide, enquanto o neurônio de saída usa uma função linear.

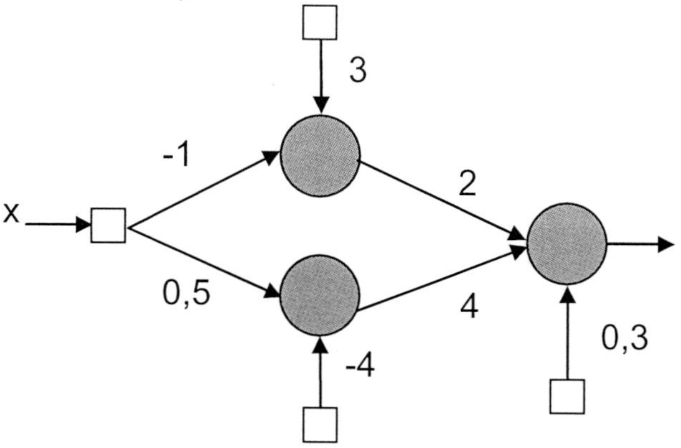

Figura–10 Rede neural para modelar a função não linear y.

Kumar (2007), baseado em Haykin (2001), diz que é preciso perceber que o Teorema da Aproximação Universal é um *teorema existencial* no sentido em que fornece uma justificativa matemática para a aproximação de uma função não linear contínua em oposição a uma exata representação. É um resultado importante porque fornece uma estrutura matemática que delineia a capacidade das redes alimentadas adiante (feedforward) com uma única camada oculta para aproximar tais funções contínuas.

No entanto, apesar de sua importância, o Teorema da Aproximação Universal tem valor prático limitado. A equação (49), a qual é a espinha dorsal do teorema, meramente generaliza aproximações por séries de Fourier finitas. O teorema não diz que uma simples camada oculta é ótima no sentido de tempo de aprendizagem ou facilidade de implementação. O teorema também assume (irrealisticamente) que a função contínua a ser aproximada é dada e que uma camada oculta de tamanho ilimitado está disponível para a aproximação.

EXEMPLO 4.2

Para demonstrar a aplicação de uma rede MLP que pode ser usada para resolver o problema do XOR, considere a rede neural mostrada na Figura–11, (Haykin, 2001). A rede apresentada constitui-se de duas entradas, um neurônio na camada intermediária e um neurônio na saída, portanto, é uma rede MLP(2, 2, 1).

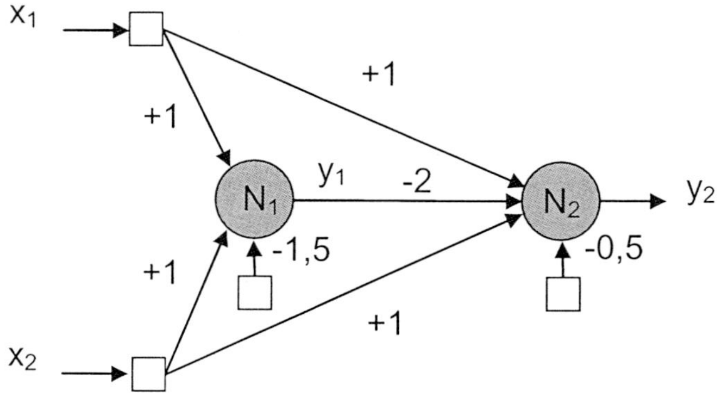

Figura–11 Rede neural para resolver o XOR.

Nesse caso, o campo local induzido do neurônio N_1 é denotado por v_1 e dado por

$$v_1 = (-1{,}5).1 + 1.x_1 + 1.x_2\,,$$
$$v_1 = -1{,}5 + x_1 + x_2\,.$$

Assumindo que a função de ativação do neurônio N_1 é tal que

$$\varphi(v) = \begin{cases} 1, & se \quad v > 0 \\ 0, & se \quad v \le 0 \end{cases}$$

Então, temos que a saída y_1 terá os seguintes valores, de acordo com as entradas x_1 e x_2

x_1	1	1	0	0
x_2	1	0	1	0
v_1	0,5	-0,5	-0,5	-1,5
y_1	1	0	0	0

O campo local induzido do neurônio N_2 é denotado por v_2 e dado por

$$v_2 = (-0,5).1 + 1.x_1 + 1.x_2 + (-2).y_1,$$
$$v_2 = -0,5 + x_1 + x_2 - 2y_1.$$

A saída do neurônio N_2, assumindo a mesma função de ativação do neurônio N_1 é dada por

x_1	1	1	0	0
x_2	1	0	1	0
y_1	1	0	0	0
v_2	-0,5	0,5	0,5	-0,5
y_2	0	1	1	0

Na tabela acima veja que a saída y_2 é igual a 0 se x_1 e x_2 forem ambas, ao mesmo tempo iguais a 0 ou 1, e é igual a 1 se x_1 for 0 e x_2 for 1 ou vice-versa. Portanto, uma rede MLP com dois neurônios resolve o problema do XOR.

4.5 Aprendizagem padrão a padrão (on-line) e por lote (batch)

Podemos a princípio considerar dois tipos diferentes de abordagem para realizar a atualização dos parâmetros (pesos e bias) de uma rede neural artificial (RNA).

O primeiro é denominado de aprendizagem padrão a padrão (on-line learning) e consiste em atualizar os pesos fazendo com que apenas uma entrada (ou um vetor de entrada) de cada vez seja apresentada à rede. Neste caso o erro gerado pela rede deve ser calculado depois que todos os padrões de entrada do conjunto de treinamento tenham sido apresentados.

No segundo modo, denominado de aprendizagem por lote (batch learning), os pesos são atualizados depois que todos os vetores de entrada utilizados no treinamento tenham sido apresentados à rede, sendo as derivadas do erro calculadas como

$$\frac{\partial E}{\partial w_{ji}} = \sum_n \frac{\partial E(n)}{\partial w_{ji}},$$

e o erro médio dado por

$$E_{Médio} = \frac{1}{2N}\sum_{n=1}^{N}\sum_{j\in C} e_j^2(n),$$

onde N é o número de vetores usados no treinamento.

EXEMPLO 4.3

Para o MLP(2, 2, 2) mostrado na Figura–12 determine os gradientes locais e as expressões para atualização dos pesos e bias, utilizando os resultados do algoritmo de backpropagation.

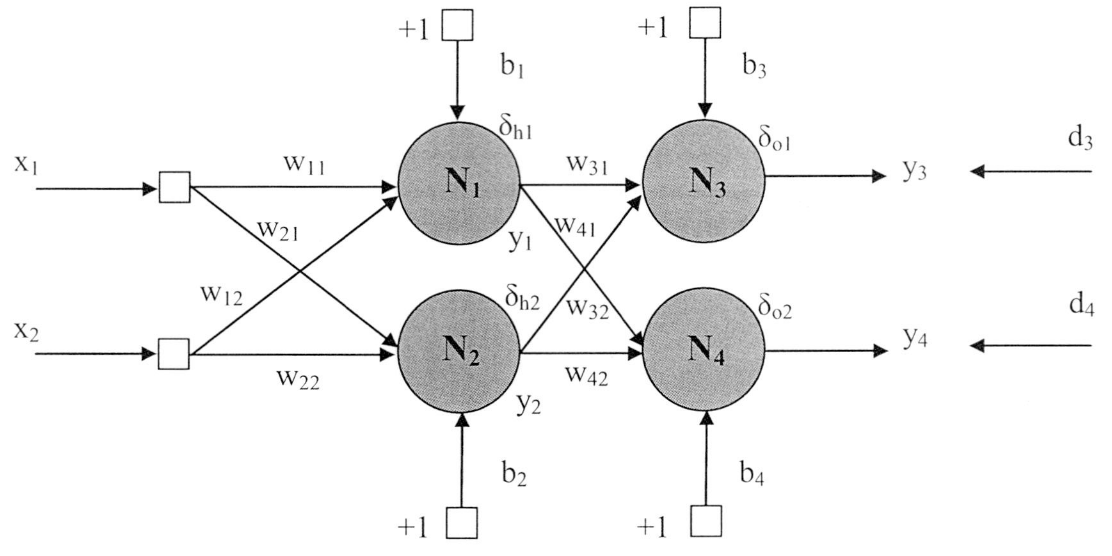

Figura–12 Rede neural MLP(2, 2, 2).

Na rede neural da Figura–12 temos que

N_1	Neurônio 1
N_2	Neurônio 2
N_3	Neurônio 3
N_4	Neurônio 4
x_1	Sinal de Entrada x_1
x_2	Sinal de Entrada x_2
w_{11}	Peso sináptico conectando o sinal x_1 à entrada do Neurônio 1
w_{21}	Peso sináptico conectando o sinal x_1 à entrada do Neurônio 2
w_{12}	Peso sináptico conectando o sinal x_2 à entrada do Neurônio 1
w_{22}	Peso sináptico conectando o sinal x_2 à entrada do Neurônio 2
w_{31}	Peso sináptico conectando a entrada do Neurônio 3 à saída do Neurônio 1
w_{41}	Peso sináptico conectando a entrada do Neurônio 4 à saída do Neurônio 1
w_{32}	Peso sináptico conectando a entrada do Neurônio 3 à saída do Neurônio 2
w_{42}	Peso sináptico conectando a entrada do Neurônio 4 à saída do Neurônio 2
b_1	Bias do Neurônio 1
b_2	Bias do Neurônio 2
b_3	Bias do Neurônio 3
b_4	Bias do Neurônio 4
δ_{h1}	Gradiente local do Neurônio 1 na camada oculta (hidden)
δ_{h2}	Gradiente local do Neurônio 2 na camada oculta (hidden)
δ_{o1}	Gradiente local do Neurônio 3 na camada de saída (output)

δ_{o2}	Gradiente local do Neurônio 4 na camada de saída (output)
y_3	Saída do Neurônio 3
y_4	Saída do Neurônio 4
d_3	Valor desejado na saída do Neurônio 3
d_4	Valor desejado na saída do Neurônio 4

O **primeiro passo da aprendizagem consiste no passo adiante**, onde são calculados os gradientes da camada oculta e da camada de saída (δ_{h1} , δ_{h2} e δ_{o1} , δ_{o2} , respectivamente), para isso consideramos a função de ativação do tipo sigmoide

$$\varphi(v)=\frac{1}{1+\exp(-v)},$$

com primeira derivada dada por

$$\varphi'(v)=\varphi(v)\left[1-\varphi(v)\right].$$

Na camada oculta utilizamos o resultado (25) que produz o seguinte gradiente local para o neurônio N_1

$$\delta_{h1}=\varphi'(1.b_1+x_1.w_{11}+x_2.w_{12})(\delta_{o1}.w_{31}+\delta_{o2}.w_{41}),$$

e para o neurônio N_2

$$\delta_{h2}=\varphi'(1.b_2+x_1.w_{21}+x_2.w_{22})(\delta_{o1}.w_{32}+\delta_{o2}.w_{42}).$$

Na camada de saída utilizamos o resultado (24) que produz o seguinte gradiente local para o neurônio N_3,

$$\delta_{o1}=\varphi'(1.b_3+y_1.w_{31}+y_2.w_{32})(d_3-y_3),$$

e para o neurônio N_4

$$\delta_{o2}=\varphi'(1.b_4+y_1.w_{41}+y_2.w_{42})(d_4-y_4).$$

O **segundo passo da aprendizagem consiste na retropropagação**, onde são atualizados os pesos e bias utilizando como base a expressão (29). Nesse exemplo, vamos considerar como regra de aprendizagem que

$$w(n+1)=w(n)+\eta.\delta(n).y+\alpha.w(n-1).$$

Assim temos que

$$w_{31}(n+1)=w_{31}(n)+\eta.\delta_{o1}(n).y_1+\alpha.w_{31}(n-1),$$
$$w_{41}(n+1)=w_{41}(n)+\eta.\delta_{o2}(n).y_1+\alpha.w_{41}(n-1),$$
$$w_{32}(n+1)=w_{32}(n)+\eta.\delta_{o1}(n).y_2+\alpha.w_{32}(n-1),$$

$$w_{42}(n+1)=w_{42}(n)+\eta.\delta_{o2}(n).y_2+\alpha.w_{42}(n-1),$$
$$w_{11}(n+1)=w_{11}(n)+\eta.\delta_{h1}(n).x_1+\alpha.w_{11}(n-1),$$
$$w_{21}(n+1)=w_{21}(n)+\eta.\delta_{h2}(n).x_1+\alpha.w_{21}(n-1),$$
$$w_{12}(n+1)=w_{12}(n)+\eta.\delta_{h1}(n).x_2+\alpha.w_{12}(n-1),$$
$$w_{22}(n+1)=w_{22}(n)+\eta.\delta_{h2}(n).x_2+\alpha.w_{22}(n-1),$$
$$b_3(n+1)=b_3(n)+\eta.\delta_{o1}(n).1+\alpha.b_3(n-1),$$
$$b_4(n+1)=b_4(n)+\eta.\delta_{o2}(n).1+\alpha.b_4(n-1),$$
$$b_1(n+1)=b_1(n)+\eta.\delta_{h1}(n).1+\alpha.b_1(n-1),$$

e

$$b_2(n+1)=b_2(n)+\eta.\delta_{h2}(n).1+\alpha.b_2(n-1).$$

EXEMPLO 4.4

Utilize a rede neural mostrada na Figura–13 para resolver o problema do XOR. Para isso aplique o algoritmo de backpropagation.

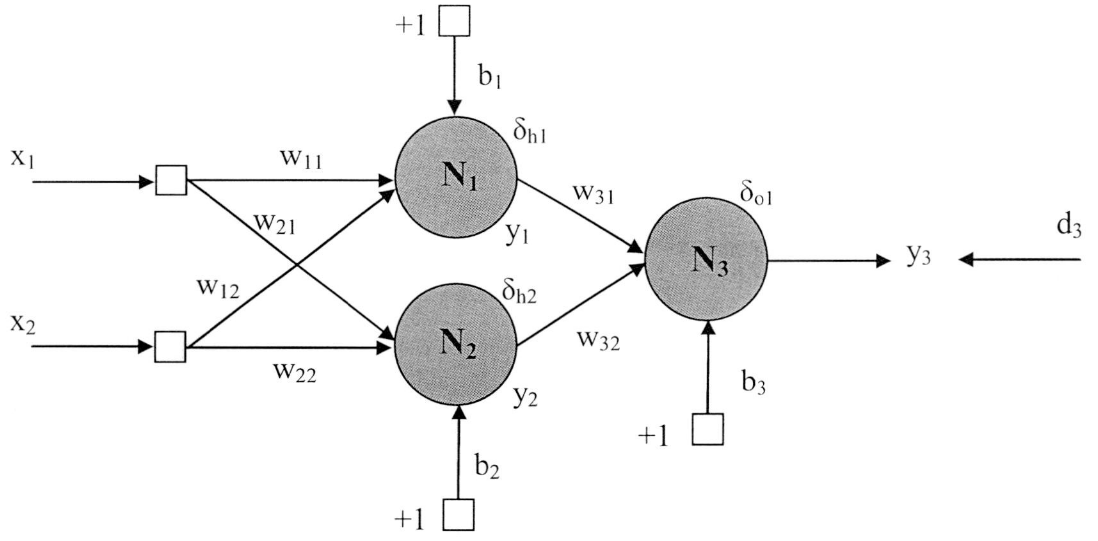

Figura–13 Rede neural MLP(2, 2, 1).

Considere inicialmente que

$$w_{11}=0,$$
$$w_{21}=0,$$
$$w_{12}=0,$$
$$w_{22}=0,$$
$$w_{31}=0,$$
$$w_{32}=0,$$

$$b_1 = 0,$$
$$b_2 = 0,$$
$$b_3 = 0,$$

também assuma que a função de ativação nos três neurônios é a função sigmoide dada por

$$\varphi(v) = \frac{1}{1+\exp(-v)},$$

com primeira derivada

$$\varphi'(v) = \varphi(v)\left[1-\varphi(v)\right].$$

Adotar a taxa de aprendizagem como sendo $\eta = 0{,}1$ e o termo de momento $\alpha = 0{,}5$. Lembrando que

x_1	x_2	$x_1 \veebar x_2$
1	1	0
1	0	1
0	1	1
0	0	0

Definida a arquitetura da rede, atribuídos os valores iniciais de pesos e bias, taxa de aprendizagem e termo de momento, precisamos especificar um valor de erro que será aceitável no processo de aprendizagem. A medida de desempenho da rede será a raiz do erro quadrático médio (RMSE – Root Mean Squared Error) dada por

$$RMSE = \hat{\varepsilon} = \sqrt{\frac{\sum_{\mu}\sum_{O}(d_3 - y_3)^2}{N_O N_e}}, \tag{50}$$

N_e é o número total de padrões em uma época e N_O é o número de neurônios na camada de saída. A soma em (50) é realizada sobre os padrões μ e os neurônios de saída o, d_3 é o valor alvo e y_3 é a saída observada da rede. Nesse caso, vamos analisar o comportamento do RMSE à medida que o número épocas aumenta. Dessa forma, procede-se a aplicação do algoritmo de backpropagation.

Primeira Época

Primeira entrada, $x_1 = 1$ e $x_2 = 1$, saída desejada $d_3 = 0$.

Cálculo da saída do Neurônio 1

$$v_1 = 1.b_1 + x_1.w_{11} + x_2.w_{12},$$
$$v_1 = 1.0 + x_1.0 + x_2.0,$$
$$v_1 = 0,$$

$$y_1 = \varphi(v_1) = \frac{1}{1+\exp(-v_1)},$$
$$y_1 = \varphi(v_1) = \frac{1}{1+\exp(0)},$$
$$y_1 = \frac{1}{2} = 0,5.$$

Cálculo da saída do Neurônio 2

$$v_2 = 1.b_2 + x_1.w_{21} + x_2.w_{22},$$
$$v_2 = 1.0 + x_1.0 + x_2.0,$$
$$v_2 = 0,$$
$$y_2 = \varphi(v_2) = \frac{1}{1+\exp(-v_2)},$$
$$y_2 = \varphi(v_2) = \frac{1}{1+\exp(0)},$$
$$y_2 = \frac{1}{2} = 0,5.$$

Cálculo da saída do Neurônio 3

$$v_3 = 1.b_3 + y_1.w_{31} + y_2.w_{32},$$
$$v_3 = 1.0 + y_1.0 + y_2.0,$$
$$v_3 = 0,$$
$$y_3 = \varphi(v_3) = \frac{1}{1+\exp(-v_3)},$$
$$y_3 = \varphi(v_3) = \frac{1}{1+\exp(0)},$$
$$y_3 = \frac{1}{2} = 0,5.$$

Cálculo do erro na saída da rede para a primeira entrada

$$e_1 = d_3 - y_3,$$
$$e_1 = 0 - 0,5,$$
$$e_1 = -0,5.$$

Cálculo do gradiente local no Neurônio 3

$$\delta_{o1} = \varphi'(v_3).(d_3 - y_3),$$
$$\delta_{o1} = \varphi'(0).(-0,5),$$
$$\delta_{o1} = \varphi(0).[1-\varphi(0)].(-0,5),$$

$$\delta_{o1} = \frac{1}{2}.\left[1-\frac{1}{2}\right].(-0,5),$$
$$\delta_{o1} = -0,125.$$

Cálculo do gradiente local no Neurônio 1

$$\delta_{h1} = \varphi'(v_1).(\delta_{o1}.w_{31}),$$
$$\delta_{h1} = \varphi(v_1).[1-\varphi(v_1)].(\delta_{o1}.w_{31}),$$
$$\delta_{h1} = \frac{1}{2}.\left[1-\frac{1}{2}\right].(-0,125.0),$$
$$\delta_{h1} = 0.$$

Cálculo do gradiente local no Neurônio 2

$$\delta_{h2} = \varphi'(v_2).(\delta_{o1}.w_{32}),$$
$$\delta_{h2} = \varphi(v_2).[1-\varphi(v_2)].(\delta_{o1}.w_{32}),$$
$$\delta_{h2} = \frac{1}{2}.\left[1-\frac{1}{2}\right].(-0,125.0),$$
$$\delta_{h2} = 0.$$

Ajuste dos pesos utilizando a regra de aprendizagem

$$w_{31}(n+1) = w_{31}(n) + \eta.\delta_{o1}(n).y_1 + \alpha.w_{31}(n-1),$$
$$w_{31}(n+1) = 0 + 0,1.(-0,125).0,5 + 0,5.0,$$
$$w_{31}(n+1) = -0,00625.$$

$$w_{32}(n+1) = w_{32}(n) + \eta.\delta_{o1}(n).y_2 + \alpha.w_{32}(n-1),$$
$$w_{32}(n+1) = 0 + 0,1.(-0,125).0,5 + 0,5.0,$$
$$w_{32}(n+1) = -0,00625.$$

$$w_{11}(n+1) = w_{11}(n) + \eta.\delta_{h1}(n).x_1 + \alpha.w_{11}(n-1),$$
$$w_{11}(n+1) = 0 + 0,1.0.1 + 0,5.0,$$
$$w_{11}(n+1) = 0.$$

$$w_{21}(n+1) = w_{21}(n) + \eta.\delta_{h2}(n).x_1 + \alpha.w_{21}(n-1),$$
$$w_{21}(n+1) = 0 + 0,1.0.1 + 0,5.0,$$
$$w_{21}(n+1) = 0.$$

$$w_{12}(n+1) = w_{12}(n) + \eta.\delta_{h1}(n).x_2 + \alpha.w_{12}(n-1),$$
$$w_{12}(n+1) = 0 + 0{,}1.0.1 + 0{,}5.0,$$
$$w_{12}(n+1) = 0.$$

$$w_{22}(n+1) = w_{22}(n) + \eta.\delta_{h2}(n).x_2 + \alpha.w_{22}(n-1),$$
$$w_{22}(n+1) = 0 + 0{,}1.0.1 + 0{,}5.0,$$
$$w_{22}(n+1) = 0.$$

Ajuste dos bias utilizando a regra de aprendizagem

$$b_3(n+1) = b_3(n) + \eta.\delta_{o1}(n).1 + \alpha.b_3(n-1),$$
$$b_3(n+1) = 0 + 0{,}1.(-0{,}125).1 + 0{,}5.0,$$
$$b_3(n+1) = -0{,}0125.$$

$$b_1(n+1) = b_1(n) + \eta.\delta_{h1}(n).1 + \alpha.b_1(n-1),$$
$$b_1(n+1) = 0 + 0{,}1.0.1 + 0{,}5.0,$$
$$b_1(n+1) = 0.$$

$$b_2(n+1) = b_2(n) + \eta.\delta_{h2}(n).1 + \alpha.b_2(n-1),$$
$$b_2(n+1) = 0 + 0{,}1.0.1 + 0{,}5.0,$$
$$b_2(n+1) = 0.$$

Após a apresentação do primeiro padrão de entrada, os pesos e bias foram atualizados de tal forma que agora correspondem a

$$w_{11} = 0,$$
$$w_{21} = 0,$$
$$w_{12} = 0,$$
$$w_{22} = 0,$$
$$w_{31} = -0{,}00625,$$
$$w_{32} = -0{,}00625,$$
$$b_1 = 0,$$
$$b_2 = 0,$$
$$b_3 = -0{,}0125.$$

Segunda entrada, $x_1 = 1$ e $x_2 = 0$, saída desejada $d_3 = 1$.

Cálculo da saída do Neurônio 1

$$v_1 = 1.b_1 + x_1.w_{11} + x_2.w_{12},$$

$$v_1 = 1.0 + 1.0 + 0.0,$$
$$v_1 = 0,$$
$$y_1 = \varphi(v_1) = \frac{1}{1+\exp(-v_1)},$$
$$y_1 = \varphi(v_1) = \frac{1}{1+\exp(0)},$$
$$y_1 = \frac{1}{2} = 0,5.$$

Cálculo da saída do Neurônio 2

$$v_2 = 1.b_2 + x_1.w_{21} + x_2.w_{22},$$
$$v_2 = 1.0 + 1.0 + 0.0,$$
$$v_2 = 0,$$
$$y_2 = \varphi(v_2) = \frac{1}{1+\exp(-v_2)},$$
$$y_2 = \varphi(v_2) = \frac{1}{1+\exp(0)},$$
$$y_2 = \frac{1}{2} = 0,5.$$

Cálculo da saída do Neurônio 3

$$v_3 = 1.b_3 + y_1.w_{31} + y_2.w_{32},$$
$$v_3 = 1.(-0,0125) + 0,5.(-0,00625) + 0,5.(-0,00625),$$
$$v_3 = -0,01875,$$
$$y_3 = \varphi(v_3) = \frac{1}{1+\exp(-v_3)},$$
$$y_3 = \varphi(v_3) = \frac{1}{1+\exp(0,01875)},$$
$$y_3 = 0,495313.$$

Cálculo do erro na saída da rede para a segunda entrada

$$e_2 = d_3 - y_3,$$
$$e_2 = 1 - 0,495313,$$
$$e_2 = 0,504687.$$

Cálculo do gradiente local no Neurônio 3

$$\delta_{o1} = \varphi'(v_3).(d_3 - y_3),$$

$$\delta_{o1} = \varphi'(-0,01875).(0,504687),$$
$$\delta_{o1} = \varphi(-0,01875).\left[1-\varphi(-0,01875)\right].(0,504687),$$
$$\delta_{o1} = 0,495313.[1-0,495313].(0,504687),$$
$$\delta_{o1} = 0,126161.$$

Cálculo do gradiente local no Neurônio 1

$$\delta_{h1} = \varphi'(v_1).(\delta_{o1}.w_{31}),$$
$$\delta_{h1} = \varphi(v_1).\left[1-\varphi(v_1)\right].(\delta_{o1}.w_{31}),$$
$$\delta_{h1} = \frac{1}{2}.\left[1-\frac{1}{2}\right].\left[0,126161.(-0,00625)\right],$$
$$\delta_{h1} = -0,000197.$$

Cálculo do gradiente local no Neurônio 2

$$\delta_{h2} = \varphi'(v_2).(\delta_{o1}.w_{32}),$$
$$\delta_{h2} = \varphi(v_2).\left[1-\varphi(v_2)\right].(\delta_{o1}.w_{32}),$$
$$\delta_{h2} = \frac{1}{2}.\left[1-\frac{1}{2}\right].\left[0,126161.(-0,00625)\right],$$
$$\delta_{h2} = -0,000197.$$

Ajuste dos pesos utilizando a regra de aprendizagem

$$w_{31}(n+1) = w_{31}(n) + \eta.\delta_{o1}(n).y_1 + \alpha.w_{31}(n-1),$$
$$w_{31}(n+1) = -0,00625 + 0,1.0,126161.0,5 + 0,5.0,$$
$$w_{31}(n+1) = 0,000058.$$

Verifique que $w_{31}(n)$ é o valor de que dispomos desse peso, $w_{31}(n-1)$ é o valor da etapa anterior que era zero e $w_{31}(n+1)$ é o novo valor que estamos calculando. Continuando para os próximos pesos temos que

$$w_{32}(n+1) = w_{32}(n) + \eta.\delta_{o1}(n).y_2 + \alpha.w_{32}(n-1),$$
$$w_{32}(n+1) = -0,00625 + 0,1.0,126161.0,5 + 0,5.0,$$
$$w_{32}(n+1) = 0,000058.$$

$$w_{11}(n+1) = w_{11}(n) + \eta.\delta_{h1}(n).x_1 + \alpha.w_{11}(n-1),$$
$$w_{11}(n+1) = 0 + 0,1.(-0,000197).1 + 0,5.0,$$

$$w_{11}(n+1) = -0,0000197\,.$$

$$w_{21}(n+1) = w_{21}(n) + \eta.\delta_{h2}(n).x_1 + \alpha.w_{21}(n-1)\,,$$
$$w_{21}(n+1) = 0 + 0,1.(-0,000197).1 + 0,5.0\,,$$
$$w_{21}(n+1) = -0,0000197\,.$$

$$w_{12}(n+1) = w_{12}(n) + \eta.\delta_{h1}(n).x_2 + \alpha.w_{12}(n-1)\,,$$
$$w_{12}(n+1) = 0 + 0,1.(-0,000197).0 + 0,5.0\,,$$
$$w_{12}(n+1) = 0\,.$$

$$w_{22}(n+1) = w_{22}(n) + \eta.\delta_{h2}(n).x_2 + \alpha.w_{22}(n-1)\,,$$
$$w_{22}(n+1) = 0 + 0,1.(-0,000197).0 + 0,5.0\,,$$
$$w_{22}(n+1) = 0\,.$$

Ajuste dos bias utilizando a regra de aprendizagem

$$b_3(n+1) = b_3(n) + \eta.\delta_{o1}(n).1 + \alpha.b_3(n-1)\,,$$
$$b_3(n+1) = -0,0125 + 0,1.0,126161.1 + 0,5.0\,,$$
$$b_3(n+1) = 0,000116\,.$$

$$b_1(n+1) = b_1(n) + \eta.\delta_{h1}(n).1 + \alpha.b_1(n-1)\,,$$
$$b_1(n+1) = 0 + 0,1.(-0,000197).1 + 0,5.0\,,$$
$$b_1(n+1) = -0,0000197\,.$$

$$b_2(n+1) = b_2(n) + \eta.\delta_{h2}(n).1 + \alpha.b_2(n-1)\,,$$
$$b_2(n+1) = 0 + 0,1.(-0,000197).1 + 0,5.0\,,$$
$$b_2(n+1) = -0,0000197\,.$$

Após a apresentação do segundo padrão de entrada, os pesos e bias foram atualizados de tal forma que agora correspondem a

$$w_{11} = -0,0000197\,,$$
$$w_{21} = -0,0000197\,,$$
$$w_{12} = 0\,,$$
$$w_{22} = 0\,,$$
$$w_{31} = 0,000058\,,$$
$$w_{32} = 0,000058\,,$$

$$b_1 = -0,0000197,$$
$$b_2 = -0,0000197,$$
$$b_3 = 0,000116.$$

Terceira entrada, $x_1 = 0$ e $x_2 = 1$, saída desejada $d_3 = 1$.

Cálculo da saída do Neurônio 1

$$v_1 = 1.b_1 + x_1.w_{11} + x_2.w_{12},$$
$$v_1 = 1.(-0,0000197) + 0.(-0,0000197) + 1.0,$$
$$v_1 = -0,0000197,$$
$$y_1 = \varphi(v_1) = \frac{1}{1+\exp(-v_1)},$$
$$y_1 = \varphi(v_1) = \frac{1}{1+\exp(0,0000197)},$$
$$y_1 = 0,499995.$$

Cálculo da saída do Neurônio 2

$$v_2 = 1.b_2 + x_1.w_{21} + x_2.w_{22},$$
$$v_2 = 1.(-0,0000197) + 0.(-0,0000197) + 1.0,$$
$$v_2 = -0,0000197,$$
$$y_2 = \varphi(v_2) = \frac{1}{1+\exp(-v_2)},$$
$$y_2 = \varphi(v_2) = \frac{1}{1+\exp(0,0000197)},$$
$$y_2 = 0,499995.$$

Cálculo da saída do Neurônio 3

$$v_3 = 1.b_3 + y_1.w_{31} + y_2.w_{32},$$
$$v_3 = 1.(0,000116) + 0,499995.(0,000058) + 0,499995.(0,000058),$$
$$v_3 = 0,000174,$$
$$y_3 = \varphi(v_3) = \frac{1}{1+\exp(-v_3)},$$
$$y_3 = \varphi(v_3) = \frac{1}{1+\exp(-0,000174)},$$
$$y_3 = 0,5000435.$$

Cálculo do erro na saída da rede para a terceira entrada

$$e_3 = d_3 - y_3,$$

$$e_3 = 1 - 0,5000435,$$
$$e_3 = 0,499957\,.$$

Cálculo do gradiente local no Neurônio 3

$$\delta_{o1} = \varphi'(v_3).(d_3 - y_3),$$
$$\delta_{o1} = \varphi'(0,000174).(0,499957),$$
$$\delta_{o1} = \varphi(0,000174).\left[1 - \varphi(0,000174)\right].(0,499957),$$
$$\delta_{o1} = 0,5000435.[1 - 0,5000435].(0,499957),$$
$$\delta_{o1} = 0,1249891\,.$$

Cálculo do gradiente local no Neurônio 1

$$\delta_{h1} = \varphi'(v_1).(\delta_{o1}.w_{31}),$$
$$\delta_{h1} = \varphi(v_1).\left[1 - \varphi(v_1)\right].(\delta_{o1}.w_{31}),$$
$$\delta_{h1} = 0,499995.[1 - 0,499995].[0,1249891.0,000058],$$
$$\delta_{h1} = 0,0000018\,.$$

Cálculo do gradiente local no Neurônio 2

$$\delta_{h2} = \varphi'(v_2).(\delta_{o1}.w_{32}),$$
$$\delta_{h2} = \varphi(v_2).\left[1 - \varphi(v_2)\right].(\delta_{o1}.w_{32}),$$
$$\delta_{h2} = 0,499995.[1 - 0,499995].[0,1249891.0,000058],$$
$$\delta_{h2} = 0,0000018\,.$$

Ajuste dos pesos utilizando a regra de aprendizagem

$$w_{31}(n+1) = w_{31}(n) + \eta.\delta_{o1}(n).y_1 + \alpha.w_{31}(n-1),$$
$$w_{31}(n+1) = 0,000058 + 0,1.(0,1249891).0,499995 + 0,5.(-0,00625),$$
$$w_{31}(n+1) = 0,003182\,.$$

Verifique que $w_{31}(n)$ é o valor de que dispomos desse peso, $w_{31}(n-1)$ é o valor da etapa anterior que era -0,00625 e $w_{31}(n+1)$ é o novo valor que estamos calculando. Continuando para os próximos pesos, temos que

$$w_{32}(n+1) = w_{32}(n) + \eta.\delta_{o1}(n).y_2 + \alpha.w_{32}(n-1),$$
$$w_{32}(n+1) = 0,000058 + 0,1.(0,1249891).0,499995 + 0,5.(-0,00625),$$
$$w_{32}(n+1) = 0,003182\,.$$

$$w_{11}(n+1) = w_{11}(n) + \eta.\delta_{h1}(n).x_1 + \alpha.w_{11}(n-1),$$
$$w_{11}(n+1) = -0,0000197 + 0,1.0,0000018.0 + 0,5.0,$$
$$w_{11}(n+1) = -0,0000197.$$

$$w_{21}(n+1) = w_{21}(n) + \eta.\delta_{h2}(n).x_1 + \alpha.w_{21}(n-1),$$
$$w_{21}(n+1) = -0,0000197 + 0,1.0,0000018.0 + 0,5.0,$$
$$w_{21}(n+1) = -0,0000197.$$

$$w_{12}(n+1) = w_{12}(n) + \eta.\delta_{h1}(n).x_2 + \alpha.w_{12}(n-1),$$
$$w_{12}(n+1) = 0 + 0,1.0,0000018.1 + 0,5.0,$$
$$w_{12}(n+1) = 0,00000018.$$
$$w_{22}(n+1) = w_{22}(n) + \eta.\delta_{h2}(n).x_2 + \alpha.w_{22}(n-1),$$
$$w_{22}(n+1) = 0 + 0,1.0,0000018.1 + 0,5.0,$$
$$w_{22}(n+1) = 0,00000018.$$

Ajuste dos bias utilizando a regra de aprendizagem

$$b_3(n+1) = b_3(n) + \eta.\delta_{o1}(n).1 + \alpha.b_3(n-1),$$
$$b_3(n+1) = 0,000116 + 0,1.0,1249891.1 + 0,5.(-0,0125),$$
$$b_3(n+1) = 0,006365.$$

$$b_1(n+1) = b_1(n) + \eta.\delta_{h1}(n).1 + \alpha.b_1(n-1),$$
$$b_1(n+1) = -0,0000197 + 0,1.0,0000018.1 + 0,5.0,$$
$$b_1(n+1) = -0,00001953.$$

$$b_2(n+1) = b_2(n) + \eta.\delta_{h2}(n).1 + \alpha.b_2(n-1),$$
$$b_2(n+1) = -0,0000197 + 0,1.0,0000018.1 + 0,5.0,$$
$$b_2(n+1) = -0,00001953.$$

Após a apresentação do terceiro padrão de entrada, os pesos e bias foram atualizados de tal forma que agora correspondem a

$$w_{11} = -0,0000197,$$
$$w_{21} = -0,0000197,$$
$$w_{12} = 0,00000018,$$
$$w_{22} = 0,00000018,$$

$$w_{31} = 0,003182,$$
$$w_{32} = 0,003182,$$
$$b_1 = -0,00001953,$$
$$b_2 = -0,00001953,$$
$$b_3 = 0,006365.$$

Quarta entrada, $x_1 = 0$ e $x_2 = 0$, saída desejada $d_3 = 0$.

Cálculo da saída do Neurônio 1

$$v_1 = 1.b_1 + x_1.w_{11} + x_2.w_{12},$$
$$v_1 = 1.(-0,00001953) + 0.(-0,0000197) + 0.(0,00000018),$$
$$v_1 = -0,00001953,$$
$$y_1 = \varphi(v_1) = \frac{1}{1+\exp(-v_1)},$$
$$y_1 = \varphi(v_1) = \frac{1}{1+\exp(0,00001952)},$$
$$y_1 = 0,499995.$$

Cálculo da saída do Neurônio 2

$$v_2 = 1.b_2 + x_1.w_{21} + x_2.w_{22},$$
$$v_2 = 1.(-0,00001953) + 0.(-0,0000197) + 0.(0,00000018),$$
$$v_2 = -0,00001953,$$
$$y_2 = \varphi(v_2) = \frac{1}{1+\exp(-v_2)},$$
$$y_2 = \varphi(v_2) = \frac{1}{1+\exp(0,00001952)},$$
$$y_2 = 0,499995.$$

Cálculo da saída do Neurônio 3

$$v_3 = 1.b_3 + y_1.w_{31} + y_2.w_{32},$$
$$v_3 = 1.(0,006367) + 0,499995.(0,003183) + 0,499995.(0,003183),$$
$$v_3 = 0,00955,$$
$$y_3 = \varphi(v_3) = \frac{1}{1+\exp(-v_3)},$$
$$y_3 = \varphi(v_3) = \frac{1}{1+\exp(-0,00955)},$$
$$y_3 = 0,502387.$$

Cálculo do erro na saída da rede para a quarta entrada

$$e_4 = d_3 - y_3,$$
$$e_4 = 0 - 0,502387,$$
$$e_4 = -0,502387.$$

Cálculo do gradiente local no Neurônio 3

$$\delta_{o1} = \varphi'(v_3).(d_3 - y_3),$$
$$\delta_{o1} = \varphi'(0,00955).(-0,502387),$$
$$\delta_{o1} = \varphi(0,00955).\left[1-\varphi(0,00955)\right].(-0,502387),$$
$$\delta_{o1} = 0,502387.[1-0,502387].(-0,502387),$$
$$\delta_{o1} = -0,125594.$$

Cálculo do gradiente local no Neurônio 1

$$\delta_{h1} = \varphi'(v_1).(\delta_{o1}.w_{31}),$$
$$\delta_{h1} = \varphi(v_1).\left[1-\varphi(v_1)\right].(\delta_{o1}.w_{31}),$$
$$\delta_{h1} = 0,499995.[1-0,499995].[-0,125597.0,003182],$$
$$\delta_{h1} = -0,00009992.$$

Cálculo do gradiente local no Neurônio 2

$$\delta_{h2} = \varphi'(v_2).(\delta_{o1}.w_{32}),$$
$$\delta_{h2} = \varphi(v_2).\left[1-\varphi(v_2)\right].(\delta_{o1}.w_{32}),$$
$$\delta_{h2} = 0,499995.[1-0,499995].[-0,125594.0,003182],$$
$$\delta_{h2} = -0,00009992.$$

Ajuste dos pesos utilizando a regra de aprendizagem

$$w_{31}(n+1) = w_{31}(n) + \eta.\delta_{o1}(n).y_1 + \alpha.w_{31}(n-1),$$
$$w_{31}(n+1) = 0,003182 + 0,1.(-0,125594).0,499995 + 0,5.(0,000058),$$
$$w_{31}(n+1) = -0,003068.$$

$$w_{32}(n+1) = w_{32}(n) + \eta.\delta_{o1}(n).y_2 + \alpha.w_{32}(n-1),$$
$$w_{32}(n+1) = 0,003182 + 0,1.(-0,125594).0,499995 + 0,5.(0,000058),$$
$$w_{32}(n+1) = -0,003068.$$

$$w_{11}(n+1) = w_{11}(n) + \eta.\delta_{h1}(n).x_1 + \alpha.w_{11}(n-1),$$
$$w_{11}(n+1) = -0,0000197 + 0,1.(-0,00009992).0 + 0,5.(-0,0000197),$$
$$w_{11}(n+1) = -0,00002957.$$

$$w_{21}(n+1) = w_{21}(n) + \eta.\delta_{h2}(n).x_1 + \alpha.w_{21}(n-1),$$
$$w_{21}(n+1) = -0,0000197 + 0,1.(-0,00009992).0 + 0,5.(-0,0000197),$$
$$w_{21}(n+1) = -0,00002957.$$

$$w_{12}(n+1) = w_{12}(n) + \eta.\delta_{h1}(n).x_2 + \alpha.w_{12}(n-1),$$
$$w_{12}(n+1) = 0,00000018 + 0,1.(-0,00009992).0 + 0,5.0,$$
$$w_{12}(n+1) = 0,00000018.$$

$$w_{22}(n+1) = w_{22}(n) + \eta.\delta_{h2}(n).x_2 + \alpha.w_{22}(n-1),$$
$$w_{22}(n+1) = 0,00000018 + 0,1.(-0,00009992).0 + 0,5.0,$$
$$w_{22}(n+1) = 0,00000018.$$

Ajuste dos bias utilizando a regra de aprendizagem

$$b_3(n+1) = b_3(n) + \eta.\delta_{o1}(n).1 + \alpha.b_3(n-1),$$
$$b_3(n+1) = 0,006365 + 0,1.(-0,125594).1 + 0,5.(0,000116),$$
$$b_3(n+1) = -0,006136.$$

$$b_1(n+1) = b_1(n) + \eta.\delta_{h1}(n).1 + \alpha.b_1(n-1),$$
$$b_1(n+1) = -0,00001953 + 0,1.(-0,00009992).1 + 0,5.(-0,0000197),$$
$$b_1(n+1) = -0,00003938.$$

$$b_2(n+1) = b_2(n) + \eta.\delta_{h2}(n).1 + \alpha.b_2(n-1),$$
$$b_2(n+1) = -0,00001953 + 0,1.(-0,00009992).1 + 0,5.(-0,0000197),$$
$$b_2(n+1) = -0,00003938.$$

Após a apresentação do quarto padrão de entrada os pesos e bias foram atualizados de tal forma que agora correspondem a

$$w_{11} = -0,00002957,$$
$$w_{21} = -0,00002957,$$
$$w_{12} = 0,00000018,$$

$$w_{22} = 0,00000018,$$
$$w_{31} = -0,003068,$$
$$w_{32} = -0,003068,$$
$$b_1 = -0,00003938,$$
$$b_2 = -0,00003938,$$
$$b_3 = -0,006136.$$

Após o encerramento da apresentação da Primeira Época em que foram apresentados os quatro padrões de entrada para a rede MLP, calculamos o RMSE.

$$RMSE = \hat{\varepsilon} = \sqrt{\frac{\sum_{\mu}\sum_{O}(d_3 - y_3)^2}{N_O N_e}},$$

onde,

N_e é o número total de padrões em uma época	$\rightarrow N_e = 4$
N_O é o número de neurônios na camada de saída	$\rightarrow N_O = 1$
a soma em μ é realizada sobre os padrões de entrada	$\rightarrow \mu = 4$
e os neurônios de saída o	$\rightarrow o = 1$

Ou seja, nesse caso o RMSE é dado por

$$\hat{\varepsilon}(1) = \sqrt{\frac{e_1^2 + e_2^2 + e_3^2 + e_4^2}{4}},$$

$$\hat{\varepsilon}(1) = \sqrt{\frac{(-0,5)^2 + (0,504687)^2 + (0,499957)^2 + (-0,502387)^2}{4}},$$

$$\hat{\varepsilon}(1) = 0,501762.$$

Segunda Época

O processo de aprendizagem por iteração pode ser bastante trabalhoso e demorado, e a alternativa mais viável para continuar a execução dos cálculos é fazer uso do apoio computacional. Para implementar essa regra de aprendizagem do MLP utilizado para a lógica XOR vamos usar o MATLAB. A seguir é apresentada a sequência de comandos para realizar os cálculos do backpropagation do Exemplo 4.4, porém nessa primeira sequência de comandos não é utilizado o termo de momento. Após executar 100000 (cem mil) épocas os pesos finais são dados por

```
w =
 -6,59761271518029 -6,59761271518029
 -4,99229697110802 -4,99229697110802
-10,51683188639179 10,37341505702295
```

Os valares de bias são

b =
2,72802047801837
7,43980175909240
-4,93801822322048

Os valores desejados são $x_1 \veebar x_2$ e a rede neural gera como saída, após 100000 iterações, os valores mostrados na quarta coluna da tabela abaixo.

x_1	x_2	$x_1 \veebar x_2$	$y_3(j)$
1	1	0	0,01501815648638
1	0	1	0,98780466209306
0	1	1	0,98780510702942
0	0	0	0,01163104162975

Foi utilizada uma taxa de aprendizagem igual a 0,1. Esse valor pode ser alterado e pode-se utilizar o RMSE como uma medida de desempenho para avaliar redes treinadas com taxas de aprendizagem diferentes. Uma taxa de aprendizagem elevada conduz a uma aprendizagem mais rápida, mas os pesos oscilam, enquanto uma taxa de aprendizagem menor leva a uma aprendizagem mais lenta. As aplicações do método sugerem a adoção da taxa de aprendizagem como segue (Sivanandam e Deepa, 2006):

i) Inicie com uma taxa de aprendizagem elevada e gradativamente vá decrescendo. A mudança no vetor de pesos deve ser pequena para reduzir oscilações ou quaisquer divergências;

ii) Uma sugestão simples é aumentar a taxa de aprendizagem para melhorar a performance e diminuir a taxa de aprendizagem para piorar a performance;

iii) Um outro método é dobrar a taxa de aprendizagem até o valor do erro piorar.

MATLAB - Algoritmo de backpropagation sem o termo de momento do Exemplo 4.4

```
x = [1 1; 1 0; 0 1; 0 0];
d = [0;1;1;0];
xzero = [1 1 1];
eta = 0.1;
n = 100000;
w = zeros(3,2);
b = zeros(3,1);
for i = 1:n
   y3 = zeros(4,1);
   entradas = 4;
   for j = 1:entradas
% Camada Oculta
      v1 = xzero(1,1)*b(1,1)+ x(j,1)*w(1,1)+ x(j,2)*w(1,2);
      y1 = 1/(1+exp(-v1));
      v2 = xzero(1,2)*b(2,1)+ x(j,1)*w(2,1)+ x(j,2)*w(2,2);
      y2 = 1/(1+exp(-v2));
% Camada de Saída
      v3 = xzero(1,3)*b(3,1)+ y1*w(3,1)+ y2*w(3,2);
      y3(j) =1/(1+exp(-v3));
% Gradientes Locais
      gradloco = y3(j)*(1-y3(j))*(d(j)-y3(j));
      gradloch1 = y1*(1-y1)*w(3,1)*gradloco;
```

```
        gradloch2 = y2*(1-y2)*w(3,2)*gradloco;
% Ajuste de Pesos e Bias
            b(1,1) = b(1,1) + eta*xzero(1,1)*gradloch1;
            b(2,1) = b(2,1) + eta*xzero(1,2)*gradloch2;
            b(3,1) = b(3,1) + eta*xzero(1,3)*gradloco;
            w(1,1) = w(1,1) + eta*x(j,1)*gradloch1;
            w(1,2) = w(1,2) + eta*x(j,1)*gradloch1;
            w(2,1) = w(2,1) + eta*x(j,2)*gradloch2;
            w(2,2) = w(2,2) + eta*x(j,2)*gradloch2;
            w(3,1) = w(3,1) + eta*y1*gradloco;
            w(3,2) = w(3,2) + eta*y2*gradloco;
    end
end
```

A seguir é apresentado o código em Python do algoritmo de backpropagation sem o termo de momento do Exemplo 4.4.

PYTHON- Algoritmo de backpropagation sem o termo de momento do Exemplo 4.4

```
import math
import numpy as np

x = np.array([[1,1],[1,0],[0,1],[0,0]])
d = [[0],[1],[1],[0]]
xzero = [1,1,1]
eta = 0.1;
n = 100000;
w = np.zeros((3,2))
b = np.zeros((3,1))

for i in range(0,n):

    y3 = np.zeros((4,1))
    entradas = 4

    for j in range(0, entradas):

        # Camada Oculta
        v1 = xzero[0]*b[0,0] + x[j,0]*w[0,0] + x[j,1]*w[0,1]
        y1 = 1/(1 + math.exp(-v1))
        v2 = xzero[1]*b[1,0] + x[j,0]*w[1,0] + x[j,1]*w[1,1]
        y2 = 1/(1 + math.exp(-v2))

        # Camada de Saída
        v3 = xzero[2]*b[2,0]+ y1*w[2,0]+ y2*w[2,1]
        y3[j] =1/(1 + math.exp(-v3))

        # Gradientes Locais
        gradloco = y3[j]*(1-y3[j])*(d[j]-y3[j])
        gradloch1 = y1*(1-y1)*w[2,0]*gradloco
        gradloch2 = y2*(1-y2)*w[2,1]*gradloco

        # Ajuste de Pesos e Bias
        b[0,0] = b[0,0] + eta*xzero[0]*gradloch1
        b[1,0] = b[1,0] + eta*xzero[1]*gradloch2
        b[2,0] = b[2,0] + eta*xzero[2]*gradloco
```

```
        w[0,0] = w[0,0] + eta*x[j,0]*gradloch1
        w[0,1] = w[0,1] + eta*x[j,0]*gradloch1
        w[1,0] = w[1,0] + eta*x[j,1]*gradloch2
        w[1,1] = w[1,1] + eta*x[j,1]*gradloch2
        w[2,0] = w[2,0] + eta*y1*gradloco
        w[2,1] = w[2,1] + eta*y2*gradloco
```

A sequência de comandos a seguir apresenta inicialmente uma taxa de aprendizagem, Eta (η), igual a 0,1 e um termo de momento, Alfa (α), de 0,5. O número de iterações, *n*, está recebendo o valor 2 para que os valores de pesos, bias, saídas, campos locais induzidos e RMSE possam ser comparados com os valores que foram calculados anteriormente. As contas feitas anteriormente tiveram alguns arredondamentos, para facilitar as comparações dos números foi utilizada a função **format long**". O Apêndice 3 contém os cálculos da segunda época utilizando o algoritmo de backpropagation para resolver o XOR. As variáveis new_w, old_w, new_b e old_b foram utilizadas para poder recuperar os valores de peso (w) e bias (b) da etapa anterior.

```
MATLAB - Backpropagation com o termo de momento utilizado no Exemplo 4.4
x = [1 1; 1 0; 0 1; 0 0];
d = [0;1;1;0];
xzero = [1 1 1];
eta = 0.1;
alfa=0.5;
n = 2;
w = zeros(3,2);
b = zeros(3,1);
old_w=zeros(3,2);
new_w=zeros(3,2);
old_b=zeros(3,1);
new_b=zeros(3,1);
t=0;
for k = 1:n
    format long
    y3 = zeros(4,1);
    entradas = 4;
   for j = 1:entradas
      v1 = xzero(1,1)*b(1,1)+ x(j,1)*w(1,1)+ x(j,2)*w(1,2);
      y1 = 1/(1+exp(-v1));
      v2 = xzero(1,2)*b(2,1)+ x(j,1)*w(2,1)+ x(j,2)*w(2,2);
      y2 = 1/(1+exp(-v2));
      v3 = xzero(1,3)*b(3,1)+ y1*w(3,1)+ y2*w(3,2);
      y3(j) =1/(1+exp(-v3));
      gradloco = y3(j)*(1-y3(j))*(d(j)-y3(j));
      gradloch1 = y1*(1-y1)*w(3,1)*gradloco;
      gradloch2 = y2*(1-y2)*w(3,2)*gradloco;
old_w=w;
old_b=b;
            b(1,1) = b(1,1) + eta*xzero(1,1)*gradloch1+alfa*ba(1,1);
            b(2,1) = b(2,1) + eta*xzero(1,2)*gradloch2+alfa*ba(2,1);
            b(3,1) = b(3,1) + eta*xzero(1,3)*gradloco+alfa*ba(3,1);
            w(1,1) = w(1,1) + eta*x(j,1)*gradloch1+alfa*wa(1,1);
            w(1,2) = w(1,2) + eta*x(j,1)*gradloch1+alfa*wa(1,2);
            w(2,1) = w(2,1) + eta*x(j,2)*gradloch2+alfa*wa(2,1);
            w(2,2) = w(2,2) + eta*x(j,2)*gradloch2+alfa*wa(2,2);
            w(3,1) = w(3,1) + eta*y1*gradloco+alfa*wa(3,1);
            w(3,2) = w(3,2) + eta*y2*gradloco+alfa*wa(3,2);
```

```
new_w= old_w;
new_b= old_b;
e(j)=d(j)-y3(j);
sse=dot(e,e);
mse=sse/entradas;
   end
rmse(k)=sqrt(mse);
t(k)=k;
end
disp('Backpropagation para o Operaror Lógico XOR');
disp('Total de Épocas Realizadas');
disp(n);
disp('Pesos Finais e Bias');
w
b
plot(t, rmse,'ko','MarkerSize',10);
xlabel('Época');
ylabel('RMSE');
```

A seguir é apresentado o código em Python do algoritmo de backpropagation com o termo de momento do Exemplo 4.4.

PYTHON - Backpropagation com o termo de momento utilizado no Exemplo 4.4

```
import math
import numpy as np
import matplotlib.pyplot as plt


x = np.array([[1,1],[1,0],[0,1],[0,0]])
d = [[0],[1],[1],[0]]
xzero = [1,1,1]

eta=0.25
alfa=0.0001
n=10000

# eta = 0.1
# alfa=0.5
# n = 2
w = np.zeros((3,2))
b = np.zeros((3,1))

old_w = np.zeros((3,2))
new_w = np.zeros((3,2))
old_b = np.zeros((3,1))
new_b = np.zeros((3,1))

e = np.empty(4)

t = np.empty((n))
rmse = np.empty((n))

for k in range(n):
    y3 = np.zeros((4,1))
    entradas = 4
```

```
    for j in range(entradas):

        # Camada Oculta
        v1 = xzero[0]*b[0,0] + x[j,0]*w[0,0] + x[j,1]*w[0,1]
        y1 = 1/(1 + math.exp(-v1))
        v2 = xzero[1]*b[1,0] + x[j,0]*w[1,0] + x[j,1]*w[1,1]
        y2 = 1/(1 + math.exp(-v2))

        v3 = xzero[2]*b[2,0]+ y1*w[2,0]+ y2*w[2,1]
        y3[j] =1/(1 + math.exp(-v3))

        gradloco = y3[j]*(1-y3[j])*(d[j]-y3[j])
        gradloch1 = y1*(1-y1)*w[2,0]*gradloco
        gradloch2 = y2*(1-y2)*w[2,1]*gradloco

        old_w = w
        old_b = b

        b[0,0] = b[0,0] + eta * xzero[0] * gradloch1 + alfa * b[0,0]
        b[1,0] = b[1,0] + eta * xzero[1] * gradloch2 + alfa * b[1,0]
        b[2,0] = b[2,0] + eta * xzero[2] * gradloco + alfa * b[2,0]
        w[0,0] = w[0,0] + eta * x[j,0] * gradloch1 + alfa * w[0,0]
        w[0,1] = w[0,1] + eta * x[j,0] * gradloch1 + alfa * w[0,1]
        w[1,0] = w[1,0] + eta * x[j,1] * gradloch2 + alfa * w[1,0]
        w[1,1] = w[1,1] + eta * x[j,1] * gradloch2 + alfa * w[1,1]
        w[2,0] = w[2,0] + eta * y1 * gradloco + alfa * w[2,0]
        w[2,1] = w[2,1] + eta * y2 * gradloco + alfa * w[2,1]

        new_w = old_w
        new_b = old_b
        e[j] = d[j]-y3[j]
        sse = np.vdot(e,e)
        mse = sse/entradas

    rmse[k] = math.sqrt(mse)
    t[k] = k + 1

print('Backpropagation para o Operaror Lógico XOR')
print('Total de Épocas Realizadas', n)
print('Pesos Finais e Bias', w, b)
print(rmse)

f = plt.figure()
f.set_figwidth(20)
f.set_figheight(15)

params = {'xtick.labelsize':'20',
         'ytick.labelsize':'20'}
plt.rcParams.update(params)
plt.plot(t, rmse,'o', markersize=10, color='black', fillstyle='none')
plt.xlim(0,10000)
plt.xticks(range(0,11000,1000))
plt.ylim(0, 0.7)
plt.xlabel('Época', fontsize=40)
plt.ylabel('RMSE', fontsize=40)
```

Após executar a primeira época, os pesos finais são dados por

w =
-0,00002956892625 -0,00002956892625
0,00000018135171 0,00000018135171
-0,00306824177628 -0,00306818017971

Os valares de bias são

b =
-0,00003937972733
-0,00003937992073
-0,00613635981662

O RMSE é

rmse=
0,50176147868283

Após executar a segunda época, os pesos finais são dados por

w =
-0,00011843477569 -0,00011843477569
0,00001063171714 0,00001063171714
-0,00818366696041 -0,00818337028743

Os valares de bias são

b =
-0,00015286051997
-0,00015286250207
-0,01636705917579

O RMSE é

rmse=
0,50133237569475

Utilizando a mesma sequência de comandos mostrada anteriormente, porém atribuindo para a taxa de aprendizagem o valor de 0,25, para o termo de momento o valor de 0,0001 e o número de épocas como sendo igual a 10000 (dez mil), podemos verificar como o RMSE estará sendo alterado durante o processo de aprendizagem, e após concluído esse número de épocas podemos verificar os valores de saída da rede neural e comparar com os valores desejados. A Figura–14 apresenta o gráfico da mudança do RMSE com o passar das épocas. Podemos notar que o erro diminui à medida que as épocas passam.

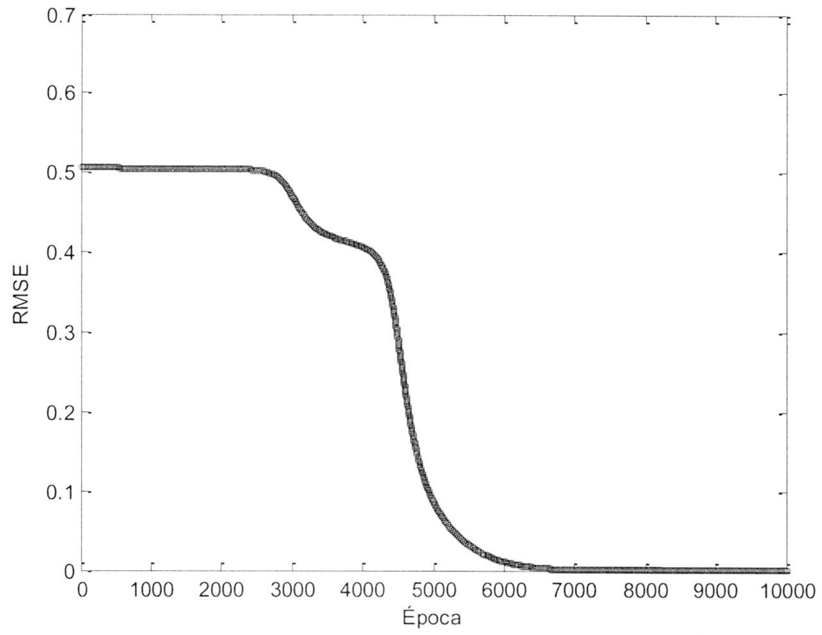

Figura–14 Comportamento do RMSE com o passar das épocas na solução do problema do XOR utilizando uma rede neural MLP(2, 2, 1).

É importante lembrar que os pesos e bias foram iniciados todos com valores iguais à zero, implicações sobre a escolha dos pesos serão discutidas na próxima seção, porém a obtenção de valores aleatórios (ou randômicos) pode ser realizada utilizando a função **rand** do MATLAB. Por exemplo, **rand(n)** retorna uma matriz n-por-n de valores e **rand(m, n)** retorna uma matriz m-por-n de valores aleatórios. Os números gerados são pseudoaleatórios, o que significa que são aproximadamente independentes uns dos outros.

Dessa forma, com $\eta = 0,25$, $\alpha = 0,0001$ e $n = 10000$ produz-se as seguintes saídas

x_1	x_2	$x_1 \veebar x_2$	$y_3(j)$
1	1	0	0,00000000027382
1	0	1	0,99999999999998
0	1	1	0,99999999999998
0	0	0	0,00000000000000

4.6 O Comando `feedforwardnet` do MATLAB

Uma Rede neural alimentada adiante, feedforward, consiste de uma rede formada por uma série de camadas. A primeira camada possui conexões a partir da camada de entrada de dados. Cada camada subsequente possui uma conexão a partir da camada anterior. A camada final produz a saída da rede. As redes alimentadas adiante podem ser utilizadas para qualquer tipo de mapeamento de entrada-saída. A rede feedforward com uma camada oculta e um número de neurônios suficiente pode ajustar qualquer problema de mapeamento entrada-saída. A sintaxe do comando **`feedforwardnet`** é dada por

feedforwardnet(camadas ocultas, função de treinamento)

A tabela a seguir apresenta funções de treinamento (`trainFcn`) que podem ser utilizadas junto com o comando feedforwardnet.

Função	Algoritmo
trainb	Treinamento em lote regra de aprendizagem para pesos e bias
trainbfg	Retropropagação quasi-Newton BFGS (Broyden–Fletcher–Goldfarb–Shanno)
trainbr	Regularização bayesiana
trainc	Treinamento incremental de ordem ciclíca de peso e bias
traincgb	Retropropagação com gradiente conjugado Powell-Beale
traincgf	Retropropagação com gradiente conjugado Fletcher-Powell
traincgp	Retropropagação com gradiente conjugado Polak-Ribiére
traingd	Retropropagação com gradiente descendente
traingdm	Retropropagação com gradiente descendente com momento
traingda	Retropropagação com gradiente descendente com taxa de aprendizagem adaptativa
traingdx	Retropropagação com gradiente descendente com momento e taxa de aprendizagem adaptativa
trainlm	Retropropagação com algoritmo de Levenberg-Marquardt
trainoss	Retropropagação com secante de um passo
trainr	Treinamento incremental de ordem aleatória com funções de aprendizagem
trainrp	Retropropagação resiliente (RPROP)
trains	Treinamento incremental de ordem sequencial com funções de aprendizagem
trainscg	Retropropagação com gradiente conjugado escalonado

A função traingdm é utilizada no caso do backpropagation com gradiente descendente e com momento. Sua sintaxe é dada por

```
rede.trainFcn = 'traingdm'
[rede,tr] = train(net,...)
```

Quanto à descrição dessa função, temos que `traingdm` é uma função de treinamento de rede que atualiza os valores dos pesos e bias de acordo com gradiente descendente e o momento.

`rede.trainFcn = 'traingdm'` atribui a propriedade `trainFcn` à rede.
`[rede,tr] = train(net,...)` treina a rede com `traingdm`.

O registro de treinamento `tr` contém informações sobre o progresso do treinamento da rede.

O gradiente descendente com momento, implementado pelo `traingdm`, permite a rede responder não apenas ao gradiente local, mas também às tendências recentes na superfície de erro. Atuando como um filtro passa-baixa, o momento permite que a rede ignore pequenas variações na superfície de erro. Sem o momento uma rede pode ficar presa em um mínimo local raso. Com o momento uma rede pode deslizar através desse tipo de mínimo.
O gradiente descendente com momento depende de dois parâmetros de treinamento. O parâmetro `lr` que indica a taxa de aprendizagem (learning rate), é similar ao caso do gradiente descendente

simples implementado com a função `traingd`. O parâmetro `mc` é a constante de momento que define a quantidade do momento. A essa constante `mc` é atribuído um valor entre 0 (sem momento) e próximo de 1 (muito momento). Uma constante de momento igual a 1 resulta em uma rede que é completamente insensível ao gradiente local e, portanto, não aprende de forma apropriada.
Um exemplo de uso da função **`feedforwardnet`** é dado por

```
entradas=[1 1 0 0; 1 0 1 0];
valores_desejados=[1 0 0 0];
rede=feedforwardnet(3,'traingdm');
rede.trainParam.lr=0.25;
rede.trainParam.mc=0.01;
rede.trainParam.epochs = 300;
rede.trainParam.max_fail=1000;
rede=train(rede,entradas,valores_desejados);
saida=rede(entradas)
view(rede)
```

gerando a saída

```
saida =
  1.0000   0.7364   0.3311   0.0000
```

e a Figura–15.

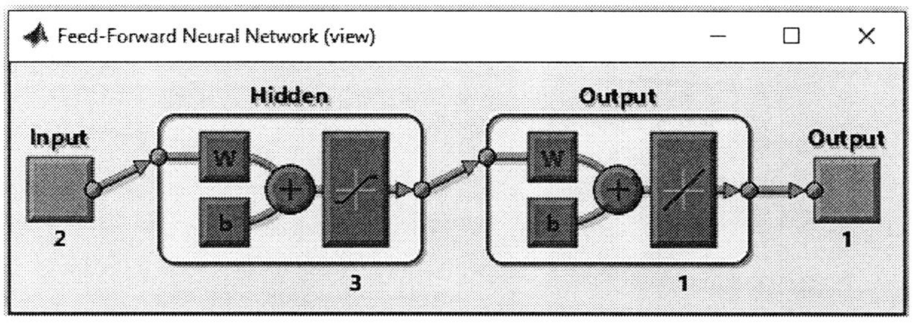

Figura–15 Rede MLP(2, 3,1).

4.7 Divisão da amostra para o processo de aprendizagem

A generalização do desempenho de um método de aprendizagem está relacionada à sua capacidade de predição de um conjunto de dados de teste independente. É muito importante na prática poder avaliar o desempenho de predição do modelo. Uma medida de desempenho guia à escolha do método de aprendizagem ou modelo, e fornece uma medida da qualidade do modelo quanto à sua capacidade de resolver o problema.
É importante notar que existem dois objetivos separados na construção dos modelos.
(i) Seleção do modelo: estimando o desempenho (performance) de modelos diferentes, de tal forma que seja possível escolher o melhor entre eles;
(ii) Avaliação do modelo: tendo escolhido um modelo final, deve-se estimar seu erro de predição (generalização do erro) sobre novos dados.
Quando o trabalho sendo realizado possibilita a obtenção de grande número de dados, a melhor abordagem na resolução do problema consiste em dividir aleatoriamente o conjunto de dados em três partes: um conjunto de treinamento, um conjunto de validação e um conjunto de teste. O conjunto de treinamento é usado para ajustar aos modelos; o conjunto de validação é utilizado para

estimar o erro de predição para auxiliar a seleção do modelo; o conjunto de teste é usado para avaliar a generalização do erro na escolha final do modelo. Idealmente, o conjunto de teste deve ser mantido separado e utilizado apenas no final da análise de dados.

É difícil gerar uma regra geral de como escolher o número de observações em cada uma das três partes, uma vez que depende da razão entre sinal e ruído contida nos dados e do tamanho da amostra de treinamento. As escolhas típicas são

50% para treinamento, 25% para validação e 25% para teste

Treinamento	**Validação**	**Teste**

70% para treinamento, 15% para validação e 15% para teste

Treinamento	**Validação**	**Teste**

Esta divisão dos conjuntos de treinamento depende do sinal, do ruído, da função subjacente que representa o problema e da complexidade dos modelos sendo ajustados. A divisão defualt que o MATLAB executa para treinamento, validação e teste é de 0,7, 0,15 e 0,15, respectivamente. É possível acessar ou alterar a função de divisão das observações através do comando `divideParam`, por exemplo

```
rede.divideParam.trainRatio = 0.6;
rede.divideParam.valRatio = 0.2;
rede.divideParam.testRatio = 0.2;
```

EXEMPLO 4.5

Hoje em dia, o congestionamento nas cidades de todo o mundo tem aumentado, e a busca de soluções tem levado a alternativas de transporte de passageiros e de carga. Neste exemplo, vamos considerar a média de trânsito (em quilômetros), de acordo com o horário durante sete dias de uma determinada cidade. O objetivo é construir um modelo de rede neural que se ajuste ao conjunto de dados observados, ou seja, utilizar uma rede MLP para realizar a predição da série da média de trânsito por hora, para os sete dias da semana analisada. Essa amostra é constituída de um total de 168 observações. Os comandos do MATLAB mostrados em destaque, a seguir, são utilizados para as seguintes tarefas:

- xlsread abre o arquivo Excel chamado transito.xlsx que contém os dados de trânsito nos sete dias analisados;
- array2table utiliza os dados do arquivo transito.xlsx e coloca na forma da tabela mostrada a seguir;
- dia_e_hora constitui a matriz 2×168 de entrada de dados;
- reshape(d, 1, numel(d)) cria o vetor 1×168 onde está a sequência dos valores de trânsito médio por hora dos sete dias analisados;
- feedforwardnet([24 12]) cria uma rede MLP(2, 24, 12, 1);
- train(rede,dia_e_hora,transito_medio') executa o treinamento da rede conforme os parâmetros especificados;
- perform(rede,transito_medio,pred) retorna o desempenho da rede de acordo com a função rede.performFcn que tem como default o MSE (Mean Squared Error–Erro Quadrado Médio);

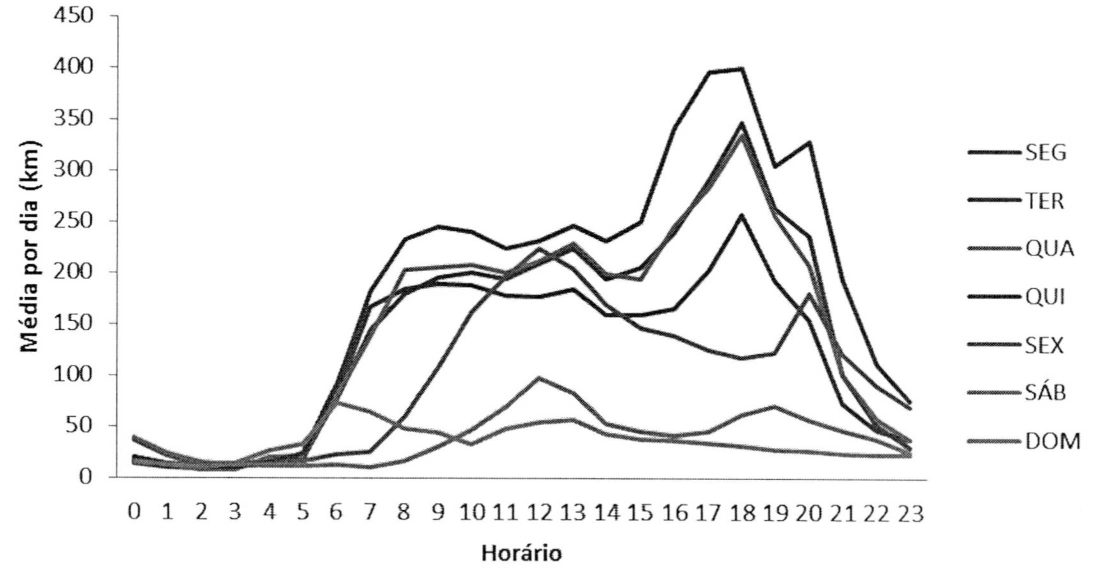

Figura–16 Média de trânsito por dia (em quilômetros), de acordo com o horário durante sete dias.

A apresentação dos dados na forma de tabela, tal como mostrado a seguir, pode ser obtida utilizando os comandos `array2table`, `'VariableNames'` e `'RowNames'`.

	Segunda	Terca	Quarta	Quinta	Sexta	Sabado	Domingo
0	14	16	18	20	36	39	15
1	10	12	12	14	21	24	12
2	9	11	8	11	12	15	10
3	13	12	8	10	14	13	14
4	16	13	20	14	12	11	26
5	18	20	21	24	16	11	32
6	81	76	80	91	23	13	72
7	166	144	138	181	25	10	64
8	184	179	202	232	59	16	48
9	188	196	205	245	108	29	44
10	187	200	207	240	161	46	32
11	177	194	200	224	196	68	47
12	176	209	212	231	224	97	54
13	184	224	229	246	203	83	56
14	158	193	199	232	169	52	42
15	159	205	194	250	146	45	38
16	166	240	246	343	139	41	36
17	202	291	284	396	125	46	34
18	257	348	335	400	117	61	31
19	193	263	257	305	122	70	28
20	154	236	207	329	180	56	26
21	73	101	101	194	121	46	24
22	46	51	58	111	90	37	23
23	38	30	38	75	69	25	22

```
clear all, clc
%Extrair dados do arquivo Excel
transito = 'dados_transito.xlsx';
d = xlsread(transito)
%Apresentação dos dados na forma de tabela
array2table(d,...
    'VariableNames',{'Segunda' 'Terca' 'Quarta' 'Quinta' 'Sexta' 'Sabado'
'Domingo'},...
    'RowNames',{'0' '1' '2' '3' '4' '5' '6' '7' '8' '9' '10' '11'...
            '12' '13' '14' '15' '16' '17' '18' '19' '20' '21' '22' '23'})
%Dados de entrada
dia_e_hora=...
  [ 1 0; 1 1; 1 2;1 3;1 4;1 5;1 6;1 7;1 8;1 9;1 10;1 11;1 12;1 13;1 14;1 15;1
16;1 17;1 18;1 19;1 20;1 21;1 22;1 23;...
    2 0; 2 1; 2 2;2 3;2 4;2 5;2 6;2 7;2 8;2 9;2 10;2 11;2 12;2 13;2 14;2 15;2
16;2 17;2 18;2 19;2 20;2 21;2 22;2 23;...
    3 0; 3 1; 3 2;3 3;3 4;3 5;3 6;3 7;3 8;3 9;3 10;3 11;3 12;3 13;3 14;3 15;3
16;3 17;3 18;3 19;3 20;3 21;3 22;3 23;...
    4 0; 4 1; 4 2;4 3;4 4;4 5;4 6;4 7;4 8;4 9;4 10;4 11;4 12;4 13;4 14;4 15;4
16;4 17;4 18;4 19;4 20;4 21;4 22;4 23;...
    5 0; 5 1; 5 2;5 3;5 4;5 5;5 6;5 7;5 8;5 9;5 10;5 11;5 12;5 13;5 14;5 15;5
16;5 17;5 18;5 19;5 20;5 21;5 22;5 23;...
    6 0; 6 1; 6 2;6 3;6 4;6 5;6 6;6 7;6 8;6 9;6 10;6 11;6 12;6 13;6 14;6 15;6
16;6 17;6 18;6 19;6 20;6 21;6 22;6 23;...
    7 0; 7 1; 7 2;7 3;7 4;7 5;7 6;7 7;7 8;7 9;7 10;7 11;7 12;7 13;7 14;7 15;7
16;7 17;7 18;7 19;7 20;7 21;7 22;7 23]'
%Trânsito médio em km por dia
t = reshape( d ,1,numel(d));
transito_medio=t';
disp(transito_medio)
%Definição da rede neural multicamadas
rede=feedforwardnet([24 12]);
rede.divideParam.trainRatio = 7;
rede.divideParam.valRatio = 0.15;
rede.divideParam.testRatio = 0.15;
rede.trainFcn = 'traingdm'
rede.trainParam.show = NaN;
rede.trainParam.mc=0.9;
rede.trainParam.lr = 0.05;
rede.trainParam.epochs = 1000;
rede.trainParam.goal = 1e-100;
rede.trainParam.min_grad = 1e-10;
rede.trainParam.max_fail=1000;
[rede,tr]=train(rede,dia_e_hora,transito_medio');
%Resultados da predição
pred=rede(dia_e_hora);
desempenho=perform(rede,transito_medio,pred);
hold all
plot(transito_medio,'k', 'LineWidth',1);
plot(pred);
erro=transito_medio' + -pred;
plot(erro,'r');
```

As Figuras–17(a) e (b) apresentam resultados considerando para ajuste da rede neural a função de treinamento `traingdm` de retropropagação com gradiente descendente e momento. As Figuras–17(c) e (d) utilizaram a função de treinamento `trainlm` de retropropagação com algoritmo de

Levenberg-Marquardt (LM) que será discutido no Capítulo–7.

Nas Figuras–17(a) e (c) as linhas que estão situadas mais abaixo correspondem à diferença entre o trânsito médio e o valor predito, para cada dia da amostra. Ou seja, é o erro dado por

```
erro=transito_medio' + -pred;
```

e plotado como uma linha vermelha pelo comando

```
plot(erro,'r');
```

Nesse exemplo, fica evidenciada a falta de capacidade de ajuste gerada quando aplicamos o algoritmo de backpropagation tradicional.

Resultados de vários experimentos indicam que o algoritmo Levenberg-Marquardt proporciona elevadas taxas de reconhecimento corretas. Além disso, vários resultados confirmam que o método LM supera o de retropropagação.

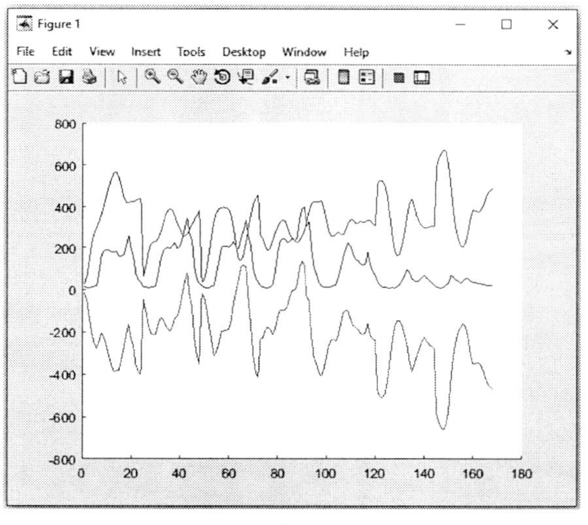

(a)

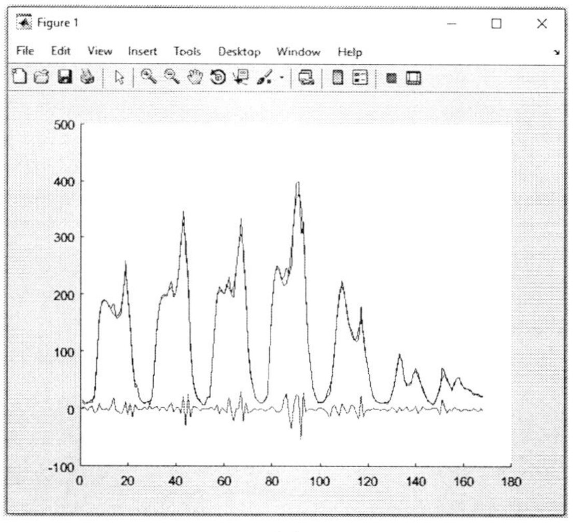

(c)

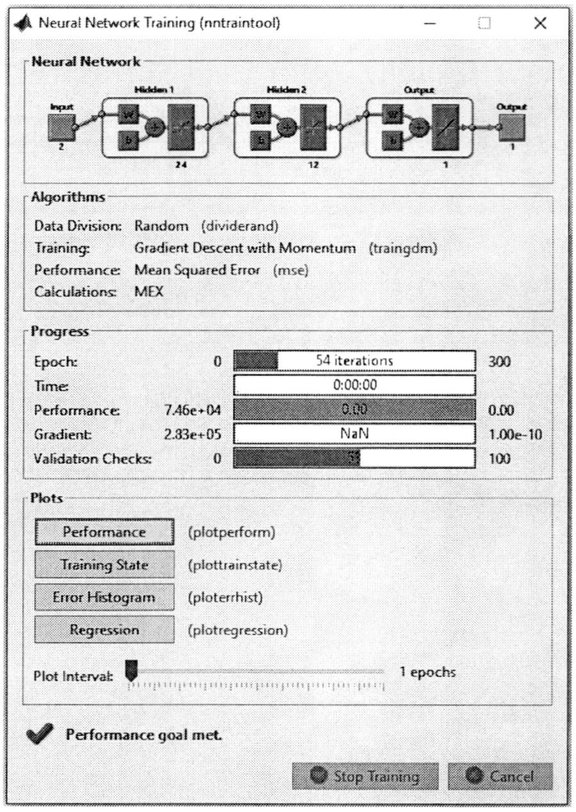

(b)

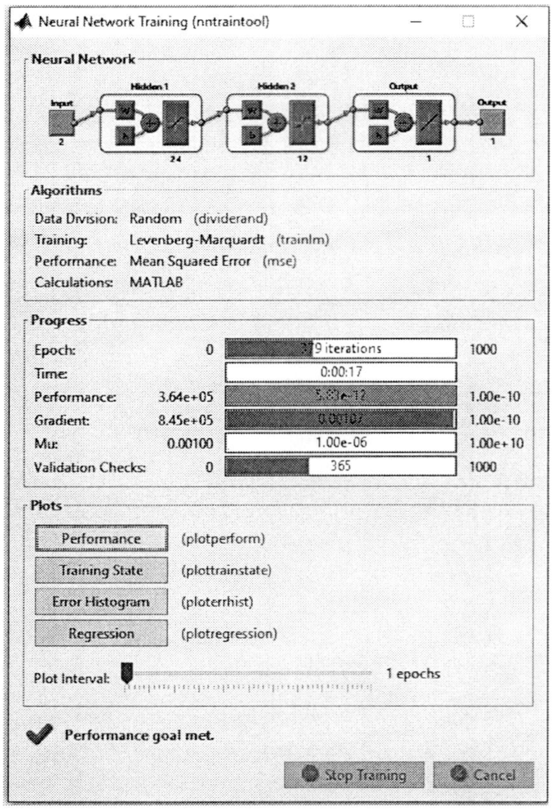

(d)

Figura–17 Ajuste da rede neural ao conjunto de dados de trânsito médio por dia (a) e (b) utilizando o algoritmo de backpropagation padrão e (c) e (d) utilizando o algoritmo de Levenberg-Marquardt.

Outras configurações de rede podem ser utilizadas com o comando `traingdm` para melhorar o desempenho de ajuste aos dados. Como pode-se observar o comando `trainlm` gerou melhores resultados.

EXEMPLO 4.6

A Figura–18 apresenta letras e números construídos a partir de uma grade de tamanho 35, contendo 7 linhas e 5 colunas. O número de letras é igual a 26 e são 10 os números, num total de 36 letras e números. Construir um arquivo em Excel contendo a representação booleana de cada tipo de caractere e elaborar uma sequência de comandos do MATLAB para reconhecer as letras e os números e mostrá-los em figuras separadas.

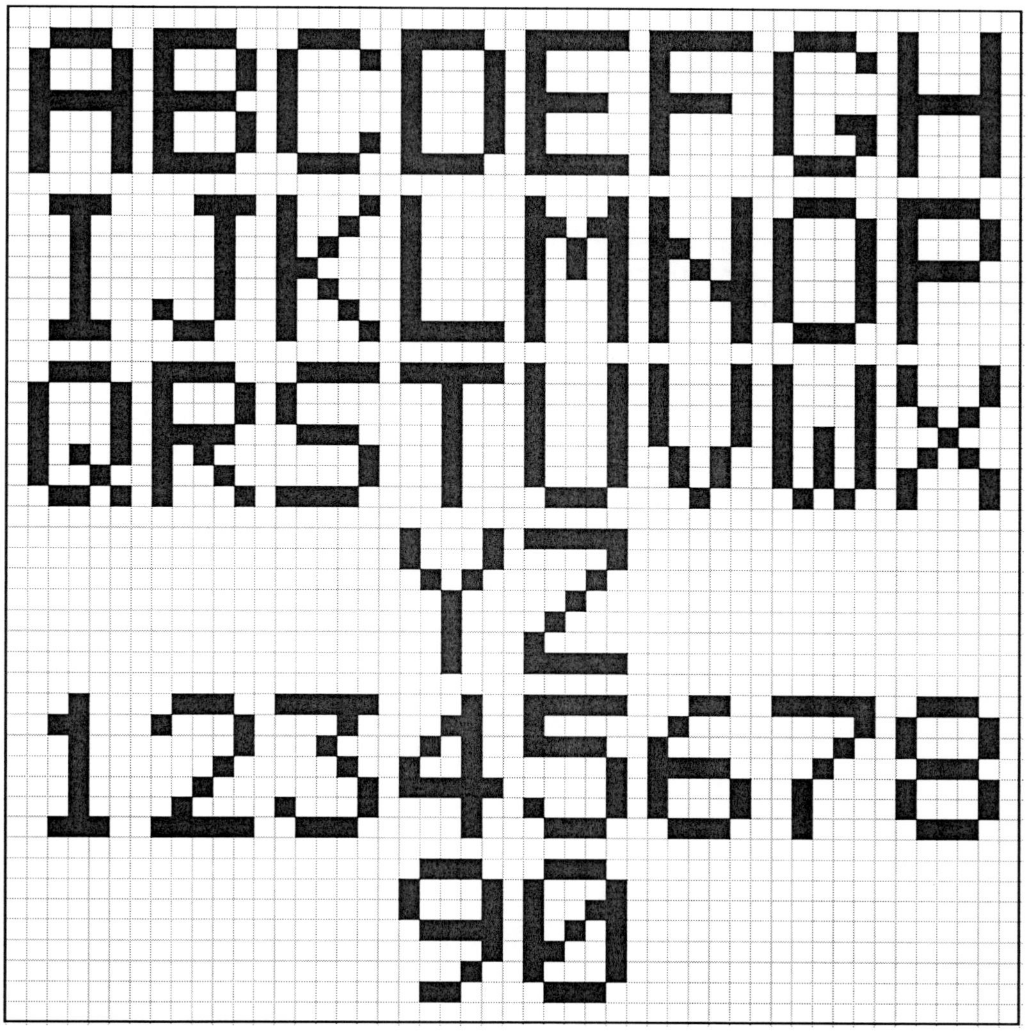

Figura–18 Representação de letras e números em uma grade 7 por 5.

Para cada letra do alfabeto e para cada número é criado um vetor de entrada de 35x1 contendo os valores booleanos. Esses vetores são construídos considerando o valor 1 para a célula da grade que contém parte do caractere e 0 onde não há parte da letra ou do número, na Figura–19 tem-se a atribuição de 1 e 0 para as células da grade da letra A.

0	1	1	1	0
1	0	0	0	1
1	0	0	0	1
1	1	1	1	1
1	0	0	0	1
1	0	0	0	1
1	0	0	0	1

Figura–19 Letra A e valores booleanos das 35 células da grade.

Foi construído um arquivo `letras_e_numeros.xlsx` contendo as letras e os números que constituem os sinais de entrada da rede neural. Um outro arquivo chamado `d_letras_e_numeros.xlsx` contém os valores desejados na saída da rede neural. Na Figura–20 tem-se um esquema demonstrando que cada célula da grade está conectada aos neurônios da primeira camada da rede neural. A entrada da rede é obtida a partir do valor booleano de cada célula que forma a letra ou número. As saídas desejadas são constituídas de vetores de dimensão 36x1, um vetor para cada letra e número. O vetor que representa a letra "A" terá o primeiro valor igual a 1 e os demais iguais a zero. O vetor que representa a letra "B" terá o primeiro valor igual a 0, o segundo igual a 1 e os demais iguais a zero. Assim por diante, para todos os outros caracteres. Os dados de entrada da rede neural e de valores desejados presentes nos arquivos Excel utilizados aqui, podem ser observados no Apêndice 4.

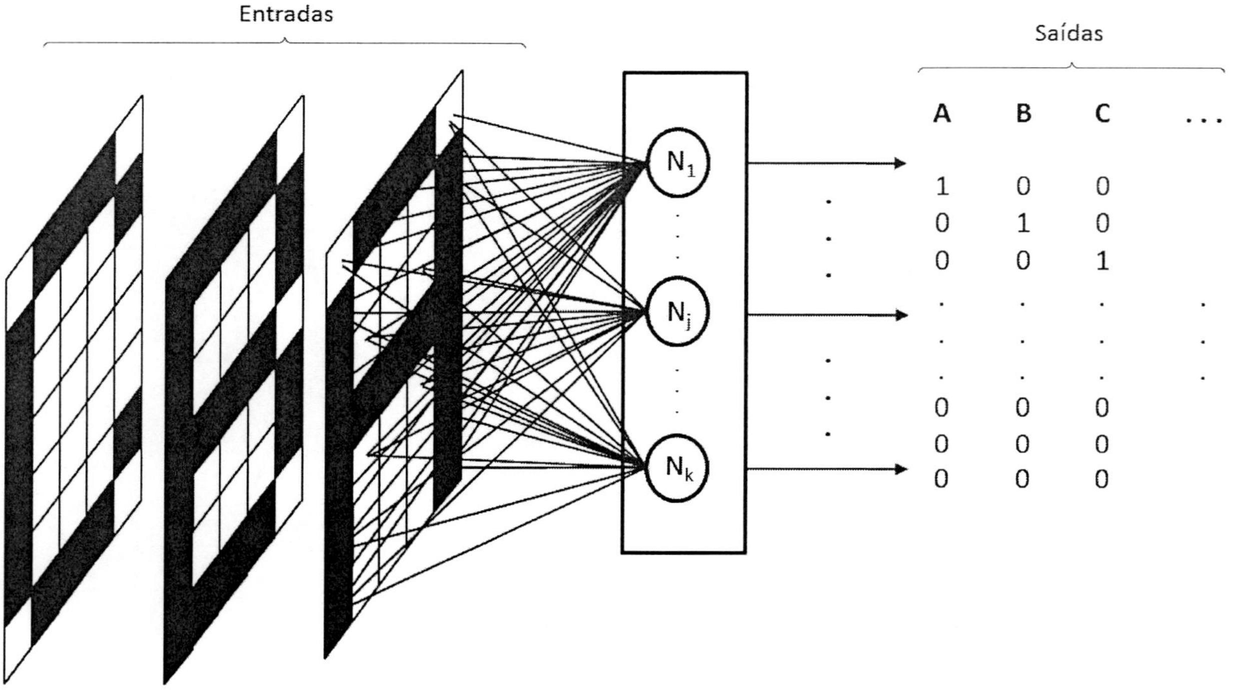

Figura–20 Entradas e saídas da rede neural para reconhecimento de letras.

O script do MATLAB utilizado para construir a rede MLP para reconhecimento das letras e números representados em uma grade de dimensão 7 por 5 é mostrado logo a seguir no quadro em destaque. Dessa forma, temos que:

- é utilizado o comando `xlsread` para ler os dados dos sinais de entrada do arquivo Excel `letras_e_numeros.xlsx`;
- o comando `array2table` é aplicado para criar uma tabela com os dados de entrada (apenas para que seja realizada uma breve inspeção visual dos dados);
- os sinais de entrada são armazenados no array "e";
- também são utilizados os comandos `xlsread` e `array2table` para criar o array "d" a partir do arquivo `d_letras_e_numeros.xlsx`;
- a instrução `feedforwardnet([35 20 25 36])` cria uma rede MLP(35, 20, 25, 36), ou seja, uma rede neural com uma camada de entrada para 35 sinais, uma primeira camada intermediária

contendo 20 neurônios, segunda camada intermediária contendo 25 neurônios e uma camada de saída com 36 neurônios;

- a rede neural foi treinada utilizando a função de treinamento `traingdx`, gradiente descendente com momento e taxa de aprendizagem adaptativa, dada por `rede.trainFcn = 'traingdx';`
- a instrução `letra=e(:,13)` seleciona uma letra para ser reconhecida pela rede neural, nesse caso a letra M;
- a instrução `saida_letra=sim(rede,letra)` simula a rede MLP(35, 20, 25, 36) tendo como entrada a letra escolhida;
- o comando `compet` é uma função de transferência, retorna vetores de saída com 1 onde cada vetor de entrada da rede apresenta seu valor máximo e 0 nas outras posições. Por exemplo,

```
v = [0.0; 0.3; 0.7; 0.2];
a = compet(v)
```

retorna

```
a =
    0
    0
    1
    0
```

Dessa forma, a instrução `saida_letra=compet(saida_letra)` retorna um vetor contendo 1 na posição 13, porque a letra testada é M e vetor de saída dessa letra contém o valor somente na posição 13. Na sequência de comandos do MATLAB mostrada a seguir, a instrução `caractere_letra=find(compet(saida_letra)==1)` retorna a posição da letra M, que é 13.

- o comando `plotchar(e(:,caractere_letra))` plota a letra M numa grade de tamanho 7 por 5;

Depois que a rede neural foi treinada, é realizado um teste para verificar se a rede reconhece uma letra que apresenta ruídos nas outras células.

- a instrução `ruido_letra=e(:,13)+randn(35,1)*0.1` gera um vetor de tamanho 35x1 onde foi acrescentado um número aleatório para cada elemento do vetor.

Figura–21 (a) Letra extraída do vetor de entrada, (b) letra obtida da simulação da rede neural.

Figura–21, (c) letra com ruído, (d) letra obtida pela rede neural a partir da letra com ruído.

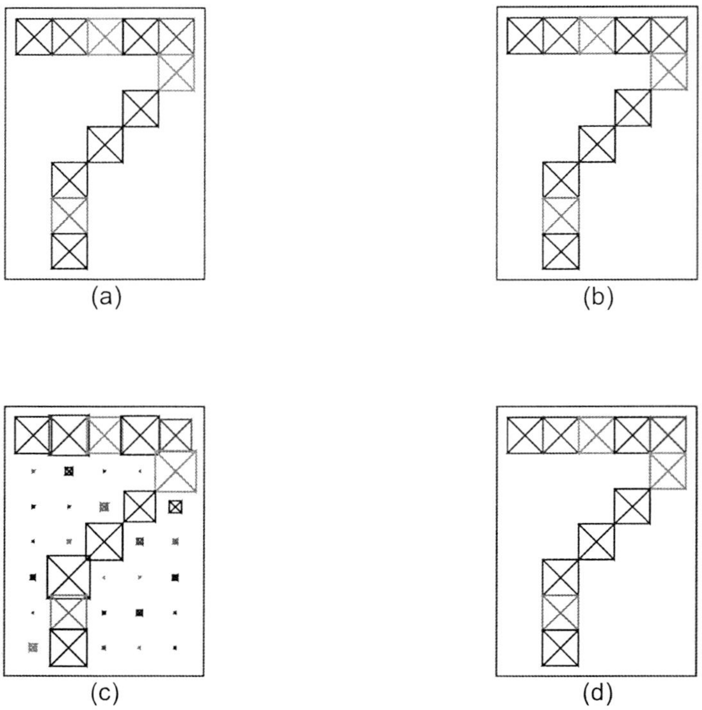

Figura–22 (a) Número extraído do vetor de entrada, (b) número obtido da simulação da rede neural, (c) número com ruído, (d) número obtido pela rede neural a partir do número com ruído.

Para aumentar a influência do ruído sobre a formação da letra pode-se aumentar o fator 0,1 para um valor maior.

A rede que foi treinada anteriormente é simulada com a letra que apresenta ruídos nas células e retorna a letra reconhecida pela rede neural.

O mesmo procedimento é realizado para reconhecimento de um caractere que representa um número. Os resultados são apresentados na Figura–21 e na Figura–22.

Na Figura–23 temos a rede neural MLP(35, 20, 25, 36), as especificações que foram utilizadas ao número de épocas foi atribuído o valor de 5000 iterações, sendo a medida de performance o MSE.

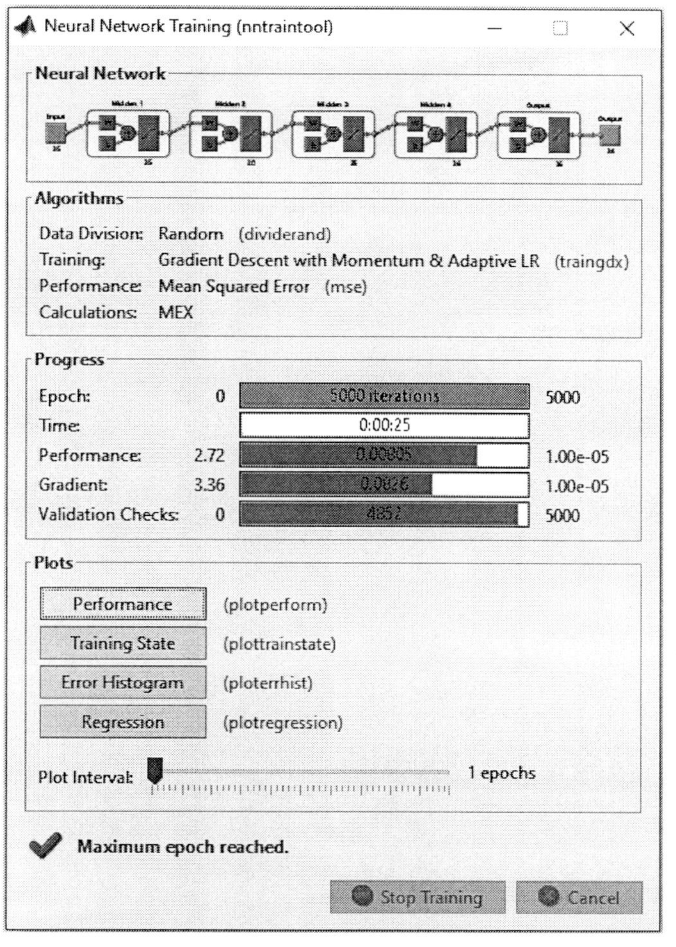

Figura–23 Rede Neural MLP(35, 20, 25, 36) gerada pelo MATLAB.

A seguir é apresentada a sequência de comandos utilizada para reconhecimento das 26 letras do alfabeto e dos números de 0 a 9.

MATLAB - Reconhecimento de letra e número

```
clear all, clc
%Extrair dados de entrada do arquivo Excel
entradas_letras_e_numeros = 'letras_e_numeros.xlsx';
e = xlsread(entradas_letras_e_numeros);

%Apresentação dos dados na forma de tabela
array2table(e,...
    'VariableNames',{'A' 'B' 'C' 'D' 'E' 'F' 'G' 'H' 'I' 'J' 'K' 'L' 'M' 'N'...
                    'O' 'P' 'Q' 'R' 'S' 'T' 'U' 'V' 'W' 'X' 'Y' 'Z' 'Numero1'
'Numero2'...
                    'Numero3' 'Numero4' 'Numero5' 'Numero6' 'Numero7' 'Numero8'
'Numero9' 'Numero0'},...
    'RowNames',{'1' '2' '3' '4' '5' '6' '7' '8' '9' '10' '11' '12'...
                '13' '14' '15' '16' '17' '18' '19' '20' '21' '22' '23' '24'...
                '25' '26' '27' '28' '29' '30' '31' '32' '33' '34' '35'})

%Extrair dados de saída desejada do arquivo Excel
desejados_letras_e_numeros = 'd_letras_e_numeros.xlsx';
```

```
d = xlsread(desejados_letras_e_numeros);

%Apresentação dos dados na forma de tabela
array2table(d,...
    'VariableNames',{'A' 'B' 'C' 'D' 'E' 'F' 'G' 'H' 'I' 'J' 'K' 'L' 'M' 'N'...
                    'O' 'P' 'Q' 'R' 'S' 'T' 'U' 'V' 'W' 'X' 'Y' 'Z' 'Numero1'
'Numero2'...
                    'Numero3' 'Numero4' 'Numero5' 'Numero6' 'Numero7' 'Numero8'
'Numero9' 'Numero0'},...
    'RowNames',{'1' '2' '3' '4' '5' '6' '7' '8' '9' '10' '11' '12'...
                '13' '14' '15' '16' '17' '18' '19' '20' '21' '22' '23' '24'...
                '25' '26' '27' '28' '29' '30' '31' '32' '33' '34' '35' '36'})

%Definição da rede neural multicamadas
rede=feedforwardnet([35 20 25 36]);
net.performFcn = 'mse';  % Redundante, MSE é o default
rede.trainFcn = 'traingdx'
rede.trainParam.epochs = 5000;
rede.trainParam.goal = 1e-5;
rede.trainParam.min_grad = 1e-5;
rede.trainParam.max_fail=5000;
[rede,tr]=train(rede,e,d);

%Letra que será reconhecida pela rede neural
letra=e(:,13);
figure
subplot(2,2,1)
plotchar(letra);
text(2.1, -0.7, '(a)');
saida_letra=sim(rede,letra);
saida_letra=compet(saida_letra);
caractere_letra=find(compet(saida_letra)==1);
subplot(2,2,2)
plotchar(e(:,caractere_letra));
text(2.1, -0.7, '(b)');

%Criação de uma letra com ruído que será reconhecida pela rede neural
ruido_letra=e(:,13)+randn(35,1)*0.1;
subplot(2,2,3)
plotchar(ruido_letra);
text(2.1, -0.7, '(c)');
saida_ruido_letra=sim(rede,ruido_letra);
saida_ruido_letra=compet(saida_ruido_letra);
caractere_ruido_letra=find(compet(saida_ruido_letra)==1);
subplot(2,2,4)
plotchar(e(:,caractere_ruido_letra));
text(2.1, -0.7, '(d)');

%Número que será reconhecido pela rede neural
numero=e(:,33);
figure
subplot(2,2,1)
plotchar(numero);
text(2.1, -0.7, '(a)');
saida_numero=sim(rede,numero);
saida_numero=compet(saida_numero);
```

```
caractere_numero=find(compet(saida_numero)==1);
subplot(2,2,2)
plotchar(e(:,caractere_numero));
text(2.1, -0.7, '(b)');

%Criação de um número com ruído que será reconhecido pela rede neural
ruido_numero=e(:,33)+randn(35,1)*0.1;
subplot(2,2,3)
plotchar(ruido_numero);
text(2.1, -0.7, '(c)');
saida_ruido_numero=sim(rede,ruido_numero);
saida_ruido_numero=compet(saida_ruido_numero);
caractere_ruido_numero=find(compet(saida_ruido_numero)==1);
subplot(2,2,4)
plotchar(e(:,caractere_ruido_numero));
text(2.1, -0.7, '(d)');
```

Capítulo 5

Quick Propagation QPROP

O fato é que um cérebro gigante é extremamente custoso para o corpo. Não é fácil de carregar, sobretudo quando envolvido por um crânio pesado. É ainda mais difícil de abastecer. No Homo sapiens, o cérebro equivale a 2 ou 3% do peso corporal, mas consome 25% da energia do corpo quando este está em repouso. Em comparação, o cérebro de outros primatas requer apenas 8% de energia em repouso. Os humanos arcaicos pagaram por seu cérebro grande de duas maneiras. Em primeiro lugar, passaram mais tempo em busca de comida. Em segundo lugar, seus músculos atrofiaram. Como um governo desviando dinheiro da defesa para a educação, os humanos desviaram energia do bíceps para os neurônios.

Yuval Noah Harari
Sapiens: Uma Breve História da Humanidade

O algoritmo de backpropagation frequentemente é alterado para proporcionar melhor performance em termos de tempo de aprendizagem, parâmetros utilizados nos algoritmos e obviamente sua precisão em prever, predizer, simular e alcançar resultados desejados. Muitas das variantes do algoritmo de backpropagation podem ser implementadas a partir de considerações simples sobre o processo de aprendizagem definido anteriormente.

No caso do processo de treinamento de uma rede neural de múltiplas camadas, temos que o esforço computacional é proporcional ao resultado de multiplicar o número de pesos sinápticos da rede pelo número de épocas de treinamento e pelo número de padrões de entrada de treinamento utilizados em cada época. Para reduzir o tempo de treinamento e acelerar o processo de convergência da rede vários métodos têm sido propostos para tornar mais rápido o processo de aprendizagem.

O Quickprop (QPROP) foi proposto em 1988 por Scott Elliott Fahlman no trabalho *Faster-learning variations on back-propagation: an empirical study*, e tornou-se um algoritmo popular para treinamento de redes neurais alimentadas à diante.

O algoritmo QPROP é um método de aproximação que pertence à família do Método das Secantes e está relacionado à minimização da função de erro. O Método das Secantes é uma variante do Método de Newton, para ambos foi realizada uma revisão no Capítulo 2 que pode ser vista antes de iniciar a construção da expressão de atualização dos pesos utilizando o algoritmo QPROP.

5.1 Quick Propagation

O QPROP é baseado em passos independentes de otimização para cada peso da rede neural. Para isso, utiliza uma função quadrática para realizar a aproximação da função de erro. Dessa forma, considere uma função de erro descrita pela seguinte função parabólica

$$E(w) = aw^2 + bw + c. \qquad (1)$$

A função descrita em (1) implica que o QPROP é um método de aproximação de segunda ordem.

O ponto de mínimo da função descrita em (1) está no vértice da parábola e seu valor no eixo das abscissas é bem conhecido e dado por $-b/2a$.

O método desenvolvido por Fahlman utiliza implicitamente a curvatura e envolve diretamente a inclinação da superfície de erro em um ponto definido pelos pesos atuais.

A suposição subjacente é que a superfície de erro gerada a partir de cada peso individualmente pode ser aproximada por uma função parabólica e baseado nisso sempre que o gradiente calculado para um determinado peso mudar de sinal entre épocas sucessivas, devemos ajustar uma paraboloide através destes pontos e utilizar o seu valor mínimo como o próximo valor de peso.

Uma vez que a curvatura é implícita, a segunda derivada não é utilizada no cálculo. A implementação do QuickProp é ilustrada na Figura–1. Nessa figura, temos a aproximação parabólica à superfície de erro, onde o peso w na iteração $n-1$ gera o gradiente $E'(n-1)$ e como a função de erro diminui mais rápido na direção contrária em que aponta o gradiente seguimos até o ponto $w(n)$. Para cada peso, as derivadas do erro anterior e do atual, $\partial E/\partial w(n-1)$ e $\partial E/\partial w(n)$, bem como a última mudança de peso ocorrida são utilizados para saltar diretamente na direção do ponto de mínimo da parábola que descreve a função de erro.

Dessa forma, temos que

$$\frac{\partial E(n)}{\partial w} = 2aw(n) + b, \tag{2}$$

e

$$\frac{\partial E(n-1)}{\partial w} = 2aw(n-1) + b. \tag{3}$$

Para facilitar o desenvolvimento da álgebra vamos escrever

$$\frac{\partial E(n)}{\partial w} = E'(n), \tag{4}$$

e

$$\frac{\partial E(n-1)}{\partial w} = E'(n-1). \tag{5}$$

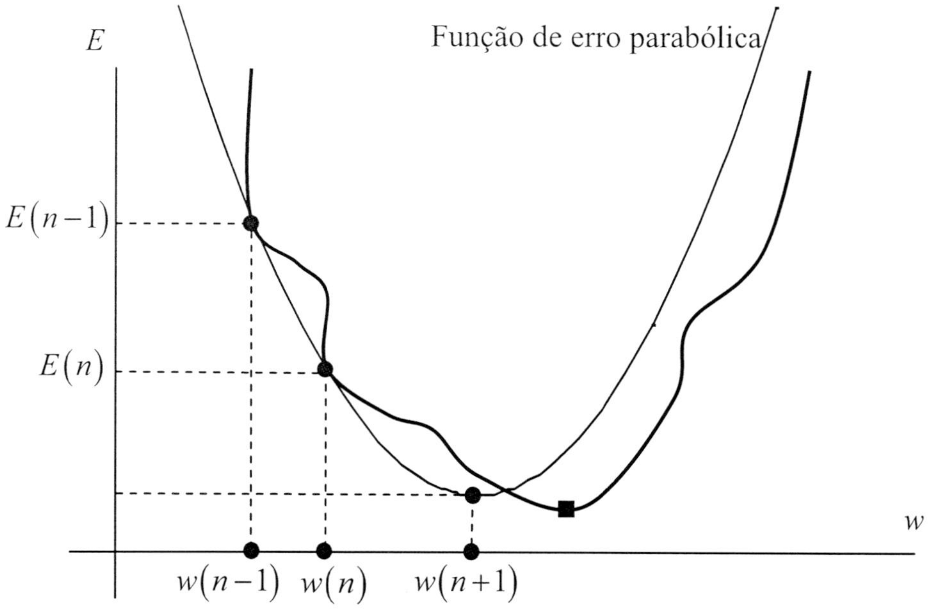

Figura–1 Função de erro parabólica utilizada para aproximação no método QPROP.

De (2) e (3) temos que

$$2a = \frac{E'(n) - E'(n-1)}{w(n) - w(n-1)}. \tag{6}$$

Fazendo $\Delta w(n-1) = w(n) - w(n-1)$ podemos reescrever (6) como

$$2a = \frac{E'(n) - E'(n-1)}{\Delta w(n-1)}. \tag{7}$$

De (2) podemos observar que

$$b = E'(n) - 2aw(n). \tag{8}$$

Substituindo (7) em (8) obtemos

$$b = E'(n) - \frac{E'(n) - E'(n-1)}{\Delta w(n-1)} w(n), \tag{9}$$

ou, b também podendo ser escrito como

$$b = \frac{E'(n)}{\Delta w(n-1)} \Delta w(n-1) - \frac{E'(n) - E'(n-1)}{\Delta w(n-1)} w(n). \tag{10}$$

Da Figura–1, temos que o mínimo da função de erro mostrada em (1) é obtida quando $\frac{\partial E(n+1)}{\partial w} = 0$, o que implica em $2aw(n+1) + b = 0$, ou seja

$$w(n+1) = -\frac{b}{2a}. \tag{11}$$

Substituindo (7) e (10) em (11) produz

$$w(n+1) = -\left[\frac{E'(n)}{\Delta w(n-1)} \Delta w(n-1) - \frac{E'(n) - E'(n-1)}{\Delta w(n-1)} w(n)\right] \frac{\Delta w(n-1)}{E'(n) - E'(n-1)},$$

$$w(n+1) = w(n) - \frac{E'(n)}{E'(n) - E'(n-1)} \Delta w(n-1),$$

$$w(n+1) = w(n) + \frac{E'(n)}{E'(n-1) - E'(n)} \Delta w(n-1). \tag{12}$$

Fazendo $\Delta w(n) = w(n+1) - w(n)$ podemos reescrever (12) como

$$\Delta w(n) = \frac{E'(n)}{E'(n-1) - E'(n)} \Delta w(n-1), \tag{13}$$

ou

$$\Delta w(n) = \frac{\frac{\partial E(n)}{\partial w}}{\frac{\partial E(n-1)}{\partial w} - \frac{\partial E(n)}{\partial w}} \Delta w(n-1).$$

A equação (12) é utilizada de forma iterativa e permite que os pesos sejam atualizados no algoritmo QPROP. Esta equação funciona bem se o novo gradiente $E'(n)$ tem o mesmo sinal, mas é menor que o gradiente anterior, ou o novo gradiente tem sinal oposto do gradiente anterior. Porém, se o novo gradiente tem o mesmo sinal que o gradiente anterior, $\operatorname{sgn} E'(n) = \operatorname{sgn} E'(n-1)$, e é maior em magnitude, $|E'(n)| \geq |E'(n-1)|$, significa que não está havendo um movimento de aproximação para o mínimo. Na Figura–1, por construção, temos o caso em que $\operatorname{sgn} E'(n)$ é igual a $\operatorname{sgn} E'(n-1)$, porém $|E'(n)|$ é menor do que $|E'(n-1)|$. Na Figura–2, por construção, temos uma outra representação para a aproximação realizada pelo método QPROP, nesse caso os gradientes $E'(n)$ e $E'(n-1)$ têm sinais diferentes e quanto a magnitude $|E'(n)| < |E'(n-1)|$.

Na maioria dos casos o QPROP converge de forma mais rápida do que a aprendizagem realizada a partir do algoritmo de backpropagation padrão. Também observe que na expressão (12) não há a presença de taxa de aprendizagem e mesmo assim a convergência do QPROP na maioria dos casos é mais rápida do que a retropropagação apresentada no Capítulo–4.

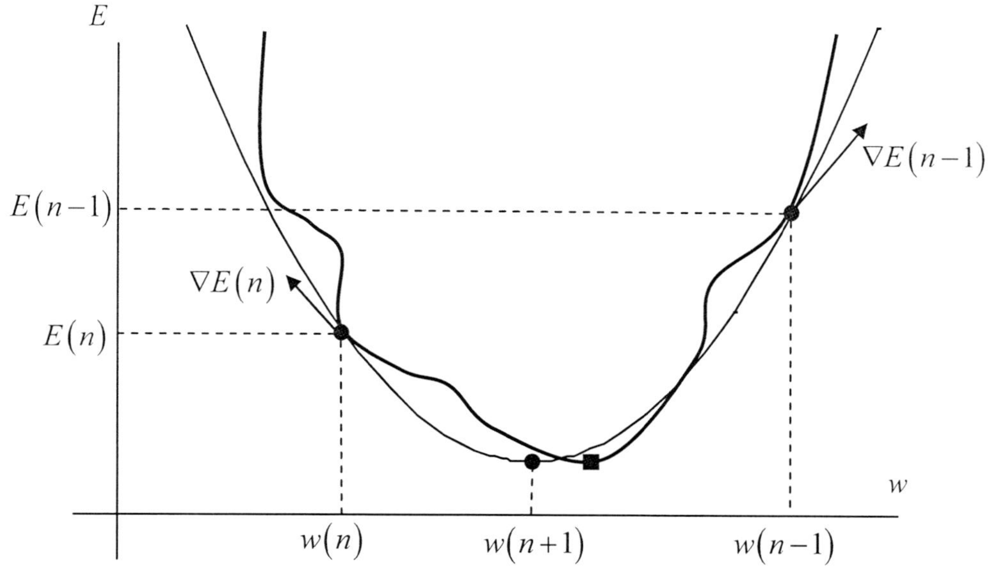

Figura–2 Função de erro parabólica utilizada para aproximação no método QPROP, mostrando gradientes de sinais contrários.

Em termos vetoriais, podemos escrever os pesos como $\mathbf{w} = (w_1, w_2, w_3, \ldots, w_n)$, sendo que em problemas de minimização temos que em um mínimo local $\mathbf{w}^*$ de uma função de erro E continuamente diferenciável satisfaz a condição necessária $\nabla E(\mathbf{w}^*) = 0$. Isso é equivalente a resolver o seguinte sistema de equações

$$\frac{\partial}{\partial w_1} E(w_1, w_2, w_3, \ldots, w_n) = 0,$$
$$\frac{\partial}{\partial w_2} E(w_1, w_2, w_3, \ldots, w_n) = 0,$$
$$\vdots$$

$$\frac{\partial}{\partial w_n} E(w_1, w_2, w_3, \ldots, w_n) = 0.$$

Sendo que $\frac{\partial E}{\partial w_i}$ denota a *i*-ésima coordenada do gradiente da função de erro *E*, ou seja ∇E. Assim, podemos expressar (13) como

$$\Delta w_i(n) = \frac{\nabla_i E(n)}{\nabla_i E(n-1) - \nabla_i E(n)} \Delta w_i(n-1), \qquad (14)$$

assumindo que a função de erro foi calculada nos passos $n-1$ e n utilizando a diferença de peso $\Delta w_i(n-1)$, obtida inicialmente a partir da aplicação do algoritmo QPROP ou de algum outro método de descida do gradiente.

Na equação (14), o termo $\left[\nabla_i E(n-1) - \nabla_i E(n)\right] / \Delta w_i(n-1)$ representa uma aproximação da curvatura, ou uma aproximação discreta da derivada de segunda ordem $\partial^2 E(\mathbf{w}) / \partial w_i^2$. Portanto, quanto maior a curvatura, menor a atualização do peso e vice-versa. Devido à superfície de erro estar definida pelo dado atual, a mudança do peso depois de uma época, normalmente não leva a um conjunto de pesos ótimos onde o gradiente do erro é zero. Assim, o método é repetido durante várias épocas até que pesos ótimos que produzem o nível desejado de erro mínimo sejam alcançados.

O algoritmo gerado pelo método QPROP não utiliza taxa de aprendizagem, nem momento para realizar as mudanças nos pesos sinápticos da rede neural. Nem tão pouco utiliza quaisquer outros parâmetros de aprendizagem das abordagens que empregam taxa de aprendizagem adaptativa.

Este método resulta em boas estimativas para o mínimo, especialmente se a superfície de erro entre o novo ponto gerado e o ponto do passo anterior tem formato parabólico.

Uma das deficiências desse algoritmo é que longe da vizinhança de um ponto de mínimo, a forma da superfície de erro, em certos casos, faz com que o algoritmo QPROP tenha problemas de estabilidade.

Observação:

Nos exemplos numéricos que serão apresentados a seguir, os números utilizados nas operações serão mostrados com quatro casas depois da vírgula na maioria das vezes. Porém, os resultados terão mais casas. Isso acontece para facilitar checagens de resultados quando comparamos com as saídas geradas pelo software, nesse caso o MATLAB.

Em dezembro de 2014 a Associação Brasileira de Normas Técnicas publicou a norma ABNT NBR 5891:2014 - Regras de Arredondamento na Numeração Decimal, que revisa a norma ABNT NBR 5891:1977, elaborada pelo Comitê Brasileiro de Máquinas e Equipamentos Mecânicos (ABNT/CB-04).

EXEMPLO 5.1 Descrição do problema e configuração da rede.
Adaptado de Sandhya Samarasinghe (Neural Networks for Applied Sciences and Engineering: From Fundamentals to Complex Pattern Recognition, 2007)

Como exemplo de aplicação do algoritmo QPROP considere o primeiro quarto da função senoide e dez pontos que pertencem a essa curva, conforme mostrado em (a) e (b) da Figura–3. Este exemplo será utilizado extensivamente ao longo do capítulo para demonstrar os cálculos utilizados no método e depois para a construção dos comandos do MATLAB necessários para a implementação.

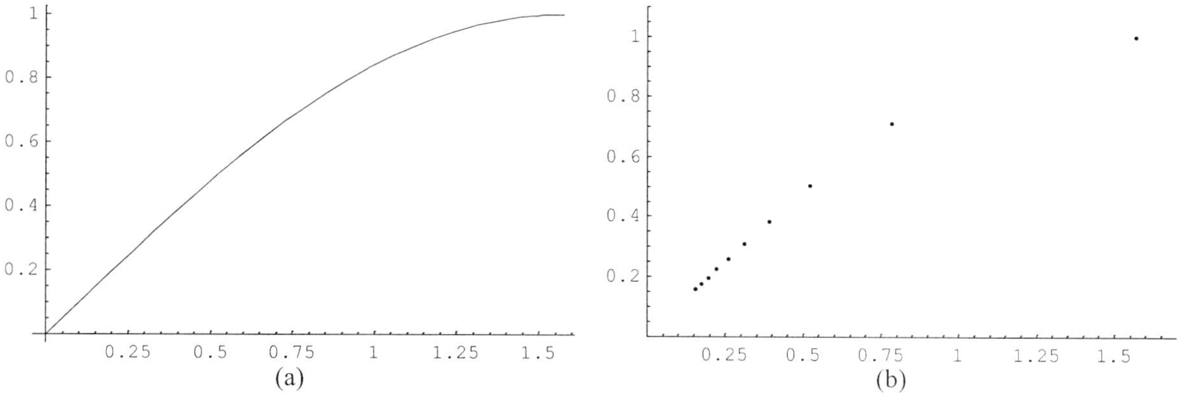

Figura–3 (a) Primeiro quarto da função senoide, (b) dez pontos pertencentes à função senoide.

Os dez pontos escolhidos são dados por

$$\left\{\left(\frac{\pi}{2}, sen\frac{\pi}{2}\right),\left(\frac{\pi}{4}, sen\frac{\pi}{4}\right),\left(\frac{\pi}{6}, sen\frac{\pi}{6}\right),\left(\frac{\pi}{8}, sen\frac{\pi}{8}\right),\left(\frac{\pi}{10}, sen\frac{\pi}{10}\right),\ldots\right.$$

$$\left.\ldots\left(\frac{\pi}{12}, sen\frac{\pi}{12}\right),\left(\frac{\pi}{14}, sen\frac{\pi}{14}\right),\left(\frac{\pi}{16}, sen\frac{\pi}{16}\right),\left(\frac{\pi}{18}, sen\frac{\pi}{18}\right),\left(\frac{\pi}{20}, sen\frac{\pi}{20}\right)\right\}.$$

Para ilustrar o uso do algoritmo QPROP vamos considerar inicialmente dois pares de entrada-saída dados por $\{(1{,}5708;\ 1)$ e $(0{,}7854;\ 0{,}7071)\}$, ou seja, os dois primeiros pares da lista mostrada acima.

A configuração da rede neural para realizar a tarefa de aprendizagem é apresentada na Figura–4.

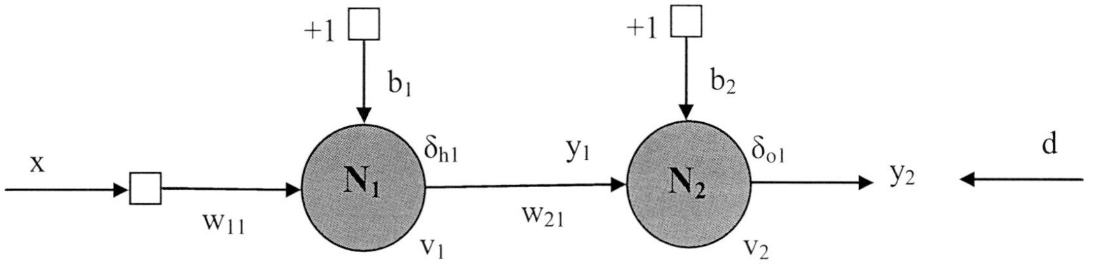

Figura–4 Rede neural para treinamento utilizando o algoritmo QPROP.

Serão utilizados os seguintes valores randômicos para os pesos da rede neural mostrada na figura acima

$$b_1(0) = 0{,}3,$$

$$w_{11}(0) = 0{,}2,$$

$$b_2(0) = -0{,}1,$$
$$w_{21}(0) = 0{,}4.$$

Nesse caso temos que

$$y_2 = \frac{1}{1+e^{-(b_2+w_{21})\left[\frac{1}{1+e^{-(b_1+w_{11}x)}}\right]}},$$

sendo que a função de erro quadrado devido à saída y_2 é dada por

$$E = \frac{1}{2}\left\{d_2 - \frac{1}{1+e^{-(b_2+w_{21})\left[\frac{1}{1+e^{-(b_1+w_{11}x)}}\right]}}\right\}^2.$$

A atualização dos pesos a partir da expressão (13) implica que sejam determinadas as derivadas da função de erro quadrado com relação a cada um dos pesos da rede neural. Nesse caso, têm-se quatro pesos que precisam ser atualizados e as derivadas necessárias são $\frac{\partial E}{\partial b_2}$, $\frac{\partial E}{\partial w_{21}}$, $\frac{\partial E}{\partial b_1}$ e $\frac{\partial E}{\partial w_{11}}$.

A Figura–4 serve de exemplo para destacar que a determinação do gradiente do erro com relação ao peso dependerá da posição em que o peso se encontra, na camada de saída ou na camada oculta. Sendo necessário avaliar o quanto sensível é o erro com relação aos parâmetros que são estimados no método de aprendizagem. Por causa da necessidade de conhecer essa sensibilidade, obtida a partir da derivada do erro ou gradiente, a seguir serão apresentados resultados que permitem expressar a derivada do erro com relação aos pesos dependendo da camada que ocupam na rede neural.

5.2 Gradiente do erro com relação aos pesos do neurônio de saída

A derivada do erro com respeito a um peso é calculada multiplicando uma série de termos que correspondem aos passos pelos quais o peso contribui com o erro. Esses termos, ou parcelas, são como ligações em uma cadeia que conduzem, a partir do peso até o erro. Este método de calcular a derivada é denominado de regra da cadeia.

De acordo com a regra da cadeia, a derivada do erro para qualquer peso na camada de saída pode ser obtido através da multiplicação dos seguintes termos

$$\frac{\partial E}{\partial w} = \frac{\partial E}{\partial e}\frac{\partial e}{\partial y}\frac{\partial y}{\partial v}\frac{\partial v}{\partial w}. \tag{15}$$

Onde o erro e é igual à diferença entre o valor desejado d e a saída y

$$e = d - y. \tag{16}$$

Nesse caso, vamos utilizar a soma do erro quadrado sendo dada por

$$E = \frac{1}{2}\sum e^2 , \tag{17}$$

então, a regra da cadeia completa para um peso no neurônio de saída pode ser escrita utilizando-se três termos

$$\frac{\partial E}{\partial w} = \frac{\partial E}{\partial y}\frac{\partial y}{\partial v}\frac{\partial v}{\partial w} . \tag{18}$$

A equação (18) diz que $\partial E/\partial w$, a derivada do erro com relação a um peso pertencente ao neurônio de saída, é o produto de: (i) a derivada do erro com respeito à saída daquele nó, $\partial E/\partial y$, (ii) a derivada da saída daquele nó (ou neurônio) com relação a sua soma ponderada de entradas, $\partial y/\partial v$ e a derivada daquela soma com respeito ao peso em questão, representado de forma genérica como $\partial v/\partial w$.

Vamos utilizar a Figura–4 como apoio para determinação dessas derivadas, sendo que para a figura em questão podemos observar que

$$v_1 = b_1 + w_{11}x , \tag{19}$$

$$v_2 = b_2 + w_{21}y_1 , \tag{20}$$

$$y_2 = \frac{1}{1+e^{-v_2}} = \frac{1}{1+e^{-b_2-w_{21}y_1}} \tag{21}$$

e

$$y_1 = \frac{1}{1+e^{-v_1}} = \frac{1}{1+e^{-b_1-w_{11}x}} . \tag{22}$$

Na rede neural da Figura–4 os pesos do neurônio de saída são b_2 e w_{21}, dessa forma, precisamos determinar as derivadas $\partial E/\partial b_2$ e $\partial E/\partial w_{21}$, calculadas respectivamente como segue.

No caso do bias b_2 tem-se que

$$\frac{\partial E}{\partial b_2} = \frac{\partial E}{\partial y_2}\frac{\partial y_2}{\partial v_2}\frac{\partial v_2}{\partial b_2} , \tag{23}$$

onde

$$\frac{\partial E}{\partial y_2} = y_2 - d , \tag{24}$$

$$\frac{\partial y_2}{\partial v_2} = \varphi'(v_2) = \varphi(v_2)\left[1-\varphi(v_2)\right] = y_2(1-y_2) , \tag{25}$$

e

$$\frac{\partial v_2}{\partial b_2} = 1, \qquad (26)$$

o que resulta em

$$\frac{\partial E}{\partial b_2} = (y_2 - d) y_2 (1 - y_2). \qquad (27)$$

No caso do peso w_{21} tem-se que

$$\frac{\partial E}{\partial w_{21}} = \frac{\partial E}{\partial y_2} \frac{\partial y_2}{\partial v_2} \frac{\partial v_2}{\partial w_{21}}, \qquad (28)$$

onde

$$\frac{\partial v_2}{\partial w_{21}} = y_1, \qquad (29)$$

o que resulta em

$$\frac{\partial E}{\partial w_{21}} = (y_2 - d) y_2 (1 - y_2) y_1. \qquad (30)$$

No caso do bias b_2, a derivada $\partial v_2 / \partial b_2$ é igual a 1, o que é o mesmo que dizer que v muda na mesma taxa que o bias b_2. Isso significa que a inclinação de v como uma função de b_2 é 1. Embora o terceiro termo da equação (18) dependa do tipo de peso, os dois primeiros termos são os mesmos para todos os pesos do nó de saída. Smith (1993) no trabalho *Neural Networks for Statistical Modeling* nomeia esse produto como

$$p \equiv \frac{\partial E}{\partial y_2} \frac{\partial y_2}{\partial v_2}, \qquad (31)$$

o que é o mesmo que dizer

$$p = (y_2 - d) y_2 (1 - y_2). \qquad (32)$$

Assim, reescrevendo (23) e (28) utilizando o símbolo p temos

$$\frac{\partial E}{\partial b_2} = p, \qquad (33)$$

e

$$\frac{\partial E}{\partial w_{21}} = p y_1. \qquad (34)$$

5.3 Gradiente do erro com relação aos pesos dos neurônios da camada oculta

As derivadas do erro da rede com respeito aos pesos dos neurônios da camada oculta são encontradas pela aplicação da regra da cadeia levando em conta as ligações existentes. De fato, as ligações são exatamente paralelas àquelas para o nó de saída.

No caso da rede neural apresentada na Figura–4, as derivadas requeridas são $\partial E/\partial b_1$ e $\partial E/\partial w_{11}$. Novamente, não há uma ligação direta, de tal forma que a regra da cadeia deve ser utilizada. Iniciando com a derivada do erro, esta derivada pode ser formulada como

$$\frac{\partial E}{\partial w_h} = \left(\frac{\partial E}{\partial e} \frac{\partial e}{\partial y_2} \frac{\partial y_2}{\partial v_2} \frac{\partial v_2}{\partial y_1} \right) \frac{\partial y_1}{\partial v_1} \frac{\partial v_1}{\partial w_h}. \tag{35}$$

Na expressão (35), levando em conta a rede neural da Figura–4, temos que w_h representa de forma geral os pesos b_1 e w_{11}. Também podemos escrever (35) como

$$\frac{\partial E}{\partial w_h} = \left(\frac{\partial E}{\partial y_2} \frac{\partial y_2}{\partial v_2} \frac{\partial v_2}{\partial y_1} \right) \frac{\partial y_1}{\partial v_1} \frac{\partial v_1}{\partial w_h}. \tag{36}$$

Ou ainda, podemos considerar que os pesos dos nós ocultos também podem ser obtidos multiplicando-se três ligações em cadeia, de forma semelhante ao resultado mostrado na equação (18), assim temos que

$$\frac{\partial E}{\partial w_h} = \frac{\partial E}{\partial y_h} \frac{\partial y_h}{\partial v_h} \frac{\partial v_h}{\partial w_h}. \tag{37}$$

Sendo

w_h - o peso da camada oculta;

y_h - a saída do neurônio da camada oculta;

v_h - o campo local induzido do neurônio da camada oculta.

A equação (37) diz que $\partial E/\partial w_h$, a derivada do erro com relação a um peso pertencente ao neurônio da camada oculta, é o produto de: (i) a derivada do erro com respeito à saída daquele nó oculto, $\partial E/\partial y_h$, (ii) a derivada da saída daquele nó (ou neurônio) oculto com relação a sua soma ponderada de entradas desse nó oculto, $\partial y_h/\partial v_h$ e a derivada daquela soma com respeito ao peso em questão, representado de forma genérica como $\partial v_h/\partial w_h$.

O conjunto de derivadas entre parênteses da equação (36) representa $\partial E/\partial y_1$. As duas primeiras derivadas desse conjunto foram definidas como *p*, e apenas o último componente que indica a sensibilidade da soma ponderada das entradas, v_1, com relação à taxa de variação da saída do neurônio oculto, é necessário. Dessa forma, a derivada $\partial v_2/\partial y_1$ é obtida fazendo

$$\frac{\partial}{\partial y_1} v_2 = \frac{\partial}{\partial y_1}\left(b_2 + w_{21} y_1\right),$$

que resulta em

$$\frac{\partial v_2}{\partial y_1} = w_{21}. \tag{38}$$

Substituindo as três derivadas entre parênteses da expressão (36)

$$\frac{\partial E}{\partial y_1} = \frac{\partial E}{\partial y_2}\frac{\partial y_2}{\partial v_2}\frac{\partial v_2}{\partial y_1} = p w_{21}. \tag{39}$$

A derivada $\partial y_1 / \partial v_1$, é simplesmente a derivada da função logística do neurônio oculto com respeito à soma ponderada das entradas ao neurônio oculto. Este componente é análogo à derivação previamente obtida na expressão (25), assim

$$\frac{\partial y_1}{\partial v_1} = \varphi'(v_1) = \varphi(v_1)\left[1 - \varphi(v_1)\right] = y_1(1 - y_1). \tag{40}$$

O último termo da equação (36), $\partial v_1 / \partial w_h$, depende do tipo de peso w_h que é considerado. No caso da rede neural mostrada na Figura–4, w_h representa, de forma geral, os pesos b_1 e w_{11}. Assim

$$\frac{\partial v_1}{\partial b_1} = \frac{\partial}{\partial b_1}\left(b_1 + w_{11} x_1\right) = 1, \tag{41}$$

e

$$\frac{\partial v_1}{\partial w_{11}} = \frac{\partial}{\partial w_{11}}\left(b_1 + w_{11} x_1\right) = x_1. \tag{42}$$

Colocando os três termos juntos produzem-se as derivadas do erro para o bias e para os pesos do neurônio oculto, de tal forma que para a rede neural mostrada na Figura–4 temos

$$\frac{\partial E}{\partial b_1} = \frac{\partial E}{\partial y_1}\frac{\partial y_1}{\partial v_1}\frac{\partial v_1}{\partial b_1}, \tag{43}$$

$$\frac{\partial E}{\partial b_1} = p w_{21} y_1 (1 - y_1), \tag{44}$$

e

$$\frac{\partial E}{\partial w_{11}} = \frac{\partial E}{\partial y_1}\frac{\partial y_1}{\partial v_1}\frac{\partial v_1}{\partial w_{11}}, \tag{45}$$

$$\frac{\partial E}{\partial w_{11}} = p w_{21} y_1 (1 - y_1) x. \tag{46}$$

Podemos observar nas equações (43) e (45) que os dois primeiros termos da regra da cadeia são iguais. Seguindo a mesma estratégia de Smith (1993) nós sabemos agora como o erro quadrado total da rede varia com uma mudança em um nó de saída oculto y_1, e como y_1 varia com v_1, a soma ponderada das entradas nesse nó oculto. O produto desses dois termos é utilizado para calcular as derivadas para todos os pesos dos nós ocultos. Tal como na definição da quantidade p para o nó de saída, o símbolo q é utilizado para definir o seguinte produto

$$q \equiv \frac{\partial E}{\partial y_1}\frac{\partial y_1}{\partial v_1}. \tag{47}$$

Assim, reescrevendo (44) e (46) utilizando o símbolo q temos

$$\frac{\partial E}{\partial b_1} = q, \tag{48}$$

e

$$\frac{\partial E}{\partial w_{11}} = qx. \tag{49}$$

EXEMPLO 5.2 Continuação do EXEMPLO 5.1

Para a rede neural do Exemplo 5.1 considerando o ponto em que $x = 0,7854$ e $d = 0,7071$ temos

$$v_1 = b_1 + w_{11}x = 0,3 + 0,2(0,785398163397448) = 0,457079632679490,$$

$$y_1 = \frac{1}{1+e^{-v_1}} = \frac{1}{1+e^{-0,4571}} = 0,6123211556024306,$$

$$v_2 = b_2 + w_{21}y_1 = -0,1 + 0,4(0,6123) = 0,14492846224097225,$$

e

$$y_2 = \frac{1}{1+e^{-v_2}} = \frac{1}{1+e^{-0,1449}} = 0,5361688294226457.$$

Dessa forma, o erro quadrado associado a essa entrada é dado por

$$E = \frac{1}{2}(d - y_2)^2 = \frac{1}{2}(0,7071 - 0,5362)^2 = 0,01460989167661903.$$

Utilizando os resultados das seções anteriores temos para a quantidade p [gradiente local no neurônio de saída]

$$p = (y_2 - d)y_2(1 - y_2),$$

$$p = (0,5362 - 0,7071)0,5362(1 - 0,5362),$$
$$p = -0,04251086960957037.$$

E para a quantidade q [gradiente local no primeiro neurônio]

$$q = pw_{21}y_1(1 - y_1),$$
$$q = -0,0425(0,4)0,6123(1 - 0,6123),$$
$$q = -0,004036559394446998.$$

No caso das derivadas dos erros com relação aos pesos, temos para o bias do neurônio de saída que

$$\frac{\partial E}{\partial b_2} = p = (y_2 - d)y_2(1 - y_2),$$
$$\frac{\partial E}{\partial b_2} = p = -0,04251086960957037.$$

E para o peso w_{21} temos

$$\frac{\partial E}{\partial w_{21}} = (y_2 - d)y_2(1 - y_2)y_1 = py_1.$$
$$\frac{\partial E}{\partial w_{21}} = -0,0425(0,6123) = -0,02603030480499638.$$

Para o bias do neurônio da camada oculta

$$\frac{\partial E}{\partial b_1} = q = pw_{21}y_1(1 - y_1),$$
$$\frac{\partial E}{\partial b_1} = q = -0,004036559394446998.$$

E para o peso w_{11} temos

$$\frac{\partial E}{\partial w_{11}} = qx = pw_{21}y_1(1 - y_1)x,$$
$$\frac{\partial E}{\partial w_{11}} = -0,0040(0,7854) = -0,003170306334843388.$$

Repetindo esse procedimento para o ponto em que $x = 1,5708$ e $d = 1$ temos

$$v_1 = 0,6141592653589794,$$
$$y_1 = 0,6488890019204092,$$
$$v_2 = 0,1595556007681637,$$
$$y_2 = 0,5398044908072146$$
$$E = 0,10588995334060351,$$

$$p = -0{,}11431974468924838,$$
$$q = -0{,}01041828140602918,$$
$$\frac{\partial E}{\partial b_2} = -0{,}11431974468924838,$$
$$\frac{\partial E}{\partial w_{21}} = -0{,}07418082503120238,$$
$$\frac{\partial E}{\partial b_1} = -0{,}01041828140602918,$$
$$\frac{\partial E}{\partial w_{11}} = -0{,}0163649981641062.$$

O erro total pode ser medido de uma variedade de maneiras. A medida mais simples de erro poderia ser a diferença média entre o estimado (ou seja, valor calculado na saída da rede) e o resultado desejado. No entanto, por razões históricas de tratabilidade matemática, a medida mais comum de erro utilizada é a média dos quadrados dessas diferenças. Essa medida é denominada erro quadrado médio *MSE* (Mean Squared Error) e dada por

$$MSE = \frac{1}{2N}\sum_{i=1}^{N}(d_i - y_i)^2,$$

onde N é o número de exemplos, ou padrões de treinamento, para os quais o erro é medido. Após serem apresentados todos os padrões de entrada e calculados todos os erros, o *MSE* é igual ao erro total E.

Para o exemplo em questão, o erro quadrado médio MSE para os dois padrões de entrada é dado por

$$MSE_1 = \frac{0{,}0146 + 0{,}1059}{2} = 0{,}06024992250861127.$$

O número 2 que aparece no denominador do MSE_1 acima corresponde a $N = 2$, ou seja, foram apresentados dois padrões de treinamento para a rede neural, dados por $\{(1{,}5708;\ 1)$ e $(0{,}7854;\ 0{,}7071)\}$. Ou seja, o MSE_1 foi obtido somente dividindo por 2 porque quando foi calculado o E de cada ponto já foi feita a divisão de $(d_i - y_i)^2$ por 2.

O método QPROP necessita de uma mudança prévia nos pesos, que: (i) pode ser assumida como sendo zero; (ii) atribuído algum valor inicial aleatório pequeno; ou (iii) utilizar o backpropagation para atualizar os pesos depois da primeira época e obter as derivadas do erro para a segunda época. No caso de optar pela terceira opção, é importante lembrar que o peso da sinapse que liga a saída do neurônio i à entrada do neurônio j será alterado na iteração n seguindo a regra criada a partir do conceito de descida do gradiente, onde tem-se

$$\Delta w_{ji}(n) = -\eta \frac{\partial E(n)}{\partial w_{ji}(n)}, \tag{50}$$

sendo que o sinal negativo indica que as alterações nos pesos são realizadas na direção em que decresce o erro.

Consideramos aqui o modo de aprendizagem por lote, em que o conjunto de pesos permanece constante enquanto os cálculos dos erros associados com cada padrão de entrada são realizados e armazenados para posterior determinação do MSE.

EXEMPLO 5.3 Continuação do EXEMPLO 5.2

Retornando ao problema do Exemplo 5.1 em que são utilizados dois pontos de entrada para ajustar os pesos da rede neural da Figura–4, serão calculados os gradientes e aplicado o resultado (50) com uma taxa de aprendizagem $\eta = 0,1$ para gerar os valores de atualização para a primeira e segunda épocas.

Primeira Época

As somas das derivadas do erro para cada peso são obtidas fazendo

$$\sum \frac{\partial E}{\partial b_1} = -0,0040 - 0,0104 = -0,014454840800476182,$$

$$\sum \frac{\partial E}{\partial w_{11}} = -0,00314 - 0,0163 = -0,0195353044989496,$$

$$\sum \frac{\partial E}{\partial b_2} = -0,0425 - 0,1143 = -0,15683061429881875,$$

$$\sum \frac{\partial E}{\partial w_{21}} = -0,0260 - 0,0742 = -0,10021112983619876.$$

As mudanças dos pesos após a primeira época são obtidas utilizando a expressão (50).

$$\Delta b_1 = -\eta \sum \frac{\partial E}{\partial b_1} = -0,1(-0,0144) = 0,0014454840800476182.$$

O novo valor de bias do neurônio oculto que será considerado na atualização da segunda época, denotado por $b_1(1)$, é, portanto, dado por

$$b_1(1) = b_1(0) + \Delta b_1 = 0,3 + 0,001445 = 0,3014454840800476.$$

De maneira similar, os novos valores para os pesos b_2, w_{11} e w_{21} são determinados como

$$w_{11}(1) = w_{11}(0) + \Delta w_{11} = w_{11} - \eta \sum \frac{\partial E}{\partial w_{11}} = 0,2 - 0.1(-0,01954) = 0,20195353044989497,$$

$$b_2(1) = b_2(0) + \Delta b_2 = b_2 - \eta \sum \frac{\partial E}{\partial b_2} = -0,1 - 0.1(-0,1568) = -0,08431693857011813,$$

$$w_{21}(1)=w_{21}(0)+\Delta w_{21}=w_{21}-\eta\sum\frac{\partial E}{\partial w_{21}}=0,4-0.1(-0,1002)=0,4100211129836199\,.$$

Portanto, os novos pesos ajustados após a primeira época são

$$b_1(1)=0,3014454840800476\,,$$
$$w_{11}(1)=0,20195353044989497\,,$$
$$b_2(1)=-0,08431693857011813\,,$$
$$w_{21}(1)=0,4100211129836199\,.$$

Esses novos pesos são utilizados para calcular a saída da rede na próxima época e o processo é repetido até o erro decrescer a um nível aceitável, ou até a saída da rede alcançar o valor desejado. Considerando os pesos atualizados e os dois padrões de entrada podemos calcular o novo MSE.
A entrada onde temos $x=0,7854$ e $d=0,7071$, produz

$$v_1=b_1+w_{11}x=0,3014+0,2019(0,7854)=0,4600594159870258\,,$$

$$y_1=\frac{1}{1+e^{-v_1}}=\frac{1}{1+e^{-0,4600}}=0,6130282711683341\,,$$

$$v_2=b_2+w_{21}y_1=-0,0843+0,4100(0,6130)=0,16703759546474656\,,$$

e

$$y_2=\frac{1}{1+e^{-v_2}}=\frac{1}{1+e^{-0,1670}}=0,5416625729913299\,.$$

Sendo o erro quadrado associado a essa entrada dado por

$$E=\frac{1}{2}(d-y_2)^2=\frac{1}{2}(0,7071-0,5417)^2=0,013685893012671263\,.$$

Entrada considerando $x=1,5708$ e $d=1$, produz

$$v_1=b_1+w_{11}x=0,30144+0,2019(1,5708)=0,618673347894004\,,$$
$$y_1=\frac{1}{1+e^{-v_1}}=\frac{1}{1+e^{-0,6186}}=0,649916762166383\,,$$

$$v_2=b_2+w_{21}y_1=-0,0843+0,4100(0,6499)=0,18216265560005285\,,$$

e

$$y_2 = \frac{1}{1+e^{-v_2}} = \frac{1}{1+e^{-0,1822}} = 0,5454151481798469.$$

Sendo o erro quadrado associado a essa entrada dado por

$$E = \frac{1}{2}(d - y_2)^2 = \frac{1}{2}(1 - 0,5454)^2 = 0,10332369375217526.$$

O erro quadrado médio MSE (Mean Squared Error) para os dois padrões de entrada, após a atualização dos pesos na primeira época é dado por

$$MSE_2 = \frac{0,01369 + 0,1033}{2} = 0,05850479338242326.$$

Segunda Época

Utilizando os pesos atualizados e as medidas necessárias, os novos gradientes são calculados utilizando o mesmo procedimento, para $x = 0,7854$ e $d = 0,7071$ resultando em

$$\frac{\partial E}{\partial b_2} = (0,5417 - 0,7071)0,5417(1 - 0,5417) = -0,04107387895748806,$$
$$\frac{\partial E}{\partial w_{21}} = -0,0411(0,6130) = -0,025179449007486324,$$
$$\frac{\partial E}{\partial b_1} = -0,0411(0,4100)0,6130(1 - 0,6130) = -0,003995137033832485,$$
$$\frac{\partial E}{\partial w_{11}} = -0,0040(0,7854) = -0,003137773288893163.$$

Considerando $x = 1,5708$ e $d = 1$, produz-se

$$\frac{\partial E}{\partial b_2} = (0,5454 - 1)0,5454(1 - 0,5454) = -0,1127086154766636,$$
$$\frac{\partial E}{\partial w_{21}} = -0,1127(0,6499) = -0,07325121843884909,$$
$$\frac{\partial E}{\partial b_1} = -0,1127(0,4100)0,6499(1 - 0,6499) = -0,010514591149648114,$$
$$\frac{\partial E}{\partial w_{11}} = -0,0105(1,5708) = -0,016516281155617384.$$

A partir dos resultados obtidos acima pode-se calcular as somas das derivadas de erro para cada peso, como segue

$$\sum \frac{\partial E}{\partial b_1} = -0{,}0040 - 0{,}0105 = -0{,}014509728183480598\,,$$
$$\sum \frac{\partial E}{\partial w_{11}} = -0{,}0031 - 0{,}0165 = -0{,}019654054444510547\,,$$
$$\sum \frac{\partial E}{\partial b_2} = -0{,}0411 - 0{,}1127 = -0{,}15378249443415165\,,$$
$$\sum \frac{\partial E}{\partial w_{21}} = -0{,}0252 - 0{,}0733 = -0{,}09843066744633541\,.$$

Novos valores para os pesos b_1, b_2, w_{11} e w_{21} podem ser determinados utilizando a regra delta, ou seja $w \leftarrow w + \Delta w$. Porém, os próximos pesos calculados serão utilizados apenas para comparar o MSE que geram com o MSE que será gerado pelo algoritmo QPROP. Dessa forma, ainda considerando a taxa de aprendizagem $\eta = 0{,}1$, temos

$$b_1(2) = b_1(1) + \Delta b_1 = b_1(1) - \eta \sum \frac{\partial E}{\partial b_1} = 0{,}3014 - 0{,}1(-0{,}0145) = 0{,}30289645689839567\,,$$
$$w_{11}(2) = w_{11}(1) + \Delta w_{11} = w_{11}(1) - \eta \sum \frac{\partial E}{\partial w_{11}} = 0{,}2019 - 0.1(-0{,}0196) = 0{,}20391893589434604\,,$$
$$b_2(2) = b_2(1) + \Delta b_2 = b_2(1) - \eta \sum \frac{\partial E}{\partial b_2} = -0{,}0843 - 0.1(-0{,}1538) = -0{,}06893868912670297\,,$$
$$w_{21}(2) = w_{21}(1) + \Delta w_{21} = w_{21}(1) - \eta \sum \frac{\partial E}{\partial w_{21}} = 0{,}4100 - 0.1(-0{,}0985) = 0{,}4198641797282534\,.$$

Portanto, os novos pesos ajustados após a segunda época são

$$b_1(2) = 0{,}30289645689839567\,,$$
$$w_{11}(2) = 0{,}20391893589434604\,,$$
$$b_2(2) = -0{,}06893868912670297\,,$$
$$w_{21}(2) = 0{,}4198641797282534\,.$$

Com os pesos atualizados e os dois padrões de entrada podemos calcular o novo MSE. Considerando $x = 0{,}7854$ e $d = 0{,}7071$, temos

$$v_1 = b_1 + w_{11}x = 0{,}3029 + 0{,}2038(0{,}7854) = 0{,}46305401463177703\,,$$
$$y_1 = \frac{1}{1+e^{-v_1}} = \frac{1}{1+e^{-0{,}4630}} = 0{,}613738422764925\,,$$
$$v_2 = b_2 + w_{21}y_1 = -0{,}0689 + 0{,}4199(0{,}6137) = 0{,}18874809031520423\,,$$
$$y_2 = \frac{1}{1+e^{-v_2}} = \frac{1}{1+e^{-0{,}1888}} = 0{,}54704743008507\,.$$

Sendo o erro quadrado associado a essa entrada dado por

$$E=\frac{1}{2}(d-y_2)^2=\frac{1}{2}(0,7071-0,5471)^2=0,01280949793751304\,2.$$

Entrada considerando $x=1,5708$ e $d=1$, produz

$$v_1=b_1+w_{11}x=0,3029+0,2038(1,5708)=0,6232115723651583,$$

$$y_1=\frac{1}{1+e^{-v_1}}=\frac{1}{1+e^{-0,6230}}=0,6509486177277182,$$

$$v_2=b_2+w_{21}y_1=-0,0690+0,4199(0,6509)=0,2043713183007858,$$

$$y_2=\frac{1}{1+e^{-v_2}}=\frac{1}{1+e^{-0,2043}}=0,5509157336682647.$$

Sendo o erro quadrado associado a essa entrada dado por

$$E=\frac{1}{2}(d-y_2)^2=\frac{1}{2}(1-0,5509)^2=0,10083833913335646.$$

O erro quadrado médio MSE para os dois padrões de entrada, após a atualização dos pesos na primeira época é dado por

$$MSE_3=\frac{0,0128+0,1008}{2}=0,05682391853543475.$$

Verifique que $MSE_3 < MSE_2 < MSE_1$. Sendo que estas medidas foram obtidas utilizando-se a regra delta do backpropagation.

Podemos construir a superfície de erro em termos dos pesos da saída da rede neural (b_2 e w_{21}) para a posição inicial do gradiente com relação aos pesos atribuídos aleatoriamente no início das especificações do problema. Na Figura–5 temos uma ilustração gráfica da superfície de erro quadrado gerada pela equação

$$E=\frac{1}{2}\left\{d-\frac{1}{1+e^{-(b_2+w_{21})\left[\frac{1}{1+e^{-(b_1+w_{11}x)}}\right]}}\right\}^2,$$

tendo como variáveis os pesos b_2 e w_{21} e utilizando $x=0,7853$, $d=0,707$, $b_1=0,3$ e $w_{11}=0,2$.

Na Figura–5 pode-se observar o ponto em que os valores iniciais de b_2 e w_{21} são respectivamente iguais a -0,1 e 0,4. Nesse ponto também podemos verificar que os pesos ótimos parecem estar em posição mais abaixo do que o b_2 e o w_{21} iniciais, a seta da figura indica o gradiente que aponta na direção dos maiores valores que a função pode assumir. A barra de cores ao lado da superfície é construída utilizando o comando `colorbar` do MATLAB, serve como uma escala para auxiliar e verificar onde estão localizados os maiores e os menores valores na superfície.

```
MATLAB - Instrução para construir a superfície de erro da Figura-F1

b2=linspace(-1,0);
w21=linspace(0,1);
[b2,w21]=meshgrid(b2,w21);
E=(1./2)*(0.707-1./(1+exp(-(b2+w21)*(1./(1+exp(-0.3-0.2*0.7853)))))).^2;
figure
surf(b2,w21,E)
shading interp
colorbar
  hold on;
     plot3(-0.1,0.4,0.0129935,'o','markerfacecolor',[0,0,0]);
     view(28,36);
  hold off;
xlabel('b2')
ylabel('w21')
zlabel('E')
```

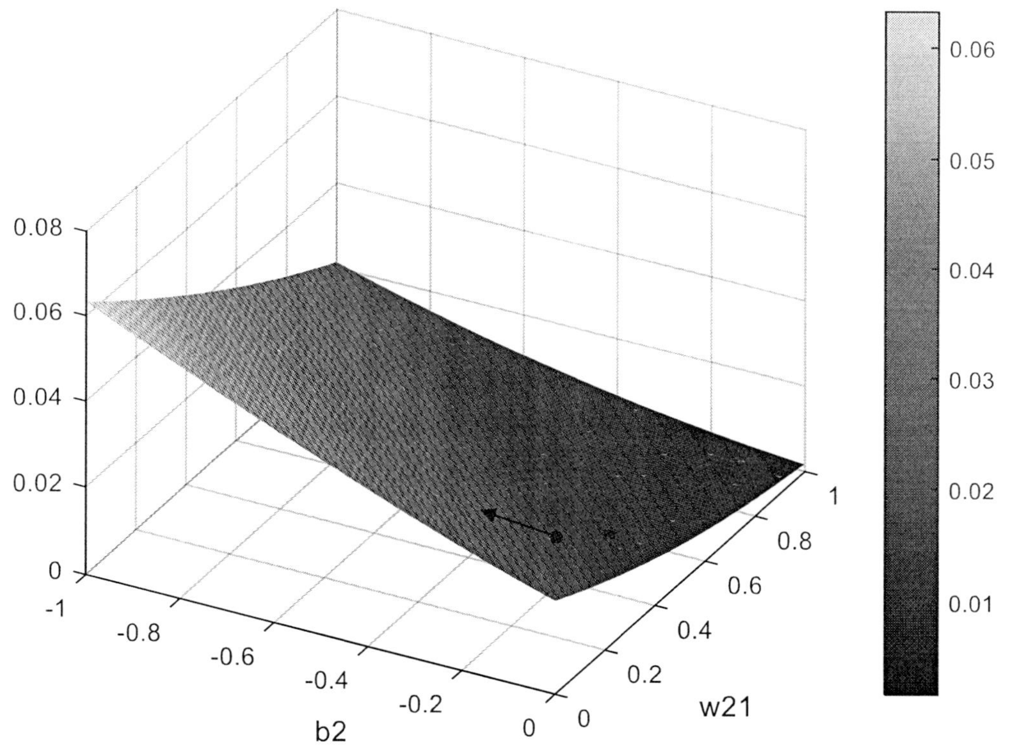

Figura–5 Superfície de erro em função dos pesos ligados ao neurônio de saída do Exemplo-5.1.

Atualização Aplicando o Algoritmo QPROP

Uma vez que toda a informação sobre as derivadas dos erros e pesos atualizados depois da primeira época e derivadas da segunda época ter sido obtida, aplicamos o algoritmo QPROP para atualizar os pesos depois da segunda época.

Portanto, sabendo que

$$\Delta w_i(n) = \frac{\nabla_i E(n)}{\nabla_i E(n-1) - \nabla_i E(n)} \Delta w_i(n-1),$$

podemos obter os novos valores para os pesos b_1, b_2, w_{11} e w_{21} fazendo

$$\Delta b_1(1) = \frac{\nabla E(1)}{\nabla E(0) - \nabla E(1)} \Delta b_1(0),$$

$$\Delta b_1(1) = \frac{\sum \frac{\partial E(1)}{\partial b_1(1)}}{\sum \frac{\partial E(0)}{\partial b_1(0)} - \sum \frac{\partial E(1)}{\partial b_1(1)}} \Delta b_1(0).$$

Observação:

- $\nabla E(0)$ refere-se ao gradiente obtido na primeira época.
- $\nabla E(1)$ refere-se ao gradiente obtido na segunda época.
- $\Delta b_1(0)$ refere-se à variação de peso considerando o peso inicial $b_1 = 0{,}3$ e o peso atualizado na primeira época $b_1(1) = 0{,}30144$. Ou ainda, fazendo-se $-\eta \sum \frac{\partial E(0)}{\partial b_1(0)}$.

Lembrando que nesse exemplo $\Delta b_1(0)$ foi obtido através da regra delta do backpropagation, porém poderia ter sido adotado um valor inicial igual a zero ou um valor aleatório pequeno.

$$\Delta b_1(1) = \frac{-0{,}0145}{-0{,}0144 - (-0{,}0145)}(0{,}00144) = -0{,}3821202605588222.$$

Similarmente,

$$\Delta b_2(1) = \frac{\sum \frac{\partial E(1)}{\partial b_2(1)}}{\sum \frac{\partial E(0)}{\partial b_2(0)} - \sum \frac{\partial E(1)}{\partial b_2(1)}} \Delta b_2(0),$$

$$\Delta b_2(1) = \frac{-0{,}1538}{-0{,}1568 - (-0{,}1538)}(0{,}01568) = 0{,}791235389069802.$$

$$\Delta w_{11}(1) = \frac{\sum \frac{\partial E(1)}{\partial w_{11}(1)}}{\sum \frac{\partial E(0)}{\partial w_{11}(0)} - \sum \frac{\partial E(1)}{\partial w_{11}(1)}} \Delta w_{11}(0),$$

$$\Delta w_{11}(1) = \frac{-0{,}0196}{-0{,}0194 - (-0{,}0196)}(0{,}00194) = -0{,}3233247277704149.$$

$$\Delta w_{21}(1)=\frac{\sum\frac{\partial E(1)}{\partial w_{21}(1)}}{\sum\frac{\partial E(0)}{\partial w_{21}(0)}-\sum\frac{\partial E(1)}{\partial w_{21}(1)}}\Delta w_{21}(0),$$

$$\Delta w_{21}(1)=\frac{-0{,}0985}{-0{,}1002-(-0{,}0985)}(0{,}01002)=0{,}5540048726379156.$$

Portanto, os novos pesos são

$$\begin{aligned}
b_1(2)&=b_1(1)+\Delta b_1(1)=0{,}30144-0{,}3821=-0{,}08067477647877458,\\
w_{11}(2)&=w_{11}(1)+\Delta w_{11}(1)=0{,}2019-0{,}3233=-0{,}1213711973205199,\\
b_2(2)&=b_2(1)+\Delta b_2(1)=-0{,}0843+0{,}8039=0{,}7069184504996838,\\
w_{21}(2)&=w_{21}(1)+\Delta w_{21}(1)=0{,}4100+0{,}5554=0{,}96402598562153.
\end{aligned}$$

Com os pesos atualizados a partir do QPROP e os dois padrões de entrada, podemos calcular o novo MSE. Considerando $x=0{,}7854$ e $d=0{,}7071$, temos

$$\begin{aligned}
v_1&=b_1+w_{11}x=-0{,}0807+(-0{,}1213)(0{,}7854)=-0{,}1759994919436602,\\
y_1&=\frac{1}{1+e^{-v_1}}=\frac{1}{1+e^{-(-0{,}175999)}}=0{,}45611335398026087,\\
v_2&=b_2+w_{21}y_1=0{,}7069+0{,}9640(0{,}4561)=1{,}1466235761256491,\\
y_2&=\frac{1}{1+e^{-v_2}}=\frac{1}{1+e^{-1{,}1466}}=0{,}7588936590726161.
\end{aligned}$$

Sendo o erro quadrado associado a essa entrada dado por

$$E=\frac{1}{2}(d-y_2)^2=\frac{1}{2}(0{,}7071-0{,}7589)^2=0{,}0013409403605932856.$$

Entrada considerando $x=1{,}5708$ e $d=1$, produz

$$\begin{aligned}
v_1&=b_1+w_{11}x=-0{,}0807+(-0{,}1213)(1{,}5708)=-0{,}2713242074085458,\\
y_1&=\frac{1}{1+e^{-v_1}}=\frac{1}{1+e^{-0{,}2713}}=0{,}432582032973919,\\
v_2&=b_2+w_{21}y_1=0{,}7069+0{,}9640(0{,}4325)=1{,}1239387711995337,\\
y_2&=\frac{1}{1+e^{-v_2}}=\frac{1}{1+e^{-1{,}1239}}=0{,}7547185869542694.
\end{aligned}$$

Sendo o erro quadrado associado a essa entrada dado por

$$E = \frac{1}{2}(d - y_2)^2 = \frac{1}{2}(1 - 0,7547)^2 = 0,030081485792855148.$$

O erro quadrado médio MSE gerado pelo algoritmo QPROP para os dois padrões de entrada, após a atualização dos pesos é dado por

$$MSE^{QPROP} = \frac{0,0013 + 0,0300}{2} = 0,015711213076724215.$$

Podemos observar que o MSE^{QPROP} $(0,0157)$ é muito menor que aquele MSE_3 $(0,0585)$ obtido utilizando a regra delta do backpropagation, verificando que o QPROP reduziu o erro de maneira mais eficiente.

Lembrando que

$$\frac{\partial E}{\partial b_2} = p = (y_2 - d)\, y_2 (1 - y_2),$$

$$\frac{\partial E}{\partial w_{21}} = (y_2 - d)\, y_2 (1 - y_2)\, y_1 = p y_1,$$

$$\frac{\partial E}{\partial b_1} = q = p w_{21} y_1 (1 - y_1),$$

$$\frac{\partial E}{\partial w_{11}} = q x = p w_{21} y_1 (1 - y_1) x.$$

Os novos gradientes são calculados utilizando para $x = 0,7854$ e $d = 0,7071$ resultando em

$$\frac{\partial E}{\partial b_2} = (0,7589 - 0,7071)0,7589(1 - 0,7589) = 0,00947565598988894,$$

$$\frac{\partial E}{\partial w_{21}} = 0,0095(0,4561) = 0,004321973234711393,$$

$$\frac{\partial E}{\partial b_1} = 0,0095(0,9640)0,4561(1 - 0,4561) = 0,0022661007233017137,$$

$$\frac{\partial E}{\partial w_{11}} = 0,0023(0,7854) = 0,0017797913461547951.$$

Considerando $x = 1,5708$ e $d = 1$, produz-se

$$\frac{\partial E}{\partial b_2} = (0,7547 - 1)0,7547(1 - 0,7547) = -0,045406112902137134,$$

$$\frac{\partial E}{\partial w_{21}} = -0,0454(0,4326) = -0,019641868628649774,$$

$$\frac{\partial E}{\partial b_1} = -0,0454(0,9640)0,4326(1-0,4326) = -0,01074421340951897\,,$$

$$\frac{\partial E}{\partial w_{11}} = -0,0105(1,5708) = -0,01687697095797287\,.$$

A partir dos resultados obtidos acima, pode-se calcular as somas das derivadas de erro para cada peso, como segue

$$\sum \frac{\partial E}{\partial b_1} = 0,0023 - 0,0107 = -0,008478112686217256\,,$$

$$\sum \frac{\partial E}{\partial w_{11}} = 0,0018 - 0,0169 = -0,015097179611818074\,,$$

$$\sum \frac{\partial E}{\partial b_2} = 0,0095 - 0,0454 = -0,035930456912248 19\,,$$

$$\sum \frac{\partial E}{\partial w_{21}} = 0,0043 - 0,0196 = -0,015319895393938382\,.$$

A partir da regra de atualização do algoritmo QPROP temos

$$\Delta b_1(2) = \frac{\sum \frac{\partial E(2)}{\partial b_1(2)}}{\sum \frac{\partial E(1)}{\partial b_1(1)} - \sum \frac{\partial E(2)}{\partial b_1(2)}} \Delta b_1(1)\,.$$

$$\Delta b_1(2) = \frac{-0,0085}{-0,0145 - (-0,0085)}(0,00145) = 0,0020395051813522466\,.$$

Similarmente,

$$\Delta b_2(2) = \frac{\sum \frac{\partial E(2)}{\partial b_2(2)}}{\sum \frac{\partial E(1)}{\partial b_2(1)} - \sum \frac{\partial E(2)}{\partial b_2(2)}} \Delta b_2(1)\,,$$

$$\Delta b_2(2) = \frac{-0,0359}{-0,1537 - (-0,0359)}(0,01537) = 0,004688485160129194\,.$$

$$\Delta w_{11}(2) = \frac{\sum \frac{\partial E(2)}{\partial w_{11}(2)}}{\sum \frac{\partial E(1)}{\partial w_{11}(1)} - \sum \frac{\partial E(2)}{\partial w_{11}(2)}} \Delta w_{11}(1)\,,$$

$$\Delta w_{11}(2) = \frac{-0,0151}{-0,0197 - (-0,0151)}(0,00197) = 0,00651149748332909\,.$$

$$\Delta w_{21}(2) = \frac{\sum \frac{\partial E(2)}{\partial w_{21}(2)}}{\sum \frac{\partial E(1)}{\partial w_{21}(1)} - \sum \frac{\partial E(2)}{\partial w_{21}(2)}} \Delta w_{21}(1),$$

$$\Delta w_{21}(2) = \frac{-0,0153}{-0,0984 - (-0,0153)}(0,0984) = 0,0018143827708431248.$$

Portanto, os novos pesos são

$$b_1(3) = b_1(2) + \Delta b_1(2) = -0,0807 + 0,0020 = -0,07863527129742233,$$
$$w_{11}(3) = w_{11}(2) + \Delta w_{11}(2) = -0,1214 + 0,0065 = -0,11485969983719081,$$
$$b_2(3) = b_2(2) + \Delta b_2(2) = 0,7069 + 0,0047 = 0,711606935659813,$$
$$w_{21}(3) = w_{21}(2) + \Delta w_{21}(2) = 0,9640 + 0,0018 = 0,9658403683923786.$$

5.4 Considerações práticas sobre o algoritmo QPROP

Uma vez que um ponto pode estar a uma grande distância do mínimo, a escolha da forma quadrática da função de erro pode tornar-se uma suposição deficiente. Dessa forma, Fahlman introduziu uma série de regras práticas para lidar com os casos em que essa suposição não funciona bem.

Observando a expressão (14), podemos verificar se a inclinação atual é muito próxima, ou maior que a inclinação anterior e movimentando-se na mesma direção (dado que é uma parábola que modela o QPROP), implica que um salto para o mínimo pode resultar em um passo excessivamente grande e a aproximação na rede comportar-se de maneira caótica. Para evitar este problema, Fahlman introduziu um termo denotado por μ e denominado de máximo fator de crescimento, para limitar o tamanho do passo. Em tal situação, temos que o produto de μ pela mudança de peso anterior é utilizado ao invés da fórmula (14) de atualização do QPROP. Fahlman também sugere que o valor de μ seja de 1,75. Portanto, esta heurística ou a fórmula (14) do QPROP é utilizada se a mudança de peso anterior for diferente de zero.

Assim, um fator de redução, também denominado de Shrink Factor, é calculado a partir de μ para testar se a inclinação atual é tão grande ou maior que a inclinação anterior. Esse recurso é utilizado para evitar passos que sejam muito grandes. O fator de redução é definido como

$$\text{fator de redução} = \frac{\mu}{1+\mu}. \tag{51}$$

A seguir é apresentado o pseudocódigo, ou seja, uma forma genérica, do algoritmo QPROP.

Quando Fahlman apresentou o método de treinamento QPROP, ele observou um detalhe no uso da função de ativação sigmoide denominado de *Flat Spot Problem*, ou Problema de Planicidade Local. Este problema ocorre em certas funções de ativação, particularmente na função sigmoide. Para entender a situação, considere que praticamente todos os métodos de treinamento por retropropagação necessitam da derivada da função de ativação. Sendo a função sigmoide dada por

$$\varphi(v) = \frac{1}{1+e^{-v}}, \tag{52}$$

e sua derivada

$$\varphi'(v) = O_j(1-O_j), \tag{53}$$

onde O_j é o output, ou seja, a saída sigmoide do neurônio j. Temos que a derivada acima se aproximará de zero quanto mais O_j estiver próximo de 1.

Para eliminar o *Flat Spot Problem* uma solução simples é adicionar uma constante à derivada da função sigmoide. Um valor típico de constante adicionado a essa derivada é 0,1, o que implica em utilizar a derivada como sendo igual a

$$O_j(1-O_j)+0{,}1. \tag{54}$$

Geralmente, a mudança sugerida em (54) tem um efeito benéfico sobre toda a execução da propagação.

Perceba também, através das Figuras–1 e 2 do início do capítulo, que a derivada do erro com relação ao peso aproxima-se de zero à medida que o ponto de mínimo da função é alcançado.

<u>**Pseudocódigo do algoritmo QPROP**</u>

se $\Delta w(n-1) < 0$, **então**

  se $\nabla E(n) > 0$, **então**

    $\Delta w(n) = -\eta_{QPROP}\nabla E(n)$

  se $\nabla E(n) > \frac{\mu}{1+\mu}\nabla E(n-1)$, **então**

    $\Delta w(n) = \mu\Delta w(n-1)$

  senão

    $\Delta w(n) = \frac{\nabla E(n)}{\nabla E(n-1)-\nabla E(n)}\Delta w(n-1)$

senão, se $\Delta w(n-1) > 0$, **então**

  se $\nabla E(n) < 0$, **então**

    $\Delta w(n) = -\eta_{QPROP}\nabla E(n)$

  se $\nabla E(n) < \frac{\mu}{1+\mu}\nabla E(n-1)$, **então**

    $\Delta w(n) = \mu\Delta w(n-1)$

  senão

$$\Delta w(n) = \frac{\nabla E(n)}{\nabla E(n-1) - \nabla E(n)} \Delta w(n-1)$$

senão

$$\Delta w(n) = -\eta_{QPROP} \nabla E(n)$$

Observação

Comumente são adotados os valores: $0,01 \leq \eta_{QPROP} \leq 0,6$ e $\mu_{Máximo} = 1,75$

5.5 Rede neural com única entrada, múltiplos neurônios na camada oculta e única saída

Uma rede neural com múltiplos neurônios na camada oculta pode aproximar qualquer função não linear de uma variável com única entrada à rede. A rede neural mostrada na Figura–6 apresenta muitos neurônios na camada intermediária, implicando em muitos pesos e consequentemente muitas derivadas que precisam ser calculadas. Na Figura–6 temos que

- x representa o valor de entrada;
- n é a quantidade de neurônios na camada oculta;
- w_{n1} denota o peso da sinapse que liga o sinal de entrada ao n-ésimo neurônio da camada oculta;
- b_{hn} denota o bias no n-ésimo neurônio da camada oculta (hidden);
- w_{on} denota o peso da sinapse que liga o n-ésimo neurônio da camada oculta ao neurônio de saída (output);
- b_{o1} denota o bias do neurônio de saída;
- $y_1, \ldots, y_n$ correspondem às saídas dos n neurônios da camada oculta;
- y é o valor de saída da rede neural;
- d é valor desejado na saída da neural;
- é importante destacar que às entradas associadas a cada bias de cada neurônio da rede é atribuído o valor +1.

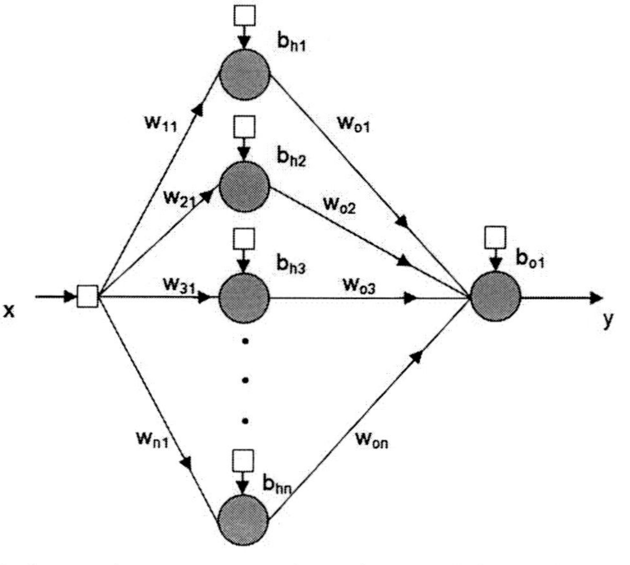

Figura–6 Rede neural com uma entrada, muitos neurônios ocultos e uma saída.

Analogamente ao caso da rede neural contendo um neurônio na camada oculta, podemos determinar as derivadas do erro com relação aos pesos ligados ao neurônio de saída da forma como segue.

$$\frac{\partial E}{\partial b_{o1}} = p = (y-d)y(1-y),$$

$$\frac{\partial E}{\partial w_{o1}} = py_1,$$

$$\frac{\partial E}{\partial w_{o2}} = py_2,$$

$$\frac{\partial E}{\partial w_{on}} = py_n.$$

De maneira similar aos cálculos realizados nas seções anteriores, o gradiente do erro com relação aos bias dos neurônios da camada oculta podem ser obtidos tal como mostrado a seguir.

$$\frac{\partial E}{\partial b_{h1}} = q_1,$$

$$\frac{\partial E}{\partial b_{h2}} = q_2,$$

$$\frac{\partial E}{\partial b_{hn}} = q_n.$$

Quanto aos gradientes do erro com relação aos pesos dos neurônios da camada oculta temos

$$\frac{\partial E}{\partial w_{11}} = q_1 x,$$

$$\frac{\partial E}{\partial w_{21}} = q_2 x,$$

$$\frac{\partial E}{\partial w_{n1}} = q_n x,$$

onde

$q_1 = pw_{o1}y_1(1-y_1)$, $q_2 = pw_{o2}y_2(1-y_2)$, ..., $q_n = pw_{on}y_n(1-y_n)$.

O símbolo q é utilizado para simplificar a notação, uma vez que essa quantidade se repete nas arquiteturas de rede neural que são apresentadas a seguir.

5.6 Rede neural com múltiplas entradas, múltiplos neurônios na camada oculta e única saída

Quando mais de uma entrada é utilizada em uma rede neural, uma função multidimensional pode ser aproximada. De maneira geral, a rede neural representa um mapeamento a partir do espaço de entrada m-dimensional até um espaço de saída unidimensional, podendo ser escrito como $s:\mathbb{R}^m \to \mathbb{R}$. Na rede neural mostrada na Figura–6 temos m entradas e n neurônios ocultos, o que produz $m \times n$ pesos associados ao produto do número de entradas por neurônios ocultos. Além disso, ainda temos n bias dos neurônios ocultos, $n \times 1$ pesos que ligam os neurônios da camada intermediária à saída da rede, e um bias no neurônio de saída. O peso w_{11} indica a ponderação da sinapse que liga a entrada x_1 ao primeiro neurônio da camada intermediária. O peso w_{nm} indica a ponderação da sinapse que liga a entrada x_m ao n-ésimo neurônio da camada intermediária.

Grande parte das derivadas do erro que precisam ser obtidas para a rede neural da Figura–7 foi calculada no caso anterior. Apenas os pesos das entradas extras nas novas sinapses dos neurônios da camada intermediária precisam ser discutidos. Dessa forma, para os pesos ligados à primeira entrada, temos

$$\frac{\partial E}{\partial w_{11}} = q_1 x_1, \; \frac{\partial E}{\partial w_{21}} = q_2 x_1, \; \ldots, \; \frac{\partial E}{\partial w_{n1}} = q_n x_1. \qquad (55)$$

Para os pesos ligados a m-ésima entrada, as derivadas são dadas por

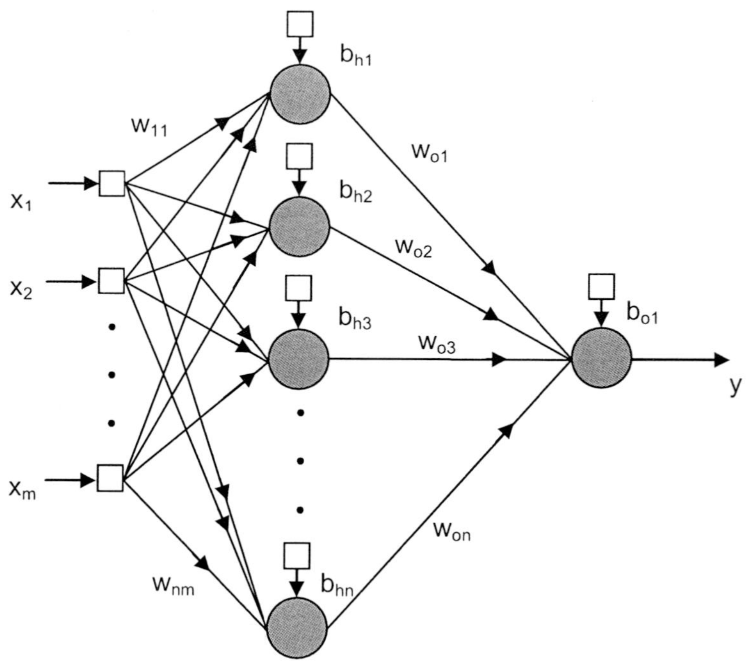

Figura–7 Rede neural com múltiplas entradas, muitos neurônios ocultos e uma saída.

$$\frac{\partial E}{\partial w_{1m}} = q_1 x_m, \; \frac{\partial E}{\partial w_{2m}} = q_2 x_m, \; \ldots, \; \frac{\partial E}{\partial w_{nm}} = q_n x_m. \qquad (56)$$

Sendo que q_1, q_2 e q_n são iguais ao caso anterior.

5.7 Rede neural com múltiplas entradas, múltiplos neurônios na camada oculta e múltiplas saídas

Esta situação representa o caso geral de uma rede neural com muitas classes de saída, utilizada para classificação de padrões.
O processo de aprendizagem é projetado de tal forma que seja possível encontrar os coeficientes ou pesos que fornecem o melhor ajuste entre a função de mapeamento e os

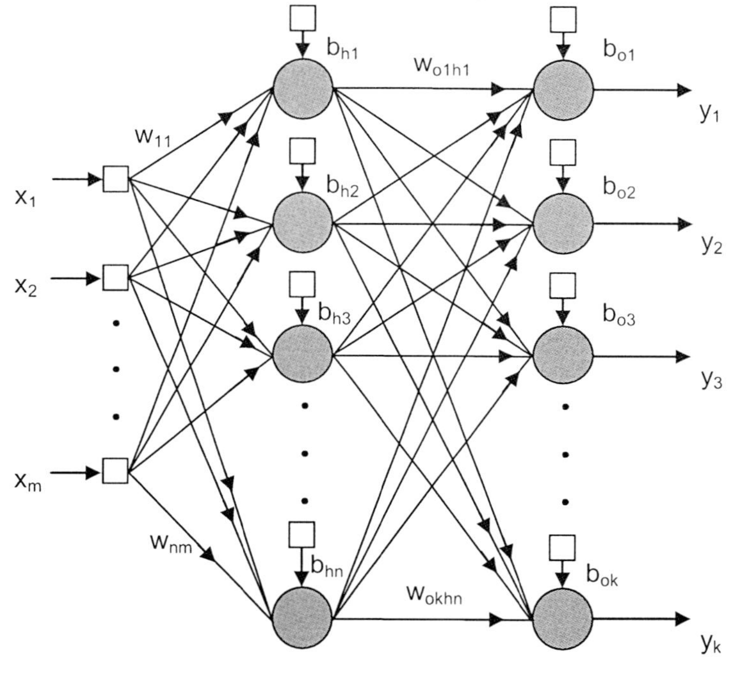

Figura–8 Rede neural com múltiplas entradas, muitos neurônios ocultos e muitas saídas.

dados que constituem-se em exemplos da função objetivo ou saídas desejadas.
O erro global da rede que contém múltiplas saídas é obtido da combinação dos erros gerados por cada um dos k neurônios da camada de saída, representados por E_1, E_2, ..., E_k, respectivamente.
Assim como nos modelos de regressão, o erro quadrado médio é um modo convencional de medir o ajuste dos dados.
Portanto, o erro total E é a soma dos MSE de cada neurônio da camada de saída, podendo ser representado de forma compacta como

$$E = \frac{1}{2NK} \sum_{k=1}^{K} \left[\sum_{i=1}^{N} (d_{ik} - y_{ik})^2 \right],$$

onde N é o número total de padrões de treinamento, K é o número total de neurônios na camada de saída, e d_{ik} e y_{ik} correspondem ao valor desejado e o valor predito do k-ésimo neurônio da camada de saída para o padrão de entrada i. Na Figura–7 temos que

- y_{h1} corresponde à saída do primeiro neurônio da camada oculta;
- y_{hn} corresponde à saída do n-ésimo neurônio da camada oculta;
- b_{o1} denota o bias do primeiro neurônio de saída;
- b_{ok} denota o bias do k-ésimo neurônio de saída;
- w_{o1h1} representa o peso da sinapse que une o primeiro neurônio de saída e o primeiro neurônio da camada intermediária;
- w_{okhn} representa o peso da sinapse que une o k-ésimo neurônio de saída e o n-ésimo neurônio da camada intermediária;
- d_k é o valor desejado que ocorre na saída do k-ésimo neurônio.

O procedimento adotado para o tipo de rede neural mostrado na Figura–8 é similar aos casos previamente descritos, sendo que a principal diferença é que cada neurônio da camada intermediária contribui para o erro de cada neurônio na camada de saída. As derivadas com relação aos bias dos neurônios de saída são

$$\frac{\partial E}{\partial b_{o1}} = p_1 = (y_1 - d_1) y_1 (1 - y_1),\ \ldots,\ \frac{\partial E}{\partial b_{ok}} = p_k = (y_k - d_k) y_k (1 - y_k).$$

Quanto aos pesos das saídas dos neurônios ocultos são produzidas as seguintes derivadas

$$\begin{array}{ccc}
\dfrac{\partial E}{\partial w_{o1h1}} = p_1 y_{h1}, & \ldots, & \dfrac{\partial E}{\partial w_{okh1}} = p_k y_{h1}, \\
\dfrac{\partial E}{\partial w_{o1h2}} = p_1 y_{h2}, & \ldots, & \dfrac{\partial E}{\partial w_{okh2}} = p_k y_{h2}, \\
\vdots & ,\ \ldots, & \vdots, \\
\dfrac{\partial E}{\partial w_{o1hn}} = p_1 y_{hn}, & \ldots, & \dfrac{\partial E}{\partial w_{okhn}} = p_k y_{hn}.
\end{array}$$

Nós sabemos como o erro quadrado total da rede varia com a mudança em um neurônio de saída y_h, e como esse y_h varia com v_h (a soma ponderada das entradas para o neurônio oculto). O produto desses dois termos é usado para calcular as derivadas de todos os pesos dos neurônios ocultos. Tal como a medida p para os neurônios de saída, temos

$$q \equiv \frac{\partial E}{\partial y_h} \frac{\partial y_h}{\partial v_h},$$

porém, nesse caso

$$q \equiv \left(\sum_{k=1}^{K} p_k w_k \right) y_h (1 - y_h).$$

Ou seja, as derivadas dos bias dos neurônios ocultos agora são afetadas por todos os erros dos neurônios da camada de saída. Isso acontece devido às saídas dos neurônios da camada oculta serem enviadas para todos os neurônios de saída, e, portanto, contribuem ao erro de cada neurônio de saída. O erro gerado pela contribuição de cada neurônio oculto para os neurônios de saída é acumulado em cada neurônio oculto pela retropropagação. Os gradientes de erro resultantes para os bias dos neurônios da camada intermediária são dados por

$$\frac{\partial E}{\partial b_{h1}} = q_1 = \left(p_1 w_{o1h1} + p_2 w_{o2h1} + \ldots + p_k w_{okh1}\right) y_1 \left(1 - y_1\right) = \left(\sum_{i=1}^{k} p_i w_{oih1}\right) y_1 \left(1 - y_1\right), \quad (57)$$

$$\frac{\partial E}{\partial b_{h2}} = q_2 = \left(p_1 w_{o1h2} + p_2 w_{o2h2} + \ldots + p_k w_{okh2}\right) y_2 \left(1 - y_2\right) = \left(\sum_{i=1}^{k} p_i w_{oih2}\right) y_2 \left(1 - y_2\right), \quad (58)$$

$$\vdots$$

$$\frac{\partial E}{\partial b_{hn}} = q_n = \left(p_1 w_{o1hn} + p_2 w_{o2hn} + \ldots + p_k w_{okhn}\right) y_n \left(1 - y_n\right) = \left(\sum_{i=1}^{k} p_i w_{oihn}\right) y_n \left(1 - y_n\right). \quad (59)$$

Os gradientes $\partial E / \partial w_{ij}$ com relação aos outros pesos que ligam a camada intermediária aos sinais de entrada ($w_{11}, w_{21}, \ldots, w_{n1}$; $w_{12}, w_{22}, \ldots, w_{n2}$; ...; $w_{1m}, w_{2m}, \ldots, w_{nm}$) são obtidos exatamente da mesma maneira como dado na equação (56), utilizando os novos valores q_1, ..., q_n calculados a partir da equação (59). Dessa forma, temos a determinação das derivadas do erro para o caso geral.
O algoritmo QPROP é uma modificação do backpropagation que acelera o processo de aprendizagem. O exemplo que foi apresentado ilustra a aplicação desse tipo de algoritmo para uma rede neural simples, porém, pode ser aplicado para outras arquiteturas de rede conforme mostrado nas seções anteriores.

5.8 Derivação do QPROP a partir da Série de Taylor

Na construção do algoritmo QPROP o erro global da rede neural, denotado por *E*, é uma função da matriz de pesos ajustáveis $\mathbf{W}$. Ou seja,

$$E = f\left(\mathbf{w}\right).$$

No processo de aprendizagem da rede, o algoritmo Quickprop realiza uma busca no espaço de pesos para minimizar o erro global. Qualquer peso individual w na matriz **W** fornece uma contribuição para *E* dada por

$$e = f\left(w\right).$$

Apesar de $f\left(w\right)$ ser desconhecida, a tarefa de minimização do erro é realizada pela procura do valor do peso w ótimo através da inclinação e estimativa da curvatura de $f\left(w\right)$. A obtenção da inclinação e curvatura pode ser realizada utilizando a Série de Taylor, que convencionalmente é escrita como

$$f(x)=f(c)+f'(c)(x-c)+f''(c)\frac{(x-c)^2}{2!}+f'''(c)\frac{(x-c)^3}{3!}+\dots$$

A Série de Taylor recebe esse nome em homenagem ao matemático Brooke Taylor, que primeiro publicou essa fórmula de série de potências em 1715. Uma característica dessa série é, se for conhecido o valor de uma função desconhecida em um ponto c, podemos estimar o valor daquela função em qualquer outro ponto nas vizinhanças de c pelo conhecimento da derivada em c. Não apenas isso, mas quanto mais derivadas de ordem superior sejam conhecidas, mais precisa pode-se realizar a estimação. Substituindo c pelo peso atual w_1 e no lugar de x escrevendo o peso seguinte w, temos que

$$f(w)=f(w_1)+f'(w_1)(w-w_1)+f''(w_1)\frac{(w-w_1)^2}{2!}+f'''(w_1)\frac{(w-w_1)^3}{3!}+\dots$$

O próximo peso w pode ser aproximado de maneira precisa utilizando-se apenas alguns poucos termos da Série de Taylor se w e w_1 estão próximos. Mas, quanto mais termos forem utilizados, maior será a precisão para qualquer diferença $w-w_1$ em particular. Recorde que no caso do algoritmo de retropropagação o objetivo é ajustar os pesos da rede neural para reduzir o erro total, onde consideramos que a varição dos pesos, $\Delta w=w-w_1$, é proporcional ao negativo da derivada do erro total com relação ao peso, escrevendo essa ideia de maneira sucinta tem-se

$$\Delta w \propto -\frac{\partial E}{\partial w}.$$

Isso implica que somente a primeira derivada é utilizada, porém o algoritmo Quickprop (QPROP) utiliza em adição uma aproximação também pela derivada de segunda ordem. Assim, o QPROP retém apenas os três primeiros termos da Série de Taylor, o que produz

$$f(w)=f(w_1)+f'(w_1)(w-w_1)+f''(w_1)\frac{(w-w_1)^2}{2!}. \tag{60}$$

O efeito dessa abordagem é assumir que $f(w)$ pode grosseiramente ser representada por uma parábola com os braços voltados para cima e que $f(w)$ está em um mínimo quando sua primeira derivada é igual a zero. O objetivo é encontrar o peso ótimo, de tal forma a minimizar o erro. Utilizando a expressão (60), podemos encontrar a primeira derivada de $E(w)$ com relação ao peso obtendo

$$E'(w)=E'(w_1)+E''(w_1)(w-w_1). \tag{61}$$

O objetivo é encontrar um novo peso w tal que $E(w)$ é um mínimo, sendo que neste ponto temos $E'(w)=0$, levando essa restrição a (61) resulta em

$$E'(w_1)+E''(w_1)(w-w_1)=0. \tag{62}$$

Considerando $\Delta w = w - w_1$, podemos reescrever (62) como

$$\Delta w = -\frac{E'(w_1)}{E''(w_1)}.$$

Nessa última expressão, o numerador não pode ser zero. A informação obtida é que a alteração no peso está diretamente relacionada ao negativo da inclinação e inversamente relacionada à curvatura. A curvatura de uma curva pode ser definida como a magnitude da taxa de mudança de sua direção com respeito à medida de comprimento na curva - o comprimento de arco. De forma ampla, a noção de medidas de curvatura referem-se a quão fortemente uma curva se dobra.

A curvatura, no entanto, é uma medida difícil e trabalhosa de se calcular, tanto que no trabalho de Fahlman, de 1988, a ideia principal foi aproximar a curvatura a partir da razão da mudança da inclinação com relação à mudança do peso utilizando os dois últimos valores de iteração. Por isso, a função de erro que depende do peso, dada por $E(w)$, assume a seguinte forma variante

$$E(w) = aw^2 + bw + c, \tag{63}$$

ou seja, uma função quadrática.

O valor mínimo da função representada em (63) pode ser obtido tomando-se a primeira derivada e igualando a zero, assim

$$E'(w) = 2aw + b = 0, \tag{64}$$

Denotando o mínimo por w^*, e resolvendo (64) para esse valor temos o peso que minimiza o erro.

$$w^* = -\frac{b}{2a},$$

Para expressar os valores de a e b em termos dos pesos, são necessários dois pontos sucessivos que serão escritos, respectivamente, como w_1 e w_2. Geramos então, as seguintes equações

$$E'(w_1) = 2aw_1 + b, \tag{65}$$

$$E'(w_2) = 2aw_2 + b. \tag{66}$$

Subtraindo (66) de (65) produz

$$E'(w_1) - E'(w_2) = 2aw_1 + b - (2aw_2 + b),$$
$$E'(w_1) - E'(w_2) = 2aw_1 - 2aw_2,$$
$$E'(w_1) - E'(w_2) = 2a(w_1 - w_2),$$
$$E'(w_1) - E'(w_2) = 2a(w_1 - w_2),$$

$$a = \frac{E'(w_1) - E'(w_2)}{2(w_1 - w_2)}. \tag{67}$$

Aplicando o resultado (67) em $E'(w_1)$ resulta em

$$E'(w_1) = 2w_1 \left[\frac{E'(w_1) - E'(w_2)}{2(w_1 - w_2)} \right] + b. \tag{68}$$

A partir de (68) podemos isolar b, de onde temos que

$$\begin{aligned}
E'(w_1)(w_1 - w_2) &= w_1 E'(w_1) - w_1 E'(w_2) + b(w_1 - w_2), \\
b(w_1 - w_2) &= E'(w_1)w_1 - E'(w_1)w_2 - w_1 E'(w_1) + E'(w_2)w_1, \\
b &= \frac{E'(w_2)w_1 - E'(w_1)w_2}{w_1 - w_2}.
\end{aligned}$$

Uma vez conhecidos os valores de a e b, estes podem ser aplicados em w^* permitindo construir uma expressão para determinar w^*, o peso que gera o mínimo da função de erro.

$$\begin{aligned}
w^* &= -\frac{E'(w_2)w_1 - E'(w_1)w_2}{w_1 - w_2} \frac{1}{2\dfrac{E'(w_1) - E'(w_2)}{2(w_1 - w_2)}}, \\
w^* &= -\frac{E'(w_2)w_1 - E'(w_1)w_2}{w_1 - w_2} \frac{w_1 - w_2}{E'(w_1) - E'(w_2)}, \\
w^* &= -\frac{E'(w_2)w_1 - E'(w_1)w_2}{E'(w_1) - E'(w_2)}.
\end{aligned} \tag{69}$$

Lembrando que o peso w_2 é determinado em um passo posterior ao peso w_1, a atualização dos pesos será determinada pela diferença $w^* - w_2$. A determinação dessa diferença é obtida de (69) fazendo

$$\begin{aligned}
E'(w_2)w^* - E'(w_1)w^* &= E'(w_2)w_1 - E'(w_1)w_2, \\
E'(w_2)w^* - E'(w_2)w_2 - E'(w_1)w^* &= E'(w_2)w_1 - E'(w_2)w_2 - E'(w_1)w_2, \\
E'(w_2)(w^* - w_2) - E'(w_1)w^* &= E'(w_2)(w_1 - w_2) - E'(w_1)w_2, \\
E'(w_2)(w^* - w_2) - E'(w_1)w^* + E'(w_1)w_2 &= E'(w_2)(w_1 - w_2) - E'(w_1)w_2 + E'(w_1)w_2 \\
f'(w_2)(w^* - w_2) - f'(w_1)(w^* - w_2) &= f'(w_2)(w_1 - w_2), \\
\left[E'(w_2) - E'(w_1)\right](w^* - w_2) &= E'(w_2)(w_1 - w_2),
\end{aligned}$$

$$\left(w^{*}-w_{2}\right)=\frac{E'\left(w_{2}\right)\left(w_{1}-w_{2}\right)}{E'\left(w_{2}\right)-E'\left(w_{1}\right)},$$

$$\left(w^{*}-w_{2}\right)=-\frac{E'\left(w_{2}\right)}{E'\left(w_{2}\right)-E'\left(w_{1}\right)}\left(w_{2}-w_{1}\right). \tag{70}$$

Fazendo $w^{*}-w_{2}$ igual a $\Delta w(n)$ e $w_{2}-w_{1}$ igual a $\Delta w(n-1)$ temos

$$\Delta w(n)=-\frac{E'\left(w_{2}\right)}{E'\left(w_{2}\right)-E'\left(w_{1}\right)}\Delta w(n-1). \tag{71}$$

Ou

$$\Delta w(n)=-\frac{E'\left(w_{2}\right)}{\left[\dfrac{E'\left(w_{2}\right)-E'\left(w_{1}\right)}{\Delta w(n-1)}\right]}. \tag{72}$$

O conceito essencial por trás do QPROP está no uso da informação sobre a curvatura da superfície de erro, bem como sua inclinação, para decidir as mudanças dos pesos.

Portanto, a mudança de peso é proporcional ao negativo da inclinação atual $E'\left(w_{2}\right)$ e inversamente proporcional à curvatura aproximada, calculada como uma mudança da inclinação por mudança de peso.

EXEMPLO 5.4

Construção da sequência de comandos MATLAB para o exemplo de aplicação do algoritmo QPROP considerando o primeiro quarto da função senoide e dois pontos que pertencem a essa curva, conforme mostrado na Figura–3. O exemplo é realizado com dois pontos para ser mais fácil acompanhar os cálculos que foram realizados nas seções anteriores.

MATLAB - Algoritmo QPROP

```
%%%%%%%%%%%%%%%%%%%%%%%%%%%%%%%%%%%%%%%%%%%%%%%%%%%%%%%%%%%%%%%%%%%%%%%%%
PARTE I                                           %
%                    REGRA DELTA DO BACKPROPAGATION                     %
% DETERMINAÇÃO DOS PESOS E DAS DERIVADAS DA PRIMEIRA E SEGUNDA ÉPOCAS   %
%%%%%%%%%%%%%%%%%%%%%%%%%%%%%%%%%%%%%%%%%%%%%%%%%%%%%%%%%%%%%%%%%%%%%%%%%

% Atribuição inicial de valores
x=[pi/4;pi/2];
d=[sin(pi/4);sin(pi/2)];
xzero=[1 1];
eta=0.1;
eta_qprop=0.1;
mi=1.75;
n=2;
m=100;
w=[0.2;0.4];
```

```
b=[0.3;-0.1];
b_qprop=zeros(2,1);
w_qprop=zeros(2,1);
old_b_qprop=zeros(2,1);
old_w_qprop=zeros(2,1);
new_b_qprop=zeros(2,1);
new_w_qprop=zeros(2,1);
p=zeros(2,1);
q=zeros(2,1);
dE_db1=zeros(2,1);
dE_db2=zeros(2,1);
dE_dw11=zeros(2,1);
dE_dw21=zeros(2,1);
grad_b1=zeros(2,1);
grad_b2=zeros(2,1);
grad_w11=zeros(2,1);
grad_w21=zeros(2,1);
old_b=zeros(2,1);
old_w=zeros(2,1);
old_grad_b1=zeros(2,1);
old_grad_b2=zeros(2,1);
old_grad_w11=zeros(2,1);
old_grad_w21=zeros(2,1);
delta_b_qprop(1,1)=zeros(1,1);
delta_b_qprop(2,1)=zeros(1,1);
delta_w_qprop(1,1)=zeros(1,1);
delta_w_qprop(2,1)=zeros(1,1);
old_delta_b_qprop=zeros(2,1);
old_delta_w_qprop=zeros(2,1);

for i=1:n

    old_b=b;
    old_w=w;
    old_grad_b1=grad_b1(n);
    old_grad_b2=grad_b2(n);
    old_grad_w11=grad_w11(n);
    old_grad_w21=grad_w21(n);

    v1=zeros(2,1);
    v2=zeros(2,1);
    y1=zeros(2,1);
    y2=zeros(2,1);

    entradas=2;

    for j=1:entradas;

% Camada Oculta
v1(j)=xzero(1,1)*b(1,1)+x(j,1)*w(1,1);
y1(j)=1/(1+exp(-v1(j)));

% Camada de Saída
v2(j)=xzero(1,2)*b(2,1)+y1(j)*w(2,1);
y2(j)=1/(1+exp(-v2(j)));

% Derivada do erro com relação aos pesos do neurônio de saída
```

```
p(j)=(y2(j)-d(j))*y2(j)*(1-y2(j));
dE_db2(j)=p(j);
dE_dw21(j)=p(j)*y1(j);

% Derivada do erro com relação aos pesos do neurônio da camada oculta
q(j)=p(j)*w(2,1)*y1(j)*(1-y1(j));
dE_db1(j)=q(j);
dE_dw11(j)=q(j)*x(j,1);

% Gradientes
    grad_b1(j)=sum(dE_db1);
    grad_b2(j)=sum(dE_db2);
    grad_w11(j)=sum(dE_dw11);
    grad_w21(j)=sum(dE_dw21);

% Cálculo do MSE
e(j)=d(j)-y2(j);
sse=dot(e,e);
mse=sse/(2*entradas);

    end

    % Atualização de Pesos e Bias pela regra delta
    b(1,1) = b(1,1) - eta*grad_b1(j);
    b(2,1) = b(2,1) - eta*grad_b2(j);
    w(1,1) = w(1,1) - eta*grad_w11(j);
    w(2,1) = w(2,1) - eta*grad_w21(j);

    % Cálculo do RMSE
rmse(i)=sqrt(mse);
s(i)=i;

end

    new_b=b;
    new_w=w;
    new_grad_b1=grad_b1(j);
    new_grad_b2=grad_b2(j);
    new_grad_w11=grad_w11(j);
    new_grad_w21=grad_w21(j);

%%%%%%%%%%%%%%%%%%%%%%%%%%%%%%%%%%%%%%%%%%%%%%%%%%%%%%%%%%%%%%%%%%%%%%%%%
PARTE II                                            %
%                              QUICK PROPAGATION                          %
%     APLICAÇÃO DO ALGORITMO QPROP PARA ATUALIZAÇÃO DOS PESOS E BIAS     %
%%%%%%%%%%%%%%%%%%%%%%%%%%%%%%%%%%%%%%%%%%%%%%%%%%%%%%%%%%%%%%%%%%%%%%%%%

% Foi necessário executar duas épocas utilizando o backpropagation
% porque o algoritmo QPROP precisa dos dois últimos valores
% do gradiente do erro. [Porém, essa etapa anterior poderia ser
% desconsiderada e ter-se atribuído pesos e derivadas iniciais com
% valores pequenos e randômicos]

% Primeira atualização de Pesos e Bias usando o QPROP
old_b_qprop(1,1)=old_b(1,1)+(-eta*old_grad_b1)*new_grad_b1/(old_grad_b1-
new_grad_b1);
old_b_qprop(2,1)=old_b(2,1)+(-eta*old_grad_b2)*new_grad_b2/(old_grad_b2-
```

```
new_grad_b2);
old_w_qprop(1,1)=old_w(1,1)+(-eta*old_grad_w11)*new_grad_w11/(old_grad_w11-
new_grad_w11);
old_w_qprop(2,1)=old_w(2,1)+(-eta*old_grad_w21)*new_grad_w21/(old_grad_w21-
new_grad_w21);

old_delta_b_qprop(1,1)=(-eta*old_grad_b1)*new_grad_b1/(old_grad_b1-new_grad_b1);
old_delta_b_qprop(2,1)=(-eta*old_grad_b2)*new_grad_b2/(old_grad_b2-new_grad_b2);
old_delta_w_qprop(1,1)=(-eta*old_grad_w11)*new_grad_w11/(old_grad_w11-
new_grad_w11);
old_delta_w_qprop(2,1)=(-eta*old_grad_w21)*new_grad_w21/(old_grad_w21-
new_grad_w21);

    old_grad_b1_qprop=new_grad_b1;
    old_grad_b2_qprop=new_grad_b2;
    old_grad_w11_qprop=new_grad_w11;
    old_grad_w21_qprop=new_grad_w21;

    b_qprop(1,1)=old_b_qprop(1,1);
    b_qprop(2,1)=old_b_qprop(2,1);
    w_qprop(1,1)=old_w_qprop(1,1);
    w_qprop(2,1)=old_w_qprop(2,1);

for l=1:m

  for k=1:entradas

% Cálculo dos novos v1, v2, y1 e y2
    v1_qprop(k)=xzero(1,1)*b_qprop(1,1)+x(k,1)*w_qprop(1,1);
    y1_qprop(k)=1/(1+exp(-v1_qprop(k)));
    v2_qprop(k)=xzero(1,2)*b_qprop(2,1)+y1_qprop(k)*w_qprop(2,1);
    y2_qprop(k)=1/(1+exp(-v2_qprop(k)));

% Derivada do erro com relação aos pesos do neurônio de saída
% Verifique que para evitar o Flat Spot Problem foi adicionado 0.1 à
% derivada da função ativação
p_qprop(k)=(y2_qprop(k)-d(k))*((y2_qprop(k)*(1-y2_qprop(k))+0.1));
dE_db2_qprop(k)=p_qprop(k)
dE_dw21_qprop(k)=p_qprop(k)*y1_qprop(k)

% Derivada do erro com relação aos pesos do neurônio da camada oculta
% Verifique que para evitar o Flat Spot Problem foi adicionado 0.1 à
% derivada da função ativação
q_qprop(k)=p_qprop(k)*w_qprop(2,1)*((y1_qprop(k)*(1-y1_qprop(k))+0.1));
dE_db1_qprop(k)=q_qprop(k)
dE_dw11_qprop(k)=q_qprop(k)*x(k,1)

% Cálculo do MSE
e_qprop(k)=d(k)-y2_qprop(k);
sse_qprop=dot(e_qprop,e_qprop);
mse_qprop(l)=sse_qprop/(2*entradas);

  end

  % Gradientes
    new_grad_b1_qprop=sum(dE_db1_qprop);
    new_grad_b2_qprop=sum(dE_db2_qprop);
```

```
    new_grad_w11_qprop=sum(dE_dw11_qprop);
    new_grad_w21_qprop=sum(dE_dw21_qprop);

   % Atualização dos pesos utilizando o algoritmo QPROP, considerando o
   % Shrink Factor
   if (old_delta_b_qprop(1,1) < 0),
      if (new_grad_b1_qprop > 0),
          delta_b_qprop(1,1) = -eta_qprop*new_grad_b1_qprop;
      end
       if (new_grad_b1_qprop > (mi/(1+mi))*old_grad_b1_qprop),
           delta_b_qprop(1,1)= mi*old_delta_b_qprop(1,1);
       else
           delta_b_qprop(1,1)=
(old_delta_b_qprop(1,1))*new_grad_b1_qprop/(old_grad_b1_qprop-new_grad_b1_qprop);
       end
       else
          if (old_delta_b_qprop(1,1) > 0),
            if (new_grad_b1_qprop < 0),
              delta_b_qprop(1,1) = -eta_qprop*new_grad_b1_qprop;
                   end
             if (new_grad_b1_qprop < (mi/(1+mi))*old_grad_b1_qprop),
                delta_b_qprop(1,1) = mi*old_delta_b_qprop(1,1);
               else
delta_b_qprop(1,1)=(old_delta_b_qprop(1,1))*new_grad_b1_qprop/(old_grad_b1_qprop
-new_grad_b1_qprop);
                end
               else
                   delta_b_qprop(1,1) =-eta_qprop*new_grad_b1_qprop;
               end
   end

if (old_delta_b_qprop(2,1) < 0),
    if (new_grad_b2_qprop > 0),
      delta_b_qprop(2,1) = -eta_qprop*new_grad_b2_qprop;
      end
      if (new_grad_b2_qprop > (mi/(1+mi))*old_grad_b2_qprop),
       delta_b_qprop(2,1)= mi*old_delta_b_qprop(2,1);
       else

delta_b_qprop(2,1)=(old_delta_b_qprop(2,1))*new_grad_b2_qprop/(old_grad_b2_qprop
-new_grad_b2_qprop);
       end
        else
         if (old_delta_b_qprop(2,1) > 0),
          if (new_grad_b2_qprop < 0),
            delta_b_qprop(2,1) = -eta_qprop*new_grad_b2_qprop;
          end
        if (new_grad_b2_qprop < (mi/(1+mi))*old_grad_b2_qprop),
          delta_b_qprop(2,1) = mi*old_delta_b_qprop(2,1);
        else
delta_b_qprop(2,1)=(old_delta_b_qprop(2,1))*new_grad_b2_qprop/(old_grad_b2_qprop
-new_grad_b2_qprop);
        end
          else
           delta_b_qprop(2,1) = -eta_qprop*new_grad_b2_qprop;
          end
   end
```

```
if (old_delta_w_qprop(1,1) < 0),
   if (new_grad_w11_qprop > 0),
     delta_w_qprop(1,1) = -eta_qprop*new_grad_w11_qprop;
   end
   if (new_grad_w11_qprop > (mi/(1+mi))*old_grad_w11_qprop),
     delta_w_qprop(1,1)= mi*old_delta_w_qprop(1,1);
     else
delta_w_qprop(1,1)=(old_delta_w_qprop(1,1))*new_grad_w11_qprop/(old_grad_w11_qpr
op-new_grad_w11_qprop);
    end
    else
      if (old_delta_w_qprop(1,1) > 0),
        if (new_grad_w11_qprop < 0),
           delta_w_qprop(1,1) = -eta_qprop*new_grad_w11_qprop;
           end
        if (new_grad_w11_qprop < (mi/(1+mi))*old_grad_w11_qprop),
          delta_w_qprop(1,1) = mi*old_delta_w_qprop(1,1);
        else
delta_w_qprop(1,1)=(old_delta_w_qprop(1,1))*new_grad_w11_qprop/(old_grad_w11_qpr
op-new_grad_w11_qprop);
        end
        else
         delta_w_qprop(1,1) = -eta_qprop*new_grad_w11_qprop;
                end
   end

if (old_delta_w_qprop(2,1) < 0),
  if (new_grad_w21_qprop > 0),
  delta_w_qprop(2,1) = -eta_qprop*new_grad_w21_qprop;
    end
    if (new_grad_w21_qprop > (mi/(1+mi))*old_grad_w21_qprop),
      delta_w_qprop(2,1)=  mi*old_delta_w_qprop(2,1);
     else
delta_w_qprop(2,1)=(old_delta_w_qprop(2,1))*new_grad_w21_qprop/(old_grad_w21_qpr
op-new_grad_w21_qprop);
     end
     else
     if (old_delta_w_qprop(2,1) > 0),
       if (new_grad_w21_qprop < 0),
         delta_w_qprop(2,1) = -eta_qprop*new_grad_w21_qprop;
       end
       if (new_grad_w21_qprop < (mi/(1+mi))*old_grad_w21_qprop),
         delta_w_qprop(2,1) = mi*old_delta_w_qprop(2,1);
       else
delta_w_qprop(2,1)=(old_delta_w_qprop(2,1))*new_grad_w21_qprop/(old_grad_w21_qpr
op-new_grad_w21_qprop);
        end
        else
           delta_w_qprop(2,1) = -eta_qprop*new_grad_w21_qprop;
                end
   end

   % Atualizações
   b_qprop(1,1)=b_qprop(1,1)+delta_b_qprop(1,1);
   b_qprop(2,1)=b_qprop(2,1)+delta_b_qprop(2,1);
   w_qprop(1,1)=w_qprop(1,1)+delta_w_qprop(1,1);
```

```
    w_qprop(2,1)=w_qprop(2,1)+delta_w_qprop(2,1);

    old_grad_b1_qprop=new_grad_b1_qprop;
    old_grad_b2_qprop=new_grad_b2_qprop;
    old_grad_w11_qprop=new_grad_w11_qprop;
    old_grad_w21_qprop=new_grad_w21_qprop;

    old_delta_b_qprop(1,1)=delta_b_qprop(1,1);
    old_delta_b_qprop(2,1)=delta_b_qprop(2,1);
    old_delta_w_qprop(1,1)=delta_w_qprop(1,1);
    old_delta_w_qprop(2,1)=delta_w_qprop(2,1);

     % Cálculo do RMSE
rmse_qprop(l)=sqrt(mse_qprop(l));
t(l)=l;
disp('Algoritmo QPROP para aproximação de função senoide');
disp('Total de épocas realizadas');
disp(m);
disp('Pesos finais e bias');
w_qprop
b_qprop
plot(t,rmse_qprop,'ko','MarkerSize',10);
xlabel('Época');
ylabel('RMSE');

end
```

A Figura–9 apresenta o gráfico do RMSE gerado pela sequência de comandos mostrada acima.

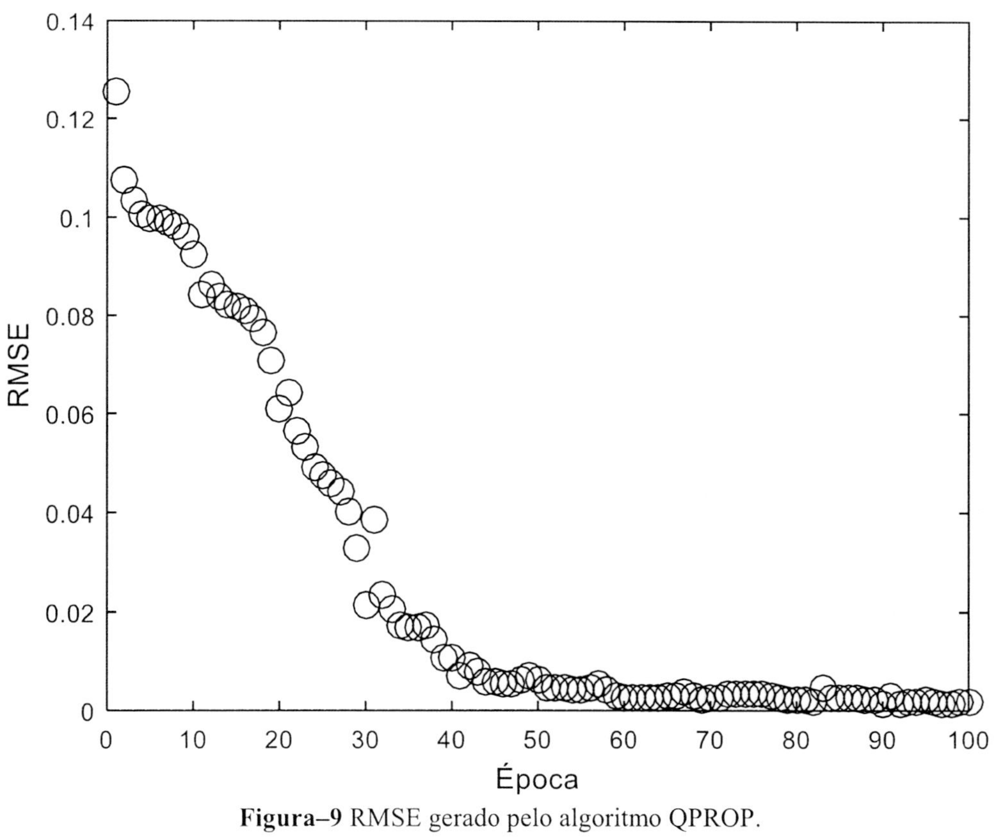

Figura–9 RMSE gerado pelo algoritmo QPROP.

O algoritmo QPROP opera de maneira mais rápida na aprendizagem por lote do que o backpropagation convencional. Além disso, não é sensível a taxa de aprendizagem e a constante de momento. Trata-se de um algoritmo variante do backpropagation e um dos melhores métodos de aprendizagem que tem sido usado em diversas aplicações. Este método substitui a maior parte da etapa de atualização dos pesos, utilizando $\Delta w(n)$ como regra para alterar o peso. Valendo ressaltar que o QPROP tem apenas dois parâmetros, sendo η_{QPROP} a taxa de aprendizagem usada da mesma forma que no gradiente descendente e μ a constante que limita o tamanho do passo.
No capítulo seguinte discutimos outro método de aprendizagem denominado RPROP.

```
PYTHON - Algoritmo QPROP

import math
import numpy as np
import matplotlib.pyplot as plt

##########################################################################
#                            PARTE I                                     #
#                  REGRA DELTA DO BACKPROPAGATION                        #
#DETERMINAÇÃO DOS PESOS E DAS DERIVADAS DA PRIMEIRA E SEGUNDA ÉPOCAS     #
##########################################################################

x = np.array([[np.pi/4],[np.pi/2]])
d = np.array([[np.sin(np.pi/4)],[np.sin(np.pi/2)]])
xzero = np.array([[1,1]])
eta = 0.1
eta_qprop = 0.1
mi = 1.75
n = 2
m = 100
w = np.array([[0.2],[0.4]])
b = np.array([[0.3],[-0.1]])
b_qprop = np.zeros((2,1))
w_qprop = np.zeros((2,1))
old_b_qprop = np.zeros((2,1))
old_w_qprop = np.zeros((2,1))
new_b_qprop = np.zeros((2,1))
new_w_qprop = np.zeros((2,1))
p = np.zeros((2,1))
q = np.zeros((2,1))
dE_db1 = np.zeros((2,1))
dE_db2 = np.zeros((2,1))
dE_dw11 = np.zeros((2,1))
dE_dw21 = np.zeros((2,1))
grad_b1 = np.zeros((2,1))
grad_b2 = np.zeros((2,1))
grad_w11 = np.zeros((2,1))
grad_w21 = np.zeros((2,1))
old_b = np.zeros((2,1))
old_w = np.zeros((2,1))
old_grad_b1 = np.zeros((2,1))
old_grad_b2 = np.zeros((2,1))
```

```
old_grad_w11 = np.zeros((2,1))
old_grad_w21 = np.zeros((2,1))
delta_b_qprop = np.zeros((2,1))
delta_w_qprop = np.zeros((2,1))
old_delta_b_qprop = np.zeros((2,1))
old_delta_w_qprop = np.zeros((2,1))

v1 = np.zeros((2, 1))
v2 = np.zeros((2, 1))
y1 = np.zeros((2, 1))
y2 = np.zeros((2, 1))
e = np.zeros((2, 1))

entradas = 2

rmse = np.zeros((n, 1))
s = np.zeros((n, 1))

for i in range(n):
    old_b = b.copy()
    old_w = w.copy()
    old_grad_b1 = grad_b1[n-1].copy()
    old_grad_b2 = grad_b2[n-1].copy()
    old_grad_w11 = grad_w11[n-1].copy()
    old_grad_w21 = grad_w21[n-1].copy()

    v1 = np.zeros((2, 1))
    v2 = np.zeros((2, 1))
    y1 = np.zeros((2, 1))
    y2 = np.zeros((2, 1))

    for j in range(entradas):
        # Camada Oculta
        v1[j] = (xzero[0, 0]*b[0, 0]) + (x[j, 0]*w[0, 0])
        y1[j] = 1 / (1 + np.exp(-v1[j]))

        # Camada de Saída
        v2[j] = (xzero[0, 1]*b[1, 0]) + (y1[j]*w[1, 0])
        y2[j] = 1 / (1 + np.exp(-v2[j]))

        # Derivada do erro com relação aos pesos do neurônio de saída
        p[j] = (y2[j] - d[j]) * y2[j] * (1 - y2[j])
        dE_db2[j] = p[j]
        dE_dw21[j] = p[j] * y1[j]

        # Derivada do erro com relação aos pesos do neurônio da camada oculta
        q[j] = p[j]*w[1,0]*y1[j]*(1-y1[j])
        dE_db1[j] = q[j]
        dE_dw11[j] = q[j]*x[j,0]

        # Gradientes
        grad_b1[j]=sum(dE_db1)
        grad_b2[j]=sum(dE_db2)
        grad_w11[j]=sum(dE_dw11)
        grad_w21[j]=sum(dE_dw21)

        # Cálculo do MSE
```

```
        e[j] = d[j] - y2[j]
        sse = np.vdot(e,e)
        mse = sse/(2*entradas)

        # Atualização de Pesos e Bias pela regra delta
    b[0,0] = b[0,0] - eta*grad_b1[j]
    b[1,0] = b[1,0] - eta*grad_b2[j]
    w[0,0] = w[0,0] - eta*grad_w11[j]
    w[1,0] = w[1,0] - eta*grad_w21[j]

    # Cálculo do RMSE
    rmse[i] = math.sqrt(mse)
    s[i] = i

new_b = b.copy()
new_w = w.copy()
new_grad_b1 = grad_b1[j].copy()
new_grad_b2 = grad_b2[j].copy()
new_grad_w11 = grad_w11[j].copy()
new_grad_w21 = grad_w21[j].copy()

#########################################################################
#                                  PARTE II                             #
#                             QUICK PROPAGATION                         #
#    APLICAÇÃO DO ALGORITMO QPROP PARA ATUALIZAÇÃO DOS PESOS E BIAS     #
##########################################################################

# Foi necessário executar duas épocas utilizando o backpropagation
# porque o algoritmo QPROP precisa dos dois últimos valores
# do gradiente do erro. [Porém, essa etapa anterior poderia ser
# desconsiderada e ter-se atribuído pesos e derivadas iniciais com
# valores pequenos e randômicos]

# Primeira atualização de Pesos e Bias usando o QPROP

old_b_qprop[0,0]=np.double(old_b[0,0]+(-
eta*old_grad_b1)*new_grad_b1/(old_grad_b1-new_grad_b1))
old_b_qprop[1,0]=np.double(old_b[1,0]+(-
eta*old_grad_b2)*new_grad_b2/(old_grad_b2-new_grad_b2))
old_w_qprop[0,0]=np.double(old_w[0,0]+(-
eta*old_grad_w11)*new_grad_w11/(old_grad_w11-new_grad_w11))
old_w_qprop[1,0]=np.double(old_w[1,0]+(-
eta*old_grad_w21)*new_grad_w21/(old_grad_w21-new_grad_w21))

old_delta_b_qprop[0,0]=np.double((-eta*old_grad_b1)*new_grad_b1/(old_grad_b1-
new_grad_b1))
old_delta_b_qprop[1,0]=np.double((-eta*old_grad_b2)*new_grad_b2/(old_grad_b2-
new_grad_b2))
old_delta_w_qprop[0,0]=np.double((-eta*old_grad_w11)*new_grad_w11/(old_grad_w11-
new_grad_w11))
old_delta_w_qprop[1,0]=np.double((-eta*old_grad_w21)*new_grad_w21/(old_grad_w21-
new_grad_w21))

old_grad_b1_qprop = new_grad_b1.copy()
old_grad_b2_qprop = new_grad_b2.copy()
old_grad_w11_qprop = new_grad_w11.copy()
old_grad_w21_qprop = new_grad_w21.copy()
```

```
b_qprop[0,0] = old_b_qprop[0,0]
b_qprop[1,0] = old_b_qprop[1,0]
w_qprop[0,0] = old_w_qprop[0,0]
w_qprop[1,0] = old_w_qprop[1,0]

v1_qprop = np.zeros((2,1))
y1_qprop = np.zeros((2,1))
v2_qprop = np.zeros((2,1))
y2_qprop = np.zeros((2,1))

p_qprop = np.zeros((2,1))
dE_db2_qprop = np.zeros((2,1))
dE_dw21_qprop = np.zeros((2,1))

q_qprop = np.zeros((2,1))
dE_db1_qprop = np.zeros((2,1))
dE_dw11_qprop = np.zeros((2,1))

e_qprop = np.zeros((2,1))
mse_qprop = np.zeros((m,1))
rmse_qprop = np.zeros((m,1))
t = np.zeros((m,1))

for l in range(m):

      for k in range(entradas):

            # Cálculo dos novos v1, v2, y1 e y2
v1_qprop[k]= np.double(xzero[0,0]*b_qprop[0,0]+x[k,0]*w_qprop[0,0])
y1_qprop[k] = np.double(1/(1 + math.exp(-v1_qprop[k])))
v2_qprop[k] = np.double(xzero[0,1]*b_qprop[1,0]+y1_qprop[k]*w_qprop[1,0])
y2_qprop[k] = np.double(1/(1 + math.exp(-v2_qprop[k])))

  # Derivada do erro com relação aos pesos do neurônio de saída
  # Verifique que para evitar o Flat Spot Problem foi adicionado 0.1 à
  # derivada da função ativação
p_qprop[k]=np.double((y2_qprop[k]-d[k])*((y2_qprop[k]*(1-y2_qprop[k])+0.1)))
dE_db2_qprop[k] = np.double(p_qprop[k])
dE_dw21_qprop[k] = np.double(p_qprop[k]*y1_qprop[k])

   # Derivada do erro com relação aos pesos do neurônio da camada oculta
   # Verifique que para evitar o Flat Spot Problem foi adicionado 0.1 à
   # derivada da função ativação
q_qprop[k]=np.double(p_qprop[k]*w_qprop[1,0]*((y1_qprop[k]*(1-y1_qprop[k])+0.1)))
dE_db1_qprop[k] = np.double(q_qprop[k])
dE_dw11_qprop[k] = np.double(q_qprop[k]*x[k,0])

    # Cálculo do MSE
            e_qprop[k] = np.double(d[k] - y2_qprop[k])
            sse_qprop = np.double(np.vdot(e_qprop,e_qprop))
            mse_qprop[l] = np.double(sse_qprop/(2*entradas))

      # Gradientes
      new_grad_b1_qprop = np.double(sum(dE_db1_qprop))
      new_grad_b2_qprop = np.double(sum(dE_db2_qprop))
      new_grad_w11_qprop = np.double(sum(dE_dw11_qprop))
```

```
      new_grad_w21_qprop = np.double(sum(dE_dw21_qprop))

     # Atualização dos pesos utilizando o algoritmo QPROP, considerando o
     # Shrink Factor
      if old_delta_b_qprop[0,0] < 0:
        if new_grad_b1_qprop > 0:
          delta_b_qprop[0,0] = np.double(-eta_qprop*new_grad_b1_qprop)
        if new_grad_b1_qprop > (mi/(1+mi))*old_grad_b1_qprop:
          delta_b_qprop[0,0] = np.double(mi*old_delta_b_qprop[0,0])
        else:
          delta_b_qprop[0,0]=
np.double((old_delta_b_qprop[0,0])*new_grad_b1_qprop/(old_grad_b1_qprop-
new_grad_b1_qprop))
      else:
        if old_delta_b_qprop[0,0] > 0:
          if new_grad_b1_qprop < 0:
            delta_b_qprop[0,0] = np.double(-eta_qprop*new_grad_b1_qprop)
          if new_grad_b1_qprop < (mi/(1+mi))*old_grad_b1_qprop:
            delta_b_qprop[0,0] = np.double(mi*old_delta_b_qprop[0,0])
          else:
            delta_b_qprop[0,0]=
np.double((old_delta_b_qprop[0,0])*new_grad_b1_qprop/(old_grad_b1_qprop-
new_grad_b1_qprop))
        else:
          delta_b_qprop[0,0] = np.double(-eta_qprop*new_grad_b1_qprop)


      if (old_delta_b_qprop[1,0] < 0):
        if (new_grad_b2_qprop > 0):
          delta_b_qprop[1,0] = np.double(-eta_qprop*new_grad_b2_qprop)
        if (new_grad_b2_qprop > (mi/(1+mi))*old_grad_b2_qprop):
          delta_b_qprop[1,0] = np.double(mi*old_delta_b_qprop[1,0])
        else:
          delta_b_qprop[1,0]=
np.double((old_delta_b_qprop[1,0])*new_grad_b2_qprop/(old_grad_b2_qprop-
new_grad_b2_qprop))
      else:
        if (old_delta_b_qprop[1,0] > 0):
          if (new_grad_b2_qprop < 0):
            delta_b_qprop[1,0] = np.double(-eta_qprop*new_grad_b2_qprop)
          if (new_grad_b2_qprop < (mi/(1+mi))*old_grad_b2_qprop):
            delta_b_qprop[1,0] = np.double(mi*old_delta_b_qprop[1,0])
          else:
            delta_b_qprop[1,0]=
np.double((old_delta_b_qprop[1,0])*new_grad_b2_qprop/(old_grad_b2_qprop-
new_grad_b2_qprop))
        else:
          delta_b_qprop[1,0] = np.double(-eta_qprop*new_grad_b2_qprop)


      if (old_delta_w_qprop[0,0] < 0):
        if (new_grad_w11_qprop > 0):
          delta_w_qprop[0,0] = np.double(-eta_qprop*new_grad_w11_qprop)
        if (new_grad_w11_qprop > (mi/(1+mi))*old_grad_w11_qprop):
          delta_w_qprop[0,0] = np.double(mi*old_delta_w_qprop[0,0])
        else:
          delta_w_qprop[0,0]=
```

```
np.double((old_delta_w_qprop[0,0])*new_grad_w11_qprop/(old_grad_w11_qprop-
new_grad_w11_qprop))
        else:
          if (old_delta_w_qprop[0,0] > 0):
            if (new_grad_w11_qprop < 0):
              delta_w_qprop[0,0] = np.double(-eta_qprop*new_grad_w11_qprop)
            if (new_grad_w11_qprop < (mi/(1+mi))*old_grad_w11_qprop):
              delta_w_qprop[0,0] = np.double(mi*old_delta_w_qprop[0,0])
            else:
              delta_w_qprop[0,0]=
np.double((old_delta_w_qprop[0,0])*new_grad_w11_qprop/(old_grad_w11_qprop-
new_grad_w11_qprop))
          else:
            delta_w_qprop[0,0] = np.double(-eta_qprop*new_grad_w11_qprop)

        if (old_delta_w_qprop[1,0] < 0):
          if (new_grad_w21_qprop > 0):
            delta_w_qprop[1,0] = np.double(-eta_qprop*new_grad_w21_qprop)
          if (new_grad_w21_qprop > (mi/(1+mi))*old_grad_w21_qprop):
            delta_w_qprop[1,0] = np.double(mi*old_delta_w_qprop[1,0])
          else:
            delta_w_qprop[1,0]=
np.double((old_delta_w_qprop[1,0])*new_grad_w21_qprop/(old_grad_w21_qprop-
new_grad_w21_qprop))
        else:
          if (old_delta_w_qprop[1,0] > 0):
            if (new_grad_w21_qprop < 0):
              delta_w_qprop[1,0] = np.double(-eta_qprop*new_grad_w21_qprop)
            if (new_grad_w21_qprop < (mi/(1+mi))*old_grad_w21_qprop):
              delta_w_qprop[1,0] = np.double(mi*old_delta_w_qprop[1,0])
            else:
              delta_w_qprop[1,0]=
np.double((old_delta_w_qprop[1,0])*new_grad_w21_qprop/(old_grad_w21_qprop-
new_grad_w21_qprop))
          else:
            delta_w_qprop[1,0] = np.double(-eta_qprop*new_grad_w21_qprop)

        # Atualizações
        b_qprop[0,0] = np.double(b_qprop[0,0] + delta_b_qprop[0,0])
        b_qprop[1,0] = np.double(b_qprop[1,0] + delta_b_qprop[1,0])
        w_qprop[0,0] = np.double(w_qprop[0,0] + delta_w_qprop[0,0])
        w_qprop[1,0] = np.double(w_qprop[1,0] + delta_w_qprop[1,0])

        old_grad_b1_qprop = np.double(new_grad_b1_qprop)
        old_grad_b2_qprop = np.double(new_grad_b2_qprop)
        old_grad_w11_qprop = np.double(new_grad_w11_qprop)
        old_grad_w21_qprop = np.double(new_grad_w21_qprop)

        old_delta_b_qprop[0,0] = np.double(delta_b_qprop[0,0])
        old_delta_b_qprop[1,0] = np.double(delta_b_qprop[1,0])
        old_delta_w_qprop[0,0] = np.double(delta_w_qprop[0,0])
        old_delta_w_qprop[1,0] = np.double(delta_w_qprop[1,0])

        # Cálculo do RMSE
        rmse_qprop[l] = np.longdouble(math.sqrt(mse_qprop[l]))
        t[l] = l + 1
```

```
print('Total de épocas realizadas')
print(m)
print('Pesos finais e bias')
print(np.longdouble(rmse_qprop))

f = plt.figure()
f.set_figwidth(20)
f.set_figheight(15)
params = {'xtick.labelsize':'20',
          'ytick.labelsize':'20'}
plt.rcParams.update(params)
plt.plot(t,np.longdouble(rmse_qprop),'o',      markersize=40,      color='black',
fillstyle='none')
plt.xlim(0,100)
plt.xticks(range(0,110,10))
plt.ylim(0, 0.14)
plt.xlabel('Época', fontsize=40)
plt.ylabel('RMSE', fontsize=40)
```

Capítulo 6

Propagação Resiliente RPROP

Ser livre não significa que nossos comportamentos não sejam determinados pelas leis da natureza. Significa que eles são determinados pelas leis da natureza que agem no nosso cérebro. Nossas decisões livres são livremente determinadas pelos resultados das interações fugazes e riquíssimas entre bilhões de neurônios do nosso cérebro: são livres quando é a interação desses neurônios que as determina. Isso significa que, quando decido, sou "eu" a decidir? Sim, claro, porque seria absurdo perguntar se "eu" posso fazer algo diferente daquilo que o complexo dos meus neurônios decide fazer: as duas coisas, como havia compreendido com maravilhosa lucidez, no século XVII, o filósofo holandês Baruch Spinoza, são a mesma coisa. Não existem "eu" e "os neurônios do meu cérebro". Trata-se da mesma coisa. Um indivíduo é um processo, complexo, mas estreitamente integrado.

Sete Breves Lições de Física
Carlo Rovelli

A propagação resiliente constitui-se em uma extensão do algoritmo de retropropagação do erro. O algoritmo de retropropagação original possui características que podem ocasionalmente tornarem-se problemas de implementação. Duas propriedades que podem ser destacadas do backpropagation: (i) o usuário deve escolher a taxa de aprendizagem e sua escolha pode não ser a melhor e (ii) quanto mais os pesos estão afastados da camada de saída, mais lento a aprendizagem acontece.

O termo resiliência significa voltar ao estado normal, e é uma palavra que tem origem do latim *resiliens*. Resiliência possui diversos significados nas áreas de ecologia, física, psicologia e administração.

De forma geral, resiliência é a capacidade de voltar ao seu estado natural, principalmente após alguma situação crítica e fora do comum.

Em 1992 H. Braun e M. Riedmiller publicaram o trabalho *RPROP: A fast adaptive learning algorithm* onde é apresentado um algoritmo similar aos métodos de retropropagação, porém com as vantagens de ser mais rápido e não necessitar de especificações de parâmetros como taxa de aprendizagem e constante de momento. No entanto, é um algoritmo mais complexo de implementar do que o backpropagation.

O algoritmo RPROP adota uma abordagem bastante diferente para melhorar o backpropagation quando comparado com o QPROP. O backpropagation tradicional não necessita de uma informação completa sobre a função de erro, o que dificulta a escolha de uma boa taxa de aprendizagem, os mínimos locais podem interromper o processo de aprendizagem, pode haver platôs e oscilações que dificultam a aproximação para o mínimo que interessa.

No algoritmo de backpropagation tradicional precisamos utilizar uma taxa de aprendizagem normalmente pequena, que, juntamente com a magnitude do gradiente, determina o delta de peso (Δw) em uma iteração do processo de treinamento. Isso significa que o analista não desejará, provavelmente, ultrapassar uma resposta ótima, mas isso significa que o treinamento será muito lento como se estivesse rastejando para mais perto de um valor de peso que resultará em erro mínimo.

O algoritmo RPROP faz duas mudanças significativas no algoritmo backpropagation. Em primeiro lugar, o RPROP não usa a magnitude do gradiente para determinar um delta de peso; em vez disso, ele usa apenas o sinal do gradiente. Uma vez que a magnitude do gradiente pode ser um estimador pobre e como a qualidade do sinal processado depende dos tamanhos dos sinais, podem ser gerados ruídos que prejudicam as atualizações dos pesos. Em segundo lugar, em vez de usar uma taxa de aprendizagem única para todos os pesos e bias, o RPROP assume que pesos diferentes necessitam de tamanhos diferentes de passo nas atualizações, assim mantêm deltas de peso separados para cada peso e bias, e adapta estes deltas durante o processo de treinamento.

No backpropagation temos que os pesos são modificados a partir das derivadas parciais com relação ao peso ($\partial E / \partial w_{ij}$). Porém, os tamanhos dessas derivadas podem não representar o tamanho para a modificação necessária na alteração de cada peso. O RPROP não leva em conta a derivada parcial, considerando apenas o sinal da derivada para indicar a direção da atualização do peso.

De forma geral, podemos resumir a diferença do backpropagation com o RPROP como sendo

Backpropagation	Resilient Backpropagation (RPROP)
$\Delta w_{ij} = -\eta \dfrac{\partial E}{\partial w_{ij}}$ onde η é a taxa de aprendizagem.	$\Delta w_{ij} = -sign\left(\dfrac{\partial E}{\partial w_{ij}}\right)\Delta_{ij}$ onde Δ_{ij} é um valor atualizado do tamanho do passo.

No RPROP o processo de adaptação do peso não é prejudicado pelo comportamento do gradiente. Em vez disso, cada peso é modificado individualmente com cada passo de alteração sendo determinado apenas pelo valor atualizado e o sinal do gradiente.

O algoritmo de retropropagação resiliente leva em conta que: se o gradiente do erro para um dado peso w_{ij} tem o mesmo sinal em duas épocas consecutivas, então nós aumentamos o tamanho do passo Δ_{ij}, porque o valor ótimo do peso pode estar mais distante. Porém, se o sinal comutar, então nós decrescemos o tamanho do passo. Isso implica que os pesos são alterados adicionando-se ou subtraindo-se o tamanho do passo corrente, independentemente do valor absoluto do gradiente. Desse modo, não ficamos travados em valores de pesos que são difíceis de alterar devido a pouca inclinação da função sigmoide.

As características do algoritmo RPROP fazem com que, geralmente, seja mais rápido que o algoritmo de descida do gradiente padrão. Também possuindo a propriedade adicional de requerer um aumento modesto em requisitos de memória.

6.1 Regra de atualização Manhattan

O algoritmo de treinamento por retropropagação permite determinar o grau de alteração dos pesos em redes neurais artificiais. A regra de atualização Manhattan utiliza apenas o sinal do gradiente e a magnitude não é considerada. Se a magnitude é zero, então nenhuma alteração é feita no peso ou no bias. Se o sinal é positivo, então o valor do peso ou do bias é aumentado por uma quantidade específica definida por uma constante. Se o sinal é negativo, então o valor do peso ou do bias é decrescido por uma quantidade específica definida por uma constante. Sendo que esta constante deve ser fornecida ao algoritmo de treinamento como um parâmetro. Assim, mesmo que a taxa de aprendizagem seja bem escolhida, o treinamento pelo backpropagation pode ser lento. Para eliminar a dependência da magnitude do gradiente pode ser empregado o treinamento denominado Manhattan, o qual considera apenas o sinal do gradiente, de tal forma que

$$\Delta w_{ij}(n) = -sign\left[\frac{\partial E}{\partial w_{ij}}(n)\right]\Delta . \qquad (1)$$

A vantagem dessa abordagem é que o treinamento prossegue com velocidade constante, em termos de um passo de comprimento fixado, independente da forma da função de erro. Uma desvantagem é que os pesos apenas podem assumir valores discretos obtidos a partir de uma grade com valores de comprimento Δ, o que pode gerar a princípio uma impossibilidade de se ficar arbitrariamente próximo do mínimo da função de erro. Do ponto de vista de implementação, a característica de atualização mostrada em (1) é particularmente atrativa, uma vez que o sinal do gradiente pode facilmente ser obtido, por exemplo, no treinamento de um classificador linear, onde a função de custo descreve a soma das diferenças quadradas entre os sinais de entrada e os sinais de saída da rede, a direção de cada atualização de peso é simplesmente o sinal do erro multiplicado pelo sinal da entrada.

6.2 Algoritmo de propagação resiliente

O algoritmo de propagação resiliente também utiliza a forma de apresentação de dados de entrada por lote. Este método trabalha usando apenas o sinal do gradiente para indicar a direção do próximo passo a ser realizado.

No processo de aprendizagem, o tamanho do passo $\left(\Delta_{ij}\right)$ é ajustado a partir da informação do passo anterior para determinar se ele deve ser aumentado, o que implica mesma direção para ambos os passos, ou decrescido, nesse caso a direção sendo revertida. Este valor atualizado adaptativo evolui durante o processo de treinamento baseado em seu conhecimento local sobre a função de erro E, de acordo com a seguinte regra de aprendizagem

$$\Delta_{ij}(n)=\begin{cases}\eta^{+}\Delta_{ij}(n-1) & ,\ \text{se } \dfrac{\partial E}{\partial w_{ij}}(n-1).\dfrac{\partial E}{\partial w_{ij}}(n)>0\\ \eta^{-}\Delta_{ij}(n-1) & ,\ \text{se } \dfrac{\partial E}{\partial w_{ij}}(n-1).\dfrac{\partial E}{\partial w_{ij}}(n)<0\\ \Delta w_{ij}(n-1) & ,\ \text{caso contrário}\end{cases} \qquad (2)$$

$$\text{onde } 0<\eta^{-}<1<\eta^{+}$$

De acordo com Riedmiller e Braun (1993), verbalizada, a regra de adaptação trabalha como segue: cada vez que a derivada parcial do peso correspondente w_{ij} muda de sinal, o qual indica que a última atualização foi muito grande e o algoritmo saltou além do mínimo local, o valor de atualização Δ_{ij} é decrescido pelo fator η^{-}. Se a derivada retém o seu sinal, o valor de atualização é levemente acrescido a fim de acelerar a convergência em regiões rasas.

Uma vez que o valor de atualização (ou tamanho do passo) para cada peso é adaptado, o próprio peso atualizado segue uma regra muito simples: se a derivada é positiva (aumentando o erro), o peso é decrescido de seu valor de atualização, se a derivada é negativa, o valor de atualização é adicionado tal como mostrado a seguir.

$$\Delta w_{ij}(n)=\begin{cases} -\Delta_{ij}(n) & , \text{ se } \dfrac{\partial E}{\partial w_{ij}}(n)>0 \\ +\Delta_{ij}(n) & , \text{ se } \dfrac{\partial E}{\partial w_{ij}}(n)<0 \\ 0 & , \text{ caso contrário} \end{cases} \quad (3)$$

$$w_{ij}(n+1)=w_{ij}(n)+\Delta w_{ij}(n) \quad (4)$$

No entanto, há uma exceção: se a derivada parcial muda de sinal, ou seja, o passo anterior foi muito grande e o mínimo foi perdido, o peso anterior atualizado é revertido

$$\Delta w_{ij}(n)=-\Delta w_{ij}(n-1), \text{ se } \frac{\partial E}{\partial w_{ij}}(n-1).\frac{\partial E}{\partial w_{ij}}(n)<0. \quad (5)$$

Devido ao retrocesso (backtracking) no passo do peso, a derivada é suposta a alterar seu sinal uma vez mais no passo seguinte. Para evitar uma dupla punição do valor de atualização, não deve haver nenhuma adaptação do valor de atualização no passo seguinte. Na prática, isto pode ser feito atribuindo $\frac{\partial E}{\partial w_{ij}}(n-1):=0$ no Δ_{ij} da regra de adaptação mostrada acima.

Os valores de atualização e os pesos são mudados cada vez que um conjunto padrão completo foi apresentado uma vez à rede neural (ou seja, aprendizagem por época).

É importante lembrar que, tal como no algoritmo QPROP, no RPROP o gradiente precisa ser calculado para todas as amostras.

O desempenho do RPROP é comparável ao QPROP e também acelera a aprendizagem por retropropagação. Comparado com o backpropagation tradicional e com o algoritmo QPROP, o RPROP tem uma vantagem: não necessita que o usuário estime ou determine empiricamente o parâmetro de tamanho de passo e sua mudança ao longo das iterações. O RPROP determinará os valores de passo apropriados por si próprio e pode, portanto, ser aplicado a uma variedade de problemas sem perda significativa de eficiência.

A seguir é apresentado o pseudocódigo do algoritmo RPROP. Neste método são necessários dois parâmetros: o valor de atualização inicial Δ_0 e um limite para o tamanho máximo do passo Δ_{max}. Os tamanhos dos passos são limitados pelos parâmetros Δ_{min} e Δ_{max}. Os valores típicos adotados para estes parâmetros são 0,1 e 50, respectivamente. Também existem três outras constantes que são fixadas, empiricamente são alcançados bons resultados com η^+ igual a 1,2, η^- igual a 0,5 e Δ_{min} igual a 10^{-6}. No início do algoritmo Δw_{ij} e $\frac{\partial E}{\partial w_{ij}}(n-1)$ normalmente recebem valores nulos, porém podemos utilizar a mesma estratégia que usamos na implementação do algoritmo QPROP usando o backpropagation tradicional para obter os dois primeiros valores de gradiente e a partir daí prosseguir com os cálculos usando o RPROP.

Pseudocódigo do Algoritmo RPROP

Inicializar

$\forall i,j : \Delta_{ij}(n) = \Delta_0$

$\forall i,j : \dfrac{\partial E}{\partial w_{ij}}(n-1) = 0$

Repetir

Calcular $\dfrac{\partial E}{\partial w_{ij}}(n)$

Para todos os pesos e bias

se $\dfrac{\partial E}{\partial w_{ij}}(n-1).\dfrac{\partial E}{\partial w_{ij}}(n) > 0$, **então**

$$\Delta_{ij}(n) = \min\left[\Delta_{ij}(n-1).\eta^{+}, \Delta_{\max}\right]$$

$$\Delta w_{ij}(n) = -sign\left[\frac{\partial E}{\partial w_{ij}}(n)\right].\Delta_{ij}(n)$$

$$w_{ij}(n+1) = w_{ij}(n) + \Delta w_{ij}(n)$$

$$\frac{\partial E}{\partial w_{ij}}(n-1) = \frac{\partial E}{\partial w_{ij}}(n)$$

senão, se $\dfrac{\partial E}{\partial w_{ij}}(n-1).\dfrac{\partial E}{\partial w_{ij}}(n) < 0$, **então**

$$\Delta_{ij}(n) = \max\left[\Delta_{ij}(n-1).\eta^{-}, \Delta_{\min}\right]$$

$$w_{ij}(n+1) = w_{ij}(n) - \Delta w_{ij}(n-1)$$

$$\frac{\partial E}{\partial w_{ij}}(n) = 0$$

senão, se $\dfrac{\partial E}{\partial w_{ij}}(n-1).\dfrac{\partial E}{\partial w_{ij}}(n) = 0$, **então**

$$\Delta w_{ij}(n) = -sign\left[\frac{\partial E}{\partial w_{ij}}(n)\right].\Delta_{ij}(n)$$

$$w_{ij}(n+1) = w_{ij}(n) + \Delta w_{ij}(n)$$

$$\frac{\partial E}{\partial w_{ij}}(n-1) = \frac{\partial E}{\partial w_{ij}}(n)$$

Até que a condição de parada seja alcançada

Observação

Δ_0 é o valor de atualização (passo) inicial, uma escolha default é 0,1.

$\Delta_{\max}$ é o limite máximo para o tamanho do passo, um valor típico é 50.

$\Delta_{\min}$ é o limite mínimo para o tamanho do passo, um valor típico é 1e-6, ou seja, 10^{-6}.

Recorde que a regra de aprendizagem de Widrow-Hoff, também chamada de regra delta, diz que $w(n)$ pode ser escrito como sendo igual $w(n-1)$ mais $\Delta w(n-1)$. Isso implica que também podemos escrever $w(n-1)=w(n)-\Delta w(n-1)$. Dessa forma, a linha do pseudocódigo do RPROP dada por

$$w_{ij}(n+1)=w_{ij}(n)-\Delta w_{ij}(n-1),$$

pode ser reescrita como

$$w_{ij}(n+1)=w_{ij}(n-1).$$

De acordo com Riedmiller e Braun (1993), a principal razão para o sucesso de novos algoritmos está no conceito de "adaptação direta" do tamanho da atualização do peso. Em contraste com todos os outros algoritmos, apenas o sinal da derivada parcial é usado para realizar tanto a aprendizagem como a adaptação. Isso leva a um processo de adaptação transparente e mesmo assim poderoso, que pode ser direto e computacionalmente eficiente com relação ao consumo de tempo e armazenagem. Outro aspecto frequentemente discutido do gradiente descendente comum é, o tamanho da derivada que decresce exponencialmente com relação à distância entre o peso e a camada de saída, devido à influência limitante da inclinação da função de ativação sigmoide. Consequentemente, pesos distantes da camada de saída são menos modificados, o que faz a aprendizagem ser mais lenta. Utilizando o RPROP, o tamanho do passo do peso é apenas dependente da sequência de sinais, não da magnitude da derivada. Por esta razão, a aprendizagem é igualmente ampla ao longo de toda rede; pesos próximos da camada de entrada têm chance igual para crescer e aprender como pesos próximos da camada de saída.

6.3 O comando `trainrp` do MATLAB

O comando **`trainrp`** é uma função de treinamento de rede neural que atualiza valores de pesos e bias de acordo com o algoritmo de retropropagação resiliente (RPROP). É um algoritmo de treinamento em modo de lote simples, com rápida convergência e requer armazenagem mínima. No MATLAB temos que

`net.trainFcn = 'trainrp'` atribui à rede neural a propriedade `trainFcn`.

`net,tr] = train(net,...)` treina a rede neural com `trainrp`.

Treinamento ocorre de acordo com os parâmetros de treinamento de `trainrp`, mostrada a seguir com seus valores default.

`net.trainParam.epochs`	`1000`	Número máximo de épocas para treinar
`net.trainParam.show`	`25`	Épocas entre exibições (NaN para não exibição)
`net.trainParam.showCommandLine`	`false`	Gera saída da linha de comando

`net.trainParam.showWindow`	`true`	Mostra GUI de treinamento (GUI = Graphical User Interface, Interface Gráfica do Usuário)
`net.trainParam.goal`	`0`	Meta de desempenho
`net.trainParam.time`	`inf`	Tempo máximo para treinar em segundos
`net.trainParam.min_grad`	`1e-5`	Minimum performance gradient
`net.trainParam.max_fail`	`6`	Falhas máximas de validação
`net.trainParam.lr`	`0.01`	Taxa de aprendizagem
`net.trainParam.delt_inc`	`1.2`	Incremento à mudança de peso
`net.trainParam.delt_dec`	`0.5`	Decremento à mudança de peso
`net.trainParam.delta0`	`0.07`	Mudança de peso inicial
`net.trainParam.deltamax`	`50.0`	Alteração máxima de peso

EXEMPLO 6.1

Considere o operador lógico **e** para o qual as entradas `[1 1 0 0;1 0 1 0]` geram os valores desejados `[1 0 0 0]`. Uma rede neural treinada com a função `trainrp`

```
rede=feedforwardnet(3,'trainrp');
rede.trainParam.show = 10;
rede.trainParam.epochs = 50;
rede.trainParam.goal = 1e-3;
entradas = [1 1 0 0;1 0 1 0];
valores_desejados = [1 0 0 0];
rede=train(rede,entradas,valores_desejados);
saída=rede(entradas)
view(rede)
```

gera como saída

saída =

0.8182 0.1603 0.0072 -0.1505

e a Figura–1

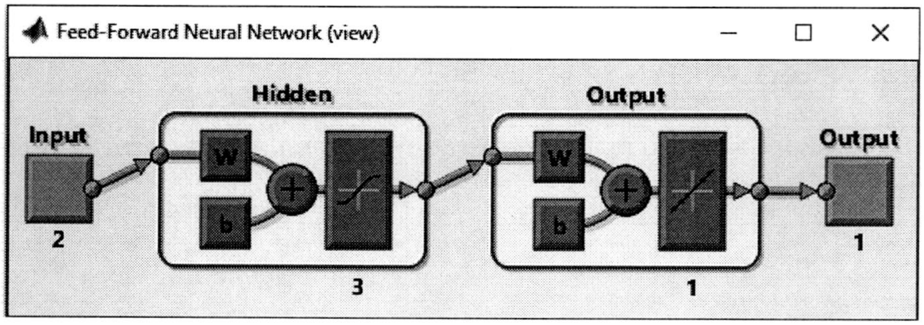

Figura–1 Rede MLP(2, 3, 1) treinada com `trainrp`.

6.4 Parada Antecipada (Early Stopping)

No MATLAB o método de melhora da generalização é chamado de Parada Antecipada (Early Stopping). Esta técnica é fornecida automaticamente para todas as funções de criação de redes supervisionadas, incluindo as funções de criação de redes backpropagation tal como a `feedforwardnet`.

A técnica de parada antecipada consiste em dividir os dados em três subconjuntos. O primeiro é o conjunto de treinamento usado para calcular o gradiente e atualizar os pesos e bias da rede. O segundo subconjunto é o conjunto de validação. O erro gerado neste conjunto é monitorado durante o processo de treinamento. O erro normalmente decresce durante a fase inicial de treinamento. No entanto, quando a rede começa a se superajustar aos dados, o erro obtido a partir do conjunto de validação irá crescer. Quando o erro de validação cresce depois de um certo número de iterações, o treinamento é interrompido e os pesos e bias no valor mínimo do erro de validação são retornados. O terceiro subconjunto é o conjunto de teste de erro, que não é usado durante o treinamento e serve para comparar modelos diferentes.

Na aplicação de redes neurais artificiais ainda é bastante difícil saber qual algoritmo de treinamento é o mais rápido para a solução de um problema específico. Isso depende de muitos fatores, incluindo a complexidade do problema, a quantidade de dados disponíveis para realizar o treinamento, o número de camadas da rede e o consequente número de pesos e bias, além do erro preestabelecido pelo analista. Em geral, redes neurais que utilizam o algoritmo de Levenberg-Marquardt têm apresentado desempenho superior na tarefa de ajuste de algumas funções que necessitam de redes contendo acima de algumas centenas de pesos. No Exemplo 6.3 a seguir, será apresentado exemplo em que o algoritmo de Levenberg-Marquardt apresenta também desempenho superior quando comparado ao RPROP.

O algoritmo RPROP necessita de menos capacidade de armazenagem, em termos de memória de processamento. Foi considerado um algoritmo relativamente rápido e bastante útil para uma certa quantidade de aplicações.

O algoritmo de backpropagation que utiliza a taxa de aprendizagem é usualmente mais lento que os outros métodos. No entanto, há certas situações nas quais é melhor convergir mais lentamente. Por exemplo, quando é aplicado o método de Parada Antecipada pode haver resultados inconsistentes se for utilizado um algoritmo que converge muito rapidamente, uma vez que o ponto que minimiza o erro do conjunto de validação pode ser ultrapassado. Para muitas situações, é recomendado que se utilize o algoritmo de Levenberg-Marquardt, tal como é apresentado na documentação do MATLAB: "o trainamento da rede neural usando o algoritmo de Levenberg-Marquardt, costuma ser o algoritmo de retropropagação mais rápido e é altamente recomendado como algoritmo supervisionado de primeira escolha, embora exija mais memória do que outros algoritmos."

6.5 Regras para nomear variáveis

De acordo com o Business Dictionary, uma variável é uma característica, um número, ou uma quantidade que aumenta ou decresce ao longo do tempo, ou toma valores diferentes em diferentes situações. Dois tipos básicos de variáveis são: (i) variável independente, aquela que pode assumir valores diferentes e pode causar alterações correspondentes em outras variáveis, e (2) variável dependente, que pode assumir valores diferentes apenas em resposta a uma variável independente. As regras para nomear variáveis no MATLAB podem ser resumidas da seguinte forma:

1. Nomes de variáveis no MATLAB devem começar com letras e podem ter até 31 caracteres. Os caracteres à direita podem ser números, letras ou sublinhados. Existem algumas opções que são proibidas como nomes de variáveis, tal como `a*b` que significa uma multiplicação das variáveis `a` e `b`. Uma outra forma que não pode ser utilizada para definir uma variável é `a.b`, porque nesse caso temos que `a.b` refere-se ao valor do componente `b` do objeto `a`.

2. Os nomes das variáveis são sensíveis às letras serem maiúsculas ou minúsculas, de tal forma que `a` e `A` são dois objetos diferentes.

3. Como uma boa prática de programação é importante utilizar nomes de variáveis que tenham significado.

4. Nomes de variáveis não devem coincidir com comandos predefinidos do MATLAB ou com qualquer sub-rotina definida pelo usuário. Com o comando `isvarname` pode-se verificar se o nome de uma variável está disponível para uso ou não. Por exemplo,

```
isvarname for
ans =
        0

isvarname axonio
ans =
        1
```

Sendo que 0 indica que o nome não é permitido e 1 indica que o nome pode ser usado como nome de variável.

6.6 Estruturas

Uma estrutura é uma coleção de dados representando uma ideia ou um objeto. Pode ser utilizada para manipular mais do que simples listas de números. Dentro de uma estrutura temos uma lista de campos com cada um deles sendo um nome de variável para uma respectiva parte dos dados. As estruturas são similares aos arrays de tal forma que contêm dados múltiplos, porém a principal diferença é que ao invés de um índice para cada parte do dado, temos um nome, e ao invés de todas as partes dos dados serem do mesmo tipo, podemos ter um tipo diferente para cada campo.
Abaixo é mostrado um exemplo de uma variável simples (chamada cliente) a qual contém dois campos que são subcomponentes desse objeto denominado cliente. Cada campo tem seu próprio nome e tipo.

```
cliente.nome = 'Eva';
cliente.idade = 32;
```

Digitando `cliente` temos como resultado

```
cliente =
       nome: 'Eva'
       idade: 32
```

Em termos de representação por **array de estruturas** considere que os dados das variáveis

```
cliente_nome = {'Eva', 'Iva', 'Ivi', 'Ava' };
cliente_idade = [32, 28, 27, 30];
```

são consideradas variáveis completamente separadas. Ou seja, não há como o computador saber que a idade de Ivi é 27. Utilizando o método de estruturas os mesmos dados podem ser representados como

```
cliente(1).nome = 'Eva';
cliente(1).idade = 32;

cliente(2).nome = 'Iva';
cliente(2).idade = 28;

cliente(3).nome = 'Ivi';
cliente(3).idade = 27;

cliente(4).nome = 'Ava';
cliente(4).idade = 30;
```

Fazendo isso temos uma variável simples denominada `cliente` que contém dados estruturados, tal que se digitarmos

```
cliente(3)
```

Resulta em

```
nome: 'Ivi'
idade: 27
```

Dessa forma, o computador pode controlar a informação referente a um determinado cliente a partir de uma estrutura única.

Deve-se ter atenção com dois erros comuns quando constrói-se um array de estruturas como descrito acima. O primeiro é não escrever, por exemplo, `cliente_1.nome`, uma vez que estamos construindo um array isso implica na necessidade de atribuir um índice. O segundo é não colocar os números entre parênteses no fim do array, ou seja, escrevendo `cliente.nome(1)` e `cliente.idade(1)`. Se fizer isso para todos os nomes e idades da variável cliente no lugar do que foi especificado acima, o resultado lógico será a construção de um cliente que tem muitos nomes e muitas idades.

No caso de **estruturas de arrays**, por exemplo, considere

```
gauss.x = [1:1:100];
gauss.y = sum(gauss.x);
```

onde temos a construção de um array contendo números naturais de 1 a 100 e outros array contendo a soma desses números. A variável `gauss` contém dois campos, `x` e `y`. Digitando `gauss` temos como resultado

```
gauss=
x: [1x100 double]
```

```
y: 5050
```

O exercício a seguir fará uso do conceito de estrutura quando for definido o conjunto de validação para a rede neural.

EXEMPLO 6.2 Parada Antecipada (Early Stopping)

A função $f(x) = sen\frac{\pi}{x}$ apresenta o gráfico mostrado na Figura–2. Vamos construir uma rede neural para aproximar essa função no intervalo de pontos de 0,05 até 1,5 aplicando o método de parada antecipada.

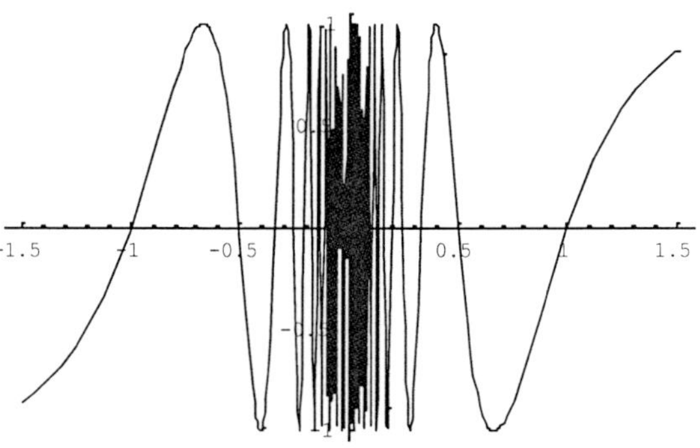

Figura–2 Função sen(π/x).

A construção do conjunto de treinamento é gerada com ruído aleatório no intervalo de 0,05 até 1,5. O conjunto de validação é criado em um intervalo um pouco diferente, contendo pontos entre 0,075 e 1,475. Para o conjunto de validação também foi acrescentado um ruído aleatório utilizando a função `randn`. O conjunto de validação está contido em uma estrutura que contém tanto os valores de entrada como de saída.

A rede neural criada contém 10 neurônios e é treinada com o algoritmo de propagação resiliente RPROP utilizando `trainrp`. Neste exemplo não é utilizado um conjunto de teste. A aplicação da parada antecipada não gera um ajuste demasiado do modelo de aproximação ao conjunto de dados, ou seja, evita o sobreajuste (overfit). Embora a resposta gerada pela rede neural seja suave, o que caracteriza o uso de parada antecipada.

A sequência de comandos é mostrada a seguir.

```
% Função a ser aproximada com ruído aleatório
p = [0.05:0.05:1.5];
f = sin(pi./p) + 0.1*randn(size(p));

% Conjunto de validação e construção da rede neural treinada com trainrp % e
parada antecipada
valida.P = [0.075:0.05:1.475];
valida.F = sin(pi./valida.P)+0.1*randn(size(valida.P));
rede=feedforwardnet(10,'trainrp');
rede = train(rede,p,f);
rede.trainParam.show = 1;
rede.trainParam.epochs = 100;
rede = init(rede);
[rede,tr]=train(rede,p,f,[],[],valida);
```

```
% Construção da figura
 plot(p, f)
 hold on
 plot(valida.P, valida.F,'k:*')
 ylabel('f(x)');
 xlabel('x');
 title('Aproximação de Função','FontSize',10);
```

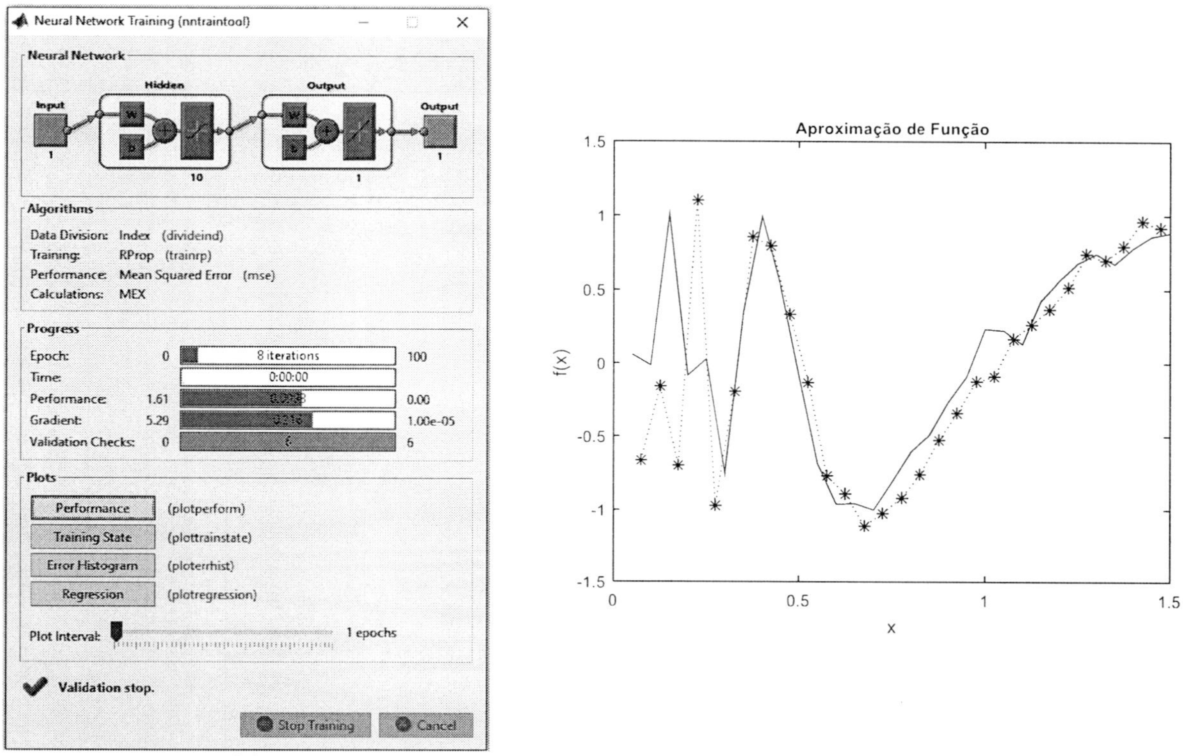

(a) (b)

Figura–3 (a) Rede neural para aproximar a função sen(π/x) e (b) aproximação gerada.

Na Figura–3(a) temos dados sobre a rede neural utilizada e na Figura–3(b) o gráfico da função original e a aproximação obtida.

EXEMPLO 6.3 Adaptado de Robert Resnick e David Halliday (Física 2)

Podemos obter uma ideia razoável da variação da pressão com a altitude na atmosfera terrestre supondo que a massa específica ρ seja proporcional à pressão. Esta consideração estará muito próxima da verdade se a temperatura do ar permanece a mesma em qualquer altitude. Adotando este ponto de vista e supondo ainda que a variação de g (aceleração da gravidade) com a altitude seja desprezível, vamos determinar a pressão p a uma altura y, acima do nível do mar.

Construir uma rede neural utilizando o comando `trainrp` para aproximar a função da pressão em função da altura. Depois disso, alterar a função de treinamento para `trainlm` (algoritmo de Levenberg-Marquardt) e verificar a diferença no ajuste realizado.

Inicialmente temos que

$$\frac{dp}{dy} = -\rho g, \tag{6}$$

como ρ é proporcional a p, então

$$\frac{\rho}{\rho_0} = \frac{p}{p_0}, \tag{7}$$

onde ρ_0 e p_0 são os valores conhecidos da massa específica e da pressão ao nível do mar. Assim,

$$\frac{dp}{dy} = -g\rho_0 \frac{p}{p_0}, \tag{8}$$

o que implica em

$$\frac{dp}{p} = -g\frac{\rho_0}{p_0}dy. \tag{9}$$

Integrando a expressão (9), desde o valor p_0 no ponto $y = 0$ (nível do mar) até o valor p no ponto y (acima do nível do mar), obtemos

$$\ln\frac{p}{p_0} = -g\frac{\rho_0}{p_0}y \tag{10}$$

ou

$$p = p_0 e^{-g\frac{\rho_0}{p_0}y}, \tag{11}$$

Para as constantes do modelo temos

$$g = 9{,}80m/s^2,\ \rho_0 = 1{,}20kg/m^3\ (\text{a } 20^\circ\text{C}) \tag{12}$$

e

$$p_0 = 1{,}01\times10^5\,\text{N/m}^2 = 1{,}01\times10^5\,\text{Pa}. \tag{13}$$

Como

$$g\frac{\rho_0}{p_0} = 1{,}1644\times10^{-4}m^{-1} = 0{,}11644km^{-1}, \tag{14}$$

podemos reescrever (10) fazendo $a = g\frac{\rho_0}{p_0}$, o que gera

$$p = p_0 e^{-ay}. \tag{15}$$

A sequência de comandos do MATLAB é apresentada a seguir, inicialmente com a função trainrp.

```
% Aproximação de Função Utilizando o Comando trainrp
 y = [-10: 0.5: 30];
 g = 9.8; % m/s^2
 ro0 = 1.20; % kg/m^3 (a 20o. C)
 p0 = 1.01*1e+5; % N/m^2 (=1.01*10^5 Pa)
 a=g*(ro0/p0)*10^3; % km^-1
 p = p0*exp(-a*y) + 0.1*randn(size(y));

% Conjunto de Validação
 valida.Y = [-9.75: 0.5: 29.75];
 valida.P = p0*exp(-a*valida.Y) + 0.1*randn(size(valida.Y));

% Conjunto de Teste
 teste.Y = [-10.25: 0.5: 30.25];
 teste.P = p0*exp(-a*teste.Y) + 0.1*randn(size(teste.Y));

% Gráficos da Função, Conjunto de Validação e Teste
 plot(y, p)
 hold on
 plot(valida.Y, valida.P,'r:*')
 hold on
 plot(teste.Y, teste.P, 'k:^');
% Os comandos a seguir inserem uma linha tracejada na vertical da
% Figura-1
 x_zero=0;
 y_vertical_1=get(gca,'ylim');
 hold on
 plot([x_zero x_zero],y_vertical_1, '--k')
% Os comandos a seguir inserem textos na Figura-1
% Especificamos "dim" um vetor de quatro elementos na forma [x y w h].
% Os elementos x e y determinam a posição e os elementos w e h determinam
% o tamanho
 dim_1 = [.2 .1 .3 .3];
 texto_1 = 'Água';

annotation('textbox',dim_1,'String',texto_1,'FitBoxToText','on','LineStyle','non
e');
 dim_2 = [.5 .1 .3 .3];
 texto_2 = 'Ar';

annotation('textbox',dim_2,'String',texto_2,'FitBoxToText','on','LineStyle','non
e');
 dim_3 = [.35 .3 .3 .3];
 texto_3 = '\leftarrow Nível do Mar';

annotation('textbox',dim_3,'String',texto_3,'FitBoxToText','on','LineStyle','non
e');
 ylabel('Pressão Atmosférica')
 legend('Treinamento', 'Validação', 'Teste');
 eixo_1 = axes('Position',[0.13 -0.56 1 1],'Visible','off');
 descricao_1 = {'Profundidade, km'};
 axes(eixo_1) % sets ax1 to current axes
 text(.025,0.6,descricao_1)
 eixo_2 = axes('Position',[0.58 -0.56 1 1],'Visible','off');
```

```
descricao_2 = {'Altitude, km'};
axes(eixo_2) % sets ax1 to current axes
text(.025,0.6,descricao_2)

% Comando para criar a rede neural treinada com resilient propagation
rede = feedforwardnet(15, 'trainrp');
rede.trainParam.show = 1;
rede.trainParam.epochs = 100;

% Treinamento da Rede Sem Parada Antecipada
% init(rede) retorna a rede neural "rede" com valores de pesos e bias
% atualizados de acordo com a função de inicialização da rede, indicado
% pelo comando rede.initFcn, e os valores dos parâmetros, indicados pelo
% comando rede.initParam
rede = init(rede);
[rede, tr] = train(rede, y, p);
rede_1 = rede;

% Treinamento da Rede Com Parada Antecipada Usando os Conjuntos de
% Validação e Teste
rede = init(rede);
[rede, tr] = train(rede, y, p, [], [], valida, teste);
rede_2 = rede;

% Simula a rede_1 e a rede_2 a partir dos conjuntos de teste
simula_rede_1 = sim(rede_1, teste.Y);
simula_rede_2 = sim(rede_2, teste.Y);
figure
plot(teste.Y, teste.P);
xlim([-10 30]);
hold on
plot(teste.Y, simula_rede_1, 'r--');
hold on
plot(teste.Y, simula_rede_2, 'k:');
% Os comandos a seguir inserem uma linha tracejada na vertical da
% Figura-2
y_vertical_2=get(gca,'ylim');
hold on
plot([x_zero x_zero],y_vertical_2, '--k')
legend('Função Objetivo', 'Sem Parada Antecipada', 'Com Parada Antecipada');
```

Na Figura–4(a) temos dados sobre a rede neural utilizada, na Figura–4(b) o gráfico gerado para os conjuntos de validação e teste e na Figura–4(c) os resultados sem e com o método de parada antecipada. Verifique que quando foi aplicado o algoritmo RPROP o número de iterações foi de 58. O comando `feedforwardnet(15, 'trainrp')` indica que foi utilizada uma rede neural alimentada adiante com 15 neurônios e treinada com o algoritmo de propagação resiliente.

Observação: o comando `get` realiza uma consulta de propriedades gráficas de objetos, fazendo `get(gca)` listamos todas as propriedades dos eixos. Assim `get(gca,'ylim')` e `plot([x_zero x_zero],y_vertical_2, '--k')` adicionam uma linha vertical com limite indo de zero até o valor máximo do eixo.

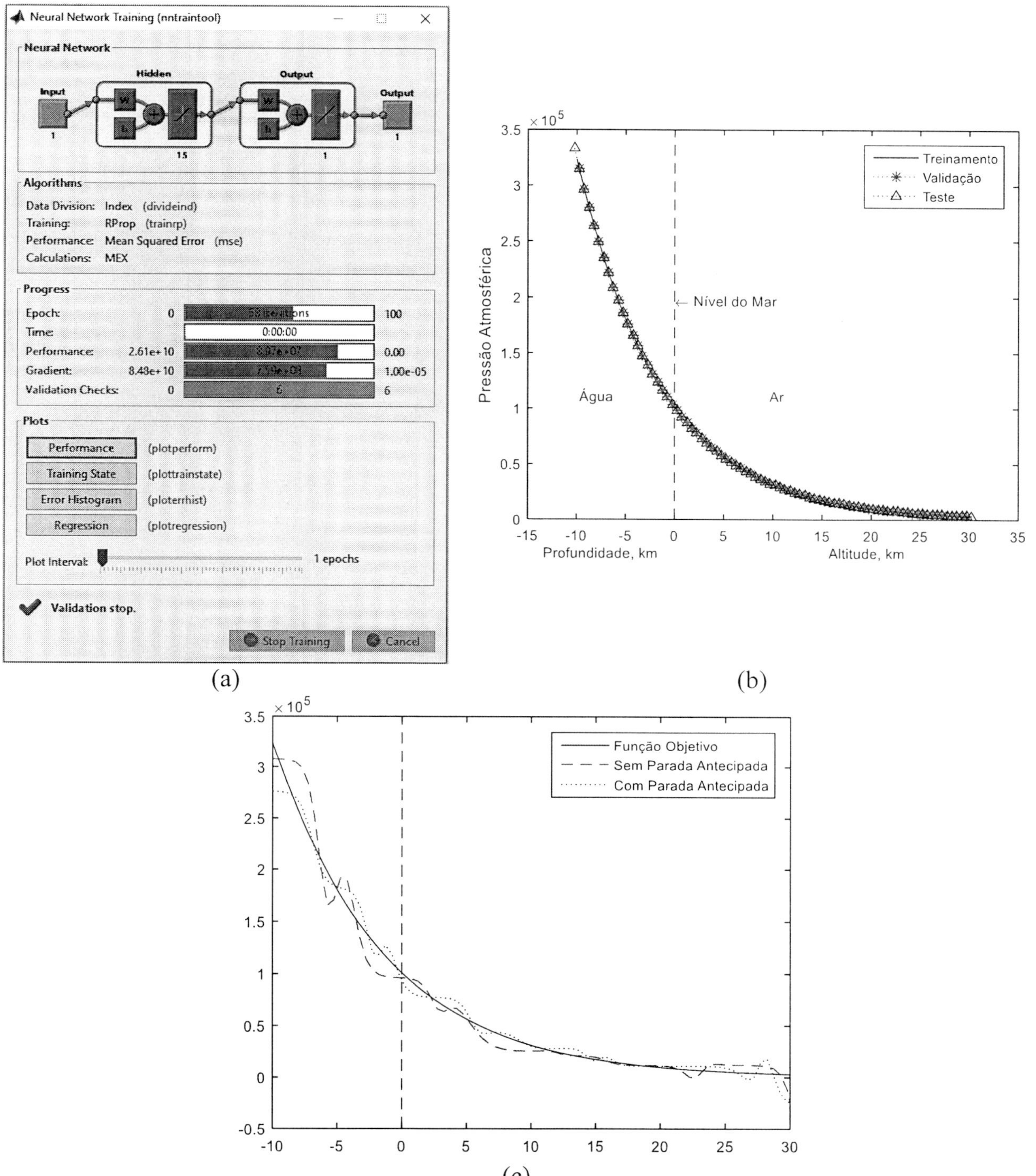

Figura–4 (a) Rede neural treinada com `trainrp` para aproximar a função de pressão, (b) Conjuntos de Treinamento, Validação e Teste e (c) aproximações geradas com e sem parada antecipada.

Na sequência de comandos mostrada anteriormente, se alterarmos o algoritmo de treinamento da rede neural de `trainrp` para `trainlm` geramos como resultado a Figura–5. Note que foram necessárias 7 iterações e os ajustes realizados tanto com e sem parada antecipada estão mais próximos da função objetivo do que no caso anterior em que foi utilizado o `trainrp`.

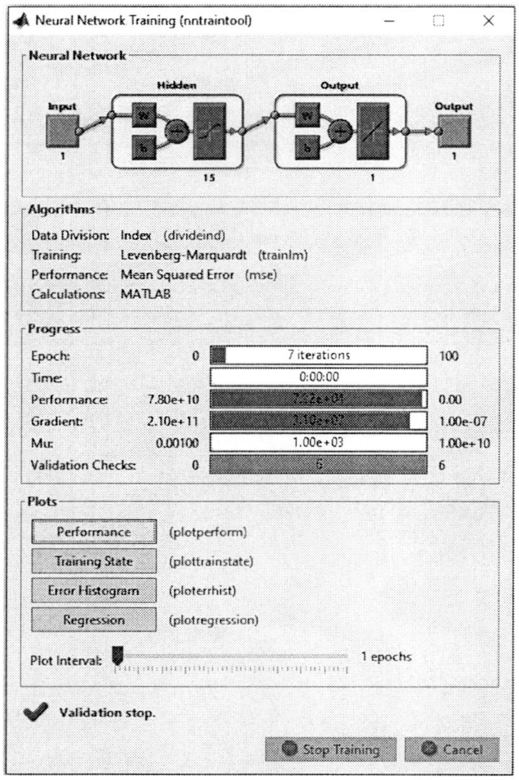

(a)

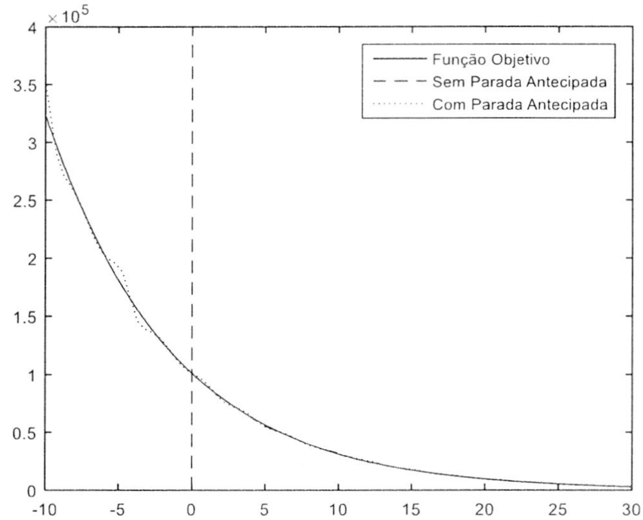

(b)

Figura–5 (a) Rede neural treinada com `trainlm` para aproximar a função de pressão e (b) aproximações geradas com e sem parada antecipada.

6.7 Algoritmo RPROP com e sem retrocesso do peso [RPROP$^+$ e RPROP$^-$]

A versão do algoritmo RPROP tal como proposto por Braun e Riedmiller em 1993 no trabalho *A direct adaptive method for faster backpropagation learning: the RPROP algorithm*, implementa um conceito geral para melhorar o treinamento da rede denominado weigth-backtracking (retrocesso do peso), o qual significa retrair (retornar) até uma atualização prévia para alguns ou todos os pesos. Se é retornado ou não um passo é decidido por meio de uma heurística, ou seja, através de uma regra prática. Após ajustar os tamanhos dos passos de acordo com a expressão (2) para $\Delta_{ij}(n)$, as atualizações dos pesos Δw_{ij} são determinadas. Dois casos podem ser distinguidos. O primeiro é que se o sinal da derivada parcial não mudou, uma atualização regular de peso é executada:

$$\textbf{se } \frac{\partial E}{\partial w_{ij}}(n-1).\frac{\partial E}{\partial w_{ij}}(n) \geq 0 \textbf{ então } \Delta w_{ij}(n) = -sign\left[\frac{\partial E}{\partial w_{ij}}(n)\right].\Delta_{ij}(n). \tag{16}$$

No segundo caso, se houver mudança do sinal da derivada parcial, a atualização anterior do peso é revertida, ou seja

$$\textbf{se } \frac{\partial E}{\partial w_{ij}}(n-1).\frac{\partial E}{\partial w_{ij}}(n) < 0 \textbf{ então } \left\{ \Delta w_{ij}(n) = -\Delta w_{ij}(n-1); \frac{\partial E}{\partial w_{ij}}(n) = 0 \right\}. \quad (17)$$

Atribuindo zero, a derivada evita uma atualização da taxa de aprendizagem na próxima iteração, porque o ramo "caso contrário" da expressão (2) torna-se ativo. Essa estratégia pode ser considerada como um truque de implementação, sendo que o mesmo efeito poderia ser conseguido através da adição de um flag (ou seja, uma chave ou teste) ao algoritmo.

Normalmente nos referimos ao algoritmo original de propagação resiliente, tal como apresentado no pseudocódigo da Seção 6.2 desse capítulo, como $RPROP^+$, onde o sinal + em sobrescrito indica o uso do retrocesso do peso.

Uma versão diferente do algoritmo RPROP considera a omissão do retrocesso do peso e o lado direito de (16) é usado em todos os casos. Consequentemente, não há necessidade de armazenar os valores das atualizações prévias dos pesos. Essa versão do algoritmo de propagação resiliente recebe o nome de $RPROP^-$ e seu pseudocódigo é mostrado a seguir.

Pseudocódigo do Algoritmo $RPROP^-$

Inicializar

$\forall i, j : \Delta_{ij}(n) = \Delta_0$

$\forall i, j : \frac{\partial E}{\partial w_{ij}}(n-1) = 0$

Repetir

Calcular $\frac{\partial E}{\partial w_{ij}}(n)$

Para todos os pesos e bias

se $\frac{\partial E}{\partial w_{ij}}(n-1).\frac{\partial E}{\partial w_{ij}}(n) > 0$, **então**

$\Delta_{ij}(n) = \min\left[\Delta_{ij}(n-1).\eta^+, \Delta_{max}\right]$

senão, se $\frac{\partial E}{\partial w_{ij}}(n-1).\frac{\partial E}{\partial w_{ij}}(n) < 0$, **então**

$\Delta_{ij}(n) = \max\left[\Delta_{ij}(n-1).\eta^-, \Delta_{min}\right]$

$w_{ij}(n+1) = w_{ij}(n) - sign\left[\frac{\partial E}{\partial w_{ij}}(n)\right].\Delta_{ij}(n)$

Até que a condição de parada seja alcançada

EXEMPLO 6.4

No Exemplo 5.1 do Capítulo–5 foi utilizada a rede neural mostrada na Figura–6 para realizar a tarefa de ajuste à função senoide, onde foram considerados inicialmente dois pares de entrada-saída de dados por {(1,5708; 1) e (0,7854; 0,7071)}.

Neste exemplo vamos utilizar o algoritmo de propagação resiliente para realizar a tarefa de aprendizagem.

O algoritmo será constituído das seguintes etapas: (i) atribuímos valores iniciais às variáveis que serão utilizadas no problema e a partir delas utilizamos o *backpropagation* tradicional para calcular os dois primeiros valores de gradientes que são necessários no RPROP. No Pseudocódigo do Algoritmo RPROP esses gradientes são denotados por $\frac{\partial E}{\partial w_{ij}}(n-1)$ e $\frac{\partial E}{\partial w_{ij}}(n)$, sendo necessário determiná-los para cada um dos pesos e bias da rede neural; (ii) na segunda etapa, tendo os gradientes, realizamos a primeira atualização de pesos e bias usando o algoritmo RPROP; (iii) tendo os novos pesos e bias, determinamos os novos gradientes; (iv) com os novos gradientes, aplicamos o RPROP para calcular os novos pesos e bias; (v) os gradientes utilizados passam a ser considerados como pertencentes à iteração passada, da mesma forma que os valores de atualização do tamanho do passo dados por Δ_{ij}.

A configuração da rede neural para realizar a tarefa de aprendizagem usando o algoritmo RPROP é apresentada na Figura–6.

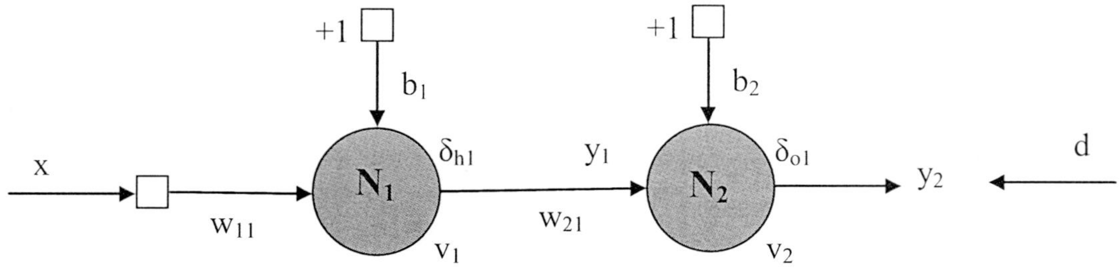

Figura–6 Rede neural para treinamento utilizando o algoritmo RPROP.

Estamos utilizando os resultados precedentes obtidos no Exemplo 5.1 do Capítulo–5.
Uma vez que toda a informação sobre as derivadas dos erros e pesos atualizados depois da primeira época e derivadas da segunda época terem sido obtidos, aplicamos o algoritmo RPROP para atualizar os pesos depois da segunda época.

Para os pesos e bias na iteração n tínhamos que seus gradientes foram calculados de tal forma que seus valores são dados por

$$\sum \frac{\partial E}{\partial b_1}(n) = -0,0040 - 0,0105 = -0,014509728183480598,$$

$$\sum \frac{\partial E}{\partial w_{11}}(n) = -0,0031 - 0,0165 = -0,019654054444510547,$$

$$\sum \frac{\partial E}{\partial b_2}(n) = -0,0411 - 0,1127 = -0,15378249443415165,$$

$$\sum \frac{\partial E}{\partial w_{21}}(n) = -0,0252 - 0,0733 = -0,09843066744633541.$$

Na iteração $n-1$, os valores dos gradientes dos pesos e bias foram determinados produzindo os seguintes resultados

$$\sum \frac{\partial E}{\partial b_1}(n-1) = -0,0040 - 0,0104 = -0,0144548408004761 82,$$

$$\sum \frac{\partial E}{\partial w_{11}}(n-1) = -0,00314 - 0,0163 = -0,0195353044989496,$$

$$\sum \frac{\partial E}{\partial b_2}(n-1) = -0,0425 - 0,1143 = -0,1568306142988 1875,$$

$$\sum \frac{\partial E}{\partial w_{21}}(n-1) = -0,0260 - 0,0742 = -0,1002111298361 9876.$$

A partir dos valores dos gradientes aplicamos o algoritmo RPROP para atualizar os pesos e bias. Para o bias b_1, na primeira vez que utilizamos os critérios estabelecidos pelo algoritmo RPROP, temos que

$$\frac{\partial E}{\partial b_1}(n-1).\frac{\partial E}{\partial b_1}(n) > 0,$$

uma vez que os gradientes das iterações n e $n-1$ têm sinais negativos. Isso implica que precisamos atribuir ao tamanho do passo relativo ao bias b_1 o valor mínimo quando comparamos $\Delta_{b_1}(n-1).\eta^+$ e $\Delta_{\max}$, ou seja

$$\Delta_{b_1}(n) = \min\left[\Delta_{b_1}(n-1).\eta^+, \Delta_{\max}\right].$$

Na sequência de comandos do MATLAB que é mostrada a seguir, a primeira vez que utilizamos o algoritmo RPROP denotamos Δ_{b_1} como `D_b1`. O resultado obtido é `D_b1` igual a 0,0150 porque $\Delta_{b_1}(n-1).\eta^+$ igual a 0,0150 é menor que $\Delta_{\max}$ igual a 50. Dado esse valor, calculamos Δb_1 como

$$\Delta b_1(n) = -sign\left[\frac{\partial E}{\partial b_1}(n)\right].\Delta_{b_1}(n),$$

o que gera Δb_1 igual a 0,0150. A seguir atualizamos o bias b_1, como sabemos que o valor de b_1 no passo anterior era igual a 0,3029 fazendo

$$b_1(n+1) = b_1(n) + \Delta b_1(n),$$

obtemos o novo valor de b_1 igual a 0,3179. Depois disso, atribuímos ao valor de gradiente relativo ao bias b_1 na iteração $n-1$ o valor do gradiente na iteração n.

O procedimento gerado a partir do algoritmo RPROP é repetido até que um determinado valor de erro seja alcançado ou até que um número de iterações preestabelecidas seja realizado.

Apesar do valor default para Δ_0 ser 0,1 foi usado 0,0125 como sugerido no trabalho de Igel e Hüsken de 2003.

Como nesse exemplo temos apenas dois bias e dois pesos que precisam ser calculados, os comandos do MATLAB considerando as atualizações pelo RPROP são apresentados para cada um deles. Ou seja, não foi realizada nenhuma indexação de tal forma que fossem reduzidas as linhas de comandos para tornar o algoritmo menor. Nem tão pouco houve a preocupação de utilizar comandos do MATLAB que possibilitassem mudar de um tipo de algoritmo para outro, por exemplo, como é realizado quando se usa a função `switch`.

A sequência de comandos do MATLAB aplicando o RPROP considerando o Exemplo 5.1 do Capítulo–5, é apresentada a seguir.

MATLAB - Algoritmo RPROP

```
%%%%%%%%%%%%%%%%%%%%%%%%%%%%%%%%%%%%%%%%%%%%%%%%%%%%%%%%%%%%%%%%%%%%%%%%%
PARTE I                                   %
%                    REGRA DELTA DO BACKPROPAGATION                      %
% DETERMINAÇÃO DOS PESOS E DAS DERIVADAS DA PRIMEIRA E SEGUNDA ÉPOCAS   %
%%%%%%%%%%%%%%%%%%%%%%%%%%%%%%%%%%%%%%%%%%%%%%%%%%%%%%%%%%%%%%%%%%%%%%%%

% Atribuição inicial de valores
x=[pi/4;pi/2];
d=[sin(pi/4);sin(pi/2)];
xzero=[1 1];
eta=0.1;
n=2;
m=100;
w=[0.2;0.4];
b=[0.3;-0.1];
p=zeros(2,1);
q=zeros(2,1);
dE_db1=zeros(2,1);
dE_db2=zeros(2,1);
dE_dw11=zeros(2,1);
dE_dw21=zeros(2,1);
grad_b1=zeros(2,1);
grad_b2=zeros(2,1);
grad_w11=zeros(2,1);
grad_w21=zeros(2,1);
old_b=zeros(2,1);
old_w=zeros(2,1);
old_grad_b1=zeros(2,1);
old_grad_b2=zeros(2,1);
old_grad_w11=zeros(2,1);
old_grad_w21=zeros(2,1);
    D_max=50;
    D_min=10e-6;
    old_delta_b_rprop(1,1)=zeros(1,1);
    old_b_rprop(1,1)=zeros(1,1);
    D_b1=0.0125;

    old_delta_b_rprop(2,1)=zeros(1,1);
    old_b_rprop(2,1)=zeros(1,1);
    D_b2=0.0125;
    old_delta_w_rprop(1,1)=zeros(1,1);
    old_w_rprop(1,1)=zeros(1,1);
```

```
      D_w11=0.0125;
      old_delta_w_rprop(2,1)=zeros(1,1);
      old_w_rprop(2,1)=zeros(1,1);
      D_w21=0.0125;
      eta_pos=1.2;
      eta_neg=0.5;

for i=1:n

    old_b=b;
    old_w=w;
    old_grad_b1=grad_b1(n);
    old_grad_b2=grad_b2(n);
    old_grad_w11=grad_w11(n);
    old_grad_w21=grad_w21(n);

    v1=zeros(2,1);
    v2=zeros(2,1);
    y1=zeros(2,1);
    y2=zeros(2,1);

    entradas=2;

    for j=1:entradas;

% Camada Oculta
v1(j)=xzero(1,1)*b(1,1)+x(j,1)*w(1,1);
y1(j)=1/(1+exp(-v1(j)));

% Camada de Saída
v2(j)=xzero(1,2)*b(2,1)+y1(j)*w(2,1);
y2(j)=1/(1+exp(-v2(j)));

% Derivada do erro com relação aos pesos do neurônio de saída
p(j)=(y2(j)-d(j))*y2(j)*(1-y2(j));
dE_db2(j)=p(j);
dE_dw21(j)=p(j)*y1(j);

% Derivada do erro com relação aos pesos do neurônio da camada oculta
q(j)=p(j)*w(2,1)*y1(j)*(1-y1(j));
dE_db1(j)=q(j);
dE_dw11(j)=q(j)*x(j,1);

% Gradientes
    grad_b1(j)=sum(dE_db1);
    grad_b2(j)=sum(dE_db2);
    grad_w11(j)=sum(dE_dw11);
    grad_w21(j)=sum(dE_dw21);

% Cálculo do MSE
e(j)=d(j)-y2(j);
sse=dot(e,e);
mse=sse/(2*entradas);

    end
```

```
    % Atualização de Pesos e Bias pela regra delta
    b(1,1) = b(1,1) - eta*grad_b1(j);
    b(2,1) = b(2,1) - eta*grad_b2(j);
    w(1,1) = w(1,1) - eta*grad_w11(j);
    w(2,1) = w(2,1) - eta*grad_w21(j);

    % Cálculo do RMSE
rmse(i)=sqrt(mse);
s(i)=i;

end

    new_b=b;
    new_w=w;
    new_grad_b1=grad_b1(j);
    new_grad_b2=grad_b2(j);
    new_grad_w11=grad_w11(j);
    new_grad_w21=grad_w21(j);

%%%%%%%%%%%%%%%%%%%%%%%%%%%%%%%%%%%%%%%%%%%%%%%%%%%%%%%%%%%%%%%%%%%%%%%%%%%%
%                               PARTE II                                   %
%                         RESILIENT PROPAGATION                            %
%     APLICAÇÃO DO ALGORITMO RPROP PARA ATUALIZAÇÃO DOS PESOS E BIAS       %
%%%%%%%%%%%%%%%%%%%%%%%%%%%%%%%%%%%%%%%%%%%%%%%%%%%%%%%%%%%%%%%%%%%%%%%%%%%%

% Foi necessário executar duas épocas utilizando o backpropagation
% porque o algoritmo RPROP precisa dos dois últimos valores
% do gradiente do erro. [Porém, essa etapa anterior poderia ser
% desconsiderada e ter-se atribuído pesos e derivadas iniciais com
% valores pequenos e randômicos ou iguais a zero]

%%%%%%%%%%%%%%%%%%%%%%%%%%%%%%%%%%%%%%%%%%%%%%%%%%%%%%%%%%%%%%%%%%%%%%%%%%%%%
Primeira atualização de Pesos e Bias usando o RPROP          %
%%%%%%%%%%%%%%%%%%%%%%%%%%%%%%%%%%%%%%%%%%%%%%%%%%%%%%%%%%%%%%%%%%%%%%%%%%%%

% Para o bias b1
if (old_grad_b1*new_grad_b1>0),
     D_b1=min(D_b1*eta_pos,D_max)
     old_delta_b_rprop(1,1)=-sign(new_grad_b1).*D_b1
     old_b_rprop(1,1)=b(1,1)+old_delta_b_rprop(1,1)
elseif (old_grad_b1*new_grad_b1<0),
       D_b1=max(D_b1*eta_neg,D_min)
       old_b_rprop(1,1)=old_b(1,1)
       new_grad_b1=0;
elseif (old_grad_b1*new_grad_b1==0),
       old_delta_b_rprop(1,1)=-sign(new_grad_b1).*D_b1
       old_b_rprop(1,1)=b(1,1)+old_delta_b_rprop(1,1)
end
    old_grad_b1_rprop=new_grad_b1

% Para o bias b2
if (old_grad_b2*new_grad_b2>0),
    D_b2=min(D_b2*eta_pos,D_max)
    old_delta_b_rprop(2,1)=-sign(new_grad_b2).*D_b2
```

```
    old_b_rprop(2,1)=b(2,1)+old_delta_b_rprop(2,1)
elseif (old_grad_b2*new_grad_b2<0),
        D_b2=max(D_b2*eta_neg,D_min)
        old_b_rprop(2,1)=old_b(2,1)
        new_grad_b2=0
 elseif (old_grad_b2*new_grad_b2==0),
        old_delta_b_rprop(2,1)=-sign(new_grad_b2).*D_b2
          old_b_rprop(2,1)=b(2,1)+old_delta_b_rprop(2,1)
 end
old_grad_b2_rprop=new_grad_b2

% Para o peso w11
if (old_grad_w11*new_grad_w11>0),
    D_w11=min(D_w11*eta_pos,D_max)
    old_delta_w_rprop(1,1)=-sign(new_grad_w11).*D_w11
    old_w_rprop(1,1)=w(1,1)+old_delta_w_rprop(1,1)
elseif (old_grad_w11*new_grad_w11<0),
        D_w11=max(D_w11*eta_neg,D_min)
        old_w_rprop(1,1)=old_w(1,1)
        new_grad_w11=0
elseif (old_grad_w11*new_grad_w11==0),
        old_delta_w_rprop(1,1)=-sign(new_grad_w11).*D_w11
        old_w_rprop(1,1)=w(1,1)+old_delta_w_rprop(1,1)
end
    old_grad_w11_rprop=new_grad_w11

% Para o peso w21
if (old_grad_w21*new_grad_w21>0),
    D_w21=min(D_w21*eta_pos,D_max)
    old_delta_w_rprop(2,1)=-sign(new_grad_w21).*D_w21
    old_w_rprop(2,1)=w(2,1)+old_delta_w_rprop(2,1)
elseif (old_grad_w21*new_grad_w21<0),
        D_w21=max(D_w21*eta_neg,D_min)
        old_w_rprop(2,1)=old_w(2,1)
       new_grad_w21=0;
elseif (old_grad_w21*new_grad_w21==0),
        old_delta_w_rprop(2,1)=-sign(new_grad_w21).*D_w21
        old_w_rprop(2,1)=w(2,1)+old_delta_w_rprop(2,1)
end
old_grad_w21_rprop=new_grad_w21

    b_rprop(1,1)=old_b_rprop(1,1)
    b_rprop(2,1)=old_b_rprop(2,1)
    w_rprop(1,1)=old_w_rprop(1,1)
    w_rprop(2,1)=old_w_rprop(2,1);

    old_D_b1_rprop=D_b1
    old_D_b2_rprop=D_b2
    old_D_w11_rprop=D_w11
    old_D_w21_rprop=D_w21

%%%%%%%%%%%%%%%%%%%%%%%%%%%%%%%%%%%%%%%%%%%%%%%%%%%%%%%%%%%%%%%%%%%%%%%%%%%
Determinação dos novos gradientes                    %
%%%%%%%%%%%%%%%%%%%%%%%%%%%%%%%%%%%%%%%%%%%%%%%%%%%%%%%%%%%%%%%%%%%%%%%%%%

for l=1:m
```

```
  for k=1:entradas

% Cálculo dos novos v1, v2, y1 e y2
    v1_rprop(k)=xzero(1,1)*b_rprop(1,1)+x(k,1)*w_rprop(1,1);
    y1_rprop(k)=1/(1+exp(-v1_rprop(k)));
    v2_rprop(k)=xzero(1,2)*b_rprop(2,1)+y1_rprop(k)*w_rprop(2,1);
    y2_rprop(k)=1/(1+exp(-v2_rprop(k)));

% Derivada do erro com relação aos pesos do neurônio de saída
% Verifique que para evitar o Flat Spot Problem foi adicionado 0.1 à
% derivada da função de ativação
p_rprop(k)=(y2_rprop(k)-d(k))*((y2_rprop(k)*(1-y2_rprop(k))+0.1));
dE_db2_rprop(k)=p_rprop(k);
dE_dw21_rprop(k)=p_rprop(k)*y1_rprop(k);

% Derivada do erro com relação aos pesos do neurônio da camada oculta
% Verifique que para evitar o Flat Spot Problem foi adicionado 0.1 à
% derivada da função de ativação
q_rprop(k)=p_rprop(k)*w_rprop(2,1)*((y1_rprop(k)*(1-y1_rprop(k))+0.1));
dE_db1_rprop(k)=q_rprop(k);
dE_dw11_rprop(k)=q_rprop(k)*x(k,1);

% Cálculo do MSE
e_rprop(k)=d(k)-y2_rprop(k);
sse_rprop=dot(e_rprop,e_rprop);
mse_rprop(1)=sse_rprop/(2*entradas);

  end

   % Cálculo do RMSE
    rmse_rprop(1)=sqrt(mse_rprop(1));
    t(1)=1;

  % Gradientes
    new_grad_b1_rprop=sum(dE_db1_rprop);
    new_grad_b2_rprop=sum(dE_db2_rprop);
    new_grad_w11_rprop=sum(dE_dw11_rprop);
    new_grad_w21_rprop=sum(dE_dw21_rprop);

%%%%%%%%%%%%%%%%%%%%%%%%%%%%%%%%%%%%%%%%%%%%%%%%%%%%%%%%%%%%%%%%%%%%%%%%%%%%
Atualizações de Pesos e Bias usando o RPROP                %
%%%%%%%%%%%%%%%%%%%%%%%%%%%%%%%%%%%%%%%%%%%%%%%%%%%%%%%%%%%%%%%%%%%%%%%%%%%

% Para o b1
if (old_grad_b1_rprop*new_grad_b1_rprop>0),
    new_D_b1_rprop=min(old_D_b1_rprop*eta_pos,D_max);
    delta_b_rprop(1,1)=-sign(new_grad_b1_rprop).*new_D_b1_rprop;
    b_rprop(1,1)=old_b_rprop(1,1)+delta_b_rprop(1,1);
elseif (new_grad_b1_rprop*old_grad_b1_rprop<0),
        new_D_b1_rprop=max(old_D_b1_rprop*eta_neg,D_min);
        b_rprop(1,1)=old_b_rprop(1,1)-old_delta_b_rprop(1,1);
        new_grad_b1_rprop=0;
elseif (new_grad_b1_rprop*old_grad_b1_rprop==0),
        delta_b_rprop(1,1)=-sign(new_grad_b1_rprop).*new_D_b1_rprop;
```

```
        b_rprop(1,1)=old_b_rprop(1,1)+delta_b_rprop(1,1);
end
old_grad_b1_rprop=new_grad_b1_rprop;

% Para o b2
if (old_grad_b2_rprop*new_grad_b2_rprop>0),
    new_D_b2_rprop=min(old_D_b2_rprop*eta_pos,D_max);
    delta_b_rprop(2,1)=-sign(new_grad_b2_rprop).*new_D_b2_rprop;
    b_rprop(2,1)=old_b_rprop(2,1)+delta_b_rprop(2,1);
elseif (new_grad_b2_rprop*old_grad_b2_rprop<0),
        new_D_b2_rprop=max(old_D_b2_rprop*eta_neg,D_min);
        b_rprop(2,1)=old_b_rprop(2,1)-old_delta_b_rprop(2,1);
        new_grad_b2_rprop=0;
elseif (new_grad_b2_rprop*old_grad_b2_rprop==0),
        delta_b_rprop(2,1)=-sign(new_grad_b2_rprop).*new_D_b2_rprop;
          b_rprop(2,1)=old_b_rprop(2,1)+delta_b_rprop(2,1);
end
old_grad_b2_rprop=new_grad_b2_rprop;

% Para o w11
if (old_grad_w11_rprop*new_grad_w11_rprop>0),
    new_D_w11_rprop=min(old_D_w11_rprop*eta_pos,D_max);
    delta_w_rprop(1,1)=-sign(new_grad_w11_rprop).*new_D_w11_rprop;
    w_rprop(1,1)=old_w_rprop(1,1)+delta_w_rprop(1,1);
elseif (new_grad_w11_rprop*old_grad_w11_rprop<0),
        new_D_w11_rprop=max(old_D_w11_rprop*eta_neg,D_min);
        w_rprop(1,1)=old_w_rprop(1,1)-old_delta_w_rprop(1,1);
        new_grad_w11_rprop=0;
elseif (new_grad_w11_rprop*old_grad_w11_rprop==0),
        delta_w_rprop(1,1)=-sign(new_grad_w11_rprop).*new_D_w11_rprop;
          w_rprop(1,1)=old_w_rprop(1,1)+delta_w_rprop(1,1);
end
old_grad_w11_rprop=new_grad_w11_rprop;

% Para o w21
if (old_grad_w21_rprop*new_grad_w21_rprop>0),
    new_D_w21_rprop=min(old_D_w21_rprop*eta_pos,D_max);
      delta_w_rprop(2,1)=-sign(new_grad_w21_rprop).*new_D_w21_rprop;
         w_rprop(2,1)=old_w_rprop(2,1)+delta_w_rprop(2,1);
elseif (new_grad_w21_rprop*old_grad_w21_rprop<0),
        new_D_w21_rprop=max(old_D_w21_rprop*eta_neg,D_min);
        w_rprop(2,1)=old_w_rprop(2,1)-old_delta_w_rprop(2,1);
        new_grad_w21_rprop=0;
elseif (new_grad_w21_rprop*old_grad_w21_rprop==0),
        delta_w_rprop(2,1)=-sign(new_grad_w21_rprop).*new_D_w21_rprop;
          w_rprop(2,1)=old_w_rprop(2,1)+delta_w_rprop(2,1);
end
old_grad_w21_rprop=new_grad_w21_rprop;

old_b_rprop(1,1)=b_rprop(1,1);
old_b_rprop(2,1)=b_rprop(2,1);
old_w_rprop(1,1)=w_rprop(1,1);
old_w_rprop(2,1)=w_rprop(2,1);

old_delta_b_rprop(1,1)=delta_b_rprop(1,1);
old_delta_b_rprop(2,1)=delta_b_rprop(2,1);
```

```
old_delta_w_rprop(1,1)=delta_w_rprop(1,1);
old_delta_w_rprop(2,1)=delta_w_rprop(2,1);

old_D_b1_rprop=new_D_b1_rprop;
old_D_b2_rprop=new_D_b2_rprop;
old_D_w11_rprop=new_D_w11_rprop;
old_D_w21_rprop=new_D_w21_rprop;

end

disp('Algoritmo RPROP para aproximação de função senoide');
disp('Total de épocas realizadas');
disp(m);
disp('Pesos finais e bias');
w_rprop
b_rprop
plot(t,rmse_rprop,'ko','MarkerSize',10);
xlabel('Época');
ylabel('RMSE');
```

A Figura–7 apresenta o gráfico do RMSE gerado pela sequência de comandos mostrada acima.

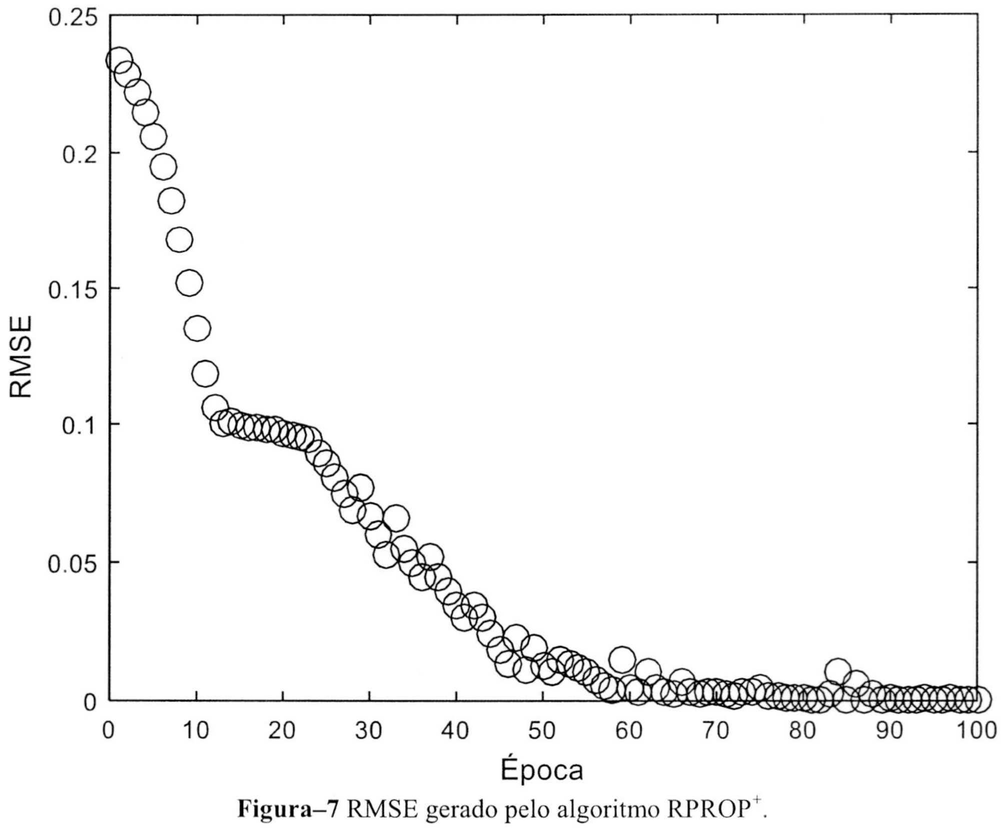

Figura–7 RMSE gerado pelo algoritmo RPROP^{+}.

A sequência de comandos do Python aplicando o RPROP considerando o Exemplo 5.1 do Capítulo–5 é apresentada a seguir.

PYTHON- Algoritmo RPROP

```
import math
import numpy as np
import matplotlib.pyplot as plt
import numpy.matlib


##########################################################################
#                               PARTE I                                  #
#                 REGRA DELTA DO BACKPROPAGATION                         #
#DETERMINAÇÃO DOS PESOS E DAS DERIVADAS DA PRIMEIRA E SEGUNDA ÉPOCAS     #
##########################################################################

# Atribuição inicial de valores
x = np.array([[math.pi/4], [math.pi/2]])
d=np.array([[np.sin(np.pi/4)],[np.sin(np.pi/2)]])        #[[math.sin(math.pi/4)],
[math.sin(math.pi/2)]]
xzero = [1, 1]
eta = 0.1
n = 2
m = 100
w = np.array([[0.2], [0.4]]) #[[0.2],[0.4]]
b = np.array([[0.3], [-0.1]])

v1_rprop = np.zeros(2)
y1_rprop = np.zeros(2)
v2_rprop = np.zeros(2)
y2_rprop = np.zeros(2)


p = np.zeros(2)
q = np.zeros(2)
dE_db1 = np.zeros(2)
dE_db2 = np.zeros(2)
dE_dw11 = np.zeros(2)
dE_dw21 = np.zeros(2)
grad_b1 = np.zeros(2)
grad_b2 = np.zeros(2)
grad_w11 = np.zeros(2)
grad_w21 = np.zeros(2)

old_b = np.zeros(2)
old_w = np.zeros(2)
old_grad_b1 = np.zeros(2)
old_grad_b2 = np.zeros(2)
old_grad_w11 = np.zeros(2)
old_grad_w21 = np.zeros(2)

old_delta_b_rprop = np.zeros(2)
old_delta_b_rprop[0] = 0
old_delta_b_rprop[1] = 0

old_b_rprop = np.zeros(2)
old_b_rprop[0] = 0
old_b_rprop[1] = 0
```

```
old_delta_w_rprop = np.zeros(2)
old_delta_w_rprop[0] = 0
old_delta_w_rprop[1] = 0

old_w_rprop = np.zeros(2)
old_w_rprop[0] = 0
old_w_rprop[1] = 0

b_rprop = np.zeros(2)
w_rprop = np.zeros(2)

D_max = 50
D_min = 10e-6

D_b1 = 0.0125

D_b2 = 0.0125
D_w11 = 0.0125
D_w21 = 0.0125
eta_pos = 1.2
eta_neg = 0.5

e = np.zeros(2)
sse = 0
mse = 0
rmse = np.zeros(2)
s = np.zeros(4)

p_rprop = np.zeros(2)
dE_db2_rprop = np.zeros(2)
dE_dw21_rprop = np.zeros(2)
q_rprop = np.zeros(2)
dE_db1_rprop = np.zeros(2)
dE_dw11_rprop = np.zeros(2)

e_rprop = np.zeros(2)
mse_rprop = np.zeros(m)
rmse_rprop = np.zeros(m)
t = np.zeros(m)

delta_b_rprop = np.zeros(2)
delta_w_rprop = np.zeros(2)

for i in range(n):

    old_b = b
    old_w = w
    old_grad_b1 = grad_b1[n-1]
    old_grad_b2 = grad_b2[n-1]
    old_grad_w11 = grad_w11[n-1]
    old_grad_w21 = grad_w21[n-1]

    v1 = np.zeros(2)
    v2 = np.zeros(2)
    y1 = np.zeros(2)
    y2 = np.zeros(2)
```

```
    entradas = 2

    for j in range(entradas):

        # Camada Oculta
        v1[j] = xzero[0] * b[0] + x[j, 0] * w[0]
        y1[j] = 1/(1 + math.exp(-v1[j]))

        # Camada de Saída
        v2[j] = xzero[1] * b[1] + y1[j] * w[1]
        y2[j] = 1/(1 + math.exp(-v2[j]))

        # Derivada do erro com relação aos pesos do neurônio de saída
        p[j] = (y2[j]-d[j]) * y2[j]*(1-y2[j])
        dE_db2[j] = p[j]
        dE_dw21[j] = p[j]*y1[j]

    # Derivada do erro com relação aos pesos do neurônio da camada oculta
        q[j] = p[j]*w[1]*y1[j]*(1-y1[j])
        dE_db1[j] = q[j]
        dE_dw11[j] = q[j]*x[j,0]

        # Gradientes
        grad_b1[j] = sum(dE_db1)
        grad_b2[j] = sum(dE_db2)
        grad_w11[j] = sum(dE_dw11)
        grad_w21[j] = sum(dE_dw21)

        # Cálculo do MSE
        e[j] = d[j] - y2[j]

        sse = np.dot(e,e)
        mse = sse/(2*entradas)

    # Atualização de Pesos e Bias pela regra delta
    b[0] = b[0] - eta*grad_b1[j]
    b[1] = b[1] - eta*grad_b2[j]
    w[0] = w[0] - eta*grad_w11[j]
    w[1] = w[1] - eta*grad_w21[j]

    # Cálculo do RMSE
    rmse[i] = math.sqrt(mse)
    s[i] = i

    new_b = b
    new_w = w
    new_grad_b1 = grad_b1[j]
    new_grad_b2 = grad_b2[j]
    new_grad_w11 = grad_w11[j]
    new_grad_w21 = grad_w21[j]


########################################################################
#                              PARTE II                                #
#                        RESILIENT PROPAGATION                         #
#    APLICAÇÃO DO ALGORITMO RPROP PARA ATUALIZAÇÃO DOS PESOS E BIAS    #
```

```
##########################################################################

# Foi necessário executar duas épocas utilizando o backpropagation
# porque o algoritmo RPROP precisa dos dois últimos valores
# do gradiente do erro. [Porém, essa etapa anterior poderia ser
# desconsiderada e ter-se atribuído pesos e derivadas iniciais com
# valores pequenos e randômicos ou iguais a zero]

##########################################################################
#         Primeira atualização de Pesos e Bias usando o RPROP            #
##########################################################################

# Para o bias b1
if (old_grad_b1*new_grad_b1 > 0):
    D_b1 = min(D_b1*eta_pos,D_max)
    old_delta_b_rprop[0] = -np.multiply(np.sign(new_grad_b1), D_b1)
    old_b_rprop[0] = b[0] + old_delta_b_rprop[0]
elif (old_grad_b1*new_grad_b1 < 0):
    D_b1 = max(D_b1*eta_neg,D_min)
    old_b_rprop[0] = old_b[0]
    new_grad_b1 = 0
elif (old_grad_b1*new_grad_b1 == 0):
    old_delta_b_rprop[0] = -np.multiply(np.sign(new_grad_b1), D_b1)
    old_b_rprop[0] = b[0] + old_delta_b_rprop[0]

old_grad_b1_rprop = new_grad_b1

# Para o bias b2
if (old_grad_b2*new_grad_b2 > 0):
    D_b2=min(D_b2*eta_pos,D_max)
    old_delta_b_rprop[1] = -np.multiply(np.sign(new_grad_b2),D_b2)
    old_b_rprop[1] = b[1] + old_delta_b_rprop[1]
elif (old_grad_b2*new_grad_b2 < 0):
    D_b2 = max(D_b2*eta_neg,D_min)
    old_b_rprop[1] = old_b[1]
    new_grad_b2 = 0
elif (old_grad_b2*new_grad_b2 == 0):
    old_delta_b_rprop[1] = -np.multiply(np.sign(new_grad_b2), D_b2)
    old_b_rprop[1] = b[1] + old_delta_b_rprop[1]

old_grad_b2_rprop = new_grad_b2

# Para o peso w11
if (old_grad_w11*new_grad_w11 > 0):
    D_w11 = min(D_w11*eta_pos,D_max)
    old_delta_w_rprop[0] = -np.multiply(np.sign(new_grad_w11), D_w11)
    old_w_rprop[0] = w[0] + old_delta_w_rprop[0]
elif (old_grad_w11*new_grad_w11 < 0):
    D_w11 = max(D_w11*eta_neg,D_min)
    old_w_rprop[0] = old_w[0]
    new_grad_w11 = 0
elif (old_grad_w11*new_grad_w11 == 0):
    old_delta_w_rprop[0] = -np.multiply(np.sign(new_grad_w11), D_w11)
    old_w_rprop[0] = w[0] + old_delta_w_rprop[0]

old_grad_w11_rprop = new_grad_w11
```

```
#Para o peso w21
if (old_grad_w21*new_grad_w21 > 0):
    D_w21 = min(D_w21*eta_pos,D_max)
    old_delta_w_rprop[1] = -np.multiply(np.sign(new_grad_w21),D_w21)
    old_w_rprop[1] = w[1] + old_delta_w_rprop[1]
elif (old_grad_w21*new_grad_w21 < 0):
    D_w21 = max(D_w21*eta_neg,D_min)
    old_w_rprop[1] = old_w[1]
    new_grad_w21 = 0
elif (old_grad_w21*new_grad_w21 == 0):
    old_delta_w_rprop[1] = -np.multiply(np.sign(new_grad_w21),D_w21)
    old_w_rprop[1] = w[1] + old_delta_w_rprop[1]

old_grad_w21_rprop = new_grad_w21

b_rprop[0] = old_b_rprop[0]
b_rprop[1] = old_b_rprop[1]
w_rprop[0] = old_w_rprop[0]
w_rprop[1] = old_w_rprop[1]

old_D_b1_rprop = D_b1
old_D_b2_rprop = D_b2
old_D_w11_rprop = D_w11
old_D_w21_rprop = D_w21

##############################################################################
#                    Determinação dos novos gradientes                       #
##############################################################################

for l in range(m):


      for k in range(entradas):

          # Cálculo dos novos v1, v2, y1 e y2
          v1_rprop[k] = xzero[0] * b_rprop[0] + x[k, 0] * w_rprop[0]
          y1_rprop[k] = 1/(1 + math.exp(-v1_rprop[k]))

          v2_rprop[k] = xzero[1] * b_rprop[1] + y1_rprop[k] * w_rprop[1]
          y2_rprop[k] = 1/(1 + math.exp(-v2_rprop[k]))

     # Derivada do erro com relação aos pesos do neurônio de saída
     # Verifique que para evitar o Flat Spot Problem foi adicionado 0.1 à
     # derivada da função de ativação
  p_rprop[k] = (y2_rprop[k]-d[k])*((y2_rprop[k]*(1-y2_rprop[k])+0.1))
  dE_db2_rprop[k] = p_rprop[k]
  dE_dw21_rprop[k] = p_rprop[k]*y1_rprop[k]

  # Derivada do erro com relação aos pesos do neurônio da camada oculta
  # Verifique que para evitar o Flat Spot Problem foi adicionado 0.1 à
          # derivada da função de ativação
q_rprop[k] = p_rprop[k]*w_rprop[1]*((y1_rprop[k]*(1-y1_rprop[k]) + 0.1))
          dE_db1_rprop[k] = q_rprop[k]
          dE_dw11_rprop[k] = q_rprop[k]*x[k]

          # Cálculo do MSE
```

```
            e_rprop[k] = d[k] - y2_rprop[k]
     sse_rprop=np.multiply(e_rprop,e_rprop).sum(axis=0) #np.vdot(e_rprop,e_rprop)
            mse_rprop[l] = sse_rprop/(2*entradas)
            # print(mse_rprop)

        # Cálculo do RMSE
        rmse_rprop[l] = math.sqrt(mse_rprop[l])
        t[l] = l

        # Gradientes
        new_grad_b1_rprop = sum(dE_db1_rprop)
        new_grad_b2_rprop = sum(dE_db2_rprop)
        new_grad_w11_rprop = sum(dE_dw11_rprop)
        new_grad_w21_rprop = sum(dE_dw21_rprop)

########################################################################
#            Atualizações de Pesos e Bias usando o RPROP              #
########################################################################

        # Para o b1
        if (old_grad_b1_rprop*new_grad_b1_rprop>0):
            new_D_b1_rprop = min(old_D_b1_rprop*eta_pos,D_max)
            delta_b_rprop[0]=-
np.multiply(np.sign(new_grad_b1_rprop),new_D_b1_rprop)
            b_rprop[0] = old_b_rprop[0] + delta_b_rprop[0]
        elif (new_grad_b1_rprop*old_grad_b1_rprop < 0):
            new_D_b1_rprop = max(old_D_b1_rprop*eta_neg,D_min)
            b_rprop[0] = old_b_rprop[0] - old_delta_b_rprop[0]
            new_grad_b1_rprop = 0
        elif (new_grad_b1_rprop*old_grad_b1_rprop == 0):
            delta_b_rprop[0]=-
np.multiply(np.sign(new_grad_b1_rprop),new_D_b1_rprop)
            b_rprop[0] = old_b_rprop[0] + delta_b_rprop[0]

        old_grad_b1_rprop = new_grad_b1_rprop

        # Para o b2
        if (old_grad_b2_rprop*new_grad_b2_rprop>0):
            new_D_b2_rprop = min(old_D_b2_rprop*eta_pos,D_max)
            delta_b_rprop[1]=-
np.multiply(np.sign(new_grad_b2_rprop),new_D_b2_rprop)
            b_rprop[1] = old_b_rprop[1] + delta_b_rprop[1]
        elif (new_grad_b2_rprop*old_grad_b2_rprop<0):
            new_D_b2_rprop=max(old_D_b2_rprop*eta_neg,D_min)
            b_rprop[1] = old_b_rprop[1] - old_delta_b_rprop[1]
            new_grad_b2_rprop = 0
        elif (new_grad_b2_rprop*old_grad_b2_rprop==0):
            delta_b_rprop[1]=-
np.multiply(np.sign(new_grad_b2_rprop),new_D_b2_rprop)
            b_rprop[1] = old_b_rprop[1] + delta_b_rprop[1]

        old_grad_b2_rprop = new_grad_b2_rprop

        # Para o w11
        if (old_grad_w11_rprop * new_grad_w11_rprop > 0):
            new_D_w11_rprop = min(old_D_w11_rprop*eta_pos,D_max)
            delta_w_rprop[0]=-
```

```
np.multiply(np.sign(new_grad_w11_rprop),new_D_w11_rprop)
          w_rprop[0] = old_w_rprop[0] + delta_w_rprop[0]
      elif (new_grad_w11_rprop * old_grad_w11_rprop < 0):
          new_D_w11_rprop = max(old_D_w11_rprop * eta_neg,D_min)
          w_rprop[0] = old_w_rprop[0] - old_delta_w_rprop[0]
          new_grad_w11_rprop = 0
      elif (new_grad_w11_rprop * old_grad_w11_rprop == 0):
          delta_w_rprop[0]=-
np.multiply(np.sign(new_grad_w11_rprop),new_D_w11_rprop)
          w_rprop[0] = old_w_rprop[0] + delta_w_rprop[0]

      old_grad_w11_rprop = new_grad_w11_rprop

      # Para o w21
      if (old_grad_w21_rprop * new_grad_w21_rprop > 0):
          new_D_w21_rprop = min(old_D_w21_rprop * eta_pos,D_max)
          delta_w_rprop[1]=-
np.multiply(np.sign(new_grad_w21_rprop),new_D_w21_rprop)
          w_rprop[1] = old_w_rprop[1] + delta_w_rprop[1]
      elif (new_grad_w21_rprop*old_grad_w21_rprop < 0):
          new_D_w21_rprop = max(old_D_w21_rprop*eta_neg,D_min)
          w_rprop[1] = old_w_rprop[1] - old_delta_w_rprop[1]
          new_grad_w21_rprop = 0
      elif (new_grad_w21_rprop * old_grad_w21_rprop == 0):
          delta_w_rprop[1]=-
np.multiply(np.sign(new_grad_w21_rprop),new_D_w21_rprop)
          w_rprop[1] = old_w_rprop[1] + delta_w_rprop[1]

      old_grad_w21_rprop = new_grad_w21_rprop

      old_b_rprop[0] = b_rprop[0]
      old_b_rprop[1] = b_rprop[1]
      old_w_rprop[0] = w_rprop[0]
      old_w_rprop[1] = w_rprop[1]

      old_delta_b_rprop[0] = delta_b_rprop[0]
      old_delta_b_rprop[1] = delta_b_rprop[1]
      old_delta_w_rprop[0] = delta_w_rprop[0]
      old_delta_w_rprop[1] = delta_w_rprop[1]

      old_D_b1_rprop = new_D_b1_rprop
      old_D_b2_rprop = new_D_b2_rprop
      old_D_w11_rprop = new_D_w11_rprop
      old_D_w21_rprop = new_D_w21_rprop

print('Algoritmo RPROP para aproximação de função senoide')
print('Total de épocas realizadas');
print(m);
print('Pesos finais e bias');
print(rmse_rprop)

print(w_rprop)
print(b_rprop)

print(v1)

f = plt.figure()
```

```
f.set_figwidth(20)
f.set_figheight(15)
params = {'xtick.labelsize':'20',
         'ytick.labelsize':'20'}
plt.rcParams.update(params)
plt.plot(t,rmse_rprop,'o',     markersize=40,     color='black',     fillstyle='none',
markeredgewidth=0.5);
plt.xlim(0,100)
plt.xticks(range(0,110,10))
plt.ylim(0, 0.25)
plt.xlabel('Época', fontsize=40)
plt.ylabel('RMSE', fontsize=40)
```

6.8 Algoritmo Improved RPROP com e sem retrocesso do peso [IRPROP$^+$ e IRPROP$^-$]

A efetividade do RPROP em diversas aplicações motivou o desenvolvimento de outras variantes visando uma melhora da convergência e eficiência do método de retropropagação inicial.

Em 2003 o cientista da computação Christian Igel e o físico Michael Hüsken, na época pesquisadores do Institut für Neuroinformatik, Ruhr-Universität Bochum da Alemanha publicaram o trabalho *Empirical evaluation of the improved RPROP learning algorithms* em que descrevem um novo método de aprendizagem para redes neurais que ficou conhecido como Improved RPROP (IRPROP).

O algoritmo IRPROP constitui-se em uma modificação do algoritmo de propagação resiliente.

A decisão no RPROP para retornar uma etapa é um tanto arbitrária. Dessa forma, a ideia do IRPROP é realizar a reversão do passo dependente da evolução do erro. Sugere-se que as atualizações dos pesos que causaram mudanças nos sinais das derivadas parciais correspondentes são revertidas, mas apenas no caso em que o erro cresce. É uma estratégia de retrocesso aplicada à atualização feita pelo RPROP para alguns ou todos os pesos da rede neural de tal forma a decidir para cada peso individualmente se deve ou não retornar um passo.

Comparado ao RPROP$^+$ apenas uma variável adicional, o erro anterior $E(n-1)$, necessita ser armazenado. O IRPROP combina informação "individual" sobre a superfície de erro (sinal da derivada parcial da função do erro com relação ao peso) com mais informação "global" (erro da rede) para decidir para cada peso individualmente se haverá ou não retorno no passo. Isso combina a abordagem estritamente "global", onde a atualização completa anterior para todos os pesos é revertida se $E(n) > E(n-1)$.

O pseudocódigo do algoritmo IRPROP contendo o esquema melhorado do retrocesso do peso é denominado de IRPROP$^+$ e mostrado a seguir. Esse pseudocódigo difere do RPROP$^+$ apenas pela inserção da linha contendo a verificação se $E(n) > E(n-1)$.

Pseudocódigo do Algoritmo IRPROP$^+$

Inicializar

$\forall i,j : \Delta_{ij}(n) = \Delta_0$

$\forall i, j : \frac{\partial E}{\partial w_{ij}}(n-1) = 0$

Repetir

Calcular $\frac{\partial E}{\partial w_{ij}}(n)$

Para todos os pesos e bias

se $\frac{\partial E}{\partial w_{ij}}(n-1).\frac{\partial E}{\partial w_{ij}}(n) > 0$, **então**

$\Delta_{ij}(n) = \min\left[\Delta_{ij}(n-1).\eta^{+}, \Delta_{\max}\right]$

$\Delta w_{ij}(n) = -sign\left[\frac{\partial E}{\partial w_{ij}}(n)\right].\Delta_{ij}(n)$

$w_{ij}(n+1) = w_{ij}(n) + \Delta w_{ij}(n)$

$\frac{\partial E}{\partial w_{ij}}(n-1) = \frac{\partial E}{\partial w_{ij}}(n)$

senão, se $\frac{\partial E}{\partial w_{ij}}(n-1).\frac{\partial E}{\partial w_{ij}}(n) < 0$, **então**

$\Delta_{ij}(n) = \max\left[\Delta_{ij}(n-1).\eta^{-}, \Delta_{\min}\right]$

se $E(n) > E(n-1)$, **então** $w_{ij}(n+1) = w_{ij}(n) - \Delta w_{ij}(n-1)$

$w_{ij}(n+1) = w_{ij}(n) - \Delta w_{ij}(n-1)$

$\frac{\partial E}{\partial w_{ij}}(n) = 0$

senão, se $\frac{\partial E}{\partial w_{ij}}(n-1).\frac{\partial E}{\partial w_{ij}}(n) = 0$, **então**

$\Delta w_{ij}(n) = -sign\left[\frac{\partial E}{\partial w_{ij}}(n)\right].\Delta_{ij}(n)$

$w_{ij}(n+1) = w_{ij}(n) + \Delta w_{ij}(n)$

$\frac{\partial E}{\partial w_{ij}}(n-1) = \frac{\partial E}{\partial w_{ij}}(n)$

Até que a condição de parada seja alcançada

Observação

Δ_0 é o valor de atualização (passo) inicial, Igel e Hüsken no trabalho de 2003 escolheram 0,0125.

Δ_{max} é o limite máximo para o tamanho do passo, um valor típico é 50.

Δ_{min} é o limite mínimo para o tamanho do passo, um valor típico é 1e-6, ou seja, 10^{-6}.

No caso em que ocorre uma mudança do sinal da derivada, o algoritmo IRPROP^{+} realiza duas ações em adição à redução do tamanho: (i) realiza um retrocesso do peso nos (poucos) casos onde o erro global aumenta; (ii) sempre atribui zero as derivadas $\frac{\partial E}{\partial w_{ij}}(n)$. Para analisar os efeitos dessas duas ações diferentes, surge o algoritmo descrito a seguir, o qual é o mesmo que o IRPROP$^+$, porém sem o retrocesso do peso. Este algoritmo é denotado por IRPROP$^-$. Se o sinal da derivada parcial muda, o IRPROP$^-$ reduz o correspondente tamanho do passo, mas não modifica o peso correspondente. Adicionalmente, é assegurado que no próximo passo o peso seja modificado usando o tamanho de passo reduzido. Além disso, um tamanho do passo não pode ser alterado se tiver sido reduzido no passo anterior. A única diferença comparada ao RPROP$^-$ é que a derivada recebe o valor zero.

Pseudocódigo do Algoritmo IRPROP$^-$

Inicializar

$\forall i,j : \Delta_{ij}(n) = \Delta_0$

$\forall i,j : \frac{\partial E}{\partial w_{ij}}(n-1) = 0$

Repetir

Calcular $\frac{\partial E}{\partial w_{ij}}(n)$

Para todos os pesos e bias

se $\frac{\partial E}{\partial w_{ij}}(n-1).\frac{\partial E}{\partial w_{ij}}(n) > 0$, **então**

$\Delta_{ij}(n) = \min\left[\Delta_{ij}(n-1).\eta^+, \Delta_{\max}\right]$

senão, se $\frac{\partial E}{\partial w_{ij}}(n-1).\frac{\partial E}{\partial w_{ij}}(n) < 0$, **então**

$\Delta_{ij}(n) = \max\left[\Delta_{ij}(n-1).\eta^-, \Delta_{\min}\right]$

$\frac{\partial E}{\partial w_{ij}}(n) = 0$

$$w_{ij}(n+1) = w_{ij}(n) - sign\left[\frac{\partial E}{\partial w_{ij}}(n)\right].\Delta_{ij}(n)$$

Até que a condição de parada seja alcançada

Para o Exemplo 5.1 do Capítulo–5 também foi utilizado o algoritmo IRPROP$^+$ para o treinamento da rede neural. A sequência de comandos do MATLAB aplicando o IRPROP$^+$ é apresentada a seguir.

No algoritmo IRPROP$^+$ é necessário armazenar o erro do passo anterior, na implementação realizada foi usado o RMSE (Root Mean Squared Error) para desempenhar esse papel de erro.

```
%%%%%%%%%%%%%%%%%%%%%%%%%%%%%%%%%%%%%%%%%%%%%%%%%%%%%%%%%%%%%%%%%%%%%%%%%
PARTE I                                   %
%                     REGRA DELTA DO BACKPROPAGATION                    %
% DETERMINAÇÃO DOS PESOS E DAS DERIVADAS DA PRIMEIRA E SEGUNDA ÉPOCAS   %
%%%%%%%%%%%%%%%%%%%%%%%%%%%%%%%%%%%%%%%%%%%%%%%%%%%%%%%%%%%%%%%%%%%%%%%%
```

```
% Atribuição inicial de valores
x=[pi/4;pi/2];
d=[sin(pi/4);sin(pi/2)];
xzero=[1 1];
eta=0.1;
eta_qprop=0.1;
mi=1.75;
n=2;
m=100;
w=[0.2;0.4];
b=[0.3;-0.1];
p=zeros(2,1);
q=zeros(2,1);
dE_db1=zeros(2,1);
dE_db2=zeros(2,1);
dE_dw11=zeros(2,1);
dE_dw21=zeros(2,1);
grad_b1=zeros(2,1);
grad_b2=zeros(2,1);
grad_w11=zeros(2,1);
grad_w21=zeros(2,1);
old_b=zeros(2,1);
old_w=zeros(2,1);
old_grad_b1=zeros(2,1);
old_grad_b2=zeros(2,1);
old_grad_w11=zeros(2,1);
old_grad_w21=zeros(2,1);
      D_max=50;
      D_min=10e-6;
      old_delta_b_irprop(1,1)=zeros(1,1);
      old_b_irprop(1,1)=zeros(1,1);
      D_b1=0.0125;
      old_delta_b_irprop(2,1)=zeros(1,1);
      old_b_irprop(2,1)=zeros(1,1);
      D_b2=0.0125;
      old_delta_w_irprop(1,1)=zeros(1,1);
      old_w_irprop(1,1)=zeros(1,1);
      D_w11=0.0125;
      old_delta_w_irprop(2,1)=zeros(1,1);
      old_w_irprop(2,1)=zeros(1,1);
      D_w21=0.0125;
      eta_pos=1.2;
      eta_neg=0.5;
new_D_b1_irprop=zeros(1,1);
new_D_b2_irprop=zeros(1,1);
new_D_w11_irprop=zeros(1,1);
new_D_w21_irprop=zeros(1,1);

for i=1:n

     old_b=b;
     old_w=w;
     old_grad_b1=grad_b1(n);
     old_grad_b2=grad_b2(n);
     old_grad_w11=grad_w11(n);
```

```
    old_grad_w21=grad_w21(n);

    v1=zeros(2,1);
    v2=zeros(2,1);
    y1=zeros(2,1);
    y2=zeros(2,1);

    entradas=2;

    for j=1:entradas;

% Camada Oculta
v1(j)=xzero(1,1)*b(1,1)+x(j,1)*w(1,1);
y1(j)=1/(1+exp(-v1(j)));

% Camada de Saída
v2(j)=xzero(1,2)*b(2,1)+y1(j)*w(2,1);
y2(j)=1/(1+exp(-v2(j)));

% Derivada do erro com relação aos pesos do neurônio de saída
p(j)=(y2(j)-d(j))*y2(j)*(1-y2(j));
dE_db2(j)=p(j);
dE_dw21(j)=p(j)*y1(j);

% Derivada do erro com relação aos pesos do neurônio da camada oculta
q(j)=p(j)*w(2,1)*y1(j)*(1-y1(j));
dE_db1(j)=q(j);
dE_dw11(j)=q(j)*x(j,1);

% Gradientes
    grad_b1(j)=sum(dE_db1);
    grad_b2(j)=sum(dE_db2);
    grad_w11(j)=sum(dE_dw11);
    grad_w21(j)=sum(dE_dw21);

% Cálculo do MSE
e(j)=d(j)-y2(j);
sse=dot(e,e);
mse=sse/(2*entradas);

    end

    % Atualização de Pesos e Bias pela regra delta
    b(1,1) = b(1,1) - eta*grad_b1(j);
    b(2,1) = b(2,1) - eta*grad_b2(j);
    w(1,1) = w(1,1) - eta*grad_w11(j);
    w(2,1) = w(2,1) - eta*grad_w21(j);

    % Cálculo do RMSE
rmse(i)=sqrt(mse);
s(i)=i;

end
```

```
    new_b=b;
    new_w=w;
    new_grad_b1=grad_b1(j);
    new_grad_b2=grad_b2(j);
    new_grad_w11=grad_w11(j);
    new_grad_w21=grad_w21(j);


%%%%%%%%%%%%%%%%%%%%%%%%%%%%%%%%%%%%%%%%%%%%%%%%%%%%%%%%%%%%%%%%%%%%%%%%%%
PARTE II                                   %
%                      IMPROVED RESILIENT PROPAGATION                     %
%    APLICAÇÃO DO ALGORITMO IRPROP PARA ATUALIZAÇÃO DOS PESOS E BIAS      %
%%%%%%%%%%%%%%%%%%%%%%%%%%%%%%%%%%%%%%%%%%%%%%%%%%%%%%%%%%%%%%%%%%%%%%%%%%
% Foi necessário executar duas épocas utilizando o backpropagation
% porque o algoritmo IRPROP precisa dos dois últimos valores
% do gradiente do erro. [Porém, essa etapa anterior poderia ser
% desconsiderada e ter-se atribuído pesos e derivadas iniciais com
% valores pequenos e randômicos ou iguais a zero]

%%%%%%%%%%%%%%%%%%%%%%%%%%%%%%%%%%%%%%%%%%%%%%%%%%%%%%%%%%%%%%%%%%%%%%%%%%
Primeira atualização de Pesos e Bias usando o IRPROP          %
%%%%%%%%%%%%%%%%%%%%%%%%%%%%%%%%%%%%%%%%%%%%%%%%%%%%%%%%%%%%%%%%%%%%%%%%%%

% Para o bias b1
if (old_grad_b1*new_grad_b1>0),
      D_b1=min(D_b1*eta_pos,D_max);
      old_delta_b_irprop(1,1)=-sign(new_grad_b1).*D_b1;
         old_b_irprop(1,1)=b(1,1)+old_delta_b_irprop(1,1);
elseif (old_grad_b1*new_grad_b1<0),
        D_b1=max(D_b1*eta_neg,D_min);
    if (rmse(2)>rmse(1)),
        old_b_irprop(1,1)=old_b(1,1);
        new_grad_b1=0;
elseif (old_grad_b1*new_grad_b1==0),
        old_delta_b_irprop(1,1)=-sign(new_grad_b1).*D_b1;
          old_b_irprop(1,1)=b(1,1)+old_delta_b_irprop(1,1);
    end
end
old_grad_b1_irprop=new_grad_b1;

% Para o bias b2
if (old_grad_b2*new_grad_b2>0),
    D_b2=min(D_b2*eta_pos,D_max);
      old_delta_b_irprop(2,1)=-sign(new_grad_b2).*D_b2;
         old_b_irprop(2,1)=b(2,1)+old_delta_b_irprop(2,1);
elseif (old_grad_b2*new_grad_b2<0),
        D_b2=max(D_b2*eta_neg,D_min);
    if (rmse(2)>rmse(1)),
        old_b_irprop(2,1)=old_b(2,1);
        new_grad_b2=0;
 elseif (old_grad_b2*new_grad_b2==0),
        old_delta_b_irprop(2,1)=-sign(new_grad_b2).*D_b2;
          old_b_irprop(2,1)=b(2,1)+old_delta_b_irprop(2,1);
    end
end
old_grad_b2_irprop=new_grad_b2;
```

```
% Para o peso w11
if (old_grad_w11*new_grad_w11>0),
    D_w11=min(D_w11*eta_pos,D_max);
      old_delta_w_irprop(1,1)=-sign(new_grad_w11).*D_w11;
         old_w_irprop(1,1)=w(1,1)+old_delta_w_irprop(1,1);
elseif (old_grad_w11*new_grad_w11<0),
        D_w11=max(D_w11*eta_neg,D_min);
    if (rmse(2)>rmse(1)),
       old_w_irprop(1,1)=old_w(1,1);
       new_grad_w11=0;
elseif (old_grad_w11*new_grad_w11==0),
        old_delta_w_irprop(1,1)=-sign(new_grad_w11).*D_w11;
          old_w_irprop(1,1)=w(1,1)+old_delta_w_irprop(1,1);
    end
end
    old_grad_w11_irprop=new_grad_w11;

% Para o peso w21
if (old_grad_w21*new_grad_w21>0),
    D_w21=min(D_w21*eta_pos,D_max);
      old_delta_w_irprop(2,1)=-sign(new_grad_w21).*D_w21;
         old_w_irprop(2,1)=w(2,1)+old_delta_w_irprop(2,1);
elseif (old_grad_w21*new_grad_w21<0),
        D_w21=max(D_w21*eta_neg,D_min);
    if (rmse(2)>rmse(1)),
       old_w_irprop(2,1)=old_w(2,1);
       new_grad_w21=0;
elseif (old_grad_w21*new_grad_w21==0),
        old_delta_w_irprop(2,1)=-sign(new_grad_w21).*D_w21;
          old_w_irprop(2,1)=w(2,1)+old_delta_w_irprop(2,1);
    end
end
old_grad_w21_irprop=new_grad_w21;

    b_irprop(1,1)=old_b_irprop(1,1);
    b_irprop(2,1)=old_b_irprop(2,1);
    w_irprop(1,1)=old_w_irprop(1,1);
    w_irprop(2,1)=old_w_irprop(2,1);

    old_D_b1_irprop=D_b1;
    old_D_b2_irprop=D_b2;
    old_D_w11_irprop=D_w11;
    old_D_w21_irprop=D_w21;

%                              RMSE(1)                                 %
% Comparado ao IRPROP+ apenas uma variável adicional, o erro do passo
% anterior E(n-1) tem que ser armazenado. Nesse caso quem fará o papel
% desse erro será o RMSE.

    for j=1:entradas;
    % Camada Oculta
v1_iirprop(j)=xzero(1,1)*b_irprop(1,1)+x(j,1)*w_irprop(1,1);
y1_iirprop(j)=1/(1+exp(-v1_iirprop(j)));

% Camada de Saída
```

```
v2_iirprop(j)=xzero(1,2)*b_irprop(2,1)+y1_iirprop(j)*w_irprop(2,1);
y2_iirprop(j)=1/(1+exp(-v2_iirprop(j)));

% Cálculo do MSE
e_iirprop(j)=d(j)-y2_iirprop(j);
sse_iirprop=dot(e_iirprop,e_iirprop);
mse_iirprop=sse_iirprop/(2*entradas);

% Cálculo do RMSE
rmse_irprop(1)=sqrt(mse_iirprop);

    end

%%%%%%%%%%%%%%%%%%%%%%%%%%%%%%%%%%%%%%%%%%%%%%%%%%%%%%%%%%%%%%%%%%%%%%%%%%%
Determinação dos novos gradientes                        %
%%%%%%%%%%%%%%%%%%%%%%%%%%%%%%%%%%%%%%%%%%%%%%%%%%%%%%%%%%%%%%%%%%%%%%%%%%

for l=2:m

  for k=1:entradas

% Cálculo dos novos v1, v2, y1 e y2
    v1_irprop(k)=xzero(1,1)*b_irprop(1,1)+x(k,1)*w_irprop(1,1);
    y1_irprop(k)=1/(1+exp(-v1_irprop(k)));
    v2_irprop(k)=xzero(1,2)*b_irprop(2,1)+y1_irprop(k)*w_irprop(2,1);
    y2_irprop(k)=1/(1+exp(-v2_irprop(k)));

% Derivada do erro com relação aos pesos do neurônio de saída
% Verifique que para evitar o Flat Spot Problem foi adicionado 0.1 à
% derivada da função ativação
p_irprop(k)=(y2_irprop(k)-d(k))*((y2_irprop(k)*(1-y2_irprop(k))+0.1));
dE_db2_irprop(k)=p_irprop(k);
dE_dw21_irprop(k)=p_irprop(k)*y1_irprop(k);

% Derivada do erro com relação aos pesos do neurônio da camada oculta
% Verifique que para evitar o Flat Spot Problem foi adicionado 0.1 à
% derivada da função ativação
q_irprop(k)=p_irprop(k)*w_irprop(2,1)*((y1_irprop(k)*(1-y1_irprop(k))+0.1));
dE_db1_irprop(k)=q_irprop(k);
dE_dw11_irprop(k)=q_irprop(k)*x(k,1);

% Cálculo do MSE
new_e_irprop(k)=d(k)-y2_irprop(k);
sse_irprop=dot(new_e_irprop,new_e_irprop);

  end

  % Cálculo do RMSE
    mse_irprop(l)=sse_irprop/(2*entradas);
    rmse_irprop(l)=sqrt(mse_irprop(l));
    t(l)=l;

  % Gradientes
    new_grad_b1_irprop=sum(dE_db1_irprop);
    new_grad_b2_irprop=sum(dE_db2_irprop);
```

```
    new_grad_w11_irprop=sum(dE_dw11_irprop);
    new_grad_w21_irprop=sum(dE_dw21_irprop);



%%%%%%%%%%%%%%%%%%%%%%%%%%%%%%%%%%%%%%%%%%%%%%%%%%%%%%%%%%%%%%%%%
Atualizações de Pesos e Bias usando o IRPROP          %
%%%%%%%%%%%%%%%%%%%%%%%%%%%%%%%%%%%%%%%%%%%%%%%%%%%%%%%%%%%%%%%%%

% Para o b1
if (old_grad_b1_irprop*new_grad_b1_irprop>0),
    new_D_b1_irprop=min(old_D_b1_irprop*eta_pos,D_max);
      delta_b_irprop(1,1)=-sign(new_grad_b1_irprop).*new_D_b1_irprop;
         b_irprop(1,1)=old_b_irprop(1,1)+delta_b_irprop(1,1);
elseif (new_grad_b1_irprop*old_grad_b1_irprop<0),
        new_D_b1_irprop=max(old_D_b1_irprop*eta_neg,D_min);
    if (rmse_irprop(l)>rmse_irprop(l-1)),
        b_irprop(1,1)=old_b_irprop(1,1)-old_delta_b_irprop(1,1);
        new_grad_b1_irprop=0;
elseif (new_grad_b1_irprop*old_grad_b1_irprop==0),
        delta_b_irprop(1,1)=-sign(new_grad_b1_irprop).*new_D_b1_irprop;
          b_irprop(1,1)=old_b_irprop(1,1)+delta_b_irprop(1,1);
    end
end
old_grad_b1_irprop=new_grad_b1_irprop;

% Para o b2
if (old_grad_b2_irprop*new_grad_b2_irprop>0),
    new_D_b2_irprop=min(old_D_b2_irprop*eta_pos,D_max);
      delta_b_irprop(2,1)=-sign(new_grad_b2_irprop).*new_D_b2_irprop;
         b_irprop(2,1)=old_b_irprop(2,1)+delta_b_irprop(2,1);
elseif (new_grad_b2_irprop*old_grad_b2_irprop<0),
        new_D_b2_irprop=max(old_D_b2_irprop*eta_neg,D_min);
    if (rmse_irprop(l)>rmse_irprop(l-1)),
        b_irprop(2,1)=old_b_irprop(2,1)-old_delta_b_irprop(2,1);
        new_grad_b2_irprop=0;
elseif (new_grad_b2_irprop*old_grad_b2_irprop==0),
        delta_b_irprop(2,1)=-sign(new_grad_b2_irprop).*new_D_b2_irprop;
          b_irprop(2,1)=old_b_irprop(2,1)+delta_b_irprop(2,1);
    end
end
old_grad_b2_irprop=new_grad_b2_irprop;

% Para o w11
if (old_grad_w11_irprop*new_grad_w11_irprop>0),
    new_D_w11_irprop=min(old_D_w11_irprop*eta_pos,D_max);
      delta_w_irprop(1,1)=-sign(new_grad_w11_irprop).*new_D_w11_irprop;
         w_irprop(1,1)=old_w_irprop(1,1)+delta_w_irprop(1,1);
elseif (new_grad_w11_irprop*old_grad_w11_irprop<0),
        new_D_w11_irprop=max(old_D_w11_irprop*eta_neg,D_min);
    if (rmse_irprop(l)>rmse_irprop(l-1)),
        w_irprop(1,1)=old_w_irprop(1,1)-old_delta_w_irprop(1,1);
        new_grad_w11_irprop=0;
elseif (new_grad_w11_irprop*old_grad_w11_irprop==0),
        delta_w_irprop(1,1)=-sign(new_grad_w11_irprop).*new_D_w11_irprop;
          w_irprop(1,1)=old_w_irprop(1,1)+delta_w_irprop(1,1);
```

```
    end
end
old_grad_w11_irprop=new_grad_w11_irprop;

% Para o w21
if (old_grad_w21_irprop*new_grad_w21_irprop>0),
    new_D_w21_irprop=min(old_D_w21_irprop*eta_pos,D_max);
      delta_w_irprop(2,1)=-sign(new_grad_w21_irprop).*new_D_w21_irprop;
         w_irprop(2,1)=old_w_irprop(2,1)+delta_w_irprop(2,1);
elseif (new_grad_w21_irprop*old_grad_w21_irprop<0),
        new_D_w21_irprop=max(old_D_w21_irprop*eta_neg,D_min);
    if (rmse_irprop(l)>rmse_irprop(l-1)),
        w_irprop(2,1)=old_w_irprop(2,1)-old_delta_w_irprop(2,1);
        new_grad_w21_irprop=0;
elseif (new_grad_w21_irprop*old_grad_w21_irprop==0),
        delta_w_irprop(2,1)=-sign(new_grad_w21_irprop).*new_D_w21_irprop;
          w_irprop(2,1)=old_w_irprop(2,1)+delta_w_irprop(2,1);
    end
end
old_grad_w21_irprop=new_grad_w21_irprop;

old_b_irprop(1,1)=b_irprop(1,1);
old_b_irprop(2,1)=b_irprop(2,1);
old_w_irprop(1,1)=w_irprop(1,1);
old_w_irprop(2,1)=w_irprop(2,1);

old_delta_b_irprop(1,1)=delta_b_irprop(1,1);
old_delta_b_irprop(2,1)=delta_b_irprop(2,1);
old_delta_w_irprop(1,1)=delta_w_irprop(1,1);
old_delta_w_irprop(2,1)=delta_w_irprop(2,1);

old_D_b1_irprop=new_D_b1_irprop;
old_D_b2_irprop=new_D_b2_irprop;
old_D_w11_irprop=new_D_w11_irprop;
old_D_w21_irprop=new_D_w21_irprop;

end

disp('Algoritmo IRPROP para aproximação de função senoide');
disp('Total de épocas realizadas');
disp(m);
disp('Pesos finais e bias');
w_irprop
b_irprop
plot(t,rmse_irprop,'ko','MarkerSize',10);
xlabel('Época');
ylabel('RMSE');
```

A Figura–8 apresenta o gráfico do RMSE gerado pela sequência de comandos mostrada acima.

A eficiência do RPROP em aplicações práticas tem motivado o desenvolvimento de muitas variantes, que podem ser, de maneira geral, categorizadas como: (i) esquemas de aprendizagem híbrida que equipam o RPROP com informação relativa à segunda derivada, tal como o algoritmo QPROP, o qual aproxima a segunda derivada por passos de uma secante unidimensional; (ii)

abordagens inspiradas pela teoria de otimização global.
Variantes do algoritmo RPROP:

- IRPROP – Improved RPROP;
- SARPROP – Simulated Annealing RPROP;
- ReSARPROP – Restart mode Simulated Annealing RPROP;
- MGFPROP – Magnified Gradient Function RPROP;
- GRPROP – Globally Convergent RPROP;
- DERPROP – Diagonal Estimation RPROP;
- QRPROP – Híbrido entre o QPROP e o RPROP.

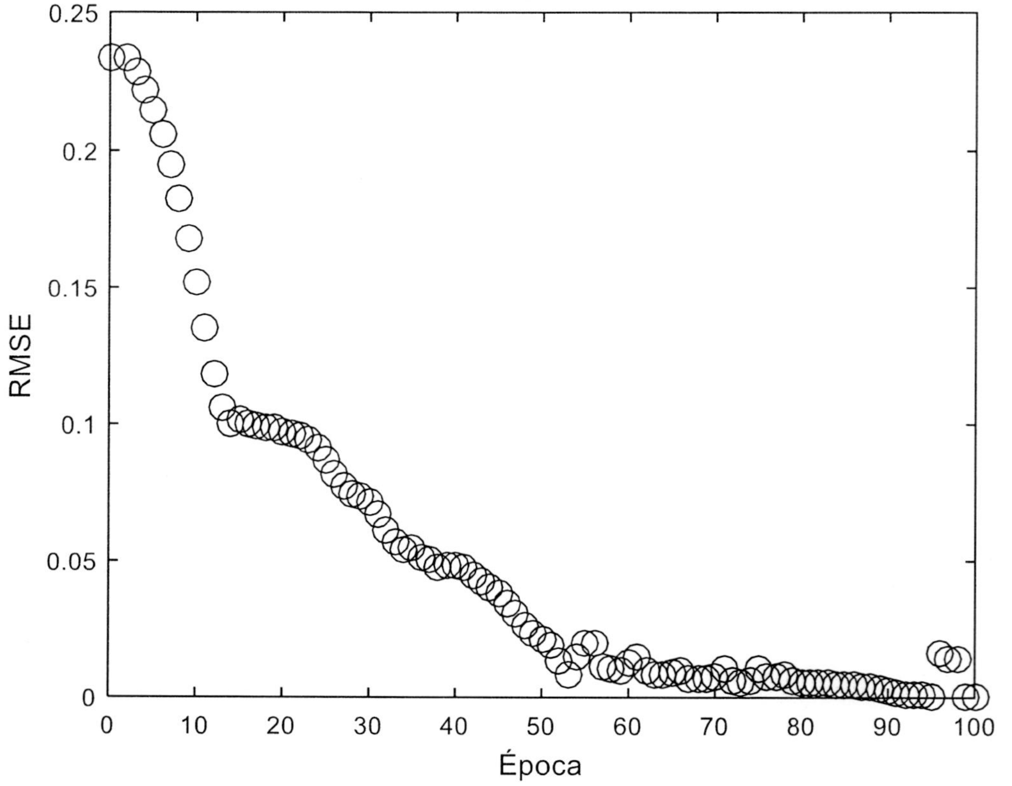

Figura–8 RMSE gerado pelo algoritmo IRPROP^{+}.

De acordo com Anastasiadis (2005), a literatura da área tem mostrado que esquemas de aprendizagem baseados no RPROP têm exibido convergências mais rápidas em avaliações empíricas, porém requerem a introdução de heurísticas adicionais para refinamento do ajuste. Além disso, a literatura mostra uma falta de resultados teóricos que sustentem as modificações do RPROP, particularmente no caso de esquemas híbridos. Não é surpreendente que heurísticas possam não ser capazes de garantir a convergência a um minimizador local da função de erro quando taxas de aprendizagem adaptativas para cada peso são usadas nos cálculos das atualizações dos pesos. Nenhuma garantia é dada de que o erro da rede neural irá decrescer de maneira monotônica em cada iteração e que a sequência de pesos irá convergir para um minimizador da função E construída a partir da soma de diferenças quadradas.

Capítulo 7

Algoritmo de Levenberg-Marquardt e Backpropagation LMBP

Muitas pessoas em muitos países constroem todos os tipos de robôs e robôs são um tema popular na mídia. Mas o que são robôs? Como dissemos, um robô é um artefato físico que se assemelha a um animal ou a um ser humano e se comporta como um animal ou um ser humano. Esta é uma definição aceitável, mas, para os nossos propósitos, é uma definição insuficiente. Se quisermos realmente entender o que são robôs, é necessário perguntar por que construímos robôs. Robôs podem ser construídos com dois objetivos diferentes. Os robôs podem ser construídos porque são praticamente úteis e têm valor econômico. Estes são robôs como aplicações práticas.

O outro objetivo de construir robôs é um objetivo puramente científico. Robôs podem ser construídos para ajudar os cientistas a entender e explicar o comportamento de animais e seres humanos. Estes são robôs como ciência.

Na verdade, os robôs são a quarta revolução de como os seres humanos se veem. A primeira revolução foi a revolução Copernicana: o lugar onde os seres humanos vivem, a Terra, não é o centro do Universo. A segunda foi a revolução Darwiniana: os seres humanos não foram criados por Deus, mas foram criados pela natureza. A terceira revolução foi a revolução Freudiana: a maior parte da mente humana não é consciente. Agora uma quarta revolução já começou, a revolução robótica: os seres humanos são apenas corpos.

Domenico Parisi
Future Robots: Towards a robotic science of human being

Em 1944, Kenneth Levenberg publicou o trabalho *A Method for the Solution of Certain Non-linear Problems in Least Squares* onde descreve que o método padrão (método do gradiente descendente) para resolver problemas de mínimos quadrados os quais levam a equações não lineares normais depende de uma redução dos resíduos a uma forma linear por aproximações de Taylor de primeira ordem tomadas sobre uma solução inicial ou de teste para os parâmetros. Sendo que, se o procedimento usual de mínimos quadrados, realizado com estas aproximações lineares, produz novos valores para os parâmetros os quais não são suficientemente próximos aos valores iniciais, o abandono de termos de segunda ordem ou superior pode invalidar o processo, e pode na verdade dar origem a um valor maior da soma dos quadrados dos resíduos do que aqueles correspondendo à solução inicial. Esta falha do método padrão para melhorar a solução inicial recebeu atenção em utilizações estatísticas dos mínimos quadrados em certas aplicações de engenharia envolvendo a representação aproximada de uma função por outra. O propósito do trabalho de Levenberg foi mostrar que esse problema pode ser resolvido a partir de uma extensão do método padrão o qual assegura melhora da solução inicial. O processo também pode ser usado para resolver equações não lineares simultâneas, em cujo caso pode ser considerado uma extensão do Método de Newton.

Em 1963, Donald W. Marquardt melhorou o método criado por Levenberg através da incorporação de informação sobre a curvatura local estimada. Marquardt foi funcionário da DuPont Company no período de 1953 a 1991 iniciando como engenheiro pesquisador/matemático e, por fim, organizando e gerenciando as atividades de gestão de qualidade e centro de tecnologia da empresa. No trabalho *An Algorithm for Leat-squares estimation of Nonlinear Parameters*, Marquardt descreve que muitos algoritmos para a estimação de parâmetros não lineares estão centrados em duas abordagens principais. De um lado, o modelo pode ser expandido como nas séries de Taylor e correções dos muitos parâmetros calculados em cada iteração sob a suposição de linearidade local. Por outro lado, várias modificações do método do gradiente descendente têm sido utilizadas. Ambos os métodos, não infrequentemente, encalham, o método da série de Taylor por causa da divergência de iterações sucessivas, o método do gradiente descendente por causa da agonizante convergência lenta depois das primeiras poucas iterações. Dessa forma, Marquardt desenvolve um método de máxima vizinhança o qual, em efeito, realiza uma interpolação ótima entre o método de série de Taylor e do gradiente descendente, sendo a interpolação baseada na máxima vizinhança na qual a série de Taylor truncada resulta em uma representação adequada do modelo não linear.

O método gerado dos trabalhos de Levenberg (1944) e de Marquardt (1963) é denominado de método, ou algoritmo, de Levenberg-Marquardt amplamente utilizado em diversas aplicações relacionadas à otimização.

Sendo assim, conforme visto anteriormente, o método da descida mais íngreme utiliza apenas a primeira derivada para escolher uma direção de busca adequada. Esta estratégia, no entanto, não é considerada a mais eficiente. Se derivadas de ordem superior forem utilizadas, o algoritmo iterativo resultante pode ter um desempenho melhor do que o método do gradiente descendente. O método de Newton implicitamente utiliza a suposição da função ser quadrática e a Hessiana não precisa ser calculada diretamente. No método de Newton são utilizadas a primeira e a segunda derivadas gerando um desempenho melhor do que o método da descida mais íngreme se o ponto inicial está próximo do minimizador, ou seja, se os resíduos são pequenos. A ideia por trás do método de Newton é a seguinte: dado um ponto inicial, é construída uma aproximação quadrática da função objetivo que corresponde aos valores da primeira e segunda derivadas naquele ponto. Então, a função quadrática aproximada é minimizada ao invés da função objetivo original. O minimizador da função aproximada é utilizado como ponto de partida no passo seguinte e repete-se o procedimento iterativamente. Se a função objetivo é quadrática a aproximação é exata e produz o minimizador verdadeiro em um passo. Porém, se a função objetivo não é quadrática, então a aproximação fornecerá apenas uma estimativa da posição do minimizador verdadeiro. Quando temos resíduos grandes, os problemas não podem ser solucionados usando uma aproximação quadrática e o desempenho do algoritmo não é satisfatório.

A solução de problemas que envolvem mínimos quadrados não lineares está bastante relacionada à minimização sem restrição e aos problemas de equações não lineares, sendo que as duas principais abordagens para tratar tais questões envolvem o método de Newton e o algoritmo de Levenberg-Marquardt. Sendo que estas duas técnicas possuem forte relação uma com a outra.

7.1 Expansão de Taylor e Método de Newton

Brook Taylor nasceu em Londres e viveu entre 1685 e 1731, ele é considerado responsável pela criação de um ramo da matemática chamado de cálculo das diferenças finitas, inventou a integração por partes e desenvolveu a técnica denominada de Expansão de Taylor.

Quando trabalhamos com funções de várias variáveis a notação matricial é útil para expressar a expansão de Taylor quando necessitamos utilizar derivadas acima da segunda ordem. Nós podemos obter uma aproximação quadrática para uma dada função objetivo duas vezes continuamente diferenciável $E:\mathbb{R}^m \to \mathbb{R}$ usando a expansão por série de Taylor de E sobre um ponto atual $\mathbf{w}^{(n)}$, desconsiderando termos de ordem três e superiores. Dessa forma,

$$E(\mathbf{w}) \approx E\left(\mathbf{w}^{(n)}\right) + \left(\mathbf{w} - \mathbf{w}^{(n)}\right)^T \nabla E\left(\mathbf{w}^{(n)}\right) + \frac{1}{2}\left(\mathbf{w} - \mathbf{w}^{(n)}\right)^T \mathbf{H}\left(\mathbf{w}^{(n)}\right)\left(\mathbf{w} - \mathbf{w}^{(n)}\right) + R,$$

onde R é o restante da série de Taylor, e $\mathbf{H}\left(\mathbf{w}^{(n)}\right)$ é a matriz Hessiana de $E(\mathbf{w})$ tal como definida no Capítulo 2, com $R \to 0$ quando $\mathbf{w} \to \mathbf{w}^*$ (ou seja, o vetor n-dimensional $\mathbf{w}$ se aproxima do vetor ótimo $\mathbf{w}^*$). Nesse caso, vamos considerar a **forma exata** dada por

$$E(\mathbf{w}) = E\left(\mathbf{w}^{(n)}\right) + \left(\mathbf{w} - \mathbf{w}^{(n)}\right)^T \nabla E\left(\mathbf{w}^{(n)}\right) + \frac{1}{2}\left(\mathbf{w} - \mathbf{w}^{(n)}\right)^T \mathbf{H}\left(\mathbf{w}^{(n)}\right)\left(\mathbf{w} - \mathbf{w}^{(n)}\right).$$

O método de Newton faz uso de uma aproximação de segunda ordem (quadrática) de $E(\mathbf{w})$ em $\mathbf{w}^{(n)}$, utilizando informação de segunda ordem sobre $E(\mathbf{w})$, ou seja, informação obtida a partir das derivadas de segunda ordem de $E(\mathbf{w})$ com respeito às variáveis independentes contidas em $\mathbf{w}$. Dessa forma, é possível levar em conta a curvatura da função $E(\mathbf{w})$ em $\mathbf{w}^{(n)}$ e identificar melhores buscas por direções utilizando o método do gradiente.

7.1.1 Condições Necessárias para um Mínimo Local

Otimização consiste no processo de alcançar o melhor resultado possível sob determinadas condições. Nesta seção consideramos a solução do problema de otimização irrestrita que consiste em

$$\text{Encontrar: } \mathbf{w}^* = \begin{bmatrix} w_1^* & w_2^* & \ldots & w_k^* \end{bmatrix}^T \quad \text{que minimiza} \quad E(w_1, w_2, \ldots, w_k) \equiv E(\mathbf{w}).$$

Assim, dado um ponto inicial $\mathbf{w}^0 = \begin{bmatrix} w_1^0 & w_2^0 & \dots & w_k^0 \end{bmatrix}^T$ começamos um processo de procura ao mínimo na direção de busca $\mathbf{d}^{(n)}$, tal que na iteração *n*, onde o valor atual de **w** é $\mathbf{w}^{(n)}$, a determinação de um novo ponto é obtida a partir da regra

$$\mathbf{w}^{(n+1)} = \mathbf{w}^{(n)} + \mathbf{d}^{(n)}.$$

Se uma função a valores reais *E*, definida em um intervalo (a,b), tem um mínimo local em um ponto interior *w* de (a,b), e se *E* tem uma derivada em *w*, então $E'(w)$ deve ser zero. Este resultado, o qual relaciona derivadas com valor zero e extremos locais em pontos interiores, pode ser generalizado para o caso multivariado como segue.

Seja $E:\Omega \to \mathbb{R}$ uma função a valores reais definida sobre um conjunto Ω em $\mathbb{R}^m$, e assuma que *E* tem um mínimo local em um ponto interior **w** de Ω. Se *E* é diferenciável em **w**, então

$$\nabla E(\mathbf{w}) = 0. \tag{1}$$

Se *E* é duas vezes diferenciável em *w*, então, no mínimo, também temos que

$$\nabla^2 E(\mathbf{w}) > 0. \tag{2}$$

Caso considerássemos o caso em que *f* tem um máximo local (ao invés de um mínimo) em **w**, então a condição (2) é substituída por $\nabla^2 E(\mathbf{w}) < 0$.

As condições necessárias (1) e (2) são equivalentes às condições

$$\frac{\partial E(\mathbf{w})}{\partial w_1} = \frac{\partial E(\mathbf{w})}{\partial w_2} = \dots = \frac{\partial E(\mathbf{w})}{\partial w_n} = 0$$

e

$$\mathbf{H}(\mathbf{w}) = \frac{\partial^2 E(\mathbf{w})}{\partial w_i \partial w_j} \text{ é positiva definida, ou seja } \mathbf{H}(\mathbf{w}) > 0.$$

Aplicando a condição necessária de primeira ordem a $E(\mathbf{w})$, produz

$$\nabla E\left(\mathbf{w}^{(n)}\right) + \mathbf{H}\left(\mathbf{w}^{(n)}\right)\left(\mathbf{w} - \mathbf{w}^{(n)}\right) = \mathbf{0}.$$

Se $\mathbf{H}\left(\mathbf{w}^{(n)}\right) > 0$, então *f* alcança um mínimo em

$$\mathbf{w}^{(n+1)} = \mathbf{w}^{(n)} - \mathbf{H}\left(\mathbf{w}^{(n)}\right)^{-1} \nabla E\left(\mathbf{w}^{(n)}\right). \tag{3}$$

Em (3) temos que $\nabla E\left(\mathbf{w}^{(n)}\right)$ também pode ser escrita como a matriz Jacobiana de $E(\mathbf{w})$, sendo denotada por $\mathbf{J}(\mathbf{w})$.

A fórmula recursiva acima representa o método de Newton. Esse método assume que todos os gradientes componentes de $\nabla E\left(\mathbf{w}^{(n)}\right)$ são funções dos pesos e todos os pesos são linearmente independentes. A matriz Hessiana, como uma matriz de derivadas de segunda ordem, fornece a informação sobre a mudança do vetor gradiente, sendo necessário obter sua inversa para aplicação no método.

Quando trabalhamos com muitos dados, inverter uma matriz pode tornar-se uma tarefa extremamente intensa em termos de recurso computacional, de tal forma que isto é geralmente realizado apenas com uso de computadores. Dependendo da aplicação pode acontecer que seu computador não tenha memória suficiente para realizar as operações e conseguir armazenar a matriz inversa.

Por isso, na prática, métodos que necessitam da inversão de matrizes podem gerar complicações com relação à memória e ao tempo utilizados no processamento. Sendo muitas vezes mais adequado resolver individualmente os sistemas gerados, do que apelar para a matriz inversa.

EXEMPLO 7.1 Método de Newton

Minimizar a função

$$f(\mathbf{x}) = 5x_1^2 + 4x_2^2 - 3x_1x_2,$$

iniciando em $\mathbf{x}^0 = \begin{bmatrix}1 & 1\end{bmatrix}^T$.

Antes de iniciar os cálculos, verifique que nessa função para quaisquer que sejam x_1 e x_2 reais diferentes de zero, sempre serão gerados valores maiores que zero para a função $f(\mathbf{x})$.

Nas Figuras–1(a) e 1(b) temos a função plotada com o ponto inicial $\mathbf{x}^0$ em sua superfície e a função representada por suas linhas de contorno também com o ponto nas coordenadas iniciais (1, 1), respectivamente.

Primeiro passo consiste em determinar $\nabla f(\mathbf{x})$, nesse caso consistindo em uma matriz de dimensão 2×1, dada por

$$\nabla f(\mathbf{x}) = \begin{bmatrix} \dfrac{\partial f}{\partial x_1} \\ \dfrac{\partial f}{\partial x_2} \end{bmatrix},$$

e resultando em

$$\nabla f(\mathbf{x}) = \begin{bmatrix} 10x_1 - 3x_2 \\ 8x_2 - 3x_1 \end{bmatrix}.$$

Para obter a matriz Hessiana $\mathbf{H}(\mathbf{x})$ temos que fazer $\dfrac{\partial^2 f}{\partial x_i \partial x_j}(\mathbf{x})$ com $i, j = 1, 2$. Que resulta em uma matriz 2×2 dada por

$$\mathbf{H}(\mathbf{x}) = \begin{bmatrix} \dfrac{\partial^2 f}{\partial x_1^2} & \dfrac{\partial^2 f}{\partial x_2 \partial x_1} \\ \dfrac{\partial^2 f}{\partial x_1 \partial x_2} & \dfrac{\partial^2 f}{\partial x_2^2} \end{bmatrix},$$

com valores

$$\mathbf{H}(\mathbf{x}) = \begin{bmatrix} 10 & -3 \\ 8 & -3 \end{bmatrix}.$$

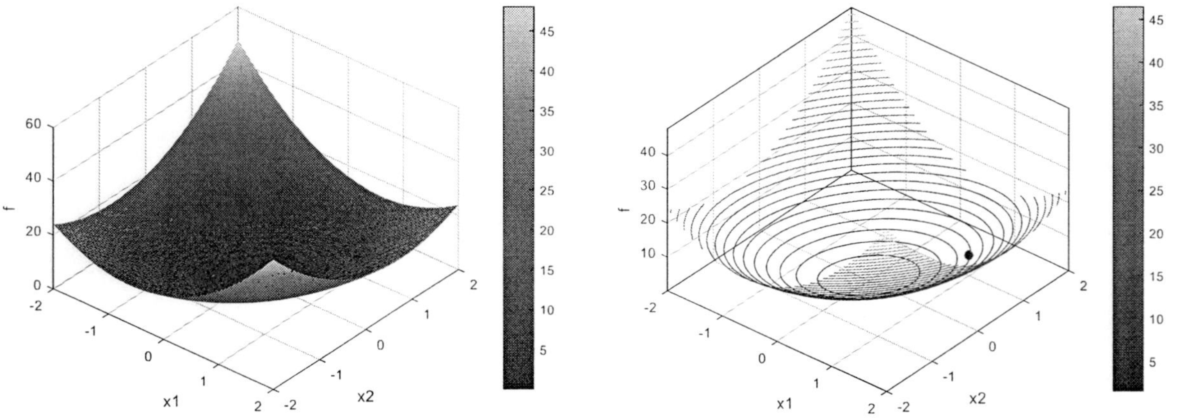

(a) (b)

Figura–1 (a) Superfície da função e ponto inicial; (b) Linhas de contorno da função e ponto inicial.

Obtida a Hessiana precisamos determinar a sua inversa (ou seja, a matriz que multiplicada por ela resulta na matriz identidade). No caso, de uma matriz 2×2 esse procedimento é bastante simples e se dispusermos de um software como o MATLAB, essa tarefa pode ser realizada rapidamente. Dessa forma, temos que

$$\mathbf{H}^{-1}(\mathbf{x}) = \frac{1}{\dfrac{\partial^2 f}{\partial x_1^2} \cdot \dfrac{\partial^2 f}{\partial x_2^2} - \dfrac{\partial^2 f}{\partial x_2 \partial x_1} \cdot \dfrac{\partial^2 f}{\partial x_1 \partial x_2}} \cdot \begin{bmatrix} \dfrac{\partial^2 f}{\partial x_2^2} & -\dfrac{\partial^2 f}{\partial x_2 \partial x_1} \\ -\dfrac{\partial^2 f}{\partial x_1 \partial x_2} & \dfrac{\partial^2 f}{\partial x_1^2} \end{bmatrix},$$

$$\mathbf{H}^{-1}(\mathbf{x}) = \frac{1}{10.(-3) - (-3).8} \cdot \begin{bmatrix} (-3) & -(-3) \\ -8 & 10 \end{bmatrix},$$

$$\mathbf{H}^{-1}(\mathbf{x}) = \frac{1}{-30 + 24} \cdot \begin{bmatrix} -3 & 3 \\ -8 & 10 \end{bmatrix},$$

$$\mathbf{H}^{-1}(\mathbf{x}) = -\frac{1}{6} \begin{bmatrix} -3 & 3 \\ -8 & 10 \end{bmatrix},$$

$$\mathbf{H}^{-1}(\mathbf{x}) = \begin{bmatrix} \frac{1}{2} & -\frac{1}{2} \\ \frac{4}{3} & -\frac{5}{3} \end{bmatrix}.$$

No método de Newton temos que

$$\mathbf{x}^{(n+1)} = \mathbf{x}^{(n)} - \mathbf{H}\left(\mathbf{x}^{(n)}\right)^{-1} \nabla f\left(\mathbf{x}^{(n)}\right),$$

$$\mathbf{x}^{(1)} = \mathbf{x}^{(0)} - \mathbf{H}\left(\mathbf{x}^{(0)}\right)^{-1} \nabla f\left(\mathbf{x}^{(0)}\right),$$

então,

$$\mathbf{x}^{(1)} = \begin{bmatrix} 1 \\ 1 \end{bmatrix} - \begin{bmatrix} \frac{1}{2} & -\frac{1}{2} \\ \frac{4}{3} & -\frac{5}{3} \end{bmatrix} \begin{bmatrix} 10.(1) - 3.(1) \\ 8.(1) - 3.(1) \end{bmatrix},$$

$$\mathbf{x}^{(1)} = \begin{bmatrix} 1 \\ 1 \end{bmatrix} - \begin{bmatrix} \frac{1}{2} & -\frac{1}{2} \\ \frac{4}{3} & -\frac{5}{3} \end{bmatrix} \begin{bmatrix} 7 \\ 5 \end{bmatrix},$$

$$\mathbf{x}^{(1)} = \begin{bmatrix} 1 \\ 1 \end{bmatrix} - \begin{bmatrix} \frac{7}{2} - \frac{5}{2} \\ \frac{28}{3} - \frac{25}{3} \end{bmatrix},$$

$$\mathbf{x}^{(1)} = \begin{bmatrix} 0 \\ 0 \end{bmatrix}.$$

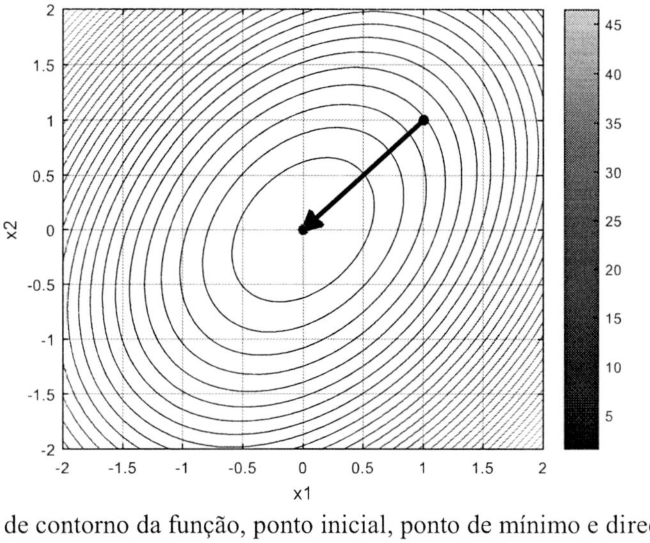

Figura–2 Linhas de contorno da função, ponto inicial, ponto de mínimo e direção ao mínimo.

Nesse exemplo a função a ser otimizada é uma função quadrática, então o mínimo é alcançado apenas com uma iteração.
A seguir são apresentados os comandos do MATLAB para construção da Figura–1, Figura–2 e do método de Newton.

MATLAB - Comandos para o Exemplo-1

```
% PARTE-I
x1=linspace(-2,2);
x2=linspace(-2,2);
[x1,x2]=meshgrid(x1,x2);
f=5*x1.^2+4*x2.^2-3*x1.*x2;

%Construção das figuras
% Figura 1
figure
surf(x1,x2,f);
shading interp
colorbar
      hold on;
           plot3(1,1,6,'o','markerfacecolor',[0,0,0]);
           view(40,44);
      hold off;
xlabel('x1');
ylabel('x2');
zlabel('f');

% Figura 2
figure
contour3(x1,x2,f,30);
shading interp
colorbar
      hold on;
           plot3(1,1,6,'o','markerfacecolor',[0,0,0]);
           view(40,44);
      hold off;
xlabel('x1');
ylabel('x2');
zlabel('f');

% Figura 3
figure
contour3(x1,x2,f,30);
shading interp
colorbar
      hold on;
           plot3(1,1,6,'o','markerfacecolor',[0,0,0]);
           plot3(0,0,0,'o','markerfacecolor',[0,0,0]);
           %Construir seta apontando do ponto (1,1) para o ponto (0,0)
           x0=[1 0];
           xm=[1 0];
           ponta=annotation('arrow');    %Para mudar a ponta da seta
           set(ponta,'parent', gca, ...
    'position', [x0(1),xm(1),x0(2)-x0(1),xm(2)-xm(1)], ...
    'HeadLength', 10, 'HeadWidth', 10, 'LineWidth',3,'HeadStyle', 'cback1');
```

```
        view(0,90);
    hold off;
xlabel('x1');
ylabel('x2');
zlabel('f');

% PARTE-II
% Aplicação do método de Newton
f = @(x) [5*x(1)^2 + 4*x(2)^2 - 3*x(1)*x(2)]
gradf = @(x) [10*x(1)-3*x(2); 8*x(2)-3*x(1)]     % Gradiente da função
Hf=[10 -3;8 -3]                                  % Hessiana da função
inv(Hf)                                          % Inversa da Hessiana
x = [1; 1];                                      % Valor inicial
d = round(- inv(Hf)*gradf(x)), x = x + d
% Esse comando "round" foi colocado apenas para que
% o MATLAB mostre o valor final sem casas decimais
```

Resultando em

```
f =
   @(x)[5*x(1)^2+4*x(2)^2-3*x(1)*x(2)]

gradf =
   @(x)[10*x(1)-3*x(2);8*x(2)-3*x(1)]

Hf =
   10   -3
    8   -3

ans =
   0.5000  -0.5000
   1.3333  -1.6667

d =
   -1
   -1

x =
    0
    0
```

EXEMPLO 7.2 Método de Newton

Minimizar a função de Wood-Colville dada por

$$f(\mathbf{x}) = 100\left(x_1^2 - x_2\right)^2 + \left(x_1 - 1\right)^2 + \left(x_3 - 1\right)^2 + 90\left(x_3^2 - x_4\right)^2$$
$$+10{,}1\left[\left(x_2 - 1\right)^2 + \left(x_4 - 1\right)^2\right] + 19{,}8\left(x_2 - 1\right)\left(x_4 - 1\right),$$

onde, $-10 \le x_i \le 10$, para $i = 1,2,3,4$.

Considere o ponto inicial dado por $\mathbf{x}^0 = \left[1{,}5 \quad 0{,}3 \quad -0{,}8 \quad 0{,}1\right]^T$, assim temos que

$f(\mathbf{x}^0) = 435,5880$. Para realizar as iterações precisamos determinar $\nabla f(\mathbf{x})$, nesse caso fazendo

$$\nabla f(\mathbf{x}) = \begin{bmatrix} \dfrac{\partial f}{\partial x_1} \\ \dfrac{\partial f}{\partial x_2} \\ \dfrac{\partial f}{\partial x_3} \\ \dfrac{\partial f}{\partial x_4} \end{bmatrix},$$

e obtendo

$$\nabla f(\mathbf{x}) = \begin{bmatrix} 2x_1 - 400x_1(x_2 - x_1^2) - 2 \\ 19.8(x_3 - 1) - 200(x_1^2 - x_2) + 20,2(x_2 - 1) \\ 2(x_3 - 1) + 360x_3(x_3^2 - x_2) \\ 20,2(x_4 - 1) + 19,8(x_2 - 1) - 180(x_3^2 - x_4) \end{bmatrix}.$$

Para a Hessiana temos uma matriz 4×4 dada por

$$\mathbf{H}(\mathbf{x}) = \begin{bmatrix} \dfrac{\partial^2 f}{\partial x_1^2} & \dfrac{\partial^2 f}{\partial x_2 \partial x_1} & \dfrac{\partial^2 f}{\partial x_3 \partial x_1} & \dfrac{\partial^2 f}{\partial x_4 \partial x_1} \\ \dfrac{\partial^2 f}{\partial x_1 \partial x_2} & \dfrac{\partial^2 f}{\partial x_2^2} & \dfrac{\partial^2 f}{\partial x_3 \partial x_2} & \dfrac{\partial^2 f}{\partial x_4 \partial x_2} \\ \dfrac{\partial^2 f}{\partial x_1 \partial x_3} & \dfrac{\partial^2 f}{\partial x_2 \partial x_3} & \dfrac{\partial^2 f}{\partial x_3^2} & \dfrac{\partial^2 f}{\partial x_4 \partial x_3} \\ \dfrac{\partial^2 f}{\partial x_1 \partial x_4} & \dfrac{\partial^2 f}{\partial x_2 \partial x_4} & \dfrac{\partial^2 f}{\partial x_3 \partial x_4} & \dfrac{\partial^2 f}{\partial x_4^2} \end{bmatrix},$$

que, depois de obtidas as respectivas derivadas que a compõem resulta em

$$\mathbf{H}(\mathbf{x}) = \begin{bmatrix} 1200x_1^2 - 400x_2 + 2 & -400x_1 & 0 & 0 \\ -400x_1 & \dfrac{1101}{5} & 0 & \dfrac{99}{5} \\ 0 & 0 & 1080x_3^2 & -360x_3 \\ 0 & \dfrac{99}{5} & -360x_3 & \dfrac{1001}{5} \end{bmatrix}.$$

Na iteração 1 temos que

$$\nabla f\left(\mathbf{x}^{(0)}\right)=\begin{bmatrix}1171\\-421,96\\-159,12\\-129,24\end{bmatrix},$$

$$\mathbf{H}\left(\mathbf{x}^{(0)}\right)=\begin{bmatrix}2582 & -600 & 0 & 0\\-600 & 220,2 & 0 & 19,8\\0 & 0 & 657,2 & 288\\0 & 19,8 & 288 & 200,2\end{bmatrix},$$

sendo que a matriz inversa foi determinada utilizando o comando `inv` do MATLAB resultando em

$$\mathbf{H}^{-1}\left(\mathbf{x}^{(0)}\right)=\begin{bmatrix}0,001103 & 0,003079 & 0,000361 & -0,000824\\0,003079 & 0,013250 & 0,001554 & -0,003546\\0,000361 & 0,001554 & 0,004299 & -0,00634\\-0,000824 & -0,003546 & -0,00634 & 0,014464\end{bmatrix},$$

$$\mathbf{d}\left(\mathbf{x}^{(0)}\right)=-\mathbf{H}\left(\mathbf{x}^{(0)}\right)^{-1}\nabla f\left(\mathbf{x}^{(0)}\right)=\begin{bmatrix}-0,0411984\\1,77438\\0,0977413\\0,32946\end{bmatrix},$$

consequentemente,

$$\mathbf{x}^{(1)}=\mathbf{x}^{(0)}-\mathbf{H}\left(\mathbf{x}^{(0)}\right)^{-1}\nabla f\left(\mathbf{x}^{(0)}\right)=\begin{bmatrix}1,458802\\2,074376\\-0,702259\\0,429460\end{bmatrix}$$

e

$$f\left(\mathbf{x}^{(1)}\right)=6,57119\,.$$

O método de Newton consiste em um processo iterativo que pode ser realizado de maneira mais rápida com auxílio computacional, realizar os cálculos sem essa ajuda seria no mínimo muito tedioso, principalmente se o número de iterações necessário para convergência é grande. A sequência de comandos a seguir permite que o MATLAB realize as contas necessárias e plota a figura contendo em cada iteração o valor que a função Wood-Colville assume.

Essa função é bastante conhecida em testes de otimização porque se forem utilizados procedimentos com critérios de parada inadequados o processo de busca do mínimo pode terminar prematuramente.

O problema de minimização apresenta como solução $\mathbf{x}^*=\begin{bmatrix}1 & 1 & 1 & 1\end{bmatrix}^T$ e, portanto, $f\left(\mathbf{x}^*\right)=0$

como mínimo.

MATLAB - Comandos para o Exemplo-2

```
% Definição da função e determinação do gradiente e da Hessiana
syms x1 x2 x3 x4
f0=100*(x1^2-x2)^2+(x1-1)^2+(x3-1)^2+90*(x3^2-x4)^2+10.1*((x2-1)^2+(x4-
1)^2)+19.8*(x2-1)*(x4-1);
gradf0=gradient(f0)
Hf0=hessian(f0,[x1,x2,x3,x4])

% Substituição das variáveis independentes e vetorização
gradf1=subs(gradf0,{'x1','x2','x3','x4'},{'x(1)','x(2)','x(3)','x(4)'})
Hf1=subs(Hf0,{'x1', 'x2','x3','x4'}, {'x(1)', 'x(2)', 'x(3)', 'x(4)'})
gradf2=vectorize(gradf1)
Hf2=vectorize(Hf1)

% Função, gradiente e Hessiana que serão utilizadas
f=@(x)100*(x(1)^2-x(2))^2+(x(1)-1)^2+(x(3)-1)^2+90*(x(3)^2-...
       x(4))^2+10.1*((x(2)-1)^2+(x(4)-1)^2)+19.8*(x(2)-1)*(x(4)-1);
gradf=@(x)[2.*x(1)-400.*x(1).*(x(2)-x(1).^2)-2;...
          (1101.*x(2))./5+(99.*x(4))./5-200.*x(1).^2-40;...
           2.*x(3)-360.*x(3).*(x(4)-x(3).^2)-2;...
           (99.*x(2))./5+(1001.*x(4))./5-180.*x(3).^2-40]
Hf=@(x) [1200.*x(1).^2-400.*x(2)+2 -400.*x(1) 0 0;...
          -400.*x(1) 1101./5 0 99./5; ...
           0 0 1080.*x(3).^2-360.*x(4)+2 -360.*x(3);...
           0 99./5 -360.*x(3) 1001./5]

x = [1.5; 0.3; -0.8; 0.1]     % Ponto inicial
gradf(x)                      % Gradiente
Hf(x)                         % Hessiana
N=25;                         % Número máximo de iterações
tol = 1E-15;                  % Tolerância de convergência
n = 1;                        % Contador

inv(Hf(x))

while (n <= N)
 d = - inv(Hf(x))*gradf(x)
 x = x + d
 f_teste(n)=f(x);                % Função com os novos valores do vetor x
 t(n)=n;
  if (abs(f_teste(n)) <= tol)     % Teste de convergência
 nfinal = n;                     % Iteração que alcança a convergência
 break;
  end
    n = n + 1;
 end

% Figura e iteração final
disp('Número final de iterações')
disp(nfinal)
figure
plot(t,f_teste,'o-')
```

```
set(gca,'XLim',[1 nfinal])
set(gca,'XTick',(1:1:nfinal))
title('Método de Newton para função Wood-Colville','FontSize',...
12,'Interpreter','latex')
xlabel('Iteração','FontSize',12)
ylabel('$f(x)$','FontSize',12,'Interpreter','latex')
```

Na Figura–3 temos o valor da função de Wood-Colville em cada iteração do método Newton até que a tolerância de convergência especificada seja alcançada.

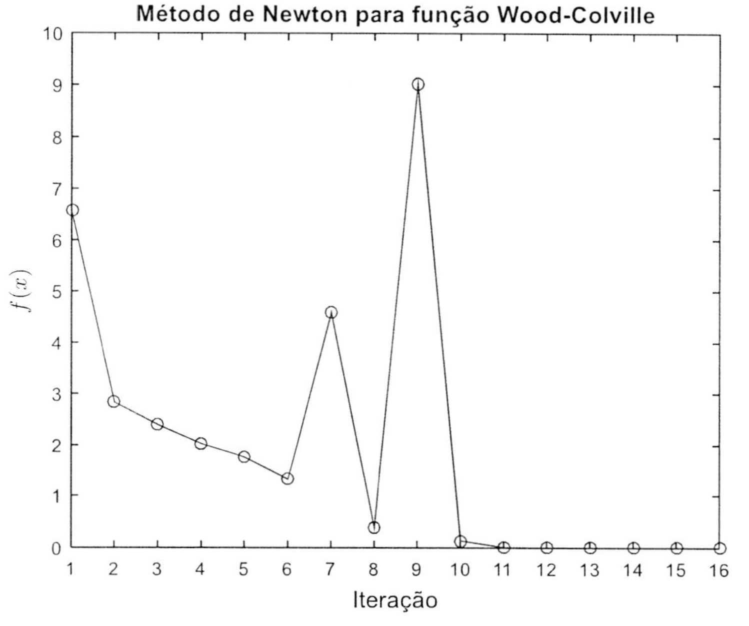

Figura–3 Valores assumidos pela função de Wood-Colville em cada iteração.

Os resultados são

```
d =
  1.0e-07 *
  0.177613531425835
  0.360079913502210
 -0.185978960982565
 -0.361952070532357

x =
  0.999999999999997
  0.999999999999995
  1.000000000000003
  1.000000000000006

Número final de iterações
   16
```

7.1.2 Método de Newton Modificado

Podemos observar que a n-ésima iteração do método de Newton pode ser escrita em dois passos:

- o primeiro consiste em resolver $\mathbf{H}\left(\mathbf{w}^{(n)}\right)\mathbf{d}^{(n)} = -\nabla E\left(\mathbf{w}^{(n)}\right)$ para $\mathbf{d}^{(n)}$;
- no segundo passo fazemos $\mathbf{w}^{(n+1)} = \mathbf{w}^{(n)} + \mathbf{d}^{(n)}$.

O passo 1 requer a solução de um sistema linear de equações. Portanto, um método eficiente para resolver sistemas de equações lineares é essencial quando é utilizado o método de Newton.
Tal como no caso univariado, não há garantia de que o método de Newton dirija em direção dos valores decrescentes da função objetivo se $\mathbf{H}\left(\mathbf{w}^{(n)}\right)$ não é positiva definida. Além disso, até mesmo se $\mathbf{H}\left(\mathbf{w}^{(n)}\right) > 0$, o método de Newton pode não ser um método descendente; ou seja, é possível que $\mathbf{w}^{(n+1)} \geq \mathbf{w}^{(n)}$. Por exemplo, isso pode ocorrer se o ponto inicial $\mathbf{w}^{(0)}$ está longe da solução. Apesar desses inconvenientes, o método de Newton tem propriedades de convergência superior quando o ponto inicial está próximo da solução. O método de Newton pode ser modificado de tal forma que a propriedade descendente ocorra.
Seja $\left\{\mathbf{w}^{(n)}\right\}$ a sequência gerada pelo método de Newton para minimizar uma função objetivo $E(\mathbf{w})$.
Se a Hessiana $\mathbf{H}\left(\mathbf{w}^{(n)}\right) > 0$ e $\nabla E\left(\mathbf{w}^{(n)}\right) \neq \mathbf{0}$, então a direção

$$\mathbf{d}^{(n)} = -\mathbf{H}\left(\mathbf{w}^{(n)}\right)^{-1} \nabla E\left(\mathbf{w}^{(n)}\right) = \mathbf{w}^{(n+1)} - \mathbf{w}^{(n)}, \tag{4}$$

de $\mathbf{w}^{(n)}$ até $\mathbf{w}^{(n+1)}$ é uma direção descendente para f no sentido de que existe um $\bar{\delta} > 0$ tal que para todo $\delta \in \left(0, \bar{\delta}\right)$,

$$E\left(\mathbf{w}^{(n)} + \delta\mathbf{d}^{(n)}\right) < E\left(\mathbf{w}^{(n)}\right).$$

Nesse caso, temos que δ desempenha um papel de tamanho de passo. Para provar a afirmação acima, considere a função

$$\phi(\delta) = E\left(\mathbf{w}^{(n)} + \delta\mathbf{d}^{(n)}\right).$$

Utilizando a regra da cadeia, obtemos a derivada da função acima sendo dada por

$$\phi'(\delta) = \nabla E\left(\mathbf{w}^{(n)} + \delta\mathbf{d}^{(n)}\right)^T \mathbf{d}^{(n)}.$$

Consequentemente,

$$\phi'(0) = \nabla E\left(\mathbf{w}^{(n)}\right)^T \mathbf{d}^{(n)} = -\nabla E\left(\mathbf{w}^{(n)}\right)^T \mathbf{H}\left(\mathbf{w}^{(n)}\right)^{-1} \nabla E\left(\mathbf{w}^{(n)}\right) < 0,$$

porque $\mathbf{H}\left(\mathbf{w}^{(n)}\right)^{-1} > 0$ e $\nabla E\left(\mathbf{w}^{(n)}\right) \neq \mathbf{0}$. Portanto, existe um $\bar{\delta} > 0$ tal que para todo $\delta \in \left(0, \bar{\delta}\right)$, $\phi(\delta) < \phi(0)$. Isto implica que para todo $\delta \in \left(0, \bar{\delta}\right)$,

$$E\left(\mathbf{w}^{(n)} + \delta \mathbf{d}^{(n)}\right) < E\left(\mathbf{w}^{(n)}\right),$$

e dessa forma prova-se que o método de Newton pode ser alterado para manter a propriedade de descida. Esse resultado possibilita a seguinte modificação do método de Newton

$$\mathbf{w}^{(n+1)} = \mathbf{w}^{(n)} - \delta_n \mathbf{H}\left(\mathbf{w}^{(n)}\right)^{-1} \nabla E\left(\mathbf{w}^{(n)}\right), \tag{5}$$

onde

$$\delta_n = \underset{\delta \geq 0}{\arg\min} \, f\left(\mathbf{x}^{(n)} - \delta_n \mathbf{H}\left(\mathbf{x}^{(n)}\right)^{-1} \nabla E\left(\mathbf{w}^{(n)}\right)\right),$$

sendo que $\underset{\delta}{\arg\min} E$ significa os valores δ nos quais E atinge seu menor valor. Ou seja, a cada iteração é realizada uma busca em linha na direção $-\mathbf{H}\left(\mathbf{w}^{(n)}\right)^{-1} \nabla E\left(\mathbf{w}^{(n)}\right)$, onde temos que $\mathbf{H}(\mathbf{w})$ é uma matriz $m \times m$ cujo elemento (i, j) é

$$\frac{\partial}{\partial w_j}\left[\frac{\partial E}{\partial w_i}(\mathbf{w})\right] = \frac{\partial^2 E}{\partial w_i \partial w_j}(\mathbf{w}),$$

sendo $i, j = 1, 2, \ldots, m$.

A ideia de um algoritmo de busca em linha é simples: dada uma direção de descida $d^{(n)}$, tomamos um passo naquela direção que produz um $w^{(n+1)}$ aceitável de acordo com os critérios de interesse. Ou seja, na iteração n:

- calcular a direção de descida $d^{(n)}$;
- atribuir $w^{(n+1)} = w^{(n)} + \delta_n d^{(n)}$ para algum $\delta_n > 0$ que torna $w^{(n+1)}$ uma próxima iteração aceitável.

O termo "busca em linha", refere-se ao procedimento de escolha de δ_n, existindo várias formas práticas e teóricas de escolha desse parâmetro.

O método de Newton modificado tem a propriedade de descida, tal que $E\left(\mathbf{w}^{(n+1)}\right) < E\left(\mathbf{w}^{(n)}\right)$ sempre que $\nabla E\left(\mathbf{w}^{(n)}\right) \neq \mathbf{0}$. Uma desvantagem do método de Newton é que a avaliação de $\mathbf{H}\left(\mathbf{w}^{(n)}\right)$ para m grande pode ser computacionalmente custosa. Além disso, é necessário resolver um conjunto de m equações lineares $\mathbf{H}\left(\mathbf{w}^{(n)}\right)\mathbf{d}^{(n)} = -\nabla E\left(\mathbf{w}^{(n)}\right)$. Um outro problema que pode ocorrer com o método de Newton é que a matriz Hessiana pode também não ser positiva definida.

O algoritmo Levenberg-Marquardt descrito a seguir constitui-se de uma técnica iterativa que localiza o mínimo de uma função multivariada que é expressa como a soma de quadrados de funções não lineares a valores reais. Nessa técnica, quando a solução corrente está distante da correta, o algoritmo se comporta como o método da descida mais íngreme, lento, mas de convergência garantida. Quando a solução corrente está próxima da solução correta, ele comporta-se como um método de Newton.

7.1.3 Método de Newton para Mínimos Quadrados Não Lineares

O algoritmo da descida mais íngreme é construído com base na derivada de primeira ordem da função de erro total para encontrar o mínimo em um espaço de erro. O gradiente é definido como a derivada de primeira ordem da função de erro total. Assim, considere que para todos os padrões de treinamento e saídas da rede neural a soma dos erros quadrados é uma função, do vetor de pesos $\mathbf{w}$ e do vetor de entradas $\mathbf{x}$. Lembrando que a regra de aprendizagem no algoritmo de descida mais íngreme é escrita como

$$\mathbf{w}(n+1)=\mathbf{w}(n)-\eta\frac{\partial E(\mathbf{w})}{\partial \mathbf{w}}, \tag{6}$$

onde, η é a taxa de aprendizagem.

Nos problemas de mínimos quadrados estamos interessados em minimizar a diferença entre um conjunto de dados e um modelo representado por uma função que se aproxima desses dados. No ajuste de uma função $\hat{y}(\mathbf{w};\boldsymbol{\beta})$ de variáveis independentes $\mathbf{w}$ e um vetor de parâmetros $\boldsymbol{\beta}$ a um conjunto de pontos de dados, é de costume e conveniente minimizar a soma dos quadrados dos erros entre os dados medidos e a função que representa a curva ajustada. Um problema de mínimos quadrados não lineares é definido como

$$\text{minimizar } E(\mathbf{w})=\frac{1}{2}\sum_{k=1}^{K}(e_k(\mathbf{w}))^2, \tag{7}$$

onde $e_k:\mathbb{R}^m\rightarrow\mathbb{R}$ são funções dadas. Neste caso, os erros são dados por $e_k(\mathbf{w})=\hat{y}(w_k;\boldsymbol{\beta})-y(w_k)$ e o problema de mínimos quadrados não lineares consiste em escolher $\mathbf{w}$ tal que o ajuste seja o mais próximo no sentido de que a soma dos quadrados dos resíduos seja minimizada. O $\hat{y}$ é denominado de valor predito de y e é obtido em cada k-ésimo ponto dos dados. Em (5) a função $E(\mathbf{w})$ recebe o nome de função objetivo. Definindo o vetor $\mathbf{e}=[e_1,e_2,\ldots,e_K]^T$, podemos escrever a função objetivo como $E(\mathbf{w})=\mathbf{e}(\mathbf{w})^T\,\mathbf{e}(\mathbf{w})$. Para aplicar o método de Newton, é necessário calcular o gradiente e a Hessiana da função $E(\mathbf{w})$. Sendo o j-ésimo componente de $\nabla E(\mathbf{w})$ dado por

$$(\nabla E(\mathbf{w}))_j=\frac{\partial E}{\partial x_j}(\mathbf{w}),$$

$$(\nabla E(\mathbf{w}))_j=\sum_{k=1}^{K}e_k(\mathbf{w})\frac{\partial e_k}{\partial x_j}(\mathbf{w}).$$

A matriz Jacobiana de $\mathbf{e}$ é dada por

$$\mathbf{J}(\mathbf{w}) = \begin{bmatrix} \frac{\partial e_1}{\partial x_1}(\mathbf{w}) & \cdots & \frac{\partial e_1}{\partial x_M}(\mathbf{w}) \\ \vdots & \ddots & \vdots \\ \frac{\partial e_K}{\partial x_1}(\mathbf{w}) & \vdots & \frac{\partial e_K}{\partial x_M}(\mathbf{w}) \end{bmatrix}.$$

Dessa forma, podemos escrever o gradiente da função E como

$$\nabla E(\mathbf{w}) = \mathbf{J}(\mathbf{w})^T \mathbf{e}(\mathbf{w}).$$

A seguir é necessário o cálculo da matriz Hessiana, onde temos que

$$\mathbf{H}(\mathbf{w}) = \frac{\partial^2 E(\mathbf{w})}{\partial w_i \partial w_j} = \frac{\partial}{\partial w_i}\left(\frac{\partial E(\mathbf{w})}{\partial w_j}\right) = \frac{\partial}{\partial w_i}\left(\sum_k e_k(\mathbf{w})\frac{\partial e_k(\mathbf{w})}{\partial w_j}\right),$$

aplicando a regra do produto

$$\mathbf{H}(\mathbf{w}) = \sum_k \left(\frac{\partial e_k(\mathbf{w})}{\partial w_i}\frac{\partial e_k(\mathbf{w})}{\partial w_j} + e_k(\mathbf{w})\frac{\partial^2 e_k(\mathbf{w})}{\partial w_i \partial w_j}\right).$$

Definindo a matriz $\mathbf{S}(\mathbf{w})$ como sendo

$$\mathbf{S}(\mathbf{w}) = e_k(\mathbf{w})\frac{\partial^2 e_k(\mathbf{w})}{\partial w_i \partial w_j},$$

a matriz Hessiana pode então, ser escrita em termos da Jacobiana da seguinte maneira

$$\mathbf{H}(\mathbf{w}) = \mathbf{J}(\mathbf{w})^T \mathbf{J}(\mathbf{w}) + \mathbf{S}(\mathbf{w}).$$

A matriz $S(\mathbf{w})$ envolve as segundas derivadas da função de erro e como suposição básica do método de Newton seus valores são assumidos próximos de zero.

Combinando os resultados acima, o método de Newton aplicado ao problema de mínimos quadrados não lineares, resulta na seguinte regra de atualização

$$\mathbf{w}^{(n+1)} = \mathbf{w}^{(n)} - \left(\mathbf{J}\left(\mathbf{w}^{(n)}\right)^T \mathbf{J}\left(\mathbf{w}^{(n)}\right)\right)^{-1} \mathbf{J}\left(\mathbf{w}^{(n)}\right)^T \mathbf{e}(\mathbf{w}). \tag{8}$$

A expressão (8) é chamada de algoritmo de Gauss-Newton e não necessita do cálculo das segundas derivadas da função de erros $\mathbf{e}(\mathbf{w})$, no entanto, também apresenta o mesmo problema de convergência do método de Newton nos casos em que tivermos de realizar otimização em espaços complexos nos quais os erros se distribuem.

7.2 Método de Levenberg-Marquardt

De acordo com Marquardt (1963), o algoritmo que ele descreve compartilha com os métodos do gradiente sua habilidade de convergir, a partir de uma estimativa inicial a qual pode estar fora da região de convergência de outros métodos. O algoritmo divide com o método de série de Taylor a habilidade de fechar-se sobre os valores convergentes rapidamente depois que a vizinhança dos valores convergentes foi alcançada. Portanto, o método combina as melhores características de seus predecessores enquanto evita suas limitações mais sérias.

Marquardt também descreve que por uma razão um pouco diferente, Levenberg foi levado a adicionar uma quantidade a diagonal da matriz **H**. A recomendação de Levenberg de minimizar a função de erros quadrados localmente como uma função da quantidade adicionada à diagonal poderia resultar em uma convergência como na descida mais íngreme por razões que Marquardt descreve em seu trabalho de 1963.

Dessa forma, se a matriz Hessiana $\mathbf{H}\left(\mathbf{w}^{(n)}\right)$ não é positiva definida, então a direção de busca $\mathbf{d}^{(n)}$ que é igual ao produto $-\mathbf{H}\left(\mathbf{w}^{(n)}\right)^{-1}\nabla E\left(\mathbf{w}^{(n)}\right)$, pode não apontar na direção descendente. A modificação proposta é dada por

$$\mathbf{w}^{(n+1)} = \mathbf{w}^{(n)} - \left(\mathbf{H}\left(\mathbf{w}^{(n)}\right) + \mu_n \mathbf{I}\right)^{-1} \nabla E\left(\mathbf{w}^{(n)}\right), \tag{9}$$

onde $\mu_n \geq 0$ é chamado de coeficiente de combinação ou parâmetro de escala e **I** é a matriz identidade. O resultado mostrado em (9) constitui uma regra de atualização atribuída a Levenberg obtida no trabalho de 1944, porém nesse trabalho Levenberg não faz uso da notação matricial escrevendo os produtos matriciais em termos de somas das derivadas de primeira e segunda ordens.

Em (9) o parâmetro μ_n na modificação do método de Newton é suficientemente grande, então a direção de busca $\mathbf{d}^{(n)}$ que é igual a $-\left(\mathbf{H}\left(\mathbf{w}^{(n)}\right) + \mu_n \mathbf{I}\right)^{-1} \nabla E\left(\mathbf{w}^{(n)}\right)$ sempre aponta na direção descendente, neste caso, se for introduzido um tamanho de passo δ_n como descrito anteriormente, teremos que

$$\mathbf{w}^{(n+1)} = \mathbf{w}^{(n)} - \delta_n \left(\mathbf{H}\left(\mathbf{w}^{(n)}\right) + \mu_n \mathbf{I}\right)^{-1} \nabla E\left(\mathbf{w}^{(n)}\right), \tag{10}$$

garantindo assim que a propriedade de descida ocorra. Para $\mu_n = 0$ o método converte para o método de Newton puro, enquanto para $\mu_n \gg 1$ ele fica próximo de um método do gradiente fortemente amortecido, o que geralmente converge globalmente. Existem várias estratégias para ajustar os parâmetros μ_n. Na prática, podemos iniciar com um valor pequeno de μ_n, e então aumentar lentamente até encontrarmos que a iteração é decrescida, ou seja, $E\left(\mathbf{w}^{(n+1)}\right) < E\left(\mathbf{w}^{(n)}\right)$.

Para problemas de minimização, o método descrito em (10) é promissor, porque não assume que a matriz $\mathbf{H}\left(\mathbf{w}^{(n)}\right)$ seja positiva definida.

Considerando os resultados anteriores, a regra de aprendizagem do algoritmo de Levenberg-Marquardt pode ser escrita como

$$\mathbf{w}^{(n+1)} = \mathbf{w}^{(n)} - \left(\mathbf{J}\left(\mathbf{w}^{(n)}\right)^T \mathbf{J}\left(\mathbf{w}^{(n)}\right) + \mu_n \mathbf{I}\right)^{-1} \mathbf{J}\left(\mathbf{w}^{(n)}\right)^T \mathbf{e}(\mathbf{w}). \tag{11}$$

Na construção da prova do Teorema 2 do trabalho de Marquardt de 1963, ele considera que uma vez que a matriz $\mathbf{H}$ é positiva definida, ela pode ser transformada por uma rotação ortonormal de eixos em uma matriz diagonal, $\text{diag}(\mathbf{H})$, sem alterar as distâncias entre pontos. Seja essa transformação sendo denotada por $\mathbf{S}^T\mathbf{HS} = \text{diag}(\mathbf{H})$, onde $\mathbf{S}^T\mathbf{S} = \mathbf{I}$, e todos os elementos de $\text{diag}(\mathbf{H})$ são positivos. Então,

$$(\mathbf{H} + \mu\mathbf{I})\Delta\mathbf{w} = -\mathbf{J},$$

toma a forma

$$\mathbf{H}\Delta\mathbf{w} + \mu\mathbf{I}\Delta\mathbf{w} = -\mathbf{J},$$
$$\mathbf{H}\Delta\mathbf{w} + \mu\mathbf{I}\Delta\mathbf{w} = -\mathbf{J},$$
$$\mathbf{S}^T\mathbf{H}\Delta\mathbf{w}\mathbf{S} + \mathbf{S}^T\mu\mathbf{I}\Delta\mathbf{w}\mathbf{S} = -\mathbf{S}^T\mathbf{JS},$$
$$\mathbf{S}^T\mathbf{HS}\Delta\mathbf{w} + \mathbf{S}^T\mathbf{S}\mu\mathbf{I}\Delta\mathbf{w} = -\mathbf{S}^T\mathbf{JS},$$
$$\mathbf{S}^T\mathbf{HS}\Delta\mathbf{w} + \mu\mathbf{I}\Delta\mathbf{w} = -\mathbf{S}^T\mathbf{JS},$$
$$\text{diag}(\mathbf{H})\Delta\mathbf{w} + \mu\mathbf{I}\Delta\mathbf{w} = -\mathbf{S}^T\mathbf{JS},$$
$$\left(\text{diag}(\mathbf{H}) + \mu\mathbf{I}\right)\Delta\mathbf{w} = -\mathbf{S}^T\mathbf{JS},$$
$$\left(\text{diag}(\mathbf{H}) + \mu\mathbf{I}\right)\mathbf{S}^{-1}\Delta\mathbf{w} = -\mathbf{S}^T\mathbf{J},$$

tal que

$$\Delta\mathbf{w} = -\mathbf{S}\left(\text{diag}(\mathbf{H}) + \mu\mathbf{I}\right)^{-1}\mathbf{S}^T\mathbf{J}.$$

Considere uma matriz $\mathbf{M}$ tal que $\mathbf{M}^T\mathbf{M}$ seja igual à matriz diagonal de $\mathbf{H}$, ou seja, $\text{diag}(\mathbf{H})$, algebricamente podemos estabelecer a seguinte equivalência com relação à equação

$$\left(\mathbf{H}^* + \mu\mathbf{I}\right)\Delta\mathbf{w}^* = -\mathbf{J}^*,$$

ou

$$\mathbf{H}^*\Delta\mathbf{w}^* + \mu\mathbf{I}\Delta\mathbf{w}^* = -\mathbf{J}^*.$$

Fazendo $\mathbf{MJ}^* = \mathbf{J}$, temos que

$$\mathbf{H}^*\Delta\mathbf{w}^* + \mu\mathbf{I}\Delta\mathbf{w}^* = -\mathbf{M}^{-1}\mathbf{J},$$

usando o mesmo artifício para $\Delta\mathbf{w}^*$, podemos considerar $\Delta\mathbf{w}^* = \mathbf{M}\Delta\mathbf{w}$ e assim podemos reescrever a equação anterior como

$$\mathbf{H}^*\mathbf{M}\Delta\mathbf{w} + \mu\mathbf{IM}\Delta\mathbf{w} = -\mathbf{M}^{-1}\mathbf{J},$$
$$\mathbf{H}^*\mathbf{M}\Delta\mathbf{w} + \mu\mathbf{M}\Delta\mathbf{w} = -\mathbf{M}^{-1}\mathbf{J},$$

e multiplicando os dois lados da igualdade por $\mathbf{M}$, produz

$$\mathbf{MH}^{*}\mathbf{M}\Delta\mathbf{w} + \mu\mathbf{M}^{T}\mathbf{M}\Delta\mathbf{w} = -\mathbf{J},$$

chamando $\mathbf{MH}^{*}\mathbf{M}$ de $\mathbf{H}$, resulta em

$$\mathbf{H}\Delta\mathbf{w} + \mu\mathbf{M}^{T}\mathbf{M}\Delta\mathbf{w} = -\mathbf{J},$$

$$\left(\mathbf{H} + \mu\mathbf{M}^{T}\mathbf{M}\right)\mathbf{w} = -\mathbf{J},$$

ou ainda,

$$\left[\mathbf{H} + \mu\text{diag}(\mathbf{H})\right]\Delta\mathbf{w} = -\mathbf{J}.$$

Dessa forma, a regra de atualização estabelecida por Marquardt, em 1963, pode ser escrita como

$$\mathbf{w}^{(n+1)} = \mathbf{w}^{(n)} - \left(\mathbf{H}\left(\mathbf{w}^{(n)}\right) + \mu_n\text{diag}(\mathbf{H})\right)^{-1}\mathbf{J}\left(\mathbf{w}^{(n)}\right)^{T}\mathbf{e}(\mathbf{w}). \tag{12}$$

Quando o coeficiente de combinação μ_n é muito pequeno, próximo de zero, o modelo representado em (12) comporta-se como o algoritmo de Gauss-Newton mostrado em (6). Quando o mesmo coeficiente de combinação μ_n é muito grande, o modelo representado em (12) comporta-se como o algoritmo da descida mais íngreme mostrado em (6), ou seja, se $\mu_n \gg 1$, ele pode ser interpretado como a taxa de aprendizagem

$$\eta = \frac{1}{\mu_n}. \tag{13}$$

Na aplicação do algoritmo de Levenberg-Marquardt, a matriz Jacobiana precisa ser calculada e armazenada para posterior obtenção da Hessiana. Neste procedimento, o número de elementos a serem armazenados pode requerer muita memória do computador. Por exemplo, em problemas de reconhecimento de padrão, utilizando poucos neurônios, o custo de memória necessária pode não ser contemplado por limitações do computador para realizar o armazenamento dos dados. Portanto, o método de Levenberg-Marquardt não pode ser usado em problemas que possuem um grande número de padrões de entrada na rede neural.

7.2.1 Algoritmo de Levenberg-Marquardt – LMA

Na solução de problemas que envolvem mínimos quadrados não lineares, o método de descida mais íngreme é caracterizado por ser convergente, mas lento, sendo que uma convergência mais rápida, porém menos confiável pode ser alcançada com o método de Gauss-Newton. Além do método de Gauss-Newton ser sensível à localização do ponto inicial.

No método de Levenberg-Marquardt precisamos escolher μ de tal forma que ele siga o método de Gauss-Newton tanto quanto possível, mantendo uma tendência na direção da descida mais íngreme para prevenir divergência.

Os métodos sugeridos por Levenberg (1944) e Marquardt (1963) diferem no modo como μ é selecionado em cada iteração.

Levenberg sugeriu que é preferível estimar o mínimo de $E(\mathbf{w}+\mathbf{d})$ como uma função de μ, em cada iteração. Isso requer a solução da equação

$$\mathbf{w}^{(n+1)} = \mathbf{w}^{(n)} - \left(\mathbf{H}\left(\mathbf{w}^{(n)}\right) + \mu_n \mathbf{I}\right)^{-1} \nabla E\left(\mathbf{w}^{(n)}\right),$$

e o cálculo da soma quadrada dos erros para um certo número de diferentes valores de μ. Esta sugestão está propensa a uma série de objeções, mas, principalmente, é menos eficiente com relação ao gasto de tempo na procura por um mínimo da soma dos erros quadrados em relação ao μ, em vez de iniciar uma nova iteração com mais informações atualizadas sobre $\mathbf{H}$ e $\nabla E(\mathbf{w})$, uma vez obtida redução suficiente na soma dos erros quadrados. Além disso, a programação desta procura é complicada por uma série de decisões *ad hoc* difíceis, e neste caso em particular não é de todo óbvio que tipo de comportamento de $E(\mathbf{w};\mu)$ relacionando $E(\mathbf{w})$ a μ deve ser assumido, para fazer as interpolações que seriam necessárias.

Marquardt sugeriu uma maneira de variar μ que tornou-se mais promissor de ser eficiente no número de soluções para $\mathbf{w}^{(n+1)}$ e avaliações de $E(\mathbf{w})$ necessárias por iteração. Sua ideia consistiu em escolher um parâmetro fixo ν, sendo que de acordo com o próprio Marquardt a escolha de ν é arbitrária e $\nu = 10$ na prática foi encontrado como sendo uma boa escolha. Dessa forma, aumentando ou diminuindo μ por múltiplos de ν ou $1/\nu$ conforme necessário, e terminando qualquer iteração uma vez que um $\mathbf{d}$ tivesse sido obtido para o qual $E(\mathbf{w}+\mathbf{d}) < E(\mathbf{w})$. O algoritmo de Marquardt é muito simples, razoavelmente eficiente e rápido.

Na equação para $\mathbf{w}^{(n+1)}$, para $\mu = 0$ este método torna-se um método de Newton, onde para $\mu \to \infty$ o algoritmo torna-se um método de descida mais íngreme estável. Marquardt mudou os parâmetros de escala μ, tornando-os variáveis por iteração. Quando as iterações mostram baixa convergência, o algoritmo será acelerado fazendo

$$\mu_{n+1} = \frac{\mu_n}{\nu}. \tag{14}$$

Para algum valor de ν, ao qual usualmente é atribuído valores entre 2 e 10. Nos casos em que as iterações mostram divergência, o novo valor de μ será obtido de acordo com

$$\mu_{n+1} = \nu \mu_n. \tag{15}$$

Em 1971, Roger Fletcher, no trabalho *A Modified Marquardt Subroutine for Non-linear Least Squares*, fez algumas modificações no algoritmo de Levenberg-Marquardt, o qual resultou em uma melhor adaptação de μ para cada iteração. Isso gerou um tempo de execução ainda mais rápido do algoritmo. As modificações de Fletcher consistiram em substituir a matriz identidade na equação para $\mathbf{w}^{(n+1)}$ por uma matriz diagonal de escalas. Além disso, ele também fez o parâmetro ν na equação (14) e na equação (15) variável por iteração. Assim, foi criado um novo algoritmo denominado Levenberg-Marquardt-Fletcher.

A implementação do algoritmo de Levenberg-Marquardt será realizada a partir dos passos mostrados a seguir.

Algoritmo de Levenberg-Marquardt – LMA

Passo 1
Escolher um ponto inicial, $\mathbf{w}^{(0)}$, indicar o número máximo de iterações, N e atribuir uma tolerância de convergência, ε. Fazer $n=0$ e $\mu_0 = 10^4$ (por exemplo, um número grande).

Passo 2
Calcular $\nabla f\left(\mathbf{w}^{(n)}\right)$.

Passo 3
Se $\left\|\nabla f\left(\mathbf{w}^{(n)}\right)\right\| \leq \varepsilon$ ou $n \geq N$, então terminar.
Senão vá para o Passo 4.

Passo 4
Calcular $\mathbf{d}\left(\mathbf{w}^{(n)}\right) = -\left[\mathbf{H}\left(\mathbf{w}^{(n)}\right) + \mu_n \mathbf{I}\right]^{-1} \nabla f\left(\mathbf{w}^{(n)}\right)$. Fazer $\mathbf{w}^{(n+1)} = \mathbf{w}^{(n)} + \mathbf{d}\left(\mathbf{w}^{(n)}\right)$.

Passo 5
Verificar se $f\left(\mathbf{w}^{(n+1)}\right) < f\left(\mathbf{w}^{(n)}\right)$. Caso seja verdade, vá para o Passo 6. Caso não seja verdade, vá para o Passo 7.

Passo 6
Fazer $\mu_{n+1} = \frac{1}{2}\mu_n$, $n = n+1$ e ir para o Passo 2.

Passo 7
Fazer $\mu_n = 2\mu_n$ e ir para o Passo 4.

O valor elevado atribuído inicialmente para o coeficiente de combinação μ faz com que a matriz Hessiana tenha pouco efeito sobre a determinação da busca da direção. Depois de um certo número de iterações o valor de μ torna-se pequeno e o efeito faz com que o algoritmo fique mais parecido com o método de Newton. O algoritmo de Levenberg-Marquardt pode tornar-se mais rápido realizando-se uma busca unidirecional enquanto encontra-se o novo ponto no Passo 4 fazendo $\mathbf{w}^{(n+1)} = \mathbf{w}^{(n)} + \delta_n \mathbf{d}\left(\mathbf{w}^{(n)}\right)$. Uma vez que o cálculo da matriz Hessiana e sua inversa são computacionalmente custosos, a busca unidirecional ao longo de $\mathbf{d}\left(\mathbf{w}^{(n)}\right)$ não é usualmente realizada.

EXEMPLO 7.3 Algoritmo de Levenberg-Marquardt

Vamos considerar o caso de minimizar a função não quadrática

$$f(\mathbf{x}) = (x_1 - 2)^4 + (x_1 - 2)^2 x_2^2 + (x_2 + 1)^2,$$

tendo como ponto inicial $\mathbf{x}^0 = \begin{bmatrix} 3 & 3 \end{bmatrix}^T$. Nesse ponto a função assume o seguinte valor $f\left(\mathbf{x}^{(0)}\right) = 26$.

Dessa forma, aplicando o algoritmo de Levenberg-Marquardt temos a seguinte sequência de passos.

Primeira Iteração

Passo 1

O ponto inicial é dado por $\mathbf{x}^0 = \begin{bmatrix} 3 & 3 \end{bmatrix}^T$, o número máximo de iterações será , $N = 25$ e o fator de tolerância para a convergência será 10^{-10}. Atribuímos ao contador $n = 0$ e ao coeficiente de combinação temos $\mu_0 = 10^2$.

Passo 2

Determinação da derivada da função no ponto inicial, onde obtemos

$$\nabla f(\mathbf{x}) = \begin{bmatrix} 4(x_1 - 2)^3 + 2x_2^2 (x_1 - 2) \\ 2x_2 (x_1 - 2)^2 + 2(x_2 + 1) \end{bmatrix},$$

$$\nabla f\left(\mathbf{x}^{(0)}\right) = \begin{bmatrix} 22 \\ 14 \end{bmatrix}.$$

Passo 3

Uma vez que $\left\| \nabla f\left(\mathbf{x}^{(0)}\right) \right\|$ não é um valor pequeno e $n = 0$, então prosseguimos até o Passo 4.

Passo 4

Para conseguir calcular a direção de busca, precisamos calcular a matriz Hessiana de $f(\mathbf{x})$ no ponto inicial.

$$\mathbf{H}(\mathbf{x}) = \begin{bmatrix} 12(x_1 - 2)^2 + 2x_2^2 & 4(x_1 - 2)x_2 \\ 4(x_1 - 2)x_2 & 2 + 2(x_1 - 2)^2 \end{bmatrix},$$

$$\mathbf{H}\left(\mathbf{x}^{(0)}\right) = \begin{bmatrix} 30 & 12 \\ 12 & 4 \end{bmatrix}.$$

Com os resultados anteriores podemos calcular a direção de busca como

$$\mathbf{d}\left(\mathbf{x}^{(0)}\right) = -\left[\begin{pmatrix} 30 & 12 \\ 12 & 4 \end{pmatrix} + 100\begin{pmatrix} 1 & 0 \\ 0 & 1 \end{pmatrix}\right]^{-1} \begin{bmatrix} 22 \\ 14 \end{bmatrix},$$

$$\mathbf{d}\left(\mathbf{x}^{(0)}\right) = -\left[\begin{pmatrix} 130 & 12 \\ 12 & 104 \end{pmatrix}\right]^{-1} \begin{bmatrix} 22 \\ 14 \end{bmatrix},$$

$$\mathbf{d}\left(\mathbf{x}^{(0)}\right) = -\begin{bmatrix} \frac{13}{1672} & -\frac{3}{3344} \\ -\frac{3}{3344} & \frac{65}{6688} \end{bmatrix} \begin{bmatrix} 22 \\ 14 \end{bmatrix},$$

$$\mathbf{d}\left(\mathbf{x}^{(0)}\right) = \begin{bmatrix} -\frac{265}{1672} \\ -\frac{389}{3344} \end{bmatrix}.$$

Portanto, o novo ponto é dado por

$$\mathbf{x}^{(1)} = \mathbf{x}^{(0)} + \mathbf{d}\left(\mathbf{x}^{(0)}\right),$$

$$\mathbf{x}^{(1)} = \begin{bmatrix} 3 \\ 3 \end{bmatrix} + \begin{bmatrix} -\frac{265}{1672} \\ -\frac{389}{3344} \end{bmatrix},$$

$$\mathbf{x}^{(1)} = \begin{bmatrix} 2,841507 \\ 2,883672 \end{bmatrix}.$$

Passo 5

A função no novo ponto é $f\left(\mathbf{x}^{(1)}\right) = 21,472902$, o qual é menor que no ponto inicial, então avançamos para o Passo 6.

Passo 6

Nessa etapa fazemos $\mu_1 = \frac{1}{2}\mu_0$, que resulta em $\mu_1 = 50$. Atribuímos $n = 1$ e vamos para o Passo 2. Isso completa uma iteração do algoritmo de Levenberg-Marquardt.

Segunda Iteração

Passo 2

Determinação da derivada da função no ponto $\mathbf{x}^{(1)}$, onde obtemos

$$\nabla f\left(\mathbf{x}^{(1)}\right) = \begin{bmatrix} 16,3788 \\ 11,8514 \end{bmatrix},$$

Passo 3

Nesse passo também ainda não alcançamos o critério de parada, $\left\|\nabla f\left(\mathbf{x}^{(1)}\right)\right\| = 20,2169$ e n ainda é menor que N.

Passo 4

A matriz Hessiana no ponto $\mathbf{x}^{(1)}$ é dada por

$$\mathbf{H}\left(\mathbf{x}^{(1)}\right)=\begin{bmatrix} 25,1287 & 9,70652 \\ 9,70652 & 3,41627 \end{bmatrix}.$$

Assim,

$$\mathbf{d}\left(\mathbf{x}^{(1)}\right)=-\left[\begin{pmatrix} 25,1287 & 9,70652 \\ 9,70652 & 3,41627 \end{pmatrix}+50\begin{pmatrix} 1 & 0 \\ 0 & 1 \end{pmatrix}\right]^{-1}\begin{bmatrix} 16,3788 \\ 11,8514 \end{bmatrix},$$

$$\mathbf{d}\left(\mathbf{x}^{(1)}\right)=-\left[\begin{pmatrix} 75,1287 & 9,70652 \\ 9,70652 & 53,41627 \end{pmatrix}\right]^{-1}\begin{bmatrix} 16,3788 \\ 11,8514 \end{bmatrix},$$

$$\mathbf{d}\left(\mathbf{x}^{(1)}\right)=-\begin{bmatrix} 0,0136305 & -0,00247686 \\ -0,00247686 & 0,019171 \end{bmatrix}\begin{bmatrix} 16,3788 \\ 11,8514 \end{bmatrix},$$

$$\mathbf{d}\left(\mathbf{x}^{(1)}\right)=\begin{bmatrix} -0,193897 \\ -0,186635 \end{bmatrix}.$$

Portanto, o ponto $\mathbf{x}^{(2)}$ é dado por

$$\mathbf{x}^{(2)}=\mathbf{x}^{(1)}+\mathbf{d}\left(\mathbf{x}^{(1)}\right),$$

$$\mathbf{x}^{(2)}=\begin{bmatrix} 2,841507 \\ 2,883672 \end{bmatrix}+\begin{bmatrix} -0,193897 \\ -0,186635 \end{bmatrix},$$

$$\mathbf{x}^{(2)}=\begin{bmatrix} 2,64761 \\ 2,69704 \end{bmatrix}.$$

Passo 5

A função no ponto $\mathbf{x}^{(2)}$ é $f\left(\mathbf{x}^{(2)}\right)=16,894694$, o qual é menor que no ponto $\mathbf{x}^{(1)}$, então avançamos para o Passo 6.

Passo 6

Fazendo $\mu_2=\frac{1}{2}\mu_1$, resulta em $\mu_2=25$. Atribuímos $n=2$ e vamos para o Passo 2. Isso completa a segunda iteração do algoritmo de Levenberg-Marquardt.

Terceira Iteração

Passo 2

Determinação da derivada da função no ponto $\mathbf{x}^{(2)}$, onde obtemos

$$\nabla f\left(\mathbf{x}^{(2)}\right)=\begin{bmatrix} 10,5079 \\ 9,65634 \end{bmatrix},$$

Passo 3

Nesse passo também ainda não alcançamos o critério de parada, $\left\|\nabla f\left(\mathbf{x}^{(2)}\right)\right\|=14,271$ e n ainda é menor que N.

Passo 4

A matriz Hessiana no ponto $\mathbf{x}^{(1)}$ é dada por

$$\mathbf{H}\left(\mathbf{x}^{(2)}\right)=\begin{bmatrix}19,5808 & 6,98652\\ 6,98652 & 2,8388\end{bmatrix}.$$

Assim,

$$\mathbf{d}\left(\mathbf{x}^{(2)}\right)=-\left[\begin{pmatrix}19,5808 & 6,98652\\ 6,98652 & 2,8388\end{pmatrix}+25\begin{pmatrix}1 & 0\\ 0 & 1\end{pmatrix}\right]^{-1}\begin{bmatrix}10,5079\\ 9,65634\end{bmatrix},$$

$$\mathbf{d}\left(\mathbf{x}^{(2)}\right)=-\left[\begin{pmatrix}44,5808 & 6,98652\\ 6,98652 & 27,8388\end{pmatrix}\right]^{-1}\begin{bmatrix}10,5079\\ 9,65634\end{bmatrix},$$

$$\mathbf{d}\left(\mathbf{x}^{(2)}\right)=-\begin{bmatrix}0,02335 & -0,00586\\ -0,00586 & 0,03739\end{bmatrix}\begin{bmatrix}10,5079\\ 9,65634\end{bmatrix},$$

$$\mathbf{d}\left(\mathbf{x}^{(2)}\right)=\begin{bmatrix}-0,18878\\ -0,2995\end{bmatrix}.$$

Portanto, o ponto $\mathbf{x}^{(3)}$ é dado por

$$\mathbf{x}^{(3)}=\mathbf{x}^{(2)}+\mathbf{d}\left(\mathbf{x}^{(2)}\right),$$

$$\mathbf{x}^{(3)}=\begin{bmatrix}2,64761\\ 2,69704\end{bmatrix}+\begin{bmatrix}-0,18878\\ -0,2995\end{bmatrix},$$

$$\mathbf{x}^{(3)}=\begin{bmatrix}2,4588\\ 2,3976\end{bmatrix}.$$

Passo 5

A função no ponto $\mathbf{x}^{(3)}$ é $f\left(\mathbf{x}^{(3)}\right)=12,7978$, o qual é menor que no ponto $\mathbf{x}^{(2)}$, então avançamos para o Passo 6.

Passo 6

Fazendo $\mu_3=\frac{1}{2}\mu_2$, resulta em $\mu_3=12,5$. Atribuímos $n=3$ e vamos para o Passo 2. Isso completa a terceira iteração do algoritmo de Levenberg-Marquardt.

Nas Figuras–4(a) e 4(b) temos a função plotada com o ponto inicial $\mathbf{x}^0$ em sua superfície e a função representada por suas linhas de contorno também com o ponto nas coordenadas iniciais (1, 1), respectivamente.

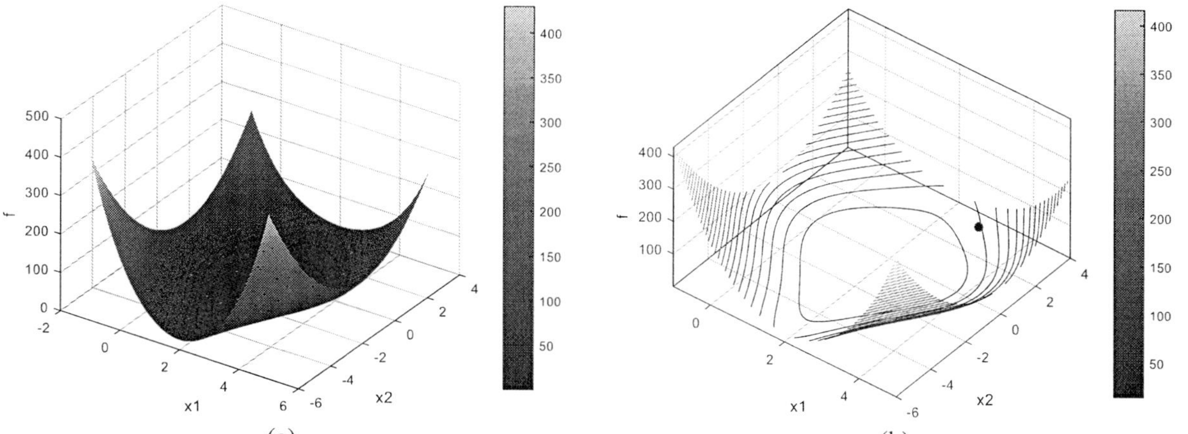

Figura–4 (a) Superfície da função e ponto inicial; (b) Linhas de contorno da função e ponto inicial.

A seguir é apresentada a sequência de comandos do MATLAB para construção das figuras utilizadas no Exemplo 7.3 e confirmação dos cálculos que possibilitam chegar ao mínimo da função dada.

MATLAB - Comandos para o Exemplo-3

```
% PARTE-I
x1=linspace(-1,5);
x2=linspace(-6,4);
[x1,x2]=meshgrid(x1,x2);
f=(x1-2).^4+(x2.^2).*(x1-2).^2+(x2+1).^2;

%Construção das figuras
% Figura 1
figure
surf(x1,x2,f);
shading interp
colorbar
hold on;
           plot3(3,3,26,'o','markerfacecolor',[0,0,0]);
           view(40,44);
      hold off;
xlabel('x1');
ylabel('x2');
zlabel('f');

% Figura 2
figure
contour3(x1,x2,f,30);
shading interp
colorbar
hold on;
plot3(3,3,26,'o','markerfacecolor',[0,0,0]);
view(65,30);
hold off;
xlabel('x1');
ylabel('x2');
zlabel('f');
```

```
% PARTE-II
% Aplicação do método Levenberg-Marquardt
% Definição da função e determinação do gradiente e da Hessiana
syms x1 x2
f0=(x1-2)^4+(x2.^2)*(x1-2)^2+(x2+1)^2;
gradf0=gradient(f0)
Hf0=hessian(f0,[x1,x2])

% Substituição das variáveis independentes e vetorização
gradf1=subs(gradf0,{'x1', 'x2'}, {'x(1)', 'x(2)'});
Hf1=subs(Hf0,{'x1', 'x2'}, {'x(1)', 'x(2)'});
gradf2=vectorize(gradf1);
Hf2=vectorize(Hf1);

% Função, gradiente e Hessiana que serão utilizadas
f=@(x) (x(1)-2).^4+(x(2).^2).*(x(1)-2).^2+(x(2)+1).^2;
gradf= @(x) [4.*(x(1)-2).^3+x(2).^2.*(2.*x(1)-4); 2.*x(2)+2.*x(2).*(x(1)-
2).^2+2];
Hf=@(x) [12.*(x(1)-2).^2+2.*x(2).^2 2.*x(2).*(2.*x(1)-4); 2.*x(2).*(2.*x(1)-4)
2.*(x(1)-2).^2+2];

% Passo 1
x_old = [3; 3]              % Ponto inicial
N=25;                       % Número máximo de iterações
tol = 1E-5;                 % Tolerância de convergência
n = 1;                      % Contador
mu_old = 1E+2;
I = eye(2);
gradf_old=zeros(2,1);
A{1}=x_old;                 % Primeiro ponto da aproximação

% Passo 2
gradf_old=gradf(x_old)      % Gradiente

while (n <= N)
% Passo 3
norm(gradf_old)
if norm(gradf_old)<=tol || n >= N,
    nfinal=n;
    disp('Número final de iterações')
    disp(nfinal)
    break;
else

% Passo 4
d = -(inv(Hf(x_old)+mu_old*I))*gradf_old
x_new = x_old + d
end

% Passo 5
if f(x_new)<f(x_old),
    mu_new = 0.5*mu_old;
    n = n+1;
    gradf_old=gradf(x_new)
```

```
    mu_old=mu_new;
    x_old=x_new;
else
     mu_new = 2*mu_old;
     d = -(inv(Hf(x_new)+mu_new*I))*gradf(x_new);
     x_new = x_old + d;
     x_old=x_new;
end

% Guarda os pontos de aproximação ao mínimo
A{n}=x_old;
M=A';

end

% Cria uma matriz P com esses pontos de aproximação ao mínimo
R=cell2mat(M);
S=reshape(R,[2,13]);
P=S';

% PARTE III
% Figura 3 - Apresenta o resultado final de aproximação ao ponto de mínimo
a=linspace(-1,5);
b=linspace(-6,4);
[a,b]=meshgrid(a,b);
g=(a-2).^4+(b.^2).*(a-2).^2+(b+1).^2;
figure
contour3(a,b,g,30);
shading interp
colorbar
hold on;
P
scatter(P(1:13,1),P(1:13,2), 25, [0 0 1], 'filled');
view(0,90);
hold on;
xlabel('x1');
ylabel('x2');
zlabel('f');
```

O resultado final da aplicação do algoritmo de Levenberg-Marquardt pode ser sintetizado na Figura–5, onde podemos verificar que partindo do ponto inicial ocorre, a cada iteração, uma aproximação ao ponto de mínimo da função. Também são apresentados, a seguir, o número de iterações necessárias para alcançar a tolerância de convergência estipulada e a matriz *P* com os pontos obtidos em cada iteração.

O algoritmo de Levenberg-Marquardt é considerado estável e rápido, com relação aos conflitos de escolha que existem quando necessitamos utilizar um algoritmo de otimização. Apresenta-se como uma boa opção considerando complexidade e velocidade de convergência.

```
Número final de iterações
   13

P =
   3.0000   3.0000
   2.8415   2.8837
```

2.6476	2.6970
2.4588	2.3975
2.3256	1.9138
2.2770	1.1915
2.3182	0.3162
2.3508	-0.4035
2.1525	-0.8018
2.0005	-0.9797
2.0000	-0.9982
2.0000	-0.9999
2.0000	-1.0000

Na Figura–5 temos o gráfico de contornos, visto de topo, da função $f(\mathbf{x})$ que depende das variáveis x_1 e x_2. Utilizando o algoritmo de Levenberg-Marquardt em cada iteração ocorre uma aproximação ao ponto de mínimo.

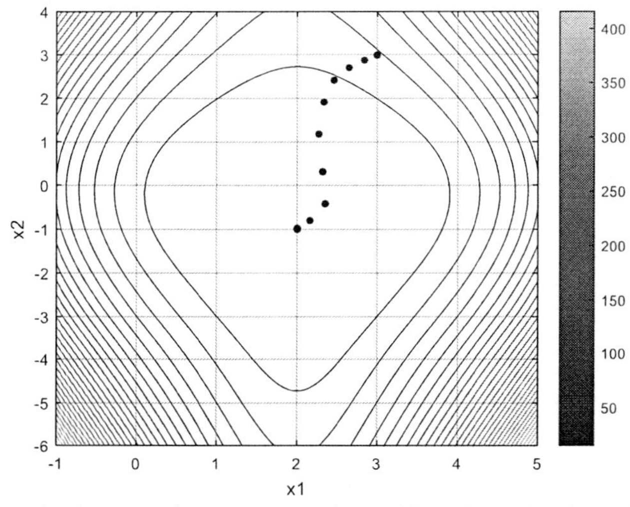

Figura–5 Função do Exemplo–3 e aproximação ao mínimo utilizando o algoritmo de Levenberg-Marquardt .

7.3 Algoritmo de Levenberg-Marquardt e Backpropagation – LMBP

Uma das características mais importantes de uma rede neural de múltiplas camadas é a sua capacidade de representar qualquer relação funcional suave entre uma ou mais variáveis.
Se os resultados de uma rede neural corretamente treinada quase coincidirem com os de um modelo de regressão linear, então pode-se confiar que a relação funcional entre as variáveis escolhidas de entrada e saída é linear. Os modelos de redes neurais são pelo menos tão bons quanto os modelos lineares e muitas vezes podem superá-los.
Como foi visto anteriormente, o algoritmo de Levenberg-Marquardt é uma combinação das características do gradiente descendente encontrado no backpropagation e o método de Newton. O algoritmo de Levenberg-Marquardt assume que a função subjacente que está sendo modelada pela rede neural é linear e que o erro mínimo pode ser encontrado em um passo. Ele calcula a mudança do peso para realizar essa tarefa em um único passo. Ele testa a rede com esses novos pesos para

determinar se o novo erro é menor. Uma mudança nos pesos é aceita se ele melhora o erro, ou seja, decresce. Assim, quando o erro decresce, a mudança no peso é aceita e a suposição de linearidade é reforçada decrescendo o parâmetro μ. Quando o erro cresce, a mudança no peso é rejeitada e, tal como no backpropagation, ele segue um gradiente descendente aumentando o parâmetro μ para desenfatizar a suposição de linearidade. Dessa forma, o algortimo de Levenberg-Marquardt é um composto entre o método de Newton e o processo de descida do gradiente. Próximo de um mínimo, a suposição de linearidade é aproximadamente verdade, então o algoritmo de Levenberg-Marquardt realiza um avanço mais rápido utilizando a característica de segunda ordem. Longe do mínimo, a suposição linear é frequentemente ruim, mas desde que ele use o gradiente descendente, ainda assim há uma convergência para um erro mínimo. Esse processo é repetido até que um erro desejado ou número máximo de iterações seja alcançado.

No entanto, o algoritmo de Levenberg-Marquardt é limitado a aplicações em redes neurais bastante pequenas, sendo usado com a função de soma quadrada dos erros e tem requisitos de memórias proporcionais a W^2, onde W é o número de pesos na rede, tornando-se impraticável para redes neurais razoavelmente grandes.

O procedimento mostrado a seguir tem como base o trabalho de Martin Thomas Hagan e Mohammad Bagher Menhaj, *Training Feedforward Networks with the Marquardt Algorithm*, publicado em 1994 na IEEE TRANSACTIONS ON NEURAL NETWORKS, Volume 5, Número 6, em Novembro de 1994.

7.3.1 Algoritmo de Backpropagation utilizando cálculo de sensibilidades

A primeira camada da rede neural corresponde a camada que recebe as entradas, assim considere que a entrada líquida à unidade i na camada $k+1$ é

$$v_i^{k+1} = \sum_j w_{i,j}^{k+1} y_j^k + b_i^{k+1}. \tag{16}$$

A saída da unidade i será

$$y_i^{k+1} = \varphi^{k+1}\left(v_i^{k+1}\right). \tag{17}$$

Para uma rede neural com M camadas, Figura–6, os sistemas de equações na forma matricial são dados por

$$\mathbf{y}^0 = \mathbf{x}, \tag{18}$$

$$\mathbf{y}^{k+1} = \boldsymbol{\varphi}^{k+1}\left(\mathbf{W}^{k+1}\mathbf{y}^k + \mathbf{b}^{k+1}\right), \text{ com } k = 0,1,\ldots,M-1. \tag{19}$$

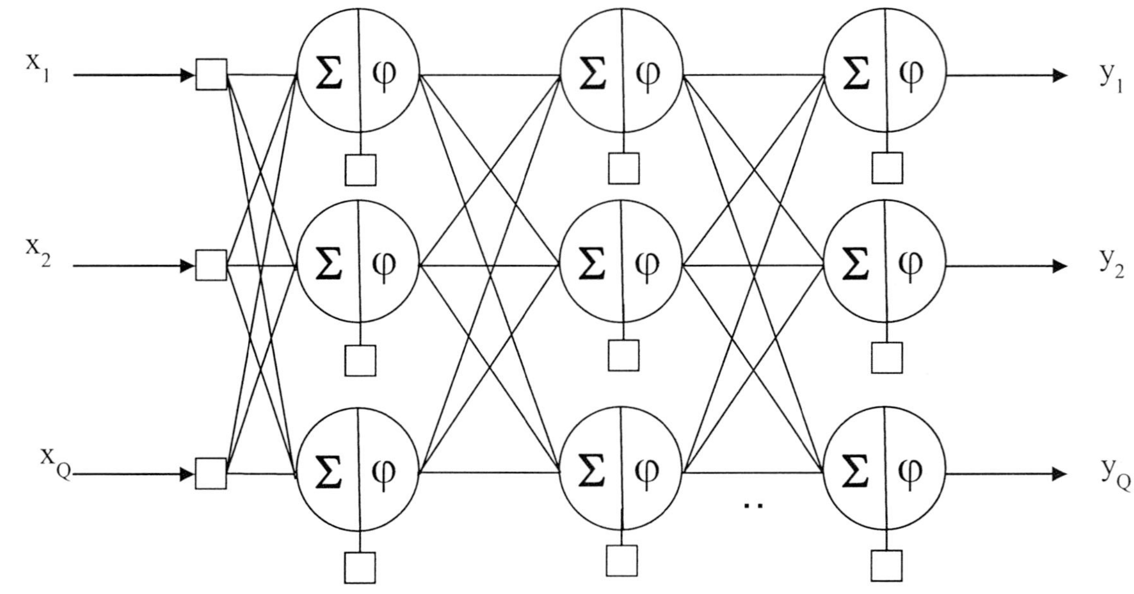

Figura–6 Rede neural com *M* camadas.

A tarefa da rede neural é aprender associações entre um conjunto especificado de pares entrada-saída $\{(\mathbf{x}_1,\mathbf{d}_1),(\mathbf{x}_2,\mathbf{d}_2),\ldots,(\mathbf{x}_Q,\mathbf{d}_Q)\}$. Ou seja, há Q valores desejados pertencentes ao conjunto de treinamento.

O índice de desempenho para a rede neural é uma função do erro gerado e será definido como

$$E=\frac{1}{2}\sum_{q=1}^{Q}\left(\mathbf{d}_q-\mathbf{y}_q^M\right)^T\left(\mathbf{d}_q-\mathbf{y}_q^M\right)=\frac{1}{2}\sum_{q=1}^{Q}\mathbf{e}_q^T\mathbf{e}_q, \tag{20}$$

onde $\mathbf{y}_q^M$ é a saída da rede neural quando a q-ésima entrada, $\mathbf{x}_q$, é apresentada, e $\mathbf{e}_q=\mathbf{d}_q-\mathbf{y}_q^M$ é o erro gerado a partir da q-ésima entrada ser apresentada à rede neural. Para o algoritmo backpropagation nós usamos uma regra da descida mais íngreme aproximada. O índice de desempenho aproximado é dado por

$$E=\frac{1}{2}\mathbf{e}_q^T\mathbf{e}_q, \tag{21}$$

onde a soma total de quadrados é substituída pelos erros quadrados para um único par entrada-saída. O algoritmo de descida mais íngreme (gradiente) aproximado é então

$$\Delta w_{i,j}^k=-\eta\frac{\partial E}{\partial w_{i,j}^k}, \tag{22}$$

$$\Delta b_i^k=-\eta\frac{\partial E}{\partial b_i^k}, \tag{23}$$

onde η é a taxa de aprendizagem. Definindo

$$s_i^k = \frac{\partial E}{\partial v_i^k}, \tag{24}$$

como a **sensibilidade** do índice de desempenho para as mudanças na entrada líquida da unidade i na camada k. Agora pode ser mostrado, usando (16), (21) e (24), que

$$\frac{\partial E}{\partial w_{i,j}^k} = \frac{\partial E}{\partial v_i^k}\frac{\partial v_i^k}{\partial w_{i,j}^k} = s_i^k y_j^{k-1}, \tag{25}$$

$$\frac{\partial E}{\partial b_i^k} = \frac{\partial E}{\partial v_i^k}\frac{\partial v_i^k}{\partial b_i^k} = s_i^k, \tag{26}$$

O processo de retropropagação calcula as sensibilidades através de uma relação de recorrência a partir da última camada para trás até a primeira camada. Os resultados mostrados em (25) e (26) são conhecidos do backpropagation, por que uma vez que escrevemos $v = \sum wy + b$, então $\partial v/\partial w$ é igual a y e $\partial v/\partial b$ é igual a 1.

Portanto, quando o vetor de entrada $\mathbf{x}_q$ foi aplicado à rede e a respectiva saída $\mathbf{y}_q^M$ foi calculada, a retropropagação no algoritmo de Levenberg-Marquardt é inicializada com

$$\mathbf{S}_q^M = -\dot{\mathbf{\Phi}}^M\left(\mathbf{v}_q^M\right), \tag{27}$$

onde $\dot{\mathbf{\Phi}}^M\left(\mathbf{v}^M\right)$ é um vetor de funções de ativação definido como

$$\dot{\mathbf{\Phi}}^k\left(\mathbf{v}^k\right) = \begin{bmatrix} \dot{\varphi}^k\left(v_1^k\right) & 0 & \dots & 0 \\ 0 & \dot{\varphi}^k\left(v_2^k\right) & \dots & 0 \\ \vdots & \vdots & \ddots & \vdots \\ 0 & 0 & \dots & \dot{\varphi}^k\left(v_{Sk}^k\right) \end{bmatrix} \tag{28}$$

e

$$\dot{\varphi}^k(v) = \frac{d}{dv}\varphi^k(v). \tag{29}$$

Cada coluna da matriz $\mathbf{S}_q^M$ deve ser retropropagada através da rede utilizando a equação (30) para produzir uma linha da matriz Jacobiana.

$$\mathbf{s}^k = \dot{\mathbf{\Phi}}^k\left(\mathbf{v}^k\right)\left(\mathbf{W}^{k+1}\right)^T \mathbf{s}^{k+1}, \tag{30}$$

Para obter a equação (30) considere a determinação da derivada

$$\frac{\partial v_i^{k+1}}{\partial v_j^k} = \frac{\partial}{\partial v_j^k}\left(\sum_{l=1}^{S^k} w_{i,l}^{k+1} y_l^k + b_i^{k+1}\right) = w_{i,j}^{k+1}\frac{\partial y_j^k}{\partial v_j^k} = w_{i,j}^{k+1}\frac{\partial \varphi^k\left(v_j^k\right)}{\partial v_j^k} = w_{i,j}^{k+1}\dot{\varphi}^k\left(v_j^k\right),$$

Em notação vetorial

$$\frac{\partial \mathbf{v}^{k+1}}{\partial \mathbf{v}^k} = \mathbf{W}^{k+1}\dot{\mathbf{\Phi}}^k\left(\mathbf{v}^k\right).$$

Podemos agora escrever a relação de recorrência para a sensibilidade utilizando a regra da cadeia na forma matricial.

$$\mathbf{s}^k = \frac{\partial E}{\partial \mathbf{v}^k} = \left(\frac{\partial \mathbf{v}^{k+1}}{\partial \mathbf{v}^k}\right)^T \frac{\partial E}{\partial \mathbf{v}^{k+1}} = \dot{\mathbf{\Phi}}^k\left(\mathbf{v}^k\right)\left(\mathbf{W}^{k+1}\right)^T \frac{\partial E}{\partial \mathbf{v}^{k+1}} = \dot{\mathbf{\Phi}}^k\left(\mathbf{v}^k\right)\left(\mathbf{W}^{k+1}\right)^T \mathbf{s}^{k+1}. \tag{31}$$

Esse resultado justifica o nome do algoritmo de retropropagação, uma vez que as sensibilidades são propagadas para trás através da rede a partir da última camada até a primeira camada.

$$\mathbf{s}^1 \leftarrow \mathbf{s}^2 \leftarrow \mathbf{s}^3 \leftarrow \ldots \leftarrow \mathbf{s}^{M-1} \leftarrow \mathbf{s}^M.$$

Esta relação de recorrência é inicializada na camada final onde temos

$$\mathbf{s}^M = -\dot{\mathbf{\Phi}}^M\left(\mathbf{v}^M\right)\left(\mathbf{d}_q - \mathbf{y}_q\right). \tag{32}$$

O algoritmo de aprendizagem global agora procede como segue; primeiro, propagar a entrada adiante usando (18) e (19); próximo, propagar as sensibilidades para trás usando (32) e (30); e finalmente, atualizar os pesos usando (22), (23), (25) e (26).

7.3.2 Modificação de Levenberg-Marquardt

Enquanto o algoritmo de backpropagation é um algoritmo de descida mais íngreme, o algoritmo de Levenberg-Marquardt é uma aproximação do método de Newton. Agora vamos considerar a aplicação do algoritmo de Levenberg-Marquardt ao treinamento de uma rede neural de múltiplas camadas. O índice de desempenho para o treinamento de uma rede neural de múltiplas camadas é dado pela soma dos quadrados dos erros. Se cada valor desejado ocorre com a mesma probabilidade, a soma dos quadrados dos erros é proporcional à soma dos quadrados dos erros sobre os Q valores desejados no conjunto de treinamento.

Suponha que tenhamos uma função $E(\mathbf{w})$ a qual nós queremos minimizar com respeito ao vetor de parâmetros $\mathbf{w}$, então o método de Newton pode ser escrito como

$$\Delta\mathbf{w} = -\left[\nabla^2 E(\mathbf{w})\right]^{-1}\nabla E(\mathbf{w}), \tag{33}$$

onde $\nabla^2 E(\mathbf{x})$ é a matriz Hessiana e $\nabla E(\mathbf{x})$ é o gradiente. Se nós assumirmos que $E(\mathbf{x})$ é uma função de soma dos erros quadrados

$$E(\mathbf{w})=\frac{1}{2}\sum_{q=1}^{Q}(\mathbf{d}_q-\mathbf{y}_q)^T(\mathbf{d}_q-\mathbf{y}_q)=\frac{1}{2}\sum_{q=1}^{Q}\mathbf{e}_q^T\mathbf{e}_q=\frac{1}{2}\sum_{q=1}^{Q}\sum_{j=1}^{S^M}(e_{j,q})^2=\frac{1}{2}\sum_{i=1}^{N}(e_i)^2, \quad (34)$$

onde $e_{j,q}$ é o j-ésimo elemento de erro para o q-ésimo par de entrada/valor desejado.

O ponto-chave na construção do algoritmo de Levenberg-Marquardt para treinamento de uma rede neural de múltiplas camadas é o cálculo da matriz Jacobiana. Para realizar esse cálculo será utilizada uma variação do algoritmo de backpropagation. Lembrando que no procedimento backpropagation padrão nós calculamos as derivadas dos erros quadrados, com relação aos pesos e bias da rede. Para criar a matriz Jacobiana é necessário calcular as derivadas dos erros, ao invés das derivadas dos erros quadrados.

Então como vimos anteriormente, temos que

$$\nabla E(\mathbf{w})=\mathbf{J}^T(\mathbf{w})e(\mathbf{w}), \quad (35)$$

$$\nabla^2 E(\mathbf{w})=\mathbf{J}^T(\mathbf{w})\mathbf{J}(\mathbf{w})+\mathbf{S}(\mathbf{w}), \quad (36)$$

onde $\mathbf{J}(\mathbf{w})$ é a matriz Jacobiana dada por

$$\mathbf{J}(\mathbf{w})=\begin{bmatrix}\frac{\partial e_1(\mathbf{w})}{\partial w_1} & \frac{\partial e_1(\mathbf{w})}{\partial w_2} & \cdots & \frac{\partial e_1(\mathbf{w})}{\partial w_n}\\ \frac{\partial e_2(\mathbf{w})}{\partial w_1} & \frac{\partial e_2(\mathbf{w})}{\partial w_2} & \cdots & \frac{\partial e_2(\mathbf{w})}{\partial w_n}\\ \vdots & \vdots & \ddots & \vdots\\ \frac{\partial e_N(\mathbf{w})}{\partial w_1} & \frac{\partial e_N(\mathbf{w})}{\partial w_2} & \cdots & \frac{\partial e_N(\mathbf{w})}{\partial w_n}\end{bmatrix}, \quad (37)$$

e

$$\mathbf{S}(\mathbf{w})=\sum_{i=1}^{N}e_i(\mathbf{w})\nabla^2 e_i(\mathbf{w}). \quad (38)$$

Para o método de Gauss-Newton é assumido que $\mathbf{S}(\mathbf{w})\approx\mathbf{0}$, e a atualização (33) torna-se

$$\Delta\mathbf{w}=-\left[\mathbf{J}^T(\mathbf{w})\mathbf{J}(\mathbf{w})\right]^{-1}\mathbf{J}^T(\mathbf{w})\mathbf{e}(\mathbf{w}). \quad (39)$$

A modificação de Levenberg-Marquardt para o método de Gauss-Newton é

$$\Delta\mathbf{w}=-\left[\mathbf{J}^T(\mathbf{w})\mathbf{J}(\mathbf{w})+\mu\mathbf{I}\right]^{-1}\mathbf{J}^T(\mathbf{w})\mathbf{e}(\mathbf{w}). \quad (40)$$

ou

$$\mathbf{w}_{k+1} = \mathbf{w}_k - \left[\mathbf{J}^T(\mathbf{w}_k)\mathbf{J}(\mathbf{w}_k) + \mu_k \mathbf{I}\right]^{-1} \mathbf{J}^T(\mathbf{w}_k)\mathbf{e}(\mathbf{w}_k). \tag{41}$$

O parâmetro μ é multiplicado por algum fator ν sempre que um passo puder resultar em um aumento de $E(\mathbf{w})$. Quando um passo reduz $E(\mathbf{w})$, μ é dividido por ν. Quando μ é grande, o algoritmo comporta-se como na descida mais íngreme (com passo $1/\mu$), enquanto para μ pequeno o algoritmo torna-se um Gauss-Newton. O algoritmo de Levenberg-Marquardt pode ser considerado uma modificação de região de confiança para o Gauss-Newton.

Note que o vetor de erro é dado por

$$\mathbf{e} = \begin{bmatrix} e_1 \\ e_2 \\ e_3 \\ \vdots \\ e_N \end{bmatrix} = \begin{bmatrix} e_{1,1} \\ e_{2,1} \\ e_{3,1} \\ \vdots \\ e_{S^M,1} \\ e_{1,2} \\ e_{2,1} \\ \\ e_{S^M,Q} \end{bmatrix},$$

onde, $e_{1,1}$ corresponde ao erro no primeiro neurônio da primeira camada, causado pelo primeiro padrão de entrada. E, $e_{2,1}$ é o erro gerado no segundo neurônio da primeira camada, causado pelo primeiro padrão de entrada. Por fim, $e_{S^M,Q}$ é o erro gerado no último neurônio da última camada, causado pelo padrão de entrada *Q*.

O número de erros que temos no total (*N*) depende da quantidade de neurônios na camada de saída (S^M) e do número de valores desejados (*Q*), assim

$$N = Q \times S^M.$$

O vetor de pesos das conexões sinápticas é dado por

$$\mathbf{w} = \begin{bmatrix} w_1 \\ w_2 \\ w_3 \\ \vdots \\ w_n \end{bmatrix} = \begin{bmatrix} w_{1,1}^1 \\ w_{1,2}^1 \\ \vdots \\ w_{S^1,R}^1 \\ b_1^1 \\ \vdots \\ b_{S^1}^1 \\ w_{1,1}^2 \\ \vdots \\ b_{S^M}^M \end{bmatrix} \begin{matrix} \left.\begin{matrix} \\ \\ \\ \\ \\ \end{matrix}\right\} \text{Pesos e bias ligados ao primeiro neurônio da primeira camada} \\ \\ \\ \\ \\ \end{matrix}$$

onde, $w_{1,1}^1$ corresponde ao peso da sinapse que liga a primeira entrada ao primeiro neurônio da primeira camada. E, $w_{S^1,R}$ é o peso da sinapse que liga o último neurônio da primeira camada à entrada R. Prosseguindo, $w_{1,1}^2$ é o peso da sinapse que liga o primeiro neurônio da segunda camada ao primeiro neurônio da primeira camada. Para os bias temos que b_1^1 é o bias do primeiro neurônio da primeira camada, $b_{S^1}^1$ é o bias do último neurônio da primeira camada. Por fim, $b_{S^M}^M$ é o bias do último neurônio da última camada.

Além disso, temos que o número total de pesos (n) é dado por

$$n = S^1\left(R+1\right) + S^2\left(S^1+1\right) + \ldots + S^M\left(S^{M-1}+1\right),$$

sendo, S^1 o número de neurônios na primeira camada e R o número total de entradas.

Portanto, a matriz Jacobiana pode ser escrita como

$$\mathbf{J}\left(\mathbf{w}\right) = \begin{bmatrix} \dfrac{\partial e_{1,1}}{\partial w_{1,1}^1} & \dfrac{\partial e_{1,1}}{\partial w_{1,2}^1} & \cdots & \dfrac{\partial e_{1,1}}{\partial w_{S^1,R}^1} & \dfrac{\partial e_{1,1}}{\partial b_1^1} & \cdots \\ \dfrac{\partial e_{2,1}}{\partial w_{1,1}^1} & \dfrac{\partial e_{2,1}}{\partial w_{1,2}^1} & \cdots & \dfrac{\partial e_{2,1}}{\partial w_{S^1,R}^1} & \dfrac{\partial e_{2,1}}{\partial b_1^1} & \cdots \\ \vdots & \vdots & \ddots & \vdots & \vdots & \ddots \\ \dfrac{\partial e_{S^M,1}}{\partial w_{1,1}^1} & \dfrac{\partial e_{S^M,1}}{\partial w_{1,2}^1} & \cdots & \dfrac{\partial e_{S^M,1}}{\partial w_{S^1,R}^1} & \dfrac{\partial e_{S^M,1}}{\partial b_1^1} & \cdots \\ \dfrac{\partial e_{1,2}}{\partial w_{1,1}^1} & \dfrac{\partial e_{1,2}}{\partial w_{1,2}^1} & \cdots & \dfrac{\partial e_{1,2}}{\partial w_{S^1,R}^1} & \dfrac{\partial e_{1,2}}{\partial b_1^1} & \cdots \\ \vdots & \vdots & \ddots & \vdots & \vdots & \ddots \end{bmatrix}. \tag{42}$$

O passo-chave na aprendizagem de uma rede neural artificial utilizando o algoritmo de Levenberg-

Marquardt é o cálculo da matriz Jacobiana. Para a rede neural num problema de mapeamento, os termos na matriz Jacobiana podem ser calculados por uma simples modificação no algoritmo backpropagation. O backpropagation padrão calcula termos como

$$\frac{\partial \hat{E}}{\partial w_{i,j}^{k}} = \frac{\partial \sum_{m=1}^{SM} e_{q,m}^{2}}{\partial w_{i,j}^{k}}. \tag{43}$$

Para os elementos da matriz Jacobiana que são necessários no algoritmo de Levenberg-Marquardt nós precisamos calcular termos como

$$[\mathbf{J}]_{h,l} = \frac{\partial e_h}{\partial w_l} = \frac{\partial e_{k,m}}{\partial w_l}. \tag{44}$$

Da construção do backpropagation temos que

$$\frac{\partial \hat{E}}{\partial w_{i,j}^{m}} = \frac{\partial \hat{E}}{\partial v_i^{m}} \frac{\partial v_i^{m}}{\partial w_{i,j}^{m}}, \tag{45}$$

onde, a primeira parcela do lado direito foi definida como a **sensibilidade**

$$s_i^{m} \equiv \frac{\partial \hat{E}}{\partial v_i^{m}}. \tag{46}$$

No processo de retropropagação são calculadas as sensibilidades através de uma relação de recorrência a partir da última camada para trás até a primeira camada. O mesmo conceito pode ser utilizado para calcular os termos necessários para a matriz Jacobiana. Definindo a sensibilidade do algoritmo de Levenberg-Marquardt como

$$s_{i,h}^{m} \equiv \frac{\partial e_h}{\partial v_{i,q}^{m}} = \frac{\partial e_{k,q}}{\partial v_{i,q}^{m}}, \tag{47}$$

onde, $h = (q-1)S^M + k$ diz qual a quantidade de linhas da matriz Jacobiana, sendo que q é o índice para os padrões de entrada, S^M é o número de saídas da rede e k é o índice de saídas.
Com relação aos índices temos que

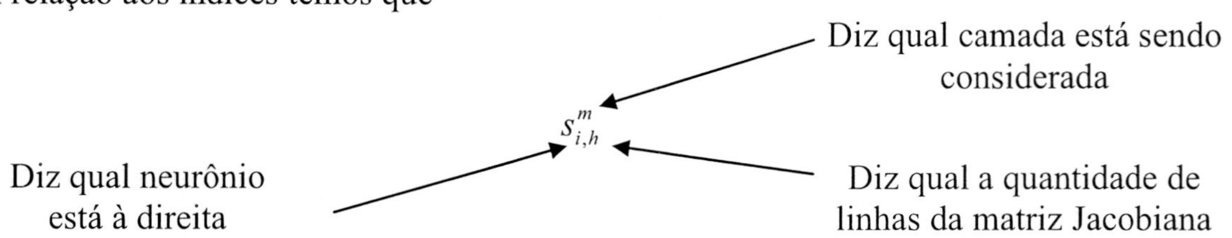

Podemos calcular os elementos da matriz Jacobiana a partir das variações parciais dos erros com relação aos pesos como

$$[\mathbf{J}]_{h,l} = \frac{\partial e_h}{\partial w_l} = \frac{\partial e_{k,q}}{\partial w_{i,j}^{m}} = \frac{\partial e_{k,q}}{\partial v_{i,q}^{m}} \times \frac{\partial v_{i,q}^{m}}{\partial w_{i,j}^{m}} = s_{i,h}^{m} \times \frac{\partial v_{i,q}^{m}}{\partial w_{i,j}^{m}} = s_{i,h}^{m} \times y_{j,q}^{m-1}. \tag{48}$$

O índice l corresponde ao número total de pesos e bias da rede neural MLP que está sendo usada. No caso em que w_l é um bias temos

$$[\mathbf{J}]_{h,l} = \frac{\partial e_h}{\partial w_l} = \frac{\partial e_{k,q}}{\partial b_i^m} = \frac{\partial e_{k,q}}{\partial v_{i,q}^m} \times \frac{\partial v_{i,q}^m}{\partial b_i^m} = s_{i,h}^m \times \frac{\partial v_{i,q}^m}{\partial b_i^m} = s_{i,h}^m . \tag{49}$$

Com relação aos índices temos que

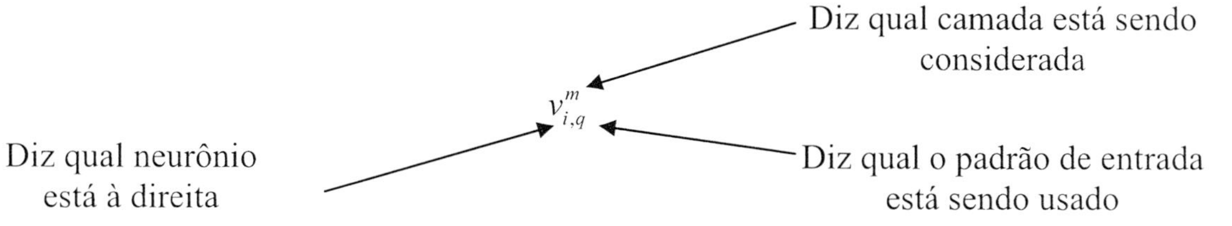

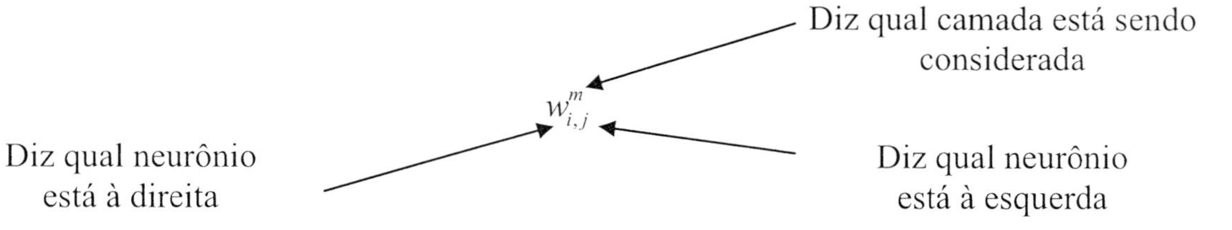

A Jacobiana é uma matriz retangular com número de colunas igual ao número de pesos (o mesmo que no gradiente) e o número de linhas é igual ao produto do número de padrões de treinamento vezes o número de saídas. A maioria das redes neurais tem apenas uma saída (para os casos em que temos múltiplas saídas podem ser utilizadas várias redes neurais com uma saída), mas o número de padrões de treinamento pode ser muito grande. Isso torna a computação da Jacobiana relativamente complexa.

As sensibilidades do algoritmo de Levenberg-Marquardt podem ser calculadas através das mesmas relações de recorrência como nas sensibilidades do backpropagation, com uma modificação na camada de saída, a qual no backpropagation é calculada com a equação

$$\mathbf{s}^M = -\dot{\mathbf{\Phi}}^M \left(\mathbf{v}^M\right)(\mathbf{d} - \mathbf{y}) .$$

Para as sensibilidades do algoritmo de Levenberg-Marquardt na camada de saída temos

$$s_{i,h}^M \equiv \frac{\partial e_h}{\partial v_{i,q}^M} = \frac{\partial e_{k,q}}{\partial v_{i,q}^M} = \frac{\partial}{\partial v_{i,q}^M}\left(d_{k,q} - y_{k,q}^M\right) = -\frac{\partial y_{k,q}^M}{\partial v_{i,q}^M} = \begin{cases} -\dot{\varphi}^M\left(v_{i,q}^M\right) & \text{para} \quad i = k \\ 0 & \text{para} \quad i \neq k \end{cases} \tag{50}$$

Portanto, quando a entrada $\mathbf{x}_q$ tiver sido aplicada à rede e a saída correspondente $\mathbf{y}_q^M$ tiver sido calculada, a retropropagação de Levenberg-Marquardt é inicializada com

$$\mathbf{S}_q^M = -\dot{\mathbf{\Phi}}^M \left(\mathbf{v}_q^M\right), \tag{51}$$

onde, $\dot{\mathbf{\Phi}}^M\left(\mathbf{v}^M\right)$ está definido na equação (28). Cada coluna da matriz $\mathbf{S}_q^M$ deve ser propagada através da rede utilizando a equação (31) para produzir uma linha da matriz Jacobiana. As colunas também podem ser propagadas conjuntamente utilizando a expressão

$$\mathbf{S}_q^m = \dot{\mathbf{\Phi}}^m\left(\mathbf{v}_q^m\right)\left(\mathbf{W}^{m+1}\right)^T \mathbf{S}_q^{m+1}. \quad (52)$$

O total de matrizes de sensibilidade para cada camada é obtido aumentando-se as matrizes calculadas para cada entrada de tal forma que

$$\mathbf{S}^m = \left[\mathbf{S}_1^m \middle| \mathbf{S}_2^m \middle| \mathbf{S}_3^m \middle| \ldots \middle| \mathbf{S}_Q^m\right]. \quad (53)$$

Observe que para cada entrada que é apresentada à rede neural, é necessário propagar S^M vetores de sensibilidades. Isto ocorre porque calculamos as derivadas de cada erro individual, ao invés da derivada da soma dos quadrados dos erros. Para cada entrada aplicada à rede haverá S^M erros (um para cada neurônio da saída da rede). Para cada erro haverá uma linha da matriz Jacobiana.

Após as sensibilidades terem sido propagadas, a matriz Jacobiana é calculada utilizando as equações (48) e (49).

A modificação de Marquardt permite determinar as iterações do algoritmo de Levenberg-Marquardt com backpropagation (LMBP) da forma como é apresentado a seguir no quadro em destaque.

A implementação que considera esse algoritmo LMBP, baseada no trabalho de Hagan e Menhaj de 1994 constitui-se de uma aplicação tradicional e foi desenvolvida apenas para redes neurais do tipo perceptrons de múltiplas camadas.

Algoritmo de Levenberg-Marquardt com Backpropagation – LMBP

Passo 1

Apresentar todas as entradas à rede neural e calcular as saídas correspondentes usando as equações (27) e (28), com erros $\mathbf{e}_q = \mathbf{d}_q - \mathbf{y}_q^M$. Calcular a soma dos quadrados dos erros para todas as entradas, $E(\mathbf{x})$, utilizando a equação (17).

Passo 2

Calcular a matriz Jacobiana usando a equação (LM2). Calcular as sensibilidades com as relações de recorrência usando a equação (33), depois de ter inicializado o processo com a equação (32). Calcular os elementos da matriz Jacobiana com as equações (29) e (30).

Passo 3

Resolver a equação (23) para obter $\Delta\mathbf{w}_k$.

Passo 4

Recalcular a soma dos quadrados dos erros usando $\mathbf{w}_k + \Delta\mathbf{w}_k$. Se esta nova soma de quadrados for menor que a calculada no Passo 1, então dividir μ por ν, fazer $\mathbf{w}_{k+1} = \mathbf{w}_k + \Delta\mathbf{w}_k$ e voltar ao Passo 1. Se a soma dos quadrados não for reduzida, então multiplicar μ por ν e ir para o Passo 3.

Passo 5
O algoritmo é assumido como tendo convergido, quando a norma do gradiente, expressão (18), é menor que algum valor predeterminado, ou quando a soma dos quadrados tiver sido reduzida para algum valor de erro tolerado ou especificado pelo analista.

EXEMPLO 7.4 Construção da Matriz Jacobiana para o Algoritmo de Levenberg-Marquardt com Backpropagation [Hagan, 2014]

Considere a rede neural mostrada na Figura–7 para o cálculo da matriz Jacobiana. Para essa rede neural temos que

- x_1 corresponde ao primeiro padrão de entrada, com valor desejado de saída d_1;
- x_2 corresponde ao primeiro padrão de entrada, com valor desejado de saída d_2;
- $w_{1,1}^1$ é o peso da sinapse na primeira camada (sobrescrito) que liga a entrada ao primeiro neurônio;
- b_1^1 é o bias do primeiro neurônio (subscrito) na primeira camada (sobrescrito);
- φ^1 é a função de ativação do primeiro neurônio na primeira camada (sobrescrito);
- y_1^1 é a saída do primeiro neurônio (subscrito) na primeira camada (sobrescrito).

A mesma interpretação da notação é usada para o segundo neurônio da rede.

Os valores iniciais dos pesos são $w_{1,1}^1 = 1$ e $w_{1,1}^2 = 2$, nesse caso a rede neural é bastante simples, porém em notação matricial poderíamos escrever que os vetores de pesos da primeira camada são dados por $\mathbf{W}^1 = [1]$, e para a segunda camada $\mathbf{W}^2 = [2]$. Para os bias temos que $\mathbf{b}^1 = [0]$, representa todos os bias da primeira camada e para a segunda camada escrevemos $\mathbf{b}^2 = [1]$. Os pares entrada/saída são $\{x_1 = 1, d_1 = 1\}$ e $\{x_2 = 2, d_2 = 2\}$. A função de ativação para o primeiro neurônio é $\varphi^1 = v^2$ e sua derivada dada por $\dot{\varphi}^1 = 2v$. Para o segundo neurônio, a função de ativação é $\varphi^2 = v$, sendo $\dot{\varphi}^2 = 1$.

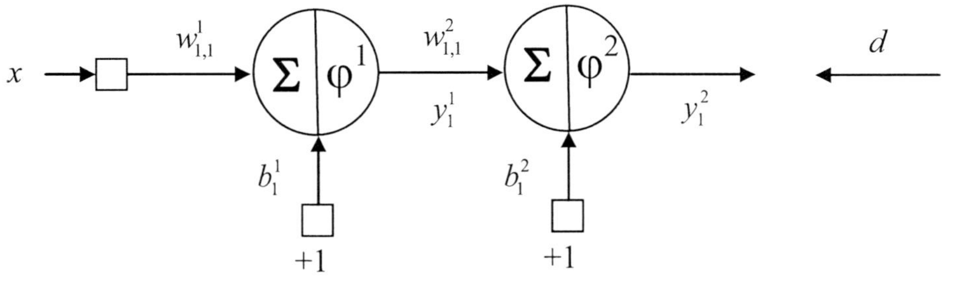

Figura–7 Rede neural para cálculo da matriz Jacobiana do algoritmo LMBP.

Parte–I
Equações oriundas do backpropagation

O primeiro passo consiste em propagar as entradas através da rede neural e calcular os erros.

Primeiro padrão de entrada $\mathbf{x}_1 = [1]$

A saída no primeiro neurônio é calculada determinando o valor de $\mathbf{y}_1^1 = \varphi^1(\mathbf{v}_1^1)$, assim temos que

$$\mathbf{v}_1^1 = \mathbf{W}^1\mathbf{x}_1 + \mathbf{b}^1 = [1][1] + [0] = [1],$$
$$\mathbf{y}_1^1 = \varphi^1(\mathbf{v}_1^1) = ([1])^2 = [1].$$

A saída do segundo neurônio é dada por

$$\mathbf{v}_1^2 = \mathbf{W}^2\mathbf{y}_1^1 + \mathbf{b}^2 = [2][1] + [1] = [3],$$
$$\mathbf{y}_1^2 = \varphi^2(\mathbf{v}_1^2) = ([3]) = [3].$$

Dessa forma, conhecendo a saída da rede neural para o primeiro padrão de entrada e sabendo o valor desejado, calculamos o primeiro vetor de erros

$$\mathbf{e}_1 = \mathbf{d}_1 - \mathbf{y}_1^2 = [1] - [3] = [-2].$$

Segundo padrão de entrada $\mathbf{x}_2 = [2]$

A saída no primeiro neurônio é calculada determinando o valor de $\mathbf{y}_2^1 = \varphi^1(\mathbf{v}_2^1)$ para o segundo padrão de entrada, assim temos que

$$\mathbf{v}_2^1 = \mathbf{W}^1\mathbf{x}_2 + \mathbf{b}^1 = [1][2] + [0] = [2],$$
$$\mathbf{y}_2^1 = \varphi^1(\mathbf{v}_2^1) = ([2])^2 = [4].$$

A saída do segundo neurônio, para o segundo padrão de entrada é dada por

$$\mathbf{v}_2^2 = \mathbf{W}^2\mathbf{y}_2^1 + \mathbf{b}^2 = [2][4] + [1] = [9],$$
$$\mathbf{y}_2^2 = \varphi^2(\mathbf{v}_2^2) = ([9]) = [9].$$

Dessa forma, conhecendo a saída da rede neural para o segundo padrão de entrada e sabendo o valor desejado, calculamos o primeiro vetor de erros

$$\mathbf{e}_2 = \mathbf{d}_2 - \mathbf{y}_2^2 = [2] - [9] = [-7].$$

Parte–II
Equações oriundas do LMBP

A seguir calculamos as sensibilidades do LMBP e as retropropagamos ao longo da rede.

Primeiro padrão de entrada $\mathbf{x}_1 = [1]$

Começando da última camada, para o primeiro padrão de entrada, temos que calcular

$$\mathbf{S}_1^2 = -\dot{\mathbf{\Phi}}^2\left(\mathbf{v}_1^2\right).$$

Veja que $\dot{\mathbf{\Phi}}^2$ representa a matriz de derivadas das funções de ativação da última camada da rede neural. Como temos somente um neurônio na camada de saída, para a função de ativação dada, $\mathbf{S}_1^2$ resulta em

$$\mathbf{S}_1^2 = -[1] = [-1].$$

Na primeira camada

$$\mathbf{S}_1^1 = \dot{\mathbf{\Phi}}^1\left(\mathbf{v}_1^1\right)\left(\mathbf{W}^{1+1}\right)^T \mathbf{S}_1^{1+1} = \dot{\mathbf{\Phi}}^1\left(\mathbf{v}_1^1\right)\left(\mathbf{W}^2\right)^T \mathbf{S}_1^2,$$

$$\mathbf{S}_1^1 = \left[2v_{1,1}^1\right][2][-1] = \left[2(1)\right][2][-1] = [-4].$$

Segundo padrão de entrada $\mathbf{x}_2 = [2]$

Na camada de saída

$$\mathbf{S}_2^2 = -\dot{\mathbf{\Phi}}^2\left(\mathbf{v}_2^2\right) = [-1].$$

Na primeira camada

$$\mathbf{S}_2^1 = \dot{\mathbf{\Phi}}^1\left(\mathbf{v}_2^1\right)\left(\mathbf{W}^2\right)^T \mathbf{S}_2^2,$$

$$\mathbf{S}_2^1 = \left[2v_{1,2}^1\right][2][-1] = \left[2(2)\right][2][-1] = [-8].$$

Com as sensibilidades calculadas para cada padrão de entrada, em cada uma das camadas da rede neural, podemos montar as matrizes de sensibilidades. Para a primeira camada, considerando os padrões de entrada temos

$$\mathbf{S}^1 = \left[\mathbf{S}_1^1 \middle| \mathbf{S}_2^1\right] = [-4 \;\; -8],$$

e, para a segunda camada

$$\mathbf{S}^2 = \left[\mathbf{S}_1^2 \middle| \mathbf{S}_2^2\right] = [-1 \;\; -1].$$

Podemos agora calcular os elementos da matriz Jacobiana utilizando as expressões para $[\mathbf{J}]_{h,l}$, sendo $h = (q-1)S^M + k$ em que q é o índice para os padrões de entrada variando de 1 a 2, S^M é o número de saídas da rede, nesse caso temos uma saída e k é o índice das saídas, nesse caso temos $k = 1$. Então, h assumirá os valores $h = (1-1)(1)+(1)$, ou seja, $h=1$ e $h = (2-1)(1)+(1)$ terá como resultado $h = 2$.

A matriz Jacobiana é dada por

$$\mathbf{J}(\mathbf{w}) = \begin{bmatrix} \dfrac{\partial e_1}{\partial w_1} & \dfrac{\partial e_1}{\partial w_2} & \dfrac{\partial e_1}{\partial w_3} & \dfrac{\partial e_1}{\partial w_4} \\ \dfrac{\partial e_2}{\partial w_1} & \dfrac{\partial e_2}{\partial w_2} & \dfrac{\partial e_2}{\partial w_3} & \dfrac{\partial e_2}{\partial w_4} \end{bmatrix} = \begin{bmatrix} \dfrac{\partial e_{1,1}}{\partial w_{1,1}^1} & \dfrac{\partial e_{1,1}}{\partial b_1^1} & \dfrac{\partial e_{1,1}}{\partial w_{1,1}^2} & \dfrac{\partial e_{1,1}}{\partial b_1^2} \\ \dfrac{\partial e_{1,2}}{\partial w_{1,1}^1} & \dfrac{\partial e_{1,2}}{\partial b_1^1} & \dfrac{\partial e_{1,2}}{\partial w_{1,1}^2} & \dfrac{\partial e_{1,2}}{\partial b_1^2} \end{bmatrix},$$

onde cada um de seus elementos é calculado como segue. Para a primeira linha temos

$$[\mathbf{J}]_{1,1} = \frac{\partial e_1}{\partial w_1} = \frac{\partial e_{1,1}}{\partial w_{1,1}^1} = \frac{\partial e_{1,1}}{\partial v_{1,1}^1} \times \frac{\partial v_{1,1}^1}{\partial w_{1,1}^1} = s_{1,1}^1 \times \frac{\partial v_{1,1}^1}{\partial w_{1,1}^1} = s_{1,1}^1 \times y_{1,1}^{1-1} = s_{1,1}^1 \times y_{1,1}^0 = s_{1,1}^1 \times x_{1,1},$$

$$[\mathbf{J}]_{1,1} = (-4)(1) = -4.$$

$$[\mathbf{J}]_{1,2} = \frac{\partial e_1}{\partial w_2} = \frac{\partial e_{1,1}}{\partial b_1^1} = \frac{\partial e_{1,1}}{\partial v_{1,1}^1} \times \frac{\partial v_{1,1}^1}{\partial b_1^1} = s_{1,1}^1 \times \frac{\partial v_{1,1}^1}{\partial b_1^1} = s_{1,1}^1,$$

$$[\mathbf{J}]_{1,2} = -4.$$

$$[\mathbf{J}]_{1,3} = \frac{\partial e_1}{\partial w_3} = \frac{\partial e_{1,1}}{\partial w_{1,1}^2} = \frac{\partial e_{1,1}}{\partial v_{1,1}^2} \times \frac{\partial v_{1,1}^2}{\partial w_{1,1}^2} = s_{1,1}^2 \times \frac{\partial v_{1,1}^2}{\partial w_{1,1}^2} = s_{1,1}^2 \times y_{1,1}^{2-1} = s_{1,1}^2 \times y_{1,1}^1,$$

$$[\mathbf{J}]_{1,3} = (-1)(1) = -1.$$

$$[\mathbf{J}]_{1,4} = \frac{\partial e_1}{\partial w_4} = \frac{\partial e_{1,1}}{\partial b_1^2} = \frac{\partial e_{1,1}}{\partial v_{1,1}^2} \times \frac{\partial v_{1,1}^2}{\partial b_1^2} = s_{1,1}^2 \times \frac{\partial v_{1,1}^2}{\partial b_1^2} = s_{1,1}^2,$$

$$[\mathbf{J}]_{1,4} = -1.$$

Para a segunda linha temos

$$[\mathbf{J}]_{2,1} = \frac{\partial e_2}{\partial w_1} = \frac{\partial e_{1,2}}{\partial w_{1,1}^1} = \frac{\partial e_{1,2}}{\partial v_{1,2}^1} \times \frac{\partial v_{1,2}^1}{\partial w_{1,1}^1} = s_{1,2}^1 \times \frac{\partial v_{1,2}^1}{\partial w_{1,1}^1} = s_{1,2}^1 \times y_{1,2}^{1-1} = s_{1,2}^1 \times y_{1,2}^0 = s_{1,2}^1 \times x_{1,2},$$

$$[\mathbf{J}]_{2,1} = (-8)(2) = -16.$$

$$[\mathbf{J}]_{2,2} = \frac{\partial e_2}{\partial w_2} = \frac{\partial e_{1,2}}{\partial b_1^1} = \frac{\partial e_{1,2}}{\partial v_{1,2}^1} \times \frac{\partial v_{1,2}^1}{\partial b_1^1} = s_{1,2}^1 \times \frac{\partial v_{1,2}^1}{\partial b_1^1} = s_{1,2}^1,$$

$$[\mathbf{J}]_{2,2} = -8.$$

$$[\mathbf{J}]_{2,3} = \frac{\partial e_2}{\partial w_3} = \frac{\partial e_{1,2}}{\partial w_{1,1}^2} = \frac{\partial e_{1,2}}{\partial v_{1,2}^2} \times \frac{\partial v_{1,2}^2}{\partial w_{1,1}^2} = s_{1,2}^2 \times \frac{\partial v_{1,2}^2}{\partial w_{1,1}^2} = s_{1,2}^2 \times y_{1,2}^{2-1} = s_{1,2}^2 \times y_{1,2}^1,$$

$$[\mathbf{J}]_{2,3} = (-1)(4) = -4.$$

$$[\mathbf{J}]_{2,4} = \frac{\partial e_2}{\partial w_4} = \frac{\partial e_{1,2}}{\partial b_1^2} = \frac{\partial e_{1,2}}{\partial v_{1,2}^2} \times \frac{\partial v_{1,2}^2}{\partial b_1^2} = s_{1,2}^2 \times \frac{\partial v_{1,2}^2}{\partial b_1^2} = s_{1,2}^2,$$

$$[\mathbf{J}]_{2,4} = -1.$$

Portanto, a matriz Jacobiana é dada por

$$\mathbf{J}(\mathbf{x}) = \begin{bmatrix} -4 & -4 & -1 & -1 \\ -16 & -8 & -4 & -1 \end{bmatrix}.$$

EXEMPLO 7.5 Construção da Matriz Jacobiana para o Algoritmo de Levenberg-Marquardt com Backpropagation [Hagan, 2014]

Considere o uso da rede neural mostrada na Figura–8 para aproximar a função

$$g(p) = 1 + sen\left(\frac{\pi p}{4}\right), \text{ com } -2 \le p \le 2.$$

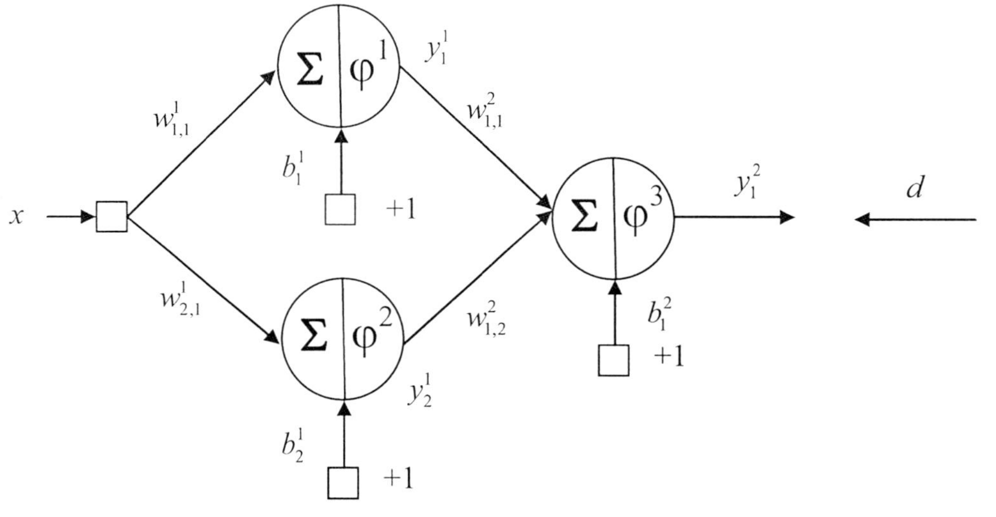

Figura–8 Rede neural para cálculo da matriz Jacobiana do algoritmo LMBP para aproximação de função.

Determinar a matriz Jacobiana utilizada no algoritmo LMBP.
Os parâmetros iniciais da rede são dados por

$$\mathbf{W}^1 = \begin{bmatrix} -0,27 \\ -0,41 \end{bmatrix}.$$

$$\mathbf{b}^1 = \begin{bmatrix} -0,48 \\ -0,13 \end{bmatrix},$$

$$\mathbf{W}^2 = [0,09 \quad -0,17],$$

$$\mathbf{b}^2 = [0,48].$$

Na primeira camada as funções de ativação são do tipo $\varphi(v)=\dfrac{1}{1+e^{-v}}$ e na camada de saída $\varphi(v)=v$. Dessa forma, as derivadas das funções de ativação para a primeira e segunda camada são, respectivamente, dadas por $\dot{\varphi}(v)=\varphi(v)\left[1-\varphi(v)\right]$ e $\dot{\varphi}(v)=1$.

Para criar o conjunto de treinamento, considere uma amostra de dois pontos da função $g(p)$ tomados em $p=1$ e $p=0$.

Parte–I
Equações oriundas do backpropagation

O primeiro passo consiste em propagar as entradas através da rede neural e calcular os erros.

Primeiro padrão de entrada $\mathbf{x}_1=[1]$

Para a primeira entrada, temos que as saídas na primeira camada são dadas por

$$\mathbf{y}^1=\boldsymbol{\varphi}^1\left(\mathbf{W}^1\mathbf{x}_1+\mathbf{b}^1\right),$$

$$\mathbf{y}^1=\boldsymbol{\varphi}^1\left(\begin{bmatrix}-0,27\\-0,41\end{bmatrix}[1]+\begin{bmatrix}-0,48\\-0,13\end{bmatrix}\right),$$

$$\mathbf{y}^1=\boldsymbol{\varphi}^1\left(\begin{bmatrix}-0,75\\-0,54\end{bmatrix}\right),$$

$$\mathbf{y}^1=\begin{bmatrix}\dfrac{1}{1+e^{0,75}}\\[2mm]\dfrac{1}{1+e^{0,54}}\end{bmatrix},$$

$$\mathbf{y}^1=\begin{bmatrix}0,321\\0,368\end{bmatrix}.$$

A saída da segunda camada é

$$\mathbf{y}^2=\boldsymbol{\varphi}^2\left(\mathbf{W}^2\mathbf{y}^1+\mathbf{b}^2\right),$$

$$\mathbf{y}^2=\boldsymbol{\varphi}^2\left(\begin{bmatrix}0,09 & -0,17\end{bmatrix}\begin{bmatrix}0,321\\0,368\end{bmatrix}+[0,48]\right),$$

$$\mathbf{y}^2=[0,446].$$

O erro para o primeiro padrão de entrada pode então ser calculado como

$$\mathbf{e}_1=\mathbf{d}_1-\mathbf{y}_1^2,$$

$$\mathbf{e}_1=\left[1+sen\left(\frac{\pi x_1}{4}\right)\right]-\mathbf{y}_1^2,$$

$$\mathbf{e}_1 = \left[1 + sen\left(\frac{\pi \times 1}{4}\right) - 0,446\right],$$

$$\mathbf{e}_1 = 1,261.$$

Segundo padrão de entrada $\mathrm{x}_2 = [0]$

Para a segunda entrada, temos que as saídas na primeira camada são dadas por

$$\mathbf{y}^1 = \varphi^1\left(\mathbf{W}^1\mathbf{x}_2 + \mathbf{b}^1\right),$$

$$\mathbf{y}^1 = \varphi^1\left(\begin{bmatrix}-0,27\\-0,41\end{bmatrix}[0] + \begin{bmatrix}-0,48\\-0,13\end{bmatrix}\right),$$

$$\mathbf{y}^1 = \varphi^1\left(\begin{bmatrix}-0,48\\-0,13\end{bmatrix}\right),$$

$$\mathbf{y}^1 = \begin{bmatrix}\dfrac{1}{1+e^{0,48}}\\[2mm]\dfrac{1}{1+e^{0,13}}\end{bmatrix},$$

$$\mathbf{y}^1 = \begin{bmatrix}0,382\\0,468\end{bmatrix}.$$

A saída da segunda camada é

$$\mathbf{y}^2 = \varphi^2\left(\mathbf{W}^2\mathbf{y}^1 + \mathbf{b}^2\right),$$

$$\mathbf{y}^2 = \varphi^2\left(\begin{bmatrix}0,09 & -0,17\end{bmatrix}\begin{bmatrix}0,382\\0,468\end{bmatrix} + [0,48]\right),$$

$$\mathbf{y}^2 = [0,435].$$

O erro para o segundo padrão de entrada pode então ser calculado como

$$\mathbf{e}_2 = \mathbf{d}_2 - \mathbf{y}_2^2,$$

$$\mathbf{e}_2 = \left[1 + sen\left(\frac{\pi x_2}{4}\right)\right] - \mathbf{y}_2^2,$$

$$\mathbf{e}_2 = \left[1 + sen\left(\frac{\pi \times 0}{4}\right) - 0,435\right],$$

$$\mathbf{e}_2 = 0,565.$$

Parte–II
Equações oriundas do LMBP

Com relação a matriz Jacobiana: (i) temos 7 pesos, então teremos 7 colunas; (ii) temos 2 padrões de entrada, então teremos 2 linhas; (iii) temos 1 saída, então de forma geral os termos de erro serão da forma $e_{k,q}$, na primeira linha sendo $e_{1,1}$ e na segunda linha $e_{1,2}$. Dessa forma, a matriz Jacobiana será

$$\mathbf{J}(\mathbf{w}) = \begin{bmatrix} \frac{\partial e_1}{\partial w_1} & \frac{\partial e_1}{\partial w_2} & \frac{\partial e_1}{\partial w_3} & \frac{\partial e_1}{\partial w_4} & \frac{\partial e_1}{\partial w_5} & \frac{\partial e_1}{\partial w_6} & \frac{\partial e_1}{\partial w_7} \\ \frac{\partial e_2}{\partial w_1} & \frac{\partial e_2}{\partial w_2} & \frac{\partial e_2}{\partial w_3} & \frac{\partial e_2}{\partial w_4} & \frac{\partial e_2}{\partial w_5} & \frac{\partial e_2}{\partial w_6} & \frac{\partial e_2}{\partial w_7} \end{bmatrix}.$$

Na Figura–9 podemos verificar como os pesos estão distribuídos na rede neural.

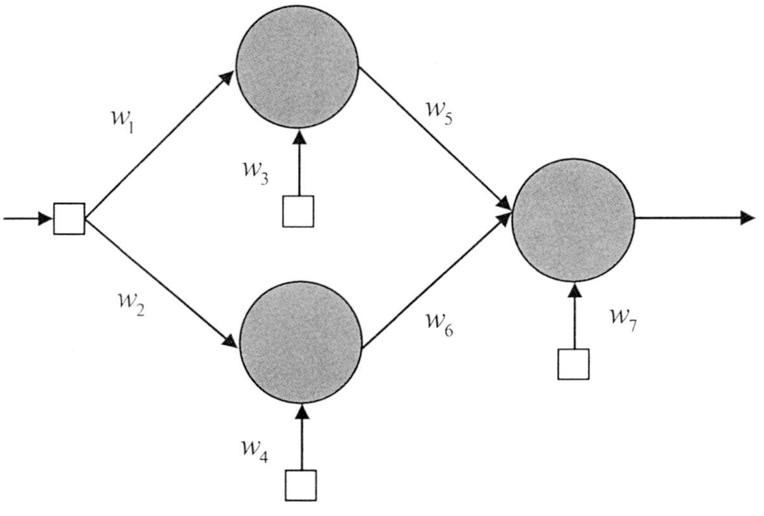

Figura–9 Distribuição dos pesos na rede neural para cálculo da matriz Jacobiana .

Primeiro padrão de entrada $\mathbf{x}_1 = [1]$

Começando da última camada, para o primeiro padrão de entrada, temos que calcular

$$\mathbf{S}_1^2 = -\dot{\mathbf{\Phi}}^2\left(\mathbf{v}_1^2\right).$$

Veja que $\dot{\mathbf{\Phi}}^2$ representa a matriz de derivadas das funções de ativação da última camada da rede neural. Como temos somente um neurônio na camada de saída, e a derivada da função de ativação com relação a $\mathbf{v}_1^2$ é igual a 1, então para a função de ativação dada, $\mathbf{S}_1^2$ resulta em

$$\mathbf{S}_1^2 = -[1] = [-1].$$

Retropropagando, vamos para a primeira camada onde sabemos que a derivada da função de ativação é do tipo $\dot{\varphi}(v) = \varphi(v)\left[1 - \varphi(v)\right]$, nesse caso

$$\dot{\mathbf{\Phi}}^1\left(\mathbf{v}_1^1\right) = \begin{bmatrix} \dot{\varphi}^k\left(v_1^k\right) & 0 \\ 0 & \dot{\varphi}^k\left(v_2^k\right) \end{bmatrix},$$

$$\dot{\mathbf{\Phi}}^1\left(\mathbf{v}_1^1\right)=\begin{bmatrix}0,321\times(1-0,321) & 0\\ 0 & 0,368\times(1-0,368)\end{bmatrix},$$

$$\dot{\mathbf{\Phi}}^1\left(\mathbf{v}_1^1\right)=\begin{bmatrix}0,218 & 0\\ 0 & 0,233\end{bmatrix}.$$

Assim, obtemos que

$$\mathbf{S}_1^1=\dot{\mathbf{\Phi}}^1\left(\mathbf{v}_1^1\right)\left(\mathbf{W}^{1+1}\right)^T\mathbf{S}_1^{1+1}=\dot{\mathbf{\Phi}}^1\left(\mathbf{v}_1^1\right)\left(\mathbf{W}^2\right)^T\mathbf{S}_1^2,$$

$$\mathbf{S}_1^1=\begin{bmatrix}0,218 & 0\\ 0 & 0,233\end{bmatrix}\begin{bmatrix}0,09 & -0,17\end{bmatrix}^T\left[-1\right],$$

$$\mathbf{S}_1^1=\begin{bmatrix}-0,0196\\ 0,0396\end{bmatrix}.$$

Segundo padrão de entrada $\mathbf{x}_2=[0]$

Na camada de saída

$$\mathbf{S}_2^2=-\dot{\mathbf{\Phi}}^2\left(\mathbf{v}_2^2\right)=[-1].$$

Na primeira camada

$$\mathbf{S}_2^1=\dot{\mathbf{\Phi}}^1\left(\mathbf{v}_2^1\right)\left(\mathbf{W}^2\right)^T\mathbf{S}_2^2,$$

onde,

$$\dot{\mathbf{\Phi}}^1\left(\mathbf{v}_2^1\right)=\begin{bmatrix}0,382\times(1-0,382) & 0\\ 0 & 0,468\times(1-0,468)\end{bmatrix},$$

$$\dot{\mathbf{\Phi}}^1\left(\mathbf{v}_2^1\right)=\begin{bmatrix}0,236 & 0\\ 0 & 0,249\end{bmatrix}.$$

Dessa forma temos que

$$\mathbf{S}_2^1=\begin{bmatrix}0,236 & 0\\ 0 & 0,249\end{bmatrix}\begin{bmatrix}0,09 & -0,17\end{bmatrix}^T\left[-1\right],$$

$$\mathbf{S}_2^1=\begin{bmatrix}-0,0212\\ 0,0423\end{bmatrix}.$$

Para a primeira camada, considerando os padrões de entrada temos a matriz de sensibilidades $\mathbf{S}^1$, sendo que o sobrescrito indica a camada, assim temos que

$$\mathbf{S}^1=\left[\mathbf{S}_1^1\middle|\mathbf{S}_2^1\right]=\begin{bmatrix}-0,0196 & -0,0212\\ 0,0396 & 0,0423\end{bmatrix},$$

e para a segunda camada

$$\mathbf{S}^2 = \left[\mathbf{S}_1^2 \middle| \mathbf{S}_2^2\right] = [-1 \ -1].$$

Para formar a matriz Jacobiana precisamos calcular os elementos $[\mathbf{J}]_{h,l}$. Assim temos que

Elementos da primeira linha da matriz Jacobiana		
$[\mathbf{J}]_{1,1}$	$s_{1,1}^1 \times y_{1,1}^0 = s_{1,1}^1 \times x_{1,1}$	$(-0,0196)(1) = -0,0196$
$[\mathbf{J}]_{1,2}$	$s_{2,1}^1 \times y_{1,1}^0 = s_{2,1}^1 \times x_{1,1}$	$(0,0396)(1) = 0,0396$
$[\mathbf{J}]_{1,3}$	$s_{1,1}^1$	$-0,0196$
$[\mathbf{J}]_{1,4}$	$s_{2,1}^1$	$0,0396$
$[\mathbf{J}]_{1,5}$	$s_{1,1}^2 \times y_{1,1}^1$	$(-1)(0,321) = -0,321$
$[\mathbf{J}]_{1,6}$	$s_{1,1}^2 \times y_{2,1}^1$	$(-1)(0,368) = -0,368$
$[\mathbf{J}]_{1,7}$	$s_{1,1}^2$	-1
Elementos da segunda linha da matriz Jacobiana		
$[\mathbf{J}]_{2,1}$	$s_{1,2}^1 \times y_{1,2}^0 = s_{1,2}^1 \times x_{1,2}$	$(-0,0212)(0) = 0$
$[\mathbf{J}]_{2,2}$	$s_{2,2}^1 \times y_{1,2}^0 = s_{2,2}^1 \times x_{1,2}$	$(0,0423)(0) = 0$
$[\mathbf{J}]_{2,3}$	$s_{1,2}^1$	$-0,0212$
$[\mathbf{J}]_{2,4}$	$s_{2,2}^1$	$0,0423$
$[\mathbf{J}]_{2,5}$	$s_{1,2}^2 \times y_{1,2}^1$	$(-1)(0,382) = -0,382$
$[\mathbf{J}]_{2,6}$	$s_{1,2}^2 \times y_{2,2}^1$	$(-1)(0,468) = -0,468$
$[\mathbf{J}]_{2,7}$	$s_{1,2}^2$	-1

Como exemplo do uso dos índices no cálculo dos elementos da matriz Jacobiana, vamos considerar os seguintes casos

Índices dos elementos da matriz Jacobiana		
$[\mathbf{J}]_{1,1}$	$s_{i,h}^m \times y_{j,q}^{m-1} \rightarrow \begin{cases} m=1 \\ h=1 \\ q=1 \\ i=1 \\ j=1 \end{cases}$	$s_{1,1}^1 \times y_{1,1}^0 = s_{1,1}^1 \times x_{1,1}$

$[\mathbf{J}]_{1,2}$	$s_{i,h}^{m} \times y_{j,q}^{m-1} \rightarrow \begin{cases} m=1 \\ h=1 \\ q=1 \\ i=2 \\ j=1 \end{cases}$	$s_{2,1}^{1} \times y_{1,1}^{0} = s_{2,1}^{1} \times x_{1,1}$
$[\mathbf{J}]_{1,3}$	$s_{i,h}^{m} \rightarrow \begin{cases} m=1 \\ h=1 \\ i=1 \end{cases}$	$s_{1,1}^{1}$
$[\mathbf{J}]_{2,5}$	$s_{i,h}^{m} \times y_{j,q}^{m-1} \rightarrow \begin{cases} m=2 \\ h=2 \\ q=2 \\ i=1 \\ j=1 \end{cases}$	$s_{1,2}^{2} \times y_{1,2}^{1}$
$[\mathbf{J}]_{2,6}$	$s_{i,h}^{m} \times y_{j,q}^{m-1} \rightarrow \begin{cases} m=2 \\ h=2 \\ q=2 \\ i=1 \\ j=2 \end{cases}$	$s_{1,2}^{2} \times y_{2,2}^{1}$
$[\mathbf{J}]_{2,7}$	$s_{i,h}^{m} \rightarrow \begin{cases} m=2 \\ h=2 \\ i=1 \end{cases}$	$s_{1,2}^{2}$

Portanto, a matriz Jacobiana é dada por

$$\mathbf{J}(\mathbf{w}) = \begin{bmatrix} -0,0196 & 0,0396 & -0,0196 & 0,0396 & -0,321 & -0,368 & -1 \\ 0 & 0 & -0,0212 & 0,0423 & -0,382 & -0,468 & -1 \end{bmatrix}.$$

EXEMPLO 7.6 Rede MLP(2, 2, 1) treinada com o algoritmo de LMBP

Vamos aplicar o algoritmo LMBP para treinar uma rede neural MLP(2, 2, 1), mostrada a seguir, na aprendizagem do operador lógico SE–ENTÃO. Lembrando que

x_1	x_2	$x_1 \rightarrow x_2$
1	1	1
1	0	1
0	1	0
0	0	1

Para isso, iniciamos os pesos e bias como

$$w_{11} = 1,$$

$$w_{21} = 2,$$
$$w_{12} = 3,$$
$$w_{22} = 4,$$
$$w_{31} = 1,$$
$$w_{32} = 2,$$
$$b_1 = 1,$$
$$b_2 = 2,$$
$$b_3 = 1,$$

também assuma que a função de ativação nos dois neurônios da camada oculta é a função sigmoide dada por

$$\varphi(v) = \frac{1}{1 + \exp(-v)},$$

com primeira derivada

$$\varphi'(v) = \varphi(v)\left[1 - \varphi(v)\right].$$

Na camada de saída a função de ativação é a linear, tal que $\varphi(v) = v$ e $\dot{\varphi}(v) = 1$.

O parâmetro de escala μ, inicialmente será igual a 0,001 e ao fator de crescimento e decrescimento v será atribuído o valor 10.

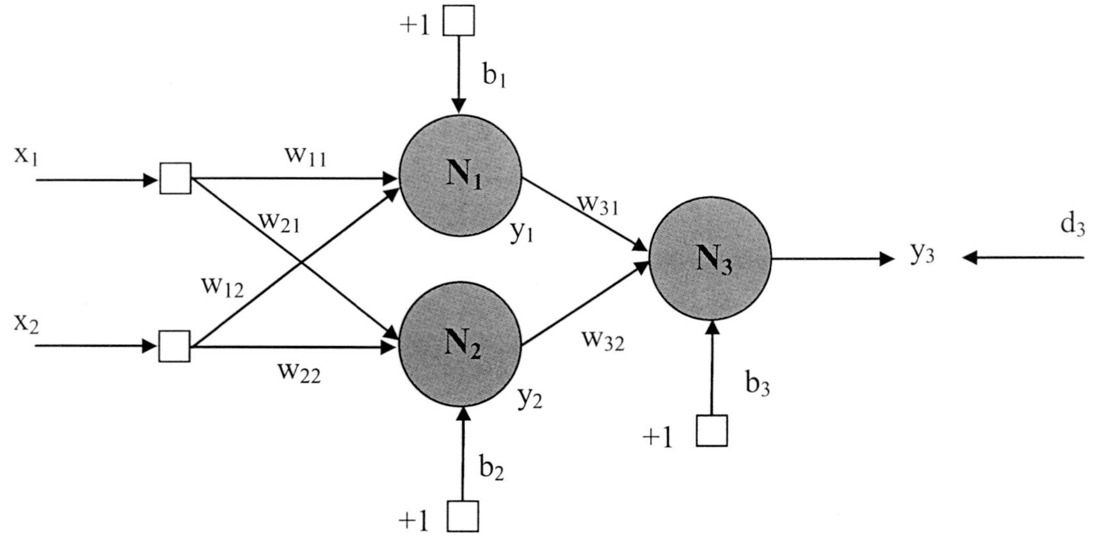

Figura–10 Rede neural MLP(2, 2, 1) para treinamento usando LMBP e backpropagation.

Parte–I
Equações oriundas do backpropagation

O primeiro passo consiste em propagar as entradas através da rede neural e calcular os erros.

Passo 1

Primeiro padrão de entrada $\mathbf{x}_1 = \begin{bmatrix}1 & 1\end{bmatrix}^T$

Para a primeira entrada, temos que as saídas na primeira camada são dadas por

$$\mathbf{y}^1 = \varphi^1\left(\mathbf{W}^1\mathbf{x}_1 + \mathbf{b}^1\right),$$

$$\mathbf{y}^1 = \varphi^1\left(\begin{bmatrix}1 & 3\\2 & 4\end{bmatrix}\begin{bmatrix}1\\1\end{bmatrix} + \begin{bmatrix}1\\2\end{bmatrix}\right),$$

$$\mathbf{y}^1 = \varphi^1\left(\begin{bmatrix}5\\8\end{bmatrix}\right),$$

$$\mathbf{y}^1 = \begin{bmatrix}\dfrac{1}{1+e^{-5}}\\\dfrac{1}{1+e^{-8}}\end{bmatrix},$$

$$\mathbf{y}^1 = \begin{bmatrix}0,9933\\0,9997\end{bmatrix}.$$

A saída da segunda camada é

$$\mathbf{y}^2 = \varphi^2\left(\mathbf{W}^2\mathbf{y}^1 + \mathbf{b}^2\right),$$

$$\mathbf{y}^2 = \varphi^2\left(\begin{bmatrix}1 & 2\end{bmatrix}\begin{bmatrix}0,9933\\0,9997\end{bmatrix} + \begin{bmatrix}1\end{bmatrix}\right),$$

$$\mathbf{y}^2 = \begin{bmatrix}3,9926\end{bmatrix}.$$

O erro para o primeiro padrão de entrada pode então ser calculado como

$$\mathbf{e}_1 = \mathbf{d}_1 - \mathbf{y}_1^2,$$

$$\mathbf{e}_1 = 1 - 3,9926,$$

$$\mathbf{e}_1 = -2,9926.$$

Segundo padrão de entrada $\mathbf{x}_2 = \begin{bmatrix}1 & 0\end{bmatrix}^T$

Para a segunda entrada, temos que as saídas na primeira camada são dadas por

$$\mathbf{y}^1 = \varphi^1\left(\mathbf{W}^1\mathbf{x}_2 + \mathbf{b}^1\right),$$

$$\mathbf{y}^1 = \varphi^1\left(\begin{bmatrix}1 & 3\\2 & 4\end{bmatrix}\begin{bmatrix}1\\0\end{bmatrix} + \begin{bmatrix}1\\2\end{bmatrix}\right),$$

$$\mathbf{y}^1 = \varphi^1\left(\begin{bmatrix}2\\4\end{bmatrix}\right),$$

$$\mathbf{y}^1 = \begin{bmatrix} \dfrac{1}{1+e^{-2}} \\ \dfrac{1}{1+e^{-4}} \end{bmatrix},$$

$$\mathbf{y}^1 = \begin{bmatrix} 0,8808 \\ 0,9820 \end{bmatrix}.$$

A saída da segunda camada é

$$\mathbf{y}^2 = \boldsymbol{\varphi}^2\left(\mathbf{W}^2\mathbf{y}^1 + \mathbf{b}^2\right),$$

$$\mathbf{y}^2 = \boldsymbol{\varphi}^2\left(\begin{bmatrix} 1 & 2 \end{bmatrix}\begin{bmatrix} 0,8808 \\ 0,9820 \end{bmatrix} + \begin{bmatrix} 1 \end{bmatrix}\right),$$

$$\mathbf{y}^2 = \begin{bmatrix} 3,8448 \end{bmatrix}.$$

O erro para o segundo padrão de entrada pode então ser calculado como

$$\mathbf{e}_2 = \mathbf{d}_2 - \mathbf{y}_1^2,$$

$$\mathbf{e}_2 = 1 - 3,8448,$$

$$\mathbf{e}_2 = -2,8448.$$

Terceiro padrão de entrada $\mathbf{x}_3 = \begin{bmatrix} 0 & 1 \end{bmatrix}^T$

Para a terceira entrada, temos que as saídas na primeira camada são dadas por

$$\mathbf{y}^1 = \boldsymbol{\varphi}^1\left(\mathbf{W}^1\mathbf{x}_3 + \mathbf{b}^1\right),$$

$$\mathbf{y}^1 = \boldsymbol{\varphi}^1\left(\begin{bmatrix} 1 & 3 \\ 2 & 4 \end{bmatrix}\begin{bmatrix} 0 \\ 1 \end{bmatrix} + \begin{bmatrix} 1 \\ 2 \end{bmatrix}\right),$$

$$\mathbf{y}^1 = \boldsymbol{\varphi}^1\left(\begin{bmatrix} 4 \\ 6 \end{bmatrix}\right),$$

$$\mathbf{y}^1 = \begin{bmatrix} \dfrac{1}{1+e^{-4}} \\ \dfrac{1}{1+e^{-6}} \end{bmatrix},$$

$$\mathbf{y}^1 = \begin{bmatrix} 0,9820 \\ 0,9975 \end{bmatrix}.$$

A saída da segunda camada é

$$\mathbf{y}^2 = \boldsymbol{\varphi}^2\left(\mathbf{W}^2\mathbf{y}^1 + \mathbf{b}^2\right),$$

$$\mathbf{y}^2 = \varphi^2\left(\begin{bmatrix}1 & 2\end{bmatrix}\begin{bmatrix}0,9820\\0,9975\end{bmatrix} + \begin{bmatrix}1\end{bmatrix}\right),$$
$$\mathbf{y}^2 = \begin{bmatrix}3,9771\end{bmatrix}.$$

O erro para o terceiro padrão de entrada pode então ser calculado como

$$\mathbf{e}_3 = \mathbf{d}_3 - \mathbf{y}_1^2,$$
$$\mathbf{e}_3 = 0 - 3,9771,$$
$$\mathbf{e}_3 = -3,9771.$$

Quarto padrão de entrada $\mathbf{x}_4 = \begin{bmatrix}0 & 0\end{bmatrix}^T$

Para a quarta entrada, temos que as saídas na primeira camada são dadas por

$$\mathbf{y}^1 = \varphi^1\left(\mathbf{W}^1\mathbf{x}_4 + \mathbf{b}^1\right),$$
$$\mathbf{y}^1 = \varphi^1\left(\begin{bmatrix}1 & 3\\2 & 4\end{bmatrix}\begin{bmatrix}0\\0\end{bmatrix} + \begin{bmatrix}1\\2\end{bmatrix}\right),$$
$$\mathbf{y}^1 = \varphi^1\left(\begin{bmatrix}1\\2\end{bmatrix}\right),$$
$$\mathbf{y}^1 = \begin{bmatrix}\dfrac{1}{1+e^{-1}}\\\dfrac{1}{1+e^{-2}}\end{bmatrix},$$
$$\mathbf{y}^1 = \begin{bmatrix}0,7311\\0,8808\end{bmatrix}.$$

A saída da segunda camada é

$$\mathbf{y}^2 = \varphi^2\left(\mathbf{W}^2\mathbf{y}^1 + \mathbf{b}^2\right),$$
$$\mathbf{y}^2 = \varphi^2\left(\begin{bmatrix}1 & 2\end{bmatrix}\begin{bmatrix}0,7311\\0,8808\end{bmatrix} + \begin{bmatrix}1\end{bmatrix}\right),$$
$$\mathbf{y}^2 = \begin{bmatrix}3,4927\end{bmatrix}.$$

O erro para o quarto padrão de entrada pode então ser calculado como

$$\mathbf{e}_4 = \mathbf{d}_4 - \mathbf{y}_1^2,$$
$$\mathbf{e}_4 = 1 - 3,4927,$$
$$\mathbf{e}_4 = -2,4927.$$

Após determinar os erros podemos calcular a soma dos erros quadrados sobre todas as entradas, o que produz

$$E(\mathbf{w})=\frac{1}{2}\sum_{i=1}^{4}(e_i)^2=\frac{e_1^2+e_2^2+e_3^2+e_4^2}{2},$$

$$E(\mathbf{w})=\frac{(-2,9926)^2+(-2,8448)^2+(-3,9771)^2+(-2,4927)^2}{2},$$

$$E(\mathbf{w})=19,5397.$$

Parte–II
Equações oriundas do LMBP

Nesse caso temos 4 padrões de entrada e 9 pesos e bias, sendo assim a matriz Jacobiana terá a seguinte configuração

$$\mathbf{J}(\mathbf{w})=\begin{bmatrix} \frac{\partial e_1}{\partial w_1} & \frac{\partial e_1}{\partial w_2} & \frac{\partial e_1}{\partial w_3} & \frac{\partial e_1}{\partial w_4} & \frac{\partial e_1}{\partial w_5} & \frac{\partial e_1}{\partial w_6} & \frac{\partial e_1}{\partial w_7} & \frac{\partial e_1}{\partial w_8} & \frac{\partial e_1}{\partial w_9} \\ \frac{\partial e_2}{\partial w_1} & \frac{\partial e_2}{\partial w_2} & \frac{\partial e_2}{\partial w_3} & \frac{\partial e_2}{\partial w_4} & \frac{\partial e_2}{\partial w_5} & \frac{\partial e_2}{\partial w_6} & \frac{\partial e_2}{\partial w_7} & \frac{\partial e_2}{\partial w_8} & \frac{\partial e_2}{\partial w_9} \\ \frac{\partial e_3}{\partial w_1} & \frac{\partial e_3}{\partial w_2} & \frac{\partial e_3}{\partial w_3} & \frac{\partial e_3}{\partial w_4} & \frac{\partial e_3}{\partial w_5} & \frac{\partial e_3}{\partial w_6} & \frac{\partial e_3}{\partial w_7} & \frac{\partial e_3}{\partial w_8} & \frac{\partial e_3}{\partial w_9} \\ \frac{\partial e_4}{\partial w_1} & \frac{\partial e_4}{\partial w_2} & \frac{\partial e_4}{\partial w_3} & \frac{\partial e_4}{\partial w_4} & \frac{\partial e_4}{\partial w_5} & \frac{\partial e_4}{\partial w_5} & \frac{\partial e_4}{\partial w_7} & \frac{\partial e_4}{\partial w_8} & \frac{\partial e_4}{\partial w_9} \end{bmatrix}.$$

Na Figura–11 podemos verificar como os pesos estão distribuídos na rede neural.

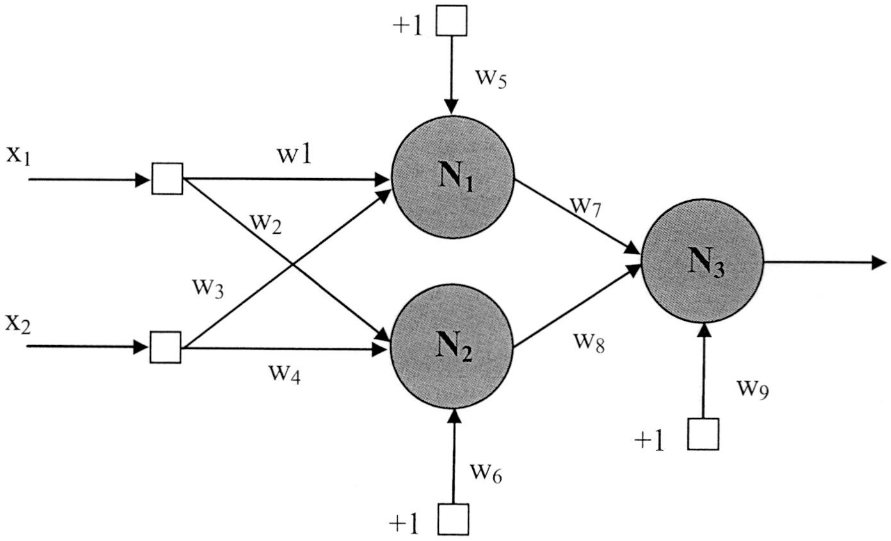

Figura–11 Distribuição dos pesos na rede neural para cálculo da matriz Jacobiana.

Os pesos w_1, w_2, w_3 e w_4 correspondem às ponderações das sinapses que ligam os sinais de entrada aos neurônios da primeira camada da rede.

O peso w_5 é o bias do neurônio N_1.

O peso w_6 é o bias do neurônio N_2.

Os pesos w_7 e w_8 correspondem às ponderações das sinapses que ligam os neurônios da camada intermediária ao neurônio da camada de saída da rede.

O peso w_9 é o bias do neurônio N_3.

Foi utilizada essa forma para escrever pesos e bias para facilitar a compreensão de como as derivadas parciais são dispostas na matriz Jacobiana quando empregamos o algoritmo de aprendizagem LMBP. E como veremos na etapa de implementação é assim que o MATLAB também considera a posição dessas derivadas parciais, uma vez que na documentação faz menção ao trabalho de Hagan e Menhaj de 1994.

Passo 2

Primeiro padrão de entrada $\mathbf{x}_1 = \begin{bmatrix} 1 & 1 \end{bmatrix}$

Começando da última camada, para o primeiro padrão de entrada, temos que calcular

$$\mathbf{S}_1^2 = -\dot{\mathbf{\Phi}}^2\left(\mathbf{v}_1^2\right).$$

Veja que $\dot{\mathbf{\Phi}}^2$ representa a matriz de derivadas das funções de ativação da última camada da rede neural. Como temos somente um neurônio na camada de saída, e a derivada da função de ativação com relação a $\mathbf{v}_1^2$ é igual a 1, então para a função de ativação dada, $\mathbf{S}_1^2$ resulta em

$$\mathbf{S}_1^2 = -[1] = [-1].$$

Retropropagando, vamos para a primeira camada onde sabemos que a derivada da função de ativação é do tipo $\dot{\varphi}(v) = \varphi(v)[1-\varphi(v)]$, nesse caso

$$\dot{\mathbf{\Phi}}^1\left(\mathbf{v}_1^1\right) = \begin{bmatrix} \dot{\varphi}^k\left(v_1^k\right) & 0 \\ 0 & \dot{\varphi}^k\left(v_2^k\right) \end{bmatrix},$$

$$\dot{\mathbf{\Phi}}^1\left(\mathbf{v}_1^1\right) = \begin{bmatrix} 0,9933\times(1-0,9933) & 0 \\ 0 & 0,9997\times(1-0,9997) \end{bmatrix},$$

$$\dot{\mathbf{\Phi}}^1\left(\mathbf{v}_1^1\right) = \begin{bmatrix} 0,0067 & 0 \\ 0 & 0,0003 \end{bmatrix}.$$

Assim, obtemos que

$$\mathbf{S}_1^1 = \dot{\mathbf{\Phi}}^1\left(\mathbf{v}_1^1\right)\left(\mathbf{W}^{1+1}\right)^T \mathbf{S}_1^{1+1} = \dot{\mathbf{\Phi}}^1\left(\mathbf{v}_1^1\right)\left(\mathbf{W}^2\right)^T \mathbf{S}_1^2,$$

$$\mathbf{S}_1^1 = \begin{bmatrix} 0,0067 & 0 \\ 0 & 0,0003 \end{bmatrix}\begin{bmatrix} 1 & 2 \end{bmatrix}^T [-1],$$

$$\mathbf{S}_1^1 = \begin{bmatrix} -0,0067 \\ -0,0007 \end{bmatrix}.$$

Segundo padrão de entrada $\mathbf{x}_2 = [1 \quad 0]$

Na camada de saída

$$\mathbf{S}_2^2 = -\dot{\mathbf{\Phi}}^2\left(\mathbf{v}_2^2\right) = [-1].$$

Na primeira camada

$$\mathbf{S}_2^1 = \dot{\mathbf{\Phi}}^1\left(\mathbf{v}_2^1\right)\left(\mathbf{W}^2\right)^T \mathbf{S}_2^2,$$

onde,

$$\dot{\mathbf{\Phi}}^1\left(\mathbf{v}_2^1\right) = \begin{bmatrix} 0,8808\times(1-0,8808) & 0 \\ 0 & 0,9820\times(1-0,9820) \end{bmatrix},$$

$$\dot{\mathbf{\Phi}}^1\left(\mathbf{v}_2^1\right) = \begin{bmatrix} 0,1050 & 0 \\ 0 & 0,0177 \end{bmatrix}.$$

Dessa forma temos que

$$\mathbf{S}_2^1 = \begin{bmatrix} 0,1050 & 0 \\ 0 & 0,0177 \end{bmatrix}[1 \quad 2]^T[-1],$$

$$\mathbf{S}_2^1 = \begin{bmatrix} -0,1050 \\ -0,0354 \end{bmatrix}.$$

Terceiro padrão de entrada $\mathbf{x}_3 = [0 \quad 1]$

Na camada de saída

$$\mathbf{S}_3^2 = -\dot{\mathbf{\Phi}}^2\left(\mathbf{v}_3^2\right) = [-1].$$

Na primeira camada

$$\mathbf{S}_3^1 = \dot{\mathbf{\Phi}}^1\left(\mathbf{v}_3^1\right)\left(\mathbf{W}^2\right)^T \mathbf{S}_3^2,$$

onde,

$$\dot{\mathbf{\Phi}}^1\left(\mathbf{v}_3^1\right) = \begin{bmatrix} 0,9820\times(1-0,9820) & 0 \\ 0 & 0,9975\times(1-0,9975) \end{bmatrix},$$

$$\dot{\mathbf{\Phi}}^1\left(\mathbf{v}_3^1\right) = \begin{bmatrix} 0,0177 & 0 \\ 0 & 0,0025 \end{bmatrix}.$$

Dessa forma temos que

$$\mathbf{S}_3^1 = \begin{bmatrix} 0,0177 & 0 \\ 0 & 0,0025 \end{bmatrix}[1 \quad 2]^T[-1],$$

$$\mathbf{S}_3^1 = \begin{bmatrix} -0,0177 \\ -0,0050 \end{bmatrix}.$$

Quarto padrão de entrada $\mathbf{x}_4 = \begin{bmatrix} 0 & 0 \end{bmatrix}$

Na camada de saída

$$\mathbf{S}_4^2 = -\dot{\mathbf{\Phi}}^2\left(\mathbf{v}_4^2\right) = \left[-1\right].$$

Na primeira camada

$$\mathbf{S}_4^1 = \dot{\mathbf{\Phi}}^1\left(\mathbf{v}_4^1\right)\left(\mathbf{W}^2\right)^T \mathbf{S}_4^2,$$

onde,

$$\dot{\mathbf{\Phi}}^1\left(\mathbf{v}_4^1\right) = \begin{bmatrix} 0,7311\times\left(1-0,7311\right) & 0 \\ 0 & 0,8808\times\left(1-0,8808\right) \end{bmatrix},$$

$$\dot{\mathbf{\Phi}}^1\left(\mathbf{v}_4^1\right) = \begin{bmatrix} 0,1966 & 0 \\ 0 & 0,1050 \end{bmatrix}.$$

Dessa forma temos que

$$\mathbf{S}_4^1 = \begin{bmatrix} 0,1966 & 0 \\ 0 & 0,1050 \end{bmatrix}\begin{bmatrix} 1 & 2 \end{bmatrix}^T \left[-1\right],$$

$$\mathbf{S}_4^1 = \begin{bmatrix} -0,1966 \\ -0,2100 \end{bmatrix}.$$

Para a primeira camada, considerando os padrões de entrada temos a matriz de sensibilidades $\mathbf{S}^1$, sendo que o sobrescrito indica a camada

$$\mathbf{S}^1 = \left[\mathbf{S}_1^1 \middle| \mathbf{S}_2^1 \middle| \mathbf{S}_3^1 \middle| \mathbf{S}_4^1\right] = \begin{bmatrix} -0,0067 & -0,1050 & -0,0177 & -0,1966 \\ -0,0007 & -0,0354 & -0,0050 & -0,2100 \end{bmatrix},$$

e para a segunda camada

$$\mathbf{S}^2 = \left[\mathbf{S}_1^2 \middle| \mathbf{S}_2^2 \middle| \mathbf{S}_3^2 \middle| \mathbf{S}_4^2\right] = \begin{bmatrix} -1 & -1 & -1 & -1 \end{bmatrix}.$$

O cálculo da matriz Jacobiana constitui-se no ponto-chave da aplicação do algoritmo LMBP. Todos os pesos, parâmetros ajustáveis, da rede neural dependem da determinação da matriz Jacobiana. Como vimos, em um problema que utilize uma rede neural alimentada adiante, os termos da Jacobiana podem ser calculados a partir de simples modificações no algoritmo backpropagation padrão. Na versão tradicional do backpropagation, as derivadas parciais da função de desempenho com relação aos parâmetros ajustáveis são necessárias, enquanto que no algoritmo LMBP as derivadas do erro são necessárias para a matriz Jacobiana. Isso significa que a Jacobiana pode ser calculada utilizando os termos de sensibilidades utilizando a expressão

$$\mathbf{S}_q^m = \dot{\mathbf{\Phi}}^m\left(\mathbf{v}_q^m\right)\left(\mathbf{W}^{m+1}\right)^T \mathbf{S}_q^{m+1},$$

com uma modificação na camada final. O procedimento algébrico definido por Hagan e Menhaj (1994) torna possível expressar tanto a Hessiana como o gradiente em termos da matriz Jacobiana, de tal forma que os pesos da rede neural possam ser atualizados. A implementação do algoritmo LMBP requer um armazenamento intermediário de $n.n$ matrizes comparado a apenas um vetor de n elementos de vários outros métodos que utilizam o backpropagation. Onde n é o número de pesos e bias da rede.

Para formar a matriz Jacobiana precisamos calcular os elementos $[\mathbf{J}]_{h,l}$. Assim temos que

Elementos da primeira linha da matriz Jacobiana			Elementos da segunda linha da matriz Jacobiana		
$[\mathbf{J}]_{1,1}$	$s^1_{1,1} \times y^0_{1,1} = s^1_{1,1} \times x_{1,1}$	$-0,0067$	$[\mathbf{J}]_{2,1}$	$s^1_{1,2} \times y^0_{1,2} = s^1_{1,2} \times x_{1,2}$	$-0,1050$
$[\mathbf{J}]_{1,2}$	$s^1_{2,1} \times y^0_{1,1} = s^1_{2,1} \times x_{1,1}$	$-0,0007$	$[\mathbf{J}]_{2,2}$	$s^1_{2,2} \times y^0_{1,2} = s^1_{2,2} \times x_{1,2}$	$-0,0354$
$[\mathbf{J}]_{1,3}$	$s^1_{1,1} \times y^0_{2,1} = s^1_{1,1} \times x_{2,1}$	$-0,0067$	$[\mathbf{J}]_{2,3}$	$s^1_{1,2} \times y^0_{2,2} = s^1_{1,2} \times x_{2,2}$	0
$[\mathbf{J}]_{1,4}$	$s^1_{2,1} \times y^0_{2,1} = s^1_{2,1} \times x_{2,1}$	$-0,0007$	$[\mathbf{J}]_{2,4}$	$s^1_{2,2} \times y^0_{2,2} = s^1_{2,2} \times x_{2,2}$	0
$[\mathbf{J}]_{1,5}$	$s^1_{1,1}$	$-0,0067$	$[\mathbf{J}]_{2,5}$	$s^1_{1,2}$	$-0,1050$
$[\mathbf{J}]_{1,6}$	$s^1_{2,1}$	$-0,0007$	$[\mathbf{J}]_{2,6}$	$s^1_{2,2}$	$-0,0354$
$[\mathbf{J}]_{1,7}$	$s^2_{1,1} \times y^1_{1,1}$	$-0,9933$	$[\mathbf{J}]_{2,7}$	$s^2_{1,2} \times y^1_{1,2}$	$-0,8808$
$[\mathbf{J}]_{1,8}$	$s^2_{1,1} \times y^1_{2,1}$	$-0,9997$	$[\mathbf{J}]_{2,8}$	$s^2_{1,2} \times y^1_{2,2}$	$-0,9820$
$[\mathbf{J}]_{1,9}$	$s^2_{1,1}$	-1	$[\mathbf{J}]_{2,9}$	$s^2_{1,2}$	-1
Elementos da terceira linha da matriz Jacobiana			Elementos da quarta linha da matriz Jacobiana		
$[\mathbf{J}]_{3,1}$	$s^1_{1,3} \times y^0_{1,3} = s^1_{1,3} \times x_{1,3}$	0	$[\mathbf{J}]_{4,1}$	$s^1_{1,4} \times y^0_{1,4} = s^1_{1,4} \times x_{1,4}$	0
$[\mathbf{J}]_{3,2}$	$s^1_{2,3} \times y^0_{1,3} = s^1_{2,3} \times x_{1,3}$	0	$[\mathbf{J}]_{4,2}$	$s^1_{2,4} \times y^0_{1,4} = s^1_{2,4} \times x_{1,4}$	0
$[\mathbf{J}]_{3,3}$	$s^1_{1,3} \times y^0_{2,3} = s^1_{1,3} \times x_{2,3}$	$-0,0177$	$[\mathbf{J}]_{4,3}$	$s^1_{1,4} \times y^0_{2,4} = s^1_{1,4} \times x_{2,4}$	0
$[\mathbf{J}]_{3,4}$	$s^1_{2,3} \times y^0_{2,3} = s^1_{2,3} \times x_{2,3}$	$-0,0050$	$[\mathbf{J}]_{4,4}$	$s^1_{2,4} \times y^0_{2,4} = s^1_{2,4} \times x_{2,4}$	0
$[\mathbf{J}]_{3,5}$	$s^1_{1,3}$	$-0,0177$	$[\mathbf{J}]_{4,5}$	$s^1_{1,4}$	$-0,1966$
$[\mathbf{J}]_{3,6}$	$s^1_{2,3}$	$-0,0050$	$[\mathbf{J}]_{4,6}$	$s^1_{2,4}$	$-0,2100$
$[\mathbf{J}]_{3,7}$	$s^2_{1,3} \times y^1_{1,3}$	$-0,9820$	$[\mathbf{J}]_{4,7}$	$s^2_{1,4} \times y^1_{1,4}$	$-0,7311$
$[\mathbf{J}]_{3,8}$	$s^2_{1,3} \times y^1_{2,3}$	$-0,9975$	$[\mathbf{J}]_{4,8}$	$s^2_{1,4} \times y^1_{2,4}$	$-0,8808$
$[\mathbf{J}]_{3,9}$	$s^2_{1,3}$	-1	$[\mathbf{J}]_{4,9}$	$s^2_{1,4}$	-1

Para determinação de $\Delta\mathbf{w}$ é necessário multiplicar a matriz Jacobiana $\mathbf{J}(\mathbf{w})$ e sua transposta $\mathbf{J}^T(\mathbf{w})$ e somar a matriz resultante ao produto do parâmetro μ pela matriz identidade $\mathbf{I}$.

A matriz Jacobiana é dada por

$$\mathbf{J}(\mathbf{w}) =$$

$$\begin{bmatrix} -0,0067 & -0,0007 & -0,0067 & -0,0007 & -0,0067 & -0,0007 & -0,9933 & -0,9997 & -1 \\ -0,1050 & -0,0354 & 0 & 0 & -0,1050 & -0,0354 & -0,8808 & -0,9820 & -1 \\ 0 & 0 & -0,0177 & -0,0050 & -0,0177 & -0,0050 & -0,9820 & -0,9975 & -1 \\ 0 & 0 & 0 & 0 & -0,1966 & -0,2100 & -0,7311 & -0,8808 & -1 \end{bmatrix}$$

Uma vez que a matriz Jacobiana foi determinada, podemos calcular $\Delta\mathbf{w}$. Vamos realizar essa tarefa por partes. Na primeira calculamos $\mathbf{J}^T(\mathbf{w})\mathbf{J}(\mathbf{w})$, o que resulta em uma matriz (9×9) dada por

$$\mathbf{J}^T(\mathbf{w})\mathbf{J}(\mathbf{w}) =$$

$$\begin{bmatrix} 0,0111 & 0,0037 & 0,0000 & 0,0000 & 0,0111 & 0,0037 & 0,0991 & 0,1098 & 0,1117 \\ 0,0037 & 0,0013 & 0,0000 & 0,0000 & 0,0037 & 0,0013 & 0,0319 & 0,0355 & 0,0361 \\ 0,0000 & 0,0000 & 0,0004 & 0,0001 & 0,0004 & 0,0001 & 0,0240 & 0,0244 & 0,0244 \\ 0,0000 & 0,0000 & 0,0001 & 0,0000 & 0,0001 & 0,0000 & 0,0056 & 0,0057 & 0,0057 \\ 0,0111 & 0,0037 & 0,0004 & 0,0001 & 0,0500 & 0,0451 & 0,2603 & 0,3006 & 0,3260 \\ 0,0037 & 0,0013 & 0,0001 & 0,0000 & 0,0451 & 0,0454 & 0,1903 & 0,2254 & 0,2511 \\ 0,0991 & 0,0319 & 0,0240 & 0,0056 & 0,2603 & 0,1903 & 3,2613 & 3,4814 & 3,5872 \\ 0,1098 & 0,0355 & 0,0244 & 0,0057 & 0,3006 & 0,2254 & 3,4814 & 3,7345 & 3,8600 \\ 0,1117 & 0,0361 & 0,0244 & 0,0057 & 0,3260 & 0,2511 & 3,5872 & 3,8600 & 4,0000 \end{bmatrix}.$$

O parâmetro de escala inicial μ é igual a 0,001 e a matriz identidade $\mathbf{I}$ tem dimensão (9×9), dessa forma temos que

$$\mu\mathbf{I} = \begin{bmatrix} 0,001 & 0 & 0 & 0 & 0 & 0 & 0 & 0 & 0 \\ 0 & 0,001 & 0 & 0 & 0 & 0 & 0 & 0 & 0 \\ 0 & 0 & 0,001 & 0 & 0 & 0 & 0 & 0 & 0 \\ 0 & 0 & 0 & 0,001 & 0 & 0 & 0 & 0 & 0 \\ 0 & 0 & 0 & 0 & 0,001 & 0 & 0 & 0 & 0 \\ 0 & 0 & 0 & 0 & 0 & 0,001 & 0 & 0 & 0 \\ 0 & 0 & 0 & 0 & 0 & 0 & 0,001 & 0 & 0 \\ 0 & 0 & 0 & 0 & 0 & 0 & 0 & 0,001 & 0 \\ 0 & 0 & 0 & 0 & 0 & 0 & 0 & 0 & 0,001 \end{bmatrix}.$$

A principal desvantagem do algoritmo de Levenberg-Marquardt com backpropagation é que ele requer o armazenamento de várias matrizes que podem ser bastante grandes para certos problemas. O tamanho da matriz Jacobiana é igual ao produto do número de conjuntos de treinamento e do número de pesos e bias na rede. Mesmo se utilizarmos alguma técnica de redução de memória, o algoritmo de Levenberg-Marquardt com backpropagation sempre calculará a matriz Hessiana aproximada, que tem dimensão igual ao produto do número de pesos e bias existentes na rede. Se a rede que está sendo implementada é muito grande, então pode acontecer que a memória disponível não seja suficiente. Se este for o caso, então a solução do problema vai querer a utilização de algum outro algoritmo de gradiente descendente.

A partir dos cálculos realizados anteriormente, somando $\mathbf{J}^T(\mathbf{w})\mathbf{J}(\mathbf{w})$ e $\mu\mathbf{I}$, resulta em

$$\left[\mathbf{J}^T(\mathbf{w})\mathbf{J}(\mathbf{w})+\mu\mathbf{I}\right]=$$

$$\begin{bmatrix}
0{,}0121 & 0{,}0037 & 0{,}0000 & 0{,}0000 & 0{,}0111 & 0{,}0037 & 0{,}0991 & 0{,}1098 & 0{,}1117 \\
0{,}0037 & 0{,}0023 & 0{,}0000 & 0{,}0000 & 0{,}0037 & 0{,}0013 & 0{,}0319 & 0{,}0355 & 0{,}0361 \\
0{,}0000 & 0{,}0000 & 0{,}0014 & 0{,}0001 & 0{,}0004 & 0{,}0001 & 0{,}0240 & 0{,}0244 & 0{,}0244 \\
0{,}0000 & 0{,}0000 & 0{,}0001 & 0{,}0010 & 0{,}0001 & 0{,}0000 & 0{,}0056 & 0{,}0057 & 0{,}0057 \\
0{,}0111 & 0{,}0037 & 0{,}0004 & 0{,}0001 & 0{,}0510 & 0{,}0451 & 0{,}2603 & 0{,}3006 & 0{,}3260 \\
0{,}0037 & 0{,}0013 & 0{,}0001 & 0{,}0000 & 0{,}0451 & 0{,}0464 & 0{,}1903 & 0{,}2254 & 0{,}2511 \\
0{,}0991 & 0{,}0319 & 0{,}0240 & 0{,}0056 & 0{,}2603 & 0{,}1903 & 3{,}2623 & 3{,}4814 & 3{,}5872 \\
0{,}1098 & 0{,}0355 & 0{,}0244 & 0{,}0057 & 0{,}3006 & 0{,}2254 & 3{,}4814 & 3{,}7355 & 3{,}8600 \\
0{,}1117 & 0{,}0361 & 0{,}0244 & 0{,}0057 & 0{,}3260 & 0{,}2511 & 3{,}5872 & 3{,}8600 & 4{,}0010
\end{bmatrix}.$$

Observe que somente os valores da diagonal da matriz $\mathbf{J}^T(\mathbf{w})\mathbf{J}(\mathbf{w})$ foram alterados quando somamos $\mu\mathbf{I}$ a ela.

Uma vez determinada a soma mostrada acima precisamos calcular sua matriz inversa que também tem dimensão (9×9). Para calcular a inversa de $\left[\mathbf{J}^T(\mathbf{w})\mathbf{J}(\mathbf{w})+\mu\mathbf{I}\right]$, podemos usar o comando `inv` do MATLAB, o que resulta em

$$\left[\mathbf{J}^T(\mathbf{w})\mathbf{J}(\mathbf{w})+\mu\mathbf{I}\right]^{-1}=$$

$$\begin{bmatrix}
352{,}4221 & -218{,}9499 & 68{,}5962 & 18{,}9004 & -172{,}5918 & 236{,}6223 & 120{,}8717 & -134{,}0858 & 11{,}8937 \\
-218{,}9499 & 924{,}8786 & 15{,}6301 & 3{,}4176 & -63{,}5305 & 83{,}0145 & 44{,}1234 & -47{,}4619 & 3{,}8634 \\
68{,}5962 & 15{,}6301 & 938{,}0956 & -23{,}2226 & 8{,}1502 & 25{,}0156 & -14{,}8793 & -5{,}8233 & 8{,}9805 \\
18{,}9004 & 3{,}4176 & -23{,}2226 & 991{,}1795 & -1{,}7851 & 9{,}5446 & -1{,}6230 & -3{,}3709 & 2{,}4248 \\
-172{,}5918 & -63{,}5305 & 8{,}1502 & -1{,}7851 & 629{,}1623 & -263{,}6515 & 259{,}8648 & -59{,}3236 & -205{,}1285 \\
236{,}6223 & 83{,}0145 & 25{,}0156 & 9{,}5446 & -263{,}6515 & 518{,}0511 & 192{,}8924 & 44{,}5890 & -234{,}5118 \\
120{,}8717 & 44{,}1234 & -14{,}8793 & -1{,}6230 & 259{,}8648 & 192{,}8924 & 483{,}6215 & -293{,}9651 & -186{,}9570 \\
-134{,}0858 & -47{,}4619 & -5{,}8233 & -3{,}3709 & -59{,}3236 & 44{,}5890 & -293{,}9651 & 631{,}8725 & -339{,}7953 \\
11{,}8937 & 3{,}8634 & 8{,}9805 & 2{,}4248 & -205{,}1285 & -234{,}5118 & -186{,}9570 & -339{,}7953 & 526{,}6981
\end{bmatrix}$$

Multiplicando a inversa de $\left[\mathbf{J}^T(\mathbf{w})\mathbf{J}(\mathbf{w})+\mu\mathbf{I}\right]$ pela transposta da Jacobiana temos que

$$\left[\mathbf{J}^T(\mathbf{w})\mathbf{J}(\mathbf{w})+\mu\mathbf{I}\right]^{-1}\mathbf{J}^T(\mathbf{w})=\begin{bmatrix} 0{,}4000 & -6{,}1929 & 3{,}7241 & 2{,}0807 \\ 0{,}8365 & -2{,}1386 & 0{,}5664 & 0{,}7395 \\ 4{,}8090 & 0{,}3464 & -5{,}3178 & 0{,}1713 \\ 1{,}8953 & 0{,}0591 & -2{,}0294 & 0{,}0775 \\ 3{,}4271 & -1{,}8624 & -0{,}8368 & -0{,}9330 \\ -2{,}0778 & 2{,}3861 & 2{,}1998 & -2{,}7427 \\ -2{,}1634 & 1{,}2892 & -0{,}0217 & 0{,}7089 \\ 1{,}4471 & -1{,}3693 & -0{,}8768 & 0{,}4592 \\ 0{,}0940 & 0{,}1073 & 0{,}4718 & -1{,}1464 \end{bmatrix}.$$

Passo 3

Por fim, multiplicando pelo vetor de erros

$$\mathbf{e}(\mathbf{w})=\begin{bmatrix} -2{,}9926 \\ -2{,}8448 \\ -3{,}9771 \\ -2{,}4927 \end{bmatrix},$$

e tomando o sinal negativo desse resultado, temos $\Delta\mathbf{w}$ dado por

$$\Delta\mathbf{w}=\begin{bmatrix} 3{,}5771 \\ 0{,}5156 \\ -5{,}3453 \\ -2{,}0382 \\ -0{,}6960 \\ 2{,}4823 \\ -1{,}1258 \\ -1{,}9072 \\ -0{,}3947 \end{bmatrix}.$$

A seguir podemos verificar as dimensões das matrizes envolvidas

$$\underset{(9\times1)}{\Delta\mathbf{w}}=-\underbrace{\underbrace{\left[\underbrace{\mathbf{J}^T(\mathbf{w})}_{(9\times4)}\underset{(4\times9)}{\mathbf{J}(\mathbf{w})}+\underset{(9\times9)}{\mu\mathbf{I}}\right]^{-1}}_{(9\times9)}\mathbf{J}^T(\mathbf{w})}_{(9\times4)}\underset{(4\times1)}{\mathbf{e}(\mathbf{w})},$$

sendo que essas dimensões levam em consideração principalmente a quantidade de padrões de treinamento igual a 4 e a quantidade de pesos da rede neural igual a 9.

Uma vez que temos $\Delta\mathbf{w}$, podemos atualizar os pesos fazendo $\mathbf{w}_{k+1}$ igual a $\mathbf{w}_k + \Delta\mathbf{w}_k$, ou seja

$$\mathbf{w}_{k+1} = \begin{bmatrix} w_1(k+1) \\ w_2(k+1) \\ w_3(k+1) \\ w_4(k+1) \\ w_5(k+1) \\ w_6(k+1) \\ w_7(k+1) \\ w_8(k+1) \\ w_9(k+1) \end{bmatrix} = \begin{bmatrix} w_{11}(k+1) \\ w_{21}(k+1) \\ w_{12}(k+1) \\ w_{22}(k+1) \\ b_1(k+1) \\ b_2(k+1) \\ w_{31}(k+1) \\ w_{32}(k+1) \\ b_3(k+1) \end{bmatrix} = \begin{bmatrix} 1 \\ 2 \\ 3 \\ 4 \\ 1 \\ 2 \\ 1 \\ 2 \\ 1 \end{bmatrix} + \begin{bmatrix} 3,5771 \\ 0,5156 \\ -5,3453 \\ -2,0382 \\ -0,6960 \\ 2,4823 \\ -1,1258 \\ -1,9072 \\ -0,3947 \end{bmatrix} = \begin{bmatrix} 4,5771 \\ 2,5156 \\ -2,3453 \\ 1,9618 \\ 0,3040 \\ 4,4823 \\ -0,1258 \\ 0,0928 \\ 0,6053 \end{bmatrix}.$$

Passo 4

Agora precisamos recalcular a soma dos quadrados dos erros. Se esta soma de quadrados for menor que a calculada no Passo 1, então dividir μ por ν, fazer $\mathbf{w}_{k+1} = \mathbf{w}_k + \Delta\mathbf{w}_k$ e voltar ao Passo 1. Se a soma dos quadrados não for reduzida, então multiplicar μ por ν e ir para o Passo 3.

Agora temos que

$$\mathbf{W}^1 = \begin{bmatrix} 4,5771 & -2,3453 \\ 2,5156 & 1,9618 \end{bmatrix},$$

e

$$\mathbf{b}^1 = \begin{bmatrix} 0,3040 \\ 4,4823 \end{bmatrix}.$$

Primeiro padrão de entrada $\mathbf{x}_1 = \begin{bmatrix} 1 & 1 \end{bmatrix}^T$

Para a primeira entrada, temos que as saídas na primeira camada são dadas por

$$\mathbf{y}^1 = \boldsymbol{\varphi}^1\left(\mathbf{W}^1\mathbf{x}_1 + \mathbf{b}^1\right),$$

$$\mathbf{y}^1 = \boldsymbol{\varphi}^1\left(\begin{bmatrix} 4,5771 & -2,3453 \\ 2,5156 & 1,9618 \end{bmatrix}\begin{bmatrix} 1 \\ 1 \end{bmatrix} + \begin{bmatrix} 0,3040 \\ 4,4823 \end{bmatrix}\right),$$

$$\mathbf{y}^1 = \boldsymbol{\varphi}^1\left(\begin{bmatrix} 2,5358 \\ 8,9597 \end{bmatrix}\right),$$

$$\mathbf{y}^1 = \begin{bmatrix} \dfrac{1}{1+e^{-2,5358}} \\ \dfrac{1}{1+e^{-8,9597}} \end{bmatrix},$$

$$\mathbf{y}^1 = \begin{bmatrix} 0,926614 \\ 0,999872 \end{bmatrix}.$$

Como agora temos que

$$\mathbf{W}^2 = \begin{bmatrix} -0,1258 & 0,0928 \end{bmatrix}$$

e

$$\mathbf{b}^2 = \begin{bmatrix} 0,6053 \end{bmatrix},$$

então, a saída da segunda camada é

$$\mathbf{y}^2 = \varphi^2\left(\mathbf{W}^2\mathbf{y}^1 + \mathbf{b}^2\right),$$

$$\mathbf{y}^2 = \varphi^2\left(\begin{bmatrix} -0,1258 & 0,0928 \end{bmatrix}\begin{bmatrix} 0,926614 \\ 0,999872 \end{bmatrix} + \begin{bmatrix} 0,6053 \end{bmatrix}\right),$$

$$\mathbf{y}^2 = \begin{bmatrix} 0,58152 \end{bmatrix}.$$

O erro para o primeiro padrão de entrada pode então ser calculado como

$$\mathbf{e}_1 = \mathbf{d}_1 - \mathbf{y}_1^2,$$

$$\mathbf{e}_1 = 1 - 0,58152,$$

$$\mathbf{e}_1 = 0,41848.$$

Segundo padrão de entrada $\mathbf{x}_2 = \begin{bmatrix} 1 & 0 \end{bmatrix}^T$

Para a segunda entrada, temos que as saídas na primeira camada são dadas por

$$\mathbf{y}^1 = \varphi^1\left(\mathbf{W}^1\mathbf{x}_2 + \mathbf{b}^1\right),$$

$$\mathbf{y}^1 = \varphi^1\left(\begin{bmatrix} 4,5771 & -2,3453 \\ 2,5156 & 1,9618 \end{bmatrix}\begin{bmatrix} 1 \\ 0 \end{bmatrix} + \begin{bmatrix} 0,3040 \\ 4,4823 \end{bmatrix}\right),$$

$$\mathbf{y}^1 = \varphi^1\left(\begin{bmatrix} 4,8811 \\ 6,9979 \end{bmatrix}\right),$$

$$\mathbf{y}^1 = \begin{bmatrix} \dfrac{1}{1+e^{-4,8811}} \\ \dfrac{1}{1+e^{-6,9979}} \end{bmatrix},$$

$$\mathbf{y}^1 = \begin{bmatrix} 0,9925 \\ 0,9991 \end{bmatrix}.$$

A saída da segunda camada é

$$\mathbf{y}^2 = \varphi^2\left(\mathbf{W}^2\mathbf{y}^1 + \mathbf{b}^2\right),$$

$$\mathbf{y}^2 = \varphi^2\left(\begin{bmatrix} -0,1258 & 0,0928 \end{bmatrix}\begin{bmatrix} 0,9925 \\ 0,9991 \end{bmatrix} + \begin{bmatrix} 0,6053 \end{bmatrix}\right),$$

$$\mathbf{y}^2 = [0,5732].$$

O erro para o segundo padrão de entrada pode então ser calculado como

$$\mathbf{e}_2 = \mathbf{d}_2 - \mathbf{y}_1^2,$$
$$\mathbf{e}_2 = 1 - 0,5732,$$
$$\mathbf{e}_2 = 0,4268.$$

Terceiro padrão de entrada $\mathbf{x}_3 = \begin{bmatrix} 0 & 1 \end{bmatrix}^T$

Para a terceira entrada, temos que as saídas na primeira camada são dadas por

$$\mathbf{y}^1 = \varphi^1\left(\mathbf{W}^1\mathbf{x}_3 + \mathbf{b}^1\right),$$
$$\mathbf{y}^1 = \varphi^1\left(\begin{bmatrix} 4,5771 & -2,3453 \\ 2,5156 & 1,9618 \end{bmatrix}\begin{bmatrix} 0 \\ 1 \end{bmatrix} + \begin{bmatrix} 0,3040 \\ 4,4823 \end{bmatrix}\right),$$
$$\mathbf{y}^1 = \varphi^1\left(\begin{bmatrix} -2,0413 \\ 6,4441 \end{bmatrix}\right),$$
$$\mathbf{y}^1 = \begin{bmatrix} \dfrac{1}{1+e^{2,0413}} \\ \dfrac{1}{1+e^{-6,4441}} \end{bmatrix},$$
$$\mathbf{y}^1 = \begin{bmatrix} 0,1149 \\ 0,9984 \end{bmatrix}.$$

A saída da segunda camada é

$$\mathbf{y}^2 = \varphi^2\left(\mathbf{W}^2\mathbf{y}^1 + \mathbf{b}^2\right),$$
$$\mathbf{y}^2 = \varphi^2\left(\begin{bmatrix} -0,1258 & 0,0928 \end{bmatrix}\begin{bmatrix} 0,1149 \\ 0,9984 \end{bmatrix} + \begin{bmatrix} 0,6053 \end{bmatrix}\right),$$
$$\mathbf{y}^2 = [0,6835].$$

O erro para o terceiro padrão de entrada pode então ser calculado como

$$\mathbf{e}_3 = \mathbf{d}_3 - \mathbf{y}_1^2,$$
$$\mathbf{e}_3 = 0 - 0,6835,$$
$$\mathbf{e}_3 = -0,6835.$$

Quarto padrão de entrada $\mathbf{x}_4 = \begin{bmatrix} 0 & 0 \end{bmatrix}^T$

Para a quarta entrada, temos que as saídas na primeira camada são dadas por

$$\mathbf{y}^1 = \varphi^1\left(\mathbf{W}^1\mathbf{x}_4 + \mathbf{b}^1\right),$$

$$\mathbf{y}^1 = \varphi^1\left(\begin{bmatrix} 4{,}5771 & -2{,}3453 \\ 2{,}5156 & 1{,}9618 \end{bmatrix}\begin{bmatrix} 0 \\ 0 \end{bmatrix} + \begin{bmatrix} 0{,}3040 \\ 4{,}4823 \end{bmatrix}\right),$$

$$\mathbf{y}^1 = \varphi^1\left(\begin{bmatrix} 0{,}3040 \\ 4{,}4823 \end{bmatrix}\right),$$

$$\mathbf{y}^1 = \begin{bmatrix} \dfrac{1}{1+e^{-0{,}3040}} \\ \dfrac{1}{1+e^{-4{,}4823}} \end{bmatrix},$$

$$\mathbf{y}^1 = \begin{bmatrix} 0{,}5754 \\ 0{,}9888 \end{bmatrix}.$$

A saída da segunda camada é

$$\mathbf{y}^2 = \varphi^2\left(\mathbf{W}^2\mathbf{y}^1 + \mathbf{b}^2\right),$$

$$\mathbf{y}^2 = \varphi^2\left(\begin{bmatrix} -0{,}1258 & 0{,}0928 \end{bmatrix}\begin{bmatrix} 0{,}5754 \\ 0{,}9888 \end{bmatrix} + \begin{bmatrix} 0{,}6053 \end{bmatrix}\right),$$

$$\mathbf{y}^2 = \begin{bmatrix} 0{,}6247 \end{bmatrix}.$$

O erro para o quarto padrão de entrada pode então ser calculado como

$$\mathbf{e}_4 = \mathbf{d}_4 - \mathbf{y}_1^2,$$

$$\mathbf{e}_4 = 1 - 0{,}6247,$$

$$\mathbf{e}_4 = 0{,}3753.$$

Após determinar os erros podemos calcular a soma dos erros quadrados sobre todas as entradas, o que produz

$$E(\mathbf{w}) = \frac{1}{2}\sum_{i=1}^{4}(e_i)^2 = \frac{e_1^2 + e_2^2 + e_3^2 + e_4^2}{2},$$

$$E(\mathbf{w}) = \frac{(0{,}41848)^2 + (0{,}4268)^2 + (-0{,}6835)^2 + (0{,}3753)^2}{2},$$

$$E(\mathbf{w}) = 0{,}4827.$$

Verificamos que após a primeira atualização dos pesos a função de erros quadrados $E(\mathbf{w})$ passou de $19{,}5397$ para $0{,}4827$. Ou seja, o erro diminuiu, então precisamos dividir o parâmetro de escala μ, inicialmente com valor igual a 0,001 pelo fator de crescimento e decrescimento ν ao qual foi atribuído o valor 10.

Assim, o novo μ terá valor 0,0001. Com esse novo valor de μ e as equações oriundas do LMBP calculamos uma nova matriz Jacobina que será utilizada para uma nova atualização dos pesos.

Primeiro padrão de entrada $\mathbf{x}_1 = [1 \quad 1]$

Começando da última camada, para o primeiro padrão de entrada, temos que calcular

$$\mathbf{S}_1^2 = -\dot{\mathbf{\Phi}}^2\left(\mathbf{v}_1^2\right).$$

Veja que $\dot{\mathbf{\Phi}}^2$ representa a matriz de derivadas das funções de ativação da última camada da rede neural. Como temos somente um neurônio na camada de saída, e a derivada da função de ativação com relação a $\mathbf{v}_1^2$ é igual a 1, então para a função de ativação dada, $\mathbf{S}_1^2$ resulta em

$$\mathbf{S}_1^2 = -[1] = [-1].$$

Retropropagando, vamos para a primeira camada onde sabemos que a derivada da função de ativação é do tipo $\dot{\varphi}(v) = \varphi(v)[1-\varphi(v)]$, assim temos que

$$\dot{\mathbf{\Phi}}^1\left(\mathbf{v}_1^1\right) = \begin{bmatrix} \dot{\varphi}^k\left(v_1^k\right) & 0 \\ 0 & \dot{\varphi}^k\left(v_2^k\right) \end{bmatrix},$$

$$\dot{\mathbf{\Phi}}^1\left(\mathbf{v}_1^1\right) = \begin{bmatrix} 0,926614\times(1-0,926614) & 0 \\ 0 & 0,999872\times(1-0,999872) \end{bmatrix},$$

$$\dot{\mathbf{\Phi}}^1\left(\mathbf{v}_1^1\right) = \begin{bmatrix} 0,06800 & 0 \\ 0 & 0,00013 \end{bmatrix}.$$

Assim, obtemos que

$$\mathbf{S}_1^1 = \dot{\mathbf{\Phi}}^1\left(\mathbf{v}_1^1\right)\left(\mathbf{W}^{1+1}\right)^T \mathbf{S}_1^{1+1} = \dot{\mathbf{\Phi}}^1\left(\mathbf{v}_1^1\right)\left(\mathbf{W}^2\right)^T \mathbf{S}_1^2,$$

$$\mathbf{S}_1^1 = \begin{bmatrix} 0,06800 & 0 \\ 0 & 0,00013 \end{bmatrix}[\text{-}0,1258 \quad 0,0928]^T[-1],$$

$$\mathbf{S}_1^1 = \begin{bmatrix} 0,00855 \\ -0,000012 \end{bmatrix}.$$

Segundo padrão de entrada $\mathbf{x}_2 = [1 \quad 0]$

Na camada de saída

$$\mathbf{S}_2^2 = -\dot{\mathbf{\Phi}}^2\left(\mathbf{v}_2^2\right) = [-1].$$

Na primeira camada

$$\mathbf{S}_2^1 = \dot{\mathbf{\Phi}}^1\left(\mathbf{v}_2^1\right)\left(\mathbf{W}^2\right)^T \mathbf{S}_2^2,$$

onde,

$$\dot{\mathbf{\Phi}}^1\left(\mathbf{v}_2^1\right)=\begin{bmatrix}0,9925\times(1-0,9925) & 0\\ 0 & 0,9991\times(1-0,9991)\end{bmatrix},$$

$$\dot{\mathbf{\Phi}}^1\left(\mathbf{v}_2^1\right)=\begin{bmatrix}0,0074 & 0\\ 0 & 0,0009\end{bmatrix}.$$

Dessa forma temos que

$$\mathbf{S}_2^1=\begin{bmatrix}0,0074 & 0\\ 0 & 0,0009\end{bmatrix}[\text{-}0,1258 \quad 0,0928]^T[-1],$$

$$\mathbf{S}_2^1=\begin{bmatrix}0,00093\\ -0,00008\end{bmatrix}.$$

Terceiro padrão de entrada $\mathbf{x}_3=\begin{bmatrix}0 & 1\end{bmatrix}$

Na camada de saída

$$\mathbf{S}_3^2=-\dot{\mathbf{\Phi}}^2\left(\mathbf{v}_3^2\right)=[-1].$$

Na primeira camada

$$\mathbf{S}_3^1=\dot{\mathbf{\Phi}}^1\left(\mathbf{v}_3^1\right)\left(\mathbf{W}^2\right)^T\mathbf{S}_3^2,$$

onde,

$$\dot{\mathbf{\Phi}}^1\left(\mathbf{v}_3^1\right)=\begin{bmatrix}0,1149\times(1-0,1149) & 0\\ 0 & 0,9984\times(1-0,9984)\end{bmatrix},$$

$$\dot{\mathbf{\Phi}}^1\left(\mathbf{v}_3^1\right)=\begin{bmatrix}0,1017 & 0\\ 0 & 0,0016\end{bmatrix}.$$

Dessa forma temos que

$$\mathbf{S}_3^1=\begin{bmatrix}0,1017 & 0\\ 0 & 0,0016\end{bmatrix}[\text{-}0,1258 \quad 0,0928]^T[-1],$$

$$\mathbf{S}_3^1=\begin{bmatrix}0,0128\\ -0,0001\end{bmatrix}.$$

Quarto padrão de entrada $\mathbf{x}_4=\begin{bmatrix}0 & 0\end{bmatrix}$

Na camada de saída

$$\mathbf{S}_4^2=-\dot{\mathbf{\Phi}}^2\left(\mathbf{v}_4^2\right)=[-1].$$

Na primeira camada

$$\mathbf{S}_4^1=\dot{\mathbf{\Phi}}^1\left(\mathbf{v}_4^1\right)\left(\mathbf{W}^2\right)^T\mathbf{S}_4^2,$$

onde,

$$\dot{\mathbf{\Phi}}^1\left(\mathbf{v}_4^1\right)=\begin{bmatrix}0,5754\times(1-0,5754) & 0\\ 0 & 0,9888\times(1-0,9888)\end{bmatrix},$$

$$\dot{\mathbf{\Phi}}^1\left(\mathbf{v}_4^1\right)=\begin{bmatrix}0,2443 & 0\\ 0 & 0,0111\end{bmatrix}.$$

Dessa forma temos que

$$\mathbf{S}_4^1=\begin{bmatrix}0,2443 & 0\\ 0 & 0,0111\end{bmatrix}[\text{-}0,1258 \quad 0,0928]^T[-1],$$

$$\mathbf{S}_4^1=\begin{bmatrix}0,0307\\ -0,0010\end{bmatrix}.$$

Para a primeira camada, considerando os padrões de entrada temos a matriz de sensibilidades $\mathbf{S}^1$, sendo que o sobrescrito indica a camada

$$\mathbf{S}^1=\left[\mathbf{S}_1^1\middle|\mathbf{S}_2^1\middle|\mathbf{S}_3^1\middle|\mathbf{S}_4^1\right]=\begin{bmatrix}0,00855 & 0,00093 & 0,0128 & 0,0307\\ -0,000012 & -0,00008 & -0,0001 & -0,0010\end{bmatrix},$$

e para a segunda camada

$$\mathbf{S}^2=\left[\mathbf{S}_1^2\middle|\mathbf{S}_2^2\middle|\mathbf{S}_3^2\middle|\mathbf{S}_4^2\right]=\begin{bmatrix}-1 & -1 & -1 & -1\end{bmatrix}.$$

Uma vez que temos as matrizes de sensibilidades podemos formar a matriz Jacobiana, para isso precisamos calcular os elementos $[\mathbf{J}]_{h,l}$. Assim temos que

Elementos da primeira linha da matriz Jacobiana			Elementos da segunda linha da matriz Jacobiana		
$[\mathbf{J}]_{1,1}$	$s_{1,1}^1\times y_{1,1}^0=s_{1,1}^1\times x_{1,1}$	$0,00855$	$[\mathbf{J}]_{2,1}$	$s_{1,2}^1\times y_{1,2}^0=s_{1,2}^1\times x_{1,2}$	$0,00093$
$[\mathbf{J}]_{1,2}$	$s_{2,1}^1\times y_{1,1}^0=s_{2,1}^1\times x_{1,1}$	$-0,000012$	$[\mathbf{J}]_{2,2}$	$s_{2,2}^1\times y_{1,2}^0=s_{2,2}^1\times x_{1,2}$	$-0,00008$
$[\mathbf{J}]_{1,3}$	$s_{1,1}^1\times y_{2,1}^0=s_{1,1}^1\times x_{2,1}$	$0,00855$	$[\mathbf{J}]_{2,3}$	$s_{1,2}^1\times y_{2,2}^0=s_{1,2}^1\times x_{2,2}$	0
$[\mathbf{J}]_{1,4}$	$s_{2,1}^1\times y_{2,1}^0=s_{2,1}^1\times x_{2,1}$	$-0,000012$	$[\mathbf{J}]_{2,4}$	$s_{2,2}^1\times y_{2,2}^0=s_{2,2}^1\times x_{2,2}$	0
$[\mathbf{J}]_{1,5}$	$s_{1,1}^1$	$0,00855$	$[\mathbf{J}]_{2,5}$	$s_{1,2}^1$	$0,00093$
$[\mathbf{J}]_{1,6}$	$s_{2,1}^1$	$-0,000012$	$[\mathbf{J}]_{2,6}$	$s_{2,2}^1$	$-0,00008$
$[\mathbf{J}]_{1,7}$	$s_{1,1}^2\times y_{1,1}^1$	$-0,926614$	$[\mathbf{J}]_{2,7}$	$s_{1,2}^2\times y_{1,2}^1$	$-0,9925$
$[\mathbf{J}]_{1,8}$	$s_{1,1}^2\times y_{2,1}^1$	$-0,999872$	$[\mathbf{J}]_{2,8}$	$s_{1,2}^2\times y_{2,2}^1$	$-0,9991$
$[\mathbf{J}]_{1,9}$	$s_{1,1}^2$	-1	$[\mathbf{J}]_{2,9}$	$s_{1,2}^2$	-1
Elementos da terceira linha da matriz			Elementos da quarta linha da matriz		

Jacobiana			Jacobiana		
$[\mathbf{J}]_{3,1}$	$s^1_{1,3} \times y^0_{1,3} = s^1_{1,3} \times x_{1,3}$	0	$[\mathbf{J}]_{4,1}$	$s^1_{1,4} \times y^0_{1,4} = s^1_{1,4} \times x_{1,4}$	0
$[\mathbf{J}]_{3,2}$	$s^1_{2,3} \times y^0_{1,3} = s^1_{2,3} \times x_{1,3}$	0	$[\mathbf{J}]_{4,2}$	$s^1_{2,4} \times y^0_{1,4} = s^1_{2,4} \times x_{1,4}$	0
$[\mathbf{J}]_{3,3}$	$s^1_{1,3} \times y^0_{2,3} = s^1_{1,3} \times x_{2,3}$	$0,0128$	$[\mathbf{J}]_{4,3}$	$s^1_{1,4} \times y^0_{2,4} = s^1_{1,4} \times x_{2,4}$	0
$[\mathbf{J}]_{3,4}$	$s^1_{2,3} \times y^0_{2,3} = s^1_{2,3} \times x_{2,3}$	$-0,0001$	$[\mathbf{J}]_{4,4}$	$s^1_{2,4} \times y^0_{2,4} = s^1_{2,4} \times x_{2,4}$	0
$[\mathbf{J}]_{3,5}$	$s^1_{1,3}$	$0,0128$	$[\mathbf{J}]_{4,5}$	$s^1_{1,4}$	$0,0307$
$[\mathbf{J}]_{3,6}$	$s^1_{2,3}$	$-0,0001$	$[\mathbf{J}]_{4,6}$	$s^1_{2,4}$	$-0,0010$
$[\mathbf{J}]_{3,7}$	$s^2_{1,3} \times y^1_{1,3}$	$-0,1149$	$[\mathbf{J}]_{4,7}$	$s^2_{1,4} \times y^1_{1,4}$	$-0,5754$
$[\mathbf{J}]_{3,8}$	$s^2_{1,3} \times y^1_{2,3}$	$-0,9984$	$[\mathbf{J}]_{4,8}$	$s^2_{1,4} \times y^1_{2,4}$	$-0,9888$
$[\mathbf{J}]_{3,9}$	$s^2_{1,3}$	-1	$[\mathbf{J}]_{4,9}$	$s^2_{1,4}$	-1

Para determinação de $\Delta\mathbf{w}$ é necessário multiplicar a matriz Jacobiana $\mathbf{J}(\mathbf{w})$ e sua transposta $\mathbf{J}^T(\mathbf{w})$ e somar a matriz resultante ao produto do parâmetro μ pela matriz identidade $\mathbf{I}$.

A matriz Jacobiana é dada por

$$\mathbf{J}(\mathbf{w}) =$$

$$\begin{bmatrix} 0,00855 & -0,000012 & 0,00855 & -0,000012 & 0,00855 & -0,000012 & -0,926614 & -0,999872 & -1 \\ 0,00093 & -0,00008 & 0 & 0 & 0,00093 & -0,00008 & -0,9925 & -0,9991 & -1 \\ 0 & 0 & 0,0128 & -0,0001 & 0,0128 & -0,0001 & -0,1149 & -0,9984 & -1 \\ 0 & 0 & 0 & 0 & 0,0307 & -0,0010 & -0,5754 & -0,9888 & -1 \end{bmatrix}$$

Uma vez que a matriz Jacobiana foi determinada, podemos calcular $\Delta\mathbf{w}$. Vamos realizar essa tarefa por partes. Na primeira calculamos $\mathbf{J}^T(\mathbf{w})\mathbf{J}(\mathbf{w})$, o que resulta em uma matriz (9×9) dada por

$$\mathbf{J}^T(\mathbf{w})\mathbf{J}(\mathbf{w}) =$$

$$\begin{bmatrix} 0,0001 & -0,0000 & 0,0001 & -0,0000 & 0,0001 & -0,0000 & -0,0086 & -0,0092 & -0,0092 \\ -0,0000 & 0,0000 & -0,0000 & 0,0000 & -0,0000 & 0,0000 & 0,0001 & 0,0001 & 0,0001 \\ 0,0001 & -0,0000 & 0,0002 & -0,0000 & 0,0002 & -0,0000 & -0,0091 & -0,0206 & -0,0206 \\ -0,0000 & 0,0000 & -0,0000 & 0,0000 & -0,0000 & 0,0000 & 0,0000 & 0,0001 & 0,0001 \\ 0,0001 & -0,0000 & 0,0002 & -0,0000 & 0,0011 & -0,0000 & -0,0271 & -0,0508 & -0,0512 \\ -0,0000 & 0,0000 & -0,0000 & 0,0000 & -0,0000 & 0,0000 & 0,0006 & 0,0011 & 0,0011 \\ -0,0086 & 0,0001 & -0,0091 & 0,0000 & -0,0271 & 0,0006 & 2,1870 & 2,6004 & 2,6081 \\ -0,0092 & 0,0001 & -0,0206 & 0,0001 & -0,0508 & 0,0011 & 2,6004 & 3,9726 & 3,9862 \\ -0,0092 & 0,0001 & -0,0206 & 0,0001 & -0,0512 & 0,0011 & 2,6081 & 3,9862 & 4,0000 \end{bmatrix}.$$

O parâmetro de escala μ agora é igual a 0,0001 e a matriz identidade $\mathbf{I}$ tem dimensão (9×9), dessa forma temos que

$$
\mu\mathbf{I} = \begin{bmatrix}
0{,}0001 & 0 & 0 & 0 & 0 & 0 & 0 & 0 & 0 \\
0 & 0{,}0001 & 0 & 0 & 0 & 0 & 0 & 0 & 0 \\
0 & 0 & 0{,}0001 & 0 & 0 & 0 & 0 & 0 & 0 \\
0 & 0 & 0 & 0{,}0001 & 0 & 0 & 0 & 0 & 0 \\
0 & 0 & 0 & 0 & 0{,}0001 & 0 & 0 & 0 & 0 \\
0 & 0 & 0 & 0 & 0 & 0{,}0001 & 0 & 0 & 0 \\
0 & 0 & 0 & 0 & 0 & 0 & 0{,}0001 & 0 & 0 \\
0 & 0 & 0 & 0 & 0 & 0 & 0 & 0{,}0001 & 0 \\
0 & 0 & 0 & 0 & 0 & 0 & 0 & 0 & 0{,}0001
\end{bmatrix}.
$$

Somando $\mathbf{J}^T(\mathbf{w})\mathbf{J}(\mathbf{w})$ e $\mu\mathbf{I}$, resulta em

$$
\left[\mathbf{J}^T(\mathbf{w})\mathbf{J}(\mathbf{w})+\mu\mathbf{I}\right]=
$$

$$
\begin{bmatrix}
0{,}0002 & -0{,}0000 & 0{,}0001 & -0{,}0000 & 0{,}0001 & -0{,}0000 & -0{,}0086 & -0{,}0092 & -0{,}0092 \\
-0{,}0000 & 0{,}0001 & -0{,}0000 & 0{,}0000 & -0{,}0000 & 0{,}0000 & 0{,}0001 & 0{,}0001 & 0{,}0001 \\
0{,}0001 & -0{,}0000 & 0{,}0003 & -0{,}0000 & 0{,}0002 & -0{,}0000 & -0{,}0091 & -0{,}0206 & -0{,}0206 \\
-0{,}0000 & 0{,}0000 & -0{,}0000 & 0{,}0001 & -0{,}0000 & 0{,}0000 & 0{,}0000 & 0{,}0001 & 0{,}0001 \\
0{,}0001 & -0{,}0000 & 0{,}0002 & -0{,}0000 & 0{,}0012 & -0{,}0000 & -0{,}0271 & -0{,}0508 & -0{,}0512 \\
-0{,}0000 & 0{,}0000 & -0{,}0000 & 0{,}0000 & -0{,}0000 & 0{,}0001 & 0{,}0006 & 0{,}0011 & 0{,}0011 \\
-0{,}0086 & 0{,}0001 & -0{,}0091 & 0{,}0000 & -0{,}0271 & 0{,}0006 & 2{,}1871 & 2{,}6004 & 2{,}6081 \\
-0{,}0092 & 0{,}0001 & -0{,}0206 & 0{,}0001 & -0{,}0508 & 0{,}0011 & 2{,}6004 & 3{,}9727 & 3{,}9862 \\
-0{,}0092 & 0{,}0001 & -0{,}0206 & 0{,}0001 & -0{,}0512 & 0{,}0011 & 2{,}6081 & 3{,}9862 & 4{,}0001
\end{bmatrix}.
$$

Uma vez determinada a soma mostrada acima precisamos calcular sua matriz inversa que também tem dimensão (9×9). Para calcular a inversa de $\left[\mathbf{J}^T(\mathbf{w})\mathbf{J}(\mathbf{w})+\mu\mathbf{I}\right]$, podemos usar o comando `inv` do MATLAB, o que resulta em

$$
\left[\mathbf{J}^T(\mathbf{w})\mathbf{J}(\mathbf{w})+\mu\mathbf{I}\right]^{-1}=
$$

$$
\begin{bmatrix}
8{,}1494 & -0{,}0122 & -2{,}11149 & 0{,}0034 & -0{,}3186 & -0{,}0602 & 0{,}0652 & 0{,}3550 & -0{,}3924 \\
-0{,}0122 & 9{,}9999 & -0{,}0111 & -0{,}0000 & -0{,}0148 & 0{,}0000 & -0{,}0004 & -0{,}0003 & 0{,}0000 \\
-2{,}11149 & -0{,}0111 & 7{,}2298 & 0{,}0078 & 1{,}2070 & -0{,}1212 & -0{,}0937 & 0{,}8094 & -0{,}6977 \\
0{,}0034 & -0{,}0000 & 0{,}0078 & 9{,}9999 & -0{,}0170 & 0{,}0007 & 0{,}0015 & -0{,}0051 & 0{,}0036 \\
-0{,}3186 & -0{,}0148 & 1{,}2070 & -0{,}0170 & 2{,}8634 & 0{,}2255 & -0{,}0456 & -1{,}3708 & 1{,}4378 \\
-0{,}0602 & 0{,}0000 & -0{,}1212 & 0{,}0007 & 0{,}2255 & 9{,}9902 & -0{,}0001 & 0{,}0609 & -0{,}0613 \\
0{,}0652 & -0{,}0004 & -0{,}0937 & 0{,}0015 & -0{,}0456 & -0{,}0001 & 0{,}0038 & -0{,}0010 & -0{,}0024 \\
0{,}3550 & -0{,}0003 & 0{,}8094 & -0{,}0051 & -1{,}3708 & 0{,}0609 & -0{,}0010 & 4{,}6230 & -4{,}6189 \\
-0{,}3924 & 0{,}0000 & -0{,}6977 & 0{,}0036 & 1{,}4378 & -0{,}0613 & -0{,}0024 & -4{,}6189 & 4{,}6186
\end{bmatrix}\times 10^3.
$$

Multiplicando a inversa de $\left[\mathbf{J}^T(\mathbf{w})\mathbf{J}(\mathbf{w})+\mu\mathbf{I}\right]$ pela transposta da Jacobiana temos que

$$\left[\mathbf{J}^T(\mathbf{w})\mathbf{J}(\mathbf{w})+\mu\mathbf{I}\right]^{-1}\mathbf{J}^T(\mathbf{w})=\begin{bmatrix} 24{,}4999 & -19{,}7868 & 0{,}6932 & -5{,}4455 \\ 0{,}1648 & -0{,}1615 & -0{,}0206 & 0{,}0173 \\ 27{,}5801 & -18{,}7799 & 3{,}9496 & -12{,}8195 \\ -0{,}0403 & -0{,}0066 & -0{,}0366 & 0{,}0838 \\ 6{,}1128 & -20{,}7510 & -13{,}9451 & 28{,}7271 \\ 0{,}7340 & -0{,}0664 & 0{,}4918 & -1{,}1655 \\ -0{,}7463 & -0{,}3688 & 1{,}2656 & -0{,}1508 \\ -4{,}3058 & 0{,}1927 & -3{,}6841 & 7{,}3353 \\ 4{,}8036 & -0{,}6091 & 2{,}4395 & -7{,}1722 \end{bmatrix}.$$

Multiplicando o resultado imediatamente anterior pelo vetor de erros

$$\mathbf{e}(\mathbf{w})=\begin{bmatrix} 0{,}4185 \\ 0{,}4268 \\ -0{,}6835 \\ 0{,}3753 \end{bmatrix},$$

e tomando o sinal negativo desse resultado temos $\Delta\mathbf{w}$ dado por

$$\Delta\mathbf{w}=\begin{bmatrix} 0{,}7098 \\ -0{,}0206 \\ 3{,}9843 \\ -0{,}0368 \\ -14{,}0143 \\ 0{,}4947 \\ 1{,}3913 \\ -3{,}5513 \\ 2{,}6089 \end{bmatrix}.$$

Uma vez que temos $\Delta\mathbf{w}$, podemos atualizar os pesos fazendo $\mathbf{w}_{k+1}$ igual a $\mathbf{w}_k+\Delta\mathbf{w}_k$, ou seja

$$\mathbf{w}_{k+1} = \begin{bmatrix} w_1(k+1) \\ w_2(k+1) \\ w_3(k+1) \\ w_4(k+1) \\ w_5(k+1) \\ w_6(k+1) \\ w_7(k+1) \\ w_8(k+1) \\ w_9(k+1) \end{bmatrix} = \begin{bmatrix} w_{11}(k+1) \\ w_{21}(k+1) \\ w_{12}(k+1) \\ w_{22}(k+1) \\ b_1(k+1) \\ b_2(k+1) \\ w_{31}(k+1) \\ w_{32}(k+1) \\ b_3(k+1) \end{bmatrix} = \begin{bmatrix} 4,5771 \\ 2,5156 \\ -2,3453 \\ 1,9618 \\ 0,3040 \\ 4,4823 \\ -0,1258 \\ 0,0928 \\ 0,6053 \end{bmatrix} + \begin{bmatrix} 0,7098 \\ -0,0206 \\ 3,9843 \\ -0,0368 \\ -14,0143 \\ 0,4947 \\ 1,3913 \\ -3,5513 \\ 2,6089 \end{bmatrix} = \begin{bmatrix} 5,2869 \\ 2,4950 \\ 1,6390 \\ 1,9250 \\ -13,7103 \\ 4,9770 \\ 1,2655 \\ -3,4585 \\ 3,2142 \end{bmatrix}.$$

Assim, concluí-se a segunda atualização da matriz de pesos utilizando o LMPB.

Para implementar o LMBP vamos utilizar o pseusocódigo mostrado a seguir. Onde $\mathbf{J}(\mathbf{w})$ é matriz Jacobiana do vetor $\mathbf{e}(\mathbf{w})$ avaliada em $\mathbf{w}$ e $\mathbf{I}$ é a matriz identidade. O vetor $\mathbf{e}(\mathbf{w})$ corresponde ao erro da rede neural para o padrão p, ou seja, $\mathbf{e}_p = \mathbf{d}_p - \mathbf{y}_p$. O parâmetro de escala μ é alterado (aumentado ou diminuído) durante o treinamento uma vez que pode ser multiplicado ou dividido por um fator ν. No laço externo (loop) do pseudocódigo é calculado o valor de saída da rede neural, o vetor de erros e a matriz Jacobiana para cada padrão de entrada que então, entram no loop interno, onde é calculada a variação dos pesos das sinapses $\Delta\mathbf{w}$ a partir da expressão

$$\Delta\mathbf{w} = -\left[\mathbf{J}^T(\mathbf{w})\mathbf{J}(\mathbf{w}) + \mu\mathbf{I}\right]^{-1} \nabla\mathbf{e}(\mathbf{w}).$$

O vetor gradiente do erro $\nabla\mathbf{e}(\mathbf{w})$ é igual ao produto de $\mathbf{J}^T(\mathbf{w})$ por $\mathbf{e}(\mathbf{w})$, com isso conseguimos recalcular um novo vetor de erros em função de $\mathbf{w} + \Delta\mathbf{w}$. Se o erro não decrescer, multiplicamos μ por ν e vamos para o início do loop interno, onde calculamos $\Delta\mathbf{w}$ com o novo valor do parâmetro de escala μ. Se o erro decrescer, então deixamos o loop interno, dividimos μ por ν e adicionamos $\Delta\mathbf{w}$ ao vetor de pesos da rede neural. Retornamos ao início do laço externo e realizamos uma nova iteração até que o critério de parada seja alcançado.

Pseudocódigo do Algoritmo LMBP

Inicializar os Pesos

Enquanto o critério de parada não for alcançada faça
    Calcular $\mathbf{e}(\mathbf{w})$
    $e_1 \leftarrow \sum[\mathbf{e}(\mathbf{w})]^2$
    Calcular $\mathbf{J}(\mathbf{w})$
    Repetir
        Calcular $\Delta\mathbf{w}$

$e_2 \leftarrow \sum[\mathbf{e}(\mathbf{w}+\Delta\mathbf{w})]^2$

se $e_1 \le e_2$, **então**

$\mu \leftarrow \mu \times \nu$

fimse

Até $e_2 < e_1$

$\mu \leftarrow \frac{\mu}{\nu}$

$\mathbf{w} \leftarrow \mathbf{w} + \Delta\mathbf{w}$

Fim enquanto

Observação

No MATLAB, o valor inicial default de μ é 0,001.

No MATLAB, o valor inicial default de ν é 10.

Na sequência de comandos para o Exemplo 7.6 mostrada a seguir, não é utilizado um critério de parada. O objetivo é "rodar" o LMBP para determinar a variação dos pesos, calcular a matriz Jacobiana e verificar se o erro decresce com as iterações sucessivas que são realizadas. Para isso, uma vez que o código está digitado, apenas mudamos o valor de n (número de iterações) e observamos os resultados.

É importante notar que nessa sequência de comandos, nossa função de erros E é igual a `0.5*dot(erro,erro)`. No comando `trainlm` do MATLAB é usado o `mse`, dado por `(1/padrões de entradas)*dot(erro,erro)`.

```
MATLAB - Algoritmo LMBP Exemplo 7-6

mi = 0.001;
ni = 10;
entradas = 4;
x = [1 1 0 0; 1 0 1 0];
d = [1; 1; 0; 1];
n = 10;
w1_old = [1 3;2 4];
w1_new = zeros(2,2);
w2_old = [1 2];
w2_new = zeros(1,2);
old_w = [1; 2; 3; 4; 1; 2; 1; 2; 1];
new_w = zeros(9,1);
b1_old = [1; 2];
b1_new = zeros(2,1);
b2_old = [1];
b2_new = zeros(1,1);
erro = zeros(4,1);

%%%%%%%%%%%%%%%%%%%%%%%%%%%%%%%%%%%%%%%%%%%%%%%%%%%%%%%%%%%%%%%%%%%%%%%%
EQUAÇÕES ORIUNDAS DO BACKPROPAGATION                            %
%%%%%%%%%%%%%%%%%%%%%%%%%%%%%%%%%%%%%%%%%%%%%%%%%%%%%%%%%%%%%%%%%%%%%%%
    for j = 1:entradas
% Camada de Entrada
      v1(:,j) = w1_old*x(:,j) + b1_old;
      y1(:,j) = 1./(1+exp(-v1(:,j)));
% Camada de Saída
```

```
        v2 = w2_old*y1(:,j) + b2_old;
        y2(j) = v2;
% Cálculo dos erros
        erro(j) = d(j) - y2(j);
% Soma dos erros quadrados [Nesse caso, usamos E = (1/2)*(Soma de e^2)]
        old_E = 0.5*dot(erro,erro);

%%%%%%%%%%%%%%%%%%%%%%%%%%%%%%%%%%%%%%%%%%%%%%%%%%%%%%%%%%%%%%%%%%%%%%%%%%%%%
%                         EQUAÇÕES ORIUNDAS DO LMBP                          %
%%%%%%%%%%%%%%%%%%%%%%%%%%%%%%%%%%%%%%%%%%%%%%%%%%%%%%%%%%%%%%%%%%%%%%%%%%%%%
        S2 = -1;       % Nesse exemplo, qualquer elemento de S2 é igual a -1
        filv1 = [y1(1,j)*(1 - y1(1,j)) 0; 0 y1(2,j)*(1 - y1(2,j))];
        S1(:,j) = filv1*w2_old'*S2;
    end

%%%%%%%%%%%%%%%%%%%%%%%%%%%%%%%%%%%%%%%%%%%%%%%%%%%%%%%%%%%%%%%%%%%%%%%%%%%%%
%                      CONSTRUÇÃO DA MATRIZ JACOBIANA                        %
%%%%%%%%%%%%%%%%%%%%%%%%%%%%%%%%%%%%%%%%%%%%%%%%%%%%%%%%%%%%%%%%%%%%%%%%%%%%%
% A matriz Jacobiana terá dimensão 4x9
% Cálculo dos outros elementos da matriz Jacobiana

      for k = 1:entradas
          jac = [S1(1,k)*x(1,k) S1(2,k)*x(1,k) S1(1,k)*x(2,k) S1(2,k)*x(2,k)
S1(1,k) S1(2,k) S2*y1(1,k) S2*y1(2,k) S2];
          J(k,:) = jac;
          J
      end

for i = 1:n

% Uma vez que a matriz Jacobiana foi determinada, podemos calcular "Delta W"
DeltaW = -inv(J'*J + mi*eye(9))*J'*erro;

% NOVOS PESOS
new_w = old_w + DeltaW
old_w = new_w;

% Pesos e bias no formato que serão utilizados na parte de backpropagation
w1_old = [new_w(1,1) new_w(3,1);new_w(2,1) new_w(4,1)]
b1_old = [new_w(5,1); new_w(6,1)]
w2_old = [new_w(7,1) new_w(8,1)]
b2_old = [new_w(9,1)]


%%%%%%%%%%%%%%%%%%%%%%%%%%%%%%%%%%%%%%%%%%%%%%%%%%%%%%%%%%%%%%%%%%%%%%%%%%%%%
%                  EQUAÇÕES ORIUNDAS DO BACKPROPAGATION                      %
%%%%%%%%%%%%%%%%%%%%%%%%%%%%%%%%%%%%%%%%%%%%%%%%%%%%%%%%%%%%%%%%%%%%%%%%%%%%%
    for j = 1:entradas
% Camada de Entrada
        v1(:,j) = w1_old*x(:,j) + b1_old;
        y1(:,j) = 1./(1+exp(-v1(:,j)));
% Camada de Saída
        v2 = w2_old*y1(:,j) + b2_old;
        y2(j) = v2;
% Cálculo dos erros
        erro(j) = d(j) - y2(j);
```

```
% Soma dos erros quadrados [Nesse caso, usamos E = (1/2)*(Soma de e^2)]
      new_E = 0.5*dot(erro,erro);

% Cálculo do MSE e do RMSE
mse = new_E/entradas;
rmse(i) = sqrt(mse);
t(i) = i;

%%%%%%%%%%%%%%%%%%%%%%%%%%%%%%%%%%%%%%%%%%%%%%%%%%%%%%%%%%%%%%%%%%%%%%%%%%
%                        EQUAÇÕES ORIUNDAS DO LMBP                       %
%%%%%%%%%%%%%%%%%%%%%%%%%%%%%%%%%%%%%%%%%%%%%%%%%%%%%%%%%%%%%%%%%%%%%%%%%%
      S2 = -1;       % Nesse exemplo, qualquer elemento de S2 é igual a -1
      fi1v1 = [y1(1,j)*(1 - y1(1,j)) 0; 0 y1(2,j)*(1 - y1(2,j))];
      S1(:,j) = fi1v1*w2_old'*S2
   end

if old_E <= new_E
         mi = mi*ni;
         new_w = old_w;
elseif new_E < old_E
         mi = mi/ni;
end

old_E = new_E;

%%%%%%%%%%%%%%%%%%%%%%%%%%%%%%%%%%%%%%%%%%%%%%%%%%%%%%%%%%%%%%%%%%%%%%%%%%
%                    CONSTRUÇÃO DA MATRIZ JACOBIANA                      %
%%%%%%%%%%%%%%%%%%%%%%%%%%%%%%%%%%%%%%%%%%%%%%%%%%%%%%%%%%%%%%%%%%%%%%%%%%
% A matriz Jacobiana terá dimensão 4x9
% Cálculo dos outros elementos da matriz Jacobiana

     for k = 1:entradas
         jac = [S1(1,k)*x(1,k) S1(2,k)*x(1,k) S1(1,k)*x(2,k) S1(2,k)*x(2,k)
S1(1,k) S1(2,k) S2*y1(1,k) S2*y1(2,k) S2];
         J(k,:) = jac;
         format long
         J
     end

end

% Plotar RMSE
plot(t, rmse, 'ko', 'Markersize', 10);
xlabel('Época');
ylabel('RMSE');
```

A Figura–12 apresenta o gráfico do RMSE gerado pela sequência de comandos mostrada acima.

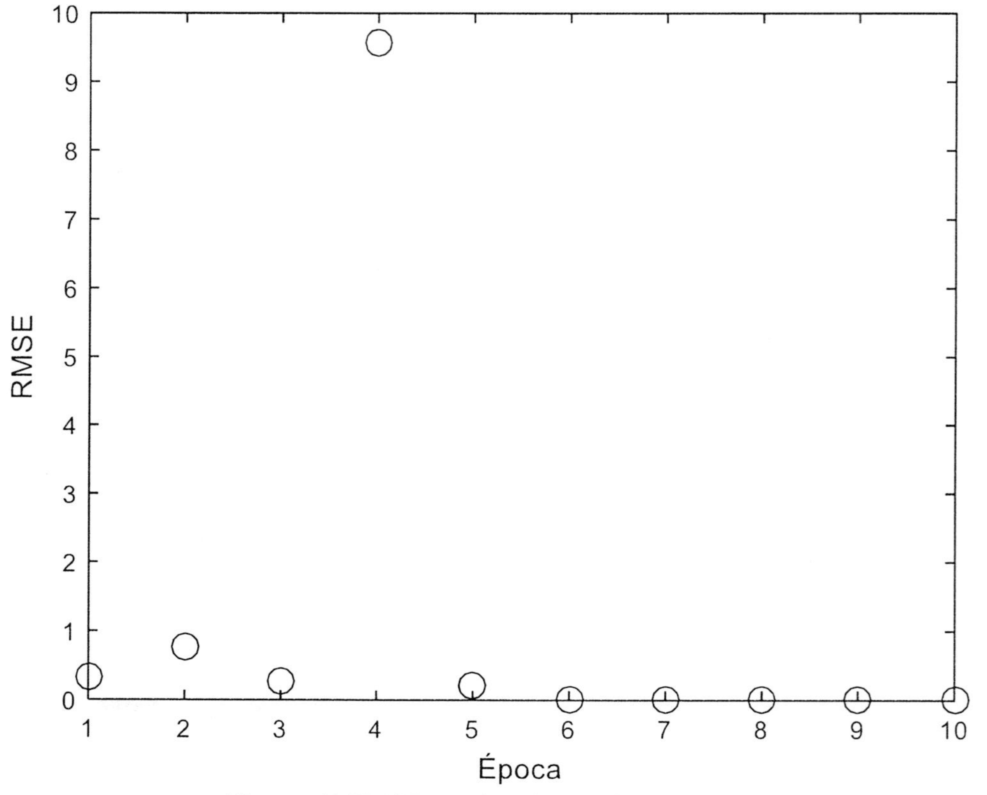

Figura–12 RMSE gerado pelo algoritmo LMBP.

Nos capítulos anteriores construímos gráficos de RMSE para diversos exemplos, mesmo não se tratando das mesmas funções, o leitor pode observar que no caso da aplicação do algoritmo LMBP o gráfico do erro desce bastante rápido para valores pequenos. O erro quadrado médio na iteração 10 da figura acima corresponde a um valor de 7,749128338961342e-06.

A seguir, é apresentado o código em Python.

PYTHON- Algoritmo LMBP Exemplo 7-6

```
import math
import numpy as np
import matplotlib.pyplot as plt
import numpy.matlib


mi = 0.001
ni = 10
entradas = 4
n = 10

b1_old = np.mat('1.; 2.')
v1 = np.empty((2,4))
x = np.mat('1.,1.,0.,0.; 1.,0.,1.,0.')
w1_old =  np.mat('1., 3.;2., 4.')
y1 = np.zeros((2,4))
w2_old = np.array([1, 2])
b2_old = 1
```

```
v2 = np.empty((2,4))
y2 = np.empty((4))

d = [[1], [1], [0], [1]]
erro = np.zeros((4,1))
old_E = 0

S1 = np.empty((2,4))
J = np.zeros((4,9))
old_w = [[1], [2], [3], [4], [1], [2], [1], [2], [1]]

rmse = np.empty((10))
t = np.empty((10))

##########################################################################
#                 EQUAÇÕES ORIUNDAS DO BACKPROPAGATION                   #
##########################################################################

for j in range(0, entradas):

    # Camada de Entrada

    print(w1_old*x[:,j] + b1_old)
    c = w1_old*x[:,j] + b1_old
    for i in range(0, 2):
        v1[i,j] = c[i]
    for i in range(0,2):
        y1[i,j] = 1./(1 + math.exp(-v1[i,j]))

    # Camada de Saída
    v2 = w2_old * y1[:,j]
    v2 = v2[0] + v2[1] + b2_old
    y2[j] = v2

    # Cálculo dos erros
    erro[j] = d[j] - y2[j]

    # Soma dos erros quadrados [Nesse caso, usamos E = (1/2)*(Soma de e^2)]
    old_E = old_E + (erro[j]*erro[j])/2



###########################################################################
EQUAÇÕES ORIUNDAS DO LMBP                                         #
##########################################################################

    S2 = -1      # Nesse exemplo, qualquer elemento de S2 é igual a -1
    filv1 = [[y1[0,j]*(1 - y1[0,j]), 0], [0, y1[1,j]*(1 - y1[1,j])]]

    f = filv1 * w2_old.T *  S2
    for i in range(0,2):
        S1[i,j] = f[i,i]



##########################################################################
#                  CONSTRUÇÃO DA MATRIZ JACOBIANA                        #
```

```
#############################################################################

# A matriz Jacobiana terá dimensão 4x9
# Cálculo dos outros elementos da matriz Jacobiana

for k in range(0,entradas):
    jac = [S1[0,k]*x[0,k]
           ,S1[1,k]*x[0,k]
           ,S1[0,k]*x[1,k]
           ,S1[1,k]*x[1,k]
           ,S1[0,k]
           ,S1[1,k]
           ,S2*y1[0,k]
           ,S2*y1[1,k]
           ,S2]

    J[k,:] = jac


for i in range(0,n):

# Uma vez que a matriz Jacobiana foi determinada, podemos calcular "Delta W"
DeltaW=(np.linalg.inv(np.dot(J.T,J) + mi*np.matlib.eye(9)))*(-1)*J.T*erro

    # NOVOS PESOS
    new_w = old_w + DeltaW
    old_w = new_w

#Pesos e bias no formato que serão utilizados na parte de backpropagation
    w1_old = [[new_w[0,0], new_w[2,0]], [new_w[1,0], new_w[3,0]]]
    b1_old = [[new_w[4,0]], [new_w[5,0]]]
    w2_old = [new_w[6,0], new_w[7,0]]
    b2_old = [new_w[8,0]]


#############################################################################
#                  EQUAÇÕES ORIUNDAS DO BACKPROPAGATION                    #
#############################################################################

    for j in range(0,entradas):

        print('---------------', i, j)
        # Camada de Entrada
        for c1 in range(0,2):
            v1[c1,j] = (w1_old * x[:,j] + b1_old)[c1]
        for c2 in range(0,2):
            y1[c2,j] = 1./(1 + math.exp(-v1[c2,j]))

    # Camada de Saída
        v2 = 0
        for c3 in range(0,2):
            v2 = v2 + w2_old[c3] * y1[c3,j]

        v2 = v2 + b2_old
        y2[j] = v2

    # Cálculo dos erros
```

```
        erro[j] = d[j] - y2[j]

    # Soma dos erros quadrados [Nesse caso, usamos E = (1/2)*(Soma de e^2)]
        new_E = 0.5 * np.vdot(erro,erro)

     # Cálculo do MSE e do RMSE
        mse = new_E/entradas
        rmse[i] = math.sqrt(mse)
        t[i] = i + 1


#############################################################################
#                     EQUAÇÕES ORIUNDAS DO LMBP                             #
#############################################################################

       S2 = -1       # Nesse exemplo, qualquer elemento de S2 é igual a -1
       filvl = [[y1[0,j]*(1 - y1[0,j]), 0], [0, y1[1,j]*(1 - y1[1,j])]]

        for c4 in range(0,2):
            print(np.dot(fi1v1[c4],np.array(w2_old).T))
            S1[c4,j] = np.dot(fi1v1[c4],np.array(w2_old).T)*S2

    if old_E <= new_E:
            mi = mi*ni
            new_w = old_w
    elif new_E < old_E:
            mi = mi/ni

    old_E = new_E;

#############################################################################
#                  CONSTRUÇÃO DA MATRIZ JACOBIANA                           #
#############################################################################

# A matriz Jacobiana terá dimensão 4x9
# Cálculo dos outros elementos da matriz Jacobiana

    for k in range(0,entradas):
        jac = [S1[0,k]*x[0,k]
              ,S1[1,k]*x[0,k]
              ,S1[0,k]*x[1,k]
              ,S1[1,k]*x[1,k]
              ,S1[0,k]
              ,S1[1,k]
              ,S2*y1[0,k]
              ,S2*y1[1,k]
              ,S2]

        print(jac)

        J[k,:] = jac

print('*******************')
print(t)
print(rmse)

f = plt.figure()
```

```
f.set_figwidth(20)
f.set_figheight(15)
params = {'xtick.labelsize':'20',
          'ytick.labelsize':'20'}
plt.rcParams.update(params)
plt.plot(t, rmse, 'o', markersize=40, color='black', fillstyle='none')
plt.xlabel('Época');
plt.ylabel('RMSE');
plt.xlim(1,10)
plt.xticks(range(1,11,1))
plt.ylim(0, 10)
plt.xlabel('Época', fontsize=40)
plt.ylabel('RMSE', fontsize=40)
```

7.4 O Comando `trainlm` do MATLAB

O comando `trainlm` corresponde a uma função de treinamento que atualiza valores de pesos e bias de acordo com a otimização de Levenberg-Marquardt.

O `trainlm` frequentemente é o algoritmo de backpropagation mais rápido do toolbox de redes neurais do MATLAB e é altamente recomendado como a primeira escolha como um algoritmo de aprendizagem supervisionada, embora requeira mais memória que os outros algoritmos.

A sintaxe é dada por

```
net.trainFcn = 'trainlm'
[net,tr] = train(net,...)
```

Sendo que `net.trainFcn = 'trainlm'` atribui à rede a propriedade `trainFcn` e `[net,tr] = train(net,...)` treina a rede neural com `trainlm`.

O treinamento ocorre de acordo com os parâmetros de treinamento estabelecidos para `trainlm`, mostrados a seguir com seus valores default.

`net.trainParam.epochs`	1000	Máximo número de épocas para treinar
`net.trainParam.goal`	0	Performance objetivo
`net.trainParam.max_fail`	6	Falhas de validação máximas
`net.trainParam.min_grad`	1e-7	Gradiente de desempenho mínimo
`net.trainParam.mu`	0.001	Inicial mi
`net.trainParam.mu_dec`	0.1	Decréscimo do fator mi
`net.trainParam.mu_inc`	10	Acréscimo do fator mi
`net.trainParam.mu_max`	1e10	Máximo mi
`net.trainParam.show`	25	Épocas entre displays (NaN para sem displays)

`net.trainParam.showCommandLine`	false	Gerar saída de linha de comando
`net.trainParam.showWindow`	true	Mostrar treinamento GUI
`net.trainParam.time`	inf	Tempo máximo para treinar em segundos

Os vetores de validação são usados para parar o treinamento se a performance da rede para os vetores de validação falhar em melhorar ou permanecer o mesmo para `max_fail` épocas em uma linha. Os vetores de teste são usados como uma verificação adicional de que a rede está generalizando bem, mas não tem qualquer efeito no treinamento.

O `trainlm` é a função de treinamento default para várias funções de criação de redes tais como `newcf, newdtdnn, newff,` e `newnarx`.

Você pode criar uma rede padrão que utilize `trainlm` com `feedforwardnet` ou `cascadeforwardnet`.

Para preparar uma rede personalizada para ser treinada com `trainlm` :

1. Atribuir para `net.trainFcn` a função `'trainlm'`. Isso atribui para `net.trainParam` os parâmetros default de `trainlm`.
2. Definir às propriedades de `net.trainParam` os valores desejados.

Em qualquer dos casos, usar `train` com a rede resultante treina a rede com o `trainlm`.

Consulte o `help` do MATLAB sobre `feedforwardnet` e `cascadeforwardnet` para obter exemplos.

Métodos quasi-Newton constituem geralmente uma classe de métodos de otimização que são usados em programação não linear quando os métodos de Newton-completo são muito demorados ou difíceis de usar. Mais especificamente, esses métodos são usados para encontrar o mínimo global de uma função $f(x)$ que é duplamente diferenciável.

Tal como nos métodos quasi-Newton, o algoritmo de Levenberg-Marquardt foi desenvolvido para aproximar-se da velocidade de treinamento de segunda ordem sem precisar calcular a matriz de Hessian. Quando a função de desempenho tem a forma de uma soma de quadrados (como é típico no treinamento de redes feedforward), então a matriz Hessiana pode ser aproximada como

$$\mathbf{H} = \mathbf{J}^T \mathbf{J} \,,$$

e o gradiente pode ser calculado como

$$\nabla \mathbf{e} = \mathbf{J}^T \mathbf{e} \,,$$

onde $\mathbf{J}$ é a matriz Jacobiana que contém as primeiras derivadas dos erros da rede com relação aos pesos e bias, e $\mathbf{e}$ é um vetor de erros da rede. A matriz Jacobiana pode ser calculada a partir de uma técnica backpropagation padrão que é muito menos complexa do que computar a matriz Hessiana.

O algoritmo de Levenberg-Marquardt utiliza esta aproximação para a matriz Hessiana na seguinte regra de atualização

$$\mathbf{w}_{k+1} = \mathbf{w}_k - \left[\mathbf{J}^T \mathbf{J} + \mu \mathbf{I} \right]^{-1} \mathbf{J}^T \mathbf{e} \,.$$

Quando o escalar μ é zero, temos apenas o método de Newton, usando a matriz Hessiana aproximada. Quando μ é grande, temos um gradiente descendente com um tamanho de passo pequeno. O método de Newton é mais rápido e mais preciso próximo de um erro mínimo, e então o objetivo é mudar para o método de Newton o mais rápido possível. Assim, μ é diminuído após cada passo bem sucedido (redução na função de desempenho) e é aumentado apenas quando um passo tentativo aumenta a função de desempenho. Desta forma, a função de desempenho é sempre reduzida em cada iteração do algoritmo.

A descrição original do algoritmo de Levenberg-Marquardt é encontrada no trabalho de 1963 de Marquardt. A aplicação do algoritmo de Levenberg-Marquardt ao treinamento de redes neurais é descrita no trabalho de Hagan e Menhaj de 1994 e começando na página 12 até a 19 do trabalho *Neural Network Design* de Hagan, Demuth e Beale publicado em 1996.

Este algoritmo parece ser o método mais rápido para o treinamento de redes neurais do tipo feedforward de tamanho moderado (até várias centenas de pesos). Ele também tem uma implementação eficiente no software MATLAB®, porque a solução da equação matricial é uma função embutida, de modo que seus atributos se tornam ainda mais pronunciados em um ambiente MATLAB.

Quanto às limitações, esta função utiliza a Jacobiana para os cálculos, o que pressupõe que o desempenho é uma média ou soma de erros quadrados. Portanto, as redes treinadas com esta função devem usar a função de desempenho `mse` ou `sse`.

A função `trainlm` suporta treinamentos com vetores de validação e teste se a propriedade `NET.divideFcn` da rede for definida como uma função de divisão de dados. Os vetores de validação são usados para parar o treinamento antecipadamente se o desempenho da rede nos vetores de validação não melhorar ou permanecer o mesmo para `max_fail epochs` em uma linha. Os vetores de teste são usados como uma verificação adicional de que a rede está generalizando bem, mas não tem qualquer efeito no treinamento.

A função `trainlm` pode treinar qualquer rede, desde que seu peso, entrada líquida e funções de transferência tenham funções que possuem derivadas.

O backpropagation é usado para calcular a Jacobiana `jX` do desempenho `perf` com relação às variáveis de peso e bias `X`. Cada variável é ajustada de acordo com o Levenberg-Marquardt,

```
jj = jX * jX

je = jX * E

dX = -(jj+I*mu) \ je
```

onde `E` corresponde a todos os erros e `I` é a matriz identidade.

O valor adaptativo `mu` é aumentado por `mu_inc` até que a alteração acima resulte em um valor de desempenho reduzido. A alteração é então feita para a rede e `mu` é diminuído por `mu_dec`.

O parâmetro `mem_reduc` indica como usar memória e velocidade para calcular a Jacobiana `jX`. Se `mem_reduc` é 1, então o `trainlm` executa mais rápido, mas pode exigir muita memória. Aumentar o `mem_reduc` para 2 corta parte da memória requerida por um fator de dois, mas diminui `trainlm` um pouco. Estados mais elevados continuam a diminuir a quantidade de memória necessária e aumentam os tempos de treinamento.

O treino pára quando ocorre qualquer uma destas condições:

- O número máximo de épocas (`epochs`) é atingido.
- A quantidade máxima de tempo (`time`) é excedida.

• O desempenho é minimizado para a meta (`goal`).
• O gradiente de desempenho cai abaixo de `min_grad`.
• `mu` excede `mu_max`.
• O desempenho de validação aumentou mais do que `max_fail` vezes desde a última vez que diminuiu (quando usando validação).

EXEMPLO 7.7 Comparando o resultado gerado pelo `trainlm`

Vamos utilizar a sequência de comandos construída para o LMBP no Exemplo 7.6 e comparar com o resultado gerado pela função `trainlm`.
Lembrando que no Exemplo 7.6 aplicamos o algoritmo LMBP para treinar uma rede neural MLP(2, 2, 1), na aprendizagem do operador lógico SE–ENTÃO:

x_1	x_2	$x_1 \to x_2$
1	1	1
1	0	1
0	1	0
0	0	1

Para isso, iniciamos os pesos e bias como

$w_{11}=1$,	$w_{21}=2$,	$w_{12}=3$,	$w_{22}=4$,	$w_{31}=1$,	$w_{32}=2$,	$b_1=1$,	$b_2=2$,	$b_3=1$,

também assumimos que a função de ativação nos dois neurônios da camada oculta é a função sigmoide dada por

$$\varphi(v)=\frac{1}{1+\exp(-v)},$$

com primeira derivada

$$\varphi'(v)=\varphi(v)\left[1-\varphi(v)\right].$$

Na camada de saída a função de ativação é a linear, tal que $\varphi(v)=v$ e $\dot{\varphi}(v)=1$.
O parâmetro de escala μ, inicialmente foi considerado igual a 0,001 e ao fator de crescimento e decrescimento v foi atribuído o valor 10.
A partir das especificações iniciais podemos escrever os comandos utilizando a função `trainlm` da seguinte forma:

MATLAB - A aplicação da função trainlm para o Exemplo 7-6

```
x = [1 1 0 0;1 0 1 0];
d = [1 1 0 1];

rede=newff([0 1;0 1],[2,1],{'logsig','purelin'},'trainlm');
rede.IW{1,1} = [1 3;2 4];     % Arbitramos os pesos iniciais em IW{1,1}, b{1},
LW{2,1} e b{2}
```

```
rede.b{1} = [1; 2];
rede.LW{2,1} = [1 2];
rede.b{2} = [1];
rede.trainParam.show = 5;
rede.trainParam.epochs = 1;
rede.trainParam.goal = 1e-15;
[rede,tr]=train(rede,x,d);
rede.IW{1,1}                    % Fornece os pesos que ligam as entradas e os
neurônios da camada intermediária
rede.b{1}                       % Fornece os bias dos neurônios da camada oculta
rede.LW{2,1}                    % Fornece os pesos das conexões da primeira camada
com a segunda camada
rede.b{2}                       % Bias do neurônio de saída

%%%%%%%%%%%%%%%%%%%%%%%%%%%%%%%%%%%%%%%%%%%%%%%%%%%%%%%%%%%%%%%%%%%%%%%%%%
% Observação:                                                            %
%                                                                        %
% Diferentemente das redes mais antigas (por exemplo, newfit, newpr,     %
% newff, ...), você não pode atribuir pesos às redes mais recentes (por %
% exemplo fitnet,patternnet, feedforwardnet, ...) a menos que a rede    %    %
esteja configurada.                                                     %
% Por isso, usar newff permite mudar os pesos iniciais rapidamente de   % %
acordo com os interesses do analista.                                   %
%                                                                        %
%%%%%%%%%%%%%%%%%%%%%%%%%%%%%%%%%%%%%%%%%%%%%%%%%%%%%%%%%%%%%%%%%%%%%%%%%%
```

Essa sequência de comandos, rodada no MATLAB® R2015a gera o resultado de uma rede neural do tipo MLP(2, 2, 1) mostrado na Figura–13.

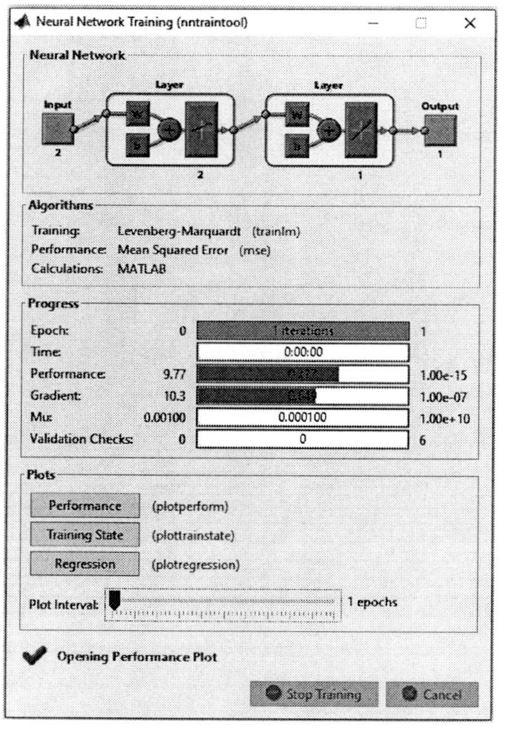

Figura–13 Resultado da aplicação da função `trainlm` para a lógica SE – ENTÃO, após uma iteração rodada no MATLAB® R2015a.

No Exemplo 7.6 usamos

$$E = \frac{1}{2}\sum \mathbf{e}^2,$$

o MATLAB usa

$$E = \frac{1}{n}\sum \mathbf{e}^2.$$

Uma vez que a performanace de `trainlm` é medida usando o `mse`, para compararmos com o resultado gerado pela sequência de comandos do Exemplo 7.6 precisamos fazer as seguintes alterações

`old_E = 0.5*dot(erro,erro);`	para	`old_E = (1/entradas)*dot(erro,erro);`
`new_E = 0.5*dot(erro,erro);`	para	`new_E = (1/entradas)*dot(erro,erro);`

Fazendo isso, verificamos que o primeiro valor de performance 9,77 é igual nos dois casos, assim como o parâmetro de escala μ também resulta em 0,0001. Porém, após a primeira iteração, a sequência de comandos do Exemplo 7.6 gera um erro de 0,240486 e aplicando o `trainlm` o erro gerado é de 0,22709. Ou seja, uma diferença de aproximadamente 5,899%.
Mas, se rodarmos a sequência de comandos usando o `trainlm` no MATLAB® R2006a o resultado gerado é mostrado na Figura–14.

Command Window

```
>> x = [1 1 0 0;1 0 1 0];
d = [1 1 0 1];

rede=newff([0 1;0 1],[2,1],{'logsig','purelin'},'trainlm');
rede.IW{1,1} = [1 3;2 4];     % Arbitramos os pesos iniciais em IW{1,1}, b{1}, LW{2,1} e b{2}
rede.b{1} = [1; 2];
rede.LW{2,1} = [1 2];
rede.b{2} = [1];
rede.trainParam.show = 5;
rede.trainParam.epochs = 1;
rede.trainParam.goal = 1e-15;
[rede,tr]=train(rede,x,d);
rede.IW{1,1}                  % Fornece os pesos que ligam as entradas e os neurônios da camada intermediária
rede.b{1}                     % Fornece os bias dos neurônios da camada oculta
rede.LW{2,1}                  % Fornece os pesos das conexões da primeira camada com a segunda camada
rede.b{2}                     % Bias do neurônio de saída
TRAINLM-calcjx, Epoch 0/1, MSE 9.76982/1e-015, Gradient 10.2605/1e-010
TRAINLM-calcjx, Epoch 1/1, MSE 0.240486/1e-015, Gradient 0.610436/1e-010
TRAINLM, Maximum epoch reached, performance goal was not met.
```

Figura–14 Resultado da aplicação da função `trainlm` para a lógica SE – ENTÃO, após uma iteração rodada no MATLAB® R2006a.

Portanto, a sequência de comandos utilizada no Exemplo 7.6 gera exatamente os mesmos resultados da função `trainlm` do MATLAB.

Capítulo 8

Delta-Bar-Delta DBD

No livro "I, Robot" de 1950, os personagens Powell e Donovan são engenheiros especializados em robótica.

Powell's radio voice was tense in Donovan's ear: "Now, look, let's start with the three fundamental Rules of Robotics - the three rules that are built most deeply into a robot's positronic brain." In the darkness, his gloved fingers ticked off each point.
- We have: One, a robot may not injure a human being, or, through inaction, allow a human being to come to harm.
- Right!
- Two, continued Powell, a robot must obey the orders given it by human beings except where such orders would conflict with the First Law.
- Right!
- And three, a robot must protect its own existence as long as such protection does not conflict with the First or Second Laws.

Em "Robots and Empire" de 1985, Asimov adicionou uma quarta lei, conhecida como Lei Zero:
A robot may not injure humanity or, through inaction, allow humanity to come to harm.

Isaac Asimov
I, Robot

A voz de Powell no rádio era tensa no ouvido de Donovan: "Agora, escute, vamos começar com as três Leis fundamentais da Robótica – as três leis que estão mais profundamente introduzidas no cérebro positrônico de um robô." Na escuridão, seus dedos enluvados anotavam cada ponto. / - Temos: Um, um robô não pode causar dano a um ser humano, ou, através de inação, permitir que um ser humano venha a se lesionar. / - Certo! / - Dois, continuou Powell, um robô deve obedecer as ordens dadas pelos seres humanos exceto quando tais ordens puderem conflitar com a Primeira Lei. / - Certo! / - E três, um robô deve proteger sua própria existência na medida em que esta proteção não conflite com a Primeira e Segunda Leis.

Em 1988, Robert A. Jacobs publicou o trabalho *Increased rates of convergence through learning rate adaptation* no periódico *Neural Networks* onde descreve que embora existam muitas técnicas para encontrar os parâmetros que minimizam uma função de erro, apenas aqueles métodos que realizam cálculos locais são utilizados em redes conexionistas. Sendo que o algoritmo de aprendizagem mais popular para redes conexionistas é o procedimento de backpropagation, o qual pode ser usado para atualizar os pesos pelo método da descida mais íngreme. Nesse trabalho, Jacobs examina a descida mais íngreme e analisa porque ele é tão lento para convergir. Então, propõe quatro heurísticas para alcançar taxas de convergências mais rápidas enquanto aderem à restrição de localidade. Estas heurísticas sugerem que a todo peso de uma rede deveria ser dada sua própria taxa de aprendizagem e que estas taxas deveriam ser permitidas variar ao longo do tempo. Adicionalmente, as heurísticas sugerem como as taxas de aprendizagem deveriam ser ajustadas. Duas implementações destas heurísticas, a primeira denominada de *momentum* e a outra um algoritmo chamado de regra delta-bar-delta, são estudados e resultados de simulações são apresentados nesse trabalho de 1988.

Apesar de ser uma nomenclatura pouco utilizada, o termo TurboProp também é usado para descrever o método de taxa de aprendizagem adaptativa delta-bar-delta (DBD). A aplicação do algoritmo DBD permite aumentar a velocidade da convergência através de heurísticas utilizadas para alterar a taxa de aprendizagem.

Outras variantes do método delta-bar-delta foram desenvolvidas, sendo a mais conhecida denominada extended delta-bar-delta (EDBD, delta-bar-delta estendido), publicada em 1990 no *Proceedings of the International Joint Conference on Neural Networks* por Ali A. Minai e Ronald D. Williams. O EDBD implementa, além de mudanças nas taxas de aprendizagem para cada sinapse, também um ajuste heurístico para o termo de momento na rede DBD. Esta aplicação de heurísticas, estimula tendências positivas de aprendizagem e reduz a oscilação no processo de aprendizagem da rede neural. O algoritmo EDBD é uma extensão do algoritmo delta-barra-delta e tem como um de seus objetivos a diminuição do tempo de treinamento para perceptrons multicamadas. Uma justificativa para seu uso é evitar grandes saltos nas mudanças dos pesos durante o processo de treinamento.

8.1 Método de Aprendizagem Delta-Bar-Delta

Vimos que no backpropagation, a escolha da taxa de aprendizagem afeta enormemente o processo de aprendizagem. Dependendo de como a superfície de erro gerada por uma rede neural de múltiplas camadas é configurada, escolher uma taxa de aprendizagem fixa pode ser inapropriado. Ou seja, dependendo da superfície de erro gerada, na busca de uma otimização do erro o que pode ser bom em um local, pode não funcionar bem em outra região. O método de aprendizagem delta-bar-delta pode regular a taxa de aprendizagem localmente e utilizando regras práticas (heurísticas) considera basicamente que: (i) cada peso tem sua própria taxa de aprendizagem, (ii) para cada peso, o gradiente no passo atual é comparado com o gradiente do passo anterior, (iii) se o gradiente está na mesma direção, a taxa de aprendizagem é aumentada, (iv) se o gradiente esta na direção oposta, a taxa de aprendizagem é decrescida e (v) deve ser realizada apenas no modo de aprendizagem por lote. A arquitetura de uma rede delta-bar-delta é similar àquela de uma rede backpropagation. A maior diferença entre esses dois tipos de rede reside no método algorítmico de aprendizagem.

O processo de aprendizagem por backpropagation é baseado no método de descida mais íngreme que minimiza o erro gerado pela rede neural a partir de mudanças nos pesos e bias das conexões sinápticas. Um termo de momento pode ser associado às atualizações dos pesos e uma taxa de aprendizagem é atribuída ao processo que altera os pesos camada por camada. A abordagem do backpropagation permite que a taxa de aprendizagem decresça passo a passo à medida que novos conjuntos de treinamento sejam apresentados à rede. Conforme verificamos no Capítulo 4 a convergência para um valor de erro pequeno gerado pela rede neural é muito lenta.

Um algoritmo de aprendizagem que utilize o método delta-bar-delta caracteriza-se pelo fato de os pesos terem seus próprios coeficientes de autoadaptação. Na aplicação do método delta-bar-delta a retropropagação do erro é semelhante ao algoritmo de backpropagation convencional. A ideia principal reside na evidência de que cada peso sináptico tem efeito distinto sobre o erro total gerado pela rede. Dessa forma, para cada peso é atribuído sua própria taxa de aprendizagem, considerando que um tamanho de passo em direção à minimização do erro utilizado para um peso não necessariamente é apropriado para os outros pesos da camada da rede. Associando uma taxa de aprendizagem para peso sináptico e permitindo que esta taxa de aprendizagem altere-se continuamente ao longo do tempo, mais graus de liberdade são introduzidos possibilitando uma redução no tempo de convergência (Sumathi S. e Surekha P., 2010).

A implementação do algoritmo delta-bar-delta é considerada fácil e direta, sendo que as taxas de aprendizagem são alteradas com base na informação sobre o erro atual obtido pelo backpropagation padrão.

Durante a atualização do peso, se um erro local tem o mesmo sinal para muitas iterações consecutivas, a taxa de aprendizagem para aquela conexão é linearmente aumentada. Incrementando a taxa de aprendizagem linearmente previne as taxas de aprendizagem tornarem-se muito grandes. Quando o erro local muda de sinal frequentemente, a taxa de aprendizagem é diminuída geometricamente. Decrementando exponencialmente assegura que as taxas de aprendizagem das conexões sejam sempre positivas. Além disso, elas podem ser decrescidas mais rapidamente em regiões onde a mudança no erro é grande.

8.1.1 Regra de Aprendizagem Delta-Delta

A regra de aprendizagem delta-delta consiste tanto na regra de atualização dos pesos como na regra de atualização da taxa de aprendizagem. A regra de atualização dos pesos é similar ao algoritmo de descida mais íngreme com a exceção de que cada peso possui sua própria taxa de aprendizagem. Jacobs (1988) apresenta quatro heurísticas para alcançar taxas de convergência mais rápido do que nas técnicas de descida mais íngreme.

Heurística 1

Cada parâmetro da medida de performance a ser minimizada deve ter sua própria taxa de aprendizagem individual. Uma vez que, um tamanho de passo apropriado para qualquer uma outra dimensão do parâmetro não é necessariamente apropriada para outras dimensões do parâmetro.

Heurística 2

Deve ser permitido para a taxa de aprendizagem variar ao longo do tempo. É comum para superfícies de erro possuírem diferentes propriedades ao longo de diferentes regiões de uma única dimensão do parâmetro. A fim de tomar tamanhos de passo apropriados à medida que os parâmetros variam sobre seus valores possíveis, a taxa de aprendizagem também precisará variar.

Heurística 3

Quando a derivada de um parâmetro possuir o mesmo sinal diversas vezes em passos de tempo consecutivos, a taxa de aprendizagem para aquele parâmetro deverá ser aumentada. Quando o sinal da derivada comporta-se dessa maneira, frequentemente é o caso em que a superfície de erro no ponto atual no espaço de parâmetros ao longo daquela dimensão do parâmetro possui uma pequena curvatura, e, portanto, continua a inclinar-se na mesma direção por alguma distância significante. Aumentando a taxa de aprendizagem para este parâmetro, o número de passos de tempo requeridos para que o valor deste parâmetro atravesse esta distância pode ser reduzido.

Heurística 4

Quando o sinal da derivada de um parâmetro alterna-se em vários passos de tempo consecutivos, a taxa de aprendizagem para aquele parâmetro deve ser decrescida. Quando o sinal da derivada comporta-se dessa maneira, frequentemente é o caso em que a superfície de erro naquele ponto atual no espaço de parâmetros ao longo daquela dimensão do parâmetro possui uma curvatura elevada, e, portanto, a inclinação desta área da superfície de erro pode rapidamente mudar de sinal. Para prevenir que o valor do parâmetro oscile, este valor deverá ser ajustado por uma quantidade menor.

Para derivar a modificação no algoritmo de backpropagation que leva em conta o método delta-bar-delta, podemos seguir um procedimento similar ao que foi descrito na seção 4.3 Derivação Matemática do Algoritmo de Backpropagation do Capítulo 4. Para isso vamos utilizar a Figura–1.

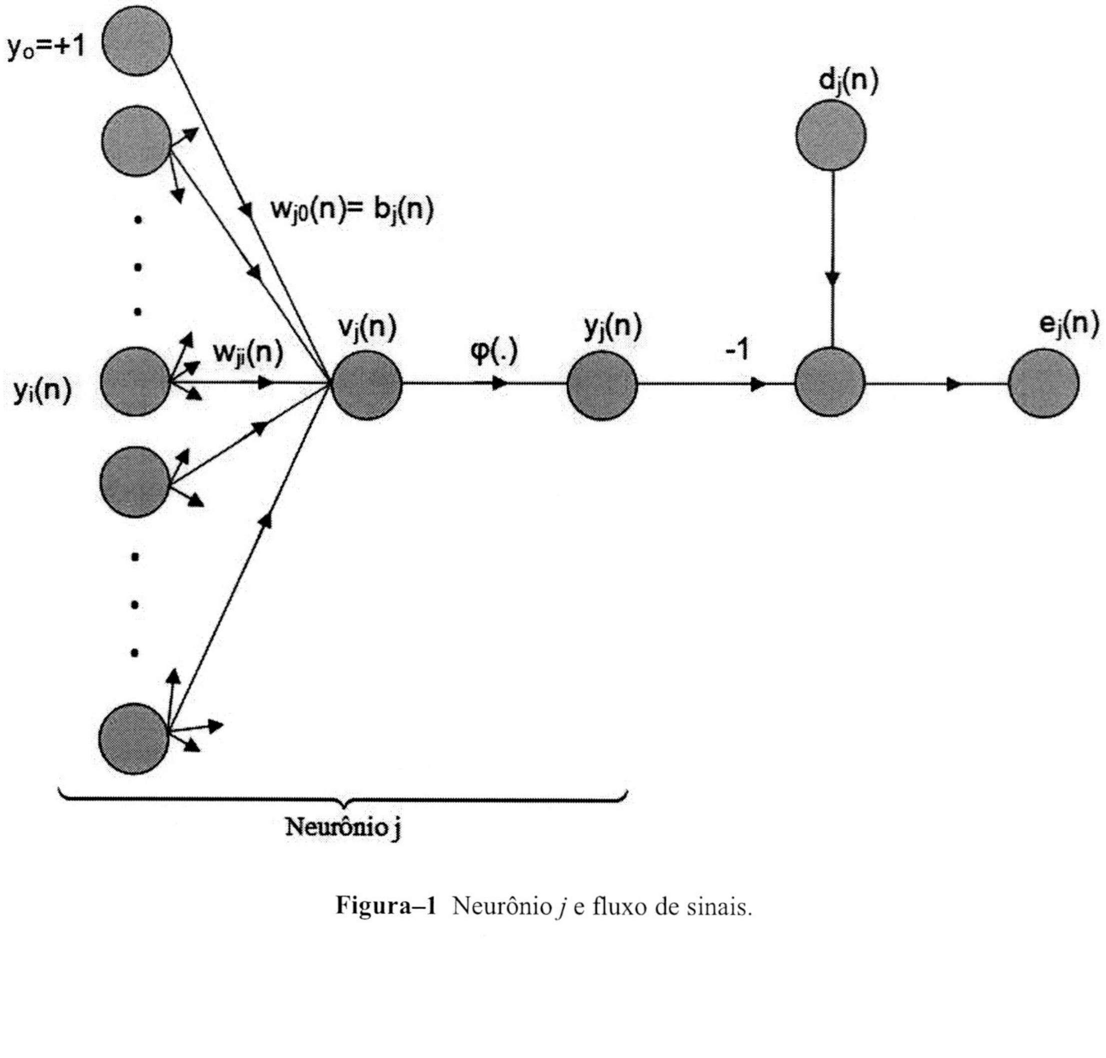

Figura–1 Neurônio *j* e fluxo de sinais.

Iniciamos definindo uma função de soma dos erros quadrados

$$E(n)=\frac{1}{2}\sum_j e_j^2(n)=\frac{1}{2}\sum_j\left[d_j(n)-y_j(n)\right]^2, \tag{1}$$

onde,

- $d_j(n)$ denota o valor desejado na saída no neurônio *j*, na iteração *n*;
- $y_j(n)$ denota o valor de saída do neurônio *j*, na iteração *n*.

Nesse caso, diferentemente de como foi definida a função de soma dos erros quadrados $E(n)$ no Capítulo 4, aqui o espaço de parâmetros é considerado como consistindo de diferentes taxas de aprendizagens. Ou seja, matematicamente as funções são esteticamente similares, porém são aplicadas a espaços diferentes. Considerando η_{ji} como o parâmetro de taxa de aprendizagem atribuído ao peso sináptico $w_{ji}(n)$ na iteração *n* e aplicando a regra da cadeia para derivar $E(n)$ com relação a η_{ji}, temos que

$$\frac{\partial E(n)}{\partial \eta_{ji}(n)}=\frac{\partial E(n)}{\partial y_j(n)}\frac{\partial y_j(n)}{\partial v_j(n)}\frac{\partial v_j(n)}{\partial \eta_{ji}(n)}. \tag{2}$$

Lembrando que o neurônio *j* possui campo local induzido dado por

$$v_j(n)=\sum_i w_{ji}(n)y_i(n). \tag{3}$$

A saída do neurônio *j* na iteração *n* é obtida aplicando a função de ativação ao campo local induzido obtendo

$$y_j(n)=\varphi_j\left(v_j(n)\right). \tag{4}$$

Além disso, a regra delta fornece o resultado de correção do peso tal que

$$w_{ji}(n)=w_{ji}(n-1)-\eta_{ji}(n)\frac{\partial E(n-1)}{\partial w_{ji}(n-1)}. \tag{5}$$

Substituindo (5) em (3) produz

$$v_j(n)=\sum_i y_i(n)\left[w_{ji}(n-1)-\eta_{ji}(n)\frac{\partial E(n-1)}{\partial w_{ji}(n-1)}\right]. \tag{6}$$

Na regra da cadeia mostrada em (2) precisamos diferenciar $v_j(n)$ com relação a $\eta_{ji}(n)$, o que produz

$$\frac{\partial v_j(n)}{\partial \eta_{ji}(n)} = -y_i(n)\frac{\partial E(n-1)}{\partial w_{ji}(n-1)}. \tag{7}$$

Além disso, temos que

$$\frac{\partial y_j(n)}{\partial v_j(n)} = \varphi_j'(v_j(n)). \tag{8}$$

A seguir avaliamos a derivada parcial $\partial E(n)/\partial y_j(n)$ e verificamos que para o caso em que o neurônio j reside na camada de saída da rede, a resposta desejada $d_j(n)$ é fornecida externamente. Assim, diferenciando (1) com relação a $y_j(n)$ obtemos

$$\frac{\partial E(n)}{\partial y_j(n)} = -\left[d_j(n) - y_j(n)\right], \tag{9}$$

ou

$$\frac{\partial E(n)}{\partial y_j(n)} = -e_j(n). \tag{10}$$

Uma vez obtidas todas as derivadas parciais da regra da cadeia mostrada em (2), podemos reescrever, de forma rearranjada, a variação da função de soma de erros quadrados com relação à taxa de aprendizagem da seguinte forma

$$\frac{\partial E(n)}{\partial \eta_{ji}(n)} = -e_j(n)\varphi_j'(v_j(n))y_i(n)\left[-\frac{\partial E(n-1)}{\partial w_{ji}(n-1)}\right]. \tag{11}$$

Do Capítulo 4, para a mesma rede neural mostrada na Figura–8.1, havíamos obtido que

$$\frac{\partial E(n)}{\partial w_{ji}(n)} = -e_j(n)\varphi_j'(v_j(n))y_i(n). \tag{12}$$

Assim, substituindo (12) em (11) resulta em

$$\frac{\partial E(n)}{\partial \eta_{ji}(n)} = -\frac{\partial E(n)}{\partial w_{ji}(n)}\frac{\partial E(n-1)}{\partial w_{ji}(n-1)}. \tag{13}$$

A equação (13) define a variação da superfície de erro com relação à taxa de aprendizagem $\eta_{ji}(n)$, assumindo que o neurônio j está na camada de saída de um perceptron de múltiplas camadas. Pode-se mostrar que esta mesma equação pode ser aplicada a um neurônio j que esteja na camada oculta da rede neural.

Quando o neurônio j está localizado em uma camada oculta da rede, não existe uma resposta desejada especificada para aquele neurônio. Podemos redefinir o gradiente local $\delta_j(n)$ para o neurônio oculto *j* como sendo

$$\delta_j(n) = -\frac{\partial E(n)}{\partial y_j(n)}\frac{\partial y_j(n)}{\partial v_j(n)}, \quad \text{o neurônio } j \text{ é oculto.}$$

Então, podemos reescrever (2) da seguinte forma

$$\frac{\partial E(n)}{\partial \eta_{ji}(n)} = -\delta_j(n)\frac{\partial v_j(n)}{\partial \eta_{ji}(n)}.$$

A derivada de $v_j(n)$ com relação a $\eta_{ji}(n)$ é mostrada em (7) e é a mesma para um neurônio na camada oculta. Substituindo na equação anterior

$$\frac{\partial E(n)}{\partial \eta_{ji}(n)} = -\delta_j(n)\left[-y_i(n)\frac{\partial E(n-1)}{\partial w_{ji}(n-1)}\right],$$

$$\frac{\partial E(n)}{\partial \eta_{ji}(n)} = \delta_j(n)y_i(n)\frac{\partial E(n-1)}{\partial w_{ji}(n-1)}.$$

O produto entre $\delta_j(n)$, onde *j* é um neurônio oculto, e $y_i(n)$ pode ser representado como

$$\delta_j(n)y_i(n) = \left[-\frac{\partial E(n)}{\partial y_j(n)}\frac{\partial y_j(n)}{\partial v_j(n)}\right]y_i(n),$$

$$\delta_j(n)y_i(n) = \left[-\frac{\partial E(n)}{\partial y_j(n)}\frac{\partial y_j(n)}{\partial v_j(n)}\right]\frac{\partial v_j(n)}{\partial w_{ji}(n)},$$

$$\delta_j(n)y_i(n) = -\frac{\partial E(n)}{\partial w_{ji}(n)}, \quad \text{o neurônio } j \text{ é oculto.}$$

Portanto, quando *j* é um neurônio oculto, a mesma fórmula de $\partial E(n)/\partial \eta_{ji}(n)$ também se aplica a um neurônio *j* que se encontra em uma camada oculta da rede.

Seguindo o mesmo princípio da derivação matemática do algoritmo de backpropagation, podemos formular uma regra de atualização da taxa de aprendizagem que executa uma descida mais íngreme sobre a superfície de erro ao longo do espaço de parâmetros de aprendizagem, que neste caso constitui-se da variável $\eta_{ji}(n)$. Dessa forma, podemos escrever o ajuste da taxa de aprendizagem como

$$\Delta\eta_{ji}(n+1) = -\gamma\frac{\partial E(n)}{\partial \eta_{ji}(n)},$$

$$\Delta\eta_{ji}(n+1) = \gamma\frac{\partial E(n)}{\partial w_{ji}(n)}\frac{\partial E(n-1)}{\partial w_{ji}(n-1)}, \qquad (14)$$

onde, γ é uma constante positiva, chamada de controle do tamanho do passo do parâmetro do procedimento de adaptação da taxa de aprendizagem, ou, tal como Jacobs (1988), somente parâmetro do tamanho do passo. O mais importante é que para os nossos propósitos este algoritmo de atualização das taxas de aprendizagem implementa as quatro heurísticas citadas acima.
Infelizmente, a regra delta-delta é de uso prático limitado. Quando a superfície de erro no ponto atual no espaço de pesos ao longo de uma dimensão do peso possui uma declividade rasa e uma curvatura pequena, as derivadas dos pesos em dois passos de tempo consecutivos provavelmente terão o mesmo sinal e magnitude pequena. Assim, seu produto é um número positivo muito pequeno. A fim de aumentar significantemente a taxa de aprendizagem para esta dimensão do peso, é necessário fazer γ suficientemente elevado. No entanto, é provável que o sinal da derivada permaneça constante por muitos passos de tempo consecutivos e a taxa de aprendizagem pode crescer muito. Nesse tipo de evento, o peso pode ser ajustado por uma quantidade extremamente grande, muitas vezes além do mínimo da superfície de erro ao longo daquela dimensão do peso. Frequentemente, um valor grande de γ resulta em pesos com grandes magnitudes, cujas derivadas são iguais a zero. Além disso, também podem ocorrer problemas quando a superfície de erro no ponto atual do espaço de pesos ao longo de uma dimensão do peso possui uma curvatura elevada. As derivadas do peso em dois passos de tempo consecutivos provavelmente terão sinais opostos e terão uma grande magnitude. Dessa forma, seu produto é um número grande negativo. Se γ é definido como um valor grande, corresponde frequentemente ao caso em que a taxa de aprendizagem decresce até que seja um número negativo. Neste tipo de evento, o peso é ajustado acima da inclinação da superfície de erro ao longo da dimensão do peso ao invés de baixar. Para aliviar estes problemas, é necessário definir γ como um valor positivo pequeno. Por estas razões e limitações da regra delta-delta, Jacobs (1988) apresenta um algoritmo relacionado a esse denominado de regra de aprendizagem delta-bar-delta.

8.1.2 Regra de Aprendizagem Delta-Bar-Delta – DBD

Devido à dificuldade de escolher um γ apropriado, é proposto um novo procedimento de atualização da taxa de aprendizagem baseado na regra delta-delta. Seja $w_{ji}(n)$ denotando o valor do peso sináptico conectando o neurônio i ao neurônio j, obtido na iteração n. Seja $\eta_{ji}(n)$ denotando o parâmetro taxa de aprendizagem associado a esse peso na mesma iteração. A regra de atualização da taxa de aprendizagem é definida como segue

$$\Delta\eta_{ji}(n)=\begin{cases} \kappa & se \quad \bar{D}_{ji}(n)D_{ji}(n)>0 \\ -\beta\eta_{ji}(n) & se \quad \bar{D}_{ji}(n)D_{ji}(n)\leq 0 \\ 0 & caso\ contrário \end{cases} \tag{15}$$

onde, $D_{ji}(n)$ e $\bar{D}_{ji}(n)$ são, respectivamente, dados por

$$D_{ji}(n)=\frac{\partial E(n)}{\partial w_{ji}(n)}, \tag{16}$$

e

$$\bar{D}_{ji}(n)=(1-\xi)D_{ji}(n-1)+\xi\bar{D}_{ji}(n-1), \tag{17}$$

sendo ξ uma constante positiva. A quantidade $D_{ji}(n)$ refere-se ao valor atual da derivada parcial da superfície de erro com relação ao peso $w_{ji}(n)$. No trabalho original de 1988, Jacobs denota $D_{ji}(n)$ como $\delta(n)$. A quantidade $\bar{D}_{ji}(n)$ é uma soma ponderada exponencialmente das derivadas anterior e atual da superfície de erro com relação a w_{ji}, com ξ como a base e o número da iteração n como expoente. Também denota $\bar{D}_{ji}(n)$ como $\bar{\delta}(n)$ e $D_{ji}(n)$ como $\delta(n)$. O procedimento de adaptação da taxa de aprendizagem descrito pelas equações (15) até (17) é chamado de regra de aprendizagem delta-bar-delta. Na regra delta-delta, temos o produto de duas variações. Na regra delta-bar-delta, de acordo com a notação de Jacob (1988) temos o produto de delta-bar [$\bar{\delta}(n)$] por delta [$\delta(n)$], daí decorre o nome.

Note como a regra delta-bar-delta utiliza uma técnica similar àquela da regra delta-delta para implementar as heurísticas mencionadas anteriormente. De acordo com o algoritmo delta-bar-delta, se a derivada atual de um peso e a média exponencial das derivadas prévias dos pesos possuem o mesmo sinal, então a taxa de aprendizagem para aquele peso é incrementada por uma constante, κ. Se a derivada atual de um peso e a média exponencial das derivadas prévias dos pesos possuem sinais opostos, então a taxa de aprendizagem para aquele peso é decrementada por uma proporção, β, do seu valor atual. Caso contrário, o parâmetro da taxa de aprendizagem permanece inalterado.

Temos que $\eta_{ji}(n)$ é incrementado linearmente, mas decrementado exponencialmente. Um aumento linear previne a taxa de aprendizagem de crescer muito rápido, enquanto que um decrescimento exponencial significa que a taxa de aprendizagem permanece positiva e que é reduzida rapidamente. Se definirmos os parâmetros de controle κ e β ambos iguais a zero, os parâmetros de taxa de aprendizagem assumem um valor constante como no algoritmo de backpropagation padrão.

Portanto, usaremos $\kappa > 0$, $\beta \in [0,1]$ e $\xi \in [0,1]$ como constantes. Sendo que κ, β e ξ não variam para qualquer taxa de aprendizagem e $\bar{D}_{ji}$ é a média exponencial entre as derivadas passada e atual de w_{ji}.

Permitindo diferentes taxas de aprendizagem para cada peso de conexão da rede neural, não há necessidade para uma busca de descida mais íngreme que significa seguir na direção do negativo do gradiente. Os pesos das conexões são atualizados diferenciando parcialmente o erro com relação ao próprio peso. As atualizações dos pesos satisfazem restrições de localidade, ou seja, precisam de dados apenas dos elementos de processamento com os quais estão conectados.

Realizando uma atualização por lote é conseguida maior precisão na estimativa do verdadeiro gradiente e é mais provável que a atualização esteja na direção correta.

Sejam $\delta_j^{(t)}(n)$ e $y_i^{(t)}(n)$, onde t refere-se ao t-ésimo padrão apresentado e n a iteração atual, denotando o gradiente local e o sinal de saída calculados para o neurônio j e para o neurônio i, respectivamente. Lembrando que o gradiente local $\delta_j(n)$ é definido como

$$\delta_j(n)=e_j(n)\varphi_j'(v_j(n)), \tag{18}$$

então podemos definir a média do gradiente com relação ao j-ésimo peso como segue

$$\frac{\partial E(n)}{\partial w_{ji}(n)} = -\sum_{t=1}^{T} \delta_j^{(t)}(n) y_i^{(t)}(n), \tag{19}$$

onde, T indica o tamanho do lote sobre o qual a média do gradiente é obtida. Assim podemos redefinir a fórmula de atualização do j-ésimo peso sináptico como

$$w_{ji}(n+1) = w_{ji}(n) + \alpha \Delta w_{ji}(n-1) + \eta_{ji}(n+1) \sum_{t=1}^{T} \delta_j^{(t)}(n) y_i^{(t)}(n), \tag{20}$$

onde, $0 \leq \alpha < 1$ é a constante de momento. O uso do termo de momento acelera a descida ao mínimo da superfície de erro e também auxilia na redução dos efeitos de mínimos locais da superfície de erro.

De forma correspondente, também podemos reescrever $D_{ji}(n)$ como

$$D_{ji}(n) = -\sum_{t=1}^{T} \delta_j^{(t)}(n) y_i^{(t)}(n). \tag{21}$$

Assim, a complexidade computacional do algoritmo de backpropagation incorporando o treinamento delta-bar-delta é enormemente reduzido sem sacrificar a performance de desempenho da rede neural.

Portanto, no método delta-bar-delta, as taxas de aprendizagem individuais para cada peso são alteradas em cada época, sendo que as duas heurísticas mais importantes são:

- Se a derivada tem o mesmo sinal para muitas iterações, a taxa de aprendizagem é aumentada, ou seja, a superfície de erro tem uma curvatura baixa e assim é provável que continue inclinada da mesma forma durante alguma distância;
- Se o sinal da derivada se alterna para muitas iterações, a taxa de aprendizagem é rapidamente decrescida, de outro modo, o algoritmo pode oscilar através de pontos de altas curvaturas.

Mesmo o delta-bar-delta sendo uma alternativa ao backpropagation, ele pode ser mais suscetível a ficar em mínimos locais quando comparado com o backpropagation.

Para satisfazer as duas principais heurísticas, o delta-bar-delta tem uma taxa de aprendizagem inicial utilizada para todos os pesos na primeira época, sendo que um fator de incremento é adicionado à taxa de aprendizagem quando a derivada não muda de sinal e uma taxa de decaimento é multiplicada pelas taxas de aprendizagem quando a derivada muda o sinal. Assim, a utilização de crescimento linear e decaimento exponencial das taxas de aprendizagem contribuem para a estabilidade do processo de aprendizagem.

8.1.3 Taxas de Aprendizagem Adaptativas

O método de taxas de aprendizagem adaptativas é muito mais rápido que o de descida mais íngreme, geralmente reduzindo o tempo de treinamento por uma determinada ordem de magnitude, e também é bastante confiável. Não é propenso a gerar problemas de implementação e execução e não requer cuidados especiais. Ele nos permite evitar lidar com a difícil decisão de qual taxa de aprendizado usar. Apesar de exigir que decidamos os valores de três parâmetros, os resultados não são altamente sensíveis aos valores reais escolhidos; valores em uma ampla faixa geralmente produzem resultados equivalentes. Uma vez que é rápido, confiável e altamente automático, o método de taxas de aprendizagem adaptativas apresenta importantes vantagens.

Esse método foi desenvolvido por Robert Jacobs com a colaboração de Richard Sutton e recebe o nome de delta-bar-delta. O conceito é simples. Considere uma taxa de aprendizagem η diferente para cada peso na rede. Aplique a seguinte regra para cada peso separadamente: se a direção na qual o erro diminui nesse peso, como indicado pelo gradiente de erro, é a mesma que a direção na qual o erro tem diminuído recentemente, então a taxa de aprendizagem η é aumentada. No entanto, se a direção atual na qual o erro diminui é oposta à direção recente em que o erro foi diminuindo, a taxa de aprendizagem η é diminuída.

A direção na qual o erro diminui é determinada pelo sinal de D_{ji}, a derivada parcial do erro em relação a esse peso na época $(n-1)$. Se D_{ji} for positivo, o erro diminui à medida que o peso diminui; Se D_{ji} for negativo, o erro diminui à medida que o peso sobe.

O método de taxas de aprendizagem adaptativas utiliza o conceito de direção na qual o erro tem decrescido "recentemente". Sendo que esta direção é definida como uma média exponencial de D_{ji}, tal como mostrado na equação (17). Onde ξ (ksi) é um parâmetro que controla o quanto "recentemente" significa. O valor de ξ deve ser maior que ou igual a 0 e menor do que 1. Se ξ é zero, então $\bar{D}_{ji}(n)$ é igual a $D_{ji}(n-1)$, e "recentemente" significa "agora". Se ξ é meio, então temos que a ponderação é dada por $\bar{D}_{ji}(n)=0,5D_{ji}(n-1)+0,5\bar{D}_{ji}(n-1)$. Mas, desde que $\bar{D}_{ji}(n-1)$ foi determinada usando os valores passados de D_{ji}, isso realmente equivale a dizer que, por substituição, $\bar{D}_{ji}(n)=0,5D_{ji}(n-1)+0,25D_{ji}(n-2)+0,125D_{ji}(n-3)$, e assim por diante até à época 1. Quando ξ se aproxima de 1, o valor atual de D_{ji} conta menos e os valores passados de D_{ji}, os quais foram calculados pela média $\bar{D}_{ji}(n-1)$, contam mais. Assim, as derivadas mais recentes são ponderadas mais pesadamente do que as anteriores. Desta forma, $\bar{D}_{ji}(n-1)$ pode ser calculada para cada peso na rede. Para verificar se a direção recente é ou não semelhante à indicada pela derivada atual, $\bar{D}_{ji}(n-1)$ é multiplicada por $D_{ji}(n-1)$. Se $\bar{D}_{ji}(n-1)D_{ji}(n)$ é positivo, as direções recentes e as atuais são as mesmas e os pesos podem ser ajustados a uma taxa maior. Se for negativa, a derivada atual é oposta à direção média recente, indicando que algum mínimo na superfície de erro foi passado e, consequentemente, os pesos devem ser ajustados mais lentamente.

O método delta-bar-delta reflete esse conceito permitindo maiores mudanças na taxa de aprendizagem η no primeiro caso, em que $\bar{D}_{ji}(n-1)D_{ji}(n)$ é positivo, e permitindo apenas ajustes menores neste último caso, para o qual $\bar{D}_{ji}(n-1)D_{ji}(n)$ é negativo, conforme mostrado na expressão (24).

Isso nos dá uma medida precisa tanto da direção em que o erro diminui atualmente quanto da direção em que tem diminuído recentemente, com base nos valores de $D_{ji}(n-1)$ e $\bar{D}_{ji}(n-1)$.

A regra que governa a mudança no valor de η, a taxa de aprendizagem para um peso, é dada pela expressão (15). Onde, κ (capa) e β (beta) são parâmetros. Se nós estamos indo na mesma direção, η é aumentada por uma constante κ. Se a direção mudou, η é multiplicada por uma fração β. O valor de β deve ser maior do que 0 e menor do que 1.

Uma vez decidido o valor de η, a mudança atual no peso é obtida fazendo

$$\Delta w_{ji}(n) = -\eta_{ji}(n) D_{ji}(n), \tag{22}$$

ou, se o momento também for usado

$$\Delta w_{ji}(n) = \alpha \Delta w_{ji}(n-1) - (1-\alpha)\eta_{ji}(n) D_{ji}(n). \tag{23}$$

Atualização da taxa de aprendizagem é dada por

$$\eta_{ji}(n) = \begin{cases} \eta_{ji}(n-1) + \kappa & se \quad \bar{D}_{ji}(n) D_{ji}(n) > 0 \\ \eta_{ji}(n-1) \times \beta & se \quad \bar{D}_{ji}(n) D_{ji}(n) \leq 0 \end{cases} \tag{24}$$

Na prática, o desempenho do método não é altamente sensível à escolha dos valores para κ, β e ξ. Os valores mais comuns para estes parâmetros estão situados nos seguintes intervalos

$$10^{-4} \leq \kappa \leq 0{,}1,$$
$$0{,}1 \leq \beta \leq 0{,}5,$$
$$0{,}1 \leq \xi \leq 0{,}7,$$

podendo ser aplicados a uma grande variedade de problemas.

EXEMPLO 8.1 Aprendizagem Delta-Bar-Delta e Backpropagation

Como exemplo de aplicação do método delta-bar-delta vamos utilizar dois pontos que pertencem ao primeiro quarto da função senoide. Este exemplo seguirá inicialmente o mesmo roteiro de cálculos do Exemplo 5.1 que foi apresentado no Capítulo 5.
Dessa forma, para ilustrar o uso do método delta-bar-delta vamos considerar inicialmente dois pares de entrada-saída dados por {(1,5708; 1) e (0,7854; 0,7071)}, ou seja, dois pontos que pertencem à função seno. A configuração da rede neural para realizar a tarefa de aprendizagem é apresentada na figura a seguir.

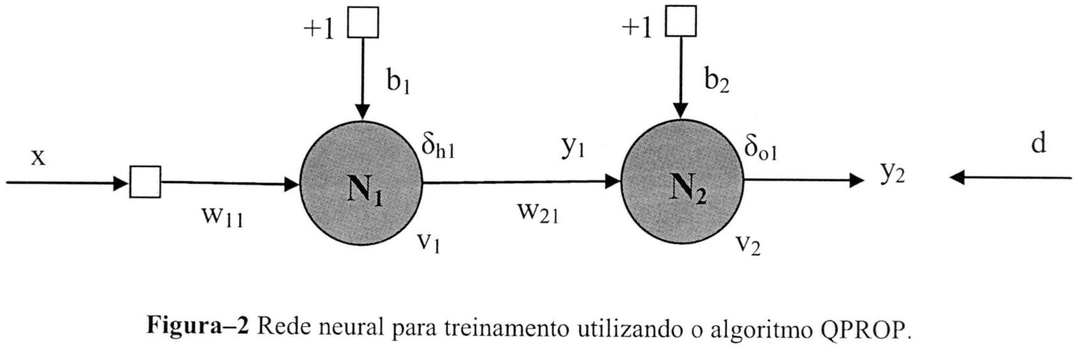

Figura–2 Rede neural para treinamento utilizando o algoritmo QPROP.

Serão utilizados os seguintes valores, escolhidos de forma arbitrária, para os pesos da rede neural

$$b_1(0) = 0,3,$$
$$w_{11}(0) = 0,2,$$
$$b_2(0) = -0,1,$$
$$w_{21}(0) = 0,4.$$

Os parâmetros do método delta-bar-delta adotados são

$$\kappa = 0,1,$$
$$\beta = 0,5,$$
$$\xi = 0,7,$$
$$\alpha = 0,5$$

e

$$\eta = 0,1.$$

Lembrando que

- κ é o fator somado a taxa de aprendizagem caso $\bar{D}_{ji}(n)D_{ji}(n) > 0$;
- β é o fator multiplicado pela taxa de aprendizagem caso $\bar{D}_{ji}(n)D_{ji}(n) \leq 0$;
- ξ é o fator de ponderação usado para determinar $\bar{D}_{ji}(n)$;
- α é a constante de momento;
- η é a taxa de aprendizagem.

Parte–I
Equações oriundas do backpropagation

Como na aplicação do método delta-bar-delta precisamos do gradiente total em cada peso, vamos utilizar o esquema de cálculo apresentado por Smith no Capítulo 3 do livro *Neural Networks for Statistical Modeling*. Tal como descrito anteriormente, para aplicar o método delta-bar-delta é necessário obter os valores dos parâmetros da rede após a primeira atualização usando o backpropagation, que fornece um histórico dos pesos e as derivadas totais em cada um deles. Para a rede neural da Figura–2, considerando o ponto em que $x = 0{,}7854$ e $d = 0{,}7071$ temos

$$v_1 = b_1 + w_{11}x = 0,3 + 0,2(0,785398163397448) = 0,457079632679490,$$

$$y_1 = \frac{1}{1+e^{-v_1}} = \frac{1}{1+e^{-0,4571}} = 0,6123211556024306,$$

$$v_2 = b_2 + w_{21}y_1 = -0,1 + 0,4(0,6123) = 0,14492846224097225,$$

e

$$y_2 = \frac{1}{1+e^{-v_2}} = \frac{1}{1+e^{-0,1449}} = 0,5361688294226457.$$

Sendo o erro quadrado associado a essa entrada dado por

$$E=\frac{1}{2}(d-y_2)^2=\frac{1}{2}(0,7071-0,5362)^2=0{,}01460989167661903.$$

Utilizando os resultados do Capítulo 5, temos para a quantidade p [gradiente local no neurônio de saída]

$$p=(y_2-d)y_2(1-y_2),$$
$$p=(0,5362-0,7071)0,5362(1-0,5362),$$
$$p=-0{,}04251086960957037.$$

E para a quantidade q [gradiente local no primeiro neurônio]

$$q=pw_{21}y_1(1-y_1),$$
$$q=-0,0425(0,4)0,6123(1-0,6123),$$
$$q=-0{,}004036559394446998\,.$$

No caso das derivadas dos erros com relação aos pesos, temos para o bias do neurônio de saída que

$$\frac{\partial E}{\partial b_2}=p=(y_2-d)y_2(1-y_2),$$
$$\frac{\partial E}{\partial b_2}=p=-0{,}04251086960957037.$$

E para o peso w_{21} temos

$$\frac{\partial E}{\partial w_{21}}=(y_2-d)y_2(1-y_2)y_1=py_1,$$
$$\frac{\partial E}{\partial w_{21}}=-0,0425(0,6123)=-0{,}02603030480499638.$$

Para o bias do neurônio da camada oculta

$$\frac{\partial E}{\partial b_1}=q=pw_{21}y_1(1-y_1),$$
$$\frac{\partial E}{\partial b_1}=q=-0{,}004036559394446998.$$

E para o peso w_{11} temos

$$\frac{\partial E}{\partial w_{11}}=qx=pw_{21}y_1(1-y_1)x,$$

$$\frac{\partial E}{\partial w_{11}} = -0,0040(0,7854) = -0,003170306334843388.$$

Repetindo esse procedimento para o ponto em que $x = 1,5708$ e $d = 1$ temos

$$\begin{aligned}
v_1 &= 0,6141592653589794,\\
y_1 &= 0,6488890019204092,\\
v_2 &= 0,1595556007681637,\\
y_2 &= 0,5398044908072146,\\
E &= 0,10588995334060351,\\
p &= -0,11431974468924838,\\
q &= -0,01041828140602918,\\
\frac{\partial E}{\partial b_2} &= -0,11431974468924838,\\
\frac{\partial E}{\partial w_{21}} &= -0,07418082503120238,\\
\frac{\partial E}{\partial b_1} &= -0,01041828140602918,\\
\frac{\partial E}{\partial w_{11}} &= -0,0163649981641062.
\end{aligned}$$

As somas das derivadas do erro para cada peso, ou seja, os gradientes totais em cada peso para a primeira época, $D_{ji}(1)$, são obtidos fazendo

$$\begin{aligned}
\sum \frac{\partial E}{\partial b_1} &= -0,0040 - 0,0104 = -0,014454840800476182,\\
\sum \frac{\partial E}{\partial w_{11}} &= -0,00314 - 0,0163 = -0,0195353044989496,\\
\sum \frac{\partial E}{\partial b_2} &= -0,0425 - 0,1143 = -0,15683061429881875,\\
\sum \frac{\partial E}{\partial w_{21}} &= -0,0260 - 0,0742 = -0,10021112983619876.
\end{aligned}$$

As mudanças dos pesos após a primeira época são obtidas utilizando a expressão comum do backpropagation.

$$\Delta b_1 = -\eta \sum \frac{\partial E}{\partial b_1} = -0,1(-0,0144) = 0,0014454840800476182.$$

O novo valor de bias do neurônio oculto que será considerado na atualização da segunda época, denotado por $b_1(1)$, é, portanto, dado por

$$b_1(1) = b_1(0) + \Delta b_1 = 0,3 + 0,001445 = 0,3014454840800476.$$

De maneira similar, os novos valores para os pesos b_2, w_{11} e w_{21} são determinados como

$$w_{11}(1) = w_{11}(0) + \Delta w_{11} = w_{11} - \eta \sum \frac{\partial E}{\partial w_{11}} = 0,2 - 0.1(-0,01954) = 0,20195353044989497,$$

$$b_2(1) = b_2(0) + \Delta b_2 = b_2 - \eta \sum \frac{\partial E}{\partial b_2} = -0,1 - 0.1(-0,1568) = -0,08431693857011813,$$

$$w_{21}(1) = w_{21}(0) + \Delta w_{21} = w_{21} - \eta \sum \frac{\partial E}{\partial w_{21}} = 0,4 - 0.1(-0,1002) = 0,4100211129836199.$$

Portanto, os novos pesos ajustados após a primeira época são

$$b_1(1) = 0,3014454840800476,$$
$$w_{11}(1) = 0,20195353044989497,$$
$$b_2(1) = -0,08431693857011813,$$
$$w_{21}(1) = 0,4100211129836199.$$

A partir dos resultados obtidos acima, pode-se calcular as somas das derivadas de erro para cada peso, ou seja, o gradiente de erro total para a segunda época, $D_{ji}(2)$, o que já foi feito como exemplo no Capítulo 5, de onde obtivemos

$$\sum \frac{\partial E}{\partial b_1} = -0,0040 - 0,0105 = -0,014509728183480598,$$
$$\sum \frac{\partial E}{\partial w_{11}} = -0,0031 - 0,0165 = -0,019654054444510547,$$
$$\sum \frac{\partial E}{\partial b_2} = -0,0411 - 0,1127 = -0,15378249443415165,$$
$$\sum \frac{\partial E}{\partial w_{21}} = -0,0252 - 0,0733 = -0,09843066744633541.$$

Parte–II
Equações oriundas do Delta-Bar-Delta

Tendo obtido os gradientes atuais, podemos calcular $\bar{D}_{ji}(2)$, utilizando a equação mostrada abaixo.

$$\bar{D}_{ji}(n) = (1-\xi)D_{ji}(n-1) + \xi\bar{D}_{ji}(n-1).$$

Assumindo que $\bar{D}_{ji}(1)$ é igual a zero, temos que

$$\bar{D}_{ji}(2) = (1-\xi)D_{ji}(1) + \xi\bar{D}_{ji}(1),$$
$$\bar{D}_{ji}(2) = (1-\xi)D_{ji}(1).$$

Os valores de $\bar{D}_{ji}(2)$ para cada peso e bias da rede neural mostrada na Figura–2, considerando $\xi = 0,7$ são dados por

Peso	$\bar{D}_{ji}(2) = (1-\xi)D_{ji}(1)$		Resultado
b_1	$S_{b_1}(2)$	$=(1-0,7)(-0,0144548)$	$-0,004336$
w_{11}	$S_{w_{11}}(2)$	$=(1-0,7)(-0,019535)$	$-0,005861$
b_2	$S_{b_2}(2)$	$=(1-0,7)(-0,156831)$	$-0,0470492$
w_{21}	$S_{w_{21}}(2)$	$=(1-0,7)(-0,100211)$	$-0,0300633$

Em seguida, é necessário encontrar se a direção na qual o erro tem diminuído é a mesma que a direção dada pelo gradiente de erro de lote corrente. Para isso, $\bar{D}_{ji}(2)$ é multiplicado pelo correspondente $D_{ji}(2)$. Para os quatro pesos, $\bar{D}_{ji}(2)D_{ji}(2)$ será

$\bar{D}_{ji}(n)D_{ji}(n)$	Resultado	Sinal
$\bar{D}_{b_1}(2)D_{b_1}(2)$	$=(-0,004336)(-0,014510)=0,0000629154$	>0
$\bar{D}_{w_{11}}(2)D_{w_{11}}(2)$	$=(-0,005861)(-0,019654)=0,000115192$	>0
$\bar{D}_{b_2}(2)D_{b_2}(2)$	$=(-0,0470492)(-0,153782)=0,00723532$	>0
$\bar{D}_{w_{21}}(2)D_{w_{21}}(2)$	$=(-0,0300633)(-0,098431)=0.00295916$	>0

Uma vez que todos os valores do produto $\bar{D}_{ji}(n)D_{ji}(n)$ são maiores do que zero, as direções anterior e atual do decrescimento do erro são as mesmas, e os pesos podem ser ajustados por uma quantidade maior. Usando a taxa de aprendizagem inicial e a primeira condição da equação (15), as novas taxas de aprendizagem para os quatro pesos são

$$\eta_{b_1}(2) = 0,1+0,1 = 0,2,$$
$$\eta_{w_{11}}(2) = 0,1+0,1 = 0,2,$$
$$\eta_{b_2}(2) = 0,1+0,1 = 0,2$$

e

$$\eta_{w_{21}}(2) = 0,1 + 0,1 = 0,2.$$

A nova taxa de aprendizagem é a mesma para todos os pesos na segunda época porque o produto $\bar{D}_{ji}(n)D_{ji}(n)$ é positivo para todos os pesos. No entanto, durante o processo de treinamento, ocorrerão ajustes dos pesos durante o processo de ajuste à função objetivo, de tal forma que $\bar{D}_{ji}(n)D_{ji}(n)$ pode tornar-se negativo e como adotamos β igual a 0,5 isso provocará um corte pela metade da taxa de aprendizagem. Uma vez que temos as novas taxas de aprendizagem podemos realizar as atualizações dos pesos utilizando a equação

$$\Delta w_{ji}(n) = -\eta_{ji}(n)D_{ji}(n),$$

o que produz

$$\Delta b_1(2) = -\eta_{b_1}(2)D_{b_1}(2) = -0,2(-0{,}014510) = 0{,}002902,$$
$$\Delta w_{11}(2) = -\eta_{w_{11}}(2)D_{w_{11}}(2) = -0,2(-0{,}019654) = 0{,}0039308,$$
$$\Delta b_2(2) = -\eta_{b_2}(2)D_{b_2}(2) = -0,2(-0{,}153782) = 0{,}0307564,$$

e

$$\Delta w_{21}(2) = -\eta_{w_{21}}(2)D_{w_{21}}(2) = -0,2(-0{,}098431) = 0{,}0196862.$$

Com esses resultados podemos proceder a atualização dos pesos, o que resulta em

$$b_1(2) = b_1(1) + \Delta b_1(2) = 0,301445 + 0,002902 = 0{,}304347,$$
$$w_{11}(2) = w_{11}(1) + \Delta w_{11}(2) = 0,201954 + 0,0039308 = 0,205885,$$
$$b_2(2) = b_2(1) + \Delta b_2(2) = -0,084317 + 0,0307564 = -0,0535606,$$

e

$$w_{21}(2) = w_{21}(1) + \Delta w_{21}(2) = 0,410021 + 0,0196862 = 0{,}429707.$$

Se considerarmos o termo de momento, precisaremos dos valores das mudanças realizadas nos pesos na primeira época e os pesos serão atualizados utilizando a expressão

$$\Delta w_{ji}(n) = \alpha\Delta w_{ji}(n-1) - (1-\alpha)\eta_{ji}(n)D_{ji}(n),$$

o que produz, para um α = 0,5, os seguintes resultados

$$\Delta b_1(2) = 0,5\Delta b_1(1) - (1-0,5)\eta_{b_1}(2)D_{b_1}(2),$$
$$\Delta b_1(2) = 0,5(0,001445) - (1-0,5)(0,2)(-0{,}014510),$$
$$\Delta b_1(2) = 0,002171,$$

$$\Delta w_{11}(2) = 0,5\Delta w_{11}(1) - (1-0,5)\eta_{w_{11}}(2)D_{w_{11}}(2),$$
$$\Delta w_{11}(2) = 0,5(0,001954) - (1-0,5)(0,2)(-0,019654),$$
$$\Delta w_{11}(2) = 0,00294,$$

$$\Delta b_2(2) = 0,5\Delta b_2(1) - (1-0,5)\eta_{b_2}(2)D_{b_2}(2),$$
$$\Delta b_2(2) = 0,5(0,01568) - (1-0,5)(0,2)(-0,153782),$$
$$\Delta b_2(2) = 0,0232,$$

e

$$\Delta w_{21}(2) = 0,5\Delta w_{21}(1) - (1-0,5)\eta_{w_{21}}(2)D_{w_{21}}(2),$$
$$\Delta w_{21}(2) = 0,5(0,01002) - (1-0,5)(0,2)(-0,098431),$$
$$\Delta w_{21}(2) = 0,01485.$$

Com esses resultados que consideram os $\Delta w_{ji}(n)$ sendo calculados usando o termo de momento, podemos proceder a atualização dos pesos, o que resulta em

$$b_1(2) = b_1(1) + \Delta b_1(2) = 0,301445 + 0,002171 = 0,3036\,,$$
$$w_{11}(2) = w_{11}(1) + \Delta w_{11}(2) = 0,201954 + 0,00293 = 0,20488\,,$$
$$b_2(2) = b_2(1) + \Delta b_2(2) = -0,084317 + 0,0232 = -0,0611\,,$$

e

$$w_{21}(2) = w_{21}(1) + \Delta w_{21}(2) = 0,410021 + 0,01485 = 0,42487\,.$$

Com os pesos atualizados podemos calcular as novas saídas geradas pela rede neural, determinar os erros e calcular o MSE para efetuar comparações de performance. Isso é feito usando o MATLAB, utilizando a sequência de comandos mostrada a seguir.

```
MATLAB - Implementação do Algoritmo Delta-Bar-Delta

%%%%%%%%%%%%%%%%%%%%%%%%%%%%%%%%%%%%%%%%%%%%%%%%%%%%%%%%%%%%%%%%%%%%%%%%%%%
PARTE I                                   %
%                    REGRA DELTA DO BACKPROPAGATION                      %
%  DETERMINAÇÃO DOS PESOS E DERIVADAS DA PRIMEIRA E SEGUNDA ÉPOCAS       %
%%%%%%%%%%%%%%%%%%%%%%%%%%%%%%%%%%%%%%%%%%%%%%%%%%%%%%%%%%%%%%%%%%%%%%%%%%%

% Atribuição inicial de valores
x=[pi/4;pi/2];
d=[sin(pi/4);sin(pi/2)];
xzero=[1 1];
eta=0.1;
ksi=0.7;
alfa=0.5;
beta=0.5;
```

```
kappa=0.1;
n=2;
m=300;
w=[0.2;0.4];
b=[0.3;-0.1];
p=zeros(2,1);
q=zeros(2,1);
dE_db1=zeros(2,1);
dE_db2=zeros(2,1);
dE_dw11=zeros(2,1);
dE_dw21=zeros(2,1);
grad_b1=zeros(2,1);
grad_b2=zeros(2,1);
grad_w11=zeros(2,1);
grad_w21=zeros(2,1);
old_b=zeros(2,1);
old_w=zeros(2,1);
old_grad_b1=zeros(2,1);
old_grad_b2=zeros(2,1);
old_grad_w11=zeros(2,1);
old_grad_w21=zeros(2,1);

for i=1:n

    old_b=b;
    old_w=w;
    old_grad_b1=grad_b1(n);
    old_grad_b2=grad_b2(n);
    old_grad_w11=grad_w11(n);
    old_grad_w21=grad_w21(n);

    v1=zeros(2,1);
    v2=zeros(2,1);
    y1=zeros(2,1);
    y2=zeros(2,1);

    entradas=2;

    for j=1:entradas;

% Camada Oculta
v1(j)=xzero(1,1)*b(1,1)+x(j,1)*w(1,1);
y1(j)=1/(1+exp(-v1(j)));

% Camada de Saída
v2(j)=xzero(1,2)*b(2,1)+y1(j)*w(2,1);
y2(j)=1/(1+exp(-v2(j)));

% Derivada do erro com relação aos pesos do neurônio de saída
p(j)=(y2(j)-d(j))*y2(j)*(1-y2(j));
dE_db2(j)=p(j);
dE_dw21(j)=p(j)*y1(j);

% Derivada do erro com relação aos pesos do neurônio da camada oculta
q(j)=p(j)*w(2,1)*y1(j)*(1-y1(j));
```

```
dE_db1(j)=q(j);
dE_dw11(j)=q(j)*x(j,1);

% Gradientes
    grad_b1(j)=sum(dE_db1);
    grad_b2(j)=sum(dE_db2);
    grad_w11(j)=sum(dE_dw11);
    grad_w21(j)=sum(dE_dw21);

    end

    % Atualização de Pesos e Bias pela regra delta
    b(1,1) = b(1,1) - eta*grad_b1(j);
    b(2,1) = b(2,1) - eta*grad_b2(j);
    w(1,1) = w(1,1) - eta*grad_w11(j);
    w(2,1) = w(2,1) - eta*grad_w21(j);

end
    new_grad_b1=grad_b1(j);
    new_grad_b2=grad_b2(j);
    new_grad_w11=grad_w11(j);
    new_grad_w21=grad_w21(j);

%%%%%%%%%%%%%%%%%%%%%%%%%%%%%%%%%%%%%%%%%%%%%%%%%%%%%%%%%%%%%%%%%%%%%%
PARTE II                                       %
%                           DELTA-BAR-DELTA                          %
%      ALGORITMO DELTA-BAR-DELTA E ATUALIZAÇÃO DOS PESOS E BIAS      %
%%%%%%%%%%%%%%%%%%%%%%%%%%%%%%%%%%%%%%%%%%%%%%%%%%%%%%%%%%%%%%%%%%%%%%

% Foi necessário executar duas épocas utilizando o backpropagation
% porque o algoritmo DELTA-BAR-DELTA precisa dos dois últimos valores
% do gradiente do erro. [Porém, essa etapa anterior poderia ser
% desconsiderada e ter-se atribuído pesos e derivadas iniciais com
% valores pequenos e randômicos]

format long

for i = 2:m

eta_b1(1) = eta;
eta_b2(1) = eta;
eta_w11(1) = eta;
eta_w21(1) = eta;

DB_b1(1)=0;
DB_b2(1)=0;
DB_w11(1)=0;
DB_w21(1)=0;

    delta_b1(1) = -eta*old_grad_b1(1);
    delta_b2(1) = -eta*old_grad_b2(1);
    delta_w11(1) = -eta*old_grad_w11(1);
    delta_w21(1) = -eta*old_grad_w21(1);

old_D_b1=old_grad_b1;
```

```
old_D_b2=old_grad_b2;
old_D_w11=old_grad_w11;
old_D_w21=old_grad_w21;

% Cálculo do DBji(n), sendo que Dji(n-1) = old_grad_wji
DB_b1(i)=(1-ksi)*old_D_b1 + ksi* DB_b1(i-1);
DB_b2(i)=(1-ksi)*old_D_b2 + ksi* DB_b2(i-1);
DB_w11(i)=(1-ksi)*old_D_w11 + ksi* DB_w11(i-1);
DB_w21(i)=(1-ksi)*old_D_w21 + ksi* DB_w21(i-1);

% Cálculo do produto DBji(n).Dji(n) para verificar se a direção na qual % o erro
tem diminuído é a mesma que a direção dada pelo gradiente do % erro do lote.
% Sendo que Dji(n) = new_grad_wji

new_D_b1=new_grad_b1;
new_D_b2=new_grad_b2;
new_D_w11=new_grad_w11;
new_D_w21=new_grad_w21;

if DB_b1(i)*new_D_b1>0
    eta_b1(i)=eta_b1(i-1)+kappa;
elseif DB_b1(i)*new_D_b1<=0
    eta_b1(i)=eta_b1(i-1)*beta;
end

if DB_b2(i)*new_D_b2>0
    eta_b2(i)=eta_b2(i-1)+kappa;
elseif DB_b2(i)*new_D_b2<=0
    eta_b2(i)=eta_b2(i-1)*beta;
end

if DB_w11(i)*new_D_w11>0
    eta_w11(i)=eta_w11(i-1)+kappa;
elseif DB_w11(i)*new_D_w11<=0
    eta_w11(i)=eta_w11(i-1)*beta;
end

if DB_w21(i)*new_D_w21>0
    eta_w21(i)=eta_w21(i-1)+kappa;
elseif DB_w21(i)*new_D_w21<=0
    eta_w21(i)=eta_w21(i-1)*beta;
end

% Cálculo dos delta_wji usando momento
delta_b1(i) = alfa*delta_b1(i-1)-(1-alfa)*eta_b1(i)*new_D_b1;
delta_b2(i) = alfa*delta_b2(i-1)-(1-alfa)*eta_b2(i)*new_D_b2;
delta_w11(i) = alfa*delta_w11(i-1)-(1-alfa)*eta_w11(i)*new_D_w11;
delta_w21(i) = alfa*delta_w21(i-1)-(1-alfa)*eta_w21(i)*new_D_w21;

% Atualização de Pesos e Bias
    new_dbd_b(1,1) = old_b(1,1) + delta_b1(i);
    new_dbd_b(2,1) = old_b(2,1) + delta_b2(i);
    new_dbd_w(1,1) = old_w(1,1) + delta_w11(i);
    new_dbd_w(2,1) = old_w(2,1) + delta_w21(i);
```

```
 old_b(1,1) = new_dbd_b(1,1);
 old_b(2,1) = new_dbd_b(2,1);
 old_w(1,1) = new_dbd_w(1,1);
 old_w(2,1) = new_dbd_w(2,1);

 old_grad_b1 = new_D_b1;
 old_grad_b2 = new_D_b2;
 old_grad_w11 = new_D_w11;
 old_grad_w21 = new_D_w21;

for j=1:entradas;
% Camada Oculta
v1(j)=xzero(1,1)*old_b(1,1)+x(j,1)*old_w(1,1);
y1(j)=1/(1+exp(-v1(j)));

% Camada de Saída
v2(j)=xzero(1,2)*old_b(2,1)+y1(j)*old_w(2,1);
y2(j)=1/(1+exp(-v2(j)));

% Derivada do erro com relação aos pesos do neurônio de saída
% Verifique que para evitar o Flat Spot Problem foi adicionado 0.1 à
% derivada da função de ativação
p(j)=(y2(j)-d(j))*(y2(j)*(1-y2(j))+0.1);
dE_db2(j)=p(j);
dE_dw21(j)=p(j)*y1(j);

% Derivada do erro com relação aos pesos do neurônio da camada oculta
% Verifique que para evitar o Flat Spot Problem foi adicionado 0.1 à
% derivada da função de ativação
q(j)=p(j)*old_w(2,1)*(y1(j)*(1-y1(j))+0.1);
dE_db1(j)=q(j);
dE_dw11(j)=q(j)*x(j,1);

% Gradientes
   grad_b1(j)=sum(dE_db1);
   grad_b2(j)=sum(dE_db2);
   grad_w11(j)=sum(dE_dw11);
   grad_w21(j)=sum(dE_dw21);

% Cálculo do MSE
e(j)=d(j)-y2(j);
sse=dot(e,e);
mse=sse/(2*entradas);

end

% Cálculo do RMSE
rmse(i)=sqrt(mse);
s(i)=i;

   new_grad_b1=grad_b1(j);
   new_grad_b2=grad_b2(j);
   new_grad_w11=grad_w11(j);
   new_grad_w21=grad_w21(j);
```

```
end

plot(s,rmse,'ko','MarkerSize',10);
xlabel('Época');
ylabel('RMSE');

figure
subplot(2,2,1)
plot(s,eta_b1,'ko','MarkerSize',10);
xlabel('Época');
ylabel('Taxa de Aprendizagem');
title('Peso b1');

subplot(2,2,2)
plot(s,eta_b2,'ko','MarkerSize',10);
xlabel('Época');
ylabel('Taxa de Aprendizagem');
title('Peso b2');

subplot(2,2,3)
plot(s,eta_w11,'ko','MarkerSize',10);
xlabel('Época');
ylabel('Taxa de Aprendizagem');
title('Peso w11');

subplot(2,2,4)
plot(s,eta_w21,'ko','MarkerSize',10);
xlabel('Época');
ylabel('Taxa de Aprendizagem');
title('Peso w21');
```

O delta-bar-delta pode ser muito eficaz em problemas com superfícies de erro suaves. No entanto, em casos em que estejamos utilizando aprendizagem por lote e constantemente ocorram mudanças de direção nos valores dos pesos, o método delta-bar-delta pode ser uma escolha ruim como algoritmo de aprendizagem para a rede neural. Na Figura–3 são apresentados conjuntamente os gráficos do RMSE para o Exemplo 8.1 utilizando o backpropagation e o delta-bar-delta.

De acordo com resultados de algumas pesquisas, o método delta-bar-delta parece ser mais sensível aos parâmetros do que o RPROP ou o QPROP. Ou seja, os valores-padrão dos parâmetros (κ, β e ξ) podem funcionar razoavelmente bem em problemas fáceis, mas diferentes parâmetros podem ser necessários em problemas difíceis e pode não ser fácil encontrar um bom conjunto.

Os valores típicos dos parâmetros são dados por $10^{-4} \leq \kappa \leq 0{,}1$, $0{,}1 \leq \beta \leq 0{,}5$ e $0{,}1 \leq \xi \leq 0{,}7$ dependendo do problema. Sendo que problemas mais difíceis parecem requerer valores menores de κ e maiores valores de β. Isso corresponde a uma estratégia cautelosa: pequenos aumentos na taxa de aprendizagem quando as coisas estão indo bem e grande diminuição quando as coisas vão mal. O parâmetro de média ξ não parece ser crítico, sendo $\xi = 0{,}7$ o valor mais amplamente utilizado. Valores maiores, aproximando-se de 1, proporcionam tempos médios mais longos.

Infelizmente, escolhas ruins para os parâmetros do método delta-bar-delta dão resultados ruins, sendo necessária muita experimentação para encontrar bons valores. Por isso, o uso do termo de momento tem sido sugerido para reduzir as oscilações dos gradientes. Uma regra geral consiste em considerar que tendo p padrões no conjunto de treinamento tente iniciar κ e β em torno de $1/p$.

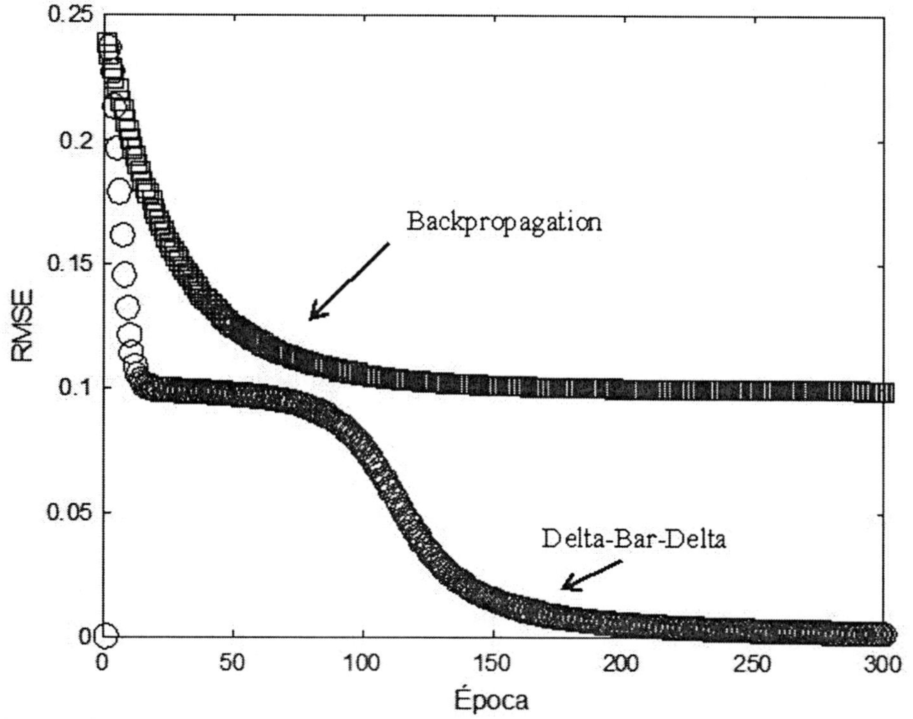

Figura–3 RMSE gerado por rede neural MLP(2, 2, 1) utilizando o algoritmo backpropagation e delta-bar-delta.

Na Figura–4 pode-se verificar a adaptação da taxa de aprendizagem para cada peso individualmente no método delta-bar-delta. Verifique que não há limite para crescimento da taxa de aprendizagem. Esse é um aspecto que no método Delta-Bar-Delta Estendido será explorado, de tal forma que são impostos limites superiores, tanto para a taxa de aprendizagem como para a taxa de momento.

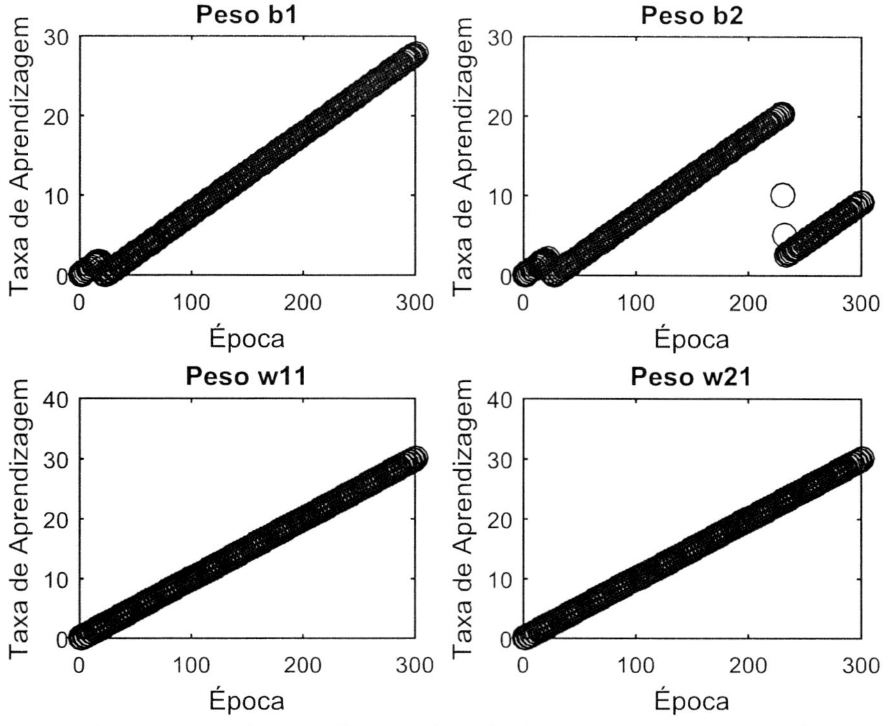

Figura–4 Mudança na taxa de aprendizagem de cada sinapse usando o método delta-bar-delta.

Na Figura–5 temos também os gráficos das alterações da taxa de aprendizagem para cada peso da rede neural do Exemplo 8.1. Porém, nesse caso mudamos o termo de momento α para 0,9 e executamos a rotina para 100 épocas. Verificamos que há maior oscilação nas mudanças das taxas de aprendizagem dos pesos para esse α .

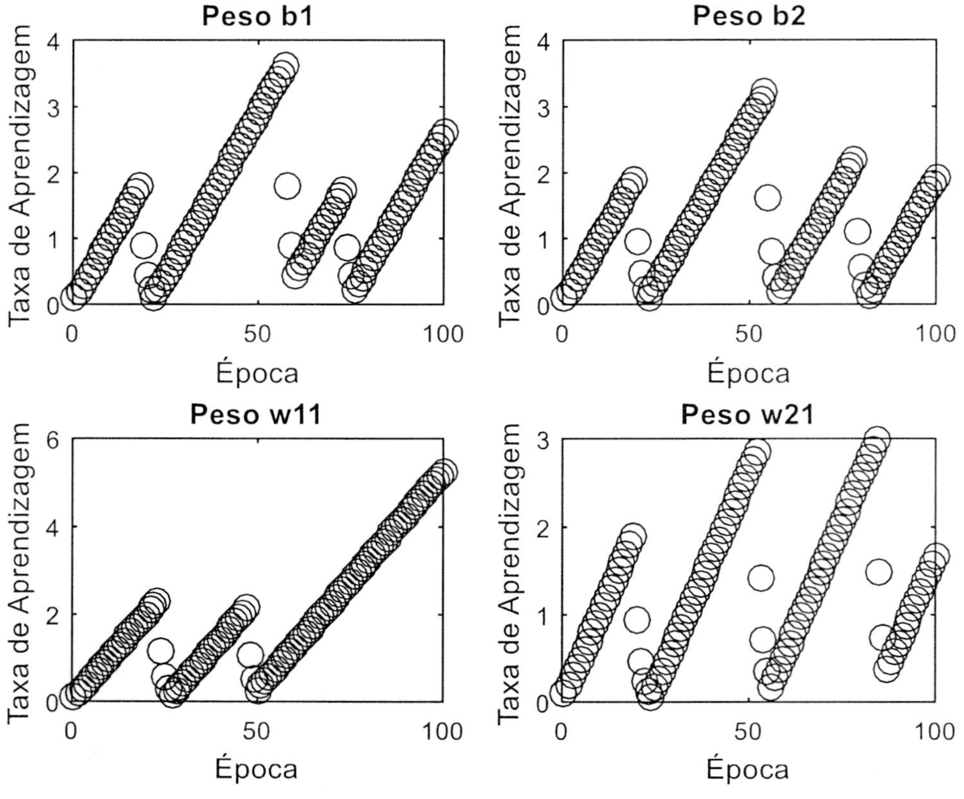

Figura–5 Mudança na taxa de aprendizagem de cada sinapse usando o método delta-bar-delta. Porém, usando α = 0,9 e 100 épocas.

```
PYTHON - Implementação do Algoritmo Delta-Bar-Delta

"""
########################################################################
#                              PARTE I                                 #
#                  REGRA DELTA DO BACKPROPAGATION                      #
#  DETERMINAÇÃO DOS PESOS E DERIVADAS DA PRIMEIRA E SEGUNDA ÉPOCAS     #
########################################################################
"""

# Atribuição inicial de valores

import math
import numpy as np
import matplotlib.pyplot as plt

x=[[math.pi/4],[math.pi/2]]
d=[[math.sin(math.pi/4)],[math.sin(math.pi/2)]]
xzero=[1,1]
eta=0.1
ksi=0.7
```

```
alfa=0.5
beta=0.5
kappa=0.1
n=2
m=300
w=[[0.2],[0.4]]
b=[[0.3],[-0.1]]
p=np.zeros((2,1))
q=np.zeros((2,1))

dE_db1=np.zeros((2,1))
dE_db2=np.zeros((2,1))
dE_dw11=np.zeros((2,1))
dE_dw21=np.zeros((2,1))
grad_b1=np.zeros((2,1))
grad_b2=np.zeros((2,1))
grad_w11=np.zeros((2,1))
grad_w21=np.zeros((2,1))
old_b=np.zeros((2,1))
old_w=np.zeros((2,1))
old_grad_b1=np.zeros((2,1))
old_grad_b2=np.zeros((2,1))
old_grad_w11=np.zeros((2,1))
old_grad_w21=np.zeros((2,1))

# Variáveis que não existiam.
eta_b1 = np.zeros((m,1))
eta_b2 = np.zeros((m,1))
eta_w11 = np.zeros((m,1))
eta_w21 = np.zeros((m,1))

DB_b1 = np.zeros((m,1))
DB_b2 = np.zeros((m,1))
DB_w11 = np.zeros((m,1))
DB_w21 = np.zeros((m,1))

delta_b1 = np.zeros((m,1))
delta_b2 = np.zeros((m,1))
delta_w11 = np.zeros((m,1))
delta_w21 = np.zeros((m,1))

new_dbd_b = np.zeros((2,1))
new_dbd_w = np.zeros((2,1))

e = np.zeros(2)
rmse = np.zeros((m,1))
s = np.zeros((m,1))

for i in range(1,n):

    old_b = b
    old_w = w
    old_grad_b1=grad_b1[n-1]
    old_grad_b2=grad_b2[n-1]
    old_grad_w11=grad_w11[n-1]
    old_grad_w21=grad_w21[n-1]
```

```
    v1=np.zeros((2,1))
    v2=np.zeros((2,1))
    y1=np.zeros((2,1))
    y2=np.zeros((2,1))

    entradas=2

    for j in range(0,entradas):

        # Camada oculta
        v1[j] = xzero[0]*b[0][0]+x[j][0]*w[0][0]
        y1[j] = 1/(1+math.exp(-v1[j]))

        # Camada de saída
        v2[j] = xzero[1]*b[1][0]+y1[j]*w[1][0]
        y2[j] = 1/(1+math.exp(-v2[j]))

        # Derivada do erro com relação aos pesos do neurônio de saida
        p[j]=(y2[j]-d[j])*y2[j]*(1-y2[j])
        dE_db2[j]=p[j]
        dE_dw21[j]=p[j]*y1[j]

        # Derivada do erro com relação aos pesos do neurônio da camada oculta
        q[j]=p[j]*w[1][0]*y1[j]*(1-y1[j])
        dE_db1[j]=q[j]
        dE_dw11[j]=q[j]*x[j][0]

        # Gradientes
        grad_b1[j]=sum(dE_db1)
        grad_b2[j]=sum(dE_db2)
        grad_w11[j]=sum(dE_dw11)
        grad_w21[j]=sum(dE_dw21)

    b[0][0] = b[0][0] - eta*grad_b1[j]
    b[1][0] = b[1][0] - eta*grad_b2[j]
    b[0][0] = b[0][0] - eta*grad_w11[j]
    b[1][0] = b[1][0] - eta*grad_w21[j]

new_grad_b1 = grad_b1[j]
new_grad_b2 = grad_b2[j]
new_grad_w11 = grad_w11[j]
new_grad_w21 = grad_w21[j]
"""
######################################################################
#                            PARTE II                                #
#                         DELTA-BAR-DELTA                            #
#     ALGORITMO DELTA-BAR-DELTA E ATUALIZAÇÃO DOS PESOS E BIAS       #
######################################################################

Foi necessário executar duas épocas utilizando o backpropagation
porque o algoritmo DELTA-BAR-DELTA precisa dos dois últimos valores
do gradiente do erro. [Porém, essa etapa anterior poderia ser
desconsiderada e ter-se atribuído pesos e derivadas iniciais com
valores pequenos e randômicos]
"""

for i in range(1,m):
```

```
    eta_b1[0] = eta
    eta_b2[0] = eta
    eta_w11[0] = eta
    eta_w21[0] = eta

    DB_b1[0] = 0
    DB_b2[0] = 0
    DB_w11[0] = 0
    DB_w21[0] = 0

    delta_b1[0] = -eta*old_grad_b1[0]
    delta_b2[0] = -eta*old_grad_b2[0]
    delta_w11[0] = -eta*old_grad_w11[0]
    delta_w21[0] = -eta*old_grad_w21[0]

    old_D_b1 = old_grad_b1
    old_D_b2 = old_grad_b2
    old_D_w11 = old_grad_w11
    old_D_w21 = old_grad_w21

    #Cálculo do DBji(n), sendo que Dji(n-1) = old_grad_wji
    DB_b1[i] = (1-ksi)*old_D_b1 + ksi* DB_b1[i-1]
    DB_b2[i] = (1-ksi)*old_D_b2 + ksi* DB_b2[i-1]
    DB_w11[i] = (1-ksi)*old_D_w11 + ksi* DB_w11[i-1]
    DB_w21[i] = (1-ksi)*old_D_w21 + ksi* DB_w21[i-1]

#Cálculo do produto DBji(n).Dji(n) para verificar se a direção na qual % o erro
tem diminuído é a mesma que a direção dada pelo gradiente do % erro do lote.
    #Sendo que Dji(n) = new_grad_wji

    new_D_b1 = new_grad_b1
    new_D_b2 = new_grad_b2
    new_D_w11 = new_grad_w11
    new_D_w21 = new_grad_w21

    if DB_b1[i]*new_D_b1 > 0 :
        eta_b1[i]=eta_b1[i-1]+kappa;
    elif DB_b1[i]*new_D_b1 <= 0 :
        eta_b1[i]=eta_b1[i-1]*beta;

    if DB_b2[i]*new_D_b2 > 0:
        eta_b2[i] = eta_b2[i-1]+kappa
    elif DB_b2[i]*new_D_b2 <= 0:
        eta_b2[i] = eta_b2[i-1]*beta

    if DB_w11[i]*new_D_w11 > 0:
        eta_w11[i] = eta_w11[i-1]+kappa
    elif DB_w11[i]*new_D_w11 <= 0:
        eta_w11[i] = eta_w11[i-1]*beta

    if DB_w21[i]*new_D_w21 > 0:
        eta_w21[i] = eta_w21[i-1]+kappa
    elif DB_w21[i]*new_D_w21 <= 0:
        eta_w21[i] = eta_w21[i-1]*beta

    #Cálculo dos delta_wji usando momento
```

```
    delta_b1[i] = alfa*delta_b1[i-1]-(1-alfa)*eta_b1[i]*new_D_b1
    delta_b2[i] = alfa*delta_b2[i-1]-(1-alfa)*eta_b2[i]*new_D_b2
    delta_w11[i] = alfa*delta_w11[i-1]-(1-alfa)*eta_w11[i]*new_D_w11
    delta_w21[i] = alfa*delta_w21[i-1]-(1-alfa)*eta_w21[i]*new_D_w21

    #Atualização de Pesos e Bias
    new_dbd_b[0][0] = old_b[0][0] + delta_b1[i]
    new_dbd_b[1][0] = old_b[1][0] + delta_b2[i]
    new_dbd_w[0][0] = old_w[0][0] + delta_w11[i]
    new_dbd_w[1][0] = old_w[1][0] + delta_w21[i]

    old_b[0][0] = new_dbd_b[0][0]
    old_b[1][0] = new_dbd_b[1][0]
    old_w[0][0] = new_dbd_w[0][0]
    old_w[1][0] = new_dbd_w[1][0]

    old_grad_b1 = new_D_b1
    old_grad_b2 = new_D_b2
    old_grad_w11 = new_D_w11
    old_grad_w21 = new_D_w21

    for j in range(0,entradas):

        #Camada Oculta
        v1[j] = xzero[0]*old_b[0][0]+x[j][0]*old_w[0][0];
        y1[j] = 1/(1+math.exp(-v1[j]));

        #Camada de Saída
        v2[j]=xzero[1]*old_b[1][0]+y1[j]*old_w[1][0];
        y2[j]=1/(1+math.exp(-v2[j]));

# Derivada do erro com relação aos pesos do neurônio de saída
# Verifique que para evitar o Flat Spot Problem foi adicionado 0.1 à
        #derivada da função de ativação
        p[j]=(y2[j]-d[j])*(y2[j]*(1-y2[j])+0.1);
        dE_db2[j]=p[j];
        dE_dw21[j]=p[j]*y1[j];

#Derivada do erro com relação aos pesos do neurônio da camada oculta
#Verifique que para evitar o Flat Spot Problem foi adicionado 0.1 à
        #derivada da função de ativação
        q[j]=p[j]*old_w[1][0]*(y1[j]*(1-y1[j])+0.1);
        dE_db1[j]=q[j];
        dE_dw11[j]=q[j]*x[j][0];

        #Gradientes
        grad_b1[j]=sum(dE_db1);
        grad_b2[j]=sum(dE_db2);
        grad_w11[j]=sum(dE_dw11);
        grad_w21[j]=sum(dE_dw21);

        #Cálculo do MSE
        e[j] = d[j]-y2[j]
        sse = np.dot(e,e)
        mse = sse/(2*entradas)

    #Cálculo do RMSE
```

```
    rmse[i] = math.sqrt(mse)
    s[i]=i

    new_grad_b1 = grad_b1[j]
    new_grad_b2 = grad_b2[j]
    new_grad_w11 = grad_w11[j]
    new_grad_w21 = grad_w21[j]

f = plt.figure()
f.set_figwidth(30)
f.set_figheight(20)
plt.plot(s,rmse,'o', markersize=40, color='black', fillstyle='none')
plt.xlabel('Época',fontsize = 40)
plt.ylim(0, 0.25)
plt.xlim(0, 300)
plt.ylabel('RMSE',fontsize = 40)
plt.show()

f = plt.figure()
f.set_figwidth(20)
f.set_figheight(15)

# figure
plt.subplot(2,2,1)
plt.ylim(0, 30)
plt.plot(s,eta_b1,'o', markersize=10, color='black', fillstyle='none');
plt.xlabel('Época',fontsize = 20);
plt.ylabel('Taxa de Aprendizagem',fontsize = 20);
plt.title('Peso b1',fontsize = 20);

plt.subplot(2,2,2)
plt.ylim(0, 30)
plt.plot(s,eta_b2,'o', markersize=10, color='black', fillstyle='none');
plt.xlabel('Época',fontsize = 20);
plt.ylabel('Taxa de Aprendizagem',fontsize = 20);
plt.title('Peso b2',fontsize = 20);

plt.subplot(2,2,3)
plt.ylim(0, 40)
plt.plot(s,eta_w11,'o', markersize=10, color='black', fillstyle='none');
plt.xlabel('Época',fontsize = 20);
plt.ylabel('Taxa de Aprendizagem',fontsize = 20);
plt.title('Peso w11',fontsize = 20);

plt.subplot(2,2,4)
plt.ylim(0, 40)
plt.plot(s,eta_w21,'o', markersize=10, color='black', fillstyle='none');
plt.xlabel('Época',fontsize = 20);
plt.ylabel('Taxa de Aprendizagem',fontsize = 20);
plt.title('Peso w21',fontsize = 20);

plt.show()
```

EXEMPLO 8.2 Aprendizagem Delta-Bar-Delta e Backpropagation. Adaptado de Murray Smith (Neural Networks for Statistical Modeling, 1993)

Uma rede neural com dois neurônios ocultos foi treinada por 100 épocas para o problema do XOR, utilizando taxas de aprendizagem adaptativas com momento e pesos sendo alterados no fim de cada época (após o processamento de todos os quatro exemplos). Os parâmetros de aprendizagem são $\kappa = 0{,}1$, $\beta = 0{,}5$, $\xi = 0{,}7$ e $\alpha = 0{,}9$. Os valores atuais das variáveis utilizadas nos cálculos da próxima mudança de pesos são mostrados na tabela abaixo.

	Pesos do Neurônio de Saída		
Variável	Bias	Neurônio 1	Neurônio 2
Peso	0,450743	-3,700253	1,488051
Derivada	-0,003412	-0,000214	-0,008233
Taxa de Aprendizagem	7,500381	6,799214	9,664342
Derivada Média	-0,002117	-0,000464	-0,006365
Mudança de peso anterior	0,070931	0,006711	0,016798

Quais serão os novos valores de pesos? Quais serão as novas derivadas médias?

No método delta-bar-delta, a equação utilizada para mudança de peso é dada por

$$\Delta w_{ji}(n) = \alpha \Delta w_{ji}(n-1) - (1-\alpha)\eta_{ji}(n) D_{ji}(n).$$

Primeiro consideramos o bias. Verificamos que tanto sua derivada atual, quanto sua derivada média atual são negativas. Assim, de acordo com a regra de atualização da taxa de aprendizagem

$$\eta_{ji}(n) = \begin{cases} \eta_{ji}(n-1) + \kappa & se \quad \bar{D}_{ji}(n) D_{ji}(n) > 0 \\ \eta_{ji}(n-1) \times \beta & se \quad \bar{D}_{ji}(n) D_{ji}(n) \le 0 \end{cases}$$

temos, que no caso do bias, o produto $\bar{D}_{ji}(n) D_{ji}(n)$ é positivo e sua taxa de aprendizagem deve ser aumentada por κ, passando de 7,500381 para 7,600381. Substituindo esse valor e os outros valores apropriados na equação de alteração do peso, temos que

$$\Delta b_1(n) = \alpha \Delta b_1(n-1) - (1-\alpha)\eta_{b_1}(n) D_{b_1}(n),$$

$$\Delta b_1(n) = (0{,}9)(0{,}070931) - (1-0{,}9)(7{,}600381)(-0{,}003412),$$

$$\Delta b_1(n) = 0{,}066431.$$

Com isso, o novo valor de bias passa a ser 0,450743 + 0,066431 que é igual a 0,517174. O novo valor para sua derivada média pode ser obtido utilizando-se a equação

$$\bar{D}_{ji}(n) = (1-\xi) D_{ji}(n-1) + \xi \bar{D}_{ji}(n-1),$$

que gera

$$\bar{D}_{ji}(n) = (1-\xi) D_{ji}(n-1) + \xi \bar{D}_{ji}(n-1),$$

$$\bar{D}_{b_1}(n) = (1-0,7)D_{b_1}(n-1) + 0,7\bar{D}_{b_1}(n-1),$$
$$\bar{D}_{b_1}(n) = (0,3)(-0,003412) + 0,7(-0,002117),$$
$$\bar{D}_{b_1}(n) = -0,002506.$$

Utilizando o mesmo método, os novos valores para os outros pesos também podem ser determinados.

EXEMPLO 8.3 Aprendizagem Delta-Bar-Delta e Backpropagation.

Vamos considerar um problema de classificação onde temos quatro classes distintas (C1, C2, C3 e C4), sendo que seus valores estão distribuídos em regiões que formam o símbolo Yin-Yang.

Figura–6 Yin-Yang.

Figura usada em muitas culturas asiáticas simbolizando a unidade de dois elementos "opostos" feminino e masculino, o "yin" e o "yang". As partes sólidas e vazias que compõem o símbolo são semelhantes e se combinam para formar um círculo. Cada parte é constituída por dois semicírculos orientados de maneira oposta e de raio igual a 1/2, unidos em suas bordas, mais um semicírculo de raio 1 que une as outras arestas.
(http://mathworld.wolfram.com/Yin-Yang.html)

Os objetivos principais são:

- construir uma rede neural do tipo MLP treinada com o método de aprendizagem delta-bar-delta. Para isso vamos escrever uma rotina a partir das equações e inequações que regem o método delta-bar-delta;
- uma vez escolhida a topologia da rede neural que será utilizada, aplicar as funções de treinamento de rede do MATLAB `traingd`, `trainrp` e `trainlm` para classificar os dados de acordo com as classes C1, C2, C3 e C4;
- comparar graficamente os resultados de classificação utilizando as funções do MATLAB e do método delta-bar-delta.

Os objetivos específicos são:

- plotar o símbolo Yin-Yang;
- atribuir dados a cada classe do Yin-Yang;
- plotar os dados dentro de cada limite do Yin-Yang;
- escolher a topologia da rede neural;
- desenvolver algebricamente as equações necessárias para implementar a rotina que utiliza o método delta-bar-delta.

Uma vez que dispomos dos dados precisamos escolher uma topologia de rede neural para realizar a tarefa de classificação. A construção da sequência de comandos, da rotina empregando o método delta-bar-delta que será construída no MATLAB, exige que já tenhamos essa topologia de modo prévio. Nesse caso, a escolha é arbitrária e leva em conta somente o fato de que no Capítulo 6 do livro *Neural Networks: a Comprehensive Foundation* de 1994, o autor Simon Haykin apresenta um exemplo de classificação utilizando o método delta-bar-delta em uma rede com 12 neurônios na primeira camada oculta e 4 neurônios na segunda camada oculta.

A rede possui um total de 88 pesos e 20 bias. Para os quais é necessário calcular os valores dos gradientes a cada época.

No MATLAB não há uma função de treinamento com o método delta-bar-delta na lista dos algoritmos de treinamento disponíveis no Neural Network Toolbox.
Para escolher a topologia da rede, poderíamos, por exemplo, ter usado uma estratégia de classificar os dados usando algumas funções de treinamento do MATLAB variando as quantidades de camadas e neurônios, verificando os resultados e optando por alguma arquitetura.

Parte–I
Construção das equações para cálculo dos gradientes dos pesos e bias

Para essa tarefa de classificação, onde os dados estão distribuídos na forma do símbolo Yin-Yang, a rede que será utilizada é um MLP(2,12,4,4). Ou seja, um perceptron com 2 entradas, 12 neurônios na primeira camada oculta, 4 neurônios na segunda camada oculta e 4 saídas, conforme pode ser visto na Figura–7.
Para essa rede, seguindo o procedimento de cálculo dos gradientes dos pesos e bias apresentado no Capítulo 5, temos que

$$p_1 = (z_1 - d_1),$$
$$p_2 = (z_2 - d_2),$$
$$p_3 = (z_3 - d_3),$$
$$p_4 = (z_4 - d_4).$$

As funções de ativação dos neurônios da camada de saída são lineares.

As derivadas da função de erro com relação aos bias da camada de saída são

$$\frac{\partial E}{\partial c_{01}} = p_1, \qquad \frac{\partial E}{\partial c_{02}} = p_2, \qquad \frac{\partial E}{\partial c_{03}} = p_3, \qquad \frac{\partial E}{\partial c_{04}} = p_4.$$

As derivadas da função de erro com relação aos pesos das sinapses entre os neurônios da camada de saída e da segunda camada oculta são dadas por

$$\frac{\partial E}{\partial c_{11}} = p_1 y_1; \qquad \frac{\partial E}{\partial c_{12}} = p_2 y_1; \qquad \frac{\partial E}{\partial c_{13}} = p_3 y_1; \qquad \frac{\partial E}{\partial c_{14}} = p_4 y_1,$$

$$\frac{\partial E}{\partial c_{21}} = p_1 y_2\,; \qquad \frac{\partial E}{\partial c_{22}} = p_2 y_2\,; \qquad \frac{\partial E}{\partial c_{23}} = p_3 y_2\,; \qquad \frac{\partial E}{\partial c_{24}} = p_4 y_2\,,$$

$$\frac{\partial E}{\partial c_{31}} = p_1 y_3\,; \qquad \frac{\partial E}{\partial c_{32}} = p_2 y_3\,; \qquad \frac{\partial E}{\partial c_{33}} = p_3 y_3\,; \qquad \frac{\partial E}{\partial c_{34}} = p_4 y_3\,,$$

$$\frac{\partial E}{\partial c_{41}} = p_1 y_4\,; \qquad \frac{\partial E}{\partial c_{42}} = p_2 y_4\,; \qquad \frac{\partial E}{\partial c_{43}} = p_3 y_4\,; \qquad \frac{\partial E}{\partial c_{44}} = p_4 y_4\,.$$

Na Figura–7 temos que h, y e z representam sinais de saída dos neurônios. Além disso, r, q e p representam produtos de derivadas parciais, tal como definido no Capítulo 5.

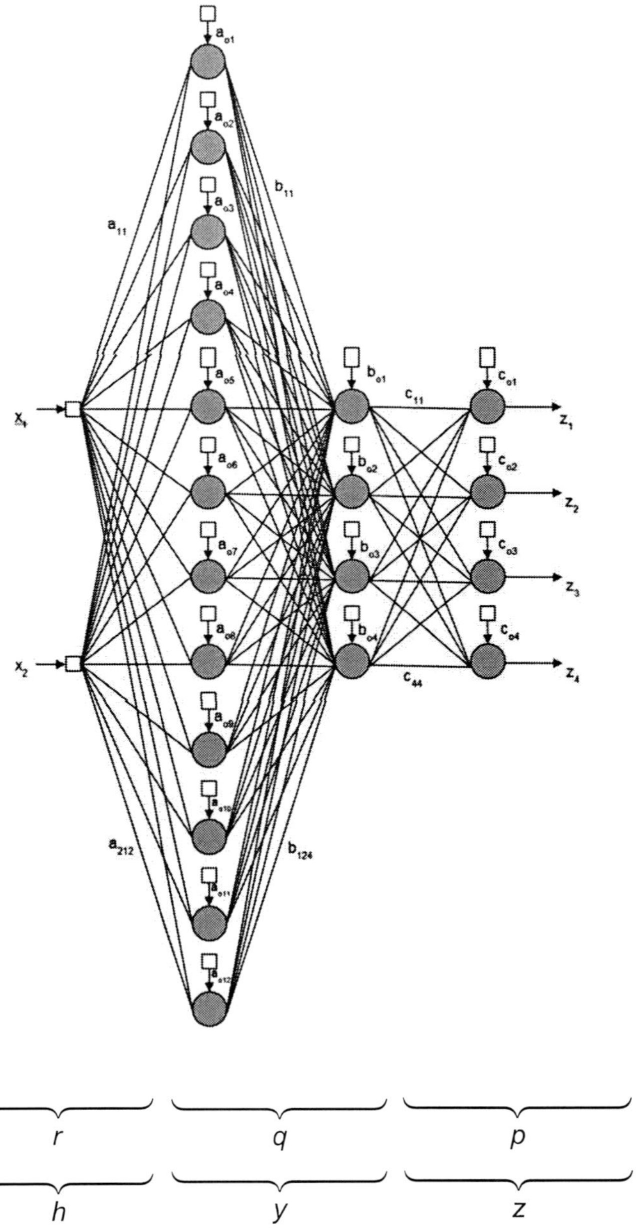

Figura–7 Rede MLP(2,12,4,4)

Com relação aos bias da segunda camada oculta temos que

$$\frac{\partial E}{\partial b_{01}} = q_1,$$

$$q_1 = \left[p_1 c_{11} + p_2 c_{12} + p_3 c_{13} + p_4 c_{14}\right] y_1 (1 - y_1).$$

$$\frac{\partial E}{\partial b_{02}} = q_2,$$

$$q_2 = \left[p_1 c_{21} + p_2 c_{22} + p_3 c_{23} + p_4 c_{24}\right] y_2 (1 - y_2).$$

$$\frac{\partial E}{\partial b_{03}} = q_3,$$

$$q_3 = \left[p_1 c_{31} + p_2 c_{32} + p_3 c_{33} + p_4 c_{34}\right] y_3 (1 - y_3).$$

$$\frac{\partial E}{\partial b_{04}} = q_4,$$

$$q_4 = \left[p_1 c_{41} + p_2 c_{42} + p_3 c_{43} + p_4 c_{44}\right] y_4 (1 - y_4).$$

As derivadas da função de erro com relação aos pesos das sinapses entre os neurônios da segunda camada oculta e da primeira camada oculta são dadas por

$$\frac{\partial E}{\partial b_{11}} = q_1 h_1; \quad \frac{\partial E}{\partial b_{12}} = q_2 h_1; \quad \frac{\partial E}{\partial b_{13}} = q_3 h_1; \quad \frac{\partial E}{\partial b_{14}} = q_4 h_1,$$

$$\frac{\partial E}{\partial b_{21}} = q_1 h_2; \quad \frac{\partial E}{\partial b_{22}} = q_2 h_2; \quad \frac{\partial E}{\partial b_{23}} = q_3 h_2; \quad \frac{\partial E}{\partial b_{24}} = q_4 h_2,$$

$$\frac{\partial E}{\partial b_{31}} = q_1 h_3; \quad \frac{\partial E}{\partial b_{32}} = q_2 h_3; \quad \frac{\partial E}{\partial b_{33}} = q_3 h_3; \quad \frac{\partial E}{\partial b_{34}} = q_4 h_3,$$

$$\frac{\partial E}{\partial b_{41}} = q_1 h_4; \quad \frac{\partial E}{\partial b_{42}} = q_2 h_4; \quad \frac{\partial E}{\partial b_{43}} = q_3 h_4; \quad \frac{\partial E}{\partial b_{44}} = q_4 h_4,$$

$$\frac{\partial E}{\partial b_{51}} = q_1 h_5; \quad \frac{\partial E}{\partial b_{52}} = q_2 h_5; \quad \frac{\partial E}{\partial b_{53}} = q_3 h_5; \quad \frac{\partial E}{\partial b_{54}} = q_4 h_5,$$

$$\frac{\partial E}{\partial b_{61}} = q_1 h_6; \quad \frac{\partial E}{\partial b_{62}} = q_2 h_6; \quad \frac{\partial E}{\partial b_{63}} = q_3 h_6; \quad \frac{\partial E}{\partial b_{64}} = q_4 h_6,$$

$$\frac{\partial E}{\partial b_{71}} = q_1 h_7; \quad \frac{\partial E}{\partial b_{72}} = q_2 h_7; \quad \frac{\partial E}{\partial b_{73}} = q_3 h_7; \quad \frac{\partial E}{\partial b_{74}} = q_4 h_7,$$

$$\frac{\partial E}{\partial b_{81}} = q_1 h_8; \quad \frac{\partial E}{\partial b_{82}} = q_2 h_8; \quad \frac{\partial E}{\partial b_{83}} = q_3 h_8; \quad \frac{\partial E}{\partial b_{84}} = q_4 h_8,$$

$$\frac{\partial E}{\partial b_{91}} = q_1 h_9; \quad \frac{\partial E}{\partial b_{92}} = q_2 h_9; \quad \frac{\partial E}{\partial b_{93}} = q_3 h_9; \quad \frac{\partial E}{\partial b_{94}} = q_4 h_9,$$

$$\frac{\partial E}{\partial b_{101}} = q_1 h_{10}; \quad \frac{\partial E}{\partial b_{102}} = q_2 h_{10}; \quad \frac{\partial E}{\partial b_{103}} = q_3 h_{10}; \quad \frac{\partial E}{\partial b_{104}} = q_4 h_{10},$$

$$\frac{\partial E}{\partial b_{111}} = q_1 h_{11}; \quad \frac{\partial E}{\partial b_{112}} = q_2 h_{11}; \quad \frac{\partial E}{\partial b_{113}} = q_3 h_{11}; \quad \frac{\partial E}{\partial b_{114}} = q_4 h_{11},$$

$$\frac{\partial E}{\partial b_{121}} = q_1 h_{12}; \quad \frac{\partial E}{\partial b_{122}} = q_2 h_{12}; \quad \frac{\partial E}{\partial b_{123}} = q_3 h_{12}; \quad \frac{\partial E}{\partial b_{124}} = q_4 h_{12}.$$

As primeiras derivadas da função de erro com relação aos bias da primeira camada oculta são dadas por

$\frac{\partial E}{\partial a_{01}} = r_1,$ sendo que $r_1 = [q_1 b_{11} + q_2 b_{12} + q_3 b_{13} + q_4 b_{14}] h_1 (1 - h_1).$

$\frac{\partial E}{\partial a_{02}} = r_2,$ sendo que $r_2 = [q_1 b_{21} + q_2 b_{22} + q_3 b_{23} + q_4 b_{24}] h_2 (1 - h_2).$

$\frac{\partial E}{\partial a_{03}} = r_3,$ sendo que $r_3 = [q_1 b_{31} + q_2 b_{32} + q_3 b_{33} + q_4 b_{34}] h_3 (1 - h_3).$

$\frac{\partial E}{\partial a_{04}} = r_4,$ sendo que $r_4 = [q_1 b_{41} + q_2 b_{42} + q_3 b_{43} + q_4 b_{44}] h_4 (1 - h_4).$

$\frac{\partial E}{\partial a_{05}} = r_5,$ sendo que $r_5 = [q_1 b_{51} + q_2 b_{52} + q_3 b_{53} + q_4 b_{54}] h_5 (1 - h_5).$

$\frac{\partial E}{\partial a_{06}} = r_6,$ sendo que $r_6 = [q_1 b_{61} + q_2 b_{62} + q_3 b_{63} + q_4 b_{64}] h_6 (1 - h_6).$

$\frac{\partial E}{\partial a_{07}} = r_7,$ sendo que $r_7 = [q_1 b_{71} + q_2 b_{72} + q_3 b_{73} + q_4 b_{74}] h_7 (1 - h_7).$

$\frac{\partial E}{\partial a_{08}} = r_8,$ sendo que $r_8 = [q_1 b_{81} + q_2 b_{82} + q_3 b_{83} + q_4 b_{84}] h_8 (1 - h_8).$

$\frac{\partial E}{\partial a_{09}} = r_9,$ sendo que $r_9 = [q_1 b_{91} + q_2 b_{92} + q_3 b_{93} + q_4 b_{94}] h_9 (1 - h_9).$

$\frac{\partial E}{\partial a_{010}} = r_{10},$ sendo que $r_{10} = [q_1 b_{101} + q_2 b_{102} + q_3 b_{103} + q_4 b_{104}] h_{10} (1 - h_{10}).$

$\frac{\partial E}{\partial a_{011}} = r_{11},$ sendo que $r_{11} = [q_1 b_{111} + q_2 b_{112} + q_3 b_{113} + q_4 b_{114}] h_{11} (1 - h_{11}).$

$\frac{\partial E}{\partial a_{012}} = r_{12},$ sendo que $r_{12} = [q_1 b_{121} + q_2 b_{122} + q_3 b_{123} + q_4 b_{124}] h_{12} (1 - h_{12}).$

Por fim, para as derivadas da função de erro com relação aos pesos das sinapses que ligam a primeira camada oculta e as entradas da rede neural, temos para a primeira entrada que

$$\frac{\partial E}{\partial a_{11}} = r_1 x_1 \,; \quad \frac{\partial E}{\partial a_{12}} = r_2 x_1 \,; \quad \frac{\partial E}{\partial a_{13}} = r_3 x_1 \,; \quad \frac{\partial E}{\partial a_{14}} = r_4 x_1 \,; \quad \frac{\partial E}{\partial a_{15}} = r_5 x_1 \,; \quad \frac{\partial E}{\partial a_{16}} = r_6 x_1 \,,$$

$$\frac{\partial E}{\partial a_{17}} = r_7 x_1 \,; \quad \frac{\partial E}{\partial a_{18}} = r_8 x_1 \,; \quad \frac{\partial E}{\partial a_{19}} = r_9 x_1 \,; \quad \frac{\partial E}{\partial a_{110}} = r_{10} x_1 \,; \quad \frac{\partial E}{\partial a_{111}} = r_{11} x_1 \,; \quad \frac{\partial E}{\partial a_{112}} = r_{12} x_1 \,,$$

e para a segunda entrada

$$\frac{\partial E}{\partial a_{21}} = r_1 x_2 \,; \quad \frac{\partial E}{\partial a_{22}} = r_2 x_2 \,; \quad \frac{\partial E}{\partial a_{23}} = r_3 x_2 \,; \quad \frac{\partial E}{\partial a_{24}} = r_4 x_2 \,; \quad \frac{\partial E}{\partial a_{25}} = r_5 x_2 \,; \quad \frac{\partial E}{\partial a_{26}} = r_6 x_2 \,,$$

$$\frac{\partial E}{\partial a_{27}} = r_7 x_2 \,; \quad \frac{\partial E}{\partial a_{28}} = r_8 x_2 \,; \quad \frac{\partial E}{\partial a_{29}} = r_9 x_2 \,; \quad \frac{\partial E}{\partial a_{210}} = r_{10} x_2 \,; \quad \frac{\partial E}{\partial a_{211}} = r_{11} x_2 \,; \quad \frac{\partial E}{\partial a_{212}} = r_{12} x_2 \,.$$

As equações construídas até aqui podem servir para determinar os gradientes dos pesos das duas primeiras épocas e estes valores serem utilizados na implementação do método delta-bar-delta. Como temos a opção de iniciar o processo de aprendizagem da rede usando pesos e gradientes com valores randômicos, vamos escolher essa opção.

Parte–II
Apresentação da distribuição dos dados e resultados de classificação para os comandos `traingd`, `trainrp` e `trainlm`

A sequência de comandos do MATLAB mostrada a seguir gera o símbolo do Yin-Yang, lê os dados que estão distribuídos nesse formato e constrói redes neurais treinadas com as funções `traingd`, `trainrp` e `trainlm`.

Dessa forma, é gerada a Figura–8. Nessa base, são distribuídos os dados das quatro classes que serão utilizadas para treinamento da rede neural. Todos os dados, de cada uma das classes, que são plotados na base Yin-Yang estão disponíveis no Apêndice 5.

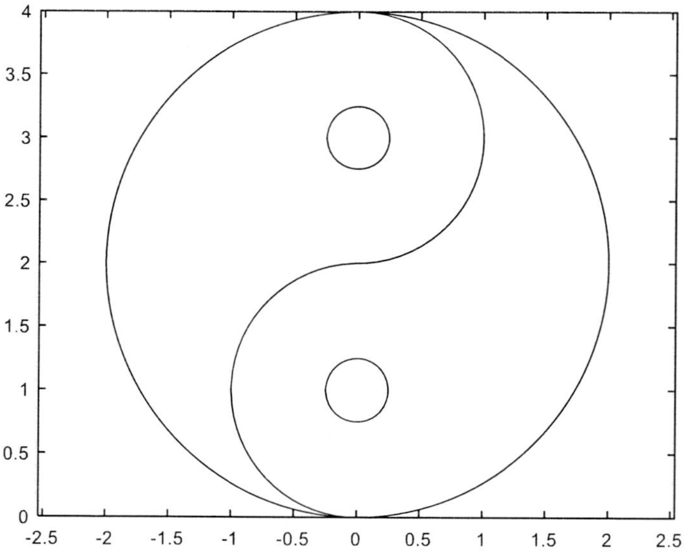

Figura–8 Base Yin-Yang na qual são distribuídos os dados das classes C1, C2, C3 e C4 .

As classes são denominadas Classe1, Classe2, Classe3 e Classe4 e sendo que a rede neural possui quatro saídas, temos que a codificação de cada classe será realizada utilizando os dígitos -1 e +1. Dessa forma, para cada uma das classes os códigos de saída desejados para classificar os dados em suas respectivas posições são

```
D_Classe1 = [-1 -1 -1 +1]';
D_Classe2 = [-1 -1 +1 -1]';
D_Classe3 = [-1 +1 -1 -1]';
D_Classe4 = [+1 -1 -1 -1]';
```

Considerando o Yin a parte preta e o Yang a parte branca, a Classe1 é a parte Yin dentro do Yang, a Classe2 é a parte Yang dentro do Yin, a Classe3 é o Yang e a Classe4 é o Yin, tal como pode ser visto na Figura–9.

Inicialmente, vamos considerar redes neurais treinadas com os comandos `traingd`, `trainrp` e `trainlm`, para mudar de um algoritmo de treinamento para outro basta mudar a função na linha que define a rede.

```
% Cria uma rede neural usando o comando feedforward
rede = feedforwardnet([12 4],'trainlm');
```

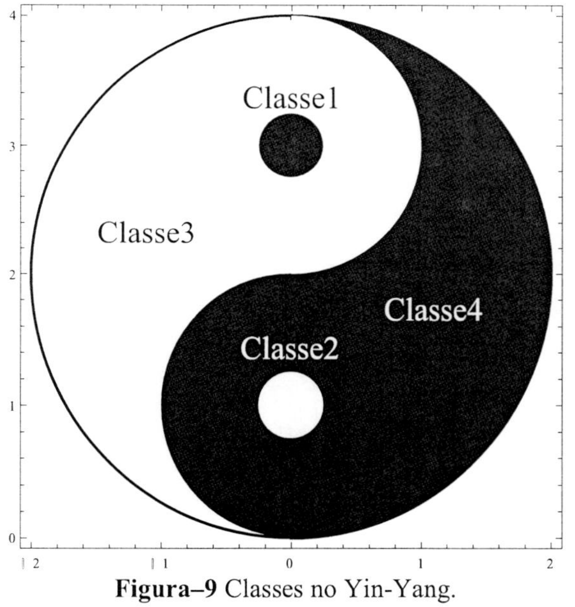

A Classe1 é a parte Yin dentro do Yang,
a Classe2 é a parte Yang dentro do Yin,
a Classe3 é o Yang,
e a Classe4 é o Yin.

Figura–9 Classes no Yin-Yang.

A rede é treinada com todos os dados de todas as classes, sendo que a Classe 1 contém 100 observações, a Classe 2 tem 115 observações, a Classe 3 tem 758 observações e a Classe 4 possui 640 valores observados.

Para verificar a capacidade de classificação da rede é gerada uma grade com valores dentro do símbolo Yin-Yang e o que esperamos é que os valores da grade que estão na região da Classe1 sejam classificados como sendo dessa classe, e do mesmo modo para os dados que estão dentro das outras classes.

Neste exemplo, a função que mede a capacidade da rede é a máxima ativação, que é executada para cada intervalo da grade pela função de erro considerando as classificações globais e atuais de um ponto da malha estar ocupando uma região com uma dada característica. Ou seja, usa a máxima ativação de um grupo de neurônios como uma representação da classe.

Dessa forma, a sequência de comandos do MATLAB em que podem ser utilizados os comandos `traingd`, `trainrp` e `trainlm` é mostrada a seguir.

```
%%%%%%%%%%%%%%%%%%%%%%%%%%%%%%%%%%%%%%%%%%%%%%%%%%%%%%%%%%%%%%%%%%%%%%%%%%%%
%                           SÍMBOLO YIN-YANG                             %
%%%%%%%%%%%%%%%%%%%%%%%%%%%%%%%%%%%%%%%%%%%%%%%%%%%%%%%%%%%%%%%%%%%%%%%%%%%%
% Plota os semicírculos
% Semicírculo 1
t1 = linspace( pi/2, -pi/2, 100);
R1 = 2;
x = R1*cos(t1) + 0;
y = R1*sin(t1) + 2;
plot(x,y,'k'); axis equal;
hold on
% Semicírculo 2
t2 = linspace( pi/2, 3*pi/2, 100);
R2 = 2;
x = R2*cos(t2) + 0;
y = R2*sin(t2) + 2;
plot(x,y,'k'); axis equal;
hold on
% Semicírculo 3
t3 = linspace( pi/2, -pi/2, 100);
R3 = 1;
x = R3*cos(t3) + 0;
y = R3*sin(t3) + 3;
plot(x,y,'k'); axis equal;
hold on
% Semicírculo 4
t4 = linspace( pi/2, 3*pi/2, 100);
R4 = 1;
x = R4*cos(t4) + 0;
y = R4*sin(t4) + 1;
plot(x,y,'k'); axis equal;
hold on

% Plota os círculos
% Círculo 1
t5 = linspace( 0, 2*pi, 100);
R5 = 0.25;
x = R5*cos(t5) + 0;
y = R5*sin(t5) + 1;
plot(x,y,'k'); axis equal;
fill(x,y,'w');
hold on

% Círculo 2
t6 = linspace( 0, 2*pi, 100);
R6 = 0.25;
x = R6*cos(t6) + 0;
y = R6*sin(t6) + 3;
plot(x,y,'k'); axis equal;
fill(x,y,'k');
hold on
```

```
%%%%%%%%%%%%%%%%%%%%%%%%%%%%%%%%%%%%%%%%%%%%%%%%%%%%%%%%%%%%%%%%%%%%%%%%
%                          CLASSES DE DADOS                             %
%%%%%%%%%%%%%%%%%%%%%%%%%%%%%%%%%%%%%%%%%%%%%%%%%%%%%%%%%%%%%%%%%%%%%%%%
% Plota as classes
% Classe C1
Classes = 'dados___dbd_1.xlsx';  % Esteja certo de que esse arquivo
                            está no Current Folder [Diretório Atual]
sheet = 1;
xlRange = 'B2:G1614';
C = xlsread(Classes,sheet,xlRange);
sz = 5;
x1 = C(1:100,1);
y1 = C(1:100,2);
Classe1 = [x1 y1];
scatter(x1,y1,sz,'w','filled')
hold on

% Classe C2
x2 = C(101:215,1);
y2 = C(101:215,2);
Classe2 = [x2 y2];
scatter(x2,y2,sz,'k','filled')

% Classe C3
x3 = C(216:973,1);
y3 = C(216:973,2);
Classe3 = [x3 y3];
scatter(x3,y3,sz,'k','filled')

% Classe C4
x4 = C(974:1613,1);
y4 = C(974:1613,2);
Classe4 = [x4 y4];
scatter(x4,y4,sz,'w','filled')

grid on
grid minor

%%%%%%%%%%%%%%%%%%%%%%%%%%%%%%%%%%%%%%%%%%%%%%%%%%%%%%%%%%%%%%%%%%%%%%%%
%                  REDE NEURAL USANDO FEEDFORWARDNET                    %
%%%%%%%%%%%%%%%%%%%%%%%%%%%%%%%%%%%%%%%%%%%%%%%%%%%%%%%%%%%%%%%%%%%%%%%%
% Codificação em termos de (+1/-1) das quatro classes Yin-Yang
D_Classe1 = [-1 -1 -1 +1]';
D_Classe2 = [-1 -1 +1 -1]';
D_Classe3 = [-1 +1 -1 -1]';
D_Classe4 = [+1 -1 -1 -1]';

% Define as entradas, combinando os dados de todas as quatro classes
Dados_Classes = [Classe1' Classe2' Classe3' Classe4'];

% Define as saídas desejadas conforme a classe
Saidas_Desejadas = [repmat(D_Classe1,1,length(Classe1))
repmat(D_Classe2,1,length(Classe2)) ...
```

```
                    repmat(D_Classe3,1,length(Classe3))
repmat(D_Classe4,1,length(Classe4))];

% Cria uma rede neural usando o comando feedforward
rede = feedforwardnet([12 4],'trainlm');

% Parâmetros de treinamento
rede.divideParam.trainRatio = 1;  % Conjunto de treinamento [em
            porcentagem], ou seja, usou todos os dados para treinar
rede.divideParam.valRatio = 0;    % Conjunto de validação [em
                                    porcentagem]
rede.divideParam.testRatio = 0;   % Conjunto de teste [em porcentagem]
rede.trainParam.epochs = 100;
rede.trainParam.goal = 1e-5;

% Treina a rede com os dados das classes e as saídas desejadas
[rede,tr,Y,E] = train(rede,Dados_Classes,Saidas_Desejadas);

% Mostra a arquitetura da rede utilizada
view(rede)

% Mostra todos os pesos e bias
weights = getwb(rede)

% Mostra os pesos e bias por camada
rede.IW{1,1} % Fornece os pesos que ligam as entradas e os neurônios
               da primeira camada oculta
rede.b{1}    % Fornece os bias dos neurônios da primeira camada oculta
rede.LW{2,1} % Fornece os pesos das conexões da primeira camada oculta
              com a segunda camada oculta
rede.b{2}    % Bias dos neurônios da segunda camada oculta
rede.LW{3,2} % Fornece os pesos das conexões da segunda camada oculta
              com a camada de saída
rede.b{3}    % Bias dos neurônios da camada de saída


% Gera uma grade de dados para simular a rede sobre estes novos dados
lim = linspace( 0, 2*pi, 100);
interx = 2*cos(lim);                 % Intervalo em x que interessa na grade
intery = 2*sin(lim) + 2;             % Intervalo em y que interessa na grade
[malha1,malha2] = meshgrid(interx,intery);
grade = [malha1(:) malha2(:)]';

% Simula a rede sobre a grade gerada
simula = rede(grade);

% Plota as regiões de classificação baseado na máxima ativação
figure(1)
m1 = mesh(malha1,malha2,reshape(simula(1,:),length(interx),length(intery))-2);
set(m1,'facecolor',[0 0 0],'linestyle','none');
hold on
m2 = mesh(malha1,malha2,reshape(simula(2,:),length(interx),length(intery))-2);
set(m2,'facecolor',[1 1 1],'linestyle','none');
m3 = mesh(malha1,malha2,reshape(simula(3,:),length(interx),length(intery))-2);
set(m3,'facecolor',[1 1 1],'linestyle','none');
```

```
m4 = mesh(malha1,malha2,reshape(simula(4,:),length(interx),length(intery))-2);
set(m4,'facecolor',[0 0 0],'linestyle','none');

% Mostra apenas o símbolo Yin-Yang e a simulação sobre os dados da grade
lim2 = linspace( 0, 2*pi, 500);
xvec2 = 2*cos(lim2);
yvec2 = 2*sin(lim2) + 2;
[xm,ym] = meshgrid(xvec2,yvec2);
mascara = (xm-0).^2 +(ym-2).^2 > 2^2*ones(500,500);
plot(xm(mascara), ym(mascara),'.'); axis equal;
```

A primeira aplicação dessa sequência de comandos utiliza a função `traingd` e os resultados são mostrados a seguir. Considerando

```
rede.trainParam.epochs = 50000;
rede.trainParam.goal = 1e-5;
```

ou seja, 50000 épocas e um erro desejado de 0,00001 verificamos que depois de 04 minutos e 01 segundo, a rede neural treinada com o gradiente descendente gera uma classificação conforme mostrado na Figura–11.

Na Figura–10 temos que após as cinquenta mil épocas o erro desejado ficou longe da performance da rede que foi de 0,0638.

Observamos que para esse experimento, essa vez que executamos a sequência de comandos, na Classe1 e na Classe2, principalmente, tivemos que a rede MLP(2,12,4,4) considerou limites além daqueles para os quais essas classes estão definidas. Esse resultado corrobora o fato de que redes neurais treinadas com backpropagation padrão são lentas e pouco precisas.

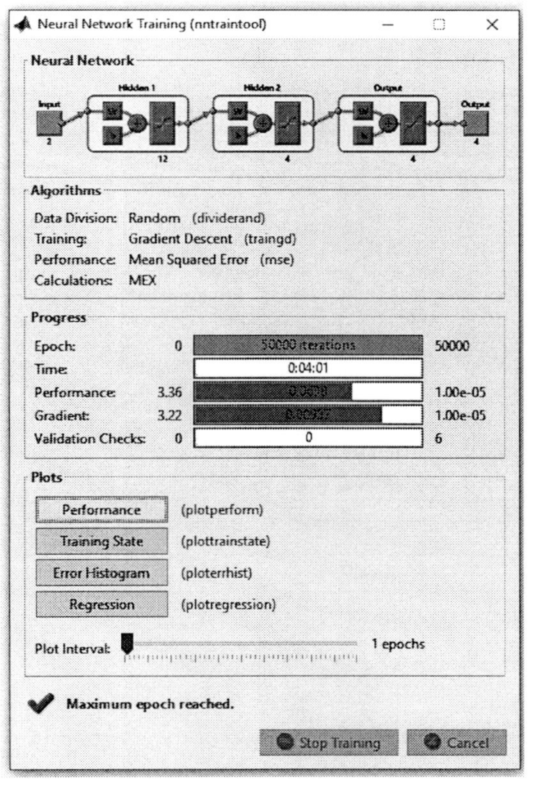

Figura–10 Rede neural treinada com `traingd` para classificar classes com distribuição Yin-Yang.

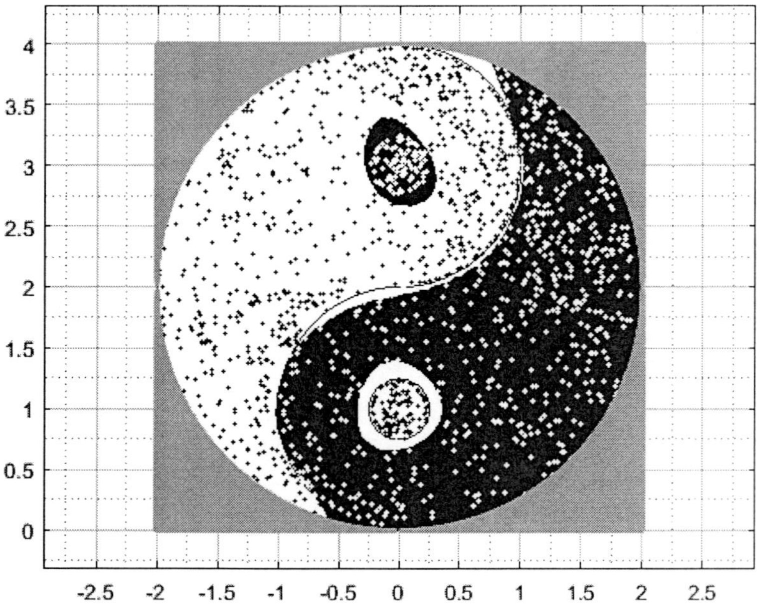

Figura–11 Resultado da classificação Yin-Yang após 50000 épocas usando `traingd`.

A seguir é mostrado o resultado para a rede MLP(2,12,4,4) treinada com o RPROP (`trainrp`).

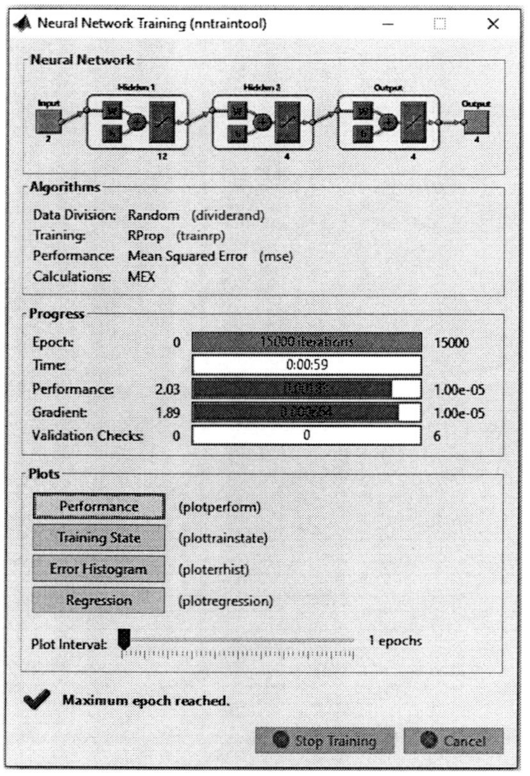

Figura–12 Rede neural treinada com `trainrp` para classificar classes com distribuição Yin-Yang.

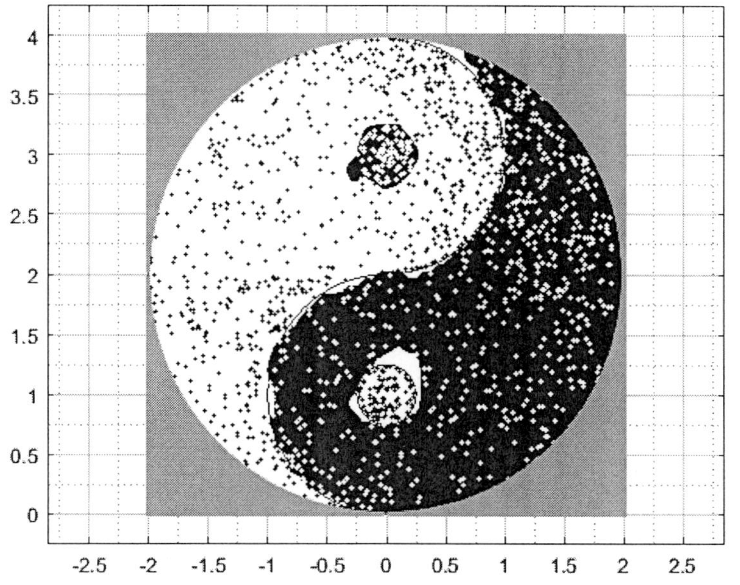

Figura–13 Resultado da classificação Yin-Yang após 15000 épocas usando `trainrp`.

Nas Figuras–12 e 13 temos os resultados da classificação utilizando a função `trainrp` do MATLAB para 15000 épocas. À medida que se aumenta o número de épocas é possível alcançar maior precisão nas classificações, nesse caso optou-se por utilizar essa quantidade de épocas.

A aplicação de redes neurais é dependente de diversas heurísticas e como qualquer outra ferramenta de análise possui limitações, vantagens e desvantagens.

As redes neurais artificiais apresentam uma boa capacidade para analisar comportamentos complexos de variáveis, porém são baseadas de maneira bastante simplificada nos neurônios biológicos em termos de organização e processamento de informação.

Métodos estatísticos têm poder de análise dependente da distribuição dos dados, sendo que muitas de suas técnicas pressupõem que os dados tenham distribuição Gaussiana. Nas redes neurais não há essa exigência de que os dados sejam normalmente distribuídos, uma suposição comum em métodos clássicos de análise estatística paramétrica. Por exemplo, em análises de agrupamentos utilizando técnicas estatísticas, os dados são considerados amostras aleatórias que provêm de populações normais e essas amostras pertencem a grupos populacionais com iguais variâncias.

As redes neurais artificiais são capazes de processar dados contendo complexos relacionamentos não lineares e interações que muitas vezes são muito difíceis ou complexas de interpretar por métodos lineares convencionais. Outra vantagem é que são tolerantes a falhas, isto é, têm a capacidade de manusear informação ruidosa ou difusa, sendo também capazes de suportar dados que estão incompletos ou que contêm valores faltantes (missing values). Além disso, como outros métodos de aprendizagem de máquina, elas são capazes de generalizar, de modo que elas podem interpretar informações que são diferentes das dos dados de treinamento, representando assim uma solução "real" para um determinado problema pela sua capacidade de prever futuros casos ou tendências com base no que elas já viram. Assim, redes neurais treinadas podem ser usadas como sistemas executáveis independentes, a fim de prever a classe de um caso desconhecido de interesse e, portanto, têm aplicação potencial no diagnóstico. Finalmente, existem várias técnicas que podem ser usadas para extrair conhecimento de redes neurais treinadas, e a importância de variáveis individuais pode ser facilmente recuperada usando vários métodos, como a análise dos pesos das sinapses das redes, análise de sensibilidade e extração de regras. Isso, de uma perspectiva biológica, é talvez um dos aspectos mais úteis da modelagem de redes neurais.

Como todas as abordagens, redes neurais também têm suas limitações. O treinamento das redes neurais pode levar muito tempo, dependendo da complexidade dos dados que estão sendo modelados, e à medida que aumenta o número de camadas ocultas necessárias para capturar as características dos dados, também cresce o tempo necessário para o treinamento terminar. Dessa forma, apenas uma ou duas camadas ocultas são comumente usadas. O sobreajustamento (overfitting) pode ser um problema nas redes neurais, trata-se de uma memorização dos casos da fase de treinamento, fazendo com que a rede não execute de forma adequada casos futuros. A principal barreira que os pesquisadores costumam associar com redes neurais é que nem sempre é aparente como elas chegam a uma solução, e por isso têm sido referidas como "caixas pretas" [Lancashire *et al.*, 2009].

Outras limitações se originam dos próprios dados. Dados experimentais podem sofrer de alta variação inerente aos processos que os geram, o que torna difícil aos algoritmos computacionais interpretar seus significados. Os desafios em termos de reprodutibilidade de algumas tecnologias também têm sido investigados, tornando a validação com uma coorte[1] separada de amostras virtualmente impossível. O antigo provérbio "lixo entra, lixo sai" pode ser aplicado fortemente à modelagem com redes neurais, e assim a qualidade da saída do modelo é altamente dependente na qualidade dos dados de entrada. Se os dados de entrada não são representativos do cenário "mundo real", o modelo está comprometido. Para superar estas questões, várias técnicas para pré-processamento dos dados têm sido propostas [Lancashire *et al.*, 2009].

Uma das maiores vantagens das redes neurais artificiais está em sua capacidade de aprender com seu ambiente. Aprender com o ambiente é útil em aplicações onde a complexidade do ambiente (dados ou tarefas) torna impraticáveis implementações de outro tipo de soluções [Suzuki, 2011]. Dessa forma, entre as várias tarefas para as quais as redes neurais podem ser utilizadas está a classificação de padrões. Entendendo-se padrão como um par que compreende uma observação e um significado.

Escolher a topologia/arquitetura da rede neural depende do tipo de aplicação e da representatividade dos dados em um determinado problema. Precisamos responder as perguntas: (i) como decidimos qual arquitetura usar quando confrontados com um problema prático?; (ii) quantas camadas ocultas devemos usar?; (iii) quantos neurônios em cada camada escondida?; (iv) quais valores atribuímos aos parâmetros dos modelos de treinamento da rede?

Ou seja, ao escolher e usar redes neurais precisamos estar familiarizados com a teoria de modelos de redes neurais artificiais e algoritmos de aprendizagem. A complexidade do modelo escolhido é crucial. Usar um modelo simples para uma tarefa específica pode gerar resultados ruins ou errados e aplicar um modelo mais complexo para uma tarefa específica pode levar a problemas no processo de aprendizagem.

Um modelo complexo para realizar uma tarefa simples pode resultar em memorizar e não aprender. Existem muitos algoritmos de aprendizagem com numerosos tradeoffs entre eles e quase todos são adequados para realizar os mesmos tipos de tarefas. Escolher o algoritmo de aprendizagem certo para uma determinada tarefa exige certa quantidade de experiência e experimentação na busca por soluções para problemas que envolvem determinados conjuntos de dados.

Quando o modelo de rede neural artificial e o algoritmo de aprendizagem são devidamente selecionados, obtemos uma ferramenta robusta para resolver determinados problemas.

As redes neurais têm muito em comum com as estruturas necessárias para a classificação de

[1] Coorte = um grupo de indivíduos que têm em comum um conjunto de características e que são observados durante um período de tempo com o intuito de analisar a sua evolução.

padrões. A classificação de padrões e redes neurais remontam às mesmas raízes na evolução histórica das técnicas de inteligência artificial (IA). A ideia das redes neurais é tomada de sistemas biológicos que executam funções de classificação de padrões. Não é de admirar que as redes neurais sejam consideradas classificadoras de padrões predestinadas. Neste papel, elas consideram os mesmos conceitos desenvolvidos na classificação de padrões convencional [Schürmann, 1996].

Nas Figuras–14 e 15 temos os resultados da classificação utilizando a função `trainlm` do MATLAB, verificamos que a rede MLP(2,12,44) treinada com o algoritmo de Levenberg-Marquardt apresentou uma performance melhor do que as outras duas funções consideradas `traingd` (gradiente descendente) e `trainrp` (RPROP). Foram necessárias, nesse treinamento em particular, 56 épocas para alcançar o erro estipulado inicialmente.

Quando utilizamos uma rotina de programação é interessante perceber que impor um número máximo de épocas de treinamento para o MLP, como critério de parada, é uma boa estratégia para interromper o treinamento quando um erro desejado torna-se impraticável de ser alcançado.

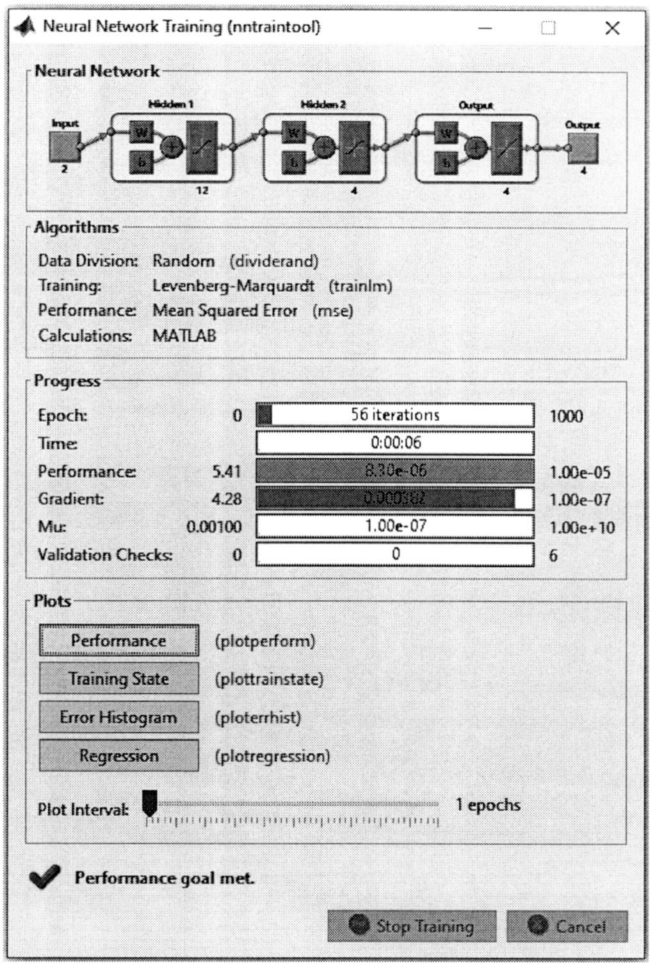

Figura–14 Rede neural treinada com `trainlm` para classificar classes com distribuição Yin-Yang.

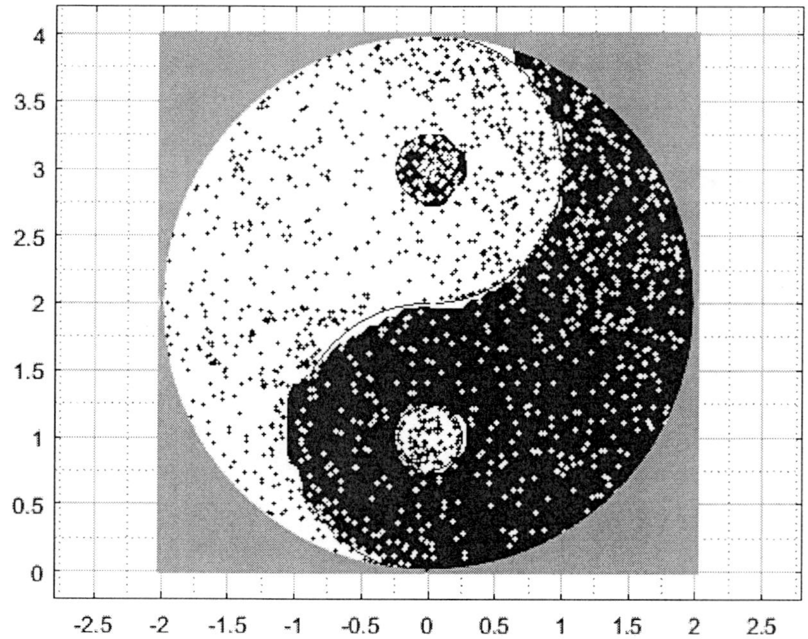

Figura–15 Resultado da classificação Yin-Yang após 56 épocas usando `trainlm`.

Na aplicação de redes neurais, à medida que aumentamos o tamanho e o número de camadas, a capacidade da rede aumenta. Ou seja, o espaço de funções representáveis cresce uma vez que os neurônios podem colaborar para expressar muitas funções diferentes. Por exemplo, considere que ao invés de utilizarmos o MLP(2,12,4,4) nós treinemos outras três redes separadas, todas com topologias diferentes conforme mostrado a seguir. As três redes foram treinadas durante 50 épocas com o algoritmo de Levenberg-Marquardt.

MLP(2,18,12,4,4)	MLP(2,4,3,4)	MLP(2,2,2,4)
Performance 0,000910	Performance 0,0987	Performance 0,262

Figura–16 Diferentes resultados de redes MLP treinadas durante 50 épocas usando `trainlm`.

Da Figura–16 podemos ver que as redes neurais com mais neurônios podem expressar funções mais complicadas. No entanto, é necessário ficar atento ao tradeoff de que podemos aprender a classificar dados mais complicados, mas o modelo utilizado pode ter decorado os dados ao invés de aprender a relação subjacente que existe entre as observações em suas diferentes classes. Na prática, existem formas de controlar o overfitting que são preferíveis a simplesmente ficar alterando o número de neurônios nas camadas.

Parte–III
Apresentação da distribuição dos dados e resultados de classificação utilizando o método delta-bar-delta

O projeto da rede neural MLP(2,12,4,4) consiste na especificação das equações que regem o método delta-bar-delta e na atribuição de valores para os parâmetros que serão utilizados no processo de aprendizagem em que cada conexão sináptica tem uma taxa adaptativa. Ou seja, o paradigma do método delta-bar-delta aplica um método de aprendizagem onde cada peso tem seu próprio coeficiente autoadaptável. Trata-se de uma abordagem "heurística" para o treinamento de redes neurais, onde cada peso de cada conexão sináptica da rede deve ter sua própria taxa de aprendizado. Considera que um único valor de taxa de aprendizagem não é apropriado para todos os pesos da rede neural em todas as suas camadas. Além disso, deve ser permitido que estas taxas de aprendizagem possam variar ao longo do tempo. Ao atribuir uma taxa de aprendizado a cada conexão e permitir que essa taxa de aprendizagem mude continuamente ao longo do tempo, mais graus de liberdade são introduzidos para reduzir o tempo de convergência.
As equações e inequações que serão utilizadas formam a regra de atualização da taxa de aprendizagem

$$\eta_{ji}(n)=\begin{cases}\eta_{ji}(n-1)+\kappa & se \quad \bar{D}_{ji}(n)D_{ji}(n)>0\\ \eta_{ji}(n-1)\times\beta & se \quad \bar{D}_{ji}(n)D_{ji}(n)\leq 0\end{cases}$$

onde, $D_{ji}(n)$ e $\bar{D}_{ji}(n)$ são, respectivamente, dados por

$$D_{ji}(n)=\frac{\partial E(n)}{\partial w_{ji}(n)},$$

e

$$\bar{D}_{ji}(n)=(1-\xi)D_{ji}(n-1)+\xi\bar{D}_{ji}(n-1).$$

A atualização dos pesos é realizada usando a expressão

$$\Delta w_{ji}(n)=\alpha\Delta w_{ji}(n-1)-(1-\alpha)\eta_{ji}(n)D_{ji}(n).$$

Um dos principais aspectos na implementação do método delta-bar-delta está na determinação de $D_{ji}(n)$, sendo que essa tarefa pode ser realizada usando as derivadas do erro com relação a cada peso e somando sobre todos os padrões de entrada.

$$D_{ji}(n)=\sum_{t=1}^{T}\delta_j^{(t)}(n)y_i^{(t)}(n).$$

Nessa equação $D_{ji}(n)$ está com sinal positivo porque na expressão anterior que define $\Delta w_{ji}(n)$ já temos o sinal negativo multiplicando a taxa de aprendizagem $\eta_{ji}(n)$.

Dessa forma, precisamos determinar $\delta_j^{(t)}(n)$ e $y_i^{(t)}(n)$ que correspondem ao gradiente local e ao sinal de saída computados para o neurônio *j* e neurônio *i*, respectivamente; o sobrescrito (*t*) referindo-se a apresentação do *t*-ésimo padrão de entrada e o índice *n* indicando a iteração atual. Cada neurônio possui um gradiente local. Sendo que, para a primeira camada oculta e para segunda camada oculta as funções de ativação são do tipo sigmoide e na camada de saída a função de ativação é linear.

Dessa forma, por exemplo, considerando conforme a notação dos pesos e bias da rede MLP(2,12,4,4) mostrada na Figura–8.17 temos para c_{o1}, c_{11}, b_{o1}, b_{11}, a_{o1} e a_{11} as respectivas equações de atualização.

Para o bias c_{o1}

$$\Delta c_{o1}(n) = \alpha \Delta c_{o1}(n-1) - (1-\alpha)\eta_{c_{o1}}(n) D_{c_{o1}}(n),$$

$$D_{c_{o1}}(n) = \sum_{t=1}^{1613} \delta_{41}^{(t)}(n),$$

$$\delta_{41} = p_1 = (z_1 - d_1),$$

δ_{41} = gradiente local do primeiro neurônio da quarta camada.

Para o peso c_{11}

$$\Delta c_{11}(n) = \alpha \Delta c_{11}(n-1) - (1-\alpha)\eta_{c_{11}}(n) D_{c_{11}}(n),$$

$$D_{c_{11}}(n) = \sum_{p=1}^{1613} \delta_{41}^{(p)}(n) y_1^{(p)}(n),$$

$$\delta_{41} = p_1 = (z_1 - d_1),$$

δ_{41} = gradiente local do primeiro neurônio da quarta camada.

Para o bias b_{o1}

$$\Delta b_{o1}(n) = \alpha \Delta b_{o1}(n-1) - (1-\alpha)\eta_{b_{o1}}(n) D_{b_{o1}}(n),$$

$$D_{b_{o1}}(n) = \sum_{t=1}^{1613} \delta_{31}^{(t)}(n),$$

$$\delta_{31} = q_1 = [p_1 c_{11} + p_2 c_{12} + p_3 c_{13} + p_4 c_{14}] y_1 (1 - y_1),$$

δ_{31} = gradiente local do primeiro neurônio da terceira camada.

Para o peso b_{11}

$$\Delta b_{11}(n) = \alpha \Delta b_{11}(n-1) - (1-\alpha)\eta_{b_{11}}(n) D_{b_{11}}(n),$$

$$D_{b_{11}}(n) = \sum_{p=1}^{1613} \delta_{31}^{(p)}(n) h_1^{(p)}(n),$$

$$\delta_{31} = q_1 = [p_1 c_{11} + p_2 c_{12} + p_3 c_{13} + p_4 c_{14}] y_1 (1 - y_1),$$

δ_{31} = gradiente local do primeiro neurônio da terceira camada.

<u>Para o bias a_{o1}</u>

$$\Delta a_{o1}(n) = \alpha \Delta a_{o1}(n-1) - (1-\alpha)\eta_{a_{o1}}(n) D_{a_{o1}}(n),$$

$$D_{a_{o1}}(n) = \sum_{p=1}^{1613} \delta_{21}^{(p)}(n),$$

$$\delta_{21} = r_1 = [q_1 b_{11} + q_2 b_{12} + q_3 b_{13} + q_4 b_{14}] h_1 (1-h_1),$$

δ_{21} = gradiente local do primeiro neurônio da segunda camada.

<u>Para o peso a_{11}</u>

$$\Delta a_{11}(n) = \alpha \Delta a_{11}(n-1) - (1-\alpha)\eta_{a_{11}}(n) D_{a_{11}}(n),$$

$$D_{a_{11}}(n) = \sum_{p=1}^{1613} \delta_{21}^{(p)}(n) x_1^{(p)}(n),$$

$$\delta_{21} = r_1 = [q_1 b_{11} + q_2 b_{12} + q_3 b_{13} + q_4 b_{14}] h_1 (1-h_1),$$

δ_{21} = gradiente local do primeiro neurônio da segunda camada.

Na Figura–17 é apresentada a rede MLP(2,12,4,4) e os sinais que são necessários para calcular as saídas dos neurônios que permitem determinar c_{o1}, c_{11}, b_{o1}, b_{11}, a_{o1} e a_{11}. Na primeira camada temos os sinais de entrada x_1 e x_2, a segunda camada é constituída por 12 neurônios com saídas denotadas por h (veja a indicação na parte inferior na rede), na terceira camada temos quatro neurônios com saídas y e a quarta camada é a camada de saída da rede possuindo quatro neurônios com saídas z_1, z_2, z_3 e z_4. No total são 108 conexões sinápticas e o método delta-bar-delta possibilita atualizar a taxa de aprendizagem para cada conexão sináptica individualmente. Portanto, os pesos de conexão são atualizados diferenciando parcialmente o erro com relação ao próprio peso. As atualizações de pesos e bias satisfazem a restrição de localidade, ou seja, elas precisam apenas dos dados dos elementos de processamento aos quais estão conectados.

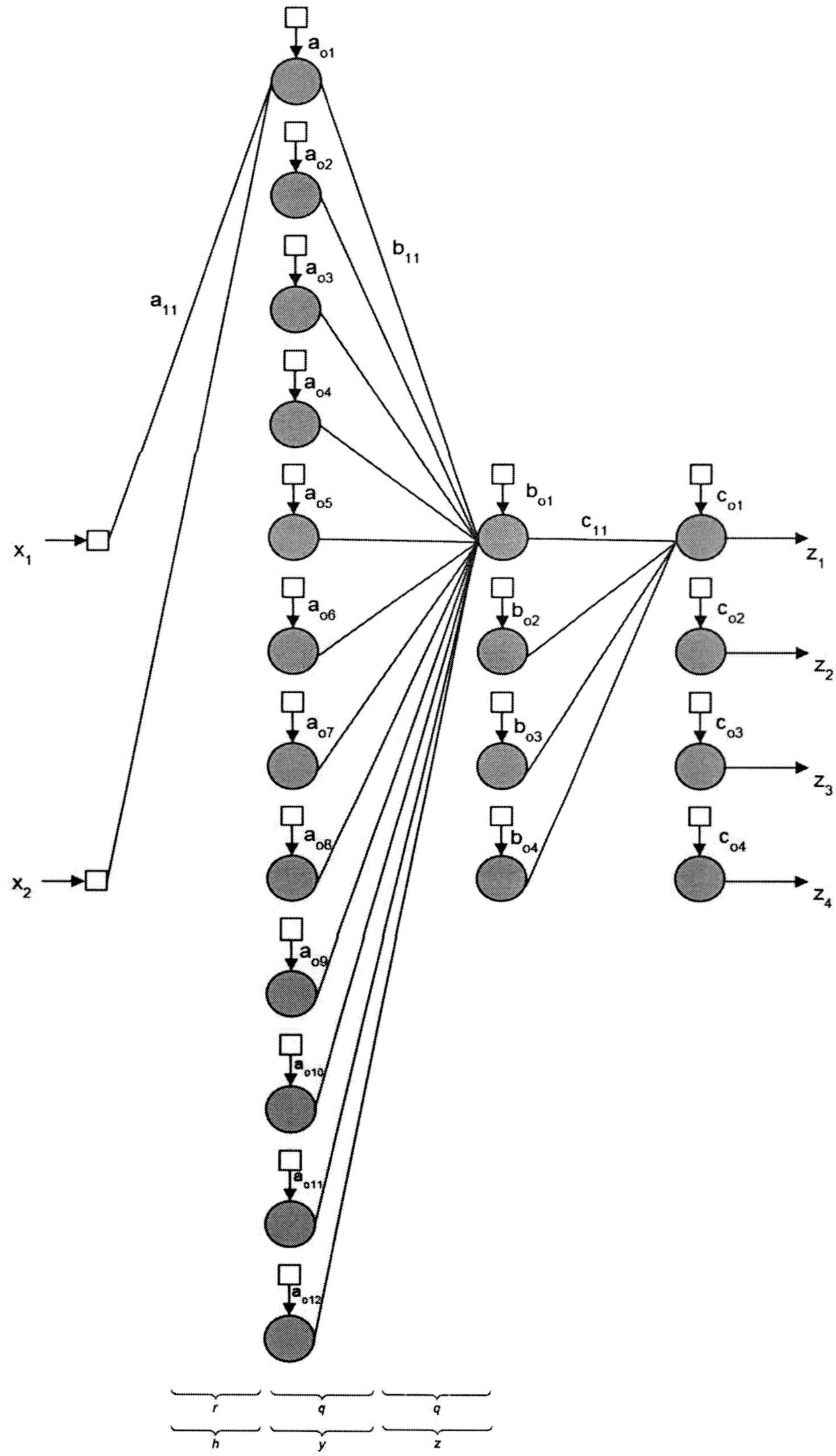

Figura–17 Rede MLP(2,12,4,4)

Para verificar o sinal do produto $\bar{D}_{ji}(n)D_{ji}(n)$, ao invés de utilizar as funções `if`, `then`, e `elseif` optamos pela seguinte forma de verificação

```
Pos_c0 = new_DB_c0.*new_D_c0>0;
Neg_c0 = new_DB_c0.*new_D_c0<=0;
eta_P_c0 = old_eta_c0.*Pos_c0 +
kappa*Pos_c0;
eta_N_c0 = old_eta_c0.*(beta*Neg_c0);
new_eta_c0 = eta_P_c0 + eta_N_c0;
```

Ou seja, considere duas matrizes S e D dadas, respectivamente, por

```
S=[-1 1 -1;1 1 1;-1 1 -1],
D=[-1 1 -1;1 1 1;-1 1 -1].
```

Executando os comandos

```
S=[-1 1 -1;1 1 1;-1 1 -1]
D=[-1 1 -1;1 1 1;-1 1 -1]
eta1=[1 1 0;1 0 1;0 0 1]
k=2;
b=10;
S*D
P = S*D>0
N = S*D<=0
eta_P = eta1.*P + k*P
eta_N = eta1.*(b*N)
eta1
eta2 = eta_P + eta_N
```

gera como resultado

```
ans =
   3  -1   3
  -1   3  -1
   3  -1   3
```

o produto `S*D`.

```
P =
   1   0   1
   0   1   0
   1   0   1
```

sendo que 1 indica onde o produto `S*D` é positivo e zero onde é negativo.

```
N =
   0   1   0
   1   0   1
   0   1   0
```

sendo que 1 indica onde o produto `S*D` é negativo e zero onde é positivo.

```
eta_P =
   3   0   2
   0   2   0
   2   0   3
```

considera somente onde o produto `S*D` é positivo e soma a constante `k` à matriz anterior eta1 nesses lugares.

eta_N =
0 10 0
10 0 10
0 0 0

considera somente onde o produto `S*D` é negativo ou igual a zero e multiplica pela constante `b` à matriz anterior eta1 nesses lugares.

Então, somando `k` à `eta1` onde produto `S*D` é positivo e multiplicando pela constante `b` `eta1` onde produto `S*D` é negativo, resulta em `eta2` dada por

eta2 =
3 10 2
10 2 10
2 0 3

A seguir é apresentada a rotina com os comandos do MATLAB que executam o método delta-bar-delta para realizar classificação de dados distribuídos em uma base Yin-Yang. São realizadas 1000 épocas.

```
tic      % Inicia cronômetro
%%%%%%%%%%%%%%%%%%%%%%%%%%%%%%%%%%%%%%%%%%%%%%%%%%%%%%%%%%%%%%
%                      CLASSES DE DADOS                      %
%%%%%%%%%%%%%%%%%%%%%%%%%%%%%%%%%%%%%%%%%%%%%%%%%%%%%%%%%%%%%%
% Plota as classes
% Classe C1
Classes = 'dados___dbd_1.xlsx';  % Esteja certo de que esse arquivo
                         está no Current Folder [Diretório Atual]
sheet = 1;
xlRange = 'B2:G1614';
C = xlsread(Classes,sheet,xlRange);
sz = 5;
x1 = C(1:100,1);
y1 = C(1:100,2);
Classe1 = [x1 y1];

% Classe C2
x2 = C(101:215,1);
y2 = C(101:215,2);
Classe2 = [x2 y2];

% Classe C3
x3 = C(216:973,1);
y3 = C(216:973,2);
Classe3 = [x3 y3];

% Classe C4
x4 = C(974:1613,1);
y4 = C(974:1613,2);
Classe4 = [x4 y4];

% Codificação em termos de (+1/-1) das quatro classes Yin-Yang
D_Classe1 = [-1 -1 -1 +1]';
D_Classe2 = [-1 -1 +1 -1]';
```

```
D_Classe3 = [-1 +1 -1 -1]';
D_Classe4 = [+1 -1 -1 -1]';

% Define as entradas, combinando os dados de todas as quatro classes
Dados_Classes = [Classe1' Classe2' Classe3' Classe4'];

% Define as saídas desejadas conforme a classe
Saidas_Desejadas = [repmat(D_Classe1,1,length(Classe1))
repmat(D_Classe2,1,length(Classe2)) ...
                    repmat(D_Classe3,1,length(Classe3))
repmat(D_Classe4,1,length(Classe4))];

%%%%%%%%%%%%%%%%%%%%%%%%%%%%%%%%%%%%%%%%%%%%%%%%%%%%%%%%%%%%%%%%%%%%%%
%                 APLICAÇÃO DO MÉTODO DELTA-BAR-DELTA               %
%%%%%%%%%%%%%%%%%%%%%%%%%%%%%%%%%%%%%%%%%%%%%%%%%%%%%%%%%%%%%%%%%%%%%%
x = Dados_Classes;

% Pesos e Bias iniciando com valores randômicos
 old_c0 = -1+(1-(-1)).*rand(4,1);
 old_c = -1+(1-(-1)).*rand(4,4);     % Primeira coluna são todos os
                                       pesos ligados ao primeiro
                                     % neurônio da segunda camada
 old_b0 = -1+(1-(-1)).*rand(4,1);
 old_b = -1+(1-(-1)).*rand(4,12);    % Primeira coluna são todos os
                                       pesos ligados ao primeiro
                                     % neurônio da primeira camada
 old_a0 = -1+(1-(-1)).*rand(12,1);
 old_a = -1+(1-(-1)).*rand(12,2);    % Primeira coluna são todos os
                                       pesos ligados à primeira entrada
erro = zeros(4,1);
ksi=0.7;
alfa=0.3;
beta=0.1;
kappa=0.0001;
eta = 0.01;
m = 1000;

% entradas = Tamanho da Classe1 +
%            Tamanho da Classe2 +
%            Tamanho da Classe3 +
%            Tamanho da Classe4 +
%
%            ____________________
%          =          j

entradas = length(Classe1) + length(Classe2) + length(Classe3) +
length(Classe4);

% Valores desejados em termos de +1/-1 conforme a classe
 d1=[repmat(-1,1,length(Classe1)) repmat(-1,1,length(Classe2))...
     repmat(-1,1,length(Classe3)) repmat(+1,1,length(Classe4))];
 d2=[repmat(-1,1,length(Classe1)) repmat(-1,1,length(Classe2))...
     repmat(+1,1,length(Classe3)) repmat(-1,1,length(Classe4))];
 d3=[repmat(-1,1,length(Classe1)) repmat(+1,1,length(Classe2))...
     repmat(-1,1,length(Classe3)) repmat(-1,1,length(Classe4))];
 d4=[repmat(+1,1,length(Classe1)) repmat(-1,1,length(Classe2))...
     repmat(-1,1,length(Classe3)) repmat(-1,1,length(Classe4))];
```

```
D=Saidas_Desejadas;

% Gradientes iniciando com valores randômicos
old_D_c0=-1+(1-(-1)).*rand(4,1);
old_D_c=-1+(1-(-1)).*rand(4,4);
old_D_b0=-1+(1-(-1)).*rand(4,1);
old_D_b=-1+(1-(-1)).*rand(4,12);
old_D_a0=-1+(1-(-1)).*rand(12,1);
old_D_a=-1+(1-(-1)).*rand(12,2);

new_D_c0=-1+(1-(-1)).*rand(4,1);
new_D_c=-1+(1-(-1)).*rand(4,4);
new_D_b0=-1+(1-(-1)).*rand(4,1);
new_D_b=-1+(1-(-1)).*rand(4,12);
new_D_a0=-1+(1-(-1)).*rand(12,1);
new_D_a=-1+(1-(-1)).*rand(12,2);
% Taxas de aprendizagem iniciais de todas as 108 conexões com eta = 0.01
old_eta_c0 = eta*ones(4,1);
old_eta_c = eta*ones(4,4);
old_eta_b0 = eta*ones(4,1);
old_eta_b = eta*ones(4,12);
old_eta_a0 = eta*ones(12,1);
old_eta_a = eta*ones(12,2);

% As médias das derivadas iniciam com valores iguais a zero
old_DB_c0 = zeros(4,1);
old_DB_c = zeros(4,4);
old_DB_b0 = zeros(4,1);
old_DB_b = zeros(4,12);
old_DB_a0 = zeros(12,1);
old_DB_a = zeros(12,2);

for i = 1:m

% Cálculo de DBji(n)
new_DB_c0=(1-ksi)*old_D_c0 + ksi*old_DB_c0;
new_DB_c=(1-ksi)*old_D_c + ksi*old_DB_c;
new_DB_b0=(1-ksi)*old_D_b0 + ksi*old_DB_b0;
new_DB_b=(1-ksi)*old_D_b + ksi*old_DB_b;
new_DB_a0=(1-ksi)*old_D_a0 + ksi*old_DB_a0;
new_DB_a=(1-ksi)*old_D_a + ksi*old_DB_a;

    old_delta_c0 = -old_eta_c0.*old_D_c0;
    old_delta_c = -old_eta_c.*old_D_c;
    old_delta_b0 = -old_eta_b0.*old_D_b0;
    old_delta_b = -old_eta_b.*old_D_b;
    old_delta_a0 = -old_eta_a0.*old_D_a0;
    old_delta_a = -old_eta_a.*old_D_a;

% Cálculo do produto DBji(n).Dji(n) para verificar se a direção na
% qual o erro tem diminuído é a mesma que a direção dada pelo
% gradiente do erro do lote.
Pos_c0 = new_DB_c0.*new_D_c0>0;
Neg_c0 = new_DB_c0.*new_D_c0<=0;
eta_P_c0 = old_eta_c0.*Pos_c0 + kappa*Pos_c0;
```

```
eta_N_c0 = old_eta_c0.*(beta*Neg_c0);
new_eta_c0 = eta_P_c0 + eta_N_c0;

Pos_c = new_DB_c.*new_D_c>0;
Neg_c = new_DB_c.*new_D_c<=0;
eta_P_c = old_eta_c.*Pos_c + kappa*Pos_c;
eta_N_c = old_eta_c.*(beta*Neg_c);
new_eta_c = eta_P_c + eta_N_c;

Pos_b0 = new_DB_b0.*new_D_b0>0;
Neg_b0 = new_DB_b0.*new_D_b0<=0;
eta_P_b0 = old_eta_b0.*Pos_b0 + kappa*Pos_b0;
eta_N_b0 = old_eta_b0.*(beta*Neg_b0);
new_eta_b0 = eta_P_b0 + eta_N_b0;

Pos_b = new_DB_b.*new_D_b>0;
Neg_b = new_DB_b.*new_D_b<=0;
eta_P_b = old_eta_b.*Pos_b + kappa*Pos_b;
eta_N_b = old_eta_b.*(beta*Neg_b);
new_eta_b = eta_P_b + eta_N_b;
Pos_a0 = new_DB_a0.*new_D_a0>0;
Neg_a0 = new_DB_a0.*new_D_a0<=0;
eta_P_a0 = old_eta_a0.*Pos_a0 + kappa*Pos_a0;
eta_N_a0 = old_eta_a0.*(beta*Neg_a0);
new_eta_a0 = eta_P_a0 + eta_N_a0;

Pos_a = new_DB_a.*new_D_a>0;
Neg_a = new_DB_a.*new_D_a<=0;
eta_P_a = old_eta_a.*Pos_a + kappa*Pos_a;
eta_N_a = old_eta_a.*(beta*Neg_a);
new_eta_a = eta_P_a + eta_N_a;

% Atualização dos pesos e bias
new_dbd_c0 = old_c0 + alfa*old_delta_c0-(1-alfa)*new_eta_c0.*new_D_c0;
new_dbd_c = old_c + alfa*old_delta_c-(1-alfa)*new_eta_c.*new_D_c;
new_dbd_b0 = old_b0 + alfa*old_delta_b0-(1-alfa)*new_eta_b0.*new_D_b0;
new_dbd_b = old_b + alfa*old_delta_b-(1-alfa)*new_eta_b.*new_D_b;
new_dbd_a0 = old_a0 + alfa*old_delta_a0-(1-alfa)*new_eta_a0.*new_D_a0;
new_dbd_a = old_a + alfa*old_delta_a-(1-alfa)*new_eta_a.*new_D_a;

% Atribuição de valores para a próxima iteração
 old_c0 = new_dbd_c0;
 old_c = new_dbd_c;
 old_b0 = new_dbd_b0;
 old_b = new_dbd_b;
 old_a0 = new_dbd_a0;
 old_a = new_dbd_a;

old_D_c0=new_D_c0;
old_D_c=new_D_c;
old_D_b0=new_D_b0;
old_D_b=new_D_b;
old_D_a0=new_D_a0;
old_D_a=new_D_a;
```

```
old_DB_c0 = new_DB_c0;
old_S_c = new_DB_c;
old_DB_b0 = new_DB_b0;
old_DB_b = new_DB_b;
old_DB_a0 = new_DB_a0;
old_DB_a = new_DB_a;

old_eta_c0 = new_eta_c0;
old_eta_c = new_eta_c;
old_eta_b0 = new_eta_b0;
old_eta_b = new_eta_b;
old_eta_a0 = new_eta_a0;
old_eta_a = new_eta_a;

% Apresentação das 1613 observações à rede neural
for j = 1:entradas
% Primeira Camada
      v1(:,j) = new_dbd_a0 + new_dbd_a*x(:,j);
      h_dbd(:,j) = 1./(1+exp(-v1(:,j)));
% Segunda Camada
      v2(:,j) = new_dbd_b0 + new_dbd_b*h_dbd(:,j);
      y_dbd(:,j) = 1./(1+exp(-v2(:,j)));
% Camada de Saída
      v3(:,j) = new_dbd_c0 + new_dbd_c*y_dbd(:,j);
      z_dbd(:,j) = v3(:,j);
% Derivada do erro com relação aos bias e pesos dos neurônios de saída
% p = gradiente local na camada de saída
p(:,j) = z_dbd(:,j)-D(:,j);

% Derivada do erro com relação aos bias da segunda camada oculta
% q = gradiente local da segunda camada oculta
q1(:,j)= p(:,j)'*new_dbd_c(:,1)*(y_dbd(1,j)*(1-y_dbd(1,j))+0.001);
q2(:,j)= p(:,j)'*new_dbd_c(:,2)*(y_dbd(2,j)*(1-y_dbd(2,j))+0.001);
q3(:,j)= p(:,j)'*new_dbd_c(:,3)*(y_dbd(3,j)*(1-y_dbd(3,j))+0.001);
q4(:,j)= p(:,j)'*new_dbd_c(:,4)*(y_dbd(4,j)*(1-y_dbd(4,j))+0.001);

% Derivada do erro com relação aos bias da primeira camada oculta
% r = gradiente local da primeira camada oculta
r1(:,j)= [q1(:,j); q2(:,j); q3(:,j); q4(:,j)]'*new_dbd_b(:,1)*(h_dbd(1,j)*(1-
h_dbd(1,j))+0.001);
r2(:,j)= [q1(:,j); q2(:,j); q3(:,j); q4(:,j)]'*new_dbd_b(:,2)*(h_dbd(2,j)*(1-
h_dbd(2,j))+0.001);
r3(:,j)= [q1(:,j); q2(:,j); q3(:,j); q4(:,j)]'*new_dbd_b(:,3)*(h_dbd(3,j)*(1-
h_dbd(3,j))+0.001);
r4(:,j)= [q1(:,j); q2(:,j); q3(:,j); q4(:,j)]'*new_dbd_b(:,4)*(h_dbd(4,j)*(1-
h_dbd(4,j))+0.001);
r5(:,j)= [q1(:,j); q2(:,j); q3(:,j); q4(:,j)]'*new_dbd_b(:,5)*(h_dbd(5,j)*(1-
h_dbd(5,j))+0.001);
r6(:,j)= [q1(:,j); q2(:,j); q3(:,j); q4(:,j)]'*new_dbd_b(:,6)*(h_dbd(6,j)*(1-
h_dbd(6,j))+0.001);
r7(:,j)= [q1(:,j); q2(:,j); q3(:,j); q4(:,j)]'*new_dbd_b(:,7)*(h_dbd(7,j)*(1-
h_dbd(7,j))+0.001);
r8(:,j)= [q1(:,j); q2(:,j); q3(:,j); q4(:,j)]'*new_dbd_b(:,8)*(h_dbd(8,j)*(1-
h_dbd(8,j))+0.001);
r9(:,j)= [q1(:,j); q2(:,j); q3(:,j); q4(:,j)]'*new_dbd_b(:,9)*(h_dbd(9,j)*(1-
h_dbd(9,j))+0.001);
```

```
r10(:,j)= [q1(:,j); q2(:,j); q3(:,j); q4(:,j)]'*new_dbd_b(:,10)*(h_dbd(10,j)*(1-
h_dbd(10,j))+0.001);
r11(:,j)= [q1(:,j); q2(:,j); q3(:,j); q4(:,j)]'*new_dbd_b(:,11)*(h_dbd(11,j)*(1-
h_dbd(11,j))+0.001);
r12(:,j)= [q1(:,j); q2(:,j); q3(:,j); q4(:,j)]'*new_dbd_b(:,12)*(h_dbd(12,j)*(1-
h_dbd(12,j))+0.001);

% Cálculo do erro
      D(:,j)=[d1(:,j) d2(:,j) d3(:,j) d4(:,j)]';
      erro(:,j) = z_dbd(:,j)-D(:,j);

% Soma dos erros quadrados
      sse_dbd = dot(erro(:,j),erro(:,j));

end

% MSE Delta-Bar-Delta
% Nesse caso, usamos MSE = [1/(2*N*K)]*[Soma de e^2]
% onde N = número total de padrões de treinamento
% e    K = número de neurônios na saída
      N = entradas;
      K = 4;
      mse_dbd(i) = sse_dbd/(2*N*K);

% Cálculo do RMSE
rmse_dbd(i)=sqrt(mse_dbd(i));
t(i)=i;

% Os gradientes locais Dji(n) recebem as respectivas somas considerando
% cada padrão de entrada
 new_D_c0 = sum(p,2);
 new_D_c = p*y_dbd';
 new_D_b0 = [sum(q1,2); sum(q2,2); sum(q3,2); sum(q4,2)];
 new_D_b = [q1; q2; q3; q4]*h_dbd';
 new_D_a0 = [sum(r1,2); sum(r2,2); sum(r3,2); sum(r4,2); sum(r5,2);
sum(r6,2);...
              sum(r7,2); sum(r8,2); sum(r9,2); sum(r10,2); sum(r11,2);
sum(r12,2)];
 new_D_a = [r1; r2; r3; r4; r5; r6; r7; r8; r9; r10; r11; r12]*x';

end

% Plota o gráfico do RMSE
disp('Algoritmo Delta-Bar-Delta para classificação de dados');
disp('Total de épocas realizadas');
disp(m);
plot(t,rmse_dbd,'ko','MarkerSize',10);
xlabel('Época');
ylabel('RMSE');

% Gera uma grade de dados para simular a rede sobre estes novos dados
lim = linspace( 0, 2*pi, 100);
interx = 2*cos(lim);       % Intervalo em x que interessa na grade
intery = 2*sin(lim) + 2;   % Intervalo em y que interessa na grade
[malha1,malha2] = meshgrid(interx,intery);
```

```
grade = [malha1(:) malha2(:)]';

% Depois de determinados todos os pesos e bias para todos os padrões de entrada,
realiza a simulação da rede neural com novos dados oriundos de uma grade de
dados
for j = 1:length(grade)
% Primeira Camada
      v1s(:,j) = new_dbd_a0 + new_dbd_a*grade(:,j);
      h_dbds(:,j) = 1./(1+exp(-v1s(:,j)));
% Segunda Camada
      v2s(:,j) = new_dbd_b0 + new_dbd_b*h_dbds(:,j);
      y_dbds(:,j) = 1./(1+exp(-v2s(:,j)));
% Camada de Saída
      v3s(:,j) = new_dbd_c0 + new_dbd_c*y_dbds(:,j);
      z_dbds(:,j) = v3s(:,j);
end

% Plota as regiões de classificação baseado na máxima ativação
figure(2)
m = mesh(malha1,malha2,reshape(z_dbds(1,:),length(lim),length(lim))-5);
set(m,'facecolor',[0 0 0],'linestyle','none');
hold on
m = mesh(malha1,malha2,reshape(z_dbds(2,:),length(lim),length(lim))-5);
set(m,'facecolor',[1 1 1],'linestyle','none');
m = mesh(malha1,malha2,reshape(z_dbds(3,:),length(lim),length(lim))-5);
set(m,'facecolor',[1 1 1],'linestyle','none');
m = mesh(malha1,malha2,reshape(z_dbds(4,:),length(lim),length(lim))-5);
set(m,'facecolor',[0 0 0],'linestyle','none');
axis([-2.5 2.5 0 4])
view(0,90)

% Mostra apenas o símbolo Yin-Yang e a simulação sobre os dados da grade
lim2 = linspace( 0, 2*pi, 500);
xvec2 = 2*cos(lim2);
yvec2 = 2*sin(lim2) + 2;
[xm,ym] = meshgrid(xvec2,yvec2);
mascara = (xm-0).^2 +(ym-2).^2 > 2^2*ones(500,500);
plot(xm(mascara), ym(mascara),'.'); axis equal;
axis([-2.5 2.5 0 4])
view(0,90)
toc % Lê o tempo decorrido do cronômetro
```

Na Figura–18 temos o gráfico resultante da evolução do RMSE conforme as épocas passam. Não necessariamente esse comportamento pode se repetir, uma vez que algumas das variáveis assumem valores iniciais aleatórios. O gráfico de RMSE da Figura–18 foi obtido quando a rotina foi rodada uma única vez. Você pode alterar o número de épocas para um valor maior do que 1000 e isso pode melhorar a performance de classificação.

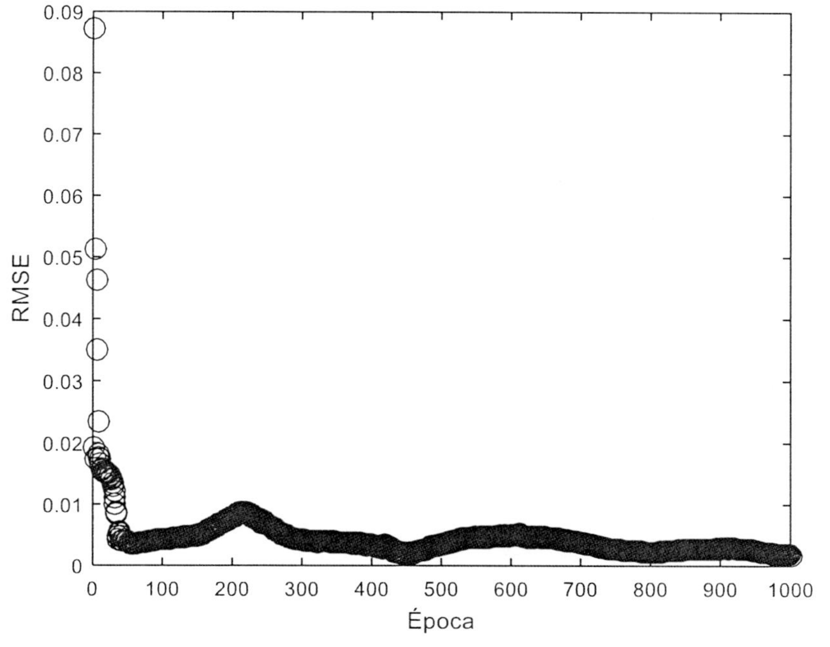

Figura–18 RMSE gerado pela rede MLP(2,12,4,4) treinada com delta-bar-delta.

O tempo total de execução da rotina, considerando 1000 épocas foi de 266,138411 segundos (4,435640 minutos).

O resultado da classificação dos dados de quatro classes distribuídas sobre uma base Yin-Yang, obtido por uma rede neural artificial MLP(2,12,4,4) treinada com taxas de aprendizagem adaptativas a partir do método delta-bar-delta é mostrado na Figura–19.

O padrão de classificação é melhor (ou seja, ajuste às classes conseguido mais rápido) do que o gerado quando usamos o `traingd` e o `trainrp`, mas inferior quando comparado com a velocidade e precisão do `trainlm`.

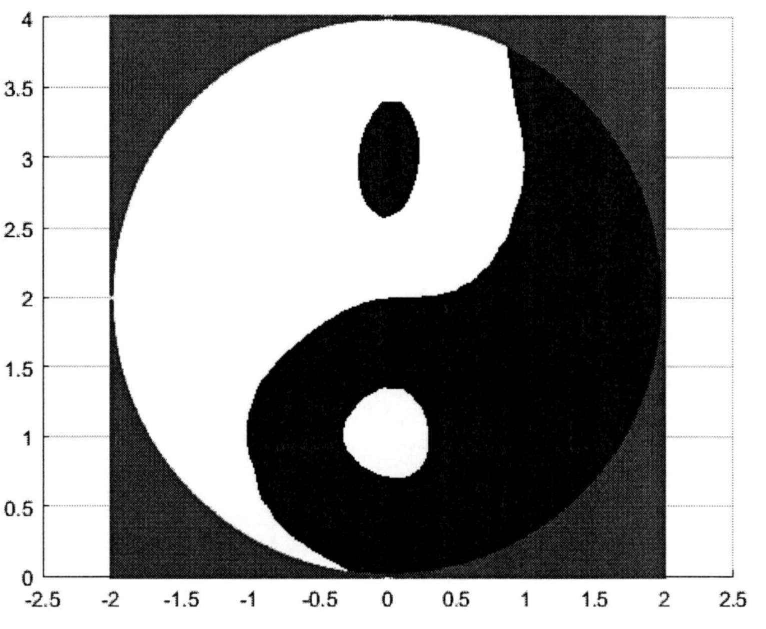

Figura–19 Resultado da classificação Yin-Yang após 1000 épocas usando o método delta-bar-delta.

Variantes do método delta-bar-delta:

- Extended Delta-Bar-Delta (EDBD);
- Incremental Delta-Bar-Delta (IDBD);
- Enhanced version of Delta-Bar-Delta (EVDBD).

8.2 Método de Aprendizagem Delta-Bar-Delta Estendido – EDBD (Extended Delta-Bar-Delta)

O método de aprendizagem denominado Extended Delta-Bar-Delta (Delta-Bar-Delta Estendido – EDBD) foi proposto em 1990 por Ali A. Minai e Ronald D. Williams no trabalho *Back-propagation heuristics: a study of the extended delta-bar-delta algorithm*. Esta técnica aplica uma abordagem heurística para melhorar a taxa de convergência do procedimento de descida mais íngreme.

O EDBD é uma técnica que considera tanto a variação individual da taxa de aprendizagem (η) como do termo, ou taxa, de momento (α) para cada conexão sináptica da rede neural.

No algoritmo de backpropagation tradicional temos que o termo de momento é um fator fixo utilizado para suavizar a aprendizagem, uma vez que pondera a alteração anterior dos pesos da rede. No EDBD à medida que a taxa de aprendizagem e a taxa de momento aumentam, elas são modificadas como funções exponencialmente decrescentes. Assim a taxa de aprendizagem e a taxa de momento para cada peso da rede têm valores separados que controlam o seu aumento e diminuição. Além disso, o sinal do erro atual é usado para indicar se é necessário um aumento ou diminuição desses parâmetros. O ajuste para a diminuição é idêntico àquele apresentado no método delta-bar-delta de Jacobs (1988). As velocidades de aprendizagem e da taxa de momento são controladas por funções exponencialmente decrescentes da magnitude das componentes de gradiente ponderadas. Na aplicação do algoritmo backpropagation convencional pode ocorrer basicamente dois problemas: o primeiro é a lentidão durante o processo de aprendizagem da rede neural, o segundo são os saltos, significa que o valor da função de erro que alcança um mínimo foi ignorado. Assim, no EDBD maiores aumentos serão aplicados em áreas de pequena inclinação ou curvatura do que em áreas de alta curvatura. Para dar um passo adiante e evitar saltos exagerados, além de oscilações nos pesos, limites superiores são atribuídos para as taxas de aprendizagem das conexões e também para as taxas de momento. E, finalmente, uma memória com um recurso de recuperação é incorporado ao algoritmo. Ou seja, após cada apresentação dos dados por época de treinamento, o erro acumulado é avaliado. Se o erro for menor que o erro mínimo anterior, os pesos são salvos na memória como os melhores pesos (best weights). Um parâmetro de tolerância controla a fase de recuperação. Especificamente, se o erro atual exceder o erro mínimo anterior, controlado por um parâmetro de tolerância, todos os valores de pesos das conexões revertem para o melhor conjunto armazenado de pesos na memória. Além disso, as taxas de aprendizagem e momento são diminuídas para iniciar o processo de recuperação.

As equações (25) e (26) mostram como determinar a variação da taxa de aprendizagem e da taxa de momento de acordo com o algoritmo EDBD.

$$\Delta\eta(n) = \begin{cases} \kappa_\eta \exp\left(-\gamma_\eta \left|\bar{D}(n)\right|\right) & se \quad \bar{D}(n-1)D(n) > 0 \\ -\beta_\eta \eta(n) & se \quad \bar{D}(n-1)D(n) < 0 \\ 0 & se \quad caso\ contrário \end{cases} \tag{25}$$

$$\Delta\alpha(n) = \begin{cases} \kappa_\alpha \exp\left(-\gamma_\alpha \left|\bar{D}(n)\right|\right) & se \quad \bar{D}(n-1)D(n) > 0 \\ -\beta_\alpha \alpha(n) & se \quad \bar{D}(n-1)D(n) < 0 \\ 0 & se \quad caso\ contrário \end{cases} \tag{26}$$

Os parâmetros κ_α e β_α têm significado semelhante aos seus correspondentes do método delta-bar-delta.

Os parâmetros γ_η e γ_α, são utilizados para reduzir o efeito dos incrementos de κ quando $\bar{D}$ aumenta em valor absoluto. Não existe nenhuma recomendação comum para os valores destes parâmetros, uma grande parte dos trabalhos que utiliza o EDBD atribui zero para eles.

A principal tarefa de γ_η e γ_α é prevenir grandes saltos e oscilações no espaço de pesos, mas isto também é parcialmente alcançado limitando-se superiormente os fatores de aprendizagem, $\eta(n)$, e as taxas de momento, $\alpha(n)$.

Nesse ponto é importante o leitor voltar para a Figura–4 e verificar o padrão de mudança na taxa de aprendizagem usando o método delta-bar-delta. Veja que essas taxas, no DBD, podem crescer sem limite. Valores de tetos típicos são $\eta_{máx} = 2$ e $\alpha_{máx} = 0{,}9$, mas isso varia bastante de acordo com o trabalho que está sendo realizado e o usuário pode alterar esses valores. Os tetos são colocados individualmente, tanto para a taxa de aprendizagem, quanto para o momento

$$\eta(n) \le \eta_{máx},$$
$$\alpha(n) \le \alpha_{máx}.$$

Os valores iniciais $\eta_{inicial}$ e $\alpha_{inicial}$ também podem ser especificados pelo usuário.

O método EDBD também pode incluir uma função de recuperação (**error recovery** ou **recovery function**), a qual calcula o erro global da época atual durante o treinamento. Se o erro medido durante a época atual é maior que o erro da época anterior, então os pesos da rede revertem ao último conjunto de pesos, os pesos que produziram o menor erro. Dessa forma, a cada instante que o erro global for reduzido, o erro mínimo e os melhores pesos atuais são atualizados. Um parâmetro de tolerância, λ, controla a sensibilidade da função de recuperação. Haverá a recuperação do melhor conjunto de pesos, somente se o erro global da época atual for maior λ vezes o erro mínimo, ou seja

$$Erro(n) > \lambda Erro_{min}.$$

Se λ for grande, a frequência de recuperação será baixa. Sendo que quando a recuperação ocorre, cada peso é substituído pelo melhor peso atual somado a um número aleatório pequeno, de tal forma que o algoritmo não faça o mesmo caminho que o levou a realizar a recuperação. Um valor típico para λ é 1,3 e o tamanho máximo do componente aleatório que é somado aos melhores pesos é denotado por ν, sendo ν uma porcentagem dos pesos no último melhor ponto.

Antes de a aprendizagem ser reiniciada, todas as taxas de aprendizagem e de momento são reduzidas pelos fatores β e para $\bar{D}$ é atribuído zero.

Uma das principais finalidades do método delta-bar-delta estendido é de melhorar o processo de convergência durante a aprendizagem da rede neural, e que este seja realizado sem choques (mudanças abruptas) nas alterações dos pesos.

No EDBD as atualizações de pesos serão realizadas utilizando as equações mostradas a seguir, em conjunto com (25) e (26).

A alteração de peso é dada por

$$\Delta w_{ij}(n) = -\eta_{ij}(n)\frac{\partial E(n)}{\partial w_{ij}} + \alpha_{ij}(n)\Delta w_{ij}(n-1). \quad (27)$$

Para a taxa de aprendizagem, considerando $\eta_{máx}$, temos que

$$\eta_{ij}(n+1) = Min\left[\eta_{máx}, \eta_{ij}(n) + \Delta\eta_{ij}(n)\right]. \quad (28)$$

Para a taxa de momento, considerando $\alpha_{máx}$, temos que

$$\alpha_{ij}(n+1) = Min\left[\alpha_{máx}, \alpha_{ij}(n) + \Delta\alpha_{ij}(n)\right]. \quad (29)$$

No EDBD, cada neurônio tem sua própria taxa de aprendizagem e taxa de momento, utilizando um padrão exponencial para controlar o aumento em cada quantidade, tal que a taxa de aprendizagem crescerá rapidamente em áreas planas e durante declives relativamente grandes, o fator de crescimento diminui.

Os parâmetros são escolhidos com base nas características da rede neural, geralmente por tentativa e erro ou experiência para obter uma melhor combinação de parâmetros. Essa escolha pode levar um tempo considerado longo, sem a certeza de que os parâmetros escolhidos geram o melhor conjunto entre as possíveis opções. Assim, áreas planas têm um aumento da taxa de aprendizagem maior sem risco de acontecer o fenômeno de salto. A taxa de momento muda com o número de vezes em que ocorre a aprendizagem. Os tetos de η e α são definidos para evitar que a taxa de aprendizagem e a taxa de momento aumente de maneira ilimitada. Quando todos os exemplos de treinamento são apresentados, um ciclo de aprendizado é completo. No final de cada ciclo de aprendizagem o algoritmo realiza o cálculo do RMSE (Root Mean Squared Error).

Para implementação do método EDBD são considerados obrigatoriamente os seguintes parâmetros: κ_η, γ_η, β_η, $\eta_{máx}$, κ_α, γ_α, β_α, $\alpha_{máx}$ e ξ. No total, nove parâmetros obrigatórios. Se considerarmos a função de recuperação ainda precisamos estabelecer valores para λ e ν. Além de todos esses parâmetros, ainda temos que $\eta_{inicial}$ e $\alpha_{inicial}$ também podem ser especificados pelo usuário.

O método EDBD é mais um procedimento de treinamento de rede neural que pode ser utilizado e comparado com outros.

O MATLAB não tem uma função específica para o EDBD.

O software NeuralWorks Professional II PLUS da empresa NeuralWare utiliza o EDBD como uma de suas ferramentas de análise.

Uma tradução para o termo EDBD em português é "Delta-Bar-Delta Estendido". Realizando uma pesquisa no Google Scholar com esse termo entre aspas, o resultado é: Sua pesquisa - "Delta Bar Delta Estendido" - não encontrou nenhum artigo correspondente. Procurando no Google o mesmo termo, aparecem dois resultados, sendo que somente um deles efetivamente aplica o EDBD. Essas buscas foram realizadas a primeira vez em 10 de Fevereiro de 2017.

Talvez, essa necessidade de atribuição de valores para tantos parâmetros do EDBD seja uma das fraquezas do método.

Os parâmetros usados no EDBD recebem a seguinte notação

κ_η	fator constante da taxa de aprendizagem
γ_η	fator constante da exponencial da taxa de aprendizagem
β_η	fator constante de decremento da taxa de aprendizagem
$\eta_{máx}$	limite superior da taxa de aprendizagem
κ_α	fator constante da taxa de momento
γ_α	fator constante da exponencial da taxa de momento
β_α	fator constante de decremento da taxa de momento
$\alpha_{máx}$	limite superior da taxa de momento
ξ	fator de ponderação usado para determinar $\bar{D}_{ji}(n)$
λ	parâmetro de tolerância da função de recuperação [opcional]
ν	incremento do componente aleatório [opcional]

Os parâmetros λ e ν são opcionais porque não há a necessidade de incluir uma função de recuperação no algoritmo EDBD.

Para demonstrar uma aplicação do EDBD, vamos considerar a tarefa de aprendizagem para reconhecimento de padrão.

EXEMPLO 8.4 Método Delta-Bar-Delta Estendido e Backpropagation.

Vamos considerar um problema de classificação onde temos quatro classes distintas (C1, C2, C3 e C4), sendo que seus valores estão distribuídos em regiões que formam o símbolo Yin-Yang.

O projeto da rede neural segue as mesmas especificações do Exemplo 8.3. Dessa forma, vamos utilizar as equações do método de taxas de aprendizagem adaptativa em conjunto com as equações do método delta-bar-delta estendido. As equações do EDBD servirão para realizar a atualização, em cada iteração, tanto da taxa de aprendizagem quanto da taxa de momento.

A rotina do MATLAB que implementa o método de taxas de aprendizagem adaptativas aplicando o EDBD é mostrada a seguir. Vale destacar que nessa sequência de comandos não é incluída a função de recuperação.

```
tic     % Inicia cronômetro
%%%%%%%%%%%%%%%%%%%%%%%%%%%%%%%%%%%%%%%%%%%%%%%%%%%%%%%%%%%%%%%%%%%%
%                         CLASSES DE DADOS                        %
```

```
%%%%%%%%%%%%%%%%%%%%%%%%%%%%%%%%%%%%%%%%%%%%%%%%%%%%%%%%%%%%%%%%%%%%%%%%%%%
% Plota as classes
% Classe C1
Classes = 'dados___dbd_1.xlsx';  % Esteja certo de que esse arquivo
                                 %está no Current Folder [Diretório Atual]
sheet = 1;
xlRange = 'B2:G1614';
C = xlsread(Classes,sheet,xlRange);
sz = 5;
x1 = C(1:100,1);
y1 = C(1:100,2);
Classe1 = [x1 y1];

% Classe C2
x2 = C(101:215,1);
y2 = C(101:215,2);
Classe2 = [x2 y2];

% Classe C3
x3 = C(216:973,1);
y3 = C(216:973,2);
Classe3 = [x3 y3];

% Classe C4
x4 = C(974:1613,1);
y4 = C(974:1613,2);
Classe4 = [x4 y4];

% Codificação em termos de +1/-1 das quatro classes Yin-Yang
D_Classe1 = [-1 -1 -1 +1]';
D_Classe2 = [-1 -1 +1 -1]';
D_Classe3 = [-1 +1 -1 -1]';
D_Classe4 = [+1 -1 -1 -1]';

% Define as entradas, combinando os dados de todas as quatro classes
Dados_Classes = [Classe1' Classe2' Classe3' Classe4'];

% Define as saídas desejadas conforme a classe
Saidas_Desejadas = [repmat(D_Classe1,1,length(Classe1))
repmat(D_Classe2,1,length(Classe2)) ...
repmat(D_Classe3,1,length(Classe3))repmat(D_Classe4,1,length(Classe4))];

%%%%%%%%%%%%%%%%%%%%%%%%%%%%%%%%%%%%%%%%%%%%%%%%%%%%%%%%%%%%%%%%%%%%%%%%%%%
%          APLICAÇÃO DO MÉTODO DELTA-BAR-DELTA ESTENDIDO                  %
%%%%%%%%%%%%%%%%%%%%%%%%%%%%%%%%%%%%%%%%%%%%%%%%%%%%%%%%%%%%%%%%%%%%%%%%%%%
x = Dados_Classes;

% Pesos e Bias iniciando com valores randômicos
 old_c0 = -1+(1-(-1)).*rand(4,1);
 old_c = -1+(1-(-1)).*rand(4,4);     % Primeira coluna são todos os
                                       pesos ligados ao primeiro
                                     % neurônio da segunda camada
 old_b0 = -1+(1-(-1)).*rand(4,1);
 old_b = -1+(1-(-1)).*rand(4,12);    % Primeira coluna são todos os
                                       pesos ligados ao primeiro
```

```
                                    % neurônio da primeira camada
 old_a0 = -1+(1-(-1)).*rand(12,1);
 old_a = -1+(1-(-1)).*rand(12,2);   % Primeira coluna são todos os
                                      pesos ligados à primeira entrada

erro = zeros(4,1);
ksi = 0.7;              % 1
alfa = 0.3;             % 2
alfa_max = 0.9;         % 3
beta_n = 0.01;          % 4
beta_m = 0.01;          % 5
kappa_n = 0.0001;       % 6  Necessário atribuir valores para 11 parâmetros
kappa_m = 0.001;        % 7
gamma_n = 0;            % 8
gamma_m = 0;            % 9
eta = 0.01;             % 10
eta_max = 5;            % 11
m = 3000;

% entradas = Tamanho da Classe1 +
%            Tamanho da Classe2 +
%            Tamanho da Classe3 +
%            Tamanho da Classe4 +
%            __________________
%          =          j

entradas = length(Classe1) + length(Classe2) + length(Classe3) +
length(Classe4);

% Valores desejados em termos de +1/-1 conforme a classe
 d1=[repmat(-1,1,length(Classe1)) repmat(-1,1,length(Classe2))...
     repmat(-1,1,length(Classe3)) repmat(+1,1,length(Classe4))];
 d2=[repmat(-1,1,length(Classe1)) repmat(-1,1,length(Classe2))...
     repmat(+1,1,length(Classe3)) repmat(-1,1,length(Classe4))];
 d3=[repmat(-1,1,length(Classe1)) repmat(+1,1,length(Classe2))...
     repmat(-1,1,length(Classe3)) repmat(-1,1,length(Classe4))];
 d4=[repmat(+1,1,length(Classe1)) repmat(-1,1,length(Classe2))...
     repmat(-1,1,length(Classe3)) repmat(-1,1,length(Classe4))];

D=Saidas_Desejadas;

% Gradientes iniciando com valores randômicos
old_D_c0=-1+(1-(-1)).*rand(4,1);
old_D_c=-1+(1-(-1)).*rand(4,4);
old_D_b0=-1+(1-(-1)).*rand(4,1);
old_D_b=-1+(1-(-1)).*rand(4,12);
old_D_a0=-1+(1-(-1)).*rand(12,1);
old_D_a=-1+(1-(-1)).*rand(12,2);

new_D_c0=-1+(1-(-1)).*rand(4,1);
new_D_c=-1+(1-(-1)).*rand(4,4);
new_D_b0=-1+(1-(-1)).*rand(4,1);
new_D_b=-1+(1-(-1)).*rand(4,12);
new_D_a0=-1+(1-(-1)).*rand(12,1);
new_D_a=-1+(1-(-1)).*rand(12,2);
```

```
% Taxas de aprendizagem iniciais de todas as 108 conexões com eta = 0.01
old_eta_c0 = eta*ones(4,1);
old_eta_c = eta*ones(4,4);
old_eta_b0 = eta*ones(4,1);
old_eta_b = eta*ones(4,12);
old_eta_a0 = eta*ones(12,1);
old_eta_a = eta*ones(12,2);

% Taxas de momento iniciais de todas as 108 conexões com alfa = 0.3
old_alfa_c0 = alfa*ones(4,1);
old_alfa_c = alfa*ones(4,4);
old_alfa_b0 = alfa*ones(4,1);
old_alfa_b = alfa*ones(4,12);
old_alfa_a0 = alfa*ones(12,1);
old_alfa_a = alfa*ones(12,2);

% As médias das derivadas iniciam com valores iguais a zero
old_DB_c0 = zeros(4,1);
old_DB_c = zeros(4,4);
old_DB_b0 = zeros(4,1);
old_DB_b = zeros(4,12);
old_DB_a0 = zeros(12,1);
old_DB_a = zeros(12,2);

    rmse_dbd_atual=0;
    rmse_dbd_min=0;

for i = 1:m

% Cálculo de DBji(n)
new_DB_c0=(1-ksi)*old_D_c0 + ksi*old_DB_c0;
new_DB_c=(1-ksi)*old_D_c + ksi*old_DB_c;
new_DB_b0=(1-ksi)*old_D_b0 + ksi*old_DB_b0;
new_DB_b=(1-ksi)*old_D_b + ksi*old_DB_b;
new_DB_a0=(1-ksi)*old_D_a0 + ksi*old_DB_a0;
new_DB_a=(1-ksi)*old_D_a + ksi*old_DB_a;

    old_delta_c0 = -old_eta_c0.*old_D_c0;
    old_delta_c = -old_eta_c.*old_D_c;
    old_delta_b0 = -old_eta_b0.*old_D_b0;
    old_delta_b = -old_eta_b.*old_D_b;
    old_delta_a0 = -old_eta_a0.*old_D_a0;
    old_delta_a = -old_eta_a.*old_D_a;

% Cálculo do produto DBji(n).Dji(n) para verificar se a direção na
% qual o erro tem diminuído é a mesma que a direção dada pelo
% gradiente do erro do lote.
Pos_c0 = new_DB_c0.*new_D_c0>0;
Neg_c0 = new_DB_c0.*new_D_c0<=0;
eta_P_c0 = old_eta_c0.*Pos_c0 + (kappa_n*exp(-gamma_n*abs(new_DB_c0))).*Pos_c0;
eta_N_c0 = old_eta_c0.*(beta_n*Neg_c0);
eta_c0 = eta_P_c0 + eta_N_c0;
new_eta_c0 = min(eta_max,eta_c0);
```

```
alfa_P_c0 = old_alfa_c0.*Pos_c0 + (kappa_m*exp(-
gamma_m*abs(new_DB_c0))).*Pos_c0;
alfa_N_c0 = old_alfa_c0.*(beta_m*Neg_c0);
alfa_c0 = alfa_P_c0 + alfa_N_c0;
new_alfa_c0 = min(alfa_max,alfa_c0);

Pos_c = new_DB_c.*new_D_c>0;
Neg_c = new_DB_c.*new_D_c<=0;
eta_P_c = old_eta_c.*Pos_c + (kappa_n*exp(-gamma_n*abs(new_DB_c))).*Pos_c;
eta_N_c = old_eta_c.*(beta_n*Neg_c);
eta_c = eta_P_c + eta_N_c;
new_eta_c = min(eta_max,eta_c);
alfa_P_c = old_alfa_c.*Pos_c + (kappa_m*exp(-gamma_m*abs(new_DB_c))).*Pos_c;
alfa_N_c = old_alfa_c.*(beta_m*Neg_c);
alfa_c = alfa_P_c + alfa_N_c;
new_alfa_c = min(alfa_max,alfa_c);

Pos_b0 = new_DB_b0.*new_D_b0>0;
Neg_b0 = new_DB_b0.*new_D_b0<=0;
eta_P_b0 = old_eta_b0.*Pos_b0 + (kappa_n*exp(-gamma_n*abs(new_DB_b0))).*Pos_b0;
eta_N_b0 = old_eta_b0.*(beta_n*Neg_b0);
eta_b0 = eta_P_b0 + eta_N_b0;
new_eta_b0 = min(eta_max,eta_b0);
alfa_P_b0 = old_alfa_b0.*Pos_b0 + (kappa_m*exp(-
gamma_m*abs(new_DB_b0))).*Pos_b0;
alfa_N_b0 = old_alfa_b0.*(beta_m*Neg_b0);
alfa_b0 = alfa_P_b0 + alfa_N_b0;
new_alfa_b0 = min(alfa_max,alfa_b0);

Pos_b = new_DB_b.*new_D_b>0;
Neg_b = new_DB_b.*new_D_b<=0;
eta_P_b = old_eta_b.*Pos_b + (kappa_n*exp(-gamma_n*abs(new_DB_b))).*Pos_b;
eta_N_b = old_eta_b.*(beta_n*Neg_b);
eta_b = eta_P_b + eta_N_b;
new_eta_b = min(eta_max,eta_b);
alfa_P_b = old_alfa_b.*Pos_b + (kappa_m*exp(-gamma_m*abs(new_DB_b))).*Pos_b;
alfa_N_b = old_alfa_b.*(beta_m*Neg_b);
alfa_b = alfa_P_b + alfa_N_b;
new_alfa_b = min(alfa_max,alfa_b);

Pos_a0 = new_DB_a0.*new_D_a0>0;
Neg_a0 = new_DB_a0.*new_D_a0<=0;
eta_P_a0 = old_eta_a0.*Pos_a0 + (kappa_n*exp(-gamma_n*abs(new_DB_a0))).*Pos_a0;
eta_N_a0 = old_eta_a0.*(beta_n*Neg_a0);
eta_a0 = eta_P_a0 + eta_N_a0;
new_eta_a0 = min(eta_max,eta_a0);
alfa_P_a0 = old_alfa_a0.*Pos_a0 + (kappa_m*exp(-
gamma_m*abs(new_DB_a0))).*Pos_a0;
alfa_N_a0 = old_alfa_a0.*(beta_m*Neg_a0);
alfa_a0 = alfa_P_a0 + alfa_N_a0;
new_alfa_a0 = min(alfa_max,alfa_a0);

Pos_a = new_DB_a.*new_D_a>0;
Neg_a = new_DB_a.*new_D_a<=0;
eta_P_a = old_eta_a.*Pos_a + (kappa_n*exp(-gamma_n*abs(new_DB_a))).*Pos_a;
eta_N_a = old_eta_a.*(beta_n*Neg_a);
```

```
eta_a = eta_P_a + eta_N_a;
new_eta_a = min(eta_max,eta_a);
alfa_P_a = old_alfa_a.*Pos_a + (kappa_m*exp(-gamma_m*abs(new_DB_a))).*Pos_a;
alfa_N_a = old_alfa_a.*(beta_m*Neg_a);
alfa_a = alfa_P_a + alfa_N_a;
new_alfa_a = min(alfa_max,alfa_a);

% Atualização dos pesos e bias
new_dbd_c0 = old_c0 + new_alfa_c0.*old_delta_c0-(1-
new_alfa_c0).*new_eta_c0.*new_D_c0;
new_dbd_c = old_c + new_alfa_c.*old_delta_c-(1-new_alfa_c).*new_eta_c.*new_D_c;
new_dbd_b0 = old_b0 + new_alfa_b0.*old_delta_b0-(1-
new_alfa_b0).*new_eta_b0.*new_D_b0;
new_dbd_b = old_b + new_alfa_b.*old_delta_b-(1-new_alfa_b).*new_eta_b.*new_D_b;
new_dbd_a0 = old_a0 + new_alfa_a0.*old_delta_a0-(1-
new_alfa_a0).*new_eta_a0.*new_D_a0;
new_dbd_a = old_a + new_alfa_a.*old_delta_a-(1-new_alfa_a).*new_eta_a.*new_D_a;

% Atribuição de valores para a próxima iteração
 old_c0 = new_dbd_c0;
 old_c = new_dbd_c;
 old_b0 = new_dbd_b0;
 old_b = new_dbd_b;
 old_a0 = new_dbd_a0;
 old_a = new_dbd_a;

old_D_c0=new_D_c0;
old_D_c=new_D_c;
old_D_b0=new_D_b0;
old_D_b=new_D_b;
old_D_a0=new_D_a0;
old_D_a=new_D_a;

old_DB_c0 = new_DB_c0;
old_DB_c = new_DB_c;
old_DB_b0 = new_DB_b0;
old_DB_b = new_DB_b;
old_DB_a0 = new_DB_a0;
old_DB_a = new_DB_a;

old_eta_c0 = new_eta_c0;
old_eta_c = new_eta_c;
old_eta_b0 = new_eta_b0;
old_eta_b = new_eta_b;
old_eta_a0 = new_eta_a0;
old_eta_a = new_eta_a;

old_alfa_c0 = new_alfa_c0;
old_alfa_c = new_alfa_c;
old_alfa_b0 = new_alfa_b0;
old_alfa_b = new_alfa_b;
old_alfa_a0 = new_alfa_a0;
old_alfa_a = new_alfa_a;
% Apresentação das 1613 observações à rede neural
for j = 1:entradas
% Primeira Camada
```

```
    v1(:,j) = new_dbd_a0 + new_dbd_a*x(:,j);
    h_dbd(:,j) = 1./(1+exp(-v1(:,j)));
% Segunda Camada
    v2(:,j) = new_dbd_b0 + new_dbd_b*h_dbd(:,j);
    y_dbd(:,j) = 1./(1+exp(-v2(:,j)));
% Camada de Saída
    v3(:,j) = new_dbd_c0 + new_dbd_c*y_dbd(:,j);
    z_dbd(:,j) = v3(:,j);
% Derivada do erro com relação aos bias e pesos dos neurônios de saída
% p = gradiente local na camada de saída
p(:,j) = z_dbd(:,j)-D(:,j);

% Derivada do erro com relação aos bias da segunda camada oculta
% q = gradiente local da segunda camada oculta
q1(:,j)= p(:,j)'*new_dbd_c(:,1)*(y_dbd(1,j)*(1-y_dbd(1,j)));
q2(:,j)= p(:,j)'*new_dbd_c(:,2)*(y_dbd(2,j)*(1-y_dbd(2,j)));
q3(:,j)= p(:,j)'*new_dbd_c(:,3)*(y_dbd(3,j)*(1-y_dbd(3,j)));
q4(:,j)= p(:,j)'*new_dbd_c(:,4)*(y_dbd(4,j)*(1-y_dbd(4,j)));

% Derivada do erro com relação aos bias da primeira camada oculta
% r = gradiente local da primeira camada oculta
r1(:,j)= [q1(:,j); q2(:,j); q3(:,j); q4(:,j)]'*new_dbd_b(:,1)*(h_dbd(1,j)*(1-
h_dbd(1,j)));
r2(:,j)= [q1(:,j); q2(:,j); q3(:,j); q4(:,j)]'*new_dbd_b(:,2)*(h_dbd(2,j)*(1-
h_dbd(2,j)));
r3(:,j)= [q1(:,j); q2(:,j); q3(:,j); q4(:,j)]'*new_dbd_b(:,3)*(h_dbd(3,j)*(1-
h_dbd(3,j)));
r4(:,j)= [q1(:,j); q2(:,j); q3(:,j); q4(:,j)]'*new_dbd_b(:,4)*(h_dbd(4,j)*(1-
h_dbd(4,j)));
r5(:,j)= [q1(:,j); q2(:,j); q3(:,j); q4(:,j)]'*new_dbd_b(:,5)*(h_dbd(5,j)*(1-
h_dbd(5,j)));
r6(:,j)= [q1(:,j); q2(:,j); q3(:,j); q4(:,j)]'*new_dbd_b(:,6)*(h_dbd(6,j)*(1-
h_dbd(6,j)));
r7(:,j)= [q1(:,j); q2(:,j); q3(:,j); q4(:,j)]'*new_dbd_b(:,7)*(h_dbd(7,j)*(1-
h_dbd(7,j)));
r8(:,j)= [q1(:,j); q2(:,j); q3(:,j); q4(:,j)]'*new_dbd_b(:,8)*(h_dbd(8,j)*(1-
h_dbd(8,j)));
r9(:,j)= [q1(:,j); q2(:,j); q3(:,j); q4(:,j)]'*new_dbd_b(:,9)*(h_dbd(9,j)*(1-
h_dbd(9,j)));
r10(:,j)= [q1(:,j); q2(:,j); q3(:,j); q4(:,j)]'*new_dbd_b(:,10)*(h_dbd(10,j)*(1-
h_dbd(10,j)));
r11(:,j)= [q1(:,j); q2(:,j); q3(:,j); q4(:,j)]'*new_dbd_b(:,11)*(h_dbd(11,j)*(1-
h_dbd(11,j)));
r12(:,j)= [q1(:,j); q2(:,j); q3(:,j); q4(:,j)]'*new_dbd_b(:,12)*(h_dbd(12,j)*(1-
h_dbd(12,j)));

% Cálculo do erro
    D(:,j)=[d1(:,j) d2(:,j) d3(:,j) d4(:,j)]';
    erro(:,j) = z_dbd(:,j)-D(:,j);

% Soma dos erros quadrados
    sse_dbd = dot(erro(:,j),erro(:,j));

end

% MSE Delta-Bar-Delta
```

```
% Nesse caso, usamos MSE = [1/(2*N*K)]*[Soma de e^2]
% onde N = número total de padrões de treinamento
% e     K = número de neurônios na saída
      N = entradas;
      K = 4;
      mse_dbd(i) = sse_dbd/(2*N*K);

% Cálculo do RMSE
rmse_dbd(i)=sqrt(mse_dbd(i));
rmse_dbd_atual=rmse_dbd(i);
rmse_dbd_min = min(rmse_dbd);
t(i)=i

% Os gradientes locais Dji(n) recebem as respectivas somas considerando
% cada padrão de entrada
 new_D_c0 = sum(p,2);
 new_D_c = p*y_dbd';
 new_D_b0 = [sum(q1,2); sum(q2,2); sum(q3,2); sum(q4,2)];
 new_D_b = [q1; q2; q3; q4]*h_dbd';
 new_D_a0 = [sum(r1,2); sum(r2,2); sum(r3,2); sum(r4,2); sum(r5,2);
sum(r6,2);...
             sum(r7,2); sum(r8,2); sum(r9,2); sum(r10,2); sum(r11,2);
sum(r12,2)];
 new_D_a = [r1; r2; r3; r4; r5; r6; r7; r8; r9; r10; r11; r12]*x';

end

% Plota o gráfico do RMSE
disp('Algoritmo Delta-Bar-Delta para classificação de dados');
disp('Total de épocas realizadas');
disp(m);
plot(t,rmse_dbd,'ko','MarkerSize',10);
xlabel('Época');
ylabel('RMSE');

% Gera uma grade de dados para simular a rede sobre estes novos dados
lim = linspace( 0, 2*pi, 100);
interx = 2*cos(lim);        % Intervalo em x que interessa na grade
intery = 2*sin(lim) + 2;   % Intervalo em y que interessa na grade
[malha1,malha2] = meshgrid(interx,intery);
grade = [malha1(:) malha2(:)]';

% Depois de determinados todos os pesos e bias para todos os padrões de entrada,
realiza a simulação da rede neural com novos dados oriundos de uma grade de
dados
for j = 1:length(grade)
% Primeira Camada
      v1s(:,j) = new_dbd_a0 + new_dbd_a*grade(:,j);
      h_dbds(:,j) = 1./(1+exp(-v1s(:,j)));
% Segunda Camada
      v2s(:,j) = new_dbd_b0 + new_dbd_b*h_dbds(:,j);
      y_dbds(:,j) = 1./(1+exp(-v2s(:,j)));
% Camada de Saída
      v3s(:,j) = new_dbd_c0 + new_dbd_c*y_dbds(:,j);
      z_dbds(:,j) = v3s(:,j);
end
```

```
% Plota as regiões de classificação baseado na máxima ativação
figure(2)
m1 = mesh(malha1,malha2,reshape(z_dbds(1,:),length(lim),length(lim))-5);
set(m1,'facecolor',[0 0 0],'linestyle','none');
hold on
m2 = mesh(malha1,malha2,reshape(z_dbds(2,:),length(lim),length(lim))-5);
set(m2,'facecolor',[1 1 1],'linestyle','none');
m3 = mesh(malha1,malha2,reshape(z_dbds(3,:),length(lim),length(lim))-5);
set(m3,'facecolor',[1 1 1],'linestyle','none');
m4 = mesh(malha1,malha2,reshape(z_dbds(4,:),length(lim),length(lim))-5);
set(m4,'facecolor',[0 0 0],'linestyle','none');
axis([-2.5 2.5 0 4])
view(0,90)

% Mostra apenas o símbolo Yin-Yang e a simulação sobre os dados da grade
lim2 = linspace( 0, 2*pi, 500);
xvec2 = 2*cos(lim2);
yvec2 = 2*sin(lim2) + 2;
[xm,ym] = meshgrid(xvec2,yvec2);
mascara = (xm-0).^2 +(ym-2).^2 > 2^2*ones(500,500);
plot(xm(mascara), ym(mascara),'.'); axis equal;
axis([-2.5 2.5 0 4])
view(0,90)
toc % Lê o tempo decorrido do cronômetro
```

Na Figura–20 temos o gráfico resultante da evolução do RMSE conforme as épocas passam. Não necessariamente esse comportamento pode se repetir, uma vez que algumas das variáveis assumem valores iniciais aleatórios.

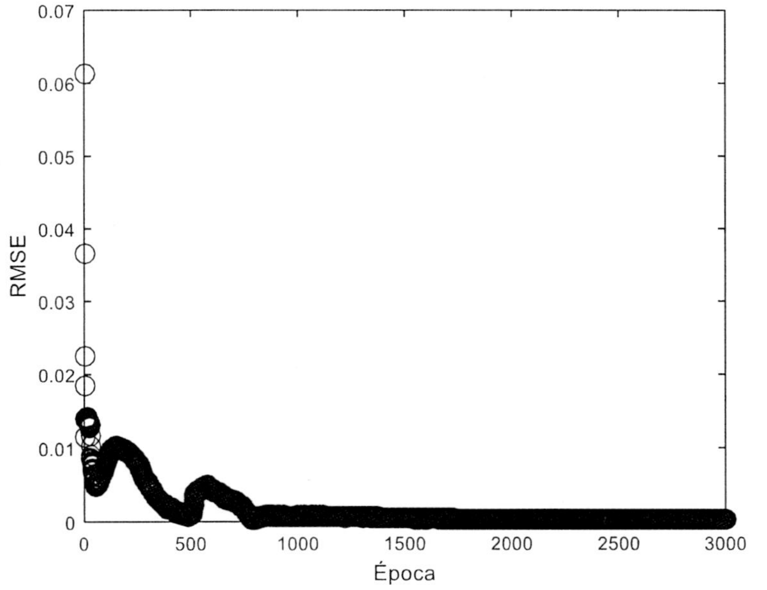

Figura–20 RMSE gerado pela rede MLP(2,12,4,4) treinada com delta-bar-delta estendido.

O tempo total de execução da rotina, considerando 3000 épocas foi de 870,788821 segundos (14,513147 minutos).

O resultado da classificação dos dados de quatro classes distribuídas sobre uma base Yin-Yang, obtido por uma rede neural artificial MLP (2,12,4,4) treinada com taxas de aprendizagem adaptativas a partir do método delta-bar-delta estendido é mostrado na Figura–21.

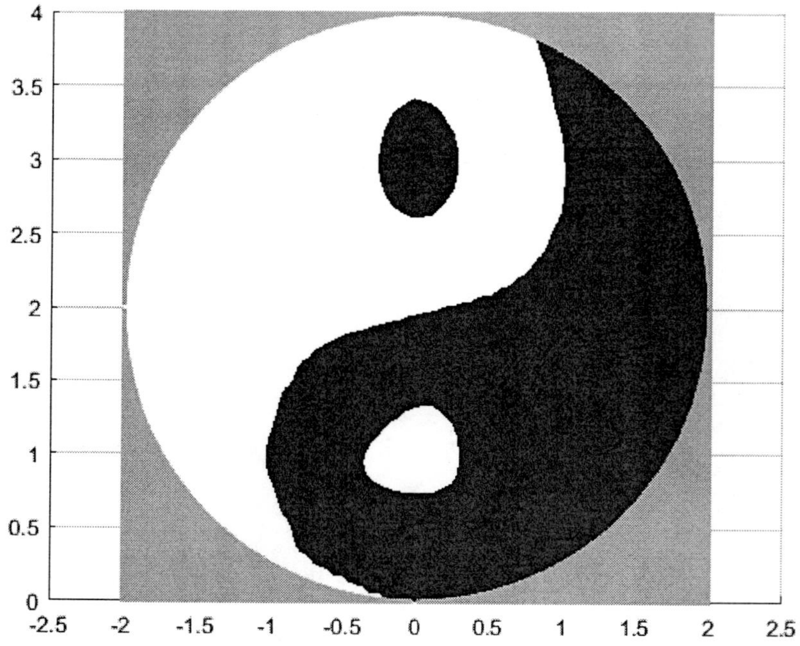

Figura–21 Resultado da classificação Yin-Yang após 3000 épocas usando o método delta-bar-delta estendido.

No método delta-bar-delta estendido tanto as taxas de aprendizagem, como as taxas de momento são alteradas a cada época. A seguir são apresentados os resultados finais, após 3000 épocas de cada uma dessas taxas para cada uma das 108 conexões da rede MLP(2,12,4,4).

Bias da Camada de Saída	
Taxa de Aprendizagem	Taxa de Momento
new_eta_c0 =	new_alfa_c0 =
1.0e-03 *	0.0010
0.1000	0.0000
0.0010	0.0010
0.1000	0.0000
0.0010	

Conexões entre a Segunda Camada Oculta e a Camada de Saída							
Taxa de Aprendizagem				Taxa de Momento			
new_eta_c =				new_alfa_c =			
0.0000	0.0002	0.0000	0.2486	0.0000	0.0020	0.0000	0.9000
0.0000	0.0000	0.0000	0.0607	0.0000	0.0000	0.0000	0.6070
0.0000	0.0000	0.0000	0.0396	0.0000	0.0000	0.0000	0.3962
0.0000	0.0000	0.0000	0.0128	0.0000	0.0000	0.0000	0.1281

Nas próximas tabelas verificamos os valores de η e α para as conexões da camada de entrada até a segunda camada oculta.

Bias da Segunda Camada Oculta	
Taxa de Aprendizagem	**Taxa de Momento**
new_eta_b0 =	new_alfa_b0 =
0.0000	0.0000
0.0000	0.0000
0.0000	0.0000
0.0666	0.6660

Conexões entre a Primeira Camada Oculta e a Segunda Camada Oculta											
Taxa de Aprendizagem											
new_eta_b =											
0.0711	0.0000	0.0005	0.0062	0.0221	0.0000	0.0000	0.0142	0.0000	0.0000	0.1920	0.0221
0.2183	0.0000	0.0036	0.0210	0.0000	0.0002	0.0037	0.0000	0.0000	0.0153	0.0013	0.0000
0.2142	0.0000	0.0000	0.0000	0.0000	0.0000	0.0000	0.0000	0.0000	0.0000	0.0000	0.0001
0.2126	0.0661	0.0666	0.0143	0.0666	0.0219	0.0670	0.0011	0.0544	0.0716	0.0666	0.2166
Taxa de Momento											
new_alfa_b =											
0.7110	0.0000	0.0047	0.0620	0.2210	0.0000	0.0000	0.1420	0.0000	0.0000	0.9000	0.2210
0.9000	0.0000	0.0363	0.2100	0.0000	0.0020	0.0370	0.0000	0.0000	0.1526	0.0126	0.0000
0.9000	0.0000	0.0000	0.0000	0.0000	0.0000	0.0000	0.0000	0.0000	0.0000	0.0000	0.0010
0.9000	0.6610	0.6660	0.1430	0.6660	0.2190	0.6701	0.0110	0.5440	0.7160	0.6660	0.9000

Bias da Primeira Camada Oculta	
Taxa de Aprendizagem	**Taxa de Momento**
new_eta_a0 =	new_alfa_a0 =
0.0000	0.0000
0.0000	0.0000
0.0013	0.0130
0.0000	0.0000
0.0000	0.0000
0.0003	0.0030
0.0000	0.0000
0.0000	0.0000
0.0000	0.0000
0.0000	0.0000
0.0001	0.0010
0.0001	0.0010

Conexões entre a Camada de Entrada e a Primeira Camada Oculta			
Taxa de Aprendizagem		**Taxa de Momento**	
new_eta_a =		new_alfa_a =	
0.0037	0.0037	0.0370	0.0370
0.0000	0.0000	0.0000	0.0000
0.0233	0.0013	0.2331	0.0131
0.0000	0.0000	0.0000	0.0000
0.0003	0.0000	0.0030	0.0000
0.0001	0.0001	0.0010	0.0010
0.0000	0.0000	0.0000	0.0000

0.0000	0.0000	0.0000	0.0000
0.0001	0.0000	0.0010	0.0000
0.0000	0.0000	0.0000	0.0000
0.0001	0.0000	0.0010	0.0000
0.0001	0.0000	0.0010	0.0000

Com relação aos parâmetros obrigatórios para aplicar o EDBD foram utilizados os seguintes valores

κ_η	0,0001
γ_η	0
β_η	0.01
$\eta_{máx}$	5
κ_α	0.001
γ_α	0
β_α	0.01
$\alpha_{máx}$	0.9
ξ	0,7

Verificando pesquisas e aplicações de redes neurais, podemos notar que o algoritmo EDBD é usado em diversas áreas, porém parece que é menos aplicado do que deveria, dada a sua proposta inovadora (desde 1990) em atualizar para cada conexão tanto a taxa de aprendizagem quanto de momento. Ao que parece o EDBD é mais bem sucedido em problemas de domínio contínuo. S. Sumathi e Surekha P. (2010), destacam que uma vez que a variabilidade da taxa de aprendizagem e do momento confere a capacidade de escapar aos mínimos locais, pode valer a pena investigar algum tipo de procedimento de recozimento, pelo que a variabilidade da taxa de aprendizagem e/ou o momento diminui com o tempo ou diminuindo o erro. Isso deve tornar a pesquisa ainda mais robusta e eficaz em termos de qualidade da solução.

APÊNDICE

APÊNDICE 1

Sequência de comandos do MATLAB para o Exercício 3.5.
Aqui são considerados os cálculos para cada neurônio individualmente.

```
%Vetor de entrada
x=[0 0 0 0 0 0 0 0 0 0;0 0 0 0 0 0 0 0 1 0;0 0 0 0 0 0 0 1 0 0;0 0 0 0 0 0 1 0 0
0;...
    0 0 0 0 0 1 0 0 0 0;0 0 0 0 1 0 0 0 0 0;0 0 0 1 0 0 0 0 0 0;...
    0 0 1 0 0 0 0 0 0 0;0 1 0 0 0 0 0 0 0 0;1 0 0 0 0 0 0 0 0 0];

%Saídas desejadas
d = [0 0 0 0 0 1 1 0 0 0;...
     0 1 0 0 1 0 0 0 0 0;...
     0 1 1 1 0 0 0 1 0 0;...
     1 1 0 0 0 0 0 1 0 0;...
     0 1 0 1 1 1 0 1 0 1;...
     0 1 0 0 1 0 0 1 0 0;...
     0 0 1 0 0 0 0 0 0 0];
entradas=10;
eta=1;                  %taxa de aprendizagem

w1=zeros(10,1);          %pesos associados ao Neurônio 1
w2=zeros(10,1);
w3=zeros(10,1);
w4=zeros(10,1);
w5=zeros(10,1);
w6=zeros(10,1);
w7=zeros(10,1);
w8=zeros(10,1);
w9=zeros(10,1);
w10=zeros(10,1);
b1=zeros(1,1);          %bias associado ao Neurônio 1
b2=zeros(1,1);
b3=zeros(1,1);
b4=zeros(1,1);
b5=zeros(1,1);
b6=zeros(1,1);
b7=zeros(1,1);
xzero=1;
n=8;

for k=1:n

    for j=1:entradas
y1=zeros(10,1);
y2=zeros(10,1);
y3=zeros(10,1);
y4=zeros(10,1);
y5=zeros(10,1);
y6=zeros(10,1);
y7=zeros(10,1);
%Atualização de pesos Neurônio 1
```

```
v1=xzero*b1(1,1)+x(j,1)*w1(1,1)+x(j,2)*w1(2,1)+x(j,3)*w1(3,1)+x(j,4)*w1(4,1)+...

x(j,5)*w1(5,1)+x(j,6)*w1(6,1)+x(j,7)*w1(7,1)+x(j,8)*w1(8,1)+x(j,9)*w1(9,1)+...
    x(j,10)*w1(10,1);
        if v1<0
            y1(j)=0;
        else
            y1(j)=1;
        end
        erro1(j)=d(1,j)-y1(j);
        b1(1,1)=b1(1,1)+eta*xzero*erro1(j);
        w1(1,1)=w1(1,1)+eta*x(j,1)*erro1(j);
        w1(2,1)=w1(2,1)+eta*x(j,2)*erro1(j);
        w1(3,1)=w1(3,1)+eta*x(j,3)*erro1(j);
        w1(4,1)=w1(4,1)+eta*x(j,4)*erro1(j);
        w1(5,1)=w1(5,1)+eta*x(j,5)*erro1(j);
        w1(6,1)=w1(6,1)+eta*x(j,6)*erro1(j);
        w1(7,1)=w1(7,1)+eta*x(j,7)*erro1(j);
        w1(8,1)=w1(8,1)+eta*x(j,8)*erro1(j);
        w1(9,1)=w1(9,1)+eta*x(j,9)*erro1(j);
        w1(10,1)=w1(10,1)+eta*x(j,10)*erro1(j);

    %Atualização de pesos Neurônio 2
v2=xzero*b2(1,1)+x(j,1)*w2(1,1)+x(j,2)*w2(2,1)+x(j,3)*w2(3,1)+x(j,4)*w2(4,1)+...

x(j,5)*w2(5,1)+x(j,6)*w2(6,1)+x(j,7)*w2(7,1)+x(j,8)*w2(8,1)+x(j,9)*w2(9,1)+...
    x(j,10)*w2(10,1);
        if v2<0
            y2(j)=0;
        else
            y2(j)=1;
        end
        erro2(j)=d(2,j)-y2(j);
        b2(1,1)=b2(1,1)+eta*xzero*erro2(j);
        w2(1,1)=w2(1,1)+eta*x(j,1)*erro2(j);
        w2(2,1)=w2(2,1)+eta*x(j,2)*erro2(j);
        w2(3,1)=w2(3,1)+eta*x(j,3)*erro2(j);
        w2(4,1)=w2(4,1)+eta*x(j,4)*erro2(j);
        w2(5,1)=w2(5,1)+eta*x(j,5)*erro2(j);
        w2(6,1)=w2(6,1)+eta*x(j,6)*erro2(j);
        w2(7,1)=w2(7,1)+eta*x(j,7)*erro2(j);
        w2(8,1)=w2(8,1)+eta*x(j,8)*erro2(j);
        w2(9,1)=w2(9,1)+eta*x(j,9)*erro2(j);
        w2(10,1)=w2(10,1)+eta*x(j,10)*erro2(j);

        %Atualização de pesos Neurônio 3
v3=xzero*b3(1,1)+x(j,1)*w3(1,1)+x(j,2)*w3(2,1)+x(j,3)*w3(3,1)+x(j,4)*w3(4,1)+...

x(j,5)*w3(5,1)+x(j,6)*w3(6,1)+x(j,7)*w3(7,1)+x(j,8)*w3(8,1)+x(j,9)*w3(9,1)+...
    x(j,10)*w3(10,1);
        if v3<0
            y3(j)=0;
        else
            y3(j)=1;
        end
        erro3(j)=d(3,j)-y3(j);
        b3(1,1)=b3(1,1)+eta*xzero*erro3(j);
```

```
        w3(1,1)=w3(1,1)+eta*x(j,1)*erro3(j);
        w3(2,1)=w3(2,1)+eta*x(j,2)*erro3(j);
        w3(3,1)=w3(3,1)+eta*x(j,3)*erro3(j);
        w3(4,1)=w3(4,1)+eta*x(j,4)*erro3(j);
        w3(5,1)=w3(5,1)+eta*x(j,5)*erro3(j);
        w3(6,1)=w3(6,1)+eta*x(j,6)*erro3(j);
        w3(7,1)=w3(7,1)+eta*x(j,7)*erro3(j);
        w3(8,1)=w3(8,1)+eta*x(j,8)*erro3(j);
        w3(9,1)=w3(9,1)+eta*x(j,9)*erro3(j);
        w3(10,1)=w3(10,1)+eta*x(j,10)*erro3(j);

        %Atualização de pesos Neurônio 4
v4=xzero*b4(1,1)+x(j,1)*w4(1,1)+x(j,2)*w4(2,1)+x(j,3)*w4(3,1)+x(j,4)*w4(4,1)+...

x(j,5)*w4(5,1)+x(j,6)*w4(6,1)+x(j,7)*w4(7,1)+x(j,8)*w4(8,1)+x(j,9)*w4(9,1)+...
    x(j,10)*w4(10,1);
        if v4<0
            y4(j)=0;
        else
            y4(j)=1;
        end
        erro4(j)=d(4,j)-y4(j);
        b4(1,1)=b4(1,1)+eta*xzero*erro4(j);
        w4(1,1)=w4(1,1)+eta*x(j,1)*erro4(j);
        w4(2,1)=w4(2,1)+eta*x(j,2)*erro4(j);
        w4(3,1)=w4(3,1)+eta*x(j,3)*erro4(j);
        w4(4,1)=w4(4,1)+eta*x(j,4)*erro4(j);
        w4(5,1)=w4(5,1)+eta*x(j,5)*erro4(j);
        w4(6,1)=w4(6,1)+eta*x(j,6)*erro4(j);
        w4(7,1)=w4(7,1)+eta*x(j,7)*erro4(j);
        w4(8,1)=w4(8,1)+eta*x(j,8)*erro4(j);
        w4(9,1)=w4(9,1)+eta*x(j,9)*erro4(j);
        w4(10,1)=w4(10,1)+eta*x(j,10)*erro4(j);

        %Atualização de pesos Neurônio 5
v5=xzero*b5(1,1)+x(j,1)*w5(1,1)+x(j,2)*w5(2,1)+x(j,3)*w5(3,1)+x(j,4)*w5(4,1)+...

x(j,5)*w5(5,1)+x(j,6)*w5(6,1)+x(j,7)*w5(7,1)+x(j,8)*w5(8,1)+x(j,9)*w5(9,1)+...
    x(j,10)*w5(10,1);
        if v5<0
            y5(j)=0;
        else
            y5(j)=1;
        end
        erro5(j)=d(5,j)-y5(j);
        b5(1,1)=b5(1,1)+eta*xzero*erro5(j);
        w5(1,1)=w5(1,1)+eta*x(j,1)*erro5(j);
        w5(2,1)=w5(2,1)+eta*x(j,2)*erro5(j);
        w5(3,1)=w5(3,1)+eta*x(j,3)*erro5(j);
        w5(4,1)=w5(4,1)+eta*x(j,4)*erro5(j);
        w5(5,1)=w5(5,1)+eta*x(j,5)*erro5(j);
        w5(6,1)=w5(6,1)+eta*x(j,6)*erro5(j);
        w5(7,1)=w5(7,1)+eta*x(j,7)*erro5(j);
        w5(8,1)=w5(8,1)+eta*x(j,8)*erro5(j);
        w5(9,1)=w5(9,1)+eta*x(j,9)*erro5(j);
        w5(10,1)=w5(10,1)+eta*x(j,10)*erro5(j);
```

```
        %Atualização de pesos Neurônio 6
v6=xzero*b6(1,1)+x(j,1)*w6(1,1)+x(j,2)*w6(2,1)+x(j,3)*w6(3,1)+x(j,4)*w6(4,1)+...

x(j,5)*w6(5,1)+x(j,6)*w6(6,1)+x(j,7)*w6(7,1)+x(j,8)*w6(8,1)+x(j,9)*w6(9,1)+...
    x(j,10)*w6(10,1);
        if v6<0
            y6(j)=0;
        else
            y6(j)=1;
        end
        erro6(j)=d(6,j)-y6(j);
        b6(1,1)=b6(1,1)+eta*xzero*erro6(j);
        w6(1,1)=w6(1,1)+eta*x(j,1)*erro6(j);
        w6(2,1)=w6(2,1)+eta*x(j,2)*erro6(j);
        w6(3,1)=w6(3,1)+eta*x(j,3)*erro6(j);
        w6(4,1)=w6(4,1)+eta*x(j,4)*erro6(j);
        w6(5,1)=w6(5,1)+eta*x(j,5)*erro6(j);
        w6(6,1)=w6(6,1)+eta*x(j,6)*erro6(j);
        w6(7,1)=w6(7,1)+eta*x(j,7)*erro6(j);
        w6(8,1)=w6(8,1)+eta*x(j,8)*erro6(j);
        w6(9,1)=w6(9,1)+eta*x(j,9)*erro6(j);
        w6(10,1)=w6(10,1)+eta*x(j,10)*erro6(j);

        %Atualização de pesos Neurônio 7
v7=xzero*b7(1,1)+x(j,1)*w7(1,1)+x(j,2)*w7(2,1)+x(j,3)*w7(3,1)+x(j,4)*w7(4,1)+...

x(j,5)*w7(5,1)+x(j,6)*w7(6,1)+x(j,7)*w7(7,1)+x(j,8)*w7(8,1)+x(j,9)*w7(9,1)+...
    x(j,10)*w7(10,1);
        if v7<0
            y7(j)=0;
        else
            y7(j)=1;
        end
        erro7(j)=d(7,j)-y7(j);
        b7(1,1)=b7(1,1)+eta*xzero*erro7(j);
        w7(1,1)=w7(1,1)+eta*x(j,1)*erro7(j);
        w7(2,1)=w7(2,1)+eta*x(j,2)*erro7(j);
        w7(3,1)=w7(3,1)+eta*x(j,3)*erro7(j);
        w7(4,1)=w7(4,1)+eta*x(j,4)*erro7(j);
        w7(5,1)=w7(5,1)+eta*x(j,5)*erro7(j);
        w7(6,1)=w7(6,1)+eta*x(j,6)*erro7(j);
        w7(7,1)=w7(7,1)+eta*x(j,7)*erro7(j);
        w7(8,1)=w7(8,1)+eta*x(j,8)*erro7(j);
        w7(9,1)=w7(9,1)+eta*x(j,9)*erro7(j);
        w7(10,1)=w7(10,1)+eta*x(j,10)*erro7(j);


    end
end
W=[w1,w2,w3,w4,w5,w6,w7];
B=[b1,b2,b3,b4,b5,b6,b7];
```

APÊNDICE 2 – Exercício–3.6

d =

```
    0.0109    0.0193    1.0000
    0.0106    0.0182    1.0000
    0.0105    0.0029    1.0000
    0.0080    0.0037    1.0000
    0.0078    0.0097    1.0000
    0.0075    0.0044    1.0000
    0.0064    0.0016    1.0000
    0.0063    0.0022    1.0000
    0.0062    0.0067    1.0000
    0.0062    0.0017    1.0000
    0.0050    0.0022    1.0000
    0.0047    0.0148    1.0000
    0.0043    0.0095    1.0000
    0.0035    0.0248    1.0000
    0.0034    0.0115    1.0000
    0.0031    0.0057    1.0000
    0.0031    0.0131    1.0000
    0.0028    0.0141    1.0000
    0.0023    0.0069    1.0000
    0.0022    0.0141    1.0000
    0.0012    0.0005         0
    0.0011    0.0003         0
    0.0009    0.0003         0
    0.0008    0.0001         0
    0.0007    0.0002         0
    0.0007    0.0003         0
    0.0006    0.0002         0
    0.0005    0.0005         0
    0.0004    0.0005         0
    0.0004    0.0001         0
    0.0004    0.0006         0
    0.0003    0.0003         0
    0.0003    0.0006         0
    0.0003    0.0007         0
    0.0003    0.0001         0
    0.0002    0.0003         0
    0.0002    0.0004         0
    0.0002    0.0004         0
    0.0002    0.0004         0
    0.0002    0.0002         0

ans =
  163.9946   90.9477

ans =
    -1
```

```
dvalida =
    0.0146    0.0795    1.0000
    0.0223    0.0755    1.0000
    0.0303    0.0621    1.0000
    0.0319    0.0460    1.0000
    0.0107    0.0304    1.0000
    0.0200    0.0233    1.0000
    0.0428    0.0213    1.0000
    0.0107    0.0166    1.0000
    0.0104    0.0162    1.0000
    0.0015    0.0120    1.0000
    0.0002    0.0002         0
    0.0003    0.0001         0
    0.0003    0.0001         0
    0.0003    0.0001         0
    0.0001    0.0001         0
    0.0001    0.0000         0
    0.0001    0.0000         0
    0.0003    0.0000         0
    0.0002    0.0000         0
    0.0003    0.0000         0


predvalida =
    1   1   1   1   1   1   1   1   1   1   0   0   0   0   0   0   0   0   0   0


dteste =
    0.0057    0.0031    1.0000
    0.0056    0.0021    1.0000
    0.0026    0.0040    1.0000
    0.0015    0.0120    1.0000
    0.0014    0.0049    1.0000
    0.0020    0.0068    1.0000
    0.0048    0.0020    1.0000
    0.0031    0.0126    1.0000
    0.0017    0.0105    1.0000
    0.0010    0.0128    1.0000
    0.0001    0.0008         0
    0.0001    0.0003         0
    0.0015    0.0000         0
    0.0016    0.0000         0
    0.0012    0.0009         0
    0.0012    0.0011         0
    0.0011    0.0002         0
    0.0022    0.0015         0
    0.0010    0.0031         0
```

```
   0.0025   0.0014      0

classeteste =
   1
   1
   1
   1
   1
   1
   1
   1
   1
   1
   0
   0
   0
   0
   0
   0
   0
   0
   0
   0

predteste =
   1  1  0  1  0  0  0  1  1  1  0  0  0  0  0  0  0  0  0  0

sensib =
   0.6000

especif =
   1

mcc =
   0.6547
```

VP=6,FN=4 ,VN= 10 ,VP=6
Sensibilidade =0.6, Especificidade = 1
Coeficiente de Correlação de Matthews =0.65465

APÊNDICE 3

Nesse apêndice são apresentados os cálculos da segunda época do Exercício 4.4

Primeira entrada, $x_1 = 1$ e $x_2 = 1$, saída desejada $d_3 = 0$.

Cálculo da saída do Neurônio 1

$$v_1 = 1.b_1 + x_1.w_{11} + x_2.w_{12},$$

$$v_1 = 1.(-0{,}00003938) + x_1.(-0{,}00002957) + x_2.(0{,}00000018),$$

$$v_1 = -0{,}00006877,$$

$$y_1 = \varphi(v_1) = \frac{1}{1+\exp(-v_1)},$$

$$y_1 = \varphi(v_1) = \frac{1}{1+\exp(0{,}00006877)},$$

$$y_1 = 0{,}499983.$$

Cálculo da saída do Neurônio 2

$$v_2 = 1.b_2 + x_1.w_{21} + x_2.w_{22},$$

$$v_2 = 1.(-0{,}00003938) + x_1.(-0{,}00002957) + x_2.(0{,}00000018),$$

$$v_2 = -0{,}00006877,$$

$$y_2 = \varphi(v_2) = \frac{1}{1+\exp(-v_2)},$$

$$y_2 = \varphi(v_2) = \frac{1}{1+\exp(0{,}00006877)},$$

$$y_2 = 0{,}499983.$$

Cálculo da saída do Neurônio 3

$$v_3 = 1.b_3 + y_1.w_{31} + y_2.w_{32},$$

$$v_3 = 1.(-0{,}006136) + y_1.(-0{,}003068) + y_2.(-0{,}003068),$$

$$v_3 = -0{,}009204,$$

$$y_3 = \varphi(v_3) = \frac{1}{1+\exp(-v_3)},$$

$$y_3 = \varphi(v_3) = \frac{1}{1+\exp(0{,}009204)},$$

$$y_3 = 0{,}497699.$$

Cálculo do erro na saída da rede para a primeira entrada

$$e_1 = d_3 - y_3,$$

$$e_1 = 0 - 0{,}497699,$$

$$e_1 = -0{,}497699.$$

Cálculo do gradiente local no Neurônio 3

$$\delta_{o1} = \varphi'(v_3).(d_3 - y_3),$$

$$\delta_{o1} = \varphi'(-0{,}009204).(-0{,}497699),$$

$$\delta_{o1} = \varphi(-0{,}009204).\left[1 - \varphi(-0{,}009204)\right].(-0{,}497699),$$

$$\delta_{o1} = 0,497699.[1-0,497699].(-0,497699),$$
$$\delta_{o1} = -0,124422.$$

Cálculo do gradiente local no Neurônio 1

$$\delta_{h1} = \varphi'(v_1).(\delta_{o1}.w_{31}),$$
$$\delta_{h1} = \varphi(v_1).[1-\varphi(v_1)].(\delta_{o1}.w_{31}),$$
$$\delta_{h1} = 0,499983.[1-0,499983].[-0,124422.(-0,003068)],$$
$$\delta_{h1} = 0,0000954.$$

Cálculo do gradiente local no Neurônio 2

$$\delta_{h2} = \varphi'(v_2).(\delta_{o1}.w_{32}),$$
$$\delta_{h2} = \varphi(v_2).[1-\varphi(v_2)].(\delta_{o1}.w_{32}),$$
$$\delta_{h2} = 0,499983.[1-0,499983].[-0,124422.(-0,003068)],$$
$$\delta_{h2} = 0,0000954.$$

Ajuste dos pesos utilizando a regra de aprendizagem

$$w_{31}(n+1) = w_{31}(n) + \eta.\delta_{o1}(n).y_1 + \alpha.w_{31}(n-1),$$
$$w_{31}(n+1) = -0,003068 + 0,1.(-0,124422).0,499983 + 0,5.(0,003182),$$
$$w_{31}(n+1) = -0,007698.$$

$$w_{32}(n+1) = w_{32}(n) + \eta.\delta_{o1}(n).y_2 + \alpha.w_{32}(n-1),$$
$$w_{32}(n+1) = -0,003068 + 0,1.(-0,124422).0,499983 + 0,5.(0,003182),$$
$$w_{32}(n+1) = -0,007698.$$

$$w_{11}(n+1) = w_{11}(n) + \eta.\delta_{h1}(n).x_1 + \alpha.w_{11}(n-1),$$
$$w_{11}(n+1) = -0,00002957 + 0,1.(0,0000954).1 + 0,5.(-0,0000197),$$
$$w_{11}(n+1) = -0,00002988.$$

$$w_{21}(n+1) = w_{21}(n) + \eta.\delta_{h2}(n).x_1 + \alpha.w_{21}(n-1),$$
$$w_{21}(n+1) = -0,00002957 + 0,1.(0,0000954).1 + 0,5.(-0,0000197),$$
$$w_{21}(n+1) = -0,00002988.$$

$$w_{12}(n+1) = w_{12}(n) + \eta.\delta_{h1}(n).x_2 + \alpha.w_{12}(n-1),$$
$$w_{12}(n+1) = 0,00000018 + 0,1.(0,0000954).1 + 0,5.(0,00000018),$$
$$w_{12}(n+1) = 0,00000981.$$

$$w_{22}(n+1) = w_{22}(n) + \eta.\delta_{h2}(n).x_2 + \alpha.w_{22}(n-1),$$
$$w_{22}(n+1) = 0{,}00000018 + 0{,}1.(0{,}0000954).1 + 0{,}5.(0{,}00000018),$$
$$w_{22}(n+1) = 0{,}00000981.$$

Ajuste dos bias utilizando a regra de aprendizagem

$$b_3(n+1) = b_3(n) + \eta.\delta_{o1}(n).1 + \alpha.b_3(n-1),$$
$$b_3(n+1) = -0{,}006136 + 0{,}1.(-0{,}124422).1 + 0{,}5.(0{,}006365),$$
$$b_3(n+1) = -0{,}0153957.$$

$$b_1(n+1) = b_1(n) + \eta.\delta_{h1}(n).1 + \alpha.b_1(n-1),$$
$$b_1(n+1) = -0{,}00003938 + 0{,}1.(0{,}0000954).1 + 0{,}5.(-0{,}00001953),$$
$$b_1(n+1) = -0{,}0000396.$$

$$b_2(n+1) = b_2(n) + \eta.\delta_{h2}(n).1 + \alpha.b_2(n-1),$$
$$b_2(n+1) = -0{,}00003938 + 0{,}1.(0{,}0000954).1 + 0{,}5.(-0{,}00001953),$$
$$b_2(n+1) = -0{,}0000396.$$

Após a apresentação do primeiro padrão de entrada os pesos e bias foram atualizados de tal forma que agora correspondem a

$$w_{11} = -0{,}00002988,$$
$$w_{21} = -0{,}00002988,$$
$$w_{12} = 0{,}00000981,$$
$$w_{22} = 0{,}00000981,$$
$$w_{31} = -0{,}007698,$$
$$w_{32} = -0{,}007698,$$
$$b_1 = -0{,}0000396,$$
$$b_2 = -0{,}0000396,$$
$$b_3 = -0{,}0153957.$$

Segunda entrada, $x_1 = 1$ e $x_2 = 0$, saída desejada $d_3 = 1$.

Cálculo da saída do Neurônio 1

$$v_1 = 1.b_1 + x_1.w_{11} + x_2.w_{12},$$
$$v_1 = 1.(-0{,}0000396) + 1.(-0{,}00002988) + 0.(0{,}00000981),$$
$$v_1 = -0{,}00006948,$$
$$y_1 = \varphi(v_1) = \frac{1}{1+\exp(-v_1)},$$

$$y_1 = \varphi(v_1) = \frac{1}{1 + \exp(0{,}00006948)},$$

$$y_1 = 0{,}4999826.$$

Cálculo da saída do Neurônio 2

$$v_2 = 1.b_2 + x_1.w_{21} + x_2.w_{22},$$

$$v_2 = 1.(-0{,}0000396) + 1.(-0{,}00002988) + 0.(0{,}00000981),$$

$$v_2 = -0{,}00006948,$$

$$y_2 = \varphi(v_2) = \frac{1}{1 + \exp(-v_2)},$$

$$y_2 = \varphi(v_2) = \frac{1}{1 + \exp(0{,}00006948)},$$

$$y_2 = 0{,}4999826.$$

Cálculo da saída do Neurônio 3

$$v_3 = 1.b_3 + y_1.w_{31} + y_2.w_{32},$$

$$v_3 = 1.(-0{,}0153957) + 0{,}4999826.(-0{,}007698) + 0{,}4999826.(-0{,}007698),$$

$$v_3 = -0{,}0230934,$$

$$y_3 = \varphi(v_3) = \frac{1}{1 + \exp(-v_3)},$$

$$y_3 = \varphi(v_3) = \frac{1}{1 + \exp(0{,}0230934)},$$

$$y_3 = 0{,}4942269.$$

Cálculo do erro na saída da rede para a segunda entrada

$$e_2 = d_3 - y_3,$$

$$e_2 = 1 - 0{,}4942269,$$

$$e_2 = 0{,}5057731.$$

Cálculo do gradiente local no Neurônio 3

$$\delta_{o1} = \varphi'(v_3).(d_3 - y_3),$$

$$\delta_{o1} = \varphi'(-0{,}0230934).(0{,}5057731),$$

$$\delta_{o1} = \varphi(-0{,}0230934).[1 - \varphi(-0{,}0230934)].(0{,}5057731),$$

$$\delta_{o1} = 0{,}4942269.[1 - 0{,}4942269].(0{,}5057731),$$

$$\delta_{o1} = 0{,}1264264.$$

Cálculo do gradiente local no Neurônio 1

$$\delta_{h1} = \varphi'(v_1).(\delta_{o1}.w_{31}),$$
$$\delta_{h1} = \varphi(v_1).[1-\varphi(v_1)].(\delta_{o1}.w_{31}),$$
$$\delta_{h1} = 0,4999826.[1-0,4999826].[0,1264264.(-0,007698)],$$
$$\delta_{h1} = -0,00024331.$$

Cálculo do gradiente local no Neurônio 2

$$\delta_{h2} = \varphi'(v_2).(\delta_{o1}.w_{32}),$$
$$\delta_{h2} = \varphi(v_2).[1-\varphi(v_2)].(\delta_{o1}.w_{32}),$$
$$\delta_{h2} = 0,4999826.[1-0,4999826].[0,1264264.(-0,007698)],$$
$$\delta_{h2} = -0,00024331.$$

Ajuste dos pesos utilizando a regra de aprendizagem

$$w_{31}(n+1) = w_{31}(n) + \eta.\delta_{o1}(n).y_1 + \alpha.w_{31}(n-1),$$
$$w_{31}(n+1) = -0,007698 + 0,1.(0,1264264).0,4999826 + 0,5.(-0,007698),$$
$$w_{31}(n+1) = -0,0029109.$$

$$w_{32}(n+1) = w_{32}(n) + \eta.\delta_{o1}(n).y_2 + \alpha.w_{32}(n-1),$$
$$w_{32}(n+1) = -0,007698 + 0,1.(0,1264264).0,4999826 + 0,5.(-0,003068),$$
$$w_{32}(n+1) = -0,0029109.$$

$$w_{11}(n+1) = w_{11}(n) + \eta.\delta_{h1}(n).x_1 + \alpha.w_{11}(n-1),$$
$$w_{11}(n+1) = -0,00002988 + 0,1.(-0,00024331).1 + 0,5.(-0,00002957),$$
$$w_{11}(n+1) = -0,00006899.$$

$$w_{21}(n+1) = w_{21}(n) + \eta.\delta_{h2}(n).x_1 + \alpha.w_{21}(n-1),$$
$$w_{21}(n+1) = -0,00002988 + 0,1.(-0,00024331).1 + 0,5.(-0,00002957),$$
$$w_{21}(n+1) = -0,00006899.$$

$$w_{12}(n+1) = w_{12}(n) + \eta.\delta_{h1}(n).x_2 + \alpha.w_{12}(n-1),$$
$$w_{12}(n+1) = 0,00000981 + 0,1.(-0,00024331).0 + 0,5.(0,00000018),$$
$$w_{12}(n+1) = 0,0000099.$$

$$w_{22}(n+1) = w_{22}(n) + \eta.\delta_{h2}(n).x_2 + \alpha.w_{22}(n-1),$$
$$w_{22}(n+1) = 0,00000981 + 0,1.(-0,00024331).0 + 0,5.(0,00000018),$$

$$w_{22}(n+1)=0,0000099.$$

Ajuste dos bias utilizando a regra de aprendizagem

$$b_3(n+1)=b_3(n)+\eta.\delta_{o1}(n).1+\alpha.b_3(n-1),$$
$$b_3(n+1)=-0,0153957+0,1.(0,1264264).1+0,5.(-0,006136),$$
$$b_3(n+1)=-0,005821.$$

$$b_1(n+1)=b_1(n)+\eta.\delta_{h1}(n).1+\alpha.b_1(n-1),$$
$$b_1(n+1)=-0,0000396+0,1.(-0,00024331).1+0,5.(-0,00003938),$$
$$b_1(n+1)=-0,0000836.$$

$$b_2(n+1)=b_2(n)+\eta.\delta_{h2}(n).1+\alpha.b_2(n-1),$$
$$b_2(n+1)=-0,0000396+0,1.(-0,00024331).1+0,5.(-0,00003938),$$
$$b_2(n+1)=-0,0000836.$$

Após a apresentação do segundo padrão de entrada os pesos e bias foram atualizados de tal forma que agora correspondem a

$$w_{11}=-0,00006899,$$
$$w_{21}=-0,00006899,$$
$$w_{12}=0,0000099,$$
$$w_{22}=0,0000099,$$
$$w_{31}=-0,0029109,$$
$$w_{32}=-0,0029109,$$
$$b_1=-0,0000836,$$
$$b_2=-0,0000836,$$
$$b_3=-0,005821.$$

Terceira entrada, $x_1=0$ e $x_2=1$, saída desejada $d_3=1$.

Cálculo da saída do Neurônio 1

$$v_1=1.b_1+x_1.w_{11}+x_2.w_{12},$$
$$v_1=1.(-0,0000836)+0.(-0,00006899)+1.(0,0000099),$$
$$v_1=-0,0000737,$$
$$y_1=\varphi(v_1)=\frac{1}{1+\exp(-v_1)},$$
$$y_1=\varphi(v_1)=\frac{1}{1+\exp(0,0000737)},$$
$$y_1=0,499982.$$

Cálculo da saída do Neurônio 2

$$v_2 = 1.b_2 + x_1.w_{21} + x_2.w_{22},$$

$$v_2 = 1.(-0,0000836) + 0.(-0,00006899) + 1.(0,0000099),$$

$$v_2 = -0,0000737,$$

$$y_2 = \varphi(v_2) = \frac{1}{1+\exp(-v_2)},$$

$$y_2 = \varphi(v_2) = \frac{1}{1+\exp(0,0000737)},$$

$$y_2 = 0,499982.$$

Cálculo da saída do Neurônio 3

$$v_3 = 1.b_3 + y_1.w_{31} + y_2.w_{32},$$

$$v_3 = 1.(-0,005821) + 0,499982.(-0,0029109) + 0,499982.(-0,0029109),$$

$$v_3 = -0,008732,$$

$$y_3 = \varphi(v_3) = \frac{1}{1+\exp(-v_3)},$$

$$y_3 = \varphi(v_3) = \frac{1}{1+\exp(0,008732)},$$

$$y_3 = 0,497817.$$

Cálculo do erro na saída da rede para a terceira entrada

$$e_3 = d_3 - y_3,$$

$$e_3 = 1 - 0,497817,$$

$$e_3 = 0,502183.$$

Cálculo do gradiente local no Neurônio 3

$$\delta_{o1} = \varphi'(v_3).(d_3 - y_3),$$

$$\delta_{o1} = \varphi'(-0,008732).(0,502183),$$

$$\delta_{o1} = \varphi(-0,008732).\left[1-\varphi(-0,008732)\right].(0,502183),$$

$$\delta_{o1} = 0,497817.[1-0,497817].(0,502183),$$

$$\delta_{o1} = 0,125543.$$

Cálculo do gradiente local no Neurônio 1

$$\delta_{h1} = \varphi'(v_1).(\delta_{o1}.w_{31}),$$

$$\delta_{h1} = \varphi(v_1).\left[1-\varphi(v_1)\right].(\delta_{o1}.w_{31}),$$

$$\delta_{h1} = 0,499982.[1-0,499982].\left[0,125543.(-0,0029109)\right],$$

$$\delta_{h1} = -0,000091 .$$

Cálculo do gradiente local no Neurônio 2

$$\delta_{h2} = \varphi'(v_2).(\delta_{o1}.w_{32}),$$
$$\delta_{h2} = \varphi(v_2).[1-\varphi(v_2)].(\delta_{o1}.w_{32}),$$
$$\delta_{h2} = 0,499982.[1-0,499982].[0,125543.(-0,0029109)],$$
$$\delta_{h2} = -0,000091 .$$

Ajuste dos pesos utilizando a regra de aprendizagem

$$w_{31}(n+1) = w_{31}(n) + \eta.\delta_{o1}(n).y_1 + \alpha.w_{31}(n-1),$$
$$w_{31}(n+1) = -0,0029109 + 0,1.(0,125543).0,499982 + 0,5.(-0,007698),$$
$$w_{31}(n+1) = -0,000483 .$$

$$w_{32}(n+1) = w_{32}(n) + \eta.\delta_{o1}(n).y_2 + \alpha.w_{32}(n-1),$$
$$w_{32}(n+1) = -0,0029109 + 0,1.(0,125543).0,499982 + 0,5.(-0,007698),$$
$$w_{32}(n+1) = -0,000483 .$$

$$w_{11}(n+1) = w_{11}(n) + \eta.\delta_{h1}(n).x_1 + \alpha.w_{11}(n-1),$$
$$w_{11}(n+1) = -0,00006899 + 0,1.(-0,000091).0 + 0,5.(-0,00002988),$$
$$w_{11}(n+1) = -0,000084 .$$

$$w_{21}(n+1) = w_{21}(n) + \eta.\delta_{h2}(n).x_1 + \alpha.w_{21}(n-1),$$
$$w_{21}(n+1) = -0,00006899 + 0,1.(-0,000091).0 + 0,5.(-0,00002988),$$
$$w_{21}(n+1) = -0,000084 .$$

$$w_{12}(n+1) = w_{12}(n) + \eta.\delta_{h1}(n).x_2 + \alpha.w_{12}(n-1),$$
$$w_{12}(n+1) = 0,0000099 + 0,1.(-0,000091).1 + 0,5.(0,00000981),$$
$$w_{12}(n+1) = 0,0000057 .$$

$$w_{22}(n+1) = w_{22}(n) + \eta.\delta_{h2}(n).x_2 + \alpha.w_{22}(n-1),$$
$$w_{22}(n+1) = 0,0000099 + 0,1.(-0,000091).1 + 0,5.(0,00000981),$$
$$w_{22}(n+1) = 0,0000057 .$$

Ajuste dos bias utilizando a regra de aprendizagem

$$b_3(n+1)=b_3(n)+\eta.\delta_{o1}(n).1+\alpha.b_3(n-1),$$
$$b_3(n+1)=-0,005821+0,1.(0,125543).1+0,5.(-0,0153957),$$
$$b_3(n+1)=-0,000965.$$

$$b_1(n+1)=b_1(n)+\eta.\delta_{h1}(n).1+\alpha.b_1(n-1),$$
$$b_1(n+1)=-0,0000836+0,1.(-0,000091).1+0,5.(-0,0000396),$$
$$b_1(n+1)=-0,0001125.$$

$$b_2(n+1)=b_2(n)+\eta.\delta_{h2}(n).1+\alpha.b_2(n-1),$$
$$b_2(n+1)=-0,0000836+0,1.(-0,000091).1+0,5.(-0,0000396),$$
$$b_2(n+1)=-0,0001125.$$

Após a apresentação do segundo padrão de entrada, os pesos e bias foram atualizados de tal forma que agora correspondem a

$$w_{11}=-0,000084,$$
$$w_{21}=-0,000084,$$
$$w_{12}=0,0000057,$$
$$w_{22}=0,0000057,$$
$$w_{31}=-0,000483,$$
$$w_{32}=-0,000483,$$
$$b_1=-0,0001125,$$
$$b_2=-0,0001125,$$
$$b_3=-0,000965.$$

Quarta entrada, $x_1=0$ e $x_2=0$, saída desejada $d_3=0$.

Cálculo da saída do Neurônio 1

$$v_1=1.b_1+x_1.w_{11}+x_2.w_{12},$$
$$v_1=1.(-0,0001125)+0.(-0,000084)+0.(0,0000057),$$
$$v_1=-0,0001125,$$
$$y_1=\varphi(v_1)=\frac{1}{1+\exp(-v_1)},$$
$$y_1=\varphi(v_1)=\frac{1}{1+\exp(0,0001125)},$$
$$y_1=0,499972.$$

Cálculo da saída do Neurônio 2

$$v_2=1.b_2+x_1.w_{21}+x_2.w_{22},$$

$$v_2 = 1.(-0,0001125) + 0.(-0,000084) + 0.(0,0000057),$$
$$v_2 = -0,0001125,$$
$$y_2 = \varphi(v_2) = \frac{1}{1+\exp(-v_2)},$$
$$y_2 = \varphi(v_2) = \frac{1}{1+\exp(0,0001125)},$$
$$y_2 = 0,499972.$$

Cálculo da saída do Neurônio 3

$$v_3 = 1.b_3 + y_1.w_{31} + y_2.w_{32},$$
$$v_3 = 1.(-0,000965) + 0,499972.(-0,000483) + 0,499972.(-0,000483),$$
$$v_3 = -0,001448,$$
$$y_3 = \varphi(v_3) = \frac{1}{1+\exp(-v_3)},$$
$$y_3 = \varphi(v_3) = \frac{1}{1+\exp(0,001448)},$$
$$y_3 = 0,499638.$$

Cálculo do erro na saída da rede para a quarta entrada

$$e_4 = d_3 - y_3,$$
$$e_4 = 0 - 0,499638,$$
$$e_4 = -0,499638.$$

Cálculo do gradiente local no Neurônio 3

$$\delta_{o1} = \varphi'(v_3).(d_3 - y_3),$$
$$\delta_{o1} = \varphi'(-0,001448).(-0,499638),$$
$$\delta_{o1} = \varphi(-0,001448).[1-\varphi(-0,001448)].(-0,499638),$$
$$\delta_{o1} = 0,499638.[1-0,499638].(-0,499638),$$
$$\delta_{o1} = -0,124909.$$

Cálculo do gradiente local no Neurônio 1

$$\delta_{h1} = \varphi'(v_1).(\delta_{o1}.w_{31}),$$
$$\delta_{h1} = \varphi(v_1).[1-\varphi(v_1)].(\delta_{o1}.w_{31}),$$

$$\delta_{h1} = 0,499972.[1-0,499972].\left[-0,124909.(-0,000483)\right],$$
$$\delta_{h1} = 0,0000151.$$

Cálculo do gradiente local no Neurônio 2

$$\delta_{h2} = \varphi'(v_2).(\delta_{o1}.w_{32}),$$
$$\delta_{h2} = \varphi(v_2).\left[1-\varphi(v_2)\right].(\delta_{o1}.w_{32}),$$
$$\delta_{h2} = 0,499972.[1-0,499972].\left[-0,124909.(-0,000483)\right],$$
$$\delta_{h2} = 0,0000151.$$

Ajuste dos pesos utilizando a regra de aprendizagem

$$w_{31}(n+1) = w_{31}(n) + \eta.\delta_{o1}(n).y_1 + \alpha.w_{31}(n-1),$$
$$w_{31}(n+1) = -0,000483 + 0,1.(-0,124909).0,499972 + 0,5.(-0,0029109),$$
$$w_{31}(n+1) = -0,008184.$$

$$w_{32}(n+1) = w_{32}(n) + \eta.\delta_{o1}(n).y_2 + \alpha.w_{32}(n-1),$$
$$w_{32}(n+1) = -0,000483 + 0,1.(-0,124909).0,499972 + 0,5.(-0,0029109),$$
$$w_{32}(n+1) = -0,008184.$$

$$w_{11}(n+1) = w_{11}(n) + \eta.\delta_{h1}(n).x_1 + \alpha.w_{11}(n-1),$$
$$w_{11}(n+1) = -0,000084 + 0,1.(0,0000151).0 + 0,5.(-0,00006899),$$
$$w_{11}(n+1) = -0,0001185.$$

$$w_{21}(n+1) = w_{21}(n) + \eta.\delta_{h2}(n).x_1 + \alpha.w_{21}(n-1),$$
$$w_{21}(n+1) = -0,000084 + 0,1.(0,0000151).0 + 0,5.(-0,00006899),$$
$$w_{21}(n+1) = -0,0001185.$$

$$w_{12}(n+1) = w_{12}(n) + \eta.\delta_{h1}(n).x_2 + \alpha.w_{12}(n-1),$$
$$w_{12}(n+1) = 0,0000057 + 0,1.(0,0000151).0 + 0,5.(0,0000099),$$
$$w_{12}(n+1) = 0,0000107.$$

$$w_{22}(n+1) = w_{22}(n) + \eta.\delta_{h2}(n).x_2 + \alpha.w_{22}(n-1),$$
$$w_{22}(n+1) = 0,0000057 + 0,1.(0,0000151).0 + 0,5.(0,0000099),$$
$$w_{22}(n+1) = 0,0000107.$$

Ajuste dos bias utilizando a regra de aprendizagem

$$b_3(n+1) = b_3(n) + \eta.\delta_{o1}(n).1 + \alpha.b_3(n-1),$$
$$b_3(n+1) = -0{,}000965 + 0{,}1.(-0{,}124909).1 + 0{,}5.(-0{,}005821),$$
$$b_3(n+1) = -0{,}0163664\,.$$

$$b_1(n+1) = b_1(n) + \eta.\delta_{h1}(n).1 + \alpha.b_1(n-1),$$
$$b_1(n+1) = -0{,}0001125 + 0{,}1.(0{,}0000151).1 + 0{,}5.(-0{,}0000836),$$
$$b_1(n+1) = -0{,}0001528.$$

$$b_2(n+1) = b_2(n) + \eta.\delta_{h2}(n).1 + \alpha.b_2(n-1),$$
$$b_2(n+1) = -0{,}0001125 + 0{,}1.(0{,}0000151).1 + 0{,}5.(-0{,}0000836),$$
$$b_2(n+1) = -0{,}0001528\,.$$

Após a apresentação do segundo padrão de entrada os pesos e bias foram atualizados de tal forma que agora correspondem a

$$w_{11} = -0{,}0001185,$$
$$w_{21} = -0{,}0001185,$$
$$w_{12} = 0{,}0000107,$$
$$w_{22} = 0{,}0000107,$$
$$w_{31} = -0{,}008184,$$
$$w_{32} = -0{,}008184,$$
$$b_1 = -0{,}0001528,$$
$$b_2 = -0{,}0001528,$$
$$b_3 = -0{,}0163664.$$

APÊNDICE 4

A seguir é apresentada a tabela de dados de entrada com os valores booleanos para cada uma das letras e dos números do Exercício–4.6.

	A	B	C	D	E	F	G	H	I	J	K	L	M	N	O	P	Q	R	S	T	U	V	W	X	Y	Z	AA	AB	AC	AD	AE	AF	AG	AH	AI	AJ
1	0	1	0	1	1	1	0	1	0	0	1	1	1	1	0	1	0	1	0	1	1	1	1	1	1	1	0	0	1	0	1	0	1	0	0	0
2	1	1	1	1	1	1	1	0	1	0	0	0	0	0	1	1	1	1	1	1	0	0	0	0	0	1	0	1	1	0	1	0	1	1	1	1
3	1	1	1	1	1	1	1	0	1	1	0	0	0	0	1	1	1	1	1	1	0	0	0	0	0	1	1	1	1	0	1	1	1	1	1	1
4	1	1	1	1	1	1	1	0	1	1	0	0	0	0	1	1	1	1	1	1	0	0	0	0	0	1	0	1	1	1	1	1	1	1	1	1
5	0	0	0	0	1	1	0	1	0	1	1	0	1	1	0	0	0	0	1	1	1	1	1	1	1	1	0	0	1	0	1	0	1	0	0	0
6	1	1	1	1	1	1	1	1	0	0	1	1	1	1	1	1	1	1	1	0	1	1	1	1	1	0	0	1	0	0	1	0	0	1	1	1
7	0	0	0	0	0	0	0	0	0	0	0	0	1	0	0	0	0	0	0	0	0	0	0	0	0	0	1	0	0	0	0	1	0	0	0	0
8	0	0	0	0	0	0	0	0	1	0	0	0	0	0	0	0	0	0	0	1	0	0	0	0	0	0	1	0	0	1	0	0	0	0	0	0
9	0	0	0	0	0	0	0	0	0	1	1	0	1	0	0	0	0	0	0	0	0	0	0	0	0	0	0	0	1	1	0	0	0	0	0	0
10	1	1	1	1	0	0	1	1	0	0	0	0	1	1	1	1	1	1	0	0	1	1	1	1	1	1	0	1	0	0	0	0	1	1	1	1
11	1	1	1	1	1	1	1	1	0	0	1	1	1	1	1	1	1	1	1	0	1	1	1	0	0	0	0	0	0	0	1	1	0	1	1	1
12	0	0	0	0	0	0	0	0	0	0	0	0	0	1	0	0	0	0	0	0	0	0	0	1	1	0	0	0	0	1	1	0	0	0	0	0
13	0	0	0	0	0	0	0	0	1	0	1	0	1	0	0	0	0	0	0	1	0	0	0	0	0	0	1	0	1	0	1	0	0	0	0	0
14	0	0	0	0	0	0	0	0	0	1	0	0	0	0	0	0	0	0	0	0	0	0	0	1	1	1	0	0	0	1	1	0	1	0	0	1
15	1	1	0	1	0	0	0	1	0	0	0	0	1	1	1	1	1	1	0	0	1	1	1	0	0	0	0	1	0	0	0	0	0	1	1	1
16	1	1	1	1	1	1	1	1	0	0	1	1	1	1	1	1	1	1	0	0	1	1	1	0	0	0	0	0	0	1	0	1	0	0	0	1
17	1	1	0	0	1	1	0	1	0	0	1	0	0	0	0	1	0	1	1	0	0	0	0	0	0	0	0	0	0	0	0	1	0	1	1	0
18	1	1	0	0	1	1	0	1	1	0	0	0	1	1	0	1	0	1	1	1	0	0	1	1	1	1	1	0	0	0	0	1	1	1	1	1
19	1	1	0	0	1	1	0	1	0	1	0	0	0	0	0	1	0	1	1	0	0	0	0	0	0	0	0	1	1	1	0	1	0	1	1	0
20	1	0	0	1	0	0	0	1	0	0	0	0	1	1	1	0	1	0	0	0	1	1	1	0	0	0	0	0	0	0	1	0	0	0	1	1
21	1	1	1	1	1	1	1	1	0	0	1	1	1	1	1	1	1	1	0	0	1	0	1	0	0	0	0	0	0	1	0	1	0	1	0	1
22	0	0	0	0	0	0	0	0	0	0	0	0	0	0	0	0	0	0	0	0	0	1	0	1	0	1	0	0	0	1	0	0	1	0	0	1
23	0	0	0	0	0	0	0	0	1	0	1	0	0	0	0	0	1	1	0	1	0	0	1	0	1	0	1	1	0	1	0	0	0	0	0	0
24	0	0	0	0	0	0	1	0	0	1	0	0	0	1	0	0	0	0	0	0	0	1	0	1	0	0	0	0	0	1	0	0	0	0	0	0
25	1	1	0	1	0	0	1	1	0	0	0	0	1	1	1	0	1	0	1	0	1	0	1	0	0	0	0	0	1	1	1	1	0	1	1	1
26	1	1	1	1	1	1	1	1	0	1	1	1	1	1	1	1	1	1	0	0	1	0	1	1	0	1	0	0	1	0	1	1	0	1	0	1
27	0	0	0	0	0	0	0	0	0	0	0	0	0	0	0	0	0	0	0	0	0	1	0	0	0	0	0	1	0	0	0	0	1	0	0	0
28	0	0	0	0	0	0	0	0	1	0	0	0	0	0	0	0	0	0	0	1	0	0	1	0	1	0	1	0	0	0	0	0	0	0	0	0
29	0	0	0	0	0	0	0	0	0	1	1	0	0	0	0	0	1	1	0	0	0	1	0	0	0	0	0	0	0	1	0	0	0	0	1	0
30	1	1	1	1	0	0	1	1	0	0	0	0	1	1	1	0	0	0	1	0	1	0	1	1	0	0	0	0	1	0	1	1	0	1	0	1
31	1	1	0	1	1	1	0	1	0	0	1	1	1	1	0	1	0	1	1	0	0	0	0	1	0	1	0	1	0	0	0	0	0	0	0	0
32	0	1	1	1	1	0	1	0	1	1	0	1	0	0	1	0	1	0	1	0	1	0	1	0	0	1	1	1	1	0	1	1	1	1	1	1
33	0	1	1	1	1	0	1	0	1	1	0	1	0	0	1	0	1	0	1	1	1	1	0	0	1	1	1	1	1	0	1	1	0	1	1	1
34	0	1	1	1	1	0	1	0	1	0	0	1	0	0	1	0	0	0	1	0	1	0	1	0	0	1	1	1	1	1	1	1	0	1	0	1
35	1	0	0	0	1	0	0	1	0	0	1	1	1	1	0	0	1	1	0	0	0	0	0	1	0	1	0	1	0	0	0	0	0	0	0	0

Figura–A1 Dados do arquivo `letras_e_numeros.xlsx`.

Abaixo é apresentada a tabela de dados de saídas desejadas com os valores booleanos para cada uma das letras e dos números do Exercício–4.6.

Na primeira coluna tem a representação vetorial para a letra A e na última coluna para o número 0. No total são 36 caracteres, uma vez que são 26 letras e 10 números que prescisam ser reconhecidos pela rede neural.

	A	B	C	D	E	F	G	H	I	J	K	L	M	N	O	P	Q	R	S	T	U	V	W	X	Y	Z	AA	AB	AC	AD	AE	AF	AG	AH	AI	AJ
1	1	0	0	0	0	0	0	0	0	0	0	0	0	0	0	0	0	0	0	0	0	0	0	0	0	0	0	0	0	0	0	0	0	0	0	0
2	0	1	0	0	0	0	0	0	0	0	0	0	0	0	0	0	0	0	0	0	0	0	0	0	0	0	0	0	0	0	0	0	0	0	0	0
3	0	0	1	0	0	0	0	0	0	0	0	0	0	0	0	0	0	0	0	0	0	0	0	0	0	0	0	0	0	0	0	0	0	0	0	0
4	0	0	0	1	0	0	0	0	0	0	0	0	0	0	0	0	0	0	0	0	0	0	0	0	0	0	0	0	0	0	0	0	0	0	0	0
5	0	0	0	0	1	0	0	0	0	0	0	0	0	0	0	0	0	0	0	0	0	0	0	0	0	0	0	0	0	0	0	0	0	0	0	0
6	0	0	0	0	0	1	0	0	0	0	0	0	0	0	0	0	0	0	0	0	0	0	0	0	0	0	0	0	0	0	0	0	0	0	0	0
7	0	0	0	0	0	0	1	0	0	0	0	0	0	0	0	0	0	0	0	0	0	0	0	0	0	0	0	0	0	0	0	0	0	0	0	0
8	0	0	0	0	0	0	0	1	0	0	0	0	0	0	0	0	0	0	0	0	0	0	0	0	0	0	0	0	0	0	0	0	0	0	0	0
9	0	0	0	0	0	0	0	0	1	0	0	0	0	0	0	0	0	0	0	0	0	0	0	0	0	0	0	0	0	0	0	0	0	0	0	0
10	0	0	0	0	0	0	0	0	0	1	0	0	0	0	0	0	0	0	0	0	0	0	0	0	0	0	0	0	0	0	0	0	0	0	0	0
11	0	0	0	0	0	0	0	0	0	0	1	0	0	0	0	0	0	0	0	0	0	0	0	0	0	0	0	0	0	0	0	0	0	0	0	0
12	0	0	0	0	0	0	0	0	0	0	0	1	0	0	0	0	0	0	0	0	0	0	0	0	0	0	0	0	0	0	0	0	0	0	0	0
13	0	0	0	0	0	0	0	0	0	0	0	0	1	0	0	0	0	0	0	0	0	0	0	0	0	0	0	0	0	0	0	0	0	0	0	0
14	0	0	0	0	0	0	0	0	0	0	0	0	0	1	0	0	0	0	0	0	0	0	0	0	0	0	0	0	0	0	0	0	0	0	0	0
15	0	0	0	0	0	0	0	0	0	0	0	0	0	0	1	0	0	0	0	0	0	0	0	0	0	0	0	0	0	0	0	0	0	0	0	0
16	0	0	0	0	0	0	0	0	0	0	0	0	0	0	0	1	0	0	0	0	0	0	0	0	0	0	0	0	0	0	0	0	0	0	0	0
17	0	0	0	0	0	0	0	0	0	0	0	0	0	0	0	0	1	0	0	0	0	0	0	0	0	0	0	0	0	0	0	0	0	0	0	0
18	0	0	0	0	0	0	0	0	0	0	0	0	0	0	0	0	0	1	0	0	0	0	0	0	0	0	0	0	0	0	0	0	0	0	0	0
19	0	0	0	0	0	0	0	0	0	0	0	0	0	0	0	0	0	0	1	0	0	0	0	0	0	0	0	0	0	0	0	0	0	0	0	0
20	0	0	0	0	0	0	0	0	0	0	0	0	0	0	0	0	0	0	0	1	0	0	0	0	0	0	0	0	0	0	0	0	0	0	0	0
21	0	0	0	0	0	0	0	0	0	0	0	0	0	0	0	0	0	0	0	0	1	0	0	0	0	0	0	0	0	0	0	0	0	0	0	0
22	0	0	0	0	0	0	0	0	0	0	0	0	0	0	0	0	0	0	0	0	0	1	0	0	0	0	0	0	0	0	0	0	0	0	0	0
23	0	0	0	0	0	0	0	0	0	0	0	0	0	0	0	0	0	0	0	0	0	0	1	0	0	0	0	0	0	0	0	0	0	0	0	0
24	0	0	0	0	0	0	0	0	0	0	0	0	0	0	0	0	0	0	0	0	0	0	0	1	0	0	0	0	0	0	0	0	0	0	0	0
25	0	0	0	0	0	0	0	0	0	0	0	0	0	0	0	0	0	0	0	0	0	0	0	0	1	0	0	0	0	0	0	0	0	0	0	0
26	0	0	0	0	0	0	0	0	0	0	0	0	0	0	0	0	0	0	0	0	0	0	0	0	0	1	0	0	0	0	0	0	0	0	0	0
27	0	0	0	0	0	0	0	0	0	0	0	0	0	0	0	0	0	0	0	0	0	0	0	0	0	0	1	0	0	0	0	0	0	0	0	0
28	0	0	0	0	0	0	0	0	0	0	0	0	0	0	0	0	0	0	0	0	0	0	0	0	0	0	0	1	0	0	0	0	0	0	0	0
29	0	0	0	0	0	0	0	0	0	0	0	0	0	0	0	0	0	0	0	0	0	0	0	0	0	0	0	0	1	0	0	0	0	0	0	0
30	0	0	0	0	0	0	0	0	0	0	0	0	0	0	0	0	0	0	0	0	0	0	0	0	0	0	0	0	0	1	0	0	0	0	0	0
31	0	0	0	0	0	0	0	0	0	0	0	0	0	0	0	0	0	0	0	0	0	0	0	0	0	0	0	0	0	0	1	0	0	0	0	0
32	0	0	0	0	0	0	0	0	0	0	0	0	0	0	0	0	0	0	0	0	0	0	0	0	0	0	0	0	0	0	0	1	0	0	0	0
33	0	0	0	0	0	0	0	0	0	0	0	0	0	0	0	0	0	0	0	0	0	0	0	0	0	0	0	0	0	0	0	0	1	0	0	0
34	0	0	0	0	0	0	0	0	0	0	0	0	0	0	0	0	0	0	0	0	0	0	0	0	0	0	0	0	0	0	0	0	0	1	0	0
35	0	0	0	0	0	0	0	0	0	0	0	0	0	0	0	0	0	0	0	0	0	0	0	0	0	0	0	0	0	0	0	0	0	0	1	0
36	0	0	0	0	0	0	0	0	0	0	0	0	0	0	0	0	0	0	0	0	0	0	0	0	0	0	0	0	0	0	0	0	0	0	0	1

Figura–A2 Dados do arquivo `d_letras_e_numeros.xlsx`.

APÊNDICE 5 – Exercício 8.3

% Classe C1

```
x1=[-0.0594,0.0257,0.0528,-0.0696,-0.0956,-0.0508,-0.0453,-0.0190,0.0020,-0.1036,0.0123,-0.0133,0.00567,-0.0087,0.0256,-0.0643,
0.0222,-0.0432,0.0078,-0.0091,-0.1661,-0.0983,-0.1846,-0.2401,-0.2093,-0.1723,-0.0737,0.0866,0.1298,0.1976,0.1483,0.1051,0.1668,
0.1729,0.1236,0.1914,0.2037,0.1421,0.1421,0.1729,0.0765,0.0221,-0.1966,-0.0336,-0.0244,0.1137,0.1320,0.0358,-0.1432,0.0373,0.0905,
-0.0286,-0.1157,-0.0938,0.1973,-0.0077,0.1311,0.0413,0.1271,0.1822,-0.0587,-0.0681,0.0144,0.0186,0.0397,-0.0388,-0.0212,-0.0326,
-0.0742,-0.0826,0.0098,-0.0365,0.0985,0.0447,0.0144,0.0434,0.0953,-0.0146,0.0826,0.0795,0.1544,0.1985,0.2205,0.2058,0.1838,0.1838,
0.1324,0.09575,0.07374,0.08107,-0.09501,-0.1024,-0.1097,-0.1464,-0.1904,-0.1757,-0.2124,-0.1977,-0.1831,-0.139];
y1=[3.0117,3.0053,2.9329,2.9972,3.0310,3.0448,2.9739,2.9669,3.1220,2.8844,3.2400,3.2089,3.2077,3.2336,3.2167,2.8755,2.7862,2.7678,
2.8045,2.7744,3.144,3.205,3.051,3.008,2.946,2.872,2.792,2.792,2.829,2.903,2.94,2.903,2.983,3.057,3.107,3.076,3.113,3.162,3.082,
3.107,3.0301,3.0255,3.0293,2.9124,3.0876,3.0797,3.0390,2.9621,2.9687,2.9152,3.0040,3.0218,3.0454,2.9000,2.9340,2.9927,2.9724,3.0904,
3.0864,3.0916,3.1341,2.8192,2.9437,2.9183,3.0517,2.8545,2.9496,3.1459,2.9001,2.8118,3.1998,3.0421,2.8977,2.9753,3.0940,3.0232,2.9753,
3.0414,2.8724,3.1235,2.848,2.87,2.951,3.046,3.017,3.068,3.178,3.193,3.222,3.171,3.156,3.208,3.149,2.833,2.87,2.848,3.054,3.105,3.134,
3.178];
```

% Classe C2

```
x2=[-0.03668,-0.1538,-0.1908,-0.2155,-0.1415,-0.04901,-0.02435,-0.05517,-0.03668,-0.06134,-0.2031,-0.197,-0.1107,-0.03668,-0.06134,
-0.07367,-0.02435,-0.11819,-0.005856,-0.04901,0.0373,0.1174,0.1606,0.2037,0.2407,0.1606,0.09894,0.07428,0.06812,0.02497,0.04963,
0.09278,0.1729,0.2222,0.2099,0.1733,0.1174,0.08045,0.04346,0.08661,-0.0647,0.0652,-0.0933,-0.0964,0.0430,0.0849,0.0110,0.0658,-0.0286,
-0.0386,0.0348,-0.0888,-0.0346,0.0767,-0.0178,0.0004,-0.0286,0.0978,-0.0070,0.0894,-0.0800,-0.0361,-0.0211,0.0677,-0.0679,-0.0534,
-0.0672,0.0137,-0.0694,0.0341,-0.117,-0.1537,-0.1757,-0.1977,-0.2271,-0.2271,-0.2124,-0.1904,-0.139,-0.09501,-0.06567,-0.00697,0.007704,
0.08841,0.1178,0.1618,0.1838,0.1985,0.2058,0.2205,0.2278,0.2278,0.2205,0.04439,0.007704,-0.00697,-0.00697,0.04439,0.07374,-0.02164,
-0.05833,-0.1317,-0.1317,-0.1097,-0.08768,-0.1317,-0.09501,-0.08034,-0.117,-0.161,-0.1244,-0.08768,-0.05833,0.05906,0.09575];


y2=[1.202,1.177,1.097,1.054,1.048,1.072,1.128,1.054,1.109,1.122,0.9552,0.9058,0.9305,0.9305,0.8565,0.7825,0.9736,0.7891,0.8997,0.8812,
1.233,1.196,1.146,1.066,1.023,1.023,1.06,1.071,1.029,1.06,0.7579,0.801,0.8504,0.9182,0.9552,0.9243,0.912,0.949,0.9058,0.8935,1.1587,
1.0699,1.0632,0.9656,1.0622,0.9592,1.0342,1.1247,1.0727,1.1874,0.9160,0.8063,0.9641,1.1429,1.1931,1.1265,0.8758,0.8159,1.0424,1.0922,
0.8193,1.1169,0.9581,0.8239,1.0483,0.8661,0.9317,0.9080,1.0164,1.1415,0.8084,0.8305,0.8671,0.8892,0.9772,1.021,1.065,1.109,1.183,1.197,
1.219,1.227,1.227,1.212,1.197,1.161,1.124,1.109,1.08,1.08,1.007,0.9772,0.8965,0.8892,0.8892,0.8671,0.8305,0.8158,0.8158,0.8084,0.8158,
0.9992,0.9699,0.9699,0.9478,0.9185,0.8965,0.8818,0.8671,0.8525,0.8451,0.8451,0.8084,0.8598,0.9625];
```

% Classe C3

```
x3=[-1.4426,-1.4566,-1.3981,-1.0494,-1.1309,-1.1677,-1.3399,-1.0683,-1.3606,-1.0534,-1.3269,-1.2471,-1.21895,-1.3575,-1.4519,-1.4455,
-1.1671,-1.3494,-1.0989,-1.0153,-1.3720,-1.2500,-1.2400,-1.4524,-1.3049,-1.3088,-1.4297,-1.4027,-1.2884,-1.0915,-1.1200,-1.4433,
-1.0143,-1.2450,-1.0840,-1.4893,-1.3563,-1.2502,-1.2355,-1.0298,-1.3410,-1.0212,-1.0357,-1.2608,-1.0484,-1.4091,-1.2588,-1.3612,
-1.0749,-1.3298,-1.2593,-1.4865,-1.3245,-1.4002,-1.2269,-1.2162,-1.4127,-1.0417,-1.0666,-1.0867,-1.5926,-1.5471,-1.9365,-1.5433,
-1.6838,-1.9512,-1.5688,-1.7266,-1.5212,-1.5176,-1.9212,-1.5147,-1.5214,-1.7573,-1.5999,-1.176,-1.7891,-1.5421,-1.6039,-1.5203,
-1.6721,-1.251,-1.5754,-1.5330,-1.6606,-1.6211,-1.6284,-1.8039,-1.6723,-1.9144,-1.6470,-1.801,-1.6815,-1.9769,-1.7514,-1.5883,-1.6526,
-1.8415,-1.5249,-1.9828,-1.7806,-1.6502,-1.6172,-1.6024,-1.7366,-1.7551,-1.7772,-1.6768,-1.6453,-1.6227,-0.8378,-0.2057,-0.6888,
-0.4715,-0.8344,-0.3980,-0.7370,-0.3459,-0.3108,-0.2518,-0.5495,-0.9162,-0.7710,-0.0867,-0.8476,-0.1742,-0.4617,-0.0039,-0.9218,
-0.5573,-0.8933,-0.0381,-0.9954,-0.2251,-0.1827,-0.1313,-0.9156,-0.6002,-0.7401,-0.1999,-0.5686,-0.0894,-0.8182,-0.7362,-0.8545,
-0.8639,-0.1307,-0.4203,-0.4501,-0.8550,-0.1470,-0.3779,-0.6490,-0.4868,-0.5982,-0.9240,-0.7601,-0.8767,-0.8161,-0.7600,-0.5827,
-0.9503,-0.0973,-0.0552,-0.5091,-0.5107,-0.6623,-0.0999,-0.6308,-0.8888,-0.2197,-0.6103,-0.7583,-0.5961,-0.9035,-0.8680,-0.0579,
-0.0439,-0.4248,-0.9402,-0.7652,-0.6468,-0.1788,-0.9846,-0.9570,-0.8310,-0.3509,-0.2683,-0.3523,-0.5491,-0.4530,-0.7037,-0.2553,
-0.8110,-0.3132,-0.8165,-0.6315,-0.3744,-0.2198,-0.9189,-0.0706,-0.2243,-0.5132,-0.5641,-0.5532,-0.6937,-0.4915,-0.4892,-0.1824,
-0.2052,0.0298,0.3410,0.0212,0.0357,0.2608,0.0484,0.4091,0.4088,0.3612,0.0749,0.3298,0.2593,0.4865,0.3245,0.4002,0.2269,0.2162,0.4127,
0.0417,0.0666,0.0867,0.1955,0.4157,0.4017,0.0302,0.1996,0.2634,0.2084,0.3284,0.3140,0.1460,0.2158,0.0077,0.4920,0.0836,0.0531,0.1862,
0.0991,0.2448,0.1697,0.4758,0.4602,0.0263,0.3689,0.1346,0.2114,0.2739,0.4714,0.2089,0.4915,0.7114,0.5471,0.7993,0.7355,0.8480,0.8499,
0.8193,0.5168,0.5344,0.6598,0.7654,0.8272,0.7038,0.9100,0.8592,0.9843,0.7657,0.6626,0.5528,0.8055,0.8894,0.7117,0.5454,0.6332,0.5768,
0.6405,0.7200,0.7636,0.7287,0.9377,0.7590,0.9718,0.8189,0.5504,0.6204,0.8381,0.6445,0.8359,0.8476,0.5340,0.6274,0.6120,0.8339,0.9222,
0.6722,0.8903,0.8377,0.5034,0.8011,0.6934,-0.7467,-0.6355,-1.0707,-0.8301,-0.9929,-0.7165,-0.7618,-1.1829,-0.6966,-0.6071,-0.9399,
-0.6810,-0.8884,-1.1917,-1.1601,-1.0151,-0.7759,-0.7221,-0.7470,-1.0770,-0.9262,-1.2370,-1.2218,-1.2046,-0.8249,-0.9534,-1.1672,
-0.9535,-1.1967,-1.2615,-0.7045,-0.9076,-0.6493,-0.8123,-0.8920,-1.1554,-1.1363,-1.1033,-1.3998,-1.1404,-1.2162,-1.1030,-1.2417,
-1.2561,-1.1596,-1.3316,-1.2506,-1.1297,-1.2276,-1.1464,-1.1707,-1.1622,-1.1915,-1.0730,-1.1436,-1.0923,-1.0610,-1.1002,-1.0928,
-1.1110,-1.1752,-1.1019,-1.0294,-1.0252,-1.1459,-1.1583,-1.0870,-1.0719,-1.1166,-1.1588,-1.0104,-1.1836,-1.1789,-1.1716,-1.1667,
-1.4122,-1.3955,-1.0474,-1.1623,-1.2658,-1.0439,-1.4480,-1.1272,-1.1319,-1.2191,-1.4079,-1.2014,-1.3500,-1.4329,-1.3937,-1.0525,
-1.4643,-1.3788,-1.4731,-1.2791,-1.4934,-1.0514,-1.4017,-1.4533,-1.3463,-1.2720,-1.4492,-1.0023,-1.3340,-1.3513,-1.4690,-1.3509,
-1.4768,-1.2473,-1.1193,-1.9743,-1.9636,-1.9557,-1.6008,-1.5285,-1.6581,-1.9340,-1.6386,-1.9448,-1.9413,-1.6796,-1.8356,-1.6731,
-1.6254,-1.7084,-1.6300,-1.8826,-1.6325,-1.5147,-1.5665,-1.9569,-1.8168,-1.8154,-1.6575,-1.7010,-0.4744,-0.3449,-0.3018,-0.3881,
-0.4374,-0.5792,-0.6901,-0.6531,-0.8566,-0.7826,-0.8196,-0.8319,-0.9429,-0.8627,-0.9305,-0.8812,-0.9121,-0.9552,-0.9367,-0.9614,0.3332,
0.2654,0.1668,0.09894,-0.03668,0.09894,-0.3449,-0.4805,-0.5052,-0.5668,-0.5114,0.401,0.5058,0.512,0.4627,0.3948,0.2654,0.3024,-0.2956,
-0.4559,-0.6285,-1.331,-1.602,-1.529,-1.479,-1.424,-1.356,-1.251,-1.3,-1.368,-0.9135,-0.8610,-0.8484,-0.9135,-0.8689,-0.9780,-0.8132,
-0.9625,-0.9468,-0.8404,-0.9025,-0.8462,-0.9208,-0.9454,-0.9926,-0.8653,-0.9141,-0.9097,-0.8780,-0.9881,-0.9368,-0.8455,-0.8607,
-0.9749,-0.9740,0.3481,0.1693,-0.1239,-0.3006,0.2470,0.6855,-0.2955,-0.1906,-0.0238,-0.4112,0.3209,-0.0171,0.6794,-0.0174,0.2448,
-0.3148,-0.0424,-0.3066,0.4097,0.5453,-0.0791,0.3226,-0.1470,0.1368,0.4989,0.2170,-0.0976,-0.1409,0.0431,0.0072,-0.0685,0.1700,0.3911,
0.0092,0.0152,0.2498,0.3012,0.3819,0.4186,0.4846,0.5066,0.5653,0.6093,0.6387,0.6827,0.7267,0.7487,0.7854,0.7928,0.8368,0.8588,0.8588,
0.8808,0.9322,0.9468,0.9688,0.9688,0.9688,0.9762,0.9835,0.9688,0.9615,0.9395,0.9395,0.9248,0.9102,0.8881,0.8735,0.8515,0.8221,0.8074,
0.7854,0.7634,0.7414,0.2278,0.3525,0.4406,0.3379,0.536,0.602,0.58,0.6534,0.668,0.3351,0.4739,0.3313,0.4824,0.3468,0.4372,0.4280,0.3315,
0.3579,0.3397,0.4864,0.4081,0.4905,0.3435,0.4290,0.4572,0.3801,0.4674,0.3326,0.3407,0.3688,0.3498,0.3691,0.4973,0.4248,0.4193,0.4155,
0.3806,0.4091,0.4555,0.6745,0.5750,0.6597,0.6634,0.6998,0.5090,0.5474,0.5862,0.6694,0.5773,0.5246,0.6831,0.5365,0.6182,0.6625,0.5522,
0.6972,0.5883,0.5451,0.5369,0.6396,0.6750,0.6538,0.5523,0.6971,0.5088,0.5688,0.6346,0.5113,0.5109,0.3819,0.3305,0.2865,0.2425,0.1838,
0.1398,0.1104,0.0664,0.03705,-0.073,-0.1757,-0.3225,-0.3885,0.1178,-0.6159,-0.6746,-0.7553,-0.8434,-0.9608,-1.005,0.1398,0.2058,0.2278,
0.3012,0.05173,0.1104,0.2351,0.3599,0.1838,0.2425,0.5727,-1.056,-1.137,-1.21,-1.262,0.4332,0.4626,0.4479,0.3672,0.3599,0.5506,-0.3812,
0.09575,0.2131,0.3159,0.4626,0.5066,0.5433,0.5727,0.4332,0.4919,0.5286,0.4846,0.4406,0.4553,0.4406,-0.08034,-0.1317,-0.2491,-0.3738,
-0.2124,-0.117,-0.05099,0.04439,0.08107,0.1251,0.2131,0.2351,-0.4105,-0.4472,0.602,0.558,0.4773,0.602,0.7194,0.9322,0.8955,0.8588,
0.8368,0.8148,0.8661,0.9102,0.7707,0.558,0.6827,0.4479,0.668,0.8001,0.6754,0.7707,0.7414,0.8735,0.8735,0.8074,0.8368];
```

```
y3=[1.6728,2.9941,2.9101,0.6814,1.6978,2.0806,1.7504,2.4706,2.3839,1.3760,1.7950,0.5465,3.4522,1.0015,0.8186,1.6172,1.0944,1.9691,
1.5185,3.3549,3.2610,0.6580,2.7136,1.3074,1.7685,2.1436,3.3282,1.7532,3.4492,1.4044,2.6033,2.4990,2.1174,2.5943,2.4996,1.0344,0.8840,
3.4972,1.0134,0.5978,2.1836,3.1456,2.5075,1.0713,1.6067,1.8822,3.4449,0.9692,3.0666,2.4343,1.6288,1.0728,1.7848,1.9461,0.8618,2.2685,
1.1786,1.6539,2.2490,1.2554,1.5521,2.3594,2.3102,1.3252,1.2380,1.9967,2.9195,1.6808,2.1705,1.4476,2.5025,1.5102,2.0119,2.3982,2.7818,
2.9186,2.0944,1.2772,1.2986,1.5150,2.6814,1.5086,2.6286,1.4870,2.8585,1.7000,1.3932,1.5022,2.2321,1.9466,1.7033,2.6617,2.1705,2.0994,
2.8344,1.5717,2.5144,2.5075,1.7609,2.1356,1.1517,1.1079,2.0616,2.5583,2.8680,1.2598,2.1376,1.9388,1.0238,1.6742,3.2886,2.7572,3.6232,
3.0657,2.7015,3.8780,3.7519,3.1003,3.2450,3.1741,2.4155,2.6025,2.9418,2.4610,3.6886,2.3895,2.4518,2.3414,2.4553,2.8714,2.6222,3.8468,
2.8604,2.3696,3.8098,3.9595,2.8777,2.2222,2.5161,2.8174,3.1898,2.5244,3.2057,3.4224,2.4435,2.2348,2.5934,2.6376,2.8483,3.0157,2.1710,
2.5250,3.6020,2.0584,3.8577,3.4607,2.9772,3.1571,2.4746,2.9177,3.7162,3.0936,3.3003,2.4632,2.9778,3.2481,3.3583,2.7531,2.7349,3.6130,
2.0755,3.7703,3.8266,3.5924,2.1974,2.5237,2.6707,3.3595,2.2731,3.4425,2.2135,3.3075,3.2003,3.5581,3.4301,3.8074,3.7818,2.6683,3.3975,
2.3956,2.0611,3.4881,3.3001,2.9598,3.8094,3.2197,3.2353,3.7189,3.6110,3.1534,2.3658,2.4799,3.7730,2.0573,2.9798,2.3359,3.6542,3.4254,
3.3009,2.7012,2.6029,3.4022,3.3327,3.4073,3.3962,3.3331,2.3563,2.2560,3.8002,2.3422,2.0652,3.1224,3.7637,3.3384,2.3809,2.7378,2.1056,
3.6033,2.3128,3.7110,3.2895,2.7525,2.3818,2.8565,2.2040,2.2412,3.1790,2.4524,2.7692,3.1660,2.5036,2.5809,3.5042,2.5306,3.6488,3.9653,
3.4605,2.6878,3.1681,2.2155,3.8126,3.7593,3.6355,2.5215,3.5107,2.0450,2.8505,2.6254,2.3230,2.3575,3.4160,2.5012,2.9624,2.9243,2.9609,
3.2702,2.8225,3.2847,2.9714,2.5358,2.6759,3.2218,2.9735,2.6527,2.8411,3.1074,2.6917,3.2384,2.7428,3.4174,2.7691,3.2655,2.6887,2.7875,
2.5911,3.0762,3.1834,3.0466,2.9257,3.1444,3.1476,3.1790,3.1358,3.4452,2.7089,3.2093,2.7362,2.6194,3.1073,2.9501,2.9587,3.1619,3.2703,
2.8502,3.1620,2.9162,3.3419,3.3329,2.7564,3.1135,1.8970,1.8787,1.9343,1.9483,1.9040,1.8695,1.8300,1.9172,1.8524,1.8089,1.9510,1.8486,
1.8885,1.9376,1.8718,1.9473,1.8789,1.9367,1.9408,1.8885,1.8039,1.8662,1.8849,1.8541,1.8394,1.9643,1.8860,1.9776,1.8782,1.9538,1.8794,
1.9617,1.9510,1.8755,1.8432,1.4216,1.3758,1.2740,1.3999,1.2250,1.3878,1.3983,1.4189,1.4672,1.4947,1.4307,1.3744,1.4785,1.3740,1.2051,
0.8968,0.8590,0.4417,1.1450,0.9829,0.9903,0.4507,1.0884,1.1475,1.1875,1.0872,1.0284,0.8107,0.5421,0.7189,0.5071,0.4247,1.1513,0.6410,
0.6364,0.6663,0.7737,0.9186,0.4202,1.0738,3.0049,2.5719,2.5647,3.1218,3.2241,2.9270,2.5873,3.1606,2.7705,2.7352,3.0971,2.5083,2.5388,
3.0343,2.9828,2.9209,3.0838,3.0658,3.1251,2.7304,3.0540,2.9453,2.8172,2.5493,3.1241,2.7701,2.9863,3.0930,2.5839,2.6023,2.9396,2.8882,
3.2124,3.1392,3.0875,1.8947,1.6838,1.6030,1.5433,1.8860,1.6028,1.6941,1.7759,1.6145,1.8210,1.7422,1.5759,1.8910,1.5503,1.6470,1.6187,
1.7654,1.5457,1.7027,1.5524,1.7551,1.8922,1.6458,1.8018,1.9822,0.08594,0.04895,0.03663,0.06128,0.07978,0.1599,0.1538,0.2154,0.2401,
0.2586,0.314,0.388,0.3818,0.4435,0.4003,0.462,0.5175,0.4743,0.5668,0.6099,2.071,2.046,2.046,2.034,2.022,2.151,1.96,1.972,1.917,1.941,
1.978,2.293,2.293,2.367,2.41,2.373,2.342,2.465,2.305,2.04,1.941,1.72,0.949,0.8688,0.7702,0.6716,0.6099,0.6777,0.7394,0.7332,1.5277,
1.685,1.6269,1.6967,1.7169,1.6594,1.6532,1.6895,1.5379,2.105,1.5296,1.5426,1.5505,1.5589,1.5952,1.5949,1.5653,1.5753,1.7679,1.7110,
1.6667,1.5553,1.5636,1.5232,1.7741,3.5375,3.5073,3.5871,3.5953,3.6961,3.6071,3.7807,3.6374,3.5721,3.7292,3.7278,3.7222,3.7231,3.5318,
3.7045,3.6390,3.5636,3.5296,3.7471,3.5525,3.5491,3.6998,3.7683,3.6550,3.7108,3.5461,3.7860,3.6623,3.7039,3.5110,3.7428,3.7246,3.5361,
3.6575,3.5978,2.056,2.063,2.092,2.107,2.144,2.158,2.18,2.232,2.254,2.276,2.327,2.364,2.393,2.423,2.481,2.511,2.54,2.599,2.679,2.723,
2.797,2.841,2.877,2.929,3.076,3.149,3.215,3.252,3.303,3.34,3.376,3.413,3.442,3.486,3.53,3.552,3.574,3.611,3.633,2.173,2.217,2.323,
2.195,2.291,2.32,2.371,2.423,2.467,3.2620,2.8972,3.5664,2.8337,2.9498,2.9200,2.7184,3.5933,3.6133,2.7488,3.7263,2.6956,3.6904,2.4590,
3.7247,3.6056,3.0115,2.2292,3.4450,2.7751,3.5577,2.8929,3.1693,2.8041,3.3543,2.7059,3.7190,3.5596,3.4410,2.6792,3.0473,3.1764,2.5555,
3.1404,2.9951,2.9714,3.2524,2.7605,3.1210,2.6609,2.3393,3.1944,2.2429,2.7768,2.3081,2.6379,2.5197,3.2830,3.2575,3.2727,2.7418,3.0197,
2.7367,3.6114,2.8672,2.3662,3.4977,2.2533,2.5349,2.4069,3.875,3.912,3.919,3.941,3.956,3.957,3.958,3.978,3.971,3.963,3.949,3.934,3.905,
3.831,3.868,3.846,3.809,3.765,3.707,3.677,3.831,3.795,3.729,3.751,3.699,3.67,3.67,3.648,3.78,3.736,3.56,3.641,3.589,3.523,3.479,3.237,
3.318,3.398,3.428,3.222,3.23,3.912,3.787,3.809,3.743,3.853,3.831,3.802,3.78,3.875,3.736,3.663,3.611,3.582,3.464,3.817,3.883,3.883,3.824,
3.824,3.839,3.839,3.861,3.883,3.905,3.884,3.905,3.883,3.897,3.839,3.442,3.362,3.318,3.303,3.362,3.083,3.076,3.061,3.046,3.002,3.083,
3.149,3.266,3.325,3.442,3.398,3.56,2.599,2.591,2.547,2.841,2.98,3.046,3.083,3.171];
```

% Classe C4

```
x4=[0.3661,-0.0028,0.0377,-0.5482,-0.3615,-0.9487,1.3092,0.6342,1.3315,-0.5912,1.3027,0.9866,0.4435,0.1001,-0.3560,0.8799,-0.4283,
-0.8395,0.9183,0.6780,0.7880,0.6052,0.0476,-0.0231,1.0404,-0.2064,1.0363,0.9727,1.1307,0.2641,0.5892,1.3772,0.1099,-0.8500,1.1669,
0.5780,-0.1123,1.4925,-0.4396,0.6311,0.5125,-0.0319,-0.6445,-0.9372,0.0528,-0.5397,0.8144,-0.0741,1.1039,0.8356,0.4276,-0.5579,1.3935,
-0.3367,1.3115,-0.4406,-0.0661,-0.7812,0.6003,-0.5485,-0.8874,0.8079,-0.1314,0.6515,-0.0403,0.5684,-0.9459,1.2764,1.0014,0.8646,1.0328,
-0.0417,0.5432,0.4387,0.3251,-0.3123,-0.3784,0.1291,-0.4307,1.0111,1.4653,-0.9250,0.3392,-0.7823,1.0052,1.4729,-0.8326,1.3485,-0.9546,
0.7096,0.9593,0.3353,1.2134,1.2475,0.5648,-0.6553,-0.4555,-0.5446,-0.8955,-0.7326,0.5411,1.3492,-0.1139,0.0266,1.4609,1.3639,0.6916,
1.4708,0.9171,-0.1583,0.6560,-0.3896,-0.2612,0.7004,0.3196,0.0290,0.5066,0.8763,0.4588,0.3795,0.4589,0.2795,-0.7935,0.7989,1.4904,
-0.1137,1.4281,-0.1339,1.2164,0.1367,0.0336,-0.4557,-0.6859,-0.2277,0.8153,0.9572,0.7345,-0.9755,1.1080,1.3058,0.9274,-0.8934,-0.0545,
0.7608,0.8238,-0.4393,-0.3274,0.6826,0.1937,0.5593,-0.4089,-0.5572,1.0741,0.9173,1.3362,-0.7303,-0.5444,-0.7523,0.2244,-0.5169,1.2397,
-0.7523,-0.8896,0.3932,0.9312,-0.2201,-0.5525,-0.1526,-0.4746,0.2754,1.2659,0.5723,-0.7462,-0.0229,-0.8635,0.2532,0.0793,1.4939,1.0290,
0.2141,1.2361,-0.6561,-0.0250,1.3184,1.2937,0.7839,0.5458,-0.1418,1.3401,-0.6881,0.8265,0.6162,1.0829,-0.0043,0.8746,1.0881,-0.1938,
0.3807,1.4478,0.3733,-0.1739,0.5487,-0.0984,0.8913,0.0348,0.2309,0.7369,1.4318,-0.1806,1.0945,0.8477,1.3854,-0.9202,-0.1078,0.6566,
-0.2962,-0.4240,0.7778,0.5614,0.4765,0.6511,-0.8811,-0.1280,0.1284,-0.3977,0.7876,1.1405,-0.2962,0.8276,-0.6556,1.0918,-0.6535,0.4705,
-0.0846,1.0169,0.2595,0.2240,1.1926,-0.1171,0.1236,1.4088,-0.8943,1.4324,-0.5270,0.6678,0.4661,0.6878,-0.0974,0.5507,1.0279,-0.9519,
-0.7903,1.4370,0.6284,-0.4219,0.0087,-0.6949,-0.3289,-0.3554,-0.1708,-0.6194,-0.1300,-0.6959,1.2104,-0.7643,1.3251,-0.0025,-0.8815,
-0.1441,0.8399,0.9867,0.3623,0.7156,1.2341,-0.8630,-0.2408,-0.8845,-0.5113,0.8004,0.8044,1.1945,0.4561,-0.8233,1.3069,1.0009,-0.2851,
0.3592,1.4619,0.7892,1.0974,0.0832,0.1766,0.4018,-0.3273,0.8725,0.2597,0.6170,-0.2306,-0.6532,0.1889,1.1610,1.2019,1.2743,1.0244,1.2764,
1.1374,1.1208,1.1216,1.0771,1.4782,1.4678,1.4094,1.3641,1.0879,1.1802,1.0944,1.0006,1.1582,1.3498,1.3126,1.2715,1.2195,1.1437,1.2508,
1.3808,1.3812,1.2880,1.3738,1.3228,1.0616,1.2522,1.1736,1.0461,1.0739,1.0991,1.3361,1.2158,1.3472,1.1284,1.0049,1.2661,1.1397,1.4731,
1.4532,1.1963,1.0124,1.3357,1.4186,1.4857,1.0285,1.2252,1.2912,1.3433,1.3597,1.3250,1.3635,1.1869,1.2908,1.0581,1.0288,1.4899,1.1424,
1.2975,1.4811,1.0929,1.0965,1.1708,1.4664,1.1953,1.1366,1.0760,1.1986,1.1874,1.0656,1.2175,1.0458,1.3073,1.0055,1.2866,1.3949,1.1177,
1.2240,1.2847,1.0307,1.2481,1.3212,1.1106,1.4185,1.4855,1.4232,1.2530,1.1394,1.3733,1.1185,1.4787,1.3101,1.3001,1.0863,1.0452,1.1276,
1.4293,1.4555,1.3498,1.3626,1.1149,1.2880,1.4053,1.2019,1.4942,1.0450,1.1605,1.2557,1.0303,1.3628,1.2783,1.2647,1.4150,1.4294,1.3945,
1.1589,1.2261,1.3761,1.0549,1.0549,1.1349,1.2623,1.4863,1.3552,1.1559,1.1457,1.4252,1.4558,1.3196,1.1277,1.0443,1.4191,1.2924,1.4741,
1.0305,1.2923,1.1426,1.4139,1.0955,1.2213,1.1967,1.4133,1.3384,1.1038,1.1591,1.0669,1.5711,1.5094,1.5427,1.5796,1.5667,1.5459,1.6872,
1.6366,1.6924,1.5876,1.6881,1.5012,1.6221,1.6602,1.5466,1.6865,1.6527,1.6653,1.6147,1.6585,1.5658,1.5447,1.5625,1.6169,1.6660,1.5581,
1.5805,1.6724,1.6229,1.6982,1.5407,1.6654,1.6352,1.5498,1.5952,1.5798,1.6199,1.6601,1.5210,1.6643,1.6682,1.5709,1.5860,1.6144,1.6402,
1.6485,1.6516,1.5778,1.5859,1.6913,1.6146,1.6699,1.5553,1.6245,1.6177,1.6927,1.5172,1.6001,1.6043,1.5180,1.6809,1.6769,1.5878,1.6563,
1.5297,1.6240,1.5521,1.5891,1.6688,1.5392,1.7600,1.7448,1.7035,1.7514,1.7408,1.7108,1.7460,1.7451,1.7551,1.7805,1.7701,1.7872,1.7052,
1.7220,1.7460,1.7959,1.7790,1.7452,1.7333,1.7059,1.7741,1.7507,1.7200,1.7427,1.7169,1.8543,1.8703,1.8956,1.8445,1.8085,1.8057,1.8629,
1.8796,1.8691,1.8345,1.8947,1.8520,1.8954,1.8074,1.8207,1.8775,1.8914,1.8783,1.8296,1.8152,0.7042,0.8759,0.6527,0.6494,0.6764,0.6583,
0.8340,0.6293,0.9289,0.8892,0.8730,0.8618,0.8242,0.9832,0.8271,0.8664,0.9795,0.8999,0.9231,0.9166,1.0191,1.0216,1.0082,1.2726,1.2395,
1.0456,1.3185,1.2471,1.0281,1.0277,1.1516,1.1326,1.1662,1.1118,1.1148,1.1020,1.1964,1.1970,1.1124,1.1467,1.0815,0.8766,0.9599,1.0864,
0.8803,0.8750,1.0783,0.8206,0.8898,0.9775,0.8676,0.8842,0.7996,0.7555,0.8305,-0.2031,-0.3326,-0.4127,-0.4805,-0.5422,-0.5607,-0.6285,
-0.6963,-0.721,-0.7518,-0.8011,-0.8196,-0.7456,-0.684,-0.6038,-0.5483,-0.4744,-0.4004,-0.3634,-0.2463];
```

```
y4=[0.7249,1.5762,1.5606,1.3370,0.2670,0.9831,1.1197,0.6016,1.8788,1.6018,0.5732,1.6016,1.7922,1.481,1.7680,1.8875,1.0983,1.4568,1.1535,
0.5051,0.8931,1.2926,0.1042,0.7446,1.8743,1.6591,1.6982,0.7451,1.1864,1.7451,1.8670,1.3369,0.4136,1.3077,0.9141,0.8135,1.3339,1.8675,
1.6219,0.9691,1.5135,0.6541,1.7036,1.2007,1.7283,0.7778,0.9095,0.4934,1.5688,1.7657,1.8274,1.1166,1.1977,0.2978,1.7994,0.9008,0.4113,
1.583,1.5252,1.7650,0.5699,1.3465,1.3286,0.2456,0.3146,0.5506,1.0533,0.5668,1.7924,1.6532,0.7801,0.25058,1.3896,1.6687,1.2193,1.1495,
0.6521,1.9012,1.4276,1.7688,1.4417,0.9037,1.3496,0.8770,0.8756,1.3041,1.5062,0.6497,0.9525,0.6854,0.7514,1.0931,1.1238,0.7916,0.7963,
1.0307,1.3151,1.5518,1.4447,0.8002,1.6637,0.7026,0.1209,0.1685,1.1078,0.6484,0.6035,1.3023,1.0798,0.1907,0.2930,1.2623,1.7186,1.9484,
1.1417,1.9937,1.1071,1.0309,0.6614,0.8600,0.9836,0.1421,0.4055,0.7012,0.8724,1.6533,0.7891,1.2269,1.6373,1.7725,1.8622,0.3816,0.5172,
1.7957,1.1867,1.0077,1.2256,1.1063,1.0638,1.4042,0.9078,0.8558,1.9321,1.2401,1.3908,1.4403,0.6938,1.0340,0.7811,0.3130,1.1241,1.3896,
0.8529,1.6725,1.4628,0.7201,0.9084,0.7728,1.5511,1.4685,0.8606,1.3875,1.1004,1.5685,1.4111,0.2187,0.7799,1.9018,0.9188,0.1007,0.4574,
1.6684,0.4033,1.7274,0.6361,1.3381,0.7004,1.7006,1.1432,0.2444,1.3423,1.1992,0.1120,0.9011,0.9050,0.3032,0.8704,1.6644,1.2348,1.0403,
1.7277,0.1954,1.8161,0.2160,1.0340,0.6028,0.4511,2.0092,1.5334,1.6974,1.8336,1.9739,0.6010,0.5428,0.2015,1.4015,1.1712,1.5258,0.1659,
1.3232,1.0340,1.0021,1.0508,1.4010,0.8813,1.8838,1.3118,0.9039,1.6794,1.0652,1.1078,1.3601,0.7344,0.4786,1.1578,1.7338,0.8136,0.2252,
0.8877,0.6004,0.8028,1.6667,0.8073,0.6004,0.7209,0.2805,0.5203,0.9516,1.5508,0.5146,0.5951,0.8497,1.6023,0.9901,1.4128,0.4871,1.5701,
0.1482,0.7878,0.3006,0.8214,0.4826,0.9034,0.2850,0.5362,0.3498,0.2773,1.1978,1.8021,1.8788,0.4424,0.3053,0.7520,1.0476,0.5297,0.7136,
1.4027,0.7077,0.0522,1.9094,0.8612,1.9231,1.5248,0.5501,1.3601,1.4119,1.2903,1.1046,0.4362,1.5447,0.4561,0.7417,0.6007,1.7128,0.8049,
0.6360,1.2173,1.8204,1.8182,1.1832,0.6651,1.7061,0.8848,1.8087,0.3064,1.0649,1.2243,0.3586,0.6731,0.3754,2.8072,2.6565,2.0547,2.0215,
2.5141,3.1622,2.6283,1.8494,1.8808,3.0076,2.4771,2.3740,2.9845,2.3464,2.5985,2.8675,3.1072,2.2930,2.7752,3.2623,1.9140,2.6805,2.4208,
2.2637,2.1958,2.9381,3.2928,2.0799,2.9717,2.0937,3.2885,3.0034,2.4363,2.8933,2.5475,3.0135,2.3348,1.9099,2.6865,3.1653,2.0906,2.4486,
2.9237,1.8588,3.2195,2.9455,2.6382,2.0758,2.5469,2.5768,3.2914,3.0823,3.2436,2.8184,2.4053,3.2025,2.5192,2.1477,2.3944,2.8576,2.6378,
2.9349,3.2932,3.2436,2.6026,3.2458,1.9734,1.8772,2.2565,2.6703,2.5964,3.1518,2.6108,2.4480,2.6140,2.8686,1.8250,3.0014,2.0138,2.5177,
2.1853,2.3536,2.7926,2.0544,2.2182,2.0973,2.0926,2.2903,3.1205,2.5067,2.4060,2.0688,3.2534,2.4112,3.0667,2.7230,2.3649,3.1158,2.9773,
2.4974,3.0210,3.1477,2.4439,2.3015,2.6950,3.1530,2.8531,2.3662,2.9024,3.2312,2.6142,2.6102,2.2667,1.9069,2.0730,1.9395,2.4952,1.8140,
3.1725,2.7641,1.8021,1.8456,2.1127,2.4824,1.9909,1.8130,2.8906,2.3312,2.9707,2.4550,2.4548,1.8738,1.8744,1.9367,2.6911,2.1616,3.0621,
3.0858,3.2454,2.5333,2.1305,2.1393,2.6052,2.9432,2.3214,2.4918,2.7590,3.1760,2.0424,2.8735,1.6077,1.9666,1.6756,2.5970,2.9750,1.3181,
1.4738,2.4045,1.7509,2.9474,2.9446,2.2874,2.7202,1.8038,2.2639,2.9705,2.1190,2.8672,2.4407,1.9681,2.2781,2.7753,1.3975,1.7907,2.9844,
1.8047,2.3177,2.8027,2.9908,2.3063,1.2169,1.0722,2.2362,2.1343,2.9239,2.4922,2.3250,2.0466,1.5198,2.9240,2.0804,1.0605,2.3926,2.0394,
1.1181,2.7801,1.6604,1.4594,1.2279,1.6218,1.4569,2.3040,1.1323,1.5509,1.5636,2.7601,1.8887,2.5118,2.2066,2.5665,1.2279,2.9571,2.6972,
1.1013,1.9324,1.6513,2.2604,1.4606,2.1598,2.2063,2.5034,1.7367,2.8836,1.0343,2.6581,2.2532,2.0775,2.3010,2.4533,1.1890,2.7551,1.228,
1.5886,1.3598,2.8526,1.1364,2.1622,2.2743,2.3025,2.7292,1.1119,2.6337,2.0578,2.3887,1.4248,2.4175,2.3418,1.7250,1.6734,1.7852,2.3955,
2.3866,2.0848,2.0862,1.7432,2.2390,2.3555,1.9299,1.9355,1.9588,1.7348,2.2105,2.4844,2.4902,2.2966,2.1852,2.0985,2.1310,2.1780,2.1077,
2.0564,2.1952,2.0073,2.0652,2.1946,2.4095,2.2088,2.3584,2.2096,2.4481,2.3020,2.4540,2.2738,2.3744,2.4813,3.3272,3.4578,3.3185,3.3476,
3.3487,3.3210,3.4717,3.4396,3.4467,3.4301,3.4970,3.3871,3.5264,3.4674,3.4283,3.3802,3.5261,3.5695,3.5185,3.4220,3.5407,3.6272,3.6597,
3.6003,3.6302,3.6592,3.5467,3.6202,3.5225,3.6032,3.7917,3.7510,3.7974,3.7197,3.7111,0.06745,0.1106,0.1291,0.1722,0.1969,0.2277,0.2647,
0.3017,0.3634,0.3942,0.4373,0.4805,0.499,0.4373,0.3818,0.3572,0.3079,0.2647,0.1846,0.1168];
```

Referências Bibliográficas

ABU-MOSTAFA, Y. S., ATIYA, A. F., MAGDON-ISMAIL, M, & WHITE, H. Introduction to the special issue on neural networks in financial engineering. IEEE Transactions on Neural Networks 12: 653–655, 2001.

ALBA, E. & MARTÍ, R. Metaheuristic Procedures for Training Neural Networks. Springer, 2006.

ALMEIDA, R. O. M. Três ensaios com aplicações de redes neurais em séries financeiras, FEA – Fac. Economia, Administração e Contabilidade, TESE, 2004.

AKAIKE, H. A new look at the statistical model identification, IEEE Transactions on Automatic Control, AC-19, 716-723, 1974.

AMABILE, T. M., CONTI, R., COON, H., LAZENBY, J., & HERRON, M. Assessing the work environment for creativity. Academy of Management Journal, 39(5), 1154-1185, 1996.

ANAGNOSTOLOUPOS, G. C. Real Time Recurrent Learning, University of Central Florida, 2002.

ANASTASIADIS, A. D. Neural networks training and applications using biological data, 2005.

ANDERS, W. Garch forecasting performance under different distribution assumptions, Journal of Forecasting, 2006.

ANDERSEN, T. J. & WILAMOWSKI, B.M. "A. Modified Regression Algorithm for Fast One Layer Neural Network Training", World Congress of Neural Networks, vol. 1, p. 687-690, 1995.

APICELLA, A., DONNARUMMA, F., ISGRÒ, F. & PREVETE, R. A survey on modern trainable activation functions, Neural Networks 138 (pp 14–32), 2021.

AZOFF, E. M. Neural network time series forecasting of financial markets, John Wiley & Sons Ltd., 1994.

AZZOF, E. M. Reducing Error in Neural Network Time Series Forecasting. Neural Computing and Applications, vol. 1, pp. 240-247, 1993.

BALKIN, S. D. & ORD, J. K. Automatic neural network modeling for univariate time series. International Journal of Forecasting 16: 509–515, 2000.

BATTITI, R., First- and second-order methods for learning: between steepest descent and Newton's method, Neural Computation, vol. 4, no. 2, p. 141-166, 1992.

BEALE, R. & JACKSON, T. Neural Computing–An Introduction. Institute of Physics Publishing, 1990.

BEGG, R. & PALANISWAMI, M. Computational Intelligence for Movement Sciences: Neural

Networks and other Emerging Techniques. Idea Group Publishing, 2006.

BISHOP, C. M. Neural Networks for Pattern Recognition, Oxford University Press, 1995.

BOX, G. e JENKINS, G. Time series analysis: Forecasting and control, San Francisco: Holden-Day, 1970.

CAJORI, F. A History of Mathematical Notations: Vol. II. Cosimo Classics, 2013.

CAMPBELL, J. Y., LO, A. W. e MACKINLAY, A. C., The Econometrics of Financial Markets, 1997.

CAMPOLUCCI, P. A circuit theory approach to recurrent neural network architectures and learning methods, Tesi di Dottorato, Università Degli Studi di Bologna, 1998.

CASDAGLI, M. e EUBANK, S. Nonlinear Modeling and Forecasting, Santa Fe Institute Proceedings vol. XII, Addison-Wesley, 1992.

CHAKRABORTY, K. Forecasting the behaviour of Multivariate Time Series Using Neural Networks. Neural Networks, vol. 5, pp. 961-970, 1992.

CHARALAMBOUS, C., Conjugate gradient algorithm for efficient training of artificial neural networks, IEEE Proceedings, vol. 139, no. 3, pp. 301-310, 1992.

CHEN, X., RACINE, J. e SWANSON, N. R. Semiparametric ARX neural-network models with an application to forecasting ination, IEEE Transactions on Neural Networks 12, 2001.

CHENG, B. E TITTERINGTON, D. M., Neural Networks: A Preview from Statistical Perspective. Statistical Science, 1994.

CHONG, E. K. P. & ŻAK, S. H. An Introduction to Optimization, 4th Edition. Wiley-Interscience Series in Discrete Mathematics and Optimization, 2013.

CLEMENTS, M. P. e HENDRY, D. F. Forecasting Non-stationary Economic Time Series. MIT Press: Cambridge, MA, 1999.

COX, E. *Fuzzy Logic for Business and industry*. Charles River Media Inc. 1995.

DAY, T. E LEWIS, C. Stock market volatility and the information content of stock index options, Journal of Econometrics, 52, 267-287, 1992.

DE VAUX, R. D., SCHUMI, J., SCHWEINSBERG, J. e UNGAR, L. H. Prediction Intervals for Neural Networks via Nonlinear Regression, Technometrics, Vol. 40, No. 4, Novembro, 1998.

DEB, K. Optimization for Engineering Design: Algorithms and Examples, 2nd Edition. PHI Learning, 2012.

DELGADO, M., PEGALAJAR, M. C., CUÉLLAR, M. P. Memetic evolutionary training for recurrent neural networks: an application to time-series prediction, Expert Systems. Oxford, Vol.23, Num. 2, 2006.

DEMUTH, H. & BEALE, M. Neural Network Toolbox For Use with MATLAB, User's Guide, Version 4, 2002.

DIEBOLD, F. X. E MARIANO, R. S. Comparing predictive accuracy, Journal of Business and Economic Statistics, 13, 253-263, 1995.

DORFFNER, G. Neural Networks for time series processing, University of Vienna, 1996.

DREYFUS, G. Neural Networks, Springer, 2005.

DUCH, W. e JANKOWSKI, N. New neural transfer functions. Journal of Applied Mathematics and Computer Science, 7(3):639–658, 1997.

DUCH, W. e JANKOWSKI, N. Survey of neural transfer functions. Neural Computing Surveys, 2:163–212, 1999.

DUCH, W. e JANKOWSKI, N. Taxonomy of neural transfer functions. In Shun-Ichi Amari, C. Lee Giles, Marco Gori, and Vincenzo Piuri, editors, International Join Conference on Neural Networks, vol. III, pages 477–484, Computer Society and IEEE, 2000.

DUDA, R. e HART, P. Pattern Classification and Scene Analysis. Segunda edição, John Wiley, New York, 1993.

EBERHART, R. C., SHI, Y. Computational Intelligence: Concepts to Implementations. Morgan Kaufmann, 2007.

ELMAN, J. L. Finding structure in time (CRL Technical Report 8801). La Jolla: University of California, San Diego, Center for Research in Language, 1988.

ELMAN, J. L. Finding structure in time, Cognitive Science, vol. 14, p. 179-211, 1990.

ENDERS, W. Applied Econometric Time Series, Wiley, 2004.

ENGELBRECHT, A. P. Computational Intelligence: An Introduction, 2nd Edition. Wiley, 2007.

ERSOY, K. & HONG, D. Parallel, self-organizing, hierarchical neural networks, p. 167-178, 1990.

FAHLMAN S.E. Faster-learning variations on back-propagation: an empirical study. Proceedings of the 1988 Connectionist Models Summer School. Morgan Kaufmann, 1988.

FELDKAMP, L. A., PROKHOROV, D. V., e FELDKAMP, T. M. Conditioned adaptive behavior from a fixed neural network. Proceedings of the 11th Yale Workshop on Adaptive and

Learning Systems p. 78-83, 2001.

FINE, T. L. Feedforward Neural Network Methodology. Springer: New York, 1999.

FINE, T. L. Feedforward Neural Network Methodology. Springer Science & Business Media, 2006.

FISHMAN, M. B., BARR, D. S. e LOICK, W. J. Using Neural Nets in Market Analysis. Technical Analysis of Stocks and Commodities, vol. 9, no. 4, 1991.

FLETCHER, R. Practical methods of optimization, 2nd Edition. Wiley-Interscience New York, 2000.

FLETCHER, R. A modified Marquardt subroutine for non-linear least squares. Harwell, Berkshire Atomic Energy Research Establishment, 1971.

FORSGREN, A. E KLING, R. An Implementation of Recurrent Neural Networks for Prediction and Control of Nonlinear Dynamic Systems, março, 2003.

FRANSES, P. H. Time series models for business and economic forecasting, Cambridge University Press,1998.

FREITAS, J. F. G. Bayesian Methods for Neural Networks. Trinity College. University of Cambridge. 1999.

FUGLSANG, L. Innovation and the Creative Process: Towards Innovation with Care (New Horizons in the Economics of Innovation). Edward Elgar Pub, 2008.

GALINDO-FLORES, J. Statistical and Machine Learning Frameworks for Economics: Analysis of Error Curves and Applications to Derivatives Pricing and Credit Risk Assessment, Harvard University, 1998.

GATELY, E. Neural Networks for Financial Forecasting , John Wiley & Sons, 1997.

GHIASSI, M., SAIDANE, H., ZIMBRA, D. K. A dynamic artifical neural network model for forecasting time series events, Amsterdam, Vol. 21, Num. 2, 2005.

GLOROT, X., BORDES, A., & BENGIO, Y. Deep sparse rectifier neural networks. In Proceedings of the fourteenth international conference on artificial intelligence and statistics (pp. 315–323), 2011.

HAGAN, M. T., DEMUTH, H. B. & BEALE, M. H. Neural Network Design, 2002.

HAGAN, M. T. & MENHAJ, M. B. Training Feedforward Networks with the Marquardt Algorithm. IEEE Transactions on Neural Networks, 5(6):989-93, 1994.

HAWLEY, D. D., JOHNSON, J. D. e RAINA, D. Artificial Neural Systems: A New Tool for

Financial Decision-Making. Finan Analy J, 1990.

HAYKIN, S. Adaptive Filter Theory, Prentice Hall, 1996.

HAYKIN, S. Redes neurais: princípios e prática, Bookman, Porto Alegre, 2001.

HERTZ, J. A. Introduction to the theory of neural computation, Addison-Wesley, 1991.

HORRIGAN, G. Epistemology: An Introduction to the Philosophy of Knowledge. iUniverse, 2007.

HOWELLS, J. The Management of Innovation and Technology: The Shaping of Technology and Institutions of the Market Economy. SAGE Publications Ltda, 2005.

HWANG, J.T.G. e DING, A. A. Prediction intervals for artificial neural networks. Journal of the American Statistical Association 92: 109–125, 1997.

HWANG, J.T.G. e DING, A. A. Prediction intervals for artificial neural networks. Journal of the American Statistical Association 92: p. 109–125, 1997.

IGEL, C e HÜSKEN, M Empirical evaluation of the improved Rprop learning algorithms, Neurocomputing 50, 105-123, 2003.

IMAN, R. L. E CONOVER, W. J. The use of the rank transform in regression, Technometrics, vol. 21, no. 4, novembro, 1979.

INCE, D. The Computer: A Very Short Introduction. Oxford University Press, 2011.

JAN R. MAGNUS, J. R. & NEUDECKER, H. Matrix Differential Calculus with Applications in Statistics and Econometrics. Wiley, 2nd Edition, 1999.

JASIC,T., WOOD, D. The profitability of daily stock market indices trades based on neural network predictions: Case study for the S&P 500, the DAX, the TOPIX and the FTSE in the period 1965-1999, vol. 14, Num. 4; p. 285, 2004.

JHEE, W. C. E LEE, J. K. Performance of neural networks in manageerial forecasting, 1993.

JOHNSON, R. A. e WICHERN, D. W. Applied Multivariate Statistical Analysis, Prentice Hall, 2002.

JORDAN, M. I. Attractor dynamics and parallelism in a connectionist sequential machine, 1986.

JULIER, S. e UHLMAN, J. The scaled unscented transformation. Em Proc. of the IEEE American Control Conference, 2002.

JULIER, S. J., UHLMANN, J. K. The Scaled Unscented Transformation, Proceedings of the IEEE American Control Conference, 8-10 May, 2002.

JULIER, S. J., UHLMANN, J. K. A general method for approximating nonlinear transformations of probability distributions, Technical Report, University of Oxford, 1996.

JULIER, S. J., UHLMANN, J. K. A new extension of the Kalman filter to nonlinear systems, Proceedings of AeroSense, 1997.

JULIER, S. J., UHLMANN, J. K. e DURRANT-WHITE, H. A new approach for filtering nonlinear systems, em Proceedings of the American Control Conference, p. 1628-1632, 1995.

KALMAN, R. E. A new approach to linear filtering and prediction problems, Transactions of the ASME, Journal of Basic Engineering, vol. 82, pp. 35-45, 1960.

KANNIAH, J., ERCAN, M. F. & CALDERON, C. A. A. Practical Robot Design: Game Playing Robots. CRC Press, 2013.

KASS, R. E., ÉDEN, U. T. & BROWN, BROWN, E. N. Analysis of Neural Data. Springer, 2014.

KECMAN, V. Learning and soft computing: Support vector machines, neural networks, and fuzzy logic models, MIT Press, 2005.

KIANI, K. M. Detecting Business Cycle Asymmetries Using Artificial Neural Networks and Time Series Models, Computational Economics. Dordrecht, Vol. 26, Num. 1, 2005.

KNELLER, G. F. A Ciência como atividade humana, Edusp, 1978.

KNUTH, D. E. Seminumerical Algorithms, vol. 2 of The Art of Computer Programming, second edn, Addison-Wesley, 1981.

KRUSE, R., BORGELT, C., KLAWONN, F., MOEWES, C., STEINBRECHER, M., HELD, P. Computational Intelligence: A Methodological Introduction. Springer, 2013.

KUAN, C. M., e WHITE, H. Artificial Neural Networks: An Econometric Perspective. Econometric Reviews 13, p. 1-91, 1994.

KUMAR, S. Neural Networks: A Classroom Approach. Tata McGraw-Hill, 2004.

KUTNER, M., NACHTSHEIM, C. & NETER, J. Applied Linear Regression Models. McGraw-Hill Education, 2004.

KWAK, Y., HWANG, J. & YOO, C. A New Damping Strategy of Levenberg-marquardt Algorithm for Multilayer Perceptrons. Neural Network World 4/11, 327-340, 2011.

LANCASHIRE, L. J., LEMETRE C. & BALL, G. R. An introduction to artificial neural networks in bioinformatics–application to complex microarray and mass spectrometry datasets in cancer studies. Brief Bioinform 10: 315–329, 2009.

LANG, K. J. E HINTON, G. E., The development of the time-delay neural network architecture for speech recognition, Technical Report, Carnegie-Mellon University, Pittsburgh, PA, 1988.

LANG, K. J. E HINTON, G. E., The development of the time-delay neural network architecture for speech recognition, Technical Report, Carnegie-Mellon University, Pittsburgh, PA, 1988.

LAPEDES, A. e FARBER, R. Nonlinear Signal Processing Using Neural Networks, Prediction and System Modelling. Los Alamos Report LA-UR-87-2662, Los Alamos National Laboratory, 1987.

LEVENBERG, K. A Method for the Solution of Certain Non-Linear Problems in Least Squares. Quarterly of Applied Mathematics, Vol. 2, pp. 164-168, 1944.

LIMA, F. G. Um método de análise e previsão de sucessões cronológicas unidimensionais lineares e não lineares, FEA - Fac Economia, Administração e Contabilidade, 2004.

LIPPMAN, R. P. An introduction to computing with neural nets, IEEE ASSP Magazine, vol.4, pp. 4-22, 1987.

LIU, D., ZHANG, H., POLYCARPOU, M., ALIPPI, C. & HE, H. Advances in Neural Networks -- ISNN 2011: 8th International, Proceedings Part II, 2011.

LUDWIG JR., O. & MONTGOMERY, E. Redes Neurais: Fundamentos e Aplicações com Programa em C. Rio de Janeiro: Ciência Moderna, 2007.

MARCH, J.G. Exploration and Exploitation in Organizational Learning. Organization Science, 2: 71–87, 1991.

MARK, H. & WORKMAN Jr., J. Chemometrics in Spectroscopy. Academic Press, 2007.

MARCONI, M. A. e LAKATOS, E. M. Metodologia Científica, Atlas, 2007.

MARQUARDT, D. An Algorithm for Least-Squares Estimation of Nonlinear Parameters. SIAM Journal on Applied Mathematics vol.11 (2), 431-441, 1963.

MAXIMIANO, A. C. A. Teoria Geral da Administração da Escola Científica à Competitividade em Economia Globalizada, Atlas, 1997.

MAYBECK, P. S. Stochastic models, estimation, and control, vol. 1, New York: Academic Press, 1979.

McNELIS, P. D. Financial Forecasting with Neural Networks, Georgetown University, 2002.

MEDEIROS M., TERÄSVIRTA, T. e RECH, G. Building Neural Network Models for Time Series: A Statistical Approach, Journal of Forecasting 25, p. 49–75, 2006.

MINAI, A. & WILLIAMS, R. D. Back-propagation heuristics: a study of the extended delta-bar-delta algorithm. 1990 IJCNN International Joint Conference on, pp.595-600, 1990.

MITCHELL, T. M. Machine Learning. McGraw-Hill Science/Engineering/Math, 1997.

MOREIRA, M. & FIESLER, E. Neural Networks with Adaptive Learning Rate and Momentum Terms. IDIAP Technical Report, 1995.

MORETTIN, P. A. Séries temporais em finanças, IMCA: PUC, 2002.

MORETTIN, P. A., TOLOI, C. M. C., Análise de Séries Temporais, Edgard Blucher, 2004.

MOZER, M. C. A focused back-propagation algorithm for temporal pattern recognition, University of Toronto, 1988.

MUAIDI, H. Levenberg-Marquardt Learning Neural Network for Part-of-Speech Tagging of Arabic Sentences. WSEAS TRANSACTIONS on COMPUTERS, Vol. 13, 2014.

NAIR, M. V. & DUDEK, P. Practical Gradient-Descent for Memristive Crossbars. International Conference on Memristive Systems, MEMRISYS 2015, 2015.

NELSON, R. R. & WINTER, S. G. In search of a useful theory of innovation. Research Policy, 6, 36 – 76, 1977.

NETER, J., KUTNER, M. H., NACHTSHEIM, C. J. Applied linear regression models, Irwin, 1996.

NGUYEN, H. T. e WALKER, E. A. *A First Course in Fuzzy Logic*. Chapman e Hall/CRC, N. York, 2000.

NIEDERREITER, H. Random Number Generation and Quasi-Monte Carlo Methods. CBMS-NSF Regional Conference Series in Applied Mathematics 63. SIAM, 1992.

OLIVEIRA, M. A. Introdução Elementar à Álgebra de Funções Gama, Editora Fap-UNIFESP, 2014.

OLIVEIRA, M. A. Aplicação do algoritmo de rede neural de aprendizagem recorrente em tempo real (RTRL) para previsão da série do IBOVESPA, 10ª. Escola de Séries Temporais e Econometria, 2003.

OLIVEIRA, M. A. e FÁVERO, L. P. L. Uma breve descrição de algumas técnicas para análise de séries temporais: séries de Fourier, wavelets, arima, modelos estruturais para séries de tempo e redes neurais. In: VI Semead - Seminários em Administração FEA-USP, 2003, São Paulo. VI Semead - Seminários em Administração FEA-USP, 2003.

OLIVEIRA, M. A. e SIQUEIRA, J. O. Treinamento de Redes Neurais Utilizando Variantes do

Filtro de Kalman (EKF e UKF) para Predição de Séries Heterocedásticas, Simpósio Brasileiro de Redes Neurais, SBRN, São Luis-MA, 2004.

OLIVEIRA, M. A. e SIQUEIRA, J. O. Um estudo comparativo quanto à eficiência de previsão de séries temporais utilizando redes neurais artificiais recorrentes (RTRL) e processos ARIMA-GARCH, XXVIII EnANPAD, 2004.

OLIVEIRA, M. A. e SIQUEIRA, J. O. Regressão linear, regressão não linear, classificação de padrão e redes neurais: uma visão unificada, Working Paper, FEA/USP, 2003.

OLIVEIRA, M. A., BERGMANN, D. R., FÁVERO, L. P. L. Previsão de retornos de ações de empresas dos setores financeiro e de alimentos por meio de redes neurais e modelos ARIMA-GARCH. X SEMEAD Seminários em Administração FEA-USP, 2007a.

OLIVEIRA, M. A., FÁVERO, L. P. L., FAVERO, P. B. Análise multivariada para a avaliação do comportamento de consumo no Município de São Paulo. X SEMEAD Seminários em Administração FEA-USP, 2007b.

OLIVEIRA, M. A., MONTINI, A. A., BERGMANN, D. R. Previsão de retornos de ações de empresas dos setores financeiro, alimentos, industrial e de serviços por meio de redes neurais e modelos ARIMA-GARCH. EnAnpad, 2007c.

____. Construção de Intervalos de Predição para Redes Neurais via Regressão Multivariada e sua Aplicação em Séries Heterocedásticas. FACEF Pesquisa, 2007d.

____. Calculating conditional beta using nonparametric estimation of the utility function. Third Brazilian Conference on Statistical Modelling in Insurance and Finance, Maresias. Proceedings of the Third Brazilian Conference on Statistical Modelling in Insurance and Finance, 2007e.

____. Um Teste do Modelo CAPM no Mercado de Capitais Brasileiro Via GMM, Congresso UFSC de Controladoria e Finanças, 2007f.

OLIVEIRA, M. A., MONTINI, A. A., FÁVERO, L. P. L. Previsão de retornos de ações de empresas dos setores de serviços e industrial por meio de redes neurais do tipo feedforward e dos modelos ARIMA-GARCH, Colóquio de Séries Temporais. 65 anos do Prof. Pedro Alberto Morettin, 2007g.

OLIVEIRA, M. A., MONTINI, A. A., CASTRO, F. H. F. Cálculo do VaR por meio dos modelos ARIMA-GARCH para os retornos de empresas brasileiras dos setores financeiros, de alimentos, industrial e de serviços, Colóquio de Séries Temporais. 65 anos do Prof. Pedro Alberto Morettin, 2007h.

OLIVEIRA, M. A., MONTINI, A. A. A influência dos parâmetros de modelos ARIMA-GARCH na predição de redes neurais feedforward. 12a Escola de Séries Temporais e Econometria, 2007, Gramado. 12a Escola de Séries Temporais e Econometria, 2007.

ORD, K. & FILDES, R. Principles of Business Forecasting. South-Western College Pub, 2012.

OTTO, S. R. & DENIER, J. P. An Introduction to Programming and Numerical Methods in MATLAB. Springer, 2005.

PAGAN, A. R. E SCHWERT, G. W. Alternative models for conditional stock market volatility, Journal of Econometrics, 45, 267-290, 1990.

PATEL, G. S. Modeling Linear dynamics with extended Kalman filter trained recurrent multilayer perceptrons, McMaster University, 2000.

PATEL, G. S. Modeling Linear dynamics with extended Kalman filter trained recurrent multilayer perceptrons, McMaster University, 2000.

PATEL, G. S. Modeling Linear dynamics with extended Kalman filter trained recurrent multilayer perceptrons, McMaster University, 2000.

PATI, Y. C. e KRISHNAPRASAD, P. S. Analysis and synthesis of feedforward neural networks using discrete affine wavelet transformations, Technical Research Report, University of Maryland, 1993.

PEREIRA, B. B. E RODRIGUES, C. V. S. Redes Neurais em Estatística, 13º. SINAPE, Caxambu, 1998.

PESSANHA, J. A. M. Aristóteles, Nova Cultural, 1987.

PIEGAT, A. A new definition of the fuzzy set. Appl. Math. Comput. Sci., Vol. 15, no. 1, p. 125–140, 2005.

PLATT, M. L. & GLIMCHER, P. W. Neural correlates of decision variables in parietal cortex. Nature 400, 233-238, 1999.

POOLE, D., MACKWORTH, A. & GOEBEL, R. Computational Intelligence: A Logical Approach. Oxford University Press, 1998.

PORTER, M. E. Vantagem Competitiva: Criando e Sustentando um Desempenho Superior. Rio de Janeiro: Ed. Campus, 1989.

PRIDDY, K. L. & KELLER, P. E. Artificial Neural Networks: An introduction. SPIE—The International Society for Optical Engineering, 2005.

PROKHOROV, D. Computational Intelligence in Automotive Applications. Springer, 2008.

PUSKORIUS, G. V. E FELDKAMP, L. A. Decoulped extended Kalman filter training of feedforward layered networks, Proceeding of the International Joint Conference on Neural Networks, vol.1, pp. 771-777, Seattle, WA 1991.

PUSKORIUS, G. V. E FELDKAMP, L. A. Neurocontrol of nonlinear dynamical systems with Kalman filter trained recurrente networks, IEEE Transactions on Neural Networks, vol.5, p.279-297, 1994.

RECH, G. Forecasting with artificial neural network models. Working Paper Series in Economics and Finance 491, Stockholm School of Economics, 2002.

REED, R. D. & MARKS II, R. J. Neural Smithing: Supervised Learning in Feedforward Artificial Neural Networks, 1999.

REFENES, A. N. Currency Exchange Rate Prediction and Neural Network Design Strategies. Neural Computing and Applications, vol.1, pp. 46-58, 1993.

REFENES, A. N., BURGESS, A.N. E BENTZ, Y. Neural networks in financial engineering: a study in metodology, IEEE vol.8, no. 6, Novembro, 1997.

REGGIANI, A. Spacial economic science: new frontiers in theory and methodology. Springer, 2011.

RESNICK, R. e HALLIDAY, D. Física 2, 4a. Edição. LTC, 1984.

RIEDMILLER, M., & H. BRAUN, A direct adaptive method for faster backpropagation learning: The RPROP algorithm. Proceedings of the IEEE International Conference on Neural Networks, 1993.

RIPLEY, B. D., Neural Networks and Related Methods of Classification, Journal of the Royal Statistical Society, Series B, 56, 3, pp. 409-456, 1994.

RIPLEY, B. D., Pattern Recognition and Neural Networks. Cambridge Press, 1996.

RIPLEY, B. D., Statistical Aspects of Neural Networks. Chapman e Hall, 1993.

RIVALS, I. E PERSONNAZ, L., Construction of confidence intervals for neural networks based on least square estimation, Neural Networks, vol. 13, p. 463-484, 2000.

ROGERS, E.M. Diffusion of innovations, 5th Edition. New York: Free Press, 2003.

ROJAS , R. Neural Networks: A Systematic Introduction, Springer, 1996.

RON, A. Introduction to Numerical Analysis - Lecture 5: Solving Equations and Polynomial Interpolation, 2010.

ROSENBLATT, F. The perceptron: A probabilistic model for information storage and organization in the brain, Psychological Review, vol. 65, pp. 386-408, 1958.

ROSS, S. M. Simulation, Academic Press, 2006.

RUMELHART, D. E. e McCLELLAND, J. L. Parallel Distributed Processing: Explorations in the Microstructure of Cognition, MIT Press, 1986.

RUMELHART, D. E., HINTON, G. E. & WILLIAMS, R. J. Learning internal representations by error propagation. Parallel Distributed Processing Explorations in the Microstructures of Cognition Vol. I, MIT Press, 1986.

RUUD, P. An introduction to classical econometric theory, Oxford University Press, Oxford, 2000.

RUMELHART, D. E., HINTON, G. E. e WILLIAMS, R. J, Learning representations of back-propagating errors, Nature, vol. 323, pp. 533-536, 1986b.

SAGE, A. P. Concise Encyclopedia of Information Processing in Systems and Organizations, New York, Pergamon, 1990.

SAPUAN, S. M. & MUJTABA, I. M. Composite Materials Technology Neural Network Applications. CRC Press, 2009.

SCARBOROUGH, D. J., SOMERS, M. J., Neural Networks in Organizational Research: Applying Pattern Recognition to the Analysis of Organizational Behavior, 2006.

SCHÜRMANN, J. Pattern Classification: A Unified View of Statistical and Neural Approaches. Wiley-Interscience, 1996.

SCHWARZ, G. Estimating the dimension of a model, Annals of Statistics, 6, 461-464, 1978.

SEBER, G. A. F. e WILD, G. J. Nonlinear Regression. New York: John Wiley & Sons, 1989.
SÉRATES, J. Raciocínio Lógico–Volume 1. Editora Jonofon Ltda, 1998.

SHAH, S. e PALMIERI, F.. "MEKA - A fast, local algorithm for training feedforward neural networks", Proceedings of International Joint Conference on Neural Networks, San Diego, CA, 3, p. 41-46, 1990.

SHULTZ, T. R. Computational Developmental Psychology. MIT Press, 2003.

SHUMWAY, R. H. E STOFFER, D. S. Time series analysis and its applications, Springer-Verlag New York, In. 2000.

SIMONSEN, M. H. Ensaios Analíticos. Rio de Janeiro: Editora da Fundação Getúlio Vargas, 1994.

SINAVANDAM, S.N., SUMATHI, S. & DEEPA, S.N. Introduction to Neural Networks Using Matlab 6.0. Tata McGraw-Hill, 2006.

SINGHAL, S. E WU, L. Training feed-forward networks with extended Kalman filter, IEEE Transactions on Acoustics, Speech, and Signal Processing, p. 1187-1190, 1989.

SURATGAR, A. A., TAVAKOLI, M. B. e HOSEINABADI, A. Modified Levenberg-Marquardt Method for Neural Networks Training, Transactions on Engineering, Computing and Technology, 2005.

SUTTON, R. S. Adapting bias by gradient descent: Incremental Version of Delta-Bar-Delta. Proc. National Conf. On AI, MIT Press, 171-176, 1992.

SUZUKI, K. Artificial Neural Networks - Methodological Advances and Biomedical Applications, 2011.

SZILAS, N. Les réseaux recurrents supervisés: une revue critique, fevereiro, 1997.

TAKAGI, H. Fusion Technology of Neural Networks and Fuzzy Systems: A Chronicled Progression from the Laboratory to Our Daily Lives, International Journal of Applied Mathematics and Computer Science, vol.10, no.4, p.647–673, 2000.

TAYLOR, J. W. A Quantile Regression Neural Network Approach to Estimating the Conditional Density of Multiperiod Returns, Saïd Business School,University of Oxford, Journal of Forecasting, Vol. 19, pp. 299-311, 2000.

TERÄSVIRTA, T. e GRANGER, C. Modeling Nonlinear Economic Relationships, Oxford University Press, 1993.

TERÄSVIRTA, T., VAN DIJK, D. e MEDEIROS M. Linear models, smooth transition autoregressions, and neural networks for forecasting macroeconomic time series: a re-examination. International Journal of Forecasting, 2005.

THOMPSON, D. O. & CHIMENTI, D. E. Review of Progress in Quantitative Nondestructive Evaluation, Vol. 16. Springer Science & Business Media, 1996.

TODOROVIC′, B., STANKOVIC′, M. TODOROVIC′-ZARKULA, S. Structurally adaptive RBF network in non-stationary time series prediction, In Proc. IEEE AS-SPCC, p. 224-229, 2000.

TODOROVIC′, B., STANKOVIC′, M., MORAGA, C. Extended Kalman Filter trained Recurrent Radial Basis Function Network in Nonlinear System Identification, Proc. do ICANN 2002, Spain, LNCS 2415, p. 819-824, Springer, 2002.

TRAPPENBERG, T. T. Fundamentals of Computational Neuroscience. Oxford University Press, 2002.

TSAY, R. S. Analysis of financial time series, Wiley Series in Probability and Statistics, 2002.

VAN DIJK, D. Neural networks in finance - gaining predictive edge in the market, International Journal of Forecasting, vol. 22, Num. 2, 2006.

WAIBEL, A., HANAZAWA, T., HINTON, G., SHIKANO, K. E LANG, K. J. Phoneme recognition using time-delay neural networks, IEEE Transactions on Acoustics, Speech, and Signal Processing, 1989.

WAN, E. A. Temporal backpropagation for FIR neural networks, IEEE International Joint Conference on Neural Networks, vol. I, pp. 575-580, San Diego, CA, 1990.

WAN, E. A. Time series prediction by using a connectionist network with internal delay lines, 1994.

WAN, E.A. e MERWE, R. A new approach for filtering nonlinear systems. Kalman Filtering and Neural Networks. Wiley, 2001.

WAN, E. e MERWE, R. van der, Efficient Derivative-Free Kalman Filters for Online Learning, em Proceedings of the European Symposium on Artificial Neural Networks (ESANN), 2001.

WAN, E. e MERWE, R. van der, The Square-Root Unscented Kalman Filter for State and Parameter Estimation, Proceedings of the International Conference on Acoustics, Speech, and Signal Processing, IEEE, 2001a.

WARNER, B. e MISRA, M. Understanding Neural Networks as Statistical Tools, The American Statistician, vol. 50, no. 4, novembro, 1996.

WERBOS, P. J. "Back-propagation: Past and future", Proceeding of International Conference on Neural Networks, San Diego, CA, 1, p. 343-354, 1988.

WERBOS, P. J. Backpropagation through time: what it does and how to do it, Proceedings of the IEEE, vol. 78, p. 1550-1560, 1990.

WIDROW, B. & HOFF, M. E. Adaptive switching circuits. 1960 IRE WESCON Convention Record, New York: IRE Part 4, pp. 96–104, 1960.

WILAMOWSKI, B. M., IPLIKCI, S., KAYNAK, O. e EFE, M. O. An Algorithm for Fast Convergence in Training Neural Networks, IEEE, 2001.

WILAMOWSKI, B. M. & YU, H. Neural Network Learning without Backpropagation. IEEE Transactions on Neural Networks, Vol. 21, N. 11, 2010.

WILAMOWSKI, B. M. & IRWIN, J. D. Intelligent Systems. CRC Press, 2011.

WILLIAMS, R. J. Training recurrent networks using the extended Kalman filter, Proceeding of the International Joint Conference on Neural Networks, vol. 4, p. 241-246, Baltimore, 1992.

WILLIAMS, R. J. E PENG, J. An efficient gradient-based algorithm for on-line training of recurrent network trajectories, Neural Computation, vol. 2, pp. 490-501, 1990.

WILLIAMS, R. J. E ZIPSER, D. A learning algorithm for continually running fully recurrent neural networks, Neural Computation, vol. 1, pp. 270-280, 1989.

WILLIAMS, R. J. E ZIPSER, D. Gradient-based learning algorithms for recurrent networks and their computational complexity, 1995.

YIM, J. Previsão de Séries de Tempo: Modelos ARIMA, Modelos Estruturais e Redes Neurais Artificiais. Dissertação (Economia) - Universidade de São Paulo, 2001.

YUDKOWSKY, E. Artificial Intelligence as a Positive and Negative Factor in Global Risk, Singularity Institute for Artificial Intelligence, Palo Alto, CA, 2006.

ZADEH, L.A. Outline of a new approach to an analysis of complex systems and decision processes. IEEE Trans. on Systems, Man, and Cybernetics, 1973.

ZADEH, L. Probability theory and fuzzy logic are complementary rather than competitive, *Technometrics*, 37, p. 271–276, 1995.

ZHANG, W. Computational Ecology: Artificial Neural Networks and their Applications. World Scientific, 2010.

ZHANG, Q. J. & GUPTA, K. C. Neural Networks for RF and Microwave Design – From Theory to Practice. IEEE Transactions on Microwave Theory and Techniques, Vol. 51, No. 4, 2003.

ZIMMERMANN, H. J. Fuzzy Sets, Decision Making, and Expert Systems, *International Series in Management Science/Operations Research*. Ignizio ed. Kluwer Academic Plublishers, Boston, 1987.

FONTES DE INFORMAÇÃO

http://bayen.eecs.berkeley.edu/bayen/?q=webfm_send/246
www.ncbi.nlm.nih.gov/books/nbk21535
www.encyclopediaofmath.org
cs.put.poznan.pl
www.ieee.cz
http://matlabgeeks.com
http://www.utexas.edu
http://www. elsevier.com/locate/neunet
http://www. mitpressjournals.org/loi/neco
http://www. elsevier.com.locate/artint
http://www. springerlink.com/content/100309
http://www. informaworld.com
http://www. worldscinet.com
IEEE Transactions on Neural Networks
IEEE Transactions on Circuits and Systems
www.seade.org.br

www.techsource.com
http://www.abnt.org.br
dictionary.com
http://www.dkriesel.com/en/science/neural_networks
http://bacalfa.com/TA/ExtraMaterial/Newton's%20Method%20MATLAB%20Implementation.pdf
https://page.mi.fu-berlin.de/rojas/neural
www.significados.com.br
https://visualstudiomagazine.com
radio.feld.cvut.cz/matlab
www.business dictionary.com
www.cs.utah.edu
http://cs231n.github.io/neural-networks-1
bradley.bradley.edu
http://pages.cs.wisc.edu/~amos/412/lecture-notes
https://www.researchgate.net

Impressão e acabamento
Gráfica da Editora Ciência Moderna Ltda.
Tel: (21) 2201-6662